ポイントレクチャー 刑事訴訟法

POINT LECTURE

CODE OF CRIMINAL PROCEDURE

椎橋隆幸
安村　勉
洲見光男
加藤克佳

有斐閣

本書のコピー，スキャン，デジタル化等の無断複製は著作権法上での例外を
除き禁じられています。本書を代行業者等の第三者に依頼してスキャンや
デジタル化することは，たとえ個人や家庭内での利用でも著作権法違反です。

は し が き

　本書は私達4人の共著である。執筆者4人に共通していることは，法学部と法科大学院において長期間（約30年から45年間）刑事訴訟法の講義を担当したことである。また，4人は相当な期間（8年から18年）司法試験考査委員を務めたことでも共通している。これらの経験から，刑事訴訟法をマスターするためにはどの程度の知識が必要であるのか，また，刑訴法の基本原理・原則の理解が応用力を伸ばすためにいかに重要であるか，どの程度の実務的な知識が刑訴法の理解に有益であるか等を弁えているつもりである。本書は，これらの刑訴法を理解する上で必要かつ重要な事柄を過不足なく収めようと心がけた努力の産物である。また，本書は本文に加えてポイント欄を設け，現在トピックとなっている論点や最近の重要判例等について解説している。ポイントは興味深く読んで貰えるであろうし，また，刑訴法の理解を深める役割を果たすであろう。

　4人の執筆者が心がけたことは，共著書にありがちな不整合やアンバランスを極力除去することであった。総論的部分と各論的部分との間の，また，関連する項目間での不整合やアンバランスを出さないために，長年月（8年間）と多数回の会議（約30回）を経て完成させることができた。会議での議論は毎回，互いの原稿に対して率直な批判が交わされ，批判に理由があれば，不適当な部分を修正し，足りない点を補う等という作業を繰り返し行った。会議の議論自体が4人にとって有益で啓発されるものであったが，その成果が本書の整合性と統一性を高める結果となっていることを願っている。

　本書が対象としている読者は，法学部学生・法科大学院生，また，予備試験・司法試験の合格を目指している者である。わが国において法学部卒業生が果たしている役割は重要である。同時に，法の支配を基本とする社会構造において法曹の数が増加している事態は今後の紛争解決の在り方に変化をもたらすかもしれない。ところで，最近の法曹養成制度は流動化しつつあり単線型ではない。法科大学院を卒業して司法試験に合格することが主要なコースであるが，

i

はしがき

法学部の学生で予備試験を経て司法試験に合格する途も事実上例外とはいえなくなっている。要は法学部・法科大学院の期末試験であろうが，予備試験・司法試験であろうが，刑事訴訟の本質を理解しているかにかかっている。本書を熟読していただければ，刑訴法の必要な基礎知識，応用力の涵養，判例との整合性を身につけることが可能である。

なお本書は基本書，教科書である。刑訴法の一層の理解の向上のためには，重要判例の解説書（刑事訴訟法判例百選など）を併読し，また，法学部・法科大学院に籍をおいている方においては，そこでの授業に出席して疑問があれば可能な限り教師に質問し，さらに，学生同士で勉強会を持って徹底的に議論することをお薦めしたい。本書がその一助になることを期待したい。

末筆ながら，完成までに長期間を要し，編集者にご迷惑をかけた一因は，各執筆者が各時期に副学長，研究科長，理事等の学内業務に忙殺されていたことにもあることを告白しなければならない。お世話になった有斐閣の高橋俊文氏，小林久恵氏そして五島圭司氏にお詫びかたがた改めて感謝申し上げたい。

平成 30 年 11 月

著者を代表して

椎 橋 隆 幸

著者紹介（〔　〕内は，担当 UNIT）

椎 橋 隆 幸（しいばし　たかゆき）〔1〜5，30〕

1969 年　中央大学法学部卒業

現在，中央大学名誉教授

〈主要著作〉

『刑事訴訟法基本判例解説〔第 2 版〕』（共編，信山社，2018 年），『プライマリー刑事訴訟法〔第 6 版〕』（編，不磨書房，2017 年），『よくわかる刑事訴訟法〔第 2 版〕』（編著，ミネルヴァ書房，2016 年），『刑事訴訟法の理論的展開』（信山社，2010 年）

安 村　　勉（やすむら　つとむ）〔14〜19〕

1976 年　上智大学法学部卒業

現在，学習院大学法務研究科教授

〈主要著作〉

「通信傍受法改正と捜査」法律時報 88 巻 1 号（2016 年）26 頁，「自白事件の処理」刑事法ジャーナル 45 号（2015 年）185 頁，「裁判体の構成」ジュリスト 1268 号（2004 年）58 頁，「強制採尿」法学教室 256 号（2002 年）16 頁，「裁判員制の構成」現代刑事法 32 号（2001 年）35 頁

洲 見 光 男（しゅうみ　みつお）〔6〜13〕

1979 年　中央大学法学部卒業

現在，同志社大学大学院司法研究科教授

〈主要著作〉

『判例講義刑事訴訟法』（共著，悠々社，2012 年），『1 つの事件 2 つの制度――アメリカとドイツの刑事手続』（共訳，成文堂，2010 年），『ブリッジブック刑事裁判法』（共著，信山社，2007 年），『刑事訴訟法講義』（共著，八千代出版，2007 年）

加 藤 克 佳（かとう　かつよし）〔20〜29〕

1980 年　早稲田大学法学部卒業

現在，専修大学法務研究科教授

〈主要著作〉

『市民社会と刑事司法』（共編訳，成文堂，2013 年），『判例講義刑事訴訟法』（共編，悠々社，2012 年），『法科大学院ケースブック刑事訴訟法〔第 2 版〕』（共編著，日本評論社，2007 年），『刑事訴訟法講義』（共著，八千代出版，2007 年）

目　次

UNIT 1　刑事訴訟制度の目的・構造 —————————————————————1

Ⅰ　刑事訴訟法の意義 ……………………………………………………1

刑事訴訟法の法源 …………………………………………………1

Ⅱ　刑事訴訟法の目的 …………………………………………………3

1　公共の福祉（利益）と基本的人権の保障との調和的実現 ……3

2　真実主義の内容 …………………………………………………3

3　迅速な裁判を受ける権利 ………………………………………4

Ⅲ　刑事訴訟法の構造 …………………………………………………5

1　糺問主義と弾劾主義 ……………………………………………5

2　職権主義と当事者主義 …………………………………………6

3　我が国の刑事訴訟法の歴史 ……………………………………7

4　憲法・刑訴法が採る訴訟構造 —— 弾劾主義，当事者主義 …9

UNIT 2　刑事訴訟制度の概要 —————————————————————14

Ⅰ　刑事事件処理の在り方 ……………………………………………14

Ⅱ　通常手続による事件処理と各段階での問題点 …………………16

1　捜　査 ……………………………………………………………16

2　訴　追 ……………………………………………………………17

3　公判準備，公判 …………………………………………………17

4　上　訴 ……………………………………………………………18

5　調書裁判，精密司法の形成 ……………………………………19

Ⅲ　裁判員制度の導入による変化 ……………………………………20

Ⅳ　平成28年改正法の成立 …………………………………………20

1　取調べの録音・録画制度の導入 ………………………………21

2　合意制度及び刑事免責制度の導入 ……………………………22

3　通信傍受の合理化・効率化 ……………………………………22

目　次

　　4　裁量保釈の判断に当たっての考慮事情の明確化 ……………………23

　　5　弁護人による援助の充実化 ……………………………………………24

　　6　証拠開示制度の拡充 ……………………………………………………24

　　7　被害者・証人を支援・保護する方策の拡充 …………………………25

　　8　証拠隠滅等の罪の法定刑の引上げ等 …………………………………26

　　9　自白事件の簡易迅速な処理のための措置の導入 ……………………26

　Ⅴ　平成28年改正法の意義 ……………………………………………………26

　Ⅵ　公判を中心とした刑事手続の重要性 ……………………………………28

UNIT 3　刑事手続の関与者の法的地位・役割────────────30

　Ⅰ　刑事手続の関与者の歴史的変遷 …………………………………………30

　Ⅱ　刑事手続の関与者の法的地位・役割 ……………………………………31

　Ⅲ　捜査機関 ……………………………………………………………………32

　　1　司法警察職員など ………………………………………………………32

　　2　検察官の地位・役割 ……………………………………………………32

　Ⅳ　被疑者・被告人の法的地位 ………………………………………………34

　　1　被疑者と被告人 …………………………………………………………34

　　2　被疑者・被告人の権利 …………………………………………………34

　　3　被告人に必要な能力 ……………………………………………………35

　Ⅴ　弁護人の地位・役割 ………………………………………………………36

　Ⅵ　被害者 ………………………………………………………………………37

　　1　被害者の法的地位の改善 ………………………………………………37

　　2　刑事裁判における被害者の役割 ………………………………………38

　Ⅶ　裁判所，裁判官 ……………………………………………………………42

　　1　裁判所の意義と種類 ……………………………………………………42

　　2　裁判所の構成（合議体と単独体） ……………………………………43

　　3　裁判所の管轄 ……………………………………………………………43

　　4　除斥・忌避・回避 ………………………………………………………45

　Ⅷ　裁判員 ………………………………………………………………………45

v

UNIT 4　捜査の端緒————————————————————47

I　都市化，匿名化した社会における捜査活動·················47

   1　行政警察と司法警察 ····························47

   2　法執行活動の規律 ·····························48

II　職務質問··49

   1　職務質問の意義・目的 ·························49

   2　有形力行使の許容限度（判例） ·················49

III　任意同行···50

IV　所持品検査···54

   1　所持品検査の意義・適法性 ·····················54

   2　所持品検査の許される根拠と要件 ···············55

V　自動車検問···56

   1　自動車検問の意義とその種類（分類）·············56

   2　特定車検問の適法性とその根拠 ·················56

   3　不特定車検問の適法性とその要件 ···············57

VI　捜査機関以外の者による捜査の端緒···················59

   1　告　訴 ····································59

   2　告発，請求 ································61

   3　自　首 ····································61

UNIT 5　任意捜査と強制捜査————————————————62

I　任意捜査と強制捜査····································62

II　任意捜査の原則，強制処分法定主義·····················62

III　任意捜査と強制捜査の区別の基準·······················63

   従来の学説とその問題点 ·························63

IV　写真・ビデオ撮影····································64

   1　写真・ビデオ撮影は任意処分か強制処分か ········64

   2　写真・ビデオ撮影の許される要件 ···············65

V　おとり捜査···66

目　次

　　1　おとり捜査とは ……………………………………………66
　　2　おとり捜査の問題点 ………………………………………67
　　3　本決定とその意義 …………………………………………68
　　4　おとり捜査が違法とされた場合の効果 ………………70

　Ⅵ　任意捜査と強制捜査の区別の基準（学説）…………72
　　1　新たな強制処分説 …………………………………………73
　　2　重要な権利・利益侵害説 ………………………………73
　　3　私見（プライバシーの合理的期待侵害説）………………74

　Ⅶ　GPS 捜査の適法性 ………………………………………77
　　1　GPS 捜査とその問題点 …………………………………77
　　2　下級審裁判例と学説の動向 ……………………………77
　　3　平成 29 年大法廷判決 ……………………………………79

UNIT 6　被疑者の身柄保全 ————————————84

　Ⅰ　意　義 ………………………………………………………84
　Ⅱ　逮　捕 ………………………………………………………84
　　1　通常逮捕 ……………………………………………………85
　　2　現行犯逮捕・準現行犯逮捕 ……………………………88
　　3　緊急逮捕 ……………………………………………………92
　　4　実力の行使 …………………………………………………93
　　5　逮捕後の手続 ………………………………………………94

　Ⅲ　勾　留 ………………………………………………………96
　　1　意　義 ………………………………………………………96
　　2　要　件 ………………………………………………………96
　　3　勾留の期間・場所 ………………………………………101
　　4　勾留からの救済 …………………………………………103

UNIT 7　逮捕・勾留に伴う諸問題 ————————105

　Ⅰ　事件単位の原則 …………………………………………105
　Ⅱ　一罪一逮捕・一勾留の原則 …………………………106

vii

1　再逮捕・再勾留の禁止 ……………………………………………………106

　　2　重複逮捕・重複勾留の禁止 ………………………………………………108

　Ⅲ　別件逮捕・勾留と余罪取調べ ……………………………………………110

　　1　別件逮捕・勾留 ……………………………………………………………110

　　2　余罪取調べ …………………………………………………………………114

UNIT 8　被疑者・第三者の取調べ——————————————117

　Ⅰ　取調べ手続 …………………………………………………………………117

　　1　被疑者取調べ権 ……………………………………………………………117

　　2　供述拒否権の告知 …………………………………………………………119

　Ⅱ　在宅被疑者の取調べ ………………………………………………………120

　Ⅲ　身柄拘束被疑者の取調べ …………………………………………………123

　Ⅳ　第三者の取調べ ……………………………………………………………126

　Ⅴ　捜査関係事項の照会 ………………………………………………………127

　Ⅵ　取調べの適正化 ……………………………………………………………127

　　1　警察における取調べに対する監督強化策 ………………………………128

　　2　取調べの可視化 ……………………………………………………………128

　　3　取調べの高度化 ……………………………………………………………130

　Ⅶ　被告人の取調べ ……………………………………………………………131

UNIT 9　被疑者の防御権（1）——————————————133

　Ⅰ　黙秘権 ………………………………………………………………………133

　　1　意　義 ………………………………………………………………………133

　　2　黙秘権の告知・内容 ………………………………………………………134

　　3　黙秘権の効果 ………………………………………………………………137

　　4　行政法規上の記帳・届出義務等 …………………………………………138

　Ⅱ　証拠保全請求 ………………………………………………………………140

　Ⅲ　違法捜査に対する救済 ……………………………………………………141

目　次

UNIT 10　被疑者の防御権(2)————————————142

Ⅰ　弁護人依頼権 ……………………………………………………142
　1　意　義 ……………………………………………………………142
　2　選任手続 …………………………………………………………143

Ⅱ　接見交通権と接見指定 …………………………………………145
　1　意　義 ……………………………………………………………145
　2　指定規定の合憲性 ………………………………………………145
　3　接見「自由」の原則と「例外的」接見指定 …………………146
　4　指定のための措置 ………………………………………………148
　5　接見の実施 ………………………………………………………152
　6　違法な接見等の指定と救済 ……………………………………153
　7　面会接見 …………………………………………………………153

Ⅲ　任意同行後取調べ中の被疑者との面会 ………………………154

Ⅳ　起訴後の余罪捜査と接見指定 …………………………………155

UNIT 11　証拠の収集・保全(1)————————————156

Ⅰ　総　説 ……………………………………………………………156
　1　令状主義 …………………………………………………………156
　2　捜索・差押えの意義 ……………………………………………157

Ⅱ　令状による捜索・差押えの要件 ………………………………157
　1　「正当な理由」の存在 …………………………………………157
　2　捜索・差押え対象の明示 ………………………………………160

Ⅲ　捜索・差押えの範囲 ……………………………………………163
　1　場所に対する捜索令状と捜索の範囲 …………………………163
　2　差押えの範囲 ……………………………………………………164

Ⅳ　電磁的記録を含む証拠の収集・保全手続 ……………………167
　1　電磁的記録に係る記録媒体の差押えの代替処分 ……………168
　2　記録命令付差押え ………………………………………………168
　3　電気通信回線で接続している記録媒体からの複写 …………168
　4　保全要請 …………………………………………………………169

ix

5　電磁的記録に係る記録媒体についての差押状の執行を受ける者等に対する
　　　協力要請 ·· 169

　Ⅴ　令状の執行 ·· 170

　　1　令状の呈示 ·· 170

　　2　立会い・令状の夜間執行など ·· 171

　　3　「必要な処分」 ·· 171

　Ⅵ　押収拒絶権 ·· 172

　Ⅶ　捜索・差押え後の措置 ·· 173

　Ⅷ　不服申立て ·· 173

　　1　準抗告 ·· 173

　　2　還付・仮還付 ·· 174

UNIT 12　証拠の収集・保全(2)──────176

　Ⅰ　逮捕に伴う捜索・差押え ·· 176

　　1　根　拠 ·· 177

　　2　「逮捕する場合」・「逮捕の現場」 ·· 178

　　3　差押えの範囲（物的範囲） ·· 180

　Ⅱ　検　証 ·· 182

　　1　令状による検証 ·· 182

　　2　令状によらない検証 ·· 183

　Ⅲ　鑑定嘱託 ·· 184

　Ⅳ　体液等の採取 ·· 185

　　1　強制採尿 ·· 185

　　2　採血・呼気の採取・DNA 標本の取得等 ·· 187

UNIT 13　科学技術を用いた捜査の規律──────188

　Ⅰ　科学技術の活用 ·· 188

　Ⅱ　科学技術を用いた捜査に対する規律内容 ·· 190

　　1　自動車ナンバー自動読取システム ·· 190

　　2　エックス線検査 ·· 191

目　次

　　3　通信傍受 …………………………………………………………………192

　　4　秘密録音等 ………………………………………………………………199

　　5　GPS（Global Positioning System〔全地球測位システム〕）端末装置の使用 …200

　　6　携帯電話の位置情報 ……………………………………………………200

UNIT 14　検察官による事件処理とその是正————————204

　Ⅰ　国家訴追主義・起訴独占主義 ……………………………………………204

　Ⅱ　終局処分 …………………………………………………………………205

　Ⅲ　起訴便宜主義 ……………………………………………………………207

　　1　起訴猶予処分 ……………………………………………………………207

　　2　公訴取消し ………………………………………………………………213

　　3　微罪処分 …………………………………………………………………214

　Ⅳ　弊害の是正策 ……………………………………………………………214

　　1　起訴すべき事件を起訴しなかった場合 ………………………………214

　　2　起訴すべきでない事件を起訴した場合 ………………………………218

UNIT 15　起　訴————————————————————223

　Ⅰ　起訴状 ……………………………………………………………………223

　　1　起訴状の記載事項 ………………………………………………………223

　　2　被告人 ……………………………………………………………………224

　Ⅱ　起訴状一本主義と予断排除の原則 ………………………………………225

　　1　起訴状一本主義 …………………………………………………………225

　　2　起訴状一本主義および予断排除のためのその他の制度と公平な裁判所 ………228

　Ⅲ　公訴時効 …………………………………………………………………230

　　1　制度趣旨 …………………………………………………………………230

　　2　公訴時効の進行 …………………………………………………………233

　　3　公訴時効の停止 …………………………………………………………236

UNIT 16　公判準備————————————————————239

　Ⅰ　準備手続から公判前整理手続へ …………………………………………239

xi

1　2004（平成 16）年刑訴法改正前 ………………………………………………… 239

　　2　2004（平成 16）年刑訴法改正 —— 公判前整理手続・期日間整理手続 ………… 240

　Ⅱ　証拠開示 ……………………………………………………………………………… 244

　　1　2004（平成 16）年改正前 ………………………………………………………… 244

　　2　2004（平成 16）年改正 …………………………………………………………… 246

UNIT 17　審判の対象————————————————————————255

　Ⅰ　訴因と公訴事実 …………………………………………………………………… 255

　　1　旧法との対比 ……………………………………………………………………… 255

　　2　公訴事実対象説と訴因対象説 …………………………………………………… 256

　　3　一部起訴 …………………………………………………………………………… 261

　Ⅱ　訴因の有効無効 …………………………………………………………………… 265

　　1　訴因の記載 ………………………………………………………………………… 265

　　2　特定・明示の程度 ………………………………………………………………… 266

　　3　特定・明示の時期と方法 ………………………………………………………… 271

UNIT 18　訴因変更————————————————————————————274

　Ⅰ　訴因変更の可否，要否および許否の関係 ……………………………………… 274

　Ⅱ　訴因変更の要否 …………………………………………………………………… 274

　　1　平成 13 年最決前 ………………………………………………………………… 274

　　2　平成 13 年最決 …………………………………………………………………… 276

　　3　公判前整理手続と訴因変更 ……………………………………………………… 279

　　4　罰条の変更と罪数補正を伴う訴因変更 ………………………………………… 280

　Ⅲ　訴因変更の可否 …………………………………………………………………… 283

　　1　訴因変更制度の趣旨 ……………………………………………………………… 283

　　2　公訴事実の同一性の判断基準 …………………………………………………… 284

　Ⅳ　訴因変更の許否 …………………………………………………………………… 289

　　1　訴因変更命令義務の裏返し ……………………………………………………… 289

　　2　訴因変更の時期／時機的限界 …………………………………………………… 290

目　次

UNIT 19　公判手続—————————————————292

Ⅰ　通常第一審 ……………………………………………………………292

Ⅱ　冒頭手続—証拠調べ手続—最終弁論—判決宣告 …………293

 1　冒頭手続 ……………………………………………………………293

 2　冒頭陳述 ……………………………………………………………293

 3　連日的開廷 …………………………………………………………295

 4　証拠調べ手続 ………………………………………………………298

 5　弁論の分離・併合 …………………………………………………303

 6　被告人・弁護人の出頭 ……………………………………………306

 7　証人・被害者の保護 ………………………………………………310

 8　判　決 ………………………………………………………………315

UNIT 20　証拠法の基本原則—————————————317

Ⅰ　証拠の意義と種類 …………………………………………………317

 1　人的証拠と物的証拠 ………………………………………………317

 2　証拠方法と証拠資料 ………………………………………………317

 3　直接証拠と間接証拠 ………………………………………………318

 4　実質証拠と補助証拠 ………………………………………………318

 5　本証と反証 …………………………………………………………319

Ⅱ　証拠裁判主義（317条）……………………………………………319

 1　意義・趣旨 …………………………………………………………319

 2　厳格な証明の範囲 …………………………………………………321

Ⅲ　自由心証主義（318条）……………………………………………321

 1　意義・趣旨 …………………………………………………………321

 2　合理的心証主義を担保するための諸制度 ………………………323

Ⅳ　挙証責任と推定 ……………………………………………………323

 1　挙証責任の意義・趣旨 ……………………………………………323

 2　証明の程度 …………………………………………………………325

 3　挙証責任論の射程 …………………………………………………327

 4　実体刑法規定における例外 ………………………………………327

xiii

5 訴訟法上の事実の証明 ……………………………………………… 328

6 推定の意義・趣旨 …………………………………………………… 328

UNIT 21　証拠の関連性―――――――――――――――――――330

Ⅰ　証拠の証拠能力（許容性）とその要件 ……………………………… 330

Ⅱ　悪性格の立証 …………………………………………………………… 332

Ⅲ　科学的証拠 ……………………………………………………………… 335

1 意義と問題点 ………………………………………………………… 335

2 DNA 型鑑定 ………………………………………………………… 337

3 ポリグラフ検査 ……………………………………………………… 338

4 声紋鑑定・筆跡鑑定 ………………………………………………… 339

5 警察犬による臭気選別検査 ………………………………………… 340

UNIT 22　違法収集証拠――――――――――――――――――――342

Ⅰ　違法収集証拠と排除法則 ……………………………………………… 342

Ⅱ　排除法則の根拠 ………………………………………………………… 345

1 理論的根拠 …………………………………………………………… 345

2 判例の立場 …………………………………………………………… 345

Ⅲ　証拠排除の基準・要件 ………………………………………………… 346

1 考え方 ………………………………………………………………… 346

2 判例の立場 …………………………………………………………… 347

Ⅳ　先行行為の違法と証拠排除 …………………………………………… 351

1 毒樹の果実の理論 …………………………………………………… 351

2 排除法則の例外 ……………………………………………………… 354

Ⅴ　排除法則をめぐるその他の問題 ……………………………………… 355

1 証拠とすることの同意・証拠排除の申立適格 …………………… 355

2 私人による違法収集証拠 …………………………………………… 356

UNIT 23　自　白――――――――――――――――――――――――357

Ⅰ　自白の証拠能力 ………………………………………………………… 357

xiv

目　次

　　1　自白（排除）法則の意義および根拠と基準・類型 ……………357

　　2　自白の証拠能力の有無 ………………………………………………359

　　3　任意性の立証 …………………………………………………………365

　Ⅱ　自白の証明力 ……………………………………………………………366

　　1　補強法則 ………………………………………………………………366

　　2　自白の信用性 …………………………………………………………368

UNIT 24　伝聞(1)──伝聞と非伝聞────────────369

　Ⅰ　伝聞法則の意義 …………………………………………………………369

　　1　伝聞証拠の意義 ………………………………………………………369

　　2　伝聞法則の意義と根拠 ………………………………………………370

　Ⅱ　伝聞証拠と非伝聞証拠 …………………………………………………371

　　1　伝聞と非伝聞との区別 ………………………………………………371

　　2　伝聞と非伝聞との区別をめぐる諸問題 ……………………………373

UNIT 25　伝聞(2)──伝聞法則の例外①──────────378

　Ⅰ　伝聞法則の例外 …………………………………………………………378

　　1　伝聞例外の意義 ………………………………………………………378

　　2　伝聞例外の全体像 ……………………………………………………378

　Ⅱ　伝聞書面 …………………………………………………………………383

　　1　被告人以外の者の供述代用書面 ……………………………………383

UNIT 26　伝聞(3)──伝聞法則の例外②──────────390

　Ⅱ　伝聞書面（続） …………………………………………………………390

　　1　被告人以外の者の供述代用書面（続） ……………………………390

　　2　被告人の供述代用書面 ………………………………………………399

　　3　特信文書（特に信用すべき書面） …………………………………400

UNIT 27　伝聞(4)──伝聞法則の例外③──────────402

　Ⅲ　伝聞供述 …………………………………………………………………402

XV

1　伝聞供述（324条）……………………………………………………………402

　　2　再伝聞（二重伝聞）…………………………………………………………403

　Ⅳ　任意性の調査（325条）…………………………………………………404

　Ⅴ　同意書面・合意書面…………………………………………………………404

　　1　同意書面（326条）……………………………………………………………404

　　2　合意書面（327条）……………………………………………………………406

　Ⅵ　証明力を争う証拠（弾劾証拠）（328条）…………………………406

UNIT 28　裁　判————————————————————409

　Ⅰ　裁判の意義・種類…………………………………………………………409

　　1　裁判の意義……………………………………………………………………409

　　2　裁判の種類……………………………………………………………………409

　　3　裁判の成立……………………………………………………………………411

　Ⅱ　裁判の内容…………………………………………………………………414

　　1　主文と理由……………………………………………………………………414

　　2　有罪判決の内容………………………………………………………………415

　Ⅲ　裁判の効力…………………………………………………………………423

　　1　裁判の効力の意義……………………………………………………………423

　　2　確定力の理論…………………………………………………………………423

　　3　確定力の本質…………………………………………………………………425

　　4　確定力の効果…………………………………………………………………426

　Ⅳ　一事不再理の効力…………………………………………………………428

　　1　一事不再理の効力と二重の危険……………………………………………428

　　2　一事不再理の効力の発生……………………………………………………429

　　3　一事不再理の効力の範囲……………………………………………………429

UNIT 29　上訴・確定後救済手続・裁判の執行————————431

　Ⅰ　上　訴………………………………………………………………………431

　　1　総　説…………………………………………………………………………431

　　2　控　訴…………………………………………………………………………433

xvi

目　次

　　3　上　告 ……………………………………………………437

　　4　抗　告 ……………………………………………………439

Ⅱ　確定後救済手続 ………………………………………………440

　　1　総　説 ……………………………………………………440

　　2　再　審 ……………………………………………………440

　　3　非常上告 …………………………………………………444

Ⅲ　裁判の執行 ……………………………………………………445

　　1　総　説 ……………………………………………………445

　　2　刑の執行 …………………………………………………445

　　3　裁判の執行に対する申立て ……………………………446

UNIT 30　少年手続 ————————————————447

Ⅰ　少年法の目的・理念 …………………………………………447

　　1　少年法の目的 ……………………………………………447

　　2　少年法の理念 ……………………………………………447

　　3　保護主義から導かれる諸原則 …………………………448

　　4　少年法の対象 ……………………………………………449

Ⅱ　保護事件の手続 ………………………………………………450

　　1　保護事件の調査 …………………………………………450

　　2　保護事件の審判 …………………………………………451

Ⅲ　刑事事件の手続 ………………………………………………455

　　1　検察官送致（逆送）決定 ………………………………455

　　2　勾留・審判に関する特則 ………………………………456

　　3　処分の特則 ………………………………………………457

事項索引 ……………………………………………………………461

判例索引 ……………………………………………………………477

xvii

POINT 目次

UNIT 1　刑事訴訟制度の目的・構造
POINT 1　当事者主義とは何か……9
POINT 2　当事者主義は当事者処分権主義を含むか……11

UNIT 2　刑事訴訟制度の概要

UNIT 3　刑事手続の関与者の法的地位・役割
POINT 1　捜査における司法警察職員と検察官との関係……33
POINT 2　不適切な弁護から効果的弁護へ……36
POINT 3　刑事裁判への被害者の参加……40

UNIT 4　捜査の端緒
POINT 1　留め置きの適法性……51
POINT 2　検視態勢の強化……58
POINT 3　刑法の一部改正と性犯罪の非親告罪化……60

UNIT 5　任意捜査と強制捜査
POINT 1　任意・強制の区別の基準（判例）……71
POINT 2　行政警察と司法警察……75

UNIT 6　被疑者の身柄保全
POINT 1　逮捕の必要と取調べ……85
POINT 2　「明白性」の認定資料と被害者の供述……89
POINT 3　認定資料……91
POINT 4　逮捕状発付に対する不服申立て（準抗告）……95
POINT 5　逮捕手続の違法と勾留請求の許否……99
POINT 6　「犯罪の嫌疑がないこと」を理由とする準抗告……103

UNIT 7　逮捕・勾留に伴う諸問題
POINT 1　事件単位の原則と未決勾留日数の算入・刑事補償……105
POINT 2　違法根拠……112
POINT 3　本件による逮捕・勾留（第二次逮捕・勾留）の適否……113

UNIT 8　被疑者・第三者の取調べ

xviii

目　次

POINT 1　外国人の取調べ……119

POINT 2　任意同行・滞留と実質逮捕……121

POINT 3　取調べの限界……122

POINT 4　取調べ受忍義務と黙秘権……124

UNIT 9　被疑者の防御権(1)

POINT 1　自己負罪拒否特権……133

POINT 2　黙秘権不告知と自白の証拠能力……135

POINT 3　不利益推認の禁止……137

UNIT 10　被疑者の防御権(2)

POINT 1　被疑者国選弁護制度……143

POINT 2　「捜査のため必要があるとき」の意義……147

POINT 3　指定内容の適否……150

POINT 4　事前連絡型の接見申出と接見指定要件……151

UNIT 11　証拠の収集・保全(1)

POINT 1　将来発生する犯罪と令状発付の可否……158

POINT 2　報道機関に対する提出命令・差押え……159

POINT 3　捜索実施中に配達され受領された荷物の捜索……164

POINT 4　コンピュータ・記録媒体等の差押え……166

POINT 5　捜索・差押えの際の写真撮影……175

UNIT 12　証拠の収集・保全(2)

POINT 1　被疑者以外の者による証拠隠滅……180

POINT 2　逮捕の現場に居合わせた第三者の身体・所持品の捜索……180

POINT 3　逮捕現場以外における被逮捕者の身体・所持品の捜索……181

POINT 4　身体検査の範囲と令状の種類……183

UNIT 13　科学技術を用いた捜査の規律

POINT　アメリカにおけるプライバシー保護の諸相……200

UNIT 14　検察官による事件処理としての足正

POINT 1　簡易処理手続（略式手続・簡易公判手続・即決裁判手続）……206

POINT 2　協議・合意制度……210

POINT 3　検察審査会による起訴強制手続……217

POINT 4　嫌疑と訴訟条件……219

xix

POINT 5　チッソ水俣病事件最高裁決定……220
POINT 6　違法捜査と量刑……221

UNIT 15　起　訴

POINT 1　氏名の冒用……224
POINT 2　起訴状一本主義と公判前整理手続……227
POINT 3　公訴時効の延長・廃止と遡及禁止……231
POINT 4　起訴状謄本の送達と公訴時効の停止……237

UNIT 16　公判準備

POINT 1　立証制限と主張制限……243
POINT 2　検察官手持ち証拠の全面開示と一覧表開示……249
POINT 3　被告人による予定主張の明示・証拠調べ請求義務と黙秘権……251
POINT 4　取調べメモ・捜査メモの開示……252

UNIT 17　審判の対象

POINT 1　訴因変更命令の形成力・訴因変更命令義務……258
POINT 2　一部起訴と公訴権の濫用……263
POINT 3　告訴の追完……264
POINT 4　有罪判決における「罪となるべき事実」との関係……270

UNIT 18　訴因変更

POINT 1　過失犯の訴因……281
POINT 2　覚せい剤自己使用罪の訴因変更……288

UNIT 19　公判手続

POINT 1　前科と冒頭陳述……294
POINT 2　迅速な裁判……296
POINT 3　刑事免責……299
POINT 4　被告人の証人適格……302

UNIT 20　証拠法の基本原則

POINT 1　証拠能力と証明力……320
POINT 2　自白の信用性の評価および判断に関する注意則・経験則……322
POINT 3　「疑わしいときは被告人の利益に」の原則……324
POINT 4　情況証拠による事実認定……326

UNIT 21　証拠の関連性

目　次

POINT 1　自然的関連性・法律的関連性・証拠禁止の関係……331

POINT 2　同種前科・類似事実による事実認定……334

POINT 3　裁判員裁判と証拠能力（許容性）……335

POINT 4　足利事件と DNA 型鑑定……338

UNIT 22　違法収集証拠

POINT 1　排除法則と自白法則……343

POINT 2　排除法則と最高裁判例……349

UNIT 23　自　白

POINT 1　取調べの可視化……365

POINT 2　補強証拠を必要とする範囲……367

UNIT 24　伝聞(1) ──伝聞と非伝聞

POINT 1　立証趣旨と要証事実（立証事項）……372

POINT 2　犯行計画メモの証拠能力……376

UNIT 25　伝聞(2) ──伝聞法則の例外①

POINT 1　伝聞例外の多用……380

POINT 2　伝聞例外の分類の視点……381

POINT 3　退去強制と検察官面前調書……385

UNIT 26　伝聞(3) ──伝聞法則の例外②

POINT 1　犯行（被害）再現状況報告書と再現写真……392

POINT 2　取調べ DVD の証拠能力……395

POINT 3　実況見分を含む捜査報告書の証拠能力……396

UNIT 27　伝聞(4) ──伝聞法則の例外③

POINT　同意の効果……405

UNIT 28　裁　判

POINT 1　評議の方法……411

POINT 2　裁判書……413

POINT 3　択一的認定……415

POINT 4　余罪と量刑……417

POINT 5　無罪判決後の勾留……421

UNIT 29　上訴・確定後救済手続・裁判の執行

xxi

POINT 裁判員制度と控訴……435

UNIT 30　少年手続

POINT 1　事案解明と適正手続の保障……453

POINT 2　少年法の改正と被害者の傍聴……459

凡　例

1　本書で使用する略称

□ 法　令

本書では，刑事訴訟法の条文は条文番号のみで引用している。その他の法令については，おおむね有斐閣版六法全書の略語に基づいて表記した。

□ 判例集・判例解説，教科書・体系書

刑(民)集　大審院，最高裁判所刑(民)事　　　集刑　最高裁判所裁判集刑事
　　　　　　判例集
高刑集　高等裁判所刑事判例集　　　　　　　高刑特　高等裁判所刑事裁判特報
下刑集　下級裁判所刑事裁判例集　　　　　　東高刑　東京高等裁判所判決時報刑事
高刑速　高等裁判所刑事裁判速報集　　　　　判時　判例時報
判タ　判例タイムズ

最判解昭和(平成)〇年度刑事篇　最高裁判所判例解説昭和(平成)〇年度刑事篇
百選　井上正仁＝大澤裕＝川出敏裕編『刑事訴訟法判例百選〔第10版〕』（有斐閣，
　　　2017年)
　　　※第9版以前のものは「百選〔〇版〕」と表記
憲法百選Ⅰ・Ⅱ　長谷部恭男＝石川健治＝宍戸常寿編『憲法判例百選Ⅰ・Ⅱ〔第6
　　　　　　　　版〕』（有斐閣，2013年)
メディア百選　堀部政男＝長谷部恭男編『メディア判例百選』（有斐閣，2005年)
医事法百選　甲斐克則＝手嶋豊編『医事法判例百選〔第2版〕』（有斐閣，2014年)
少年百選　田宮裕編『少年法判例百選』（有斐閣，1998年)
平成〇年度重判解〔ジュリ〇号〕　平成〇年度重要判例解説〔ジュリスト〇号〕

平野	平野龍一『刑事訴訟法（法律学全集)』（有斐閣，1958年)
団藤	団藤重光『新刑事訴訟法綱要〔7訂版〕』（創文社，1967年)
田宮	田宮　裕『刑事訴訟法〔新版〕』（有斐閣，1996年)
松尾上	松尾浩也『刑事訴訟法　上〔新版〕』（弘文堂，1999年)
松尾下	松尾浩也『刑事訴訟法　下〔新版補正第2版〕』（同)
田口	田口守一『刑事訴訟法〔第7版〕』（弘文堂，2017年)
渥美	渥美東洋『全訂刑事訴訟法〔第2版〕』（有斐閣，2009年)
三井Ⅰ・Ⅱ・Ⅲ	三井　誠『刑事手続法Ⅰ〔新版〕・Ⅱ・Ⅲ』（有斐閣，1997

xxiii

凡　例

	年・2003 年・2004 年）
鈴木	鈴木茂嗣『刑事訴訟法〔改訂版〕』（青林書院，1990 年）
宇藤ほか	宇藤崇＝松田岳士＝堀江慎司『刑事訴訟法〔第 2 版〕』（有斐閣 LEGAL QUEST，2018 年）
酒巻	酒巻　匡『刑事訴訟法』（有斐閣，2015 年）
川出〔捜査・証拠篇〕	川出敏裕『判例講座刑事訴訟法〔捜査・証拠篇〕』（立花書房，2016 年）
川出〔公訴提起・公判・裁判篇〕	川出敏裕『判例講座刑事訴訟法〔公訴提起・公判・裁判篇〕』（立花書房，2018 年）

2　POINT 欄について

POINT　刑事訴訟法の学習にあたって特に重要となる事柄や少し発展的なテーマなどを，通常の記述とは分けて解説した。

UNIT 1

刑事訴訟制度の目的・構造

I　刑事訴訟法の意義
II　刑事訴訟法の目的
III　刑事訴訟法の構造

I　刑事訴訟法の意義 ────────────────

刑事訴訟法の法源

(1)　刑事実体法と刑事手続法

　刑事訴訟法とは，刑事事件を適正かつ迅速に解決する手続を定めた法制度である。その中心は「刑事訴訟法」（昭和 23 年法 131 号）である。これは形式的な意味での刑事訴訟法といわれる。その他，刑事事件を解決するためには，法の支配の下，日本国憲法を始めとして，憲法に適合した様々な法律や規則に従うことが求められている。これらを実質的な意味での刑事訴訟法という。これに対し，いかなる行為が犯罪となり，その犯罪に科される刑罰は何かを定めているのが刑法（およびその他の刑事実体法）である。刑罰は制裁の中でも最も峻厳なものであるため，犯罪の重さに均衡するものでなければならない。また，科刑の目的に向けられた刑事事件の解決のための手続は適正かつ迅速なものでなければならない。

　刑法は刑事訴訟法によって実現される。刑事訴訟法は刑事事件の発生から刑の執行までの手続を規律する。例えば，捜査は事件ありと思料されるときに開始されるが（189 条 2 項等），刑法に規定されるいかなる犯罪に該当する事件が発生したと判断されるかによって捜査を開始するか否かが決まるのであり，また，一定の年月が経過した後にある犯罪が発覚したとき，その犯罪につき公訴時効が完成していればもはや起訴（公訴提起）はできない（起訴しても免訴判決が下される）。その意味でも，刑法と刑事訴訟法との関係は密接である。

UNIT 1 　刑事訴訟制度の目的・構造

(2)　憲法および刑事手続法規

　憲法は個人の尊重・幸福追求権（憲13条），表現の自由（憲21条）等様々な基本的人権を保障している中，76条から82条にかけて司法に関する規定を置き，これらは刑事裁判の在り方にも大きな関わりを有している。とりわけ憲法は，31条から40条にかけて主として刑事手続における被疑者・被告人の基本的人権を保障している。基本的人権は譲ることのできない各個人の固有の権利であるから，憲法に適合しない法律は無効である（憲81条）。したがって，憲法の保障する基本的人権が刑事訴訟法および刑事手続を定める法律の内容を規律するのである。

　憲法に保障された基本的人権としては，適正な手続によらなければ生命や自由を奪われたり，刑罰を科せられない権利（憲31条），裁判を受ける権利（憲32条），正当な理由があり，原則として裁判官の令状を得た上でなければ逮捕されない権利（憲33条），身体を拘束された被疑者・被告人の弁護権と正当な理由がなければ抑留・拘禁されない権利（憲34条），官憲による不合理な捜索・押収を受けない権利（憲35条），公務員による拷問および残虐な刑罰の禁止（憲36条），公平・迅速な公開裁判を受ける権利，証人審問・喚問権，私選・国選の弁護権（憲37条），自己負罪拒否特権，強制・拷問等により採取した自白の証拠能力の否定，自白だけでは有罪認定を許さない補強法則（憲38条1項〜3項），二重の危険の禁止（憲39条），無罪判決を受けた者の刑事補償を受ける権利（憲40条），がある。これらの規定が刑事訴訟法・刑事訴訟規則その他の刑事手続法規を規律し，また，後述する刑事訴訟法の目的の実現の方法や刑事訴訟の構造の在り方にも影響を与えているのである。

　憲法，刑事訴訟法のほかに刑事手続を規律する法規としては，最高裁の制定する刑事訴訟規則（昭和23年最高裁規32号）があり，また，刑事事件の発生前後から刑の執行までを規律する以下のとおり様々な法律がある。警察法，警察官職務執行法，犯罪捜査のための通信傍受に関する法律，検察庁法，検察審査会法，裁判所法，裁判員の参加する刑事裁判に関する法律，弁護士法，法廷等の秩序維持に関する法律，少年法，刑事訴訟費用等に関する法律，交通事件即決裁判手続法，刑事補償法，更生保護法，犯罪被害者等基本法，犯罪被害者の権利利益の保護を図るための刑事手続に付随する措置に関する法律など。

Ⅱ　刑事訴訟法の目的

1　公共の福祉（利益）と基本的人権の保障との調和的実現

　刑訴法1条は以下のように規定している。「この法律は，刑事事件につき，公共の福祉の維持と個人の基本的人権の保障とを全うしつつ，事案の真相を明らかにし，刑罰法令を適正且つ迅速に適用実現することを目的とする」。この条文を素直に読めば，刑事訴訟法の目的は，公共の福祉の維持と個人の基本的人権の保障を共に実現しながら，事案の真相を明らかにして，その明らかにされた事実に対して，該当する刑罰法令を適正・迅速に適用実現することをいうと解される。

　公共の福祉の維持とは，この文脈においては犯罪によって乱された社会の秩序を回復し維持すること，言葉を換えれば，社会の安全を保持することといってよいだろう。各個人は安全な社会で生きていくためにルールを守り，安全な社会であればこそ各人の権利も十分に享受されるのである。また，個人の基本的人権の保障は憲法が重視する価値を表したものであり，前述の如く多数の基本的人権が保障されている。公共の福祉と基本的人権の保障は時として衝突することがある。憲法は個人に様々な権利を保障しているが，その権利の行使が同じく尊重されるべき他の個人の権利を侵害する場合がある。限界を超えた個人の表現活動が他の個人の名誉を侵害する場合などがその例である。個人の権利は他人の権利を侵害しない範囲で行使されなければならない。基本権の内在的制約といわれたりする。つまり，個人の基本的人権は他の権利と調和する形で行使されなければならず，刑事事件の解決においても，公共の福祉と個人の基本的人権とが適切なバランスのとれた状態において実現されなければならないのである。実は，憲法31条以下の規定は，個人にいかなる基本的人権が保障されていて，それが制約されるのはいかなる場合であるのかを明示しており，個人の基本的人権の保障と公共の福祉の維持とのバランスのとり方をも規定しているのである。

2　真実主義の内容

　次に，刑事事件は事案の真相を解明して，刑罰法令を適用実現しなければな

UNIT 1 刑事訴訟制度の目的・構造

らない。事案の真相の解明は実体的真実主義ともいわれる。実体的真実主義では，一方で，当事者の私的権利が問題となる民事訴訟におけるように当事者の認諾があれば，その事実を真実とみなす形式的真実主義は妥当せず，科刑が問題となる刑事訴訟においては可能な限り真実に迫る必要があり，他方で，真実とはいっても，個人の基本的人権を不当に侵害しない方法で，適正な手続に従って収集した証拠に基づいて真実と判断される「訴訟的真実」であるとの限界があるといわれている。

　確かに，事実の認定は証拠による（317条。証拠裁判主義）のであり，証拠以外の思い込みや偏見によって事実認定をしてはならないのであるから，峻厳な制裁である刑罰を科す前提となる事案を解明するためには，必要かつ十分な証拠を収集する必要がある。憲法・刑訴法等もそのことを認めており，捜査機関には強制捜査を含む証拠収集の権限を与えている。他方，証拠収集は個人の基本的人権を不当に侵害しない方法で，適正手続に従って行われなければならない。このような制約の下で収集された証拠を前提にして，しかも検察官が立証できると考えた犯罪事実のみについてその有無を裁判所が判断するのであるから，そこで解明される真実は歴史的真実，絶対的真実ではなく，訴訟的真実なのである。

　このような適正手続に従いながら，真摯に収集された証拠を基に可能な限り真実に迫るという実体的真実主義によって適正な事実認定を行い，その結果として適正・迅速な刑事裁判を実現しようと刑訴法1条は考えたのである。その現実の結果は，有罪になることも無罪になることもあり得るが，いずれの場合でも，真相を解明して適正・迅速な刑事裁判が実現されたといえるのである。

3 迅速な裁判を受ける権利

　さらに，迅速な裁判について略述する。迅速な裁判を受ける被告人の権利は憲法37条1項と刑訴法1条，刑訴規則1条に規定されている重要な権利である。迅速な裁判を受ける権利が侵害された場合とは，被告人には責任がないのに審理が著しく遅延するような異常な事態が生じた場合である。最高裁は，起訴後15年余ほとんど審理をしないまま放置された事件につき「これに対処すべき具体的規定がなくても，もはや当該被告人に対する手続の続行を許さず，その審理を打ち切るという非常救済手段がとられるべきことをも認めている趣

旨の規定である」と解して，憲法 37 条 1 項を根拠に，公訴時効が完成した場合に準じ，免訴の判決をした第一審判決を支持した（最大判昭和 47・12・20 刑集 26 巻 10 号 631 頁〔百選 A31 事件〕〔高田事件〕）。同判決は続けて，長期間の遅延が被告人に有形無形の社会的不利益を与えるだけでなく，証拠の散逸等により被告人の防御権の行使に障害を生ずることになり，「ひいては，刑事司法の理念である，事案の真相を明らかにし，罪なき者を罰せず罪ある者を逸せず，刑罰法令を適正かつ迅速に適用実現するという目的を達することができないことともなるのである」と判示して，迅速な裁判の保障条項が刑事訴訟法の目的の重要な一内容となっていることにも言及しているのである。

Ⅲ 刑事訴訟法の構造

1 糾問主義と弾劾主義

　刑事裁判の形態には大きく分けて 2 つある。糾問主義と弾劾主義である。これらは刑事裁判の理念的形態であり，現実の裁判制度においては，その純粋な形で存在するわけではなく，どちらかの特徴を基本にした混合形態である。ヨーロッパ大陸の国は糾問主義の特徴を持った制度を発展させたし，英米では弾劾主義の特徴を持った制度を持っていたと一般的にいえる。

　糾問主義は中世において異端者を糾問するための手続として始まった。その典型例は中世の魔女狩りであった。糾問主義は手続に対する法的規制が乏しく，糾問官（捜査・訴追権限を併せ持った裁判官といえようか。後に，改革された糾問主義といわれる職権主義の下では捜査・訴追権限は分立され，検察官等が行うようになる）の裁量が幅広く認められており，糾問官が手続を突然開始することが認められていた。手続は糾問官が被告人を問い糾す形で進められ，手続の究極の目的は真実の発見にあった。真実の発見のためには一定の要件の下で拷問も認められた。裁判所が刑事裁判の中心的存在であり，被告人は裁判の客体でしかない。刑事裁判に関わる機関の間に権力の分立がなされておらず，証拠の発見・収集に携わる捜査機関は独立してその権限を行使するのではなく，裁判所の命令を裁判所の手足となって実現するか，あるいは，裁判所の権限を代理して行使するものと考えられていた。捜査と公判は連続したもので，捜査段階で集められ

UNIT 1　刑事訴訟制度の目的・構造

た証拠は裁判所へ引き継がれることとされていた。裁判所の構成は最上級の裁判所を頂点として階層的に組織され，下級の裁判所の判断は最終的な結論とはならず，最上級の裁判所の権威ある判断が下されて初めて最終的な結論となり，そこで裁判は終了し，確定するのである。裁判は非公開で行われた。また，問題にされたのは異端，つまり犯罪行為ではなくむしろ犯罪傾向であったから，一定の証拠はあるが，有罪を認定するだけの証拠（自白）がない場合には，嫌疑刑が科せられたのであった。嫌疑刑は，自白がなければ被告人を有罪にできないという法定証拠主義と真実発見の理念（真実発見のためには拷問も許される）との悪しき妥協の産物ともいわれた。

　これに対して，弾劾主義においては被害者等の告発者の告発があって初めて裁判が開始される。告発者が告発した犯罪行為を立証する責任を負い，被告発者は真実発見に協力する義務を法律上課されないし，裁判所も告発事実が証明されているかを判断する役割が与えられているのであって，告発事実を超えて真実が何かを解明する義務を負わされてはいない。告発者と裁判所とはそれぞれ違った役割・権限を有し，権力の分立がなされている。告発者に主張・立証の義務を課し，被告発者の利益を認めるところから，被告発者は有罪と立証されるまで無罪との推定を受ける地位があるとされ，被告発者が告発事実を争うために告発の内容を告知される権利が保障されることになる。また，裁判は公開の法廷で行われる。さらに，弾劾主義における告発者と被告発者の対立抗争を強調することに伴う弊害を避けるために，告発されて長い間裁判に繋ぎとめておかれることに伴う様々な社会生活上の不利益を被告発者に与えないように迅速な裁判を受ける権利が保障され，また，一度裁判が終了したならば，再び同じ事件について訴追を受けない地位（二重危険禁止の法理）が保障されたのである。

2　職権主義と当事者主義

　近代になると糺問主義が大幅に修正され，また，弾劾主義も変容を受けた。近代国家における刑事裁判は次のような共通する特徴を有している。捜査機関が裁判所から独立して活動し，その活動は裁判所等による規律を受けること，訴追がなければ裁判は開始されないこと（不告不理の原則），被疑者・被告人に様々な基本権が保障されたこと，裁判所の審判対象が，広狭はあるが，限定さ

れたこと，供述証拠の証拠能力に制限が加えられたこと（自白法則，伝聞法則，直接主義），非供述証拠の証拠能力に制限が加えられたこと（排除法則，証拠禁止），迅速・公平・公開裁判が保障されたこと，上訴権が保障されたこと等である。

　近代的訴訟法典には上のような共通点があるが，職権主義と当事者主義の最も大きな違いは，裁判における中心的な役割を果たすのが裁判所なのかそれとも当事者（訴追者〔多くの場合は検察官〕と，被疑者・被告人〔これに弁護人が助力する〕）なのかである。ヨーロッパ大陸法系の国々は基本的に職権主義を採り，英米法系の国々は当事者主義を採っている。一例を挙げれば，ドイツでは刑事裁判の目的は実体的真実の発見であり，裁判官は裁判において主導的な役割を果たし，有罪・無罪を立証する可能性のある全ての情報を収集する義務があるとされているのに対し，アメリカでは，検察官の主張した事実が合理的な疑いを超えて立証されていれば有罪，疑いが残れば無罪とされ，陪審の下した無罪判決に対しては上訴して争うことも認められていない。

3　我が国の刑事訴訟法の歴史

(1)　糾問主義から職権主義へ

　我が国の刑事を含む最古の法典は大宝律令（701年）と養老律令（718年）であるといわれ，これらは中国法の影響を強く受けたもので，基本的に糾問主義の法律であった。糾問官によって訴訟が開始され，有罪認定は，被告人の自白または証人の供述がなければならなかったし（法定証拠主義），裁判は非公開であった。これらの刑事裁判の特徴は封建時代を通じて基本的に維持されたといわれている。我が国が初めて近代的刑事裁判制度を採用したのは，1880（明治13）年に治罪法を制定してからであるといわれている。フランス治罪法の影響を強く受けた我が国の治罪法は，糾問主義・職権主義の色彩を強く持った法律であったが，当時の我が国としては画期的といえるほど，国民の権利・自由を保障した法律であった。公訴時効（20条），保釈（210条〜219条），不告不理の原則（113条・276条），裁判の公開（263条），弁護権の保障（266条）などの規定がその例である。その後，1889（明治22）年に明治憲法が制定され，刑事訴訟法も改正された（1890〔明治23〕年，明治刑事訴訟法）。さらに，1922（大正11）年には，大正デモクラシーの時代に，刑事訴訟法の実質的な改正が行われた

UNIT 1 刑事訴訟制度の目的・構造

（大正刑事訴訟法，旧刑事訴訟法）。

　明治刑事訴訟法，大正刑事訴訟法は各々特徴があるが，刑事裁判の基本的特徴がヨーロッパ大陸法の職権主義の色彩の強いものであったという点では重要な部分で共通するものであった。刑事裁判の特徴が大きな変化を遂げたのは，第二次大戦後，1947（昭和22）年に日本国憲法が制定され，その理念に沿って1948（昭和23）年に現行刑事訴訟法が制定されてからである。同時に，裁判所法，検察庁法，弁護士法，警察法，警察官職務執行法，刑事訴訟規則，その他関連する刑事手続関係の法規も整備された。

(2) 現行刑事訴訟法の展開

　アメリカ憲法・刑事訴訟法の影響を強く受けて成立した現行刑事訴訟法の特徴としては，①基本的人権の保障の徹底（人身の自由やプライバシーに対する保障の強化，令状主義等），②当事者（論争）主義の強化（弁護権保障の充実，起訴状一本主義の精神を活かした公平な裁判の実現，伝聞法則の採用による被告人の防御権の充実等）などが指摘されている。

　基本権保障の徹底と当事者主義の強化をめぐって刑事訴訟法は，約70年に及ぶ判例を中心にした実務の蓄積と学説の展開等により，特色のある発展を遂げてきた。また，近年では，刑事司法制度の改革の結果として，①「裁判の迅速化に関する法律」（平成15年法107号）の制定や刑訴法一部改正法（平成16年法62号）の内容として公判前整理手続の創設と同手続における証拠開示の拡充により刑事裁判の迅速化・充実化が図られている。国選弁護人制度の拡充も刑事裁判の充実化に資するものである。② 2004（平成16）年制定の裁判員法（「裁判員の参加する刑事裁判に関する法律」〔法63号〕）は，国民が裁判員として裁判官と協働して重大事件の事実認定・量刑を行うことにより，裁判に対する国民の理解が向上することを企図したものであり，施行7年間の実績を見ると，おおむね順調に運用されているといわれている。また，裁判員制度は，現行刑事訴訟法が当初目指していた直接主義・口頭主義，第一審中心主義を実現する点でも一定の効果を上げているともいわれている（控訴審の事後審化も含めて）。なお，検察審査会の一定の議決に対して法的拘束力を付与する制度（平成16年の検察審査会法の改正）は，国民の刑事司法への参加を強化するという点では裁判員法と基本的には同じ狙いを持っている。③犯罪被害者の刑事手続における法的地位に関して，2000（平成12）年の刑事訴訟法一部改正は，被害者が証人

として法廷において供述するときの保護策として，付添い（157条の2），遮へい措置（157条の3），ビデオリンク方式（157条の4）を設けた。この改正により，被告人の反対尋問権を保障しつつ，被害者の精神的負担を軽減することが可能となった。また，積極的な権利として，2007（平成19）年の刑事訴訟法の一部改正において，被害者に被害者参加人として，証人尋問（316条の36），被告人質問（316条の37），弁論としての意見陳述（316条の38）をすることが認められた。この改正によって，刑事裁判に最も利害関係を有する被害者が，その立場にふさわしい被害者参加人という包括的な地位で刑事裁判に参加することができるようになり，刑事裁判が全ての利害関係者の意見を聴きながら多角的に運用できるように整備された。

(3) 平成28年刑事訴訟法の一部改正

取調べと供述調書に過度に依存せず，直接主義・口頭主義に基づいた第一審公判中心主義の刑事裁判を目指す刑訴法改正が成立した。本改正の内容は広範囲に及ぶもので，今後の刑事司法の在り方に大きな影響を及ぼすことが予想される。詳しくはUNIT 2を参照されたい。

4 憲法・刑訴法が採る訴訟構造——弾劾主義，当事者主義

憲法38条1項は自己負罪拒否特権を保障している。自己負罪拒否特権は弾劾主義の典型的表現だといわれている。「何人も，自己に不利益な供述を強要されない」（憲38条1項）。被訴追者（被告人）は法律上供述することを義務付けられない（供述しないことによって刑罰という制裁を科されない）。他方，訴追者（検察官）は起訴事実を主張・立証する義務がある。被告人は有罪と認定されるまでは無罪と推定される。検察官には立(挙)証責任が課されており，犯罪事実を合理的な疑いを超えるまで証明しなければならない。

■■ *POINT 1* 当事者主義とは何か ■■■■■■■■■■■■■■■■■■■■■■■■■■■■■■■

外国の刑事法研究者が日本国憲法37条を見たときに，日本の刑事裁判は当事者主義を基本にしているものであることを理解するだろう。なぜならば，憲法37条は被告人に対して，1項で迅速かつ公平な公開裁判を受ける権利を，2項で証人審問・喚問権を，そして3項で私選のみならず国選の弁護権を保障しているからである。これらの権利は当事者主義の刑事

UNIT 1 刑事訴訟制度の目的・構造

裁判に不可欠な要素を被告人の権利を保障する形で規定したものである。

当事者主義は，訴訟の運営において当事者（検察官と被告人・弁護人）が主導的な役割を果たす訴訟形態であるといわれる。問題はその中身である。

第1に，裁判は公平でなければならない。公平な裁判であるためには裁判所の組織構成上の公平を保障するとともに（20条以下。除斥，忌避，回避の制度），訴訟手続においても公平さを保障しなければならない。刑訴法は起訴状一本主義を採用して（256条6項），検察官は公訴提起の際，起訴状のみを提出し，起訴状には裁判官に予断を抱かせるおそれのある物の添付，内容の引用および記載を禁じて裁判官が白紙の状態で（予断・偏見を抱かないで）公判に臨むことができるように配慮している（詳しくはUNIT 15を参照）。起訴状一本主義の趣旨からすると，訴訟手続の進行については裁判官の役割は大きいとしても，主張・立証，反証という事実認定活動においては当事者が主導的な役割を果たし，裁判官は公平な立場から判断するという役割が期待されている。

第2に，迅速な裁判を受ける権利の内容と判例の立場については前述したが（Ⅱ3），2003（平成15）年には司法制度改革の一環として「裁判の迅速化に関する法律」が制定され，第一審の訴訟手続は2年以内のできるだけ短い期間内に終局させることとされた（裁判迅速化2条）ことを付け加えておきたい。

第3に，刑事裁判における審判の対象は検察官の主張である訴因に限定される。訴因をめぐって両当事者の攻撃・防御活動が展開される。弾劾主義の要請（無罪推定の原則）に基づき，一方的に挙証責任を負っている検察官は訴因を証拠によって合理的な疑いを超えるまで証明しなければならない。当事者主義の刑事裁判は，検察官の主張・立証に対して被告人・弁護人が十分に反論して防御する機会を与えた上で，それでもなお，訴因は合理的な疑いを超えて証明されていると裁判所が判断したときに初めて有罪認定が許されるのである。被告人・弁護人に十分に反論する機会が保障されていること，両当事者の間に論争があることが不可欠である。

被告人・弁護人に十分に反論する機会を与えるものとして憲法37条2項では証人審問・喚問権を保障し，自己に有利な証人を強制的に公判廷に喚問し，また，不利益な証言をした者には反対尋問をして証言内容の正確

性を争うことが認められている。刑訴法は受訴裁判所の面前で反対尋問の機会を与えていない供述証拠には原則として証拠能力を与えていない（320条。伝聞法則〔詳しくは **UNIT 24** を参照〕）。

第4に，検察官の主張・立証に十分な反論の機会を与えるといっても，多くの場合，法律の素人である被告人にはその能力があるとは考えられない。これでは論争も成立しない。そこで，公判において検察官の主張・立証に十分に反論し，防御するためには被告人の利益を擁護する法律の専門家の助力が必須のものとなる。必須のものであれば，資力の有無によって弁護権が保障されない事態が生ずるのは不合理である。そこで，当事者主義の内容として被告人には私選のみならず国選の弁護権が保障されなければならないのである。

第5に，検察官の主張・立証に十分な反論の機会を与えるためには，検察官の手持証拠を開示してもらう必要がある。証拠開示によって被告人・弁護人は反論（防御）の準備をすることが可能となる。証拠開示の基本は，被告人に有利な証拠（特に無罪に導く証拠）を含む証拠を，証拠隠滅・証人威迫の弊害がない限り，検察官が開示することである（詳しくは **UNIT 16** を参照）。公判前整理手続においては，争点，証拠の整理のために，①検察官請求証拠の開示（316条の14），②被告人からの請求による一定の類型証拠の開示（316条の15），③被告人側の主張明示後の争点関連証拠の開示（316条の20）がなされる。この証拠開示制度により，さらに，検察官の任意の証拠開示も含めると，現在の証拠開示の範囲は従来に比べて飛躍的に拡大している。また，判例はこの証拠開示を広く認める傾向にある（最決平成19・12・25刑集61巻9号895頁，最決平成20・6・25刑集62巻6号1886頁，最決平成20・9・30刑集62巻8号2753頁〔百選54事件〕）。証拠開示が憲法の内容であるとは証人審問・喚問権のように明文では規定されていない。しかし，証拠開示が当事者主義の重要な内容であるといえるならば，証拠開示は憲法37条の要請と強い親和性がある。

POINT 2　当事者主義は当事者処分権主義を含むか

近年，有罪答弁制度を我が国に採用できるかの議論が展開されている。

UNIT 1　刑事訴訟制度の目的・構造

有罪答弁とは英米等において行われている制度で，アレインメント（罪状認否手続）において検察官の提示した訴因について被告人が有罪の答弁（plea of guilty）をすると，有罪であることが確定し，証拠調べ（事実認定手続）は省略されて，量刑手続に移行する。アレインメントの前には通常検察官と弁護人・被告人との間で協議（取引）がなされる。検察官は一般に，実際に犯されたと思われる犯罪よりも一等または二等減じた訴因および／または相当に軽い量刑を提示する。そこで，有罪答弁は実際よりも縮減された犯罪での有罪と軽減された量刑を受ける点で被告人の利益になるし，検察官は確実に有罪判決を得られる利益がある。また，裁判官も輻輳する事件を迅速に処理できる利益があるし，弁護人も事件を迅速に処理したり，検察官や裁判官との協力関係を維持・強化できる利益がある。こうして，有罪答弁制度は全ての事件関係者に利益になる制度といわれ，多くの事件（アメリカでは9割を超えているといわれる）が有罪答弁によって処理されているという。

　他方，問題点も指摘されており，被告人が，陪審裁判（公判審理）を受けて有罪と認定された後の重い量刑を恐れて有罪答弁するような圧力を感じたり，稀な例ではあるが，刑法典に存在しない犯罪構成要件に該当する犯罪での有罪答弁に応じたりした例もあったといわれている。そこで，現在のアメリカの連邦法や，州によっては，有罪答弁の際に弁護人の助力を受けること，有罪答弁の内容とその結果を被告人がよく理解していること，有罪答弁に事実の裏付け（factual basis）があることを裁判所が有罪答弁を受け入れる条件としている。すなわち，有罪答弁の任意性，知悉性，事実の裏付けを要件として有罪答弁の弊害が生じないように工夫している。

　我が国では，従来，憲法38条3項が本人の自白だけでは有罪認定してはならないと規定している（刑訴法319条2項も参照）ため，有罪答弁は採用することができないとされてきた。しかし，近年は様々な立場から有罪答弁制度は採用し得るという見解も有力に展開されている。

　なお，平成28年刑訴法改正において導入された合憲制度は日本版司法取引ともいわれるが，両者には相違点も多い。UNIT 2 を参照。

Ⅲ 刑事訴訟法の構造

参考文献

渥美 1 頁以下，松尾下 215 頁以下，田宮 9 頁以下，233 頁以下，田口 1 頁以下など。

UNIT 2 刑事訴訟制度の概要

UNIT 2

刑事訴訟制度の概要

Ⅰ　刑事事件処理の在り方
Ⅱ　通常手続による事件処理と各段階での問題点
Ⅲ　裁判員制度の導入による変化
Ⅳ　平成 28 年改正法の成立
Ⅴ　平成 28 年改正法の意義
Ⅵ　公判を中心とした刑事手続の重要性

Ⅰ　刑事事件処理の在り方[1]

　2016（平成 28）年における一般刑法犯（刑法犯全体から自動車運転過失致死傷等を除いたもの）の認知件数は約 99 万 6000 件であり，検挙率は 33.8% である（凶悪犯罪の検挙率は殺人 100.7%，強姦 98.1%，強盗 80.5% など高率である）。認知された犯罪は全て同じ処理をされるわけではない。

　警察等が検挙した事件は，必要な捜査をした後，微罪処分（刑訴法 246 条ただし書に基づき検察官から送致の手続をとる必要がないとあらかじめ指定された犯情の特に軽微な窃盗，詐欺，横領等の事件については，検察官への微罪処分事件報告書〔月報〕での報告で足りる〔捜査規範 198 条・199 条〕。2016 年の処理人員約 6 万 7300 人）および交通反則通告制度による反則金の納付のあった事件を除き，全てが検察官に送致される。

　検察官は送致された事件について補充捜査を行い，また，独自に捜査を行う事件もある。検察官は必要な捜査をした後，犯罪の成否，処罰の要否等を考慮して，起訴・不起訴の決定をする（248 条）。検察官が 2016 年に処理した人員

---

1)　捜査，訴追，公判，上訴，再審等の刑事手続の処理の実態の詳細については，法務省法務総合研究所編『平成 29 年版犯罪白書 —— 更生を支援する地域のネットワーク』（http://hakusyo1.moj.go.jp/jp/64/nfm/mokuji.html），国家公安委員会・警察庁編『平成 29 年版警察白書 —— 交通安全対策の歩みと展望』（https://www.npa.go.jp/hakusyo/h29/index.html），最高裁判所事務総局刑事局『平成 28 年における刑事事件の概況（上）（下）』曹時 70 巻 2 号 111 頁，3 号 69 頁（2018 年）を参照。

I　刑事事件処理の在り方

約112万4500人のうち，起訴猶予が約63万5600人，その他の不起訴約6万6100人，家庭裁判所送致約7万人であり，起訴した人員約35万2700人のうち，約26万5000人が略式命令請求され，公判請求されたのは約8万7700人である。略式命令は，100万円以下の罰金または科料に処せられる犯罪につき，被告人に異議のない場合に，簡易裁判所において非公開の書面審査の手続で下される（461条以下）。

　公判手続による場合は，公開の法廷において，検察官の主張（訴因）に対して被告人・弁護人がそれぞれ攻撃・防御を展開し，公平な裁判体が検察官の主張が合理的な疑いを超えて証明されていると判断したときに初めて有罪を認定するという仕組みを採用している。公判（trial）が典型的な刑事裁判の中心であり，そこでは，迅速で公平な公開裁判を受ける権利，被告人の自己負罪拒否特権，黙秘権，証人審問・喚問権，弁護権等フル・スケールの権利が保障されている。

　公判での審理の結果，言い渡された有罪・無罪の判決に不服がある当事者は上訴して争うことができる（351条以下）。2016年における第一審の終局裁判に対する控訴率は，地方裁判所の裁判については12.0%，簡易裁判所の裁判については5.0%であった。圧倒的多数（98.6%）の控訴申立てが被告人側からのみによる申立てであった（前掲注1)曹時70巻2号167〜168頁）。また，同年に言い渡された控訴審判決に対する上告率は40.2%であった。その内訳は，上告棄却81.2%，上告の取下げ17.9%などである（同173〜175頁）。

　通常の不服申立方法がなくなると裁判は「確定」し，判決の内容に従った刑が執行され，また，同じ事件について再度訴追することは許されなくなる。しかし，3度争う機会があったとしても裁判に誤りが絶対にないとはいえない。そこで，事実誤認を理由とした非常の救済手続である再審が用意されている。2012（平成24)年から平成28年の5年間の再審請求の既済人員1658人のうち，456人（28%）について再審開始決定があった。その内訳は，高裁が2人，地裁が10人，簡裁が444人である。2013（平成25)年に簡裁で再審開始決定のあった人員（429人）の大部分は，自動速度違反取締装置の誤操作に関わる特殊な再審請求事件である（前掲注1)曹時70巻2号264〜272頁）。

UNIT 2　刑事訴訟制度の概要

Ⅱ　通常手続による事件処理と各段階での問題点 ──────────

　刑事訴訟法の目的は被疑者・被告人の基本的人権と適正手続を保障しながら実体的真実を発見し，認定された事実（真実）に関連する法令を適用・実現することである（1条）。この目的は刑事訴訟の手続全体を通じて及ぼされるものである。もっとも，刑事手続の各段階には各々の役割が期待されている。

1　捜査（詳細はUNIT 4〜8，11〜13を参照）

　捜査は犯人を発見し，証拠を収集・保全する捜査機関の活動である。捜査は任意捜査と強制捜査の組合せによって行われる[2]。任意捜査が原則であり，強制捜査は例外として法律の規定がある場合に，その要件に従ってのみ許されると解されている（197条）。強制処分は刑訴法等にその許される要件が明定されており，また原則として令状審査を受けることとされているので，いかなる場合に許されるかは比較的分かりやすい。個人の権利を侵害する捜査処分がどの強制処分に該当し，その処分に求められている要件が充足されているか否かの判断が重要となる。問題は，新たな捜査手法がいかなる強制処分に当たるのかであり，例えば宅配便のX線による検査は検証に当たるのか等の判断が求められることがある。なお，ある処分の実体が強制処分と評価されるものの現行法上の強制処分に当てはまらない場合には許容されないことになる。

　他方，任意捜査は個人に対する権利や利益の制約が強制処分に比べれば弱いので多用される。もっとも，任意処分とはいえ対象者の権利や利益を制約することがあり，その程度も小さくない場合には，その処分がいかなる要件で許されるかが問題となる。判例は，個人の意思を制圧するほどでない処分は，事案に応じて一定の嫌疑，証拠保全の必要性，緊急性等を考慮して，具体的状況の下で相当と認められる場合は適法と判断している。機会提供型のおとり捜査は任意捜査として認められているが，室内に居る者の写真撮影やGPS（位置情報検索システム）による捜査などが任意捜査かどうかは見解が分かれていた。最近，最高裁はGPS捜査が強制処分であることを明言した（最大判平成29・3・15刑集71巻3号279頁）。おとり捜査とGPS捜査についてはUNIT 5を参照。

───────────────────────────

2)　任意捜査と強制捜査の意義および双方の関係については，井上正仁『強制捜査と任意捜査〔新版〕』（有斐閣，2014年）等を参照。

16

II 通常手続による事件処理と各段階での問題点

2 訴追 (詳細は UNIT 14 を参照)

我が国では検察官のみが訴追 (起訴・不起訴) の権限を有する (247 条)。また，検察官は起訴・不起訴の決定において，幅広い訴追裁量権を有する (248 条)。検察官は公益の代表者として (検察 4 条) 適切な公訴権の行使をしなければならない。検察官の不当な訴追裁量を抑制する制度として，付審判請求制度 (262 条以下) と検察審査会制度がある。両制度は不当な不起訴処分を抑制する制度であるが，前者はその対象が公務員の職権濫用罪に限定されているという限界，後者については，その起訴相当の決議に法的拘束力が付与されていない問題があった。検察審査会制度は 2004 (平成 16) 年に改正され，再度の起訴議決があった場合は指定弁護士が公訴を提起し，公判を維持することとされた (検審 41 条の 10)。検察審査会の議決に法的拘束力が認められることになったのである。他方，不当な起訴に対しては，公訴権の濫用なので無効となり手続を打ち切るべきことが，判例によって認められた。ただ，公訴権濫用論が認められる場合とは，公訴提起自体が職務犯罪を構成するような極限的な場合に限られるとされた (最決昭和 55・12・17 刑集 34 巻 7 号 672 頁 〔百選 38 事件〕)。

実務上，検察官は公判を維持できる見込み，別言すれば，有罪判決を得る高度の見込みがなければ起訴しない。その結果，起訴した事件の約 99% が有罪となっている。この起訴の在り方については批判もあり，もっとあっさり起訴すべきで，そのため無罪率が高くなっても構わない (むしろ健全である) ともいわれる (平野龍一『捜査と人権』〔有斐閣，1981 年〕189 頁以下参照)。しかし，起訴の基準を緩くすると，被告人という立場に置かれる者の数が増加することになり，起訴された者は被告人の立場に置かれることに伴う精神的・経済的・社会的不利益を被ることになる。また，無罪判決を受けた被告人は国家賠償が比較的認められやすい傾向があるため，検察としては有罪判決を得られる高度の見込みがない限り起訴しないという姿勢にならざるを得ないことには理由があった。

3 公判準備，公判 (詳細は UNIT 15～28 を参照)

起訴状一本主義が採用された (256 条 6 項) ことにより，裁判官に予断を抱かせないように，事件の一件記録は裁判所に提出されずに検察官が保管すること

UNIT 2 刑事訴訟制度の概要

とされた。旧刑訴法時代には一件記録が裁判所に提出されていたため，証拠利用は検察官，弁護人も共有することができ，訴訟の準備のため両当事者とも証拠を閲覧することが可能であった。しかし，現行法になって，証拠開示の規定が少なかったこともあり，証拠開示が不活発で被告人・弁護人側の訴訟の準備が効率的に進まなかった。当事者主義の刑事裁判では，本来，当事者が事前に十分な準備をして直接主義・口頭主義に基づいて，信頼できる証拠により，活発な攻撃・防御活動を集中的に行って充実した公判審理を実現することが予定されている。しかし，実際は証拠開示が必ずしも十分になされないため準備が整っているとはいえず，また，訴訟関係人は交互尋問など直接主義・口頭主義の手法に習熟しておらず，さらに，直接主義・口頭主義の前提である被告人や証人の供述の信頼性を確保することができていない状態であった。そこで，刑事事件処理の効率性を高めるため，また，公判廷での被告人や証人の供述に信頼が置けない場合への対応等の理由から捜査段階における被疑者や参考人の取調べとその調書化が多用されることとなったのである。

　公判は，調書の多用化により，直接主義・口頭主義によって一気に法廷で問題の解決を図る必要が減じることになり，集中審理の試みも退潮し，期日を五月雨式に入れて審理するという形になっていく。これについては，弁護人の執務形態にも一因があった。

4　上訴（詳細は UNIT 29 を参照）

　現行法の控訴審は原判決の当否を審査する事後審の構造を採用している。つまり，原判決が不当と認められた場合，破棄するのが原則で自判するのは例外である（397 条・398 条・400 条）。また，控訴審における新事実，新証拠の提出は制限されている（381 条・382 条）。これは第一審中心主義の表れである。もっとも，現行法は事後審の性格を徹底しているわけではない。具体的妥当性を実現し，当事者の救済を図るために，法は例外的に控訴審における新たな事実の取調べを認めている（382 条の 2・393 条等）。

　「やむを得ない事由」によって第一審の弁論終結前に取調べを請求することができなかった証拠で刑の量定不当または事実誤認を証明できると信ずる理由があるときは，新たな事実を控訴趣意書に援用することができ（382 条の 2 第 1項），また，「やむを得ない事由」の疎明があったときは，新たな事実の取調べ

Ⅱ　通常手続による事件処理と各段階での問題点

は義務的となる（393条1項ただし書）。もっとも，寛大な量刑を期待して第一審では争わず，見込みに反して実刑判決がなされるや争うに至ったという事情は「やむを得ない事由」に当たらないとした判例がある（最決昭和62・10・30刑集41巻7号309頁〔百選 A48 事件〕）。なお，裁判所の裁量によって新証拠の取調べを認める 393条1項は，「やむを得ない事由」（382条の2）で救えない不都合がある場合に裁量による取調べでカバーするとの趣旨であると思われる。

　いずれにしても，最後の事実審といわれる控訴審においては，当初の狙いを超えて事実の取調べがなされており，これは当事者の要請に応えるものでもあった。

5　調書裁判，精密司法の形成

　以上に述べたように，現行法はアメリカ法の影響を受けて当事者主義を採用し，そこでは，当事者のイニシアティブを尊重し，直接主義・口頭主義に基づく第一審中心主義の刑事裁判の実現を目指したが，その前提条件が重要な部分において欠けていたということもあり，そのため，我が国の特色ある刑事裁判が創り上げられたといわれる。被疑者や参考人の取調べを中心とする綿密な捜査，検察官の幅広い裁量権を背景に，有罪の高度な見込みのある事件のみを起訴する訴追の在り方，その結果としての極めて高い有罪率，公判における書証の多用，断続的（五月雨的）な公判期日の設定，事件の細部まで真相解明に努める慎重な公判審理，上訴審に耐え得る周到な判決書，証拠調べを広範囲に認める控訴審などを重要な内容とする刑事裁判は「調書裁判」とか「精密司法」と呼ばれた（松尾上16頁，松尾下168頁参照。田口守一『刑事訴訟の目的〔増補版〕』〔成文堂，2010年〕105頁以下等を参照）。この「調書裁判」「精密司法」は「異常」とか「病理現象」ともいわれたが，結局は刑事裁判の関係者全ての利害関係の力学によって創造されたものなので，その評価は慎重になされなければならない。いずれにしても，当事者主義の実現に必要な前提が欠けていたことは事実であるし，また，現行刑事裁判にある種の制度疲労が生じていたことも確かであるので，その解決策を探さなくてはならない。

　「調書裁判」「精密司法」からの脱却を目指す制度改革として大きなインパクトを与えたのが裁判員制度の導入であり，また，その趣旨を更に徹底しようとしているのが「時代に即した新たな刑事裁判の在り方」を追求した刑事訴訟法

UNIT 2 刑事訴訟制度の概要

等の一部改正法（2016〔平成28〕年5月成立。以下，「平成28年改正法」という）で
ある。

Ⅲ 裁判員制度の導入による変化

　裁判員制度の施行（2009〔平成21〕年5月）は「調書裁判」「精密司法」に相
当大きな変化をもたらしつつある。裁判員裁判は様々な職業や生活を持った国
民が裁判員として裁判官と協働して事実認定と量刑を行うため，裁判員に過度
の負担を掛けるわけにはいかない。そこで，裁判は連日的に開廷して集中した
審理を行い，多くの事件では4日〜10日以内で終了する運用がなされている。
短期間で集中した審理を可能にするためには事前の準備が必要であり，実際に
は公判前整理手続（2005〔平成17〕年導入。裁判員裁判の対象事件においては公判前
整理手続を経ることが要件とされている）において争点と証拠を整理し，明確な審
理計画の策定が行われる（316条の2）。また，明確な審理計画を策定し，迅速
かつ充実した公判審理をするためには当事者による証拠開示が必要であるが，
証拠開示は大幅に拡充された（316条の13以下）。裁判員に的確な心証を形成し
てもらうためには，重要な争点につき，その争点の立証に必要かつ十分な証拠
を厳選して，分かりやすく立証・反証が展開されなければならない。そのため
には，証拠の量はおのずと必要かつ重要なものに限定され，また，立証の方法
も裁判員が目で見て耳で聞いて分かるような方法が多用されることになる。別
言すれば，書証よりも証人尋問や被告人質問を重視した直接主義・口頭主義に
よる公判中心主義の裁判に移行せざるを得ないことになる（椎橋隆幸「裁判員制
度の課題と展望」井上正仁＝酒巻匡編『刑事訴訟法の争点』〔有斐閣，2013年〕200頁
などを参照）。

Ⅳ 平成28年改正法の成立

　2016（平成28）年5月24日，取調べの録音・録画の義務化を柱とした平成
28年改正法が成立した。同法については該当する各UNITにおいて解説され
るが，同法の内容は重要で，また，広い領域にわたるため，本UNITにおいて
同法の全体像を解説することが有益と考える。まずは，同法に至る経緯を簡単

に述べた後，同法の内容を概説する。

新時代の刑事司法の在り方は，法務省「検察の在り方検討会議」の提言（2011〔平成 23〕年 3 月）と江田五月法務大臣が発した諮問 92 号（同年 5 月）によってその方向性の基本的枠組みは決められていたといってよい。諮問 92 号の目的は，時代に即した新たな刑事司法の在り方の構築であり，その目的を実現するための具体的な検討項目として，取調べおよび供述調書に過度に依存した捜査・公判の在り方の見直しや，被疑者の取調べ状況の録音・録画制度の導入などが対象とされている。

法制審議会新時代の刑事司法制度特別部会の全会一致の答申を受けて法案化され立法に至った平成 28 年改正法は次の 9 項目を内容とする。それらは，①取調べの録音・録画制度の導入，②証拠収集等への協力および訴追に関する合意制度（以下，「合意制度」という）及び刑事免責制度の導入，③通信傍受の合理化・効率化，④裁量保釈の判断に当たっての考慮事情の明確化，⑤弁護人による援助の充実化，⑥証拠開示制度の拡充，⑦被害者・証人を支援・保護する方策の拡充，⑧証拠隠滅等の罪の法定刑の引上げ等，⑨自白事件の簡易迅速な処理のための措置導入である。以下に 9 項目の内容につき簡単に説明を加える。

なお，平成 28 年改正法の規定はほぼ施行されているが，上記①と③の規定は，公布日（平成 28 年 6 月 3 日）から起算して 3 年以内の政令で定める日（平成 31 年 6 月 2 日まで）から施行される。

1 取調べの録音・録画制度の導入（UNIT 8 参照）

平成 28 年改正法は，裁判員制度対象事件と検察官独自捜査事件を対象に，逮捕・勾留中の被疑者の取調べ（弁解録取手続を含む）の全過程の録音・録画を義務付けた（301 条の 2）。供述調書等の任意性が争われたとき，検察官は，原則として，その被疑者取調べ等を録音・録画した記録媒体の証拠調べを請求しなければならず（1 項），検察官がこの証拠調べ請求義務を果たさなかった場合，裁判所は検察官の書面の証拠調べ請求を却下しなければならない（2 項）。録音・録画義務の例外として，①機器の故障，②被疑者が記録を拒んだ場合，③当該事件が指定暴力団の構成員に関わるものである場合，④犯罪の性質，関係者の言動等の事情に照らし，被疑者や親族に加害・畏怖・困惑行為がなされるおそれがある場合が掲げられている（4 項）。

UNIT 2　刑事訴訟制度の概要

2　合意制度及び刑事免責制度の導入

(1)　合意制度（350条の2～350条の15）

　検察官は，被疑者・被告人が第三者の犯罪事実を明らかにするための事実の供述その他の行為をする場合には，その見返りとして，被疑（告）事件につき，不起訴処分，特定の求刑などをする旨の合意をすることができる。合意のための協議は，原則として，弁護人の同意がなければならない。合意制度の対象犯罪は，特定犯罪（一定の財政経済関係犯罪および薬物銃器犯罪）である。特定犯罪については合意制度が有効な捜査手法になり得る。他方，検察官との間で協議をするか，合意に達するかは被告人の自由意思に委ねられている。検察官が不起訴の合意に違反して公訴を提起したときは当該公訴は棄却される。また，被告人は真実の供述をしなければならず，虚偽の供述をしたり，偽造・変造の証拠を提出したときは5年以下の懲役に処せられる。

(2)　刑事免責制度（157条の2・157条の3等）（UNIT 19参照）

　刑事免責とは，共犯等の一部の者について刑事責任を問わないこととし（免責の付与），自己負罪拒否特権を失わせて供述を強制し，その供述を他の者の有罪立証の証拠にしようとする制度である。平成28年改正法によれば，検察官は，証人の自己負罪供述と派生証拠を原則として証人に不利益な証拠とすることができないこと，その場合，証人は自己負罪供述を拒むことができないことを条件に証人尋問を請求し，これに対して，裁判官は，自己負罪供述が含まれないと明らかに認められる場合を除いて，免責決定をする（157条の2）。証人や参考人の供述が得られ難くなってきている近年，真相解明が困難な共犯事件において，役割の小さい共犯者に刑事免責を付与して供述を強制し，その供述を役割の大きな共犯者の証拠にすることは1つの合理的な制度と考えられたのである。なお，証人は真実を述べればその証言は証人に不利益に使われることがない一方，証言を拒めば証言拒否罪，嘘を述べれば偽証罪に問われるため，そのような危険を冒してまで第三者を引き込むという事態は制度上は考え難い。

3　通信傍受の合理化・効率化（UNIT 13参照）

(1)　対象犯罪の拡大と要件の厳格化（通信傍受3条・別表第二）

　平成28年改正法によれば，現行通信傍受法上，薬物銃器犯罪等4類型に限

定されている対象犯罪に次の対象犯罪が追加された。①人命に関わる重大な犯罪（現住建造物等放火，殺人，傷害・傷害致死，爆発物使用），②人命に関わる重大な犯罪である上，組織的に行われる犯罪（逮捕・監禁，略取・誘拐），③外国人グループ等による組織的窃盗等を念頭に置いた犯罪（窃盗，強盗・強盗致死傷），④被害児童に重大な影響を及ぼす，不特定多数の者に対する児童ポルノの提供・提供目的の製造等。

　他方，これらの追加対象犯罪については「組織性」の要件が付加された。すなわち，①対象犯罪が「人の結合体」により行われるものであること，②その「人の結合体」が「役割の分担に従って行動する」人によって構成されていること，③その役割が「あらかじめ定められた」ものであることにつき，④それぞれ「疑うに足りる状況がある」ことが要件とされている。

(2)　特定装置を用いる傍受の導入（通信傍受2条・5条・9条・20条・21条・23条等）

　特定装置とは傍受した通信や傍受の経過を自動的に記録し，これを即時に暗号化する機能を有する装置であり，この装置を用いることで，現行法で求められていた，立会い（通信傍受12条），記録媒体の封印（通信傍受20条），記録媒体の裁判官への提出（通信傍受21条）を不要とし，かつ，通信内容の聴取等をリアルタイムで行う方法と事後的に行う方法による傍受を可能にした。

4　裁量保釈の判断に当たっての考慮事情の明確化

　改正前の刑訴法90条は「裁判所は，適当と認めるときは，職権で保釈を許すことができる」と規定されていた。この裁量保釈の判断に当たって考慮すべき事情として実務上確立している解釈を明記し，「裁判所は，保釈された場合に被告人が逃亡し又は罪証を隠滅するおそれの程度のほか，身体の拘束の継続により被告人が受ける健康上，経済上，社会生活上又は防御の準備上の不利益の程度その他の事情を考慮し，適当と認めるときは，職権で保釈を許すことができる」との規定に改正された。この改正は法運用を変更するものではなく，法文の内容を明確化し，国民に分かりやすくする趣旨であると説明されている。

UNIT 2 刑事訴訟制度の概要

5 弁護人による援助の充実化（UNIT 10 参照）

(1) 被疑者国選弁護制度の対象事件の拡大

改正前は，必要的弁護事件（死刑または無期もしくは長期 3 年を超える懲役・禁錮に当たる罪）で勾留された被疑者に保障されている被疑者国選弁護の対象を全ての勾留事件に拡大した（37 条の 2・37 条の 4）。

(2) 弁護人の選任に係る事項の教示の拡充

刑訴法上，身柄を拘束された被疑者・被告人は裁判所や刑事施設の長に弁護士を指定して弁護人の選任を申し出ることができ，その申し出を受けた機関は直ちにその旨を指定した弁護士等に通知しなければならない（78 条）。この弁護人選任権の手続保障をより十分なものにするために，裁判所や捜査機関等は弁護人選任の告知の際に，前記の方法で弁護人の選任を申し出ることができる旨とその申し出先を教示しなければならないこととされた（76 条 2 項・77 条 2 項・203 条 3 項・204 条 2 項・207 条 3 項等）。

6 証拠開示制度の拡充（UNIT 16 参照）

(1) 検察官手持ち証拠の一覧表の交付制度の導入（316 条の 14）

検察官は，検察官請求証拠の開示をした後，被告人等から請求があったときは，速やかに，検察官が保管する証拠の一覧表を交付しなければならない（2 項）。一覧表の交付は，現行の類型証拠・主張関連証拠の開示請求の「手がかり」を与え，その開示請求を円滑化・迅速化するためのものである。なお，開示に伴う弊害が生じるおそれがある場合は，一覧表にそれらの事項を記載しないことができる（4 項）。

(2) 公判前（期日間）整理手続の請求権の付与（316 条の 2・316 条の 28）

平成 28 年改正法は，両当事者に公判前（期日間）整理手続の請求権を認めた。もっとも，手続の遅延を避けるために，不服申立ては認められていない。

(3) 類型証拠開示の対象の拡大（316 条の 15）

現行の類型証拠開示に加えて，以下の類型証拠が開示されることとされた。①共犯者の身柄拘束中の取調べについての状況記録書面（1 項 8 号），②検察官が証拠調べ請求をした証拠物に関わる押収手続記録書面（1 項 9 号。差押調書・領置調書等），③検察官が類型証拠として開示すべき証拠物に関わる押収手続記

録書面（2項。差押調書・領置調書等），である。これらは，共犯者の供述録取書の信用性を吟味するために類型的に重要であるとか，証拠物の証明力を判断する上で類型的に重要と考えられる証拠だからである。

7 被害者・証人を支援・保護する方策の拡充（UNIT 19 参照）

(1) 証人等の氏名等の情報を保護するための制度の創設（299条の4）

証人等の氏名等の情報の開示について，証人等の身体または財産に対する加害行為等のおそれがあるときは，被告人の防御に実質的な不利益が生じるおそれがある場合を除き，検察官が，弁護人に当該氏名等を開示した上で，これを被告人に知らせてはならない旨の条件を付することができる。さらに，特に必要があるときは，弁護人にも開示せず，代替的な呼称等を知らせることができることとされた。この措置が採られた場合，証人等の身体等に対する加害行為等のおそれがないとか被告人の防御に実質的な不利益を生ずるおそれがあると判断したときは，裁判所は，被告人等の請求により，決定で，当該措置の全部または一部を取り消さなければならない（299条の5）。

(2) 公開の法廷における証人等の氏名の秘匿（290条の2・290条の3）

裁判所は，証人等からの申出があるときに，証人等の身体または財産に加害行為等のおそれがあるか証人等の名誉が著しく害されるおそれがあると判断した場合，証人等特定事項を公開の法廷で明らかにしない旨の決定をすることができる。

(3) ビデオリンク方式による証人尋問の拡充（157条の6）

裁判所は，証人を尋問する場合，犯罪の性質，証人の年齢その他の事情により，証人が同一構内に出頭することにより精神の平穏を著しく害されたり，証人の身体等へ加害行為等がなされるおそれがあると認めるときには，同一構内以外にある場所に証人を在席させ，ビデオリンク方式（映像と音声の送受信により相手の状態を相互に認識しながら通話することができる方法）によって尋問することができるものとした。組織犯罪の目撃者が安心して証言したり，遠隔地の高齢者が無理なく証言できることを可能にしている。

UNIT 2　刑事訴訟制度の概要

8　証拠隠滅等の罪の法定刑の引上げ等

(1)　証拠隠滅の罪等の法定刑の引上げ

　刑事裁判においては真相が解明されることにより適正な裁判が実現される。真相の解明を妨げる証人の不出頭や宣誓・証言拒絶，犯人蔵匿や証拠隠滅行為等には，より厳正に対処すべきとの法的評価を示すために関係罰則の法定刑が引き上げられた（151条・161条，刑103条・104条・105条の2）。法定刑の引上げにより，客観的な証拠や関係者の供述が損なわれたり歪められることなく公判廷に顕出されることが期待される。

(2)　証人の勾引要件の緩和等

　従来は，証人が召喚に応じないことが明らかであっても，いったん召喚をしてその不出頭を確認しなければ，勾引をすることができず，公判期日の空転を招くなどの不都合が生じていたといわれる。そこで，証人の勾引要件を改め，証人が正当な理由なく召喚に応じないおそれがあるときは，召喚の手続を経ることなく勾引し得ることとされた（152条）。

9　自白事件の簡易迅速な処理のための措置の導入

　即決裁判手続の対象となり得る簡易な自白事件は捜査や公判を合理化・迅速化した処理をし，他方で，複雑・重大な事件に資源をより重点的に投入して処理することは望ましい在り方である。さて，公訴取消後の同一事件の再起訴は「あらたに重要な証拠を発見した場合」に限定されている（340条）ため，実務上，被告人が起訴後に否認に転じた場合に備えて念のための捜査をしていたといわれる。そこで，即決裁判申立後に被告人が否認に転じるなどしたため同手続によらないこととなった場合に，公訴取消後の同一事件の再起訴制限の例外を設け，検察官がいったん公訴を取り消し，再捜査の上で再起訴できることとされた（350条の26）。

Ⅴ　平成 28 年改正法の意義 ─────────────────

　平成 28 年改正法は，Ⅳで示した目的を実現させる内容となっているであろうか。前述したように同法は，一言でいえば，捜査の適正化と公判の充実化を

V 平成 28 年改正法の意義

徹底しようとの狙いによるものといえよう。同法の最も重要な柱として，被疑者取調べの全過程の録音・録画が義務付けられた。取調べと供述調書に過度に依存した捜査を改めるためには被疑者の取調べの全過程の録音・録画は最も効果的な方法であろう。録音・録画の対象が裁判員制度対象事件と検察独自捜査事件に限定されているが，これらは自白の任意性が争われる割合が高い事件であり，また，試行によって確実な運用が見込まれる事件でもある。取調べの全過程の録音・録画の義務化は初めての，しかも画期的なことであるので，捜査に支障が生じるおそれがあるとの批判が実際に捜査に携わっている機関から強く主張されていたことを考慮すると，すべての事件を対象とするのではなく前述の対象事件の録音・録画を確実に実施することが慎重なやり方であろう。録音・録画の運用が肯定的に評価されれば，同法施行から 3 年後の見直しにより対象が拡大される可能性もある。

　また，被疑者国選弁護を全勾留事件に拡大したことは，被疑者の防御権を充実させるものであるし，捜査の適正化にも資するものである。さらに，証拠開示の拡充（証拠の一覧表の提出，類型証拠開示の拡大）は被疑者の防御権を充実させ，また，公判の充実に資するものであるとともに捜査の適正化にも効果があるであろう。

　他方，公共の福祉の維持と個人の基本的人権の保障とを全うしつつ，事案の真相を明らかにし，刑罰法令を適正かつ迅速に適用実現する（1 条）という刑訴法の目的を否定する者は誰もいない。被疑者の取調べと供述調書に過度に依存した捜査からの脱却が求められたのであり，被疑者の適正な取調べと被疑者の取調べに代わる捜査方法が否定されたわけではない。被疑者の取調べや供述調書に過度に依存しない，多様化した証拠収集方法として，協議・合意制度，刑事免責制度の導入，通信傍受の対象の拡大が実現したのである。前述したように，合意制度は，被疑者・被告人の自由な意思で協力してもらうのであり，自由な意思による協力は弁護人がつくことによって担保される。また，合意書面は証拠開示されるし，被疑者の供述は第三者から弁護人の助力を受けながら反対尋問によって争うことが可能である。

　通信傍受については，振り込め詐欺による高齢の被害者が多数存在し，通信傍受がなければ末端の者しか検挙できないという実態がある。また，通信傍受法の運用実績を見ると，施行以来，通信傍受が違法とされた裁判例は見当たら

UNIT 2　刑事訴訟制度の概要

ない。さらに，特定装置を用いる通信傍受は捜査官の作為が介入する余地はなく，原記録を改変するおそれはないといえよう。

　何よりも，合意制度，刑事免責制度，通信傍受は欧米その他の国々において，かねてより実施されている捜査方法であり，我が国の平成28年改正法の捜査方法は欧米等のそれらよりも対象が限定されたものであり，要件も厳しいものである。

　なお，被疑者国選弁護の全勾留事件への拡大と証拠開示の拡大は防御権の充実に資するものであり，早い段階から公判への準備活動が可能となるため，公判の充実化が期待される。また，証人等の氏名等の情報の秘匿等の保護をしたり，ビデオリンク方式による証人尋問を拡充することにより，証人等が加害行為等を受けることなく安心して証言できることとする平成28年改正法は，証人等の保護を図ると同時に，公判の充実または適正な刑事裁判の実現にも資するものといえよう。

Ⅵ　公判を中心とした刑事手続の重要性

　Ⅰで述べたように認知・検挙された事件の一部のみが公判請求される。事件の重大性や被告人，被害者等関係者の対応により事件の処理の仕方が違ってくるのはある意味では当然である。刑罰は最も峻厳な制裁であるから，明確な要件と手続を充足しなければ科してはならない。個人のプライバシーの権利が侵害される強制処分はその侵害が許される正当な理由が存在し（実体要件），原則として，正当理由の存在を公平な第三者（裁判官）が確認する手続（令状主義）がなければ許容されない。また，公判は，証拠能力のある証拠に基づき，適切な証拠調べを通じて，両当事者（検察官と被告人・弁護人）の活発な論争（主張・立証と反証）が展開された後，裁判体が論理則と経験則に従った事実認定を行い，合理的な疑いを超えるまで有罪と確信したときに初めて有罪判決を下すという裁判手続を用意している。個人の基本的人権を保障しつつ，事案の真相を明らかにし，誤りのない事実認定をするために，フル・スケールの手続的保障が制度化されている。なお，判決に不服があれば3度まで争うことができるし，裁判確定の後の非常救済手続まで用意されている。

　典型的な捜査・公判等の手続を規律する原理・原則と具体的な問題への適用

Ⅵ　公判を中心とした刑事手続の重要性

を解説することが本書の中心的な狙いである。基本的な捜査・公判の原理・原則を理解した上で，事件の種類や手続の段階によって，事件処理方法のヴァリエーションがあることも理解できる。交通事件などは簡易な手続で迅速に処理される。少年の事件は教育・更生という特別な配慮をもって処理される。捜査・公判の手続の基本構想を理解すれば，その手続保障の一部を省略して迅速に処理する簡易な手続の合理性も容易に理解できる。重大かつ争いのある事件について十分な労力と時間をかけて慎重に処理することは刑事司法全体の適切な運用という観点から必要かつ合理的であると考えられる。

参考文献

　平成 28 年改正法の解説，また，改正過程での論考として以下の文献を参照。直近のものとして，吉川崇 = 保坂和人 = 吉田雅之「刑事訴訟法等の一部を改正する法律（平成 28 年法律第 54 号）について (1)」曹時 69 巻 2 号 29 頁，保坂和人 = 吉田雅之 = 鷦鷯昌二「同 (2)」同 3 号 39 頁（2017 年），吉川崇 = 吉田雅之「同 (3)」同 70 巻 1 号 75 頁，保坂和人 = 吉田雅之「同 (4)」同 2 号 37 頁，吉田雅之 = 鷦鷯昌二「同 (5)」同 6 号 19 頁（2018 年）（続刊）。その他に，ひろば 69 巻 9 号（2016 年），警論 69 巻 8 号，9 号（2016 年），論ジュリ 12 号（2015 年），法時 86 巻 10 号（2014 年），刑ジャ 42 号（2014 年），43 号（2015 年）の各特集，日弁連研修叢書〔平成 27 年度〕（第一法規，2016 年），椎橋隆幸編著『日韓の刑事司法上の重要課題』（中央大学出版部，2015 年）など。

UNIT 3　刑事手続の関与者の法的地位・役割

UNIT 3

刑事手続の関与者の法的地位・役割

Ⅰ　刑事手続の関与者の歴史的変遷
Ⅱ　刑事手続の関与者の法的地位・役割
Ⅲ　捜査機関
Ⅳ　被疑者・被告人の法的地位
Ⅴ　弁護人の地位・役割
Ⅵ　被害者
Ⅶ　裁判所，裁判官
Ⅷ　裁判員

Ⅰ　刑事手続の関与者の歴史的変遷 ─────────────

　糺問主義時代の刑事裁判においては，糺問官が犯罪を犯したと疑われた者を問い糺す形で刑事裁判が進められた。糺問官は今でいえば捜査，訴追，裁判の全ての役割を担っていた。糺問官は犯罪があると思えば刑事手続を開始することができ，刑事手続は非公開で，一定の要件の下で拷問も認められた。犯罪を犯したと疑われた者は糺問の対象の地位でしかなかった。近代の刑事裁判においては，刑事手続を進める国家機関の間で権限の分立が図られ，捜査，訴追，裁判を担う機関が分かれることとなった。公平な裁判を実現するために，国によって担い方は異なるが，捜査と訴追は警察と検察が担当し，裁判は裁判所が担当することとされた。他方，犯罪者と疑われた者にも訴訟の主体としての地位が認められ，被疑者・被告人として黙秘権等の権利が保障された。なかでも，弁護人による助力を受ける弁護権の保障は重要である。また，圧制を防ぐ制度として，被疑者・被告人と同じ国（人）民から選ばれた人々が刑事裁判に参加する制度（陪審制，参審制）が設けられた。そして近年では，証拠方法の一つにしかすぎなかった犯罪被害者につき，被害者の尊厳は守られるべきであるとの理念が認められると同時に，被害者の協力がなければ刑事司法が十分に機能しないとの実際的な要請を受けて，被害者にも「事件の当事者」として刑事手続における一定の役割が与えられた。

現在の我が国の刑事裁判においては，刑事事件の主要な利害関係者（stake-holder）が全て登場する形で運営されることとされている。利害関係者の全てが，その立場にふさわしい形で関与して事件が解決されることが最も望ましいと考えるのであれば，我が国の刑事裁判はその在るべきカテゴリーに属しているといえる。問題は，各関与者にふさわしい役割は何かであり，また，各関与者はその役割を適切に果たしているかである。

一般に，訴訟（公判手続）における訴訟主体は，裁判所，検察官および被告人であり，検察官と被告人を当事者という。その他の一定の正当な利害関係を有する関与者を訴訟関係人と呼んでいる。

Ⅱ 刑事手続の関与者の法的地位・役割 ────────────

刑事裁判の中心的役割は公判（trial）において被告人が有罪か無罪かを判断することであった。そこでは，訴追者（検察官）が被告人を訴追し，犯罪事実を主張・立証し，これに対して被告人が弁護人の助力を得ながら防御活動として反証を行い，この攻撃・防御活動を通じて公平・中立な立場にある裁判官が事実認定をし，検察官の主張が合理的疑いを超えて立証されていると判断したときに有罪を認定するという構造になっている。したがって，公平・中立な裁判官の下，刑事公判において検察官と被告人は訴訟の対抗的当事者であり，法律知識の乏しい被告人には弁護人が必要な存在となった。その後，刑事公判の前提となる捜査活動の重要性が認識され（捜査活動がなければ事案の真相は解明できないし，また，裁判の帰趨は捜査の結果次第であるともいわれた），捜査活動は専門の組織を持つ捜査機関（主として警察官〔司法警察職員〕と検察官）に委ねられ，効率的かつ適正に捜査活動が行われることが期待された。また，当事者主義の刑事訴訟においては，巨大な法律家集団である検察庁を背景にした検察官が一方当事者であるところ，他方の当事者である被疑者・被告人は一般に法律的知識が乏しく，加えて，当事者主義の根本哲学である相手方の言い分を十分に聴いてから判断するという考え方の下では，被告人の言い分を十分表現するためには被告人の利益のために活動する法律家である弁護人の助力が必要不可欠となる。弁護人の活動は公判のみならず，上訴審や捜査段階にも及んでいくことになる。

さらに「事件の当事」者である被害者は，刑事裁判の被告人と並んで最も利

UNIT 3 刑事手続の関与者の法的地位・役割

害関係のある人物であったにもかかわらず，かつては証人，参考人としてしか刑事裁判に参加することができなかった。まさに，「忘れられた，ないしは軽視された存在」であった。そのままの状態を放置することは被害者の人間としての尊厳を無視することになるし，他方，被害者の協力が得られないと刑事訴訟も有効に機能しなくなるおそれもあったのである。そこで，近年，被害者には法改正により，訴訟手続上も様々な保護策や権利が与えられることになった。以下，刑事手続の順を追って各関与者の法的地位・役割を見ていきたい。

Ⅲ　捜査機関

捜査とは犯人と証拠を発見し保全する活動であるが，その主な担い手は司法警察職員，検察官，検察事務官である（189 条・191 条）。

1　司法警察職員など

警察官たる司法警察職員が捜査の権限を有する（189 条 2 項）。警察庁長官を除く警察官の階級は，警視総監，警視監，警視長，警視正，警視，警部，警部補，巡査部長および巡査である（警 62 条）。司法警察職員は司法警察員と司法巡査とに分かれ，巡査部長以上の警察官が司法警察員で，巡査は司法巡査である。司法警察員にのみ認められている権限として，逮捕状の請求（199 条 2 項），被逮捕者の検察官への送致（203 条 1 項），捜索・差押え・検証令状の請求（218 条 1 項 4 項）などがある。

警察官たる司法警察職員以外に，その職務と密接に関連しているため捜査の権限を与えられている公務員として特別司法警察職員がいる。各々が根拠法に基づいている。例えば，労働基準監督官（労基 102 条），麻薬取締官など（麻薬 54 条），海上保安官など（海保 31 条），船員労務官（船員 108 条）などである。

2　検察官の地位・役割

検察官は検察権行使の権限を持つ独任制の官庁である。検察官は，検事総長，次長検事，検事長，検事，副検事により構成される（検察 3 条）。検察官の権限は幅広く，いかなる犯罪についても捜査をすることができ（検察 6 条），刑事事件について公訴を行い，裁判所に法の正当な適用を請求し，かつ，裁判の執行

を監督し，裁判所の権限に属するその他の事項について必要と認めるときは裁判所に通知を求め，また，意見を述べ，また，公益の代表者として他の法令がその権限に属させた事務を行うことができる（検察4条）。検察官は，捜査につき司法警察職員に対し，一般的指示権・指揮権を有し（193条），また捜査を終結する権限を持つ（246条）。公訴提起については独占的権限があるし（247条），公訴を提起するか否かについては広範な裁量権が与えられている（248条）。捜査，公訴，公判の維持，刑の執行の監督などの広範な検察官の権限は，公平・公正に行使されなければならない。そのため，検察官の身分は法律によって保障されている（検察25条）。

　検察官は前述の広範な権限を独立して行使するのであるが，検察権は本質的に行政権の一作用であり，また，検察権の行使は全国的に統一され，公平に行われる必要があるので，検察官は検察庁の組織内において上司の指揮監督に服する体制を採っている（検察7条〜10条）。これを検察官同一体の原則と呼んでいる。同原則の内容として，①事務委任権（検察11条），②事務承継権・事務移転権（検察12条），③臨時職務代行権（検察13条）がある。

▓▓▓ POINT 1　捜査における司法警察職員と検察官との関係 ▓▓▓▓▓▓▓▓▓▓▓▓▓▓▓▓▓

　　司法警察職員と検察官は共に捜査権限を有するが，両者の関係は，条文の位置関係と人的資源の数の違い（司法警察職員は20数万人，検察官は約2800人）に鑑み，司法警察職員が第一次捜査機関で（189条2項），検察官が第二次捜査機関（191条1項）といわれ，同時に，両者は相互協力関係にある（192条）。他方，検察官には，第1に，司法警察員に対し，捜査の適正を確保する等のために必要な一般的指示を行う権限や捜査の方針・計画を立て，捜査の協力を求めるため一般的指揮を行う権限，さらに，具体的事件につき捜査の指揮を行う権限を有しており（193条），この指示・指揮に司法警察員は従わなければならない（194条）。第2に，勾留請求権（204条〜206条・211条・216条），第一回公判期日前証人尋問請求権（226条・227条），微罪処分の指定権（246条ただし書）など司法警察職員には認められていない捜査権限を有する。第3に，税法，独禁法に違反する一定の事件については，検察官が初めから捜査に関わることを予定している（関税146条以下，独禁74条等）。また，政財官界の中枢を巻き込む贈収賄事件な

UNIT 3　刑事手続の関与者の法的地位・役割

どの場合，高度の法律的素養があり，独立性と身分が保障されている検察官の方が政治的に影響されずに犯罪の解明と適正な処罰の実現を期待できると考えられている。このように，司法警察職員と検察官とは，前者が第一次捜査機関で，後者が第二次捜査機関であるが，検察官が司法警察職員の捜査を補充し，またその適正さを確保する機能を有すると同時に（臼井滋夫「捜査における検察と警察の関係」松尾浩也編『刑事訴訟法の争点』〔有斐閣，1979年〕28頁参照），検察官は司法警察職員にない独自の捜査権限を持つなど強力な権限を有している面もある。各々が独自の捜査権を持ち，両者は基本的に協力関係にあるものの，一定の場合，検察官による指揮・監督権があるというやや複雑な両者の関係の下で checks and balances ともいうべき関係が構築され，ユニークな捜査機関として併存している。

Ⅳ　被疑者・被告人の法的地位

1　被疑者と被告人

犯罪を犯した者と疑われ捜査の対象となった者を被疑者という。被疑者のうち，検察官が有罪の見込みがあるとして裁判所に起訴（公訴の提起）した者を被告人という。被疑者・被告人の権利がどの程度保障されているかはその国の人々の権利保障の在り方と密接に関連している。

2　被疑者・被告人の権利

憲法は被疑者・被告人の権利を手厚く保障している。①憲法31条は，「何人も，法律の定める手続によらなければ，その生命若しくは自由を奪はれ，又はその他の刑罰を科せられない」と規定し，刑罰を科す手続は適正であるべきことを保障している。刑罰を科されるためには告知・聴聞の機会を与えられる権利があると判例は認めている（最大判昭和37・11・28刑集16巻11号1593頁〔憲法百選Ⅱ112事件〕）。また，手続が適正であるだけでなく，犯罪と刑罰を定める実体法の内容も適正なものでなければならないと解釈されている。②憲法32条は，裁判所における裁判を受ける権利を保障している。③被疑者は正当な理

34

由がなければ身柄拘束されてはならず，正当な理由があるときの逮捕も原則として裁判官の令状によらなければならない（憲33条）。④被疑者が身柄拘束される場合，その理由が明らかにされなければならず，また，弁護人の援助を受ける権利が保障されている（憲34条）。不当な身柄拘束を回避するためである。⑤個人のプライバシーは正当な理由がなければ侵害されてはならず，また，正当な理由があって捜索・押収をする場合も，原則として，裁判官の令状によるべきことを保障している（憲35条）。⑥公務員による拷問および残虐な刑罰は絶対的に禁じられている（憲36条）。犯した犯罪と均衡を失する刑罰は許されない。⑦被告人は公平・迅速な公開裁判を受ける権利がある（憲37条1項）。また，被告人には証人審問・喚問権がある（同条2項）。さらに，被告人は私選のみならず国選弁護人を依頼することができる（同条3項）。これらの権利は，被告人の主張・防御活動を法廷において十分に展開させた上で，それでもなお検察官の主張が合理的疑いを容れない程度に証明されていると裁判所が判断したときに初めて有罪の認定をするという当事者主義の要素を，被告人の権利保障という形で表現したものである。⑧被疑者・被告人には自己負罪拒否特権，黙秘権が保障され（憲38条1項），また，強制・拷問・脅迫等の違法・不当な方法により採られた自白，不任意な自白には証拠能力が認められない（同条2項。自白法則）。さらに，他に補強証拠がなければ，被告人の自白だけでは有罪の認定をしてはならない（同条3項。補強法則）。これらの規定により，被疑者・被告人に供述の自由を保障し，また，事実認定が適正になされ，誤った裁判にならないことが企図されている。⑨実行のときに適法であった行為・既に無罪とされている行為については，刑事上の責任は問われない（憲39条。事後法・遡及処罰の禁止）。また，一度裁判にかけられた行為を再び裁判にかけることは許されない（同条。一事不再理または二重危険の禁止）。⑩身柄拘束下で裁判を受け，無罪とされた被告人は刑事補償を受けられる（憲40条）。

　このように，被疑者・被告人には憲法上手厚い保障がなされているが，これを受けて刑事訴訟法を中心とする刑事手続関係法令が更に詳細な規定を設けている。

3　被告人に必要な能力

　被告人は訴訟の当事者であるから，訴訟を進めていく上で，当事者能力と訴

UNIT 3 刑事手続の関与者の法的地位・役割

訟能力が必要である。当事者能力とは当事者となり得る能力であり，およそ刑罰を受け得る可能性のある者には当事者能力が認められている。その後，被告人が死亡したり，法人が消滅した場合は公訴が棄却される（339条1項4号）。他方，訴訟能力とは，被告人としての重要な利害を弁別し，それに従って相当な防御をすることのできる能力である（最決平成7・2・28刑集49巻2号481頁〔百選51事件〕）。訴訟能力を欠く被告人については，手続の公正を確保するために公判手続は停止される（314条1項）。さらに，最高裁は「被告人に訴訟能力がないために公判手続が停止された後，訴訟能力の回復の見込みがなく公判手続の再開の可能性がないと判断される場合，裁判所は，刑訴法338条4号に準じて，判決で公訴を棄却することができる」と判示して事案によっては手続を打ち切ることができることを認めている（最判平成28・12・19刑集70巻8号865頁）。

V 弁護人の地位・役割

　弁護士は，基本的人権を擁護し，社会正義を実現することを使命としている（弁護1条）。崇高な使命を持つ弁護士は，刑事裁判においては，弁護人として，被疑者・被告人が憲法・刑事訴訟法等によって保障されている権利の実現に助力する役割を担っている（憲34条・37条3項）。弁護人は，被疑者・被告人の権利を実現するために様々な権限を与えられているが，弁護人の権利（弁護権）の性質は被疑者・被告人の訴訟行為を包括的に代理する権利にとどまるものではない。弁護権は被疑者・被告人の権利の実現に助力するために保障されているので，被疑者・被告人の意思に反することはできないが，そうでない限り，被疑者・被告人の権利・利益を守るために積極的な弁護活動をすることが認められている。弁護人選任権（国選を含む。30条・36条・37条），接見交通権（39条），必要的弁護（289条），上訴権（351条）等々の権利は，被疑者・被告人が憲法・刑訴法等によって保障された権利を適切に行使し，違法・不当な捜査を受けずに，防御活動の準備をし，公平な裁判を受ける権利を実現するために保障されているのである。

=== POINT 2 不適切な弁護から効果的弁護へ ===========================
　　憲法37条は「資格を有する」弁護人の弁護を受ける権利を保障してい

る。この趣旨は，単に資格のある弁護人が選任されればよいというのではなく，資格のある弁護人の一定水準以上の実質的な弁護を受ける権利が保障されていると解することができよう。ところが，近年，弁護人の違法・不当な活動，不適切な活動が刑事事件として立件されたり，弁護士会の懲戒処分の対象とされることがある。不適切弁護は2つに分けられる。1つは，弁護活動が低調で，弁護人の最低限度の基準に達せず，そのため，被疑者・被告人の権利・利益を害したり，害するおそれのある場合である。もう1つは，弁護活動は活発であるが，被疑者・被告人よりも弁護人の考えを優先し，その結果，被疑者・被告人の権利・利益を害したり，場合によっては，適正な刑事司法の運用を害する場合である。

　最近では，国選弁護人に選任されながら，事件内容を十分に把握せず，また，被告人の意思も確認しないまま第一回公判期日に臨み，被告人が公訴事実について否認したにもかかわらず，証拠書類等に全部同意した事例，上訴審での国選弁護人に選任された弁護人が，被告人から打合せのための接見の申出があったにもかかわらず接見せず，また，上告趣意書の提出期限の延長（3か月）の申出に対して1か月の延長しか申請しなかった事例，さらに，接見室において弁護人が自己の携帯電話を用いて被疑者と被疑事件に関係があると容易に推測できる外部者を複数回直接会話させた事例などが伝えられている。

　弁護士会が，検察官や警察官の証拠ねつ造等の不祥事を批判するのは当然である。しかし，弁護士も公益的な性格を持った責任のある職責を有しており，様々な特権を与えられている。弁護士が社会から付託された使命を果たせないようでは，弁護士自治の根幹が揺らぐおそれがある。

VI　被害者

1　被害者の法的地位の改善

　私人訴追が行われていた時代・国においては，被害者は刑事手続において重要な役割が担わされていた。その後，組織的な捜査・訴追機関が整備されてく

UNIT 3 刑事手続の関与者の法的地位・役割

ると，被害者の役割は後退し，証人としての地位が残された。そこでは，被害者は犯罪の解明に協力することを求められ，捜査・訴追機関から事情を聴取され，さらには，公開の法廷においても証言が求められた。被害者は言いたくないことまで何回も聞かれ，他方，言いたいことは聞いてもらえず，フラストレーションがたまり，特に性犯罪被害者の場合は大きな精神的被害を受けることが珍しくなかった。また，マスコミの心ない報道により，プライバシーが侵害されることもあった。犯罪による直接的（第一次）被害に加えて，刑事司法過程やマスコミによる第二次被害により，被害者は人間としての尊厳を害され，軽（無）視された存在となったのである。その結果，刑事司法に協力することに消極的となった。この事態を改善すべきとの主張が半世紀位前から欧米で起こり，被害者の地位を向上させる制度が策定された。我が国も 20〜30 年遅れてこの改革に取り組み，今では欧米に対する遅れを取り戻しつつあり，なかには，我が国に特色のある制度（例えば被害者参加制度）も実現されている。

2　刑事裁判における被害者の役割（UNIT 19 を参照）

　犯罪被害者の法的地位は，2000（平成 12）年の「刑訴法等改正法」（正式名称は「刑事訴訟法及び検察審査会法の一部を改正する法律」〔平成 12 年法律第 74 号〕）と「犯罪被害者保護法」（「犯罪被害者等の保護を図るための刑事手続に付随する措置に関する法律」〔同 75 号〕）によって，また，2004（平成 16）年成立の「犯罪被害者等基本法」と 2005（平成 17）年策定の「犯罪被害者等基本計画」，そして，これらを受けて 2007（平成 19）年に成立した「犯罪被害者等の権利利益保護法」（「犯罪被害者等の権利利益の保護を図るための刑事訴訟法等の一部を改正する法律」〔平成 19 年法律第 95 号〕）等によって大幅に向上した。以下では，刑事手続における犯罪被害者の権利の内容を概観する（松尾浩也編著『逐条解説犯罪被害者保護二法』〔有斐閣，2001 年〕，椎橋隆幸＝高橋則夫＝川出敏裕『わかりやすい犯罪被害者保護制度』〔有斐閣，2001 年〕，酒巻匡編『Q&A 平成 19 年　犯罪被害者のための刑事手続関連法改正』〔有斐閣，2008 年〕等を参照）。

(1)　性犯罪の告訴期間の撤廃（235 条 1 項 1 号）

　性犯罪被害者が精神的負担に耐えている中で，6 か月以内に告訴するか否かを選択することは困難で，結果的に犯人を不当に利することになる不都合を解消するため撤廃された。

Ⅵ　被害者

⑵　証人の負担軽減のための措置

　(ⅰ)　**証人への付添い（157 条の 4）**　　性犯罪の被害者や年少者が証人として尋問を受けるときの強い不安感や緊張さらには精神的被害を受ける懸念を緩和・解消するために適切な者，例えば心理カウンセラーや親などが証人に付き添うことが認められた。

　(ⅱ)　**遮蔽措置（157 条の 5）**　　被害者等が証人として被告人や傍聴人の前で証言する場合，圧迫を受け精神の平穏を著しく害されるおそれのある場合がある。この精神的圧迫を軽減するために公判廷において，証人と被告人または傍聴人との間に衝立を置く措置を採ることができる。証人と被告人との間の遮蔽の場合は弁護人が出頭していることが要件になる。

　(ⅲ)　**ビデオリンク方式による証人尋問（157 条の 6）**　　性犯罪の被害者，特に年少の性犯罪被害者，さらには暴力団等による組織的犯罪の被害者や目撃者が法廷で証言する場合等，圧迫を受け精神の平穏を著しく害されるおそれのある場合がある。この精神的圧迫を軽減して証言ができるように，証人を法廷外の別室に在室させ，法廷にいる裁判官や検察官，被告人・弁護人がテレビモニターを通じて証人の姿を見て，音声を聞きながら証人尋問を行うというビデオリンク方式の証人尋問が認められた。

　遮蔽措置とビデオリンク方式による証人尋問は証人審問権を侵害するとの主張に対して最高裁は「映像と音声の送受信を通じてであれ，被告人は，証人の供述を聞くことはでき，自ら尋問することもでき，弁護人による証人の供述態度等の観察は妨げられない」から被告人の証人審問権は侵害されていないと判示した（最判平成 17・4・14 刑集 59 巻 3 号 259 頁〔百選 67 事件〕）。

　(ⅳ)　これまで(ⅲ)のビデオリンク方式は法廷と同一構内におけるものに限られていた。しかし，証人が同一構内に出頭することにより精神の平穏を著しく害したり，加害・困惑行為等がなされるおそれのある場合等がある。そのような場合にも証人の負担を軽減して証人尋問を可能とするため，2016（平成 28）年刑訴法改正により，同一構内以外の場所でのビデオリンク方式での証人尋問をも認めるようにされた（157 条の 6 第 2 項。UNIT 2 参照）。

UNIT 3　刑事手続の関与者の法的地位・役割

■■ *POINT 3*　刑事裁判への被害者の参加 ■■■■■■■■■■■■■■■■■■■■■■■■■■■■■■■■

（i）　平成 19 年改正法の参加形態

　2007（平成19）年の刑訴法一部改正により，被害者に刑事裁判への参加が認められた。平成 19 年改正法は一定の被害者等について被害者参加人という地位で刑事裁判への参加を認め，在廷，証人尋問，被告人質問，弁論としての意見陳述を認めた。

（ii）　対象犯罪，被害者参加人，在廷権

　故意の犯罪行為により人を死傷させた罪，強制わいせつおよび強姦，業務上過失致死傷等，逮捕および監禁，ならびに略取，誘拐および人身売買の罪に係る被告事件の被害者等，もしくは当該被害者の法定代理人またはそれらの者から委任を受けた弁護士から，被告事件の手続への参加の申出があった場合に，裁判所は，被告人または弁護人の意見を聴き，犯罪の性質，被告人との関係その他の事情を考慮して，相当と認めるときは，被害者等またはその法定代理人の被告事件の手続への参加を許すものとされた（316条の 33 第 1 項）。参加の申出は，あらかじめ，検察官にしなければならず，検察官は，意見を付して裁判所に通知する（同条 2 項）。裁判所は，相当でないと認めるときは，公判期日の全部または一部への参加を許さないことができる（同条 3 項）。

　被害者等は被害者参加人という特別な地位で手続に参加できる。対象の罪種を生命・身体・自由を害する犯罪に限定した理由は，それらの犯罪が個人の尊厳を害することが甚だしいこと，また，被害者等の参加のニーズが高いこと，さらに，参加が被害者の名誉の回復や被害からの立直りに資すると考えられたことなどによる。

　被害者参加人は法廷の柵の中に入り，検察官の近くに着席する。これは，被害者等は単なる傍聴人ではないことが認められることと，検察官と十分なコミュニケーションをとりつつ訴訟活動を行えるという点から重要である。

（iii）　証人尋問

　裁判所は，被害者参加人に，情状に関する事項（犯罪事実に関するものを除く）について証人の証明力を争うために必要な事項について，その証人を尋問することを許す（316条の 36 第 1 項）。つまり，尋問事項は犯罪事実

に関するものは除かれ，例えば，被告人の家族・親族等による示談や謝罪の状況などいわゆる一般情状に関する事項について，「証人の供述の証明力を争うために必要な事項」について尋問することが認められている。これは，証人が既にした証言を弾劾する（証明力を減殺する）ために行われるもので，新たな事項について尋問することは予定されていない。証人の前後矛盾する供述や約束違反などにつき，そのことを最もよく知っている被害者参加人が直接尋問することがふさわしいと考えたのである。

(iv)　被告人質問

被害者参加人等の申出を受けて，裁判所が相当と認めるときに被害者参加人等に被告人への質問を許すという手続は，証人尋問の場合と同様である（316条の37第1項）。

被告人質問は，証人尋問のように対象が情状に関する事実に限定されていないものの，意見陳述（292条の2・316条の38）をするために必要があると認められる場合という，目的による限定がある。被告人には黙秘権や弁護権が保障されており，被害者参加人の質問に対して供述するか否かは自由である。

(v)　弁論としての意見陳述

裁判所は，被害者参加人等からの申出を受けて，相当と認めたときは検察官の意見の陳述後に，訴因として特定された事実の範囲において，申出をした者に事実または法律の適用について意見を陳述することを許す（316条の38第1項）。意見陳述が訴因を超える場合には裁判長によって制限される（同条3項）。また，この意見陳述は証拠とならない（同条4項）。被害者等が被告事件の事実または法律の適用について意見を述べたいとの心情は十分尊重に値するし，そのことが被害者等の名誉の回復や被害からの立直りに資するとも考えられたのである。この最終意見陳述は訴因事実の範囲内という限定されたものであるので，被告人の防御の対象が不当に広がることにもならず，被告人の防御権の侵害となるものではない。

UNIT 3　刑事手続の関与者の法的地位・役割

Ⅶ　裁判所，裁判官

　司法権，また，その一部である刑事裁判権は裁判所に属する（憲76条1項，裁3条1項）。裁判官は良心に従いその職権を行い，憲法と法律のみに拘束される（憲76条3項）。裁判官には高度の独立性が認められ，憲法上の身分保障がある（憲78条以下）。刑事訴訟において裁判所，裁判官は「公共の福祉の維持と個人の基本的人権の保障とを全うしつつ」「事案の真相を明らかにし，刑罰法令を適正且つ迅速に適用実現する」役割を担っている。

　この役割を実現するために，裁判所は捜査段階においては，捜査活動の適法性を審査することが重要である。特に強制処分については令状の発付をめぐって事前の司法審査を行うこととされている。また，強制処分の事後審査としては準抗告，排除法則の適用の可否等がある。さらに，公判においては裁判所は手続の主宰者であり，適正・迅速な裁判を実現するために，訴訟指揮権，法廷警察権の行使が認められている。当事者主義の訴訟構造を採る現行刑事訴訟法の下では手続の主導権は当事者である検察官と被告人・弁護人に委ねられているが，一定の場合に，職権証拠調べ（298条2項）や訴因変更命令（312条2項，最決昭和43・11・26刑集22巻12号1352頁〔百選〔4版〕37事件〕参照）など後見的役割を果たすべき場合がある。加えて，上訴審においては，原判決の当否の判断を通して，各事案における具体的な救済とともに法令解釈の統一を図る役割もある（龍岡資晃「裁判官の責務」井上正仁＝酒巻匡編『刑事訴訟法の争点』〔有斐閣，2013年〕45頁）。

1　裁判所の意義と種類

　裁判所には①国法上の意味の裁判所と②訴訟法上の意味の裁判所とがある。①は裁判官，その他の職員および施設を含めた官署（役所）としての裁判所をいい，これには最高裁判所，高等裁判所，地方裁判所，家庭裁判所，簡易裁判所がある（裁1条・2条）。司法行政上の単位としての裁判所であり，司法行政は各裁判所の裁判官会議によって担われる（裁12条・20条・29条・31条の5）。なお，裁判所には裁判官のほかに裁判所調査官，裁判所事務官，裁判所書記官，家庭裁判所調査官，廷吏などの職員がいる。②は，具体的に審判を担当する裁判機関のことで，受訴裁判所とも呼ばれる。刑訴法上の裁判所の多くは②の意

42

味の裁判所である。

2　裁判所の構成（合議体と単独体）

　1名の裁判官によって構成される裁判所を単独体，複数の裁判官等によって構成される裁判所を合議体という。最高裁判所と高等裁判所は全て合議体で審判する（裁9条・18条）。地方裁判所は原則単独体であるが，特別の場合は3名の合議体で審判する（裁26条）。簡易裁判所は常に単独体である（裁35条）。地方裁判所において特別の場合として合議体で審理される事件とは，①合議体で審判する旨の決定を合議体でした事件（裁26条2項1号），②法定刑が死刑，無期または短期1年以上の懲役もしくは禁錮に当たる罪（同項2号），③簡易裁判所の判決に対する控訴事件ならびに簡易裁判所の決定および命令に対する抗告事件（同項3号），④その他，他の法律において合議体で審判すべきものと定められた事件（同項4号，刑訴23条1項2項等）である。①を裁定合議事件，②③を法定合議事件と呼ぶ。

　なお，地方裁判所において，死刑または無期の懲役もしくは禁錮に当たる事件と法定合議事件のうち故意の犯罪行為により被害者を死亡させた罪に係る事件の公判は原則として，裁判官3人と裁判員6人の合議体で取り扱う（裁判員2条2項，裁26条2項2号）。

3　裁判所の管轄

　裁判権は日本に所在する内外国人全てに及び，国外に存在するものには及ばない。例外として，①外国の君主・使節および随員には日本国内にあっても裁判権は及ばない。②日米安全保障条約3条に基づき，国内に駐留する合衆国軍隊の構成員または軍属の一定の犯罪については合衆国が第一次裁判権を持ち，これを放棄したときに日本が裁判権を行使する（安保協定17条3項）。③天皇および摂政には裁判権は及ばない（典21条。渥美279頁以下参照）。裁判権が及ばない場合は公訴棄却となる（338条1号）。

(1)　管　轄

　管轄とは裁判権の分配の定めである。裁判権は，裁判法の定めに従って，各裁判所に分配されている。管轄は，①事物管轄，②土地管轄，および③審級管轄に分けられる。①は審判すべき事件の軽重・性質に着目した分掌，②は審判

UNIT 3　刑事手続の関与者の法的地位・役割

すべき事件の土地的関連に着目した分掌，③は上訴制度による事件の審級に着目した分掌，である。

（i）**事物管轄**　①地方裁判所は，少年の保護処分，罰金以下の刑に当たる罪および高等裁判所が一審管轄権を持つ内乱罪と独禁法犯罪を除く全ての罪について第一審裁判所としての管轄権を有する（裁24条2号）。

②簡易裁判所は，罰金以下の刑に当たる罪，選択刑として罰金が定められている罪，その他一定の罪（常習賭博罪，賭博場開帳図利罪，横領罪，盗品譲受け等の罪）の事件について事物管轄を有する（裁33条1項2号）。もっとも，選択刑として罰金が定められている罪については，原則として罰金刑しか科することができない（同条2項本文）等の科刑権の制限がある（例外について同項ただし書参照）。

③高等裁判所は，内乱罪（刑77条〜79条）と独禁法違反の罪の一部について第一審裁判所としての専属管轄を有する（裁16条，独禁86条）。

（ii）**土地管轄**　各裁判所は各々一定区域を管轄し，その区域内に，犯罪地，被告人の住所，居所もしくは現在地がある事件につき土地管轄を有する（裁2条2項，刑訴2条1項）。なお，被告人の申立てがなければ土地管轄について管轄違いの言渡しはできず，また，証拠調べ開始後は管轄違いの申立てはできない（331条）。

（iii）**審級管轄**　簡易・家庭・地方の各裁判所の裁判に対する控訴・抗告は高等裁判所に（裁16条1号2号），上告および特別抗告は最高裁判所に（裁7条）管轄がある（渥美283頁参照）。

（2）**管轄の修正**

以上の管轄は，被告人の防御，事件処理の便宜，訴訟経済を考慮して決められているが，具体的な事件において，管轄の趣旨が活かされるための管轄の修正を刑訴法は認めている。①関連事件（9条）の管轄の修正（3条〜8条），②管轄不明または不存在の場合の管轄の指定（15条・16条），③特別の事情がある場合の管轄の移転（17条・18条），④裁量による事件の移送（19条1項），の場合がそれに当たる（河上和雄ほか編『注釈刑事訴訟法(1)〔第3版〕』〔立花書房，2011年〕93頁〔小林充＝前田巌〕参照）。

44

4　除斥・忌避・回避

　憲法 37 条 1 項は被告人に公平な裁判所の裁判を受ける権利を保障している。公平な裁判所とは，組織構成等において不公平な裁判をするおそれのない裁判所をいう（最大判昭和 23・5・5 刑集 2 巻 5 号 447 頁）。公平な裁判所を担保する訴訟法上の制度として，除斥・忌避・回避制度がある。

　除斥とは，不公平な裁判をするおそれを類型化し，その事由のある裁判官を職務の執行から当然に排除する制度である（20 条）。判例は，除斥事由を制限的に解釈しており，①前審に関係した裁判官が判決の宣告のみに関係した場合（最決昭和 28・11・27 刑集 7 巻 11 号 2294 頁），②刑訴法 226 条もしくは 227 条の証人尋問をした場合（最判昭和 30・3・25 刑集 9 巻 3 号 519 頁），③少年法 20 条の送致決定をした場合（最決昭和 29・2・26 刑集 8 巻 2 号 198 頁〔少年百選 106 事件〕），④再起訴前の公訴棄却の判決とその審理に関与した場合（最決平成 17・8・30 刑集 59 巻 6 号 726 頁〔百選〔9 版〕52 事件〕）などは除斥事由に当たらないと判示している。

　忌避とは，裁判官に除斥事由のあるとき，または不公平な裁判をするおそれがあるときに，当事者の申立てによって当該裁判官を職務の執行から排除する制度である（21 条）。忌避申立てについては，当事者が事件について請求または陳述をした後には，不公平な裁判をするおそれがあることを理由とした申立てをすることはできない（22 条本文。時機的制限）。また，訴訟を遅延させることが目的でなされたことが明らかな忌避申立ては却下される（24 条）。

　回避とは，忌避事由があると裁判官自らが判断したときに職務執行から退くことをいう（刑訴規 13 条）。以上の除斥・忌避・回避の制度は，刑訴法 20 条 7 号を除き，全て裁判所書記官に準用される（26 条，刑訴規 15 条）。

Ⅷ　裁判員

　2009（平成 21）年 5 月から施行された裁判員法（裁判員の参加する刑事裁判に関する法律）の目的は，国民の中から選任された裁判員が裁判官と協働して，事実の認定，法令の適用，刑の量定を行うことにより，司法に対する国民の理解の増進とその信頼の向上に資することである（裁判員 1 条・6 条）。

UNIT 3 刑事手続の関与者の法的地位・役割

　裁判員法はまた，公判審理の充実・迅速化を図ることも狙いとしている。そのために公判前・期日間整理手続が設けられた（316条の2）。そこで争点と証拠を整理し，審理計画を策定するなど円滑かつ充実した公判での審理を行うための十分な準備を行う。裁判員が参加する公判手続では連日的開廷を原則とし，目で見て耳で聞く分かりやすい形で証拠調べ等を行い，短い期間内で審理を終了することが予定されている。裁判員裁判の構成は，原則として裁判官が3人，裁判員が6人の合議体で構成される（裁判員2条2項本文）。裁判員裁判の対象事件は①死刑または無期の懲役・禁錮刑に当たる罪に係る事件（殺人罪，強盗殺人・強盗致死傷罪，現住建造物放火罪など），②①を除き，法定合議事件（地方裁判所において，死刑・無期または短期1年以上の懲役または禁錮に当たる罪の裁判を行う際，法律により合議体で裁判することが求められている事件）であって，故意の犯罪行為により被害者を死亡させた罪に係る事件（傷害致死罪，危険運転致死罪など）である（同条1項）。

　最高裁は，裁判員制度につき，公平な裁判における法と証拠に基づく適正な裁判が行われることが制度的に保障されている上，裁判官が刑事裁判の基本的な担い手とされているので，憲法に違反するものではない（最大判平成23・11・16刑集65巻8号1285頁〔百選49事件〕），また，裁判員裁判を受けるか否かにつき被告人に選択権が認められていないからといって違憲ではない（最判平成24・1・13刑集66巻1号1頁）と判示している。

　施行後7年時の運用状況から見て，裁判員制度はおおむね順調に運用されていると評価されている。まず，裁判員候補者の裁判員選任手続への出席率が施行後7年の平均で約75％と高率であり，また，選任された裁判員の構成は年令構成別，職業構成別ともに国勢調査に対応したバランスのとれたものになっている（最高裁判所のホームページで裁判員裁判の実施状況を参照されたい）。さらに，各法曹別の評価には差があるものの，全体として，裁判員は法律家の話していることが分かりやすかったと受け止め，その結果，十分に評議ができたとし，議論の充実度を実感しているようである（最高裁判所が毎年発行する「裁判員制度の運用に関する意識調査」および「裁判員等経験者に対するアンケート調査結果報告書」を参照されたい）。他方，課題として，裁判員選任手続への出席率が低下傾向にあること，公判前整理手続の長期化が指摘されている。

UNIT 4

捜査の端緒

  Ⅰ　都市化，匿名化した社会における捜査活動
  Ⅱ　職務質問
  Ⅲ　任意同行
  Ⅳ　所持品検査
  Ⅴ　自動車検問
  Ⅵ　捜査機関以外の者による捜査の端緒

Ⅰ　都市化，匿名化した社会における捜査活動 ────────

1　行政警察と司法警察[1]

　Police（警察）の概念は元々広く，公共の安全と秩序の維持のほか，交通，衛生，産業，労働に関し，人民に命令・強制する作用の全てを含むものであった。その後，衛生，産業，労働等の分野は警察以外の他の行政機関の担当とされ，警察の責務は以前より狭く限定された。他方，将来の犯罪を予防するのが行政警察活動であり，既に起こった犯罪の捜査が司法警察活動であるとの考え方も有力に主張された。ところで，行政警察活動は国民の公共の安全の確保，公共の福祉の維持・増進を目的とするので，場合によっては国民に協力義務が求められることもあるが，一般的には対象者への権利侵害性は低い。しかし，行政警察活動とはいえ対象者の権利・自由を侵害・制限する場合がある。この場合に行政警察活動だからといって憲法や法律の規律に服させないでよいとはいえない。また，田園的・固定的・閉鎖的な社会にあっては，犯罪が発生した後，犯人と証拠を発見・収集して刑事裁判に結び付ければ事足りたかもしれな

---

1)　行政警察と司法警察については，渥美 23 頁以下，田宮裕『変革のなかの刑事法』（有斐閣，2000 年）133 頁以下，川出敏裕「行政警察活動と捜査」法教 259 号（2002 年）73 頁以下，加藤康榮「行政警察活動と犯罪の事前捜査(上)(下)」日本法学 80 巻 4 号 1 頁，81 巻 1 号 9 頁（2015 年）などを参照。

47

UNIT 4　捜査の端緒

いが，都市化・匿名化され，モータリゼーションの発達した現代社会において
は，犯罪発生後のみならず，犯罪発生前の予防活動，犯罪発生直後の警察活動
が重要性を増しているのである。特に反復・継続して実行される組織犯罪・テ
ロ犯罪等は犯罪の実行による被害が甚大であること，犯罪後の捜査が困難であ
る場合が少なくないこと等に照らして，犯罪発生前の捜査活動が犯罪の予防と
同時に犯罪の摘発のためにも必要なのである。そこで，警察活動は，なお多様
で幅広いことを前提に，①警察活動が公共の安全・福祉を維持・増進するもの
か公共の秩序を維持するものか（言葉を換えればその警察活動は対象者の権利・自
由を侵害・制約するか否か，またその程度はどのくらいか），他方で，②各警察活動
の対象者がそのプライバシーを期待し得る場合か否か，またその程度はどのく
らいか，この両者を基本的な斟酌要素として，当該警察活動が許されるのか，
許されるとすればその要件は何かを考えていくのが妥当である。

2　法執行活動の規律

交通の取締り，病人や泥酔者の保護等は行政警察活動であるが，本 UNIT が
主として取り扱う職務質問，任意同行，所持品検査，自動車検問等は犯罪の予
防活動であると同時に犯罪の摘発に結び付きやすい活動である。犯罪の発生前
後で区別して，発生前の活動は行政警察活動であり捜査ではないとすると，職
務質問，所持品検査等の路上の警察活動，おとり捜査，スリや痴漢の検挙活動，
オービスⅢ，自動速度違反取締装置（RVS）によるスピード違反者の検挙（機
器の設置は犯罪発生前からなされている），そして通信傍受等の警察活動は捜査活
動ではなくなってしまう。この結論は従来の経験に照らした常識的な考えから
も妥当なものとはいえない。そこで，将来の犯罪の予防か過去の犯罪の証拠収
集かで区別するのではなく，犯罪の前後を含めて，事件の訴追・処罰へ向けて
の証拠の収集・犯人の発見活動は警察の法執行活動であり，そのうち，対象者
の権利・自由の侵害・制約が高くなるおそれのある活動は警職法のみならず，
憲法・刑訴法の規律の下に置くことにすべきである。判例も憲法 38 条 1 項の
保障が「純然たる刑事手続においてばかりではなく，それ以外の手続において
も，実質上，刑事責任追及のための資料の取得収集に直接結びつく作用を一般
的に有する手続には、ひとしく及ぶ」ことを認めている（最大判昭和 47・11・22
刑集 26 巻 9 号 554 頁〔憲法百選Ⅱ 119 事件〕〔川崎民商事件〕）。この判例は職務質問

48

を扱った事案ではないが，判例が，行政手続であっても捜査の実質を有する手続に憲法35条・38条1項が適用され得ることを判示した点で重要である（なお，最大判平成4・7・1民集46巻5号437頁〔憲法百選Ⅱ115事件〕を参照）。また，判例・通説は，職務質問等において許される警察活動には基本的に任意捜査と同様の原則が適用されるとしているが，それは前述の説明と整合的に理解できる（行政警察活動は捜査ではないと強調しつつ，任意捜査の適用を主張する見解には整合性がないと思われる）。

Ⅱ　職務質問

1　職務質問の意義・目的

　警察官は，異常な挙動その他周囲の事情から合理的に判断して何らかの犯罪を犯し，もしくは犯そうとしていると疑うに足りる相当な理由のある者または既に行われた犯罪について，もしくは犯罪が行われようとしていることについて知っていると認められる者を停止させて質問することができる（警職2条1項）。警察官は不審事由のある者を停止させて質問する権限がある。「停止させて」質問することが許されているので，不審事由のある者を質問できる状態にするために必要な限度で有形力の行使が認められる。また，職務質問は不審事由の有無の解明のために認められるので，停止・質問のもとになった不審事由の有無の解明に必要最小限度の時間内に限られる。さらに，停止・質問のための有形力の行使は刑訴法上の身柄拘束（逮捕）になってはならず，質問は答弁を強要するものであってはならない。つまり，任意でなければならない（同条3項）。

2　有形力行使の許容限度（判例）

　判例は，①深夜，駐在所で職務質問中に，警察官が電話に出た瞬間に被告人が逃げ出したため，警察官が約130m追い掛けて被告人の腕に手をかけ制止した行為（最決昭和29・7・15刑集8巻7号1137頁〔百選〔3版〕12事件〕），②酒臭をさせ，酒気帯び運転の疑いがある被告人が，車両を発進させようとしたので，警察官が窓から手を差し入れ，エンジンキーを回転してスイッチを切った行為（最決昭和53・9・22刑集32巻6号1774頁〔百選〔5版〕5事件〕），③交通整

UNIT 4 捜査の端緒

理に当たっていた警察官が被告人からつばを吐きかけられたと思い，被告人の胸元をつかんで歩道上に押し上げた行為（最決平成元・9・26判時1357号147頁），④無銭宿泊，薬物使用の疑いのある被告人に警察官が声をかけたところ，全裸の被告人が開けたドアを閉めようとしたので，警察官が職務質問を継続するためにドアに足を踏み入れた行為（最決平成15・5・26刑集57巻5号620頁〔百選3事件〕）を適法とした（②決定は，停止の方法として必要かつ相当な行為であるのみならず，交通の危険防止のための必要な応急措置〔道交67条3項（現4項）〕としても適法であるとした）。他方，⑤覚せい剤使用の疑いがある被告人から被告人の車両のエンジンキーを取り上げた行為は適法であるが，その後，約6時間半以上被告人を現場に留め置いた措置は任意捜査の許容限度を超えるものとして違法であるとした判例（最決平成6・9・16刑集48巻6号420頁〔百選2事件〕）がある。

Ⅲ　任意同行

　その場で職務質問をすることが本人に対して不利であり，または交通の妨害になると認められる場合においては，質問するため，その者に附近の警察署・派出所または駐在所に同行することを求めることができる（警職2条2項）。警職法は不審事由のある者に職務質問をするために任意同行を求めることができる場合として，①本人に不利な場合と②交通の妨害になる場合を掲げているが，これらは例示であり，①②に準じるような合理的な理由がある場合にも認められよう。しかし，任意同行においては不審事由のある者の意に反して連行することは許されないし，また，身柄拘束（逮捕）と評価されるものであってはならない（同条3項）。

　任意同行の態様がその許容範囲を超えて，実質的に身体の拘束に対する拒否の自由がなかったとみられる場合には，逮捕があったと判断される。任意同行がいつ逮捕になるかは，結局は個々の事案に即して判断するほかはないが，一応の基準としては，同行の時刻・方法，同行先の告知の有無，同行時の警察官の数，同行の場所，同行後の取調状況（時間・態様），同行後の被疑者の監視状況，同行と同時に捜索・差押えがなされたか否か，同行拒否・退去の意思を（言語または動作で）示したか否か等を総合的に考慮して，対象者に①同行を拒否する自由があったか否か，②退去の自由があったか否かによって逮捕に当た

Ⅲ　任意同行

るか否かを判断することになる。

　任意同行が実質的逮捕に当たると判断され，しかもその逮捕行為の違法が重大である場合は，その後の勾留請求は許されないとする裁判例がある（青森地決昭和 52・8・17 判時 871 号 113 頁，富山地決昭和 54・7・26 判時 946 号 137 頁〔百選 5 事件〕）。他方，任意同行時に緊急逮捕の要件が備わっていたとか，制限時間内に送致・勾留請求が行われていたなど，逮捕行為の違法性を勾留請求が許されないほど重大なものとは判断していない裁判例も多くある（名古屋地決昭和 44・12・27 刑月 1 巻 12 号 1204 頁，東京高判昭和 54・8・14 刑月 11 巻 7 = 8 号 787 頁〔百選 14 事件〕）。

=== POINT 1　留め置きの適法性 ==

　覚せい剤使用の嫌疑のある被疑者に対して警察官等が職務質問をし，尿の任意提出を求めたにもかかわらず，被疑者がこれを拒絶した。前歴を照会したところ，被疑者には覚せい剤使用の前科があり，また顔が青白く，目をギョロギョロさせる等覚せい剤常用者特有の特徴を示しているため，警察官は条件付捜索差押許可状（強制採尿令状）を請求する準備に入った。このとき，被疑者が職務質問の現場あるいは任意同行後の警察署から退去する意思を示したり，退去の行動に出た場合，警察官等は有形力を行使して被疑者を強制採尿令状が発付されるまでその場に留め置くことは許されるであろうか。前述の判例（前出最決平成 6・9・16〔百選 2 事件〕）は，強制捜査に移行するか被疑者を解放するかの警察官の見極めが遅れたため長時間被疑者の移動の自由を奪った点が違法とされたものと解されている（最判解刑事篇平成 6 年度 10 事件）。

　その後の下級審の裁判例は適法とするものと違法とするものに分かれている。

　（ⅰ）留め置きを適法とする裁判例として，以下のものがある。①午後 6 時頃に覚せい剤使用の疑いで尿の任意提出を求めたが，応じないため，午後 6 時 30 分頃に強制採尿令状請求の準備に取り掛かり，午後 9 時 10 分頃に令状発付を受けた。東京高裁は約 2 時間 40 分の留め置きにつき，強制採尿令状の請求が検討されるほどに嫌疑が濃い対象者については令状が発付された場合，その所在確保の必要性は高く，また，約 2 時間 40 分は強

UNIT 4　捜査の端緒

制採尿令状請求から発付までの手続の所要時間として特に著しく長いとは見られない．さらに，留め置きの際の警察官の措置の態様は受動的なものにとどまり，積極的に，被告人の意思を制圧するような有形力の行使ではなく，加えて，被疑者の所在確保に向けた措置以外の点では，被疑者の自由が相当程度確保されていた等を理由に，本件留め置きはいまだ任意捜査として許容される範囲を逸脱したものとは見られないとして適法と判示した（東京高判平成21・7・1判タ1314号302頁）．本判決の特徴は，留め置きの適法性の判断に際して，令状請求の準備に取り掛かった時点を境に，その前を「純粋に任意捜査として行われている段階」，その後を「強制手続への移行段階」に分けて判断したことである（「二分論」といわれる）．②東京高判平成22・11・8判タ1374号248頁は，二分論をより明確にして，「強制手続への移行段階」においては，被疑者の所在確保の必要性が高まるので，被疑者の強制採尿令状の請求が行われていることを告知することを条件として，純粋な任意捜査の場合に比し，相当程度強くその場にとどまるよう求めることも許されると判示している．ちなみに，本件では，強制採尿令状請求準備行為から令状発付までの留め置きは約3時間5分であり，また，被疑者の意思を直接的に抑圧するような行為等はなされておらず，さらに，携帯電話の使用や喫煙などの自由は被疑者に認められていたことも留め置きが適法とされた理由であった．その他，③東京高判平成25・1・23東高刑64巻1〜12号30頁，④東京高判平成25・5・9高刑速（平成25）63頁などがある．

　(ii)　他方，留め置きを違法とした裁判例として，以下のものがある．⑤警察官らは被疑者らに対し覚せい剤使用の疑いで職務質問を開始し，覚せい剤事犯の犯歴等から嫌疑を深め，警察署への任意同行と尿の提出を求めたが拒否された．そこで，警察官らは職務質問から約30分後に強制採尿令状請求の準備に取り掛かった．これと前後して応援のパトカー5，6台と警察官10名以上が臨場し，被疑者車両を取り囲むようにしていた．被疑者らは自車内に閉じこもり，携帯電話を使ったり喫煙したりしていた．また，車を動かしたりクラクションを鳴らしたりもした．令状請求準備行為から約2時間13分後頃に令状が発付された．東京高裁は当初の職務質問は適法であったと認めつつ，被疑者が自車を動かしたりクラクションを

鳴らす行為により任意同行に応じない態度を明らかにしていたこと，留め置きから身体検査令状の執行開始まで約3時間経過していることに照らすと，本件留め置きは説得行為の限度を超え，被疑者の移動の自由を長時間にわたって奪った点において，任意捜査として許容される範囲を逸脱し違法であると判示した（東京高判平成20・9・25東高刑59巻1～12号83頁）。⑥警察官らは午前2時8分頃に被疑者に職務質問を開始した。任意採尿を拒まれたため警察官らは約50分後に強制採尿令状請求の準備を始めた。午前7時18分頃に強制採尿令状が執行された。その間の午前3時30分頃と午前6時頃の2回，被疑者はパトカーのドアを開けて外に出ようとしたが，警察官らが被疑者の身体を押さえるなどして退出を阻止した。この警察官らの留め置きにつき札幌高裁は，長時間（3時間50分）にわたり被疑者の移動の自由を過度に制約したものとして，任意捜査の範囲を逸脱した違法なものであったと判示した（札幌高判平成26・12・18判タ1416号129頁）。同様に本判決は前記二分論を根拠に本件留め置きの適法性を根拠付ける検察官の主張に対しては，犯罪の嫌疑の程度は，採尿令状の請求準備を開始するか否かという警察官の判断により直ちに左右されるものではない上，本件では，その段階で，嫌疑を深めるべき新たな証拠や事実が発見されていないから，警察官の判断時点を境界として，許容される留め置きの程度に有意な違いが生じるものと解することは必ずしも説得力のある立論ではないと判示している。その他，留め置きを違法とする裁判例として，⑦東京高判平成23・3・17東高刑62巻1～12号23頁，⑧東京高判平成27・10・8判タ1424号168頁などがある。

　(iii)　このように留め置きの適法性については下級審の裁判例が分かれており，また，その適法・違法の判断基準が必ずしも明確とは言い難い。裁判例は，留め置きの時間，態様（有形力行使の程度《意思の制圧に到っているか，また，受動的なものか積極的なものか》），被疑者が現場からの退去の意思を言語や行動で示したか否か等を総合的に考慮して，留め置きが所在確保のための説得の範囲を超え，被疑者の移動の自由を不当に制限した結果，任意捜査の枠を超えているか否かを判断基準にしているように思われる。

　覚せい剤使用の疑いがある者に任意の採尿を求めて拒否された際に，捜査機関の合理的判断として強制採尿令状を請求する場合，その発付を待つ

UNIT 4　捜査の端緒

間，被疑者の所在確保の必要性は高い。覚せい剤使用の嫌疑が濃く，所在確保の必要性が高い被疑者につき，その者の退去の意思が明確であれば解放せざるを得ないとすれば法執行に著しい障害が生じるであろう。下級審裁判例において二分論が有力になりつつあるといわれるが，二分論に与しない裁判例も少なくない。そのため，留め置きが許されるか否かの判断基準が読み取り難い。そこで，学説が，また裁判例さえも立法による解決を主張している（例えば柳川重規「捜索・押収令状入手のための被疑者の留置きについて」法学新報 121 巻 5・6 号〔2014 年〕1 頁，前掲判例⑤）。これらの議論を念頭に置きつつ，留め置きの適法性の基準の設定を含めた最高裁の判断が望まれるところである。

Ⅳ　所持品検査

1　所持品検査の意義・適法性

所持品検査とは，職務質問の際に不審事由のある者の身体または所持品を①外側から軽く触れる行為（捜検），②所持品を開披して観察する行為，③身体または所持品から物を取り出して検査する行為の総称である。現行法上，被逮捕者についての凶器検査を許す規定は存するが（警職 2 条 4 項），不審事由のある者について所持品検査を認める明文の規定が存在しないため，所持品検査は違法であるとの学説もあるが，判例は職務質問に附随する行為として一定の条件の下に許容されるとしている（最判昭和 53・6・20 刑集 32 巻 4 号 670 頁〔百選 4 事件，〔9 版〕4 事件〕〔米子銀行強盗事件〕，渥美東洋 = 椎橋隆幸編『刑事訴訟法基本判例解説』〔信山社，2012 年〕7～9 事件参照）[2]。所持品等が不審事由を抱かせる原因

---

[2]　職務質問と所持品検査については，田口守一 = 寺崎嘉博編『判例演習刑事訴訟法』（成文堂，2004 年）7 頁〔田口〕，渥美東洋「所持品検査の基準と違法収集証拠『排除法則』の適用の基準について(上)(中)(下)」判タ 373 号 14 頁，374 号 16 頁，375 号 23 頁（1979 年），三井誠「所持品検査の限界と違法収集証拠の排除(上)(下)」ジュリ 679 号 45 頁，680 号 107 頁（1978 年），洲見光男「職務質問と所持品検査」松尾浩也 = 井上正仁編『刑事訴訟法の争点〔第 3 版〕』（有斐閣，2002 年）52 頁，小島淳「職務質問と所持品検査」井上正仁 = 酒巻匡編『刑事訴訟法の争点』（有斐閣，2013 年）60 頁などを参照。

となったり，所持品検査によって不審事由の有無が解明されることが少なくないことに鑑みると，判例は妥当である。

2　所持品検査の許される根拠と要件

最高裁は，所持品検査を警職法2条1項の職務質問に附随する行為として許容されるとした原判決の判断は正当である，としたところから，警職法2条に所持品検査の根拠があることを明らかにしたものといえよう。また，所持品検査が許される場合として，最高裁は，所持品検査は任意処分として許されるのだから，所持人の承諾を得て行うのが原則としながらも，一定の要件の下に，所持人の承諾のない所持品検査を認めている。その要件とは，「捜索に至らない程度の行為」で，「強制にわたらない限り」，「検査の必要性，緊急性，これによつて害される個人の法益と保護されるべき公共の利益との権衡などを考慮し，具体的状況のもとで相当と認められる限度においてのみ」許されるとした（前出最判昭和53・6・20〔百選4事件，〔9版〕4事件〕〔米子銀行強盗事件〕）。この要件については「許容限界がいささか緩きに過ぎる」との批判（三井・前掲注2）「（上）」48頁）もあったが，最高裁としてかなり具体的かつ明確な基準を示したという意味で重要である。他の裁判例として，過激派学生が米軍厚木基地を爆破する計画がある旨の情報に基づき，警察官が米軍燃料貯蔵タンク周辺にいた被告人に職務質問したが黙秘していたので足元にあったショルダー・バッグに外側から触れたところ，中に固い瓶様の物体が入っていることが分かったのでチャックを開けると，手製の爆弾が入っていたとの事案で，警察官の捜検・開披と取出し行為を適法とした（東京高判昭和47・11・30高刑集25巻6号882頁〔厚木基地事件〕）。

他方，警察官が覚せい剤中毒の疑いで職務質問中，被告人を捜検し，その上衣内ポケットに「刃物ではないが何か堅い物」を感じたので，提示を求めたところ被告人が応じなかったため，ポケットから在中物を取り出した行為は「プライバシイ侵害の程度の高い行為」で「捜索に類する」ものであり，「所持品検査の許容限度を逸脱」しているとして違法とした判例もある（最判昭和53・9・7刑集32巻6号1672頁〔百選90事件〕〔大阪天王寺覚せい剤所持事件〕）。また，覚せい剤所持の疑いがある被告人の車につき，警察官4名が，懐中電灯等を用い，座席の背もたれを前に倒し，シートを前後に動かすなどして，自動車の内

UNIT 4　捜査の端緒

部を丹念に調べた行為につき，被告人の任意の承諾がなかったとして違法とした判例がある（最決平成7・5・30刑集49巻5号703頁）。

　所持品検査をめぐる判例の動向は，基本的には前出最判昭和53・6・20〔百選4事件，〔9版〕4事件〕〔米子銀行強盗事件〕が示した要件に従い，その充足の有無によって適法性が判断されてきているといってよかろう。「捜索に至らない程度の行為」でなければならないので，捜索と判断されれば当然のこと，「捜索に類する」ような所持品検査も違法と判断される可能性が高い。また，「強制にわたらない限り」適法なので，任意の承諾がなく，プライバシー侵害の高い所持品検査は違法と判断されることになる。なお，凶器や爆弾を用いた犯罪で，それらが入っている可能性のある所持品については，裁判所は警察官の身体の安全の確保を適法性判断の1つの要件として考慮しているものと考えられる。

V　自動車検問

1　自動車検問の意義とその種類（分類）

　自動車検問とは，犯罪の予防・検挙のために，警察官が走行中の自動車を停止させ，運転者，乗員ならびに自動車を観察し，必要な質問をすることをいう（自動車検問については，椎橋隆幸『刑事弁護・捜査の理論』〔信山社，1993年〕296頁以下などを参照）。自動車検問はその目的に応じて，①道路交通法（以下，「道交法」という）違反の予防・検挙を主たる目的として行われる交通検問，②犯罪一般の予防・検挙を目的として行われる警戒検問，そして③特定の犯罪が発生した後に犯人の検挙および情報の収集を目的として行われる緊急配備活動としての検問に分類される。

　また，自動車検問は，その適法性と許される場合の要件との関係で，特定車検問と不特定車検問との分類が重要である。

2　特定車検問の適法性とその根拠

　車両の走行の外観から犯罪の嫌疑，不審事由が認められる場合に，その犯罪の嫌疑，不審事由のある特定の車両に対して行われる検問を特定車検問という。

ある車両が道交法に違反したり，違反している疑いがある場合，例えば，スピード違反と認められる車両，過積載の疑いのある車両，盗難車の疑いがある車両等を停止させ乗員に質問することは刑訴法（210条・213条・197条等），警職法（2条），道交法（57条・59条・61条・62条・64条〜66条・67条等）に法的根拠を求めることができる。判例もこのことを認めている。①警察官が酒酔運転の疑いが濃厚と判断し降車を求めたが，被告人がこれを聞かずに発進しようとしたのでこれを制止した行為を道交法67条1項および警職法2条1項に基づき適法とした（東京高判昭和48・4・23高刑集26巻2号180頁）。②車のナンバープレートや形状等から，盗難車であることが確認された車両を運転していた被告人に職務質問するため，捜査用自動車により前後から挟むようにして停止させた行為を警職法2条1項により適法と判示した（名古屋高金沢支判昭和52・6・20判時878号118頁）。

3 不特定車検問の適法性とその要件

走行の外観からは不審事由の存在が認められない場合に，道路を通過する全ての車両または一定の車両に対して停止・質問するもので，交通検問と警戒検問とが問題となる。

交通検問は道交法違反の予防・検挙を主たる目的として行われるもので，交通事故を未然に防ぎ道路交通の安全に資する点で公共の福祉の維持・増進に寄与する活動である。また，運転者は運転免許を取得して交通ルールに従う義務を負い，運転行為に関するプライバシーは相当に制約されている。判例によれば，自動車利用に伴う当然の負担として合理的な範囲で交通取締りに協力する義務があり，その法的根拠は「交通の取締」を警察の責務として定めた警察法2条1項にあるとする。また，その許される要件として，①交通事犯の多発する場所において，②通過する全ての車につき，③短時分の停止・質問を相手方の任意の協力を求める形で，④相手の自由を不当に制限することにならない方法・態様で行われれば適法であるとした（最決昭和55・9・22刑集34巻5号272頁〔百選A1事件〕）。

警戒検問は犯罪一般の予防・検挙を目的として行われるもので，交通検問よりも犯罪捜査に結び付く法執行活動である。そこで，自動車運転者の行動の自由が不合理に制約されないプライバシーの利益と犯罪一般の予防・検挙によっ

UNIT 4 捜査の端緒

て市民が受ける利益とのバランスを考慮してそれが許容される要件を考えなければならない。警戒検問は，交通検問に求められる要件と共通するものと，更に厳格にすべき要件とを満たすときに許されるといえよう。すなわち，①同種の犯罪が多発している場所や時間帯に限定した，犯罪の予防活動が必要とされる合理的な理由がある場合であるとき，②検問の目的に応じて，通過する全ての車両の検問か，一定の車種に限っての検問かの2つの場合のいずれかに該当するとき，③短時分かつ任意捜査の範囲内において，④対象者の行動の自由を不当に制限することのない方法・態様で行われるときに許されよう。例えば，タクシー強盗が頻発していた時期に，タクシー強盗の発生することの多い場所（郊外）と時間帯（夜中）において，タクシーに限って任意かつ短時分の停止・質問を求めることは合理的な理由があるので許されてよかろう（大阪高判昭和38・9・6高刑集16巻7号526頁参照）。

■■ POINT 2　検視態勢の強化 ■■■■■■■■■■■■■■■■■■■■■■■■■■■■■■■■■

　検視とは，変死者または変死の疑いのある死体があるときに，人の死亡が犯罪によるものか否かを確かめるために死体を見分する検察官の活動をいう（229条）。伝染病による死体，自殺死体など犯罪による疑いのない死体につき，伝染病予防・公衆衛生，身元の確認等の行政目的で行われる死体の見分は行政検視と呼ばれる。これに対して，本条の検視は，人の死亡が犯罪によるものか否かを確認するために行われるので，司法検視とも呼ばれる。検視は検察官の権限であり，また，義務でもあるが，検察事務官，または司法警察員（司法巡査は含まれていない）に命じて検視をさせることができる（同条2項）。これを代行検視というが，実務上，検視の多くは，代行検視である。検視は医学的知識を要することが多いので，検察官は，検視の際，補助者として医師を立ち会わせることができる。検視を行ったときは，検視調書を作成しなければならない。検視の結果，犯罪の嫌疑が生じたときは，捜査手続に移行する。死因，死亡推定時刻を明らかにするために，鑑定処分許可状（225条・168条1項）を得て，司法解剖を行うなどの捜査が行われる。

　近年，連続不審死事件において，当初の事件を犯罪死と見抜けなかったために，その後の連続殺人を防止できなかった事件があった。我が国の死

因究明制度は，例えば，諸外国に比べて解剖率が低い等，必ずしも十分なものとはいえないといわれていた。そこで，最近では，関係機関・団体との緊密な連携，法医学等の知見を活用した専門家の協力体制，研修を通じた人材の育成，科学的な検査態勢の充実等によって死因究明制度を拡充させ，犯罪死を見逃さない体制の整備を進めている。

Ⅵ　捜査機関以外の者による捜査の端緒 ─────────────

捜査機関以外の者による捜査の端緒としては，告訴，告発，請求，自首が法定され，そのほかには，犯罪被害者による被害届，目撃者などの届出などがある。被害者等の届出による場合が最も多い。

1　告　訴

(1)　犯罪により害を被った者（被害者）は，告訴をすることができる（230条）。告訴とは，被害者等の告訴権者が，捜査機関に対し，犯罪事実を申告し，犯人の訴追を求める意思表示である。訴追の意思を欠く，単なる犯罪の申告は告訴ではなく，被害届である。

(2)　告訴権者は，①直接の被害者（230条），②被害者の法定代理人（231条1項），③被害者が死亡したときの被害者の配偶者，直接の親族または兄弟姉妹（同条2項），④その他の一定の者（232条～234条）である。

(3)　親告罪の場合，告訴は訴訟条件となり，告訴がなければ公訴提起が無効となる。親告罪には告訴期間の制限があり，犯人を知った日から6か月以内にしなければならない。ただし，強姦罪等の性犯罪については，2000（平成12）年の刑訴法改正により，告訴期間が撤廃された（235条1項1号）。これは，被害者が，性犯罪自体に由来する苦痛と事件が公になった場合の精神的負担を考慮しながら告訴をするか否かの選択を6か月以内にするのは困難であり，結果的に犯人を不当に利することになっていた事態への対応であった。この趣旨をさらに進めたのが2017（平成29）年の性犯罪に対処するための「刑法の一部を改正する法律」（平成29年法律第72号）であった。改正法は親告罪であった主要な性犯罪を非親告罪とした（*POINT 3* 参照）。

UNIT 4　捜査の端緒

(4)　告訴の方式は，書面または口頭で検察官または司法警察員にしなければ
ならない（241条1項）。口頭による告訴の場合，検察官等は調書を作成しなけ
ればならない（同条2項）。司法警察員が告訴を受けたときは，速やかに告訴に
関する書類および証拠物を検察官に送付しなければならない（242条）。

(5)　検察官は，告訴があった事件について，起訴・不起訴の処分を告訴人に
通知しなければならず（260条），告訴人から請求があれば不起訴処分の理由を
告げなければならない（261条）。不起訴処分とその理由の告知を受けることで，
告訴人には，付審判請求（262条以下）や検察審査会への申立てによる事件の強
制起訴の可能性が残されている。

(6)　告訴の効力として告訴不可分の原則がある。これには，客観的不可分と
主観的不可分とがある。前者は，一罪の一部に対する告訴は，一罪の全部に及
ぶことをいう。例外として，科刑上一罪のうちの一罪への告訴は他の犯罪には
及ばないとされる。後者は，親告罪について，共犯の1人または数人に対して
した告訴は，他の共犯者にも及ぶことをいう（238条）。例外として，相対的親
告罪（例えば親族相盗）では，親族関係にない共犯者に対する告訴は，親族共犯
者には及ばないとされる。

■■■ *POINT 3*　刑法の一部改正と性犯罪の非親告罪化 ■■■■■■■■■■■■■■■■■■■■■■■■■■■■■■■■■■

　　改正法は，①強姦罪の構成要件を拡張して強制性交等罪とし，その法定
刑の下限を引き上げると同時に集団強姦罪等を廃止した，②監護者わいせ
つ罪および監護者性交等罪を新設した，③強盗強姦罪を改めて強盗・強制
性交等罪とした，という刑事実体法の改正が中心であるが，同時に④親告
罪であった性犯罪を非親告罪化する改正が含まれている。性犯罪の非親告
罪化の内容は，まず，強制性交等罪および準強制性交等罪ならびに監護者
わいせつ罪および監護者性交等罪を非親告罪とした。次に，わいせつ・結
婚目的の略取・誘拐の罪および刑法225条の罪を幇助する目的で犯した被
拐取者引渡し等の罪ならびにこれらの罪の未遂罪を非親告罪化した。併せ
て，略取・誘拐された被害者と犯人が婚姻した場合における告訴の効力に
関する特例を定める刑法229条ただし書を削除した。この結果，略取・誘
拐の罪については，未成年者略取・誘拐に係る罪のみが親告罪として維持
されることになった（加藤俊治「性犯罪に対処するための刑法改正の概要」ひろ

ば70巻8号〔2017年〕52頁）。

2 告発，請求

告発とは，告発権者および犯人以外の者が，捜査機関に対して，犯罪事実を申告しその訴追を求める意思表示である。告発は一般には権利であるが，公務員が職責上，告発義務を負うことがある（239条2項）。また，一定犯罪の場合には告発が訴訟条件となる（独禁96条2項，公選253条2項，関税140条1項）。告発の方式，効果等については告訴の規定が準用される。

請求とは，一定の機関が捜査機関に申告し，訴追を求める意思表示である。

一定の犯罪（刑92条〔外国国章損壊罪〕，労調42条等）では，請求が訴訟条件となっている。この請求には親告罪の告訴の規定が準用される（237条3項・238条2項）。

3 自 首

自首とは，犯罪事実または犯人が誰であるかが捜査機関に発覚する前に，犯人が捜査機関に自己の犯罪事実を申告し，訴追を受けることを求める意思表示である。刑法上は刑の減免事由とされるが（刑42条1項・80条・93条ただし書），刑訴法上は捜査の端緒である。自首の手続も告訴・告発の規定が準用される（245条）。

UNIT 5

任意捜査と強制捜査

Ⅰ 任意捜査と強制捜査
Ⅱ 任意捜査の原則，強制処分法定主義
Ⅲ 任意捜査と強制捜査の区別の基準
Ⅳ 写真・ビデオ撮影
Ⅴ おとり捜査
Ⅵ 任意捜査と強制捜査の区別の基準（学説）
Ⅶ GPS 捜査の適法性

Ⅰ　任意捜査と強制捜査

　捜査は任意捜査と強制捜査によって行われる。捜査とは犯人を発見・検挙し，証拠を収集・保全する捜査機関の活動である。強制捜査とは対象者の権利や自由を侵害する処分であり，対象者の意思に反しても強行できる処分である。法律に許される要件と手続が規定されている。強制処分には逮捕（199 条・210条・212 条以下），勾留（207 条以下），捜索・差押え，検証（218 条以下），鑑定（225 条），証人尋問（226 条以下），通信傍受（222 条の 2，通信傍受法），領置（221条），公務所等への照会（197 条 2 項）がある。他方，任意捜査とは対象者の同意を得て行う処分および対象者に対する権利や自由の制約が強制処分ほど大きくない処分をいう。任意処分には多様な活動があり，強制処分以外の処分をいうともいえる。その例として，聞込み，張込み，職務質問（警職 2 条 1 項），任意同行（同条 2 項），自動車検問，所持品検査，被疑者取調べ（198 条 1 項），参考人取調べ（223 条 1 項）等々がある。

Ⅱ　任意捜査の原則，強制処分法定主義

　刑訴法 197 条 1 項は「捜査については，その目的を達するため必要な取調をすることができる。但し，強制の処分は，この法律に特別の定のある場合でなければ，これをすることができない」と規定する。この規定の解釈につき，一

般に，捜査は任意捜査が原則であり，強制捜査は例外で（任意捜査の原則），刑訴法にこれを許す旨の明文の規定のある場合以外は許されないとの趣旨である（強制処分法定主義），と解されている。①ある捜査目的を任意捜査によって実現できるならば，これによるべきこと，②数の上でも任意捜査の方が多用されていること，さらに，③犯罪捜査規範99条が「捜査は，なるべく任意捜査の方法によつて行わなければならない」としていることから，任意捜査が原則であるとすることは正しい。他方，強制捜査は対象者の意思に反しても強行できることから，対象者の権利・自由を大きく侵害するので，憲法33条・35条の規律を受け，それが許される要件，手続等が憲法の趣旨を体現した刑訴法等によって明定されているのである。

Ⅲ　任意捜査と強制捜査の区別の基準

従来の学説とその問題点

従来の学説によれば，任意捜査と強制捜査の区別の基準は，対象者に対して有形（物理）力を行使するか否か，対象者に法的義務を賦課するか否かであった（団藤重光『条解刑事訴訟法(上)』〔弘文堂，1950年〕261頁，平野82頁等）。また，この見解の下では，強制処分は各強制処分を規定する要件と手続に従って行われることが求められるが，任意処分は手段が相当であれば自由に行ってよいとするものであった。この区別の基準によれば，逮捕，勾留，捜索・差押え，検証，鑑定，証人尋問はいずれも強制処分に属することは明らかであったが，当時は明確に強制処分とされていなかった通信傍受（1999〔平成11〕年に「通信傍受法」が制定された），秘密録音，写真・ビデオ撮影，おとり捜査，職務質問，任意同行，自動車検問，所持品検査等が任意処分なのか強制処分なのかについては，処分によっては学説の見解が分かれた。例えば，写真撮影や秘密録音は対象者に有形力を行使するわけではないし，法的義務を課すこともないので上記の区別の基準によれば任意捜査に分類されることになるが，対象者のプライバシーに対する制約を考えると，手段が相当であれば自由に行ってよいといえるのか，疑問が多く出されていた。また，職務質問や所持品検査は対象者の行動の自由を制約したり，有形力を行使したりすることがあるが，およそ有形

UNIT 5　任意捜査と強制捜査

力が少しでも行使されれば強制処分ということは妥当とはいえないし，他方，いかなる有形力を行使しても任意処分だということも説得力があるとはいえないであろう。特に，電話傍受は有形力を行使せず，また，法的義務を賦課するものでもないが，通話者が知らないうちに通信の内容を傍受することによってプライバシーが大きく侵害されるため，任意処分として許容されるとすることには強い反対があり，他方では，覚せい剤の非対面方式による密売買者を検挙する必要も高かったため，判例と立法により強制処分として厳格な要件の下に許容されることとされた（百選 31 事件，〔9 版〕34 事件，〔8 版〕34 事件，また，「通信傍受法」〔平成 11 年 8 月〕）。その他にも，従来は任意捜査に分類されていたが対象者の権利や自由を大きく制約する捜査手法があるため，任意捜査と強制捜査の区別の基準を明確にすべきとの要請が高まっていった。この任意・強制の区別の基準につき参考となるのが写真・ビデオ撮影と取調室からの退出を制止する行為，おとり捜査そして GPS 捜査を扱った判例である。

Ⅳ　写真・ビデオ撮影

1　写真・ビデオ撮影は任意処分か強制処分か

　写真・ビデオ撮影は防犯効果を狙って行われているだけでなく，犯罪捜査のためにも大いに役立ってきた。写真撮影とビデオ撮影とは後者の方がプライバシー侵害という点でその程度は少し高いといえようが，程度の問題にとどまり法規制の点では基本的に同じように扱ってよいと考える。

　最高裁は京都府学連事件（最大判昭和 44・12・24 刑集 23 巻 12 号 1625 頁〔憲法百選Ⅰ 18 事件〕。以下，「大法廷判決」という）において，公道上のデモ行進が違法となった際の警察官による写真撮影の適法性が争われた事案について「個人の私生活上の自由の 1 つとして，何人も，その承諾なしに，みだりにその容ぼう・姿態（以下「容ぼう等」という。）を撮影されない自由を有する……。……警察官が，正当な理由もないのに，個人の容ぼう等を撮影することは，憲法 13 条の趣旨に反し，許されない」と判示し，容ぼう等をみだりに撮影されない個人の自由を憲法 13 条の趣旨から肯認した。他方で，個人の自由も公共の福祉のため必要であるときには相当の制限を受けることがあることも認め，

その場合として，撮影される本人の同意がなく，また裁判官の令状がなくても，①現に犯罪が行われもしくは行われた後間がないと認められる場合であって（現行犯，準現行犯），しかも②証拠保全の必要性および緊急性があり（必要性・緊急性），かつ③その撮影が一般的に許容される限度を超えない相当な方法をもって行われる（相当性）ときに許容されると判示した。容ぼう等を正当な理由なく撮影されない個人の自由を憲法13条の趣旨に求めたことおよび写真撮影が許される要件として令状主義の例外が認められる現行犯，準現行犯の状況の存在を求めたことから，大法廷判決は写真撮影を強制処分と位置付けたのではないかとの解釈もあった。しかし，写真撮影を強制処分と捉えたのであれば刑訴法上の根拠規定を示すのが自然であったことを考えると大法廷は，写真撮影が個人のみだりに容ぼう等を撮影されない自由（肖像権，プライバシー）を制約する処分であるので，強制処分ではないけれども（任意処分ではあっても）それに準じた（写真撮影を許すのにふさわしい）要件を課した上で許容するのが相当であると考えたと解釈する見解が多数である。

2　写真・ビデオ撮影の許される要件

写真・ビデオ撮影が一定の要件の下に許されるとしても，大法廷判決の示した要件は同事案に即した要件設定であるとの制約は免れないであろう（井上正仁『強制捜査と任意捜査〔新版〕』〔有斐閣，2014年〕15頁，渥美東洋＝椎橋隆幸編『刑事訴訟法基本判例解説』〔信山社，2012年〕216頁〔椎橋〕など参照）。この点につき大法廷判決の示した3要件は写真撮影が許容されるために必ず充足しなければならない趣旨だとの限定説と，3要件は当該事案に即してふさわしい要件を求めたもので事案が違えば異なる要件の下に許容され得るとの非限定説とが対立していた。判例とその後の展開によれば，非限定説を採ることが明らかとなった。

まず，自動速度違反取締装置（RVS）による写真撮影は対象者が一定の速度違反を犯したときに，つまり現行犯に対してのみ作動するように設定されていたため，大法廷判決の3要件がそのまま適用されるのにふさわしい事案であった（最判昭和61・2・14刑集62巻1号48頁〔百選〔5版〕10事件〕。本件については，井上・前掲463頁以下，椎橋隆幸『刑事弁護・捜査の理論』〔信山社，1993年〕351頁以下などを参照）。しかし次に，犯罪の発生前でも，①犯罪が発生する相当高度

UNIT 5　任意捜査と強制捜査

の蓋然性が認められ，②あらかじめ証拠保全の手段，方法をとっておく必要性
および緊急性があり，かつ③その撮影，録画が社会通念に照らして相当と認め
られる方法で行われるときには，ビデオカメラによる撮影・録画が許されると
した下級審判例が出た（東京高判昭和 63・4・1 判時 1278 号 152 頁〔百選〔9 版〕10
事件〕）。さらに，最高裁も，捜査官が犯人特定のために必要な資料を入手する
ために公道上を歩行する被疑者をビデオ撮影したり，パチンコ店内での被疑者
の容ぼうをビデオ撮影した行為について，①犯人と疑う合理的な理由の存在，
②犯人特定のための必要性の存在，③相当な方法，という要件でビデオ撮影の
適法性を認めている（最決平成 20・4・15 刑集 62 巻 5 号 1398 頁〔百選 8 事件〕。本
件については，洲見光男・百選 18 頁，酒巻匡・百選〔9 版〕20 頁，宇藤崇・平成 20 年
度重判解〔ジュリ 1376 号，2009 年〕208 頁，渥美＝椎橋編・前掲 31 頁 [堀田周吾] な
どを参照）。これらの判例は，典型的な強制処分（捜索・押収）において求めら
れるプライバシーに対する合理的な期待を有するとまではいえない状況の事案
について，各事案に即したふさわしい要件で写真・ビデオ撮影を認めたものと
いえるであろう。

　大法廷判決は写真撮影を任意捜査とも強制捜査ともいっていない。写真・ビ
デオ撮影は様々な場面で行われる可能性があり，それぞれの場面によって対象
者に対するプライバシー侵害の内容・程度が異なるため，最高裁が写真・ビデ
オ撮影を一般的に任意捜査とか強制捜査とかいっていないのは賢明である。学
説も一般に，公道上にいる被疑者を写真撮影することは任意捜査であるが，住
居内にいる人を隠しカメラや望遠レンズで撮影する行為は強制処分に当たると
している（井上・前掲 14 頁など）。

Ⅴ　おとり捜査

1　おとり捜査とは

　おとり捜査とは，判例によれば，「捜査機関又はその依頼を受けた捜査協力
者が，その身分や意図を相手方に秘して犯罪を実行するように働き掛け，相手
方がこれに応じて犯罪の実行に出たところで現行犯逮捕等により検挙する」捜
査手段である（最決平成 16・7・12 刑集 58 巻 5 号 333 頁〔百選 10 事件〕。以下，「本

V おとり捜査

決定」という）。この定義によれば，警察官が仮睡者を装って横臥中に，同人の
ポケットから財布を抜き取った被告人を現行犯逮捕した場合（広島高判昭和
57・5・25 判タ 476 号 232 頁）とか税関で密輸入された麻薬やけん銃を捜査機関
の監視の下に（あるいは，捜索差押令状の発付を得てけん銃等を無害物に置き換えて）
移転させ，受取先の犯罪関与者を一網打尽に検挙するというコントロールド・
デリバリー（監視付き移転）は捜査機関が能動的な「働き掛け」をするもので
はないため，おとり捜査とはいえない。

2　おとり捜査の問題点

おとり捜査は犯罪を抑止すべき国家（捜査機関等）が対象者に詐術を用いて
犯罪の実行を働き掛ける点で，捜査の公正さを欠くとの指摘がある（田宮 69 頁，
三井Ⅰ 90 頁等）。他方，薬物事犯等が密行的かつ組織的に行われる場合，その
種の犯罪を摘発する必要は高い反面，事案の解明は他の通常の捜査方法では困
難な場合がある。そのような事態を想定してか麻薬及び向精神薬取締法 58 条
（旧 53 条）は「麻薬取締官及び麻薬取締員は，麻薬に関する犯罪の捜査にあた
り，厚生労働大臣の許可を受けて，この法律の規定にかかわらず，何人からも
麻薬を譲り受けることができる」と規定している（その他，あへん法 45 条，銃刀
法 27 条の 3 にも同様の規定がある）。この規定については，おとり捜査が，刑事
訴訟法等の解釈で適法とされる場合があることを前提にして，捜査の過程で麻
薬取締官等が麻薬を譲り受ける行為が，麻薬及び向精神薬取締法上の犯罪にな
らないということを確認した趣旨と解する説が有力である（井上正仁ほか「〔座
談会〕銃器犯罪とその対策」ジュリ 1077 号〔1995 年〕16 頁〔井上正仁発言〕，佐藤隆
之「おとり捜査の適法性」法教 296 号〔2005 年〕45 頁）。それでは，薬物等の譲り
受け行為の前提となる接触・働き掛け以外のおとり捜査はどこまで許されるの
であろうか。当初，判例は，おとりが教唆犯又は従犯として責を負う可能性を
認める一方，犯罪実行者の犯罪構成要件該当性又は責任性若しくは違法性を阻
却し又は公訴提起の手続規定に違反し若しくは公訴権を消滅せしめるものでは
ないと判示していた（最決昭和 28・3・5 刑集 7 巻 3 号 482 頁）。また，最判昭和
29・11・5 刑集 8 巻 11 号 1715 頁は犯意誘発型のおとり捜査であったが（多和
田隆史・最判解刑事篇平成 16 年度 271 頁。なお，本件を機会提供型と理解する見解も
多い），おとり捜査の存在が犯罪の成否に影響しないとした点で昭和 28 年最高

UNIT 5　任意捜査と強制捜査

裁決定と同旨である。この先例はアメリカの判例で形成された「わなの坑弁（理論）」（犯意のなかった者に詐術で働き掛け犯意を生じさせて犯罪を実行させた場合は無罪とされる）を否定した（採用しなかった）ものと解されている。しかし，その後の下級審判例は，「わなの理論」を応用して，おとり捜査の適否につき，犯意誘発型は違法，機会提供型は適法とする傾向にあったと言われている（多和田・前掲269頁，川出〔捜査・証拠篇〕200頁等）。この犯意誘発型＝違法，機会提供型＝適法との図式は大雑把な判断基準としてはわかりやすいが，犯意誘発型か機会提供型かの区別は微妙な場合があるといわれ（この場合の犯意とは具体的な犯行の故意〔intent〕ではなく犯罪傾向〔predisposition〕といわれるものである），また，機会提供型であっても，当初は誘いを断り続けたものの執拗な働き掛けに応じて犯罪を実行した場合に，これを適法とするには疑問があった。そういった背景の中で本決定はおとり捜査の適法性と要件およびその前提となる法的性質について重要な判断を下した。

3　本決定とその意義

本決定は以下の事案につきおとり捜査の法的根拠と適法性につき最高裁として初めての判断を下した。事案に即した判断ではあるがその射程は相当に広いものと思われる。以下に事実，判旨と意義について述べる。

(1)　事案の概要

被告人が大麻樹脂の買い手を求めているとの捜査協力者の情報を得た麻薬取締官は，内偵捜査の結果，他の方法では被告人を検挙することは難しいと判断し，おとり捜査を行うこととした。買い手となった麻薬取締官が大麻樹脂2kgを買うとの取引が成立し，被告人が約束のホテルに大麻樹脂を運び入れた際，あらかじめ発付を受けていた捜索差押許可状により麻薬取締官は被告人を捜索し，犯行犯逮捕した。

(2)　決定要旨

本決定はおとり捜査について，①冒頭で紹介したように，その定義を明確に示し，②その法的性質を刑訴法197条1項に基づく任意捜査であることを明示し，さらに，③その許される要件として，少なくとも，a直接の被害者がいない薬物犯罪等の捜査において，b通常の捜査方法のみでは当該犯罪の摘発が困難である場合に，c機会があれば犯罪を行う意思があると疑われるものを対象

に，おとり捜査を行うことは適法であると判示した。

(3) 本決定の意義

まず，おとり捜査の定義については，従来の大方の見解を整理したものとして妥当であろう。

次に，おとり捜査が刑訴法197条1項に基づく任意捜査であると明言したことは，将来発生するであろう犯罪を見込んで行われる活動は捜査ではなく現行法上許容されない（三井Ⅰ89頁）との見解は否定されたといえよう。また，おとり捜査が任意捜査であると明言したことは，許容されるおとり捜査につき，捜査実務上通常想定し得る枠組みの範囲を基本に考えているものと推測される。ところで，おとり捜査が任意捜査であるとの判示は判例・通説の見解と同じであることを明確に示した。判例・通説によれば，おとり捜査が強制処分であればその処分と要件が刑訴法に明文で規定されていなければ許容されない（麻薬及び向精神薬取締法等の規定では不十分である）。実質的な理由として通説的見解は，おとり捜査は「強制・脅迫等の手段を用いない限り，……意思決定の自由が侵害されたとはいえない」（佐藤・前掲43頁）とか「犯行の着手それ自体は対象者の自由な意思決定に基づいているから，対象者の意思を制圧するような法益侵害は認められない」（酒巻172頁）とか「対象者の意思に反した重要な権利・利益の制約」は生じていない（大澤裕・平成16年度重判解〔ジュリ1291号，2005年〕191頁，川出・前掲198頁）等と説明している。本決定はこれらの通説的見解に依拠しつつ先例との整合性を図ったものと思われる。

第3に，おとり捜査の適法性の判断基準として，従来大きく次の2つの見解に分かれていた。1つは，二分説で，犯意誘発型（違法）か，機会提供型かを検討し，機会提供型であっても捜査機関側の働き掛けが執拗であれば違法とする。もう1つは，総合判断説で，おとり捜査の必要性（犯罪の重大性，嫌疑の程度，犯罪の関与の程度，捜査の困難性）とおとり捜査の態様の相当性（働き掛けの態様，強度）を比較衡量して総合判断するという見解である。総合判断説は，二分説の犯意誘発型か機会提供型かは判断が難しい場合があり，その判断の実質は捜査機関の働き掛けの態様や強度にかかってくるので，その点を相当性の判断の中で考慮すればよいとするのである（池田修「いわゆるおとり捜査の適否」新関雅夫ほか『増補令状基本問題(上)』〔一粒社，1996年〕40〜42頁）。本決定は明確な判断基準を示していないが，前述の決定要旨③a，b，cで示したように，

UNIT 5　任意捜査と強制捜査

一方で，a薬物犯罪等（密行性が高く組織的に行われる），b通常の捜査方法のみ
では犯罪の摘発が困難という捜査の必要性と，他方で，a直接の被害者がいな
い薬物犯罪，c機会提供型という相当性に関わる要素を総合して適法性を判断
しているので基本的には総合判断説に親和的な考え方によるものと思われる
（川出・前掲206頁参照）。しかも，「少なくとも」これらの総合判断の要素が備
わっている場合のおとり捜査が許されるとしているので，本決定は本件の要件
が具備された事案の判断であり，それ以外のおとり捜査が許されないとまで述
べている訳ではない。総合的な判断は捜査の必要性と相当性の各要素の組み合
わせにより適法性の判断につきある程度の幅がある柔軟性を本質的に有してい
る。そして本決定は先例と整合性を持っているといえるし，また，下級審の裁
判例とも矛盾するとはいえないであろう。

4　おとり捜査が違法とされた場合の効果

　おとり捜査が違法とされた場合，従来から（1)違法性又は責任を欠き無罪と
する説，(2)犯意を誘発させた国家には処罰適格がないから，実体的訴訟条件
が欠けるとして，刑訴法337条を類推して免訴とする説（団藤159頁，鈴木63
頁，田口49頁等），(3)捜査手続の違法を理由に公訴提起の手続が無効であると
して，刑訴法338条4号によって公訴棄却の判決をすべきとの説（田宮70頁
等），(4)おとり捜査によって得られた証拠を違法収集証拠として排除すべきと
する説が対立していた。(1)の無罪説は通説・判例も採用していない。(2)の免
訴説はおとり捜査の違法が337条の免訴事由に該当するとの説得的理由が見い
だせない。(3)の公訴棄却説は「〔捜査手続の違法〕が必ずしも公訴提起の効力
を当然に失わせるものでない」とする判例（最判昭和44・12・5刑集23巻12号
1583頁〔少年百選20事件〕）との整合性に問題があると批判される。(4)最近は
違法収集証拠排除説が多数説になりつつある（渥美東洋「免責付与の取調と囮捜
査」『刑事法学の総合的検討〔福田平・大塚仁博士古稀祝賀(上)〕』〔有斐閣，1993年〕
595頁，池田・前掲44頁，山上圭子「おとり捜査」平野龍一＝松尾浩也編『新実例刑事
訴訟法Ⅰ』（青林書院，1998年）15頁，古江頼隆「おとり捜査」井上正仁＝酒巻匡編
『刑事訴訟法の争点』〔有斐閣，2013年〕98頁，酒巻174頁など）。排除法則の適用も
「令状主義の精神を没却するような重大な違法」がある場合（最判昭和53・9・7
刑集32巻6号1672頁〔百選90事件〕〔大阪天王寺覚せい剤所持事件〕）とハードルは

高いが，判例はおとり捜査が教唆犯又は従犯として責めを負う可能性を認めているので，捜査機関側の働き掛けが執拗で，国家が犯罪を創り出すのに等しいと見られるような場合には排除法則が働くべきと考える（排除法則を適用した昭和 53 年最高裁判決も捜査機関が虚偽の報告書を提出したり虚偽の証言をした事例である）。

■■ *POINT 1* **任意・強制の区別の基準（判例）** ■■■■■■■■■■■■■■■■■■■■■■■■■■■■■■■■

　　最高裁は，任意同行後の取調べ中に退出しようとした被疑者の手首を警察官がつかんで制止した行為の適法性が争われた事案において，任意・強制の区別の基準に関する注目すべき判断を下した。すなわち「強制手段とは，有形力の行使を伴う手段を意味するものではなく，個人の意思を制圧し，身体，住居，財産等に制約を加えて強制的に捜査目的を実現する行為など，特別の根拠規定がなければ許容することが相当でない手段を意味する」と判示した（最決昭和 51・3・16 刑集 30 巻 2 号 187 頁〔百選 1 事件〕。以下，「51 年決定」という）。51 年決定は，有形力の行使がある処分であれば直ちに強制処分に当たるのではなく，個人の意思を制圧してその権利・利益を制約して強制的に捜査目的を実現する行為を強制処分としたのである。51 年決定は人身の自由の制約に関わる事案との関係でこの基準を出したので，その射程には自ずと制約があるが，任意捜査が許される要件については相当程度広い射程を有する判例といえよう。

　　まず，任意処分といえるためには実質的に強制処分（逮捕，捜索・差押えなど）になっていないことが必要である。任意同行後の午前 8 時頃から翌日午前 0 時頃までの長時間の取調べが断続的に続けられた事例で，夕食時の午後 7 時以降の取調べは実質的逮捕に当たり違法であるとしたり（富山地決昭和 54・7・26 判時 946 号 137 頁〔百選 5 事件〕），所持品検査について，「捜索に至らない程度の行為」は，「強制にわたらない限り」「所持品検査の必要性，緊急性」とこれによって害される個人の法益と保護されるべき公共の利益との権衡などを考慮し，相当と認められる限度で許されるとの基準を示した判例（最判昭和 53・6・20 刑集 32 巻 4 号 670 頁〔百選 4 事件，〔9 版〕4 事件〕〔米子銀行強盗事件〕）があり，これは指導的判例となっている。すなわち，まずは当該処分が強制処分に当たらないことが求められる。当

UNIT 5　任意捜査と強制捜査

該処分が強制処分に当たり，強制処分を許す正当な理由と令状要件が満たされていなければ違法となるのである。

　次に，当該処分が強制処分には当たらない場合でも，その適法性は，そこで用いられる有形力の行使が必要性，緊急性なども考慮した上，具体的状況の下で相当と認められる限度においてのみ許容される。任意捜査において許される有形力行使の基準としての①犯罪の嫌疑，②証拠保全の必要性，緊急性，③手段の相当性の3要件は，判例が各事案に即して各事案にふさわしい要件を設定する上でも重要な要因を提供している。職務質問を実効的に行うためには不審事由のある者の運転を止めさせるために，エンジンキーを取り上げたり，エンジンスイッチを切ったりする一定の有形力の行使も認められる（最決平成6・9・16刑集48巻6号420頁〔百選2事件〕，また，最決昭和53・9・22刑集32巻6号1774頁〔百選〔5版〕5事件〕）。しかし，約6時間半以上にわたり，職務質問の現場に留め置いた警察官の措置は，任意捜査として許される範囲を超え，違法であると判示された（前出最決平成6・9・16〔百選2事件〕）。任意同行後の4夜の宿泊を伴う連日の長時間の取調べについて最高裁は，任意取調べの方法として必ずしも妥当なものであったとは言い難いが，違法なものとは断じ難いと判示した（最決昭和59・2・29刑集38巻3号479頁〔百選6事件〕）。他方，警察官の監視の下，9泊を伴う連日長時間の取調べを行った事案については，任意捜査として許容される限界を超えた違法なものとした下級審裁判例がある（東京高判平成14・9・4判時1808号144頁〔百選73事件〕）。

　以上，若干の判例と裁判例を掲げたが，警察官の措置が任意処分か強制処分か，また，任意処分として適法か，その限界を超えているかは，各処分ごとに一定の判例の線（基準）は出されているが，その限界が微妙なものも少なくない（任意捜査の限界〔要件〕を考察したものとして，洲見光男「任意捜査と権利制約の限界」刑雑39巻2号〔2000年〕236頁を参照）。

Ⅵ　任意捜査と強制捜査の区別の基準（学説）

任意捜査と強制捜査の区別の基準についての主要な学説は，以下のとおりで

ある。

1 新たな強制処分説

写真撮影や通信傍受は一定の犯罪捜査において必要であるが，同時に個人の肖像権や通信・会話の自由を制約するものである。また，職務質問や所持品検査は犯罪の摘発において，より重要な役割を果たしつつあるが，個人の行動の自由や所持品に対するプライバシーを制約するものである。従来の学説によれば，写真撮影や通信傍受は有形（物理）力を伴わないので任意処分として行ってよいとしたり，他方，通信傍受の通信・会話の自由に対する権利侵害性を直視して強制処分と分類し，それを認める明文の規定がないから一切許されないとすることなどは現実に適合していないという問題があった。

そこで，新たな強制処分説は，刑訴法197条の解釈につき，既成の強制処分は刑訴法に定められた要件と手続に従って実施されるべきであるが，他方，当時強制処分と意識されていなかった処分でも実質が重要な法益の侵害を伴う処分は強制処分と捉え，各強制処分の権利侵害の性質と度合いにふさわしい規制の下に許容されると考えたのである（田宮71頁以下，渥美76頁以下参照）。強制処分に対する規制であるから当然に令状主義（憲33条・35条）の適用は及ぶ。新たな強制処分説は多数説にはならなかったが，捜査に真に必要な処分が捜査法上適切に位置付けられない不安定な状況に置かれていた中にあって，刑事立法を促進する1つのファクターになり，また，既存の強制処分の内容を見直す上でも一定の役割を果たしたと思われる（厳格な要件を付して検証許可状による通信傍受を認めた最決平成11・12・16刑集53巻9号1327頁〔百選31事件〕と通信傍受法の制定〔1999（平成11）年8月18日〕との関係を想起されたい）。また，後述の新たな捜査手法であるGPS捜査に関する下級審判例を見ると，GPS捜査が任意処分なのか強制処分なのか，また，いずれかの処分に当たるとして，各々の場合いかなる要件があれば適法となるのかの判断のアプローチは新たな強制処分説の考え方に根底では親和性があるように思われる。もっとも，最高裁は下級審の考え方を否定したものと多くの学説は解釈している（Ⅶ3）。

2 重要な権利・利益侵害説

この説は，刑訴法197条1項ただし書の強制処分法定主義の意義について，

UNIT 5　任意捜査と強制捜査

憲法 31 条の趣旨を活かして，人の重要な権利・利益を本人の意思に反して制約することを内容とする強制処分は，刑訴法に根拠がない限り，行うことは許されない趣旨だとし，任意・強制処分の区別の基準については，相手の明示・黙示の意思に反して，重要な権利・利益に対する実質的な侵害ないし制約を伴うか否かで決するとする。この説によれば，通信傍受や望遠レンズによる室内に居る者の写真（ビデオ）撮影は強制処分となり，犯罪を行った疑いのある者を公道上で撮影する行為は任意捜査ということになる（三井 I 79 頁以下，井上・前掲 13〜14 頁，酒巻・前掲 21 頁）。結論も基本的に妥当と思われるが，一定の所持品検査，おとり捜査，科学機器を用いた監視等の捜査手法が任意か強制かについては，論者によって必ずしも同じではない。

　なお，意思制圧説は，51 年決定の文言に沿うように，強制処分の本質は相手方の意思を制圧することにあり，他方，通信傍受等も相手方がそれを知れば拒絶するであろうから意思の制圧と同視できると説明する。結論としては，重要な権利・利益侵害説とこの点に関しては基本的な違いはない。

3　私見（プライバシーの合理的期待侵害説）

　任意・強制の区別の基準については，重要な権利・利益侵害説が有力な地位を占めている。ただ，少々気になる点がある。それは前述のごとく，一定の捜査方法について同説は任意か強制か言及していないことである。また，重要な権利・利益侵害説の論者の中でも個々の捜査手法については見解が分かれる可能性があることである。その原因は，任意・強制の区別の基準である「重要な権利・利益の侵害」という概念である（椎橋隆幸『刑事訴訟法の理論的展開』〔信山社，2010 年〕8 頁以下）。「権利」と「利益」ではその内容が異なるであろうし，「利益」の方が範囲が広いのであろう。確立した権利であれば権利侵害があれば強制といってよいとも思われるが，「重要な」という形容詞が付けられている。重要な権利と重要な権利とは言えない権利とをどこで区別するのか。「重要な」はむしろ「利益」を一定の重要な利益に限定する意図であるとも思われるが必ずしも明確ではない。この点をより明確にすると同時に，個々の問題となっている捜査処分への当てはめがされることを期待したい。

　近年，プライバシーという言葉がよく使われている。「電話傍受は，通信の秘密を侵害し，ひいては，個人のプライバシーを侵害する強制処分であるが」

Ⅵ　任意捜査と強制捜査の区別の基準

（前出最決平成 11・12・16〔百選 31 事件〕）とか「エックス線検査は……，荷送人や荷受人の内容物に対するプライバシー等を大きく侵害するものである」（最決平成 21・9・28 刑集 63 巻 7 号 868 頁〔百選 29 事件〕〔大阪エックス線検査事件〕）等と判示されている。結論は多くの場合，多数説と基本的に異なるものではないが，任意・強制の区別の基準につき，合理的（客観的）プライバシー侵害説を提唱したい。これは，法によって承認されたプライバシーの権利を侵害するか否か，プライバシーに対する合理的な期待を侵害するか否かを基準とするものである（渥美 87 頁以下参照）。この見解は，一方では捜査手法のプライバシー侵害の方法や程度を問題にし，同時に，対象者のプライバシーに対する期待が社会的に保護に値する合理的（客観的）なものか，さらには，捜査の必要性，手段の相当性をも総合的に勘案できることを当然の前提としている。プライバシーの概念は多義的であり生成発展中でもあるので十分に明確といえない部分もあるが，共通の認識領域が増えていることも確かである。

▪▪▪ POINT 2　行政警察と司法警察 ▪▪▪

　　職務質問，所持品検査等の路上警察活動，さらには，通信傍受との関係で行政警察と司法警察の違いが論じられてきた。警察法 2 条に警察の責務が定められているが，そのうち，犯罪の予防・鎮圧，交通の取締り等が行政警察活動であり，犯罪の捜査，被疑者の逮捕が司法警察活動といわれた。また，検事職制章程並司法警察規則（明治 7 年太政官達 14 号）と行政警察規則（明治 8 年太政官達 29 号）以来，行政警察は犯罪の予防，司法警察は既に生じた犯罪の捜査という分類が支配的であったことは間違いない。しかし，行政警察，司法警察という区別のないアメリカ法の影響下に生まれた憲法・刑訴法下で，旧法までの両警察作用の区別およびその区別の基準が同じように有効・有益であるかは疑わしい。現行法下では，行政裁判所は廃止されており，また，警察は正式な捜査機関となっているため，裁判の管轄や捜査の権限に関して，行政警察と司法警察を区別する意味はほとんどないともいわれているのである。犯罪が巧妙化したり，科学技術を利用して行われるなど犯罪現象が変化しており，それに対応して警察も犯罪摘発のための証拠収集，犯人の発見等の活動を犯罪発生の後だけでなく犯罪発生前にも行う必要性が高くなっているのである。将来の犯罪か過去の

UNIT 5　任意捜査と強制捜査

犯罪かは従来，通常の場合想定される事態を表現してきただけのことであって，区別の本質的なメルクマールは犯罪の予防か犯罪の摘発（犯人の発見・検挙，証拠の収集）かに重点が移ってきているといえるだろう。こう考えれば，通信傍受は犯罪発生前の活動なので行政警察活動であって，捜査ではないから，通信傍受は捜査として行うことは許されない，とするのではなく，通信傍受は，通信を利用して犯罪を実行している者を検挙し，証拠を収集することを主たる狙いとした活動（訴追・処罰へ向けての証拠の収集）であるから捜査であるし，おとり捜査，スリ・痴漢の検挙，迎撃捜査も犯罪発生前から警察活動は始められているが，犯人の検挙，証拠の収集を主たる狙いとしているから捜査であるとすべきである。

　なお，今日では，行政警察と司法警察とが境を接したり，交錯したり，競合して行われることが少なくない。職務質問・所持品検査等の路上警察活動はその典型である。いずれにしても，行政警察であろうが司法警察であろうが，各活動が強制処分，任意処分に当たるかにより憲法・刑訴法等の規制に服することが重要である。他方，仮に通信傍受が行政警察であり捜査ではないとすると，いかなる規制を受けるのか。行政警察に対する規制は一般的に司法警察に対する規制よりも緩いといわれている。しかし，通信傍受はむしろ他の強制処分よりも権利侵害性が強いので，より厳格な規制が必要であり，通信傍受法も厳格な要件を定めている。プライバシーに対する合理的期待を侵害し，しかも，その侵害の度合いも高く，侵害が広がるおそれのある通信傍受は強制処分として，適切に規律できる要件の下で許容される必要がある。また，職務質問・所持品検査も警職法，刑訴法，憲法の規制の下に各処分の個人のプライバシーへの制約の程度に応じて，捜査の必要性とのバランスを考慮して，各処分にふさわしい要件を充足する形で実施されなければならない。

Ⅶ　GPS 捜査の適法性

1　GPS 捜査とその問題点

　GPS（Global Positioning System〔全地球測位システム〕）捜査とは，判例によれば，対象車両及びその使用者の所在と移動状況を逐一把握することを可能にする捜査手法である（最大判平成 29・3・15 刑集 71 巻 3 号 13 頁〔百選 30 事件〕。以下，「平成 29 年大法廷判決」という）。GPS 捜査は尾行による犯人の追跡が困難な組織的連続窃盗事件等において犯人の動静の把握・検挙，証拠の収集のために行われていたが，それが長期間行われ対象者の行動に関する記録を大量に収集し，分析することによる対象者の監視や対象者の交友関係，さらには，対象者の政治・信条，宗教等，犯罪とは関係のない情報まで解明されるおそれがあり，それがプライバシーの侵害になる危険性が指摘されていた。具体的な問題としては，①GPS 捜査の法的性質（任意処分か強制処分か）の問題と②強制処分だとすると現行法上の検証等に該当するのか，であり，さらに③いずれにしてもいかなる要件を満たせば許容されるのかである。

2　下級審裁判例と学説の動向

　下級審裁判例を概観すると，GPS 捜査を任意処分とする裁判例（大阪地決平成 27・1・27 判時 2288 号 134 頁，広島地福山支判平成 28・2・16 判例集未登載，広島高判平成 28・7・21LEX/DB25543571）と強制処分とする裁判例（大阪地決平成 27・6・5 判時 2288 号 138 頁，名古屋地判平成 27・12・24 判時 2307 号 136 頁，水戸地決平成 28・1・22LEX/DB25545987，名古屋高判平成 28・6・29 判時 2307 号 129 頁，東京地立川支決平成 28・12・22LEX/DB25544851）とに分かれていた（GPS 捜査〔平成 29 年大法廷判決以前〕について，安村勉「捜査のために GPS を使用することの適法性」セレクト 2015 Ⅱ〔法教 426 号別冊付録〕〔2016 年〕40 頁，特集「捜査における位置情報の取得」刑ジャ 48 号〔2016 年〕特集「監視型捜査とその規律」刑雑 55 巻 3 号〔2016 年〕，特集「強制・任意・プライヴァシー」法時 87 巻 5 号〔2015 年〕，特集「GPS 装置による動静監視」季刊刑事弁護 89 号〔2017 年〕等を参照）。任意処分説の根拠としては，位置情報の精度が低いこと，張り込みや尾行と比べてプライバシー侵害の程度が大きくないこと，主として公道上を走行する車両のプライバシー

UNIT 5 任意捜査と強制捜査

は高くないこと，GPS端末の車両への取付けは財産権を大きく制約するものではないこと等が指摘されていた。これに対して，強制処分説の根拠としては，GPSの位置情報の精度は高まっている，GPSは公道のみならず私的空間の位置情報も取得できるものであり，また，長期間の位置情報の集積・分析により対象者の所在場所だけではなく，対象者の交友関係や趣味・嗜好さらには信教・思想などプライバシーを大きく侵害する可能性があることを指摘している。強制処分説に立つ下級審裁判例の多くはGPS捜査を検証の性質を有するので検証許可状によって行うべきとしている。下級審裁判例の傾向としては，GPS捜査の適法性につき，一方で捜査側の必要性（犯罪の重大性，嫌疑の程度，他の捜査手法での犯罪解明の困難性）と他方で，尾行の補助手段といえるものか，装置の精度はどの程度であったか，位置情報を取得する期間の長さと回数の多さ，公道以外の私道への立入りがあったか否か，位置情報の保管や分析の状況等を総合的に判断して，対象者の高度のプライバシーを侵害しているか否かで強制処分か任意処分かを判断し，強制処分であれば令状なくして行われた場合は違法との判断をしているといえよう。言葉を換えれば，当該GPS捜査が他の捜査方法では解明が困難であるとの捜査の必要性があり，尾行の延長線上の範囲内と認められる程度・態様のものであれば任意捜査として許されるが，その範囲を超えて対象者の多様なプライバシーを大きく侵害するものとなれば強制処分となり，令状の発付がなければ違法となると判断していたと思われる。なお，GPS捜査は検証の枠を超え，新たな立法措置の検討が必要とする裁判例もあった（前出名古屋高判平成28・6・29）。

　学説は大別すると，任意処分説，強制処分説そして二分説がある。二分説とは，尾行の補助として短期間での断片的な位置情報を取得する限度ではプライバシー侵害はそれほど高いとはいえないので任意処分であるが，長期間にわたり位置情報を取得・蓄積・分析することにより対象者の行動を網羅的に把握したり，高度にプライバシーが保護されている場所の位置情報を取得したりすることは強制処分となるとする見解である。

　このように下級審裁判例と学説が対立している状況の中で，最高裁は大法廷で注目すべき判決を下した。

3 平成 29 年大法廷判決

　平成 29 年大法廷判決の事案は，被告人が共犯者（3 名）と共謀して行ったとされる広域的な自動車の窃盗事件に関し，組織性の有無・程度や組織内における被告人の役割を含む犯行の全容を解明するための捜査の一環として，約 6 ヵ月半の間，自動車等合計 19 台に，被告人らの承諾なく，かつ，令状を取得することなく，GPS 端末を取り付けた上，その所在を検索して移動状況を把握する捜査が実施された。第一審証拠決定は，GPS 捜査は検証の性質を有するのに検証許可状によらずに実施されたので違法であり，かつ，違法の程度も重大であるとした。原審は，GPS 捜査が任意処分であるか強制処分であるかを明言せずに，本件 GPS 捜査に重大な違法があるとは解されず，強制処分法定主義に違反し令状の有無を問わず適法に実施し得ないものと解することは到底できないとした。これに対して平成 29 年大法廷判決は以下のような判断を示した（平成 29 年大法廷判決については，井上正仁・百選 30 事件，伊藤雅人＝石田寿一・ジュリ 1507 号〔2017 年〕106 頁，特集「GPS 捜査の課題と展望」刑ジャ 53 号〔2017 年〕，特集「GPS 捜査とプライバシー」法セ 752 号〔2017 年〕等を参照）。

　(1) **判　旨**

　①GPS 捜査（車両に使用者らの承諾なく秘かに GPS 端末を取り付けて位置情報を検索し把握する刑事手続上の捜査）は，「個人のプライバシーを侵害し得るものであり，また，そのような侵害を可能とする機器を個人の所持品に秘かに装着することによって行う点において，公道上の所在を肉眼で把握したりカメラで撮影したりするような手法とは異なり，公権力による私的領域への侵入を伴うものというべきである」。

　②「憲法 35 条……の保障対象には，『住居，書類及び所持品』に限らずこれらに準ずる私的領域に『侵入』されることのない権利が含まれる」。「個人のプライバシーの侵害を可能とする機器をその所持品に秘かに装着することによって，合理的に推認される個人の意思に反してその私的領域に侵入する捜査手法である GPS 捜査は，個人の意思を制圧して憲法の保障する重要な法的利益を侵害するものとして，刑訴法上，特別の根拠規定がなければ許容されない強制の処分に当たる〔最決昭和 51・3・16 刑集 30 巻 2 号 187 頁〔百選 1 事件〕参照〕とともに，一般的には，現行犯人逮捕等の令状を要しないものとされている処分

UNIT 5 任意捜査と強制捜査

と同視すべき事情があると認めるのも困難であるから，令状がなければ行うことのできない処分と解すべきである。」

③「GPS 捜査は，情報機器の画面表示を読み取って対象車両の所在と移動状況を把握する点では刑訴法上の『検証』と同様の性質を有するものの，対象車両に GPS 端末を取り付けることにより対象車両及びその使用者の所在の検索を行う点において，『検証』では捉えきれない性質を有することも否定し難い。仮に，検証許可状の発付を受け，あるいはそれと併せて捜索許可状の発付を受けて行うとしても，GPS 捜査は，GPS 端末を取り付けた対象車両の所在の検索を通じて対象車両の使用者の行動を継続的，網羅的に把握することを必然的に伴うものであって，GPS 端末を取り付けるべき車両及び罪名を特定しただけでは被疑事実と関係のない使用者の行動の過剰な把握を抑制することができず，裁判官による令状請求の審査を要することとされている趣旨を満たすことができないおそれがある。」

「仮に法解釈により刑訴法上の強制の処分として許容するのであれば，以上のような問題〔手続の公正の担保の仕組みが現行法上は確保されていないこと〕を解消するため，裁判官が発する令状に様々な条件を付す必要が生じるが，事案ごとに，令状請求の審査を担当する裁判官の判断により，多様な選択肢の中から的確な条件の選択が行われない限り是認できないような強制の処分を認めることは，『強制の処分は，この法律に特別の定のある場合でなければ，これをすることができない』と規定する同〔刑訴法 197 条 1〕項ただし書の趣旨に沿うものとはいえない。」

「以上のとおり，GPS 捜査について，刑訴法 197 条 1 項ただし書の『この法律に特別の定のある場合』に当たるとして同法が規定する令状を発付することには疑義がある。GPS 捜査が今後も広く用いられ得る有力な捜査手法であるとすれば，その特質に着目して憲法，刑訴法の諸原則に適合する立法的な措置が講じられることが望ましい。」

この大法廷判決は全員一致の法廷意見であるが，3 名の裁判官の補足意見がある。以下に示す。

「今後立法が……法制化されるまでには一定の時間を要することもあると推察されるところ，それまでの間，裁判官の審査を受けて GPS 捜査を実施することが全く否定されるべきものではないと考える。もとより，これを認めると

しても……ごく限られた極めて重大な犯罪の捜査のため，対象車両の使用者の行動の継続的，網羅的な把握が不可欠であるとの意味で，高度の必要性が要求される。」

(2) 平成29年大法廷判決の意義・射程

(i) **任意処分か強制処分か**　まず，平成29年大法廷判決は，対象車両およびその使用者の所在と移動状況を逐一把握することを可能とするGPS捜査は，個人の行動を継続的，網羅的に把握することを必然的に伴うから，個人のプライバシーを侵害し得るものであり，GPS機器を個人の所持品に秘かに装着することによって行う点において，公権力による私的領域への侵入を伴うものというべきと判示する。これは，GPS捜査によって私的領域に「侵入」されることのない権利は憲法35条の保障の対象であることを明言したものといえよう。

次に，本判決は，GPS捜査が任意処分か強制処分かという下級審の判断が分かれていた重要な論点について，刑訴法上，特別の根拠規定がなければ許容されない強制の処分に当たるとして強制処分であることを明言した。GPS捜査が強制処分に当たる理由として，GPS端末を個人の所持品に秘かに装着することによって，個人の意思を制圧して憲法の保障する重要な法的利益を侵害することを挙げた。もちろん，GPS捜査は対象者の不知の間に実施される手法であるから，物理的に個人の意思を制圧するものではないので，「合理的に推認される個人の意思に反してその私的領域に侵入する」ことも意思の制圧に含まれると解釈したものと思われる。これは近時の任意・強制の区別の基準についての有力説を本判決が採用したものであろう（井上・前掲『強制捜査と任意捜査』2頁以下参照）。この際，本判決は，取調べの際に警察官の有形力の行使が強制処分に当たるかを判示した最高裁昭和51年3月16日第三小法廷決定のみを参照している（他の強制処分該当性が争われた判例は引用も参照もされていない）。GPS捜査が強制処分である根拠として，GPS端末を個人の所持品に秘かに装着することと，個人の行動を継続的，網羅的に把握することを必然的に伴うため個人のプライバシーを侵害する可能性が類型的に存在することの両者を挙げている。その趣旨は両者相俟って強制処分性を肯定したと解釈するのが素直であろうが，後者（継続的，網羅的な行動の把握に伴うプライバシーの侵害）が中心で，前者（端末の秘かな装着）は後者を可能にする手段と位置づけられている

UNIT 5　任意捜査と強制捜査

との解釈が説得力があると思われる。しかし両者の関係は必ずしも明らかではない。

さらに，本判決は強制処分該当性について当該 GPS 捜査が特別の根拠規定がなければ許容することができない「強制の処分」か否かを類型的に判断すべきことを前提にしているという（伊藤 = 石田・前掲 109 頁）。当該事案の具体的事情（捜査の必要性・緊急性を基礎付ける事情や被侵害利益の内容・程度）を捨象して，当該処分の侵害危険性（個人の行動の継続的，網羅的な把握を必然的に伴うことがプライバシーの大きな侵害につながるおそれが高い）を基準に強制処分該当性を判断することは先例との整合性がとれているのかとの疑問がある。先例は，基本的に各事案ごとに当該事案の捜査の必要性・緊急性と当該処分が対象者の権利・自由を侵害する内容・程度を具体的，実質的に勘案しつつ強制処分性を判断していると思われる。

なお，一般的には，（GPS 捜査は）令状がなければ行うことのできない処分と解すべきとの判示部分は，GPS 捜査が強制処分なので令状が必要であるといっただけなのか，GPS 捜査の性質上，現行犯逮捕等の場合と違って，無令状の例外は考えられないとまで含意しているのかは分かり難い。後者であれば，そこまで言う必要があったのか。また，無令状の例外は本当にあり得ないといえるのか疑問がない訳ではない。

(ii)　**強制処分の種類**　　GPS 捜査が強制処分であれば原則として令状が必要となる。その前提として，GPS 捜査は刑訴法上いかなる強制処分に当たるのか。この点につき本判決は，GPS 捜査につき，情報機器の画面表示を読み取って対象車両の所在と移動状況を把握する点では，刑訴法上の「検証」と同様の性質を有するとして，検証との共通点を指摘している。他方，対象車両に GPS 端末を取り付けることにより対象車両及びその使用者の所在の検索を行う点において，「検証」では捉えきれない性質を有することも否定し難い，として検証との相違点をも指摘する。検証では捉えきれない部分については，検証許可状と併せて捜索許可状の発付を受けても，GPS 捜査が対象車両の使用者の行動を継続的，網羅的に把握することを必然的に伴うため，GPS 端末を取り付ける車両および罪名を特定しただけでは被疑事実と関係のない使用者の行動の過剰な把握を抑制することができず，令状主義の趣旨を満たすことができないおそれがあると判示した。さらに，事前の令状提示が考えられない

Ⅶ　GPS 捜査の適法性

GPS 捜査においては，事前提示に代わる公正の担保の手段が仕組みとして確保されていなければ適正手続の保障という観点から問題が残る。これらの問題を解消するためには，令状に様々な条件を付す必要があるが，その方法では刑訴法 197 条 1 項ただし書（強制処分法定主義）の趣旨に沿うものとはいえない。そう述べた上，結論として本判決は，GPS 捜査は，刑訴法上のどの強制処分にも当たらず，また，条件を付しても適正手続の保障に沿うことはできないので，強制処分法定主義の立場からは，許容されない強制処分であり，立法的な措置が講じられることが望ましいと判示している。

現行刑訴法上 GPS 捜査は許容されないとのメッセージと受けとめた警察庁は，本判決直後に，各都道府県警察に対して，すべての GPS 捜査を控えるべき通達を出した。

判例の読み方としては，ごく限られた範囲での例外を認めるべきとの補足意見をいかに解釈するか，また，条件付きの令状発付を認めた最決昭和 55・10・23 刑集 34 巻 5 号 300 頁〔百選 27 事件〕（強制採尿のための条件付捜索差押令状），最決平成 11・12・16 刑集 53 巻 9 号 1327 頁〔百選 31 事件〕（電話検証）を本判決は引用も参照もしていないが，これらの判例との整合性が問題となろう。

尾行等の捜査手法では犯人の捜査・訴追が困難な組織的窃盗等の事案について，最高裁は立法が実現するまで（相当の年月を要すると推測される）一切の GPS 捜査が許されないとしたのか，高度の必要性がある重大な事案のみを対象に，実施期間の限定，第三者の立会い，事後の通知等の条件を付した検証許可状により GPS 捜査が実施できる余地を残しているのか，今後の動向を注視したい。

UNIT 6

被疑者の身柄保全

Ⅰ　意　義
Ⅱ　逮　捕
Ⅲ　勾　留

Ⅰ　意　義

　刑訴法は，被疑者の逃亡および罪証隠滅を防止して捜査を実行するための身柄拘束処分として，**逮捕**と**勾留**を認めている。いずれも被疑者の身体の自由[1]という基本的人権を制約する処分であり，原則として裁判官の発付する令状により行われるものとされている。

Ⅱ　逮　捕

　憲法 33 条は，「何人も，現行犯として逮捕される場合を除いては，権限を有する司法官憲が発し，且つ理由となつてゐる犯罪を明示する令状によらなければ，逮捕されない」と定める。憲法にいう逮捕は，身体を拘束する着手行為一般を意味し，刑訴法の逮捕（199 条）のほか，勾引（58 条），勾留（60 条）等を含む（野中俊彦ほか『憲法Ⅰ〔第 5 版〕』〔有斐閣，2012 年〕416 頁〔高橋和之〕参照）。刑訴法にいう逮捕とは，被疑者の身体の自由を拘束し，引き続き，短時間拘束の状態を続けることをいう。拘束状態の継続（留置）は，憲法にいう**抑留**（34条）に当たる。刑訴法は，裁判官が事前に発付する**令状**による通常逮捕（199条）と，令状によらない現行犯逮捕（213 条）のほか，裁判官による事後的な令状発付を条件に許される緊急逮捕（210 条）の 3 種を規定している。

---

1)　人身の自由は，その「保障がなければ自由権そのものが存在しえない」（芦部信喜〔高橋和之補訂〕『憲法〔第 6 版〕』〔岩波書店，2017 年〕242 頁）と捉えられている。

II 逮捕

1 通常逮捕

通常逮捕は、憲法 33 条の規定を受けた逮捕の原則型である。

(1) 要件

通常逮捕の要件は、**逮捕の理由**（「罪を犯したことを疑うに足りる相当な理由」）と**逮捕の必要**があることである（199 条 2 項）。犯罪の嫌疑は、被疑者が具体的な特定の罪を犯したことについての「捜査機関の単なる主観的嫌疑では足りず、証拠資料に裏づけられた客観的・合理的な嫌疑」（大阪高判昭和 50・12・2 判タ 335 号 232 頁）でなければならない（刑訴規 143 条参照）。逮捕の必要とは、逃亡または罪証隠滅のおそれ等をいう（刑訴規 143 条の 3)[2]。罪証には、被疑事実そのものに関する証拠のほか、検察官の公訴を提起するかどうかの判断および裁判官の刑の量定に際して参酌される事情に関する証拠も含まれる（最判平成 10・9・7 判時 1661 号 70 頁）。被疑者の年齢・境遇、犯罪の軽重・態様その他諸般の事情を総合的に考慮して、「明らかに逮捕の必要がないと認めるとき」は、**逮捕状**を発付することが許されない（199 条 2 項ただし書、刑訴規 143 条の 3。1953 年改正により追加された要件である。なお、我が国の憲法 33 条の母法であるアメリカ〔連邦〕憲法第 4 修正は、逮捕の理由があれば、それだけで逮捕を許すものと解釈されている)。

軽微な犯罪（30 万円以下の罰金、拘留、科料に当たる犯罪）については、さらに、被疑者が住居不定か正当な理由なく捜査機関の出頭要求（198 条 1 項）に応じない場合に限って、逮捕が許される（199 条 1 項ただし書）。逮捕の要件（逮捕の理由と逮捕の必要の存在）を前提とし、不出頭などの要件を加重する趣旨である。

> **POINT 1　逮捕の必要と取調べ**
>
> 指紋押なつ拒否事件に関する判例（前出最判平成 10・9・7)は、被疑者の生活が安定し、また、警察が逮捕状請求時までに証拠を相当程度有しており、被疑者も押なつ拒否については自ら認めていたため、逃亡のおそれおよび罪証隠滅のおそれが強いものであったということはできないという事案に

---

2) 刑訴規則 143 条の 3 の「等」は、逃亡または罪証隠滅のおそれがないとはいえないけれども、諸般の事情から逮捕が相当でない事情（例えば、犯罪が比較的軽微で、被疑者が乳児を抱えた女性であること）をいうものと解され、被疑者の取調べや自殺の防止は含まれない。

UNIT 6 被疑者の身柄保全

おいて，被疑者が捜査機関から5回にわたって任意出頭の要求を受けながら，正当な理由なくこれに応じず，また，被疑者の行動には組織的な背景が存することがうかがわれたこと等に鑑みると，「明らかに逮捕の必要がなかったということはでき〔ない〕」とした。正当な理由のない不出頭は逃亡・罪証隠滅をうかがわせる事実であり，これが重なることにより，逃亡・罪証隠滅のおそれが強まる。本件では，そのような意味で——すなわち，取調べの必要が逮捕の必要に当たることが認められたからではなく——，「明らかに逮捕の必要がない」とはいえないとされたものと解される。

(2) 逮捕状の請求・執行[3]

逮捕状の請求権者は，検察官と司法警察員（警察官については，警部以上の階級の者で，かつ公安委員会の指定する者〔指定司法警察員〕）に限られている（199条2項）。逮捕が身体の自由という基本的人権を制約する重大な処分であることから，逮捕状の請求を慎重ならしめるためである（犯罪捜査規範119条2項は，指定司法警察員が逮捕状の請求をするに当たっては，急速を要する場合を除き，順を経て警察本部長または警察署長に報告し，その指揮を受けなければならないと規定している）。令状の請求は，請求権者の所属する官公署の所在地を管轄する地方裁判所・簡易裁判所の裁判官に対し（刑訴規299条1項），逮捕状請求書を提出するとともに，逮捕の理由および逮捕の必要があることを認めるべき資料（「疎明資料」という。例えば，被害届・捜査報告書）を提供して行う（刑訴規139条1項・142条1項・143条）[4]。「同一の犯罪事実」または「現に捜査中である他の犯罪事

---

3) 刑訴法は，逮捕状について，勾留状の場合（「勾留状は，……これを執行する」〔207条・70条1項〕）と違って，「逮捕状により……逮捕することができる」〔199条1項〕と定め，逮捕状を「執行する」という文言を用いていない。これは，勾留状が命令状であるのに対し，逮捕状は許可状であることによるものと解される。もっとも，「逮捕の執行」という文言は一般に用いられているように思われるほか，最高裁も，捜査機関の行う捜索・差押えのための令状（許可状〔218条1項〕）につき，その「執行」という表現を用いており（最決平成14・10・4刑集56巻8号507頁〔百選A6事件〕〔「捜索差押許可状を……執行する」〕参照），本書もこれらの用語例に倣う。

4) 逮捕状請求書の「被疑事実の要旨」の記載（刑訴規142条1項2号）に当たっては，再被害防止の観点から，被害者への配慮（被疑者に知られていない被害者の住所・居所を記載しないなど）が求められる。

実」について前に逮捕状の請求または発付があったときは，その旨を令状請求書に記載しなければならない（199条3項，刑訴規142条1項8号）。同一犯罪についての逮捕の蒸返しや，同時捜査の可能な犯罪についての逮捕の繰返しを予防し，あるいは令状審査の甘い別の裁判官に改めて逮捕状を請求することを抑止する趣旨と解される[5]（2016年における被疑者のうち逮捕された者の割合は36.2%〔35.3%〕である。逮捕状発付件数は8万8806件〔9万2766件〕，却下件数19件〔36件〕，取下げ〔撤回〕件数1388件〔1373件〕である。〔 〕は2015年）。

　請求を受けた裁判官は，必要と認めるときは，逮捕状の請求者に出頭を求めてその陳述を聴くほか，その者に対し書類その他の物の提示を求めることができる（刑訴規143条の2）。裁判官は，逮捕の要件が備わっていると判断すると，逮捕状を発付する。逮捕状には，「被疑者の氏名及び住居」，「罪名」，「被疑事実の要旨」（この記載は憲法33条の要請である），「引致すべき官公署その他の場所」，「有効期間」（原則として，7日〔刑訴規300条〕）のほか，一定の事項が記載される（200条1項，刑訴規144条）。

　検察官，検察事務官または司法警察職員は，逮捕状によって被疑者を逮捕することができる（199条1項。国会議員の逮捕については，憲法50条，国会法33条による制約がある）。逮捕に当たっては，被疑者に逮捕状を示さなければならない（201条1項）。被疑者に視力障害があるような場合には，記載事項を読み聞かせるなどする必要がある。また，被疑者が日本語を理解することのできない外国人である場合には，通訳・翻訳が必要である。被疑者を発見したが逮捕状を所持していないためこれを示すことができない場合で，急速を要するときは，被疑事実の要旨と逮捕状が発せられている旨を告げて逮捕することができるが，逮捕後，できる限り速やかに逮捕状を示さなければならない（201条2項・73条3項。「逮捕状の緊急執行」）。

　被疑者を通常逮捕する場合（後述の現行犯逮捕・緊急逮捕する場合も同様）で必要があるときは，人の住居などに立ち入って，被疑者の捜索をすることができる（220条1項1号・3項。UNIT 12参照）。

---

[5]　逮捕状請求後，却下前に，請求を撤回する場合も，原則として，「請求」があったものと解すべきである（平野94頁参照）。

UNIT 6　被疑者の身柄保全

2　現行犯逮捕・準現行犯逮捕

(1)　現行犯逮捕

　現行犯逮捕は，憲法33条の明記する令状主義の例外である。刑訴法212条1項は，「現に罪を行い，又は現に罪を行い終つた者」を**現行犯人**としている。「現に罪を行い」とは，逮捕者の面前で現に特定の犯罪を行っていることを，「現に罪を行い終つた」とは，特定の犯罪を終了した直後であることをいう[6]。犯行の終了を現認していることは必ずしも必要でない（松尾上57頁）が，この犯行と時間的に接着した段階を過ぎれば犯人は現行犯人でなくなり，無令状逮捕は許されない（最判昭和50・4・3刑集29巻4号132頁〔百選〔3版〕16事件〕は，海上で密漁船を3時間追跡して行った逮捕を適法としているが，これは，逮捕への着手〔逮捕のための追跡開始〕時点において，現行犯逮捕の要件が具備していた事案につき示された判断である〔上口裕『刑事訴訟法〔第4版〕』〔成文堂，2015年〕100頁参照〕）。

　現行犯人の無令状逮捕が許されているのは，①逮捕者にとって，犯罪の存在および被逮捕者がその犯人であること（逮捕の理由）が明らかであるため（**犯罪と犯人の明白性**），裁判官の判断を待たなくても誤認のおそれが小さいこと，および②令状を請求していたのでは犯人が逃亡したり罪証を隠滅したりするおそれが強いため，その場で逮捕する必要が一般に大きいこと（**身柄拘束の緊急の必要性**）による。

　現行犯逮捕の適法性について特に問題となるのは，被逮捕者が「現に罪を行い終つた」者といえるかどうかの判断についてである。犯行と逮捕との時間的接着性は，犯罪とその犯人の明白性を担保する事情ではあるが，時間的長短は必ずしも現行犯逮捕の適否を判断する上で決定的なものではない。例えば，飲食店Aの店主から，酔っ払いがガラスを割って暴れているから早く来てほしいとの届出を受けた警察官が，Aに急行し，Aの従業員から，被疑者が勝手口のガラスを割り自分の胸を強く突いたので胸が痛い，被疑者は今，Aから約20m離れた飲食店Bにいると告げられ，破損箇所を調べて，直ちにBに赴いたところ，手を怪我して大声で叫びながらパンツ一つで足を洗っていた被疑者を発見したので，犯行より30〜40分経過後，被疑者を暴行，器物毀棄の現

---

6)　共謀共同正犯における共謀者についても，現行犯逮捕の要件が具備すれば，現行犯人として逮捕することができる。

行犯人と認めて逮捕した行為が適法とされている（最決昭和31・10・25刑集10巻10号1439頁〔百選〔5版〕A1事件〕）。これに対し，恐喝未遂の被疑者を，犯行から20分後に，被害者の供述に基づいて現行犯逮捕したのを違法とした裁判例（京都地決昭和44・11・5判時629号103頁〔百選〔9版〕13事件〕）がある。判断が分かれたのは，時間の長短ではなく，被逮捕者が犯罪を行い終わった直後の者であると明白に認められるかどうかによる（*POINT 2* 参照）。

現行犯逮捕は，「何人でも」，したがって捜査機関だけでなく私人でも行うことができる（213条）が，私人が逮捕した場合は，直ちに犯人を検察官または司法警察職員に引き渡さなければならない（214条）。

現行犯逮捕についても，明文規定はないが，「逮捕の必要」が要件となる（東京高判平成20・5・15判時2050号103頁，大阪高判昭和60・12・18判時1201号93頁〔百選11事件〕）。私人にとって必要性の判断が困難な場合があるからといって，これを不要とすべき合理的な理由はない。軽微な犯罪（30万円以下の罰金，拘留，科料に当たる犯罪）については，被疑者の住居・氏名が明らかでないか，被疑者が逃亡するおそれがある場合に限って，現行犯逮捕が許される（217条）。被疑者にとって明らかであるので，被疑事実の要旨の告知は求められていない。「現行犯逮捕する」旨の告知も不要と解されている（伊藤栄樹ほか『注釈刑事訴訟法(3)〔新版〕』〔立花書房，1996年〕188頁〔藤永幸治〕）。

▪▪▪ *POINT 2* 「明白性」の認定資料と被害者の供述 ▪▪▪

現行犯逮捕については，単に犯罪の明白な嫌疑が認められるというだけでなく，その犯罪の嫌疑の認定（判断）が，「現に罪を行い，又は現に罪を行い終つた」という状況を直接認識した逮捕者によってなされるものであるため，その判断の客観性が担保されている[7]。そこで，被逮捕者が現行犯人であることの明白性は，逮捕者が犯行ないし犯行の終了を目撃したこと，または犯罪現場や被害者の身体・衣服の状況・被逮捕者の挙動等の客観的な状況から認定されることが必要である。被害者の供述以外に現行

---

7) 後述のとおり，緊急逮捕については犯罪の嫌疑の充分性と緊急性が要件となっているが，現行犯逮捕の場合と異なり，たとえ明白な嫌疑が認められる場合であっても，逮捕後，令状を請求することが求められている。これは，犯罪の嫌疑が充分であるとの逮捕者の判断が，本文で述べた「判断の客観性を担保する」資料によってなされる必要がないためである（新関雅夫ほか『増補令状基本問題(上)』〔一粒社，1996年〕151頁〔小田健司〕参照）。

UNIT 6 被疑者の身柄保全

犯人を認定する資料がない場合，現行犯逮捕は許されない（前出京都地決昭和44・11・5〔百選〔9版〕13事件〕）。被害者供述の正確性の客観的な担保がないためである。被疑者自身の供述についても同様に考えられる。認定の客観性が害されない限度であれば，被害者の供述等を補充的にその資料とすることは許されよう。

また，警察官が私人（被害者等）から事情を聞き現行犯逮捕を行うことが許されるのは，被逮捕者が「現に罪を行い，又は現に罪を行い終つた者」であることを，客観的な状況から直接認識していた私人による逮捕に協力する場合に限られよう（なお，東京高判平成17・11・16東高刑56巻1～12号85頁参照）。

呑み行為など，対象者が現に犯罪を行っていても，そのことが外部的に明白でない犯罪が存在するが，こうした犯罪についても，逮捕者が事前の内偵，張込み等により得た資料に基づく知識によって現行犯人の存在を認知することができる以上，現行犯逮捕が許される（東京高判昭和41・6・28東高刑17巻6号106頁〔百選〔5版〕12事件〕参照）。

(2) 準現行犯逮捕

刑訴法は，「現行犯人」だけでなく，現行犯人と「みなされる者」（準現行犯人）についても，逮捕状なしに逮捕することを認めている（212条2項・213条）。そこで，憲法にない準現行犯規定の合憲性が問題となり得るが，学説上，現行犯逮捕を許容する憲法の趣旨が実質的に満たされる限り，準現行犯逮捕も憲法が無令状逮捕を許容した範囲に含まれると一般に解されている（したがって，準現行犯逮捕の要件としての犯罪と犯人の明白性の程度は，憲法上の現行犯の場合と異ならない）。判例もその合憲性を当然の前提としているといってよい。

準現行犯逮捕が適法であるためには，被逮捕者について，刑訴法212条2項各号（①犯人として追呼されているとき，②贓物または明らかに犯罪の用に供したと思われる兇器その他の物を所持しているとき，③身体または被服に犯罪の顕著な証跡があるとき，および，④誰何されて逃走しようとするとき）のいずれか1つの事由に該当することが必要である。各号該当の要件は，犯罪の現認等に代わる犯罪と犯人の明白性の客観的担保として必要とされるものであるから，各号事由の存在

は，逮捕者が逮捕現場の客観的な状況から直接認識しなければならない。

　もっとも，1号から4号の事情はいずれも類型的に犯人性を示すものであるとはいえ，各号の事情ごとに犯罪と犯人を結び付ける力にはかなりの違いがある。刑訴法は，対象者が各号の事由に該当することに加え，実質的にも「罪を行い終つてから間がないと明らかに認められる」こと，すなわち，犯罪と犯人の明白性および時間的近接性とその明白性を要求している。犯行と逮捕との隔たりは最大数時間といわれるが（判例・通説），特別の事情がない限り，1，2時間が限度だとする説（松尾上57頁）もある。被逮捕者が各号のうち複数の事由に重複して該当する場合には，それだけ犯人性が強まるため，時間的近接性の要件は緩和され得ると解されている（*POINT 3* 参照）。「逮捕の必要」も要件となる。

▪▪▪ *POINT 3* **認定資料** ▪▪

　　内ゲバ事件が発生し，犯人が逃走中であるとの無線情報を受けて警戒中の警察官らが，犯行より約1時間経過後に被疑者Aを，1時間40分後に同Bおよび同Cを，いずれも犯行現場から約4km離れた各路上で発見し，挙動や着衣の汚れ等を見て職務質問したところ，同人らが逃走した状況において，腕に籠手を装着していたり（A），顔面に新しい傷跡があり血の混じったつばを吐いている（B）などの事情が認められたため，同人らを準現行犯人として逮捕したことは，刑訴法212条2項2号ないし4号に当たる者が「罪を行い終わってから間がないと明らかに認められるとき」にされたといえるとした判例（最決平成8・1・29刑集50巻1号1頁〔百選12事件〕）がある。

　　犯罪と逮捕との間に時間の経過が存在する以上，逮捕者が逮捕時に現認した状況のみから直ちに犯罪と犯人が明白であるとは通常考えられないので，逮捕者が各号該当状況を直接認識している限り，各号該当性の判断に当たって逮捕前に得ていた手配情報等を資料とするのは，法の予定するところと解されている。前記判例も，警察官が逮捕前に無線情報によって得ていた知識等を判断資料として，刑訴法212条2項2号ないし4号該当性を認めたものと見られる。「罪を行い終つてから間がないと明らかに認められるとき」の要件充足の判断も，逮捕警察官の認識力や判断力を基準に

UNIT 6　被疑者の身柄保全

行うことができる。

●●●

3　緊急逮捕

　現行犯逮捕を除いて，逮捕は事前に発付された逮捕状によらなければならないとすると，令状請求をしている間に被疑者が逃亡し，その後の逮捕が困難となったり，罪証が隠滅されたりすることもあり得る。そこで，刑訴法は，①重大な犯罪（死刑または無期・長期 3 年以上の懲役・禁錮に当たる犯罪）に限り，②嫌疑が濃厚（緊急逮捕では，通常逮捕に必要とされる「相当な理由」より嫌疑の程度の高い「充分な理由」が求められる）で，③逮捕状の発付を得る余裕がない緊急の場合[8]には，後に裁判官に逮捕状の発付を求めることを条件に，その理由（①～③）を被疑者に告げて逮捕することを認めている（210 条 1 項）。これを**緊急逮捕**という。明文の規定はないが，「逮捕の必要」も要件となると解されている（刑訴規 143 条の 3 参照）。

　警察官は，逮捕後「直ちに」**緊急逮捕状**の請求をしなければならない。令状請求のための資料の収集・整理に必要な合理的な時間的猶予は認められるが（広島高判昭和 58・2・1 判時 1093 号 151 頁），緊急逮捕後，被疑者を実況見分に立ち会わせたほか，その取調べを行うなどして，逮捕から 6 時間半経過後にした令状請求を違法とした裁判例がある（大阪高判昭和 50・11・19 判時 813 号 102 頁）。令状請求権者には，通常逮捕の場合の制限はない。逮捕後のことであり，早急に逮捕の適法性について裁判官の審査を受ける必要があるためである。緊急逮捕後の弁解聴取によって逮捕の理由等がないことが判明し，被疑者を釈放した場合においても，令状請求を行わなければならない（松尾上 61 頁，捜査規範 120 条 3 項参照）。逮捕状の事後的な発付が緊急逮捕の適法性の根拠だからである。

　令状請求を受けた裁判官は，(a)逮捕の時点での緊急逮捕の要件（①～③）に加え，(b)令状発付時における通常逮捕の要件（身柄拘束を継続するための要件）

---

8)　「急速を要し，裁判官の逮捕状を求めることができないとき」とは，裁判官に逮捕状を請求していたのでは，逮捕することが不可能または著しく困難になる場合をいい，実務もこれによっているとされる（加藤良一「緊急逮捕の緊急性」長沼範良ほか編『警察基本判例・実務 200』〔別冊判タ 26 号，2010 年〕234 頁。警察官が犯罪および犯人を知ってから約 2 時間後に行われた緊急逮捕を適法とした最判昭和 32・5・28 刑集 11 巻 5 号 1548 頁参照）。

92

の存否を審査して，両要件が認められる場合にのみ，緊急逮捕状を発付する（明文規定はないが，捜査機関は被逮捕者に令状を提示すべきであろう）。(b)の審査においては，弁解録取書（5参照）等の逮捕後に収集された資料も考慮されるが，(a)の審査においてこれらを資料とすることは許されない。逮捕状が発せられないときは，直ちに被疑者は釈放される（210条1項）。

　憲法は，通常逮捕と現行犯逮捕の2種類しか認めていないので，緊急逮捕は憲法に違反するのではないかが問題とされている。令状主義の本質は「事前」審査にあることを理由に違憲説（鈴木75頁等）もあるが，合憲説が多数説である。このうち令状による逮捕（通常逮捕）の一種と見る説については，令状が発付されない場合もあるので，疑問が残る。現行犯に含めて考える説は，緊急逮捕について，犯人の明白性も犯行と逮捕との時間的接着性も要求されていないことの説明が困難である。緊急逮捕は，治安維持上の緊急行為であることを前提に，①犯罪の重大性，②嫌疑の充分性，③緊急性，および④事後的令状審査の各要件をトータルとして，その合憲性が認められるものと解される（三井 I 11頁参照。最大判昭和30・12・14刑集9巻13号2760頁〔百選A3事件〕は，刑訴法210条が①～④を要件としていることを指摘して合憲説に立つが，こうした趣旨を含意するものといえよう）[9]。

4　実力の行使

　現行犯逮捕に当たって実力を行使することについて，判例は，「その際の状況からみて社会通念上逮捕のために必要かつ相当であると認められる限度内」であれば許されるとしている（前出最判昭和50・4・3〔百選〔3版〕16事件〕。第三者に対する実力行使につき，最決昭和59・2・13刑集38巻3号295頁〔百選〔5版〕4事件〕参照）。現行犯逮捕以外の逮捕においても，実力の行使は，逮捕の効力により，必要かつ相当な範囲において許されるものと解される。

---

9)　アメリカでは，現行犯逮捕に令状を要しないとされる点を除き，令状の要否は，重罪と軽罪（1年を超える拘禁刑を言い渡せるかどうかによって区別するのが通常である）とで異なる。重罪の場合は，罪を犯したと疑うに足りる相当な理由（probable cause）があれば，令状なしで逮捕することができる（コモン・ロー以来の伝統）。重罪については，令状による逮捕はほとんど行われていない。無令状で逮捕したときは，被逮捕者を不必要な遅滞なく裁判官のもとに連れて行き，逮捕の適法性の審査を受けなければならない。逮捕からこの段階まで，原則として，48時間である。

UNIT 6　被疑者の身柄保全

5　逮捕後の手続

　次に述べる通常逮捕後の手続に関する諸規定は，現行犯逮捕または緊急逮捕した場合の手続について準用されている（211条・216条）。

　(1)　司法巡査または検察事務官が逮捕状により被疑者を逮捕したときは——司法巡査が私人により逮捕された現行犯人を受け取った場合も同様——，直ちに，司法巡査は司法警察員に，検察事務官は検察官に引致（連行）しなければならない（202条・211条・216条・215条）。

　(2)　被逮捕者を受け取った司法警察員および検察官の採るべき手続は，次のとおりである（203条・204条）。

　　(i)　司法警察員は，——自分で被疑者を逮捕した場合も同様——，直ちに，①犯罪事実の要旨を告げ，②弁護人の有無を尋ねて，弁護人がないときは，これを選任することができる旨を告げた上，③弁解の機会を与える。犯罪事実の要旨と弁護人依頼権の告知は憲法34条前段の要請である。②の告知に当たっては，被疑者に対し，弁護士，弁護士法人または弁護士会を指定して弁護人の選任を申し出ることができる旨およびその申出先を教示しなければならない（203条3項）。さらに，②の告知をするに当たっては，被疑者に対し，引き続き勾留を請求された場合において，貧困その他の事由により自ら弁護人を選任することができないときは，裁判官に対し，弁護人の選任を請求することができる旨などを教示する必要がある（203条4項）。被疑者が弁護士または弁護士会を指定して弁護人の選任を申し出たときは，直ちに弁護士または弁護士会にその旨を通知しなければならない（209条・78条2項）。

　検察官も——自分で逮捕した場合も同様——，同一の手続を採る（204条・78条2項）。

　　(ii)　次に，司法警察員は，被疑者からの弁解聴取や逮捕後の捜査の進展などから，犯罪の嫌疑や逃亡のおそれ，罪証隠滅のおそれの有無などを考慮し（最判平成8・3・8民集50巻3号408頁），**留置**（身柄拘束の継続）の必要がないと思料するときは直ちに釈放し，その必要があると思料するときは，被疑者が身体を拘束された時から48時間以内に，書類・証拠物とともに被疑者を検察官に**送致**（送検）する（引き渡して，事件を引き継ぐ〔203条1項〕）。

　検察官の場合，留置の必要がないと思料するときは，直ちに被疑者を釈放し，

その必要があると思料するときは，被疑者が身体を拘束された時から 48 時間
以内に，裁判官に勾留を請求するか，公訴を提起しなければならず（この場合は，
裁判官が職権で勾留するので，検察官はその請求をする必要がない〔204 条 1 項ただし
書〕），それができなければ，被疑者を直ちに釈放しなければならない（204 条 4 項）。

(3) 司法警察員から送致された被疑者を受け取った検察官は，被疑者に弁解
の機会を与え，留置の必要がないと思料するときは直ちに釈放し，その必要が
あると思料するときは，被疑者を受け取った時から 24 時間以内で，かつ被疑
者が身体を拘束された時から 72 時間以内に，裁判官に勾留を請求するか，公
訴を提起しなければならず，それができなければ，被疑者を直ちに釈放しなけ
ればならない（205 条 1 項 2 項。やむを得ない事情によって時間制限に従うことがで
きないときは，その事由を疎明して勾留を請求することができる〔206 条 1 項〕）。二重
の時間制限は，被疑者の受取りが，被疑者が現実に身体を拘束されてから 48
時間を超えて行われる可能性があることによる。公訴を提起すれば勾留の請求
をする必要がない（205 条 3 項）。被疑者が逮捕留置中に公訴提起された場合の
勾留の処分につき，280 条 2 項参照。

被疑者の弁解は，**弁解録取書**に記載される。弁解録取書は，一定の要件の下
で証拠能力が付与される（322 条 1 項）ため，弁解録取に当たっては，供述拒否
権の告知（198 条 2 項）が必要であるといわれている。

刑訴法は，被逮捕者の留置場所に関する規定を置いていないが，警察官に引
致された被逮捕者は，当該警察官の所属する警察署の留置施設（刑事収容 14 条
2 項 1 号参照）に，検察官に引致された被逮捕者は，刑事施設（拘置所。刑事収容
3 条 2 号参照）に留置されるのが通例である。

=== *POINT 4* 逮捕状発付に対する不服申立て（準抗告）======================

逮捕状発付の裁判に対する準抗告（裁判官の命令に対する不服申立て）をす
ることができるかについては，判例（最決昭和 57・8・27 刑集 36 巻 6 号 726 頁
〔百選〔5 版〕115 事件〕）・多数説（三井 I 16 頁等）はこれを消極に解している。
刑訴法 429 条 1 項各号に準抗告の対象として，「逮捕に関する裁判」が挙げ
られていないことがその理由とされる。しかし，逮捕状の発付に際しては，
被逮捕者に告知と聴聞の機会が与えられていない上，逮捕状発付後，身柄
拘束前に，被疑者のアリバイが判明したような場合は，発付に対する不服を

UNIT 6　被疑者の身柄保全

申し立てる明らかな実益がある。そこで、刑訴法429条1項2号を準用して「勾留に関する裁判」に逮捕を含め、逮捕状発付に対する準抗告を認めるべきであるといわれている（田宮81頁，田口76頁等。なお，最判平成5・1・25民集47巻1号310頁〔国賠〕は，相当な犯罪の嫌疑があったとする捜査機関および裁判官の判断の違法性を主張して，国家賠償を請求することは許されないとする）。

Ⅲ　勾　留

1　意　義

勾留とは，比較的長期間身柄を拘束する裁判およびその執行をいう。勾留は，憲法34条にいう**拘禁**に当たる。勾留には，被疑者に対するもの（起訴前勾留）と被告人に対するもの（起訴後勾留）とがあるが，被疑者の勾留については，被告人の勾留に関する規定が準用されている（刑訴法207条1項が「勾留の請求を受けた裁判官は，その処分に関し裁判所又は裁判長と同一の権限を有する」というのは，この趣旨である。したがって60条の「裁判所」は「裁判官」と，「被告人」は「被疑者」と読み替えることとなる。なお，起訴前勾留は裁判官が，起訴後勾留は予断排除の原則により，第1回公判期日までは裁判官が，それ以降は受訴裁判所が行う）。もっとも，被疑者の勾留は，検察官の請求によること，勾留期間が短いこと，逮捕が先行すること，保釈（UNIT 19）が認められないこと，および接見指定（UNIT 10Ⅱ）をなし得ることなどの点で，被告人の勾留と異なる。ここでは，被疑者の勾留について述べる。

2　要　件

勾留が適法であるためには，次の実体的要件と手続的要件を備える必要がある。

(1)　実体的要件

勾留をするには，まず**勾留の理由**と**勾留の必要**がなければならない。勾留の理由は，被疑者が「罪を犯したことを疑うに足りる相当な理由」があること，かつ，①「定まつた住居を有しない」こと（住居不詳も含まれるとした裁判例に，

東京地決昭和43・5・24下刑集10巻5号581頁がある），②「罪証を隠滅すると疑うに足りる相当な理由」があること，③「逃亡し又は逃亡すると疑うに足りる相当な理由」があることのうち，少なくとも1つの事由に該当することをいう（ただし，30万円以下の罰金，拘留，科料に当たる犯罪については，住居不定の場合に限られる。207条1項・60条1項3項）。「罪を犯したことを疑うに足りる相当な理由」は，逮捕の場合と異なり，勾留質問（後出）における被疑者の弁解を聴いた上で行われることや，逮捕より長期の身柄拘束を許す要件であるなどの点で，逮捕の場合より高度の嫌疑をいう。罪証隠滅の相当な理由は，単なる抽象的な危険性では足りず，具体的な資料によって裏付けられた高度の可能性をいう。被疑者に具体的な罪証隠滅行為に出る意図があり，かつ罪証隠滅の余地がなければ，罪証隠滅の相当な理由は認められない（最決平成26・11・17判時2245号129頁〔百選13事件〕は，痴漢事件において，被疑者が被害少女に接触する可能性が高いことを示すような具体的な事情がうかがわれないとして，勾留を認めた裁判には刑訴法60条1項等の解釈を誤った違法があるとした）。逃走の相当な理由についても，同様である。

　刑訴法は「勾留の必要がなくなつたときは」，請求または職権により勾留を取り消すべきものと定めており（207条1項・87条），当初から勾留の必要がないときは，そもそも勾留は許されないといえるので，勾留の必要は勾留の要件と解されている。勾留の必要とは，**勾留の相当性**をいい，その有無は，本人の事情や事件の性質などを考慮して，被疑者が勾留により被る不利益と勾留による捜査の利益とを比較衡量して判断される。裁判例には，刑訴法60条1項1号に該当するが，確実な身柄引受人があって，被疑者の出頭確保のための手立てが講じられているときは，必ずしも勾留するまでの必要はないとしたものがある（前出東京地決昭和43・5・24）。

　被疑者の勾留は，検察官が，その所属する官公署の所在地を管轄する地方裁判所・簡易裁判所の裁判官に対して，勾留請求書を提出するとともに，所定の資料を提供して請求する（刑訴規299条1項・147条1項・148条1項）。**勾留の請求**であり，勾留状の請求ではない。勾留状は逮捕状と異なり，命令状であると捉える刑訴法の用語例を反映したものと見られる。

(2)　**手続的要件**

　(i)　**逮捕前置主義**　1）勾留には常に逮捕が先行していなければならない

UNIT 6　被疑者の身柄保全

(**逮捕前置主義**。刑訴法207条1項が「前3条の規定〔逮捕に伴う処理を定めた規定〕による勾留の請求」と規定しており，逮捕から引き続いて検察官が勾留すること以外に被疑者勾留を許す規定はない。なお，被告人の逮捕は存在しないので，逮捕前置主義は被告人勾留には適用がない)。逮捕を先行させ勾留を認めるという制度が採用された趣旨は，①被疑者の身柄を拘束する初期の段階では，身柄拘束の必要性判断はいまだ流動的であり，被疑者からの弁解の聴取やその後の捜査の進展によっては，犯罪の嫌疑や身柄拘束の必要が希薄になったり消滅したりすることもあり得るので，いきなり長期（10日）に及ぶ勾留をするよりも，逮捕という短期間の身柄拘束処分を先行させ，その段階での釈放の可能性を認める方が不必要な身柄拘束を防止する点で被疑者に有利であることと，②逮捕と勾留の二段階で身柄拘束要件の審査を行って二重の司法的抑制を保障することにある（田宮84頁，酒巻71～72頁)。

　被疑者を窃盗の疑いで逮捕し，殺人の疑いで――逮捕しないで――勾留することは，逮捕前置主義に反する。これに対し，窃盗の疑いで逮捕した後，これに殺人を加えて，窃盗と殺人の疑いで勾留すること（いわゆる**抱き合わせ勾留**）は認められている（付加する犯罪だけでも勾留の要件を満たすことが必要である〔207条1項・60条3項参照〕)。窃盗については逮捕前置主義に反しない上，勾留の段階で殺人を付加することを認めるかどうかを問わず，被疑者が勾留されることに変わりがなく，殺人の疑いで逮捕されないだけ被疑者にとって有利だというのがその理由である。実務の運用もそのようになされている。

　2) 逮捕前置主義の趣旨から，**勾留請求事実**は**逮捕事実**と同一性の認められるものでなければならない。例えば，傷害の事実で逮捕したが，その後の捜査の結果，財物を盗る意思があったことが認められるような場合もあり得るが，傷害の事実と**被疑事実の同一性**が認められる限り，強盗傷害の事実で勾留請求することが許される。この同一性の判断は，「単に事実同士の日時や場所といった形式的な点を重視し，被疑事実が両立するかどうかを判断するのではなく，もう一度，逮捕手続から司法審査をする必要があるのか，あるいは，同一の手続内で処理することが可能であるのかといった観点から，被疑事実の背景となる事情，被疑者の弁解の状況などを総合的に考慮し」行う必要がある（名古屋地決平成20・6・26裁判所HP)。

Ⅲ 勾留

■■■ *POINT 5* 逮捕手続の違法と勾留請求の許否 ■■■■■■■■■■■■■■■■■■■■■■■■■■■■■■■■■■■■■■

　勾留の請求を受けた裁判官は，先行する逮捕手続等の適法性も審査することができ，逮捕手続等に違法があった場合は，勾留請求が却下され，あるいは却下されるべき勾留請求に基づく勾留が無効・違法となることがあると解されている。その理由として，逮捕前置主義を採用している法意から，勾留請求が認容されるためには，それに先立つ逮捕手続は適法でなければならないことが挙げられるが，逮捕前置主義の趣旨から一義的にこのような結論が導き出されるのか疑問がある。「法意」が「逮捕に違法があれば拘束の根拠がなく直ちに被疑者を釈放しなければならない」（光藤景皎『刑事訴訟法Ⅰ』〔成文堂，2007 年〕71 頁）ことを実質的にいうものであるとしても，後に違法と判断された逮捕手続により被疑者が実際に身柄を拘束されていた場合は，当然に，勾留請求が不適法となるわけではないであろう（違法収集証拠排除法則〔**UNIT 23** 参照〕の適用において，違法な手続により獲得された証拠は，適法な手続では収集することができなかったのであるから，「存在しない」ものとして，直ちにその使用が禁止されるという考え方は，最高裁〔最判昭和 53・9・7 刑集 32 巻 6 号 1672 頁〔百選 90 事件〕〔大阪天王子覚せい剤所持事件〕〕の採るところではない）。逮捕に対する準抗告が認められていないことは，逮捕手続の適法性に影響を及ぼす事情を全て勾留請求を受けた裁判官による勾留の段階での司法審査に服させる趣旨であるという見解もある（新関ほか・前掲注 7）275 頁［木谷明］）。これについては，その趣旨が勾留裁判による救済（身体拘束からの解放）にあるとすれば，勾留請求段階にある被疑者について，――逮捕そのものは既に終了しているので――そういう意味での救済は観念することができないとの批判がある。また，この見解は，逮捕手続にいかなる違法があるときに，勾留の請求が却下されるべきかの基準を示すものではないといわれている。それゆえ，逮捕の適法性をこの段階で審査する意味は，勾留請求を有効として扱うことが将来における違法逮捕の繰返しを招く場合，あるいは，司法の無瑕性を害することとなる場合に，これを無効とすることに求められ（松尾上 98 頁以下参照）[10]，勾留請求を不適法とすべきかどうかは，違法逮捕の抑止・司法の無瑕性の保持の必要性と勾留を認めないことによる捜査上の不利益とを比較衡量して判断されると解されよう。制限時間を超過してなされた勾留の

UNIT 6　被疑者の身柄保全

請求が却下されること（206条2項），それに匹敵する「重大な違法」が逮捕手続にある場合に勾留請求が不適法とされるべきであるといわれているのは，こうした衡量の結果を示すものと捉えることができよう。

　裁判例には，例えば，刑訴規則142条1項8号の記載事項を欠く逮捕状請求書が提出され，この記載の欠如が裁判官の逮捕状発付に影響を与える可能性があった場合（東京地命昭和37・10・16下刑集4巻9＝10号968頁），緊急逮捕後の逮捕状請求の手続が遅延した場合（大阪高判昭和50・11・19判時813号102頁）に勾留請求を却下したものがある。これに対し，任意同行が実質的逮捕に当たると判断されたが，実質的逮捕の時点で緊急逮捕の実体的要件を具備していたこと，実質的逮捕開始の3時間後に通常逮捕の手続が採られ，法定の時間制限内に検察官送致・勾留請求が行われたことなどから，逮捕の違法の程度は勾留を違法ならしめるほど重大ではないとして，勾留請求を認容した裁判例に，東京高判昭和54・8・14刑月11巻7＝8号787頁〔百選14事件〕がある。

━━━

　(ii)　**勾留質問**　　裁判官は，**勾留状**を発付するかどうかの判断に当たっては，検察官が勾留請求書とともに提出する「勾留の理由が存在することを認めるべき資料」（刑訴規148条1項3号）等を検討し，被疑者に対し被疑事件（被疑事実）を告げて被疑者の陳述を聴くものとされている（207条1項・61条。「**勾留質問**」。弁護人選任権の告知等につき，207条2項4項）。この点で，被疑者の関与なしに一方的に発付される逮捕状の場合と異なる。勾留質問は，被疑者が，逮捕後初めて捜査機関から独立した中立で公正な立場にある裁判官に弁解を聴いてもらえる機会として重要な意義を有する。勾留質問の行われる場所について，刑訴法は格別の規定を置いていないが，勾留状発付という裁判の性質に鑑みると，勾留質問は，裁判所の庁舎内で行われるべきであり（最決昭和44・7・25刑

---

10)　逮捕中に検察官が公訴を提起した場合（204条1項ただし書・205条3項），逮捕手続の適否は起訴後の勾留の効力に影響を及ぼさないというのが判例（最決昭和48・7・24集刑189号733頁）である。起訴後の勾留は裁判官の職権で審判の必要という観点からその要否を判断するものであるという理由によるが，この場合でも，検察官が違法逮捕による起訴後勾留を利用する契機が欠如しているとはいえず，また，違法逮捕を追認しないことによって司法の無瑕性を保持する必要は失われていないといえる。

集23巻8号1077頁は，警察署で行われた勾留質問が憲法32条に違反しないとした），裁判所構内の勾留質問室で行われている。

勾留質問には，裁判所書記官が列席して，**勾留質問調書**を作成する。勾留が認められた場合，勾留質問調書は検察官に送付され（刑訴規150条），刑訴法322条1項の書面となり得る。そのため，黙秘権の告知を要すると解されるが，実務もそのように運用されている。弁護人の立会いは，実務上，勾留裁判官の裁量に委ねられている。なお，押送警察官が勾留質問室に立ち入ることは行われていないようである。

裁判官は，勾留の理由があると認めるときは，速やかに勾留状を発付する（207条5項。「命令状」である）。勾留状には，「被疑者の氏名及び住居」，「罪名」，「被疑事実の要旨」（この記載は，憲法34条前段の要請である），「勾留すべき刑事施設」（拘束場所は，許可状である逮捕状と異なり，裁判官の命令内容をなし，必要的記載事項である），「有効期間」，刑訴法60条1項各号のいずれに該当するかなど一定の事項を記載する（207条1項・64条，刑訴規70条）。勾留の理由がないと認めるとき，および勾留請求が法定の制限時間内になされなかったときで，その遅延がやむを得ない事由に基づく正当なものと認められない場合は，勾留請求を却下し，直ちに被疑者を釈放する（206条2項・207条5項）。「やむを得ない事由」とは，交通不便のため引致に著しい時間を要したことなどをいう。勾留の必要がないときも，勾留の要件が存在しないので，勾留状の発付は許されない（勾留請求率は92.3%，却下率は3.4%〔いずれも2016年度〕である）。

被疑者を勾留したときは，直ちに弁護人にその旨を通知しなければならない。弁護人がないときは，被疑者の法定代理人・保佐人・配偶者・直系の親族および兄弟姉妹のうち被疑者の指定する者1人にその旨を通知する（207条1項・79条。なお，刑訴規79条）。この通知は，被疑者の防御権保障にとって重要である。

勾留状は，検察官の指揮によって検察事務官または司法警察職員が執行する（207条1項・70条1項）。被疑者は，勾留状の提示を受け，指定された刑事施設に引致される（207条1項・73条2項）。

3　勾留の期間・場所

(1)　**勾留の期間**は，原則として，検察官が勾留の請求をした日（勾留状の発付日でない）から10日である（208条1項。被勾留者の利益のため，初日・休日を算入

UNIT 6　被疑者の身柄保全

する）。実務上，裁判官は，その裁量により，10日より短期の勾留状を発付することはできないとされている（その理由として，明文規定に反することのほか，捜査に要する日数の予測は極めて困難であることを挙げる裁判例に大阪地決昭和40・8・14下刑集7巻8号1760頁がある）。しかし，裁判官は，勾留の理由または勾留の必要がなくなれば，職権で，または請求により勾留を取り消し得るのであるから（207条1項・87条1項），当初から10日の勾留を不要と判断するときは，10日未満に制限した勾留状を発付することができると解すべきである（松尾上105頁，田宮85頁）。

　また，検察官は，裁判官に対し，**勾留期間延長**の請求をすることができる。裁判官は「やむを得ない事由がある」と認めるときは，必要な日数だけ勾留期間を延長する（208条2項）。事件の複雑・困難性，証拠収集の遅延・困難性などから，勾留期間を延長してさらに取調べをしなければ起訴・不起訴の決定をすることが困難な場合がこれに当たる（最判昭和37・7・3民集16巻7号1408頁）。延長は，複数回可能であるが，通算して10日を超えることはできない（208条2項。内乱罪など一定の犯罪については，さらに5日以内の延長が可能である〔208条の2〕）。

　(2)　被疑者は，裁判官の指定する**刑事施設**に勾留される（207条1項・73条2項）。検察官は，――勾留場所は勾留の裁判の内容であるため――裁判官の同意を得て，勾留場所を変更し被疑者を新たな刑事施設に移送することができる。裁判官が**移送命令**を出せるかどうかについて，明文規定はない。判例（最決平成7・4・12刑集49巻4号609頁）は，これを積極に解する一方で，弁護人の移送命令申立権を否定し，裁判官が移送命令を発しない場合でも，これに対する準抗告を許していない。しかし，被疑者等に勾留取消請求権（後出）が認められていることなどから，移送を実質的に勾留裁判の一部取消しと見て，移送請求権を肯定すべきだといわれている。

　実務上，被疑者は，法務省管轄の刑事施設（拘置所）に収容することに代えて，警察の留置施設に勾留されることが多い（刑事収容15条1項・3条3号参照。**「代替収容施設」**）[11]。

---

11)　1980年以来，警察においては，捜査と留置の業務を分離し（**「捜留分離」**），留置業務を捜査部門から捜査を担当しない管理部門（総〔警〕務部〔課〕）に移行させてきた。刑事収容施設法16条3項および犯罪捜査規範136条の3は，捜留分離を明文で定めている。

Ⅲ 勾 留

4 勾留からの救済

(1) 準抗告

裁判官がした「勾留……に関する裁判」に不服がある者は，その取消し・変更を請求することができる（429条1項2号）。勾留に関する裁判には，勾留請求・勾留延長請求・勾留取消しに関する各裁判などが含まれる。請求先は，簡易裁判所の裁判官の裁判に対する場合は管轄地方裁判所，その他の裁判官の裁判に対する場合はその裁判官所属の裁判所である。請求を受けた裁判所は，合議体で決定しなければならない（同条3項）[12]。

■■ *POINT 6* 「犯罪の嫌疑がないこと」を理由とする準抗告 ■■■■■■■■■■■■■■■■■

勾留請求を認めた裁判に対し，「犯罪の嫌疑がないこと」を理由とした準抗告をすることはできない（429条2項・420条3項）。刑訴法の趣旨は，犯罪事実の存否（嫌疑の有無）については，その判断を専ら公判手続に委ねることにより，準抗告に関する裁判と公判とを機能的に分離することにあるとされる。そうであれば，これは，被疑者の（起訴前）勾留には当てはまらないので，起訴後第1回公判期日までの準抗告について，その理由を制限するものであると解されている（松尾上102頁）。

■■

(2) 勾留の取消し・執行停止

勾留の取消しとは，勾留の裁判の効力を将来に向かって失わせる裁判をいう。勾留の理由または勾留の必要がなくなったときは，裁判官は，検察官，勾留されている被疑者もしくはその弁護人・法定代理人・保佐人・配偶者・直系の親族もしくは兄弟姉妹の請求により，または職権で，勾留を取り消さなければならない（207条1項・87条1項）。検察官は，自らの判断で勾留されている被疑者を釈放することが許されるというのが実務の運用である。また，勾留による

---

[12] 検察官は，勾留請求却下の裁判に対し不服を申し立てる場合（429条1項2号），釈放命令の執行停止を同時に求めることができるようになっている（432条・424条）。しかし，勾留請求却下の裁判から執行停止までの間，被疑者を拘束しておく明文の根拠規定は見いだし難い（田宮88頁等）。

103

UNIT 6 被疑者の身柄保全

拘禁が不当に長くなったときは，裁判官は，勾留されている被疑者もしくはその弁護人・法定代理人・保佐人・配偶者・直系の親族もしくは兄弟姉妹の請求により，または職権で，勾留を取り消さなければならない（207条1項・91条1項）。

勾留の執行停止とは，勾留の効力は維持しつつ，勾留の執行のみを一時的に停止させることをいう。裁判官は，勾留の理由がある場合でも，適当と認めるときは，勾留されている被疑者を親族，保護団体その他の者に委託し，または被疑者の住居を制限して，勾留の執行停止をすることができる（207条1項・95条）。「適当と認めるとき」とは，病気療養のための入院や家族の葬儀参列などをいう。被疑者等には勾留の執行停止を請求する権利は認められていない。勾留の執行停止の取消事由につき，207条1項・96条1項参照。

(3) 勾留理由の開示

勾留されている被疑者のほか，その弁護人・法定代理人・保佐人・配偶者・直系の親族・兄弟姉妹その他利害関係人は，裁判官に**勾留理由の開示**を求めることができる（207条1項・82条1項2項）。憲法34条後段を受けた制度である。被疑者は，既に勾留の理由を知っているが（勾留質問・勾留状の提示参照），改めて開示されることは，勾留の取消しや勾留に対する準抗告の権利を行使するための準備に資するし，関係者にとっても有益である。

請求を受けた裁判官は，原則として5日以上をおかずに理由の開示期日を開かなければならず（刑訴規84条），期日は，検察官，弁護人，請求者等に通知される（刑訴規82条3項）。勾留理由の開示は，裁判官および裁判所書記官が列席する公開法廷で行われる（207条1項・83条1項2項）。被疑者および弁護人が出頭しないときは，原則として開廷することができないが，検察官の出頭は必要的でない（207条1項・83条3項）。

勾留の理由は，裁判長が告げる（207条1項・84条1項。合議体の構成員にさせることもできる〔85条〕）。検察官または被疑者および弁護人，ならびにこれらの者以外の請求者は，これに対し意見を述べることができるが，裁判長は，相当と認めるときは，意見陳述に代え意見を記載した書面の提出を命ずることができる（207条1項・84条2項）。法廷において検察官による勾留理由の立証は必要とされておらず，対審構造は採られていない。勾留理由開示請求を却下した裁判に対しては，準抗告をすることが許される（最決昭和46・6・14刑集25巻4号565頁）。

UNIT 7

逮捕・勾留に伴う諸問題

I 事件単位の原則
II 一罪一逮捕・一勾留の原則
III 別件逮捕・勾留と余罪取調べ

I 事件単位の原則

逮捕・勾留は，被疑事実ごとに行われる（「**事件単位の原則**」）。刑訴法は，逮捕・勾留をするには「罪を犯したことを疑うに足りる相当な理由」の要件を具備することのほか，逮捕状・勾留状への被疑事実の要旨の記載および被疑事実の告知を要求している（**UNIT 6** 参照）。逮捕・勾留は被疑事実を単位として行われるため，その効力が及ぶ範囲は当該被疑事実に限られる。したがって，同一の被疑者について複数の犯罪の嫌疑が存在する場合，同時に複数の逮捕・勾留をすることが認められる（「**二重逮捕・二重勾留**」）。例えば，窃盗事件で逮捕・勾留されている被疑者について，さらに殺人事件で逮捕・勾留することも，殺人事件による身柄拘束の要件を具備する限り許されるのである。

勾留期間延長事由・勾留取消事由（**UNIT 6** 参照）や接見指定要件（**UNIT 10** 参照）の存否などの判断において，身柄拘束の基礎とされていない被疑事実を考慮することはできない。例えば，窃盗事件の勾留期間を，窃盗のほかにも殺人を犯している疑いがあるとして延長することは許されない。実務もこのような立場で運用されている（川出〔捜査・証拠篇〕71頁）。

■■■*POINT 1* 事件単位の原則と未決勾留日数の算入・刑事補償 ■■■■■■■■■■■■■■■■■■■

刑法21条は，未決勾留日数の全部または一部を本刑に算入することができる旨規定している。未決勾留日数とは，勾留状の執行を受けて現実に勾留された期間をいう。判例は，A罪とB罪で起訴され，B罪のみで有

UNIT 7　逮捕・勾留に伴う諸問題

罪となった場合において，A罪での未決勾留日数をB罪の刑に算入する
ことを認め（最判昭和30・12・26刑集9巻14号2996頁），A罪は不起訴，B
罪で起訴され無罪となった場合において，B罪の取調べのために利用され
たA罪での勾留に対し刑事補償を認めている（最大決昭和31・12・24刑集
10巻12号1692頁〔憲法百選II 134事件〕）。これらの判例は，学説上，「事件
単位の原則の例外」（田宮93頁）として承認されている。しかし，未決勾
留日数の本刑算入は，事後的救済を目的とするその制度趣旨から決せられ
る問題というべきであり，余罪（令状に記載されていない犯罪）を潜在的な
身柄拘束の根拠とすることを禁止する事件単位の原則とは関係がない。

II　一罪一逮捕・一勾留の原則

1　再逮捕・再勾留の禁止

(1)　同一被疑事実について，時期をずらして逮捕・勾留を繰り返すことは，
原則として許されない（**再逮捕・再勾留の禁止**）。刑訴法は，身柄拘束について
厳格な時間制限を規定して（203条〜205条等）人身の自由の保障を図っており，
同一被疑事実について，逮捕・勾留を繰り返すことができるとすると，こうし
た法の趣旨が没却されてしまう。刑訴法199条3項は，「同一の犯罪事実につ
いてその被疑者に対し前に逮捕状の請求又はその発付があつたときは，その旨
を裁判所に通知しなければならない」と定めている（刑訴規142条1項8号も参
照）が，これは，逮捕と釈放の繰り返しによる不当な自由侵害の防止を狙った
ものと解されている。再度の身体拘束による不当な自由侵害とはいえない合理
的な理由がある場合は，再逮捕が例外的に許される。①釈放後における重要な
新証拠の発見や逃亡・罪証隠滅のおそれの増大などの新事情が発生し（事情の
変更），②犯罪の重大性その他の諸事情（事案の重大性，再逮捕の必要性，第一次逮
捕中の捜査状況等）に照らし，被疑者の不利益を考慮してもやむを得ない場合が
これに当たる（東京地決昭和47・4・4刑月4巻4号891頁〔百選15事件〕参照）。

(2)　勾留は逮捕と一対のものであり，再逮捕を認めながら，再勾留について
一切認められないとするのは，捜査の実情を軽視するものといえる，検察官に

Ⅱ　一罪一逮捕・一勾留の原則

よる勾留期間満了前の被疑者の釈放や裁判官による勾留取消しの判断が過度に厳格化するのを回避する必要があるなどとして，例外的に再逮捕に続く再勾留も許されることがあると解されている[1]。しかし，再勾留により被疑者の被る不利益は，再逮捕の場合より大きいので，再逮捕の場合と同様の基準に拠りながらも，より慎重な適用が必要である。先行する勾留期間が20日間であったときは，再勾留は認められないとする見解もある（酒巻77頁）が，裁判例はこのような制限を加えていない（前出東京地決昭和47・4・4〔百選15事件〕参照）。

　(3)　以上は，先行する逮捕が適法である場合であるが，捜査機関において違法逮捕であることが判明したため被疑者を釈放し，その直後に，身柄拘束の必要性が継続しているとして，再逮捕することが許されるか。これを認めることは，捜査機関の過誤があったために，かえって身柄拘束期間が長期化するのを是認することとなる。しかし，逮捕手続の違法の程度や事案の重大性等を考慮し，再逮捕を許容すべき場合があるといわれている（松尾上114頁）。裁判例には，強盗致傷事件により被疑者を緊急逮捕し，7時間40分経過後に緊急逮捕状を請求したところ，緊急逮捕状の請求が「直ちに」の要件を欠くとして却下されたので，通常逮捕状の発付を得て再逮捕した事案について，「逮捕の理由と必要性の存する場合には『直ちに』といえると考えられる合理的な時間を超過した時間が比較的僅少であり，しかも右の時間超過に相当の合理的理由が存し，しかも事案が重大であつて治安上社会に及ぼす影響が大きいと考えられる限り」再逮捕を許すべき合理的な理由があるとしたものがある（浦和地決昭和48・4・21刑月5巻4号874頁）。

　違法逮捕後の再逮捕の利益状況は，違法逮捕に基づく勾留請求の許否（UNIT 6 *POINT 5* 参照）のそれと共通するものであることに留意するとともに，再逮捕の許容性を判断するに当たっては，逮捕の違法を理由とした捜査機関による被疑者の釈放という事実により，捜査上の利益に対抗する利益が一定程度実現されている（大澤裕＝佐々木正輝「再逮捕・再勾留」法教332号96頁〔大澤発言〕参照）ことを考慮しなければならない。したがって，また，逮捕手続に重

---

1)　なお，刑訴法199条3項に相当する規定はないが，刑訴規則148条1項は，勾留請求に際して，資料として逮捕状請求書等の添付を義務付けているため，裁判官は，被疑者が先に同一の被疑事実によって勾留されたかどうかを知る手掛かりを与えられている（新関雅夫ほか『増補令状基本問題(上)』〔一粒社，1996年〕271頁〔小田健司〕）。

UNIT 7 　逮捕・勾留に伴う諸問題

大な違法があることを理由に勾留請求が却下された後の，同一被疑事実での再逮捕（再勾留）も，例外的に認められる場合があると解される[2]。

2 　重複逮捕・重複勾留の禁止[3]

(1) 　同一の被疑事実について複数の逮捕・勾留を同時に重複して行うこともできない（**重複逮捕・重複勾留の禁止**）[4]。この禁止原則の適用に当たって問題となるのは，例えば，Ａ賭博事実とＢ賭博事実が常習賭博罪を構成する場合，Ａ事実とＢ事実は同一の被疑事実と見るべきか，すなわち，「被疑事実の同一性」はいかなる基準によって画定すべきかである。被疑事実の同一性の判断基準を，個々の犯罪事実に求める見解（**事実単位説**）。裁判例として，福岡高決昭和42・3・24高刑集20巻2号114頁〔百選〔8版〕20事件〕）もあるが，実体法上の罪数に求める見解（**実体法上一罪説**）が通説である（裁判例として，岐阜地決昭和45・2・16刑月2巻2号189頁）。後者の見解によると，実体法上一罪（常習一罪のほか，包括一罪，科刑上一罪等）の範囲内にある事実であれば被疑事実の同一性があり，同じ一罪を構成する他の事実を理由に同時に逮捕・勾留することはできない。

実体法上一罪説を採る理由として，実体法上の一罪については1個の刑罰権しか発生しない以上，その範囲内にある事実は訴訟法上も1個のものとして扱うべきであり，逮捕・勾留は1回しかできないこと（酒巻77頁）や，実体法上の一罪を構成する事実は相互に密接な関係があるため，それを分割して逮捕・勾留することを認めると，捜査の重複を招き，実質上逮捕・勾留の蒸し返しになるおそれが高いため，それをあらかじめ防止する必要があること（川出・前

2) 　逮捕手続の違法の程度に着目した場合，それと勾留請求・再逮捕の許否との関係については，逮捕手続の違法が，①勾留請求を却下するまでもない違法である場合，②勾留請求を却下すべき「重大な違法」であるが，事情により再逮捕を許容し得る違法である場合，③勾留請求を却下すべきはもとより，その後の再逮捕も許容すべきでない「極めて（著しく）重大な違法」である場合の3種に分類・整理されている（古江頼隆『事例演習刑事訴訟法〔第2版〕』〔有斐閣，2015年〕71頁）。

3) 　「重複逮捕」を観念することはできるが，身柄拘束が重複するのは，通例，勾留についてである。また，重複勾留にいう「勾留」には，起訴後の勾留が含まれる。

4) 　前の（Ａ事実による）勾留が，その取消しや検察官による釈放によって失効する場合でも，後の（Ｂ事実による）勾留があるため身柄拘束は継続される点で，重複勾留は，被疑者に対する不利益処分の面をもつ（小林充「勾留の効力と犯罪事実」判タ341号〔1977年〕87頁）。

Ⅱ　一罪一逮捕・一勾留の原則

掲 91 頁，池田公博「逮捕・勾留に関する諸原則」法教 262 号〔2002 年〕93 頁）が挙げられている。

　(2)　実体法上一罪説は，一罪を構成する事実については，1 個（当初）の逮捕・勾留の際に同時に捜査（処理）するよう国家機関に要請するものであるが，法は不能を強いるものではないから，同時捜査が不可能である場合には，同時捜査の要請は生じないし，そもそも蒸し返し（繰り返し）という問題も生じない。そこで，**同時捜査の可能性**がなかったときは，重複逮捕・重複勾留禁止の原則は適用されず，B 事実が逮捕・勾留の原因である A 事実と実体法上一罪を構成する事実であっても，それは別個の被疑事実として扱われ，B 事実による身柄拘束が許容される（**例外的許容説**）というのが通説である。

　これに対し，同時捜査の可能性があったときは，重複逮捕・重複勾留の禁止原則が適用される。とはいえ，単純一罪についてさえ再逮捕・再勾留が許容されることがある以上，重複逮捕・重複勾留も，合理的な理由があれば，許される。また，実体法上一罪の一部をなす A 事実を理由に逮捕・勾留し，それが終了した後に，それと一罪を構成する B 事実を理由に改めて逮捕・勾留することは，再逮捕・再勾留に当たるが，この場合も同様である。

　(3)　例外的許容説の提起する困難な問題は，同時捜査の可能性を，捜査の状況や証拠の共通性などの具体的な事情を考慮して判断すべきか，あるいは原則適用の明確性を求めて評価的考察を拒み定型的・類型的に判断すべきかである。例えば，A 事実で逮捕・勾留され起訴された後，保釈中に B 事実を実行したときは，B 事実について同時捜査の可能性がなかったとされる点で，違いは生じない。しかし，A 事実による逮捕・勾留前に B 事実が実行されていた場合については，結論が分かれ得る（三井Ⅰ 31 頁は，「先の勾留前に発生した事実については，ほぼ例外なく，同時処理の可能性があったとみなす運用が望ましい」とする。これに対し，小林・前掲注 4）89 頁は，B 事実の発生が捜査機関に発覚していた場合とそうでない場合とに分けるなどして，同時捜査の可能性を個別具体的に検討する）。裁判例には，起訴に係る A 賭博事実と一罪関係にある B 賭博事実が　A 賭博事実を捜査した警察署と異なる警察署に認知されており，直ちに捜査を行えば被疑者を割り出すことが十分可能であった以上，事件が全く認知されていなかった場合とは異なるとして，A 賭博事実による逮捕・勾留中に同時に捜査を遂げ得る可能性があったとしたものがある（仙台地決昭和 49・5・16 判タ 319 号 300

UNIT 7　逮捕・勾留に伴う諸問題

頁〔百選 17 事件〕）。

Ⅲ　別件逮捕・勾留と余罪取調べ ─────────────

1　別件逮捕・勾留

別件逮捕・勾留は，法令上の用語ではないため，論者によりその定義は異なり得るが，一般に，例えば殺人（重大な事件。「**本件**」と呼ばれる）で逮捕することができるだけの疎明資料は揃っていないが，被疑者が本件の犯人であるとの見込みをつけて，疎明資料の揃っている窃盗（比較的軽微な事件。これは「**別件**」と呼ばれる）で逮捕・勾留し，その間に，本件の自白を得て，改めて本件で被疑者を逮捕・勾留する捜査手法をいう。

(1)　別件基準説

別件（窃盗事件）につき，逮捕・勾留の要件が具備されていれば，本件（殺人事件）を取り調べる目的があり，その取調べが行われても，別件による身柄拘束自体は適法であるとし，本件に関する取調べの適否を，「余罪の取調べが許される限界」（「**余罪取調べの限界**」）の問題として判断する考え方である。別件による逮捕・勾留が適法かどうかを「別件」を基準に判断するので，**別件基準説**と呼ばれ，捜査実務の採る立場である（裁判例として，東京地決昭和 49・12・9 刑月 6 巻 12 号 1270 頁等参照）。現行の刑事訴訟制度の下における令状審査は，捜査機関が令状請求した被疑事実（別件）について，逮捕の要件が備わっているかどうかを審査するものであって，令状請求されていない被疑事実（本件）を基準にして，裁判官が逮捕の要件を審査するものではないとされる（椎橋隆幸『刑事訴訟法の理論的展開』〔信山社，2010 年〕43 頁）。別件基準説は，逮捕・勾留の要件の有無は被疑事実ごとに審査されるとする点で，「事件単位の原則」に忠実な考え方であるともいえるが，「別件逮捕・勾留」の問題性を否定するものであるとの批判がある。

(2)　本件基準説

本件（殺人事件）の取調べを（専らまたは主たる）目的とする別件（窃盗事件）による逮捕・勾留自体を違法とする考え方がある。身柄拘束の適否を「本件」を基準に判断するので，**本件基準説**と呼ばれ，学説上の多数説の採る立場であ

110

る（裁判例として，金沢地七尾支判昭和44・6・3刑月1巻6号657頁等参照）。

　判例・学説の挙げる理由は，おおむね次の3点に整理することができる。①別件による逮捕・勾留が専らまたは主として本件の捜査に向けられているにもかかわらず，被疑者は実質的に，その本件を逮捕・勾留の理由として明示する令状（200条1項・207条1項・60条1項・64条1項参照）によらないで身柄を拘束されることとなり，令状主義違反あるいは令状主義の潜脱があること，②別件逮捕・勾留後，本件逮捕・勾留がなされると，身柄拘束に関する法定期間が潜脱されること，および，③そもそも逮捕・勾留の目的は取調べにはないので，取調べを目的とする身柄拘束は違法であることである。

　本件基準説に対しては，逮捕状の請求を受けた裁判官は，本件とは無関係な別件の資料だけを手にするため，逮捕状の請求がなされた段階で裁判官が捜査機関の目的を見抜くことは困難であり，本件基準説による事前抑制機能を強く期待することはできない（勾留については，裁判官は，勾留質問の際に，被疑者から取調べの状況などを聴くことができる），実質的に見て軽微と思われる犯罪であっても，捜査機関から，捜査の必要があると主張されれば，逮捕・勾留の理由・必要が全くないと言い切るのは容易でないといった批判がなされている。「事件単位の原則」との関係では，本件基準説は，別件による身柄拘束が令状審査を潜脱した本件についての身柄拘束であることに着目するものであり，実質的に見れば同原則との抵触はないといわれている。

　下級審裁判例には，「主として〔重大な甲〕事件について取り調べる目的で，甲事件が存在しなければ通常立件されることがないと思われる軽微な乙事件につき被疑者を逮捕・勾留する場合」（傍点は筆者）も，違法な別件逮捕・勾留として許されないとしたものがある（浦和地判平成2・10・12判時1376号24頁〔百選16事件〕）。本判決は，別件基準説に依りつつ，別件逮捕・勾留の違法性を，「実質的には甲事実に基づく逮捕・勾留」，「令状主義の実質的潜脱」，「逮捕権の濫用」に求めており，軽微事件の捜査ないし起訴価値に言及することにより，形式的に別件による身柄拘束の要件が具備していてもなお違法とされる場合があることを示したものである。

　別件逮捕・勾留の問題につき直接判断を示した最高裁判例はないが，最決昭和52・8・9刑集31巻5号821頁〔憲法百選Ｉ〔2版〕96事件〕は，当該逮捕・勾留が「専ら，いまだ証拠の揃つていない『本件』について被告人を取調

UNIT 7 逮捕・勾留に伴う諸問題

べる目的で，証拠の揃っている『別件』の逮捕・勾留に名を借り，その身柄の拘束を利用して，『本件』について逮捕・勾留して取調べるのと同様な効果を得ることをねらいとしたものである，とすることはできない」としている。本件基準説とも，別件基準説とも，親和性がある判示と読むことができよう。

■■ POINT 2 　違法根拠 ■■

　本件基準説によると，要件が具備された別件による逮捕・勾留を違法とする根拠は，「本件取調べ目的」の存在である。身柄拘束中の捜査の実態（本件についての取調べ状況，別件についての逮捕・勾留の必要性，本件と別件との関連等）に着目する場合でも，それは，「本件取調べ目的」を推認するために考慮されるにすぎない。仮に，別件による逮捕・勾留中の取調べが別件についてのみ行われ本件には及ばなかったとしても，令状請求段階における「本件取調べ目的」の存在を認定することができれば，身柄拘束は違法とせざるを得ない。「本件取調べ目的」を違法根拠とする理由は，「取調べを主目的とする身柄拘束を否定する」ことにあるともいわれるが，身柄拘束被疑者に対する取調べそれ自体は，刑訴法の認めるところである（198条1項参照）。また，そもそも，刑訴法上の処分の適否が，取調べ意図・目的の実現の有無ではなく，意図・目的の存否を基準に判断されることには疑問がある。

　取調べ目的の存否ではなく，身柄拘束の利用状況に着目する見解がある。第1の見解は，別件が「形式的に要件を具備していても，身柄を拘束し捜査をしなければならない事情が別件に欠けていれば，それは別件逮捕となり違法であるといってよい」（渥美東洋『捜査の原理』〔有斐閣，1979年〕166頁）というものである。また，身柄拘束期間の大半を本件の取調べに費やし，別件取調べは形式を整えるために行われているにすぎないような場合や，身柄拘束の当初においてのみ別件を取り調べ，事後は全て本件の取調べに充てたような場合は，別件について当初から身柄拘束の要件が欠けていた，あるいは，途中から要件が消滅したと判断され，逮捕・勾留が当初からまたは途中から違法となるとする見解がある（新関ほか・前掲注1）214頁［小林充］）。これらの見解は，別件基準説を採りつつ，身柄拘束をした状態で捜査を行う必要や取調べの必要といった，犯罪の嫌疑と逃亡・罪証

Ⅲ　別件逮捕・勾留と余罪取調べ

隠滅のおそれ以外の事情を別件の身柄拘束の開始・継続の要件とするものといえよう。

　第2の見解は，**起訴前の身柄拘束期間の趣旨**が，被疑者の逃亡および罪証隠滅を阻止した状態で，身柄拘束の理由とされた被疑事実につき，起訴・不起訴の決定に向けた捜査を行うための期間である（松尾上55頁，川出敏裕『別件逮捕・勾留の研究』〔東京大学出版会，1998年〕104頁）ことに着目し，別件逮捕・勾留の違法根拠を，主として本件捜査のための身柄拘束利用に求めるものである（川出・前掲221頁以下）。これによると，起訴・不起訴の決定をするための捜査を続行する必要が身柄拘束の要件の一つであり，身柄拘束の理由となった別件の捜査のために認められた身柄拘束期間が，主として本件捜査のために利用されるに至った場合には，身柄拘束はその時点から，本件による身柄拘束と評価されることとなり，違法となる。その判断に当たっては，別件捜査の完了時期，別件・本件の取調べ状況（取調べ時間の比率），取調べの内容，別件と本件との関連性，供述の自発性，令状請求時の捜査機関の意図などの諸事情が考慮される。

　第1の見解においても，取調べは身柄拘束と別個の制度でありながら，取調べの必要等の消滅が身柄拘束を違法とする効果をもつことを認めるには，第2の見解のいう起訴前の身柄拘束期間の趣旨を身柄拘束要件に組み入れざるを得ない。このことは，本件取調べ目的の実現に違法根拠を求める場合にもいえる。そこで，別件についての起訴・不起訴の判断が可能になった段階で，別件の捜査の必要はなくなり，それ以後の身柄拘束は，別件についての身柄拘束要件が具備されないため，違法となる。問題は，逮捕・勾留を違法とすべきなのはそうした場合に限られず，別件による身柄拘束が本件についての身柄拘束と評価し得るときも違法となることを認めるべきか，また，これを認めるとした場合，そうした評価を可能にする身柄拘束の利用状態とはどのようなものをいうのかに収斂されるといってよいであろう。

POINT 3　**本件による逮捕・勾留（第二次逮捕・勾留）の適否**

　別件による逮捕・勾留（第一次逮捕・勾留）が違法であり，その違法な身

UNIT 7 逮捕・勾留に伴う諸問題

柄拘束状態において獲得された自白調書を疎明資料として発付された逮捕状・勾留状に基づく本件の逮捕・勾留（第二次逮捕・勾留）は，違法とされる（前出金沢地七尾支判昭和44・6・3，前出浦和地判平成2・10・12〔百選16事件〕参照）。違法な手続により収集された資料は，疎明資料から排除されるべきであるとの考え方によるものと解されるが，これによると，他に適法に収集された疎明資料があるときは，第二次逮捕・勾留が適法とされる場合もあり得る。

　別件による身柄拘束が本件によるものと評価され違法であった場合，その後の本件による逮捕・勾留は，同一被疑事実による再逮捕・再勾留に当たる（前出最決昭和52・8・9〔憲法百選Ⅰ〔2版〕96事件〕参照）。第一次逮捕・勾留の違法は重大であって，将来における違法逮捕の抑止の観点からも，第二次逮捕・勾留は認められないと解されることとなろう。

2　余罪取調べ

　本罪（逮捕・勾留の基礎となった被疑事実をいう）で逮捕・勾留された被疑者に対して，**余罪**（逮捕・勾留の基礎となっている被疑事実と異なる被疑事実をいう）の取調べが行われることがある。それは，捜査の流動性や1回の逮捕・勾留中に捜査を実行する利益（捜査機関および被疑者の利益）からも認容されている。ところで，逮捕・勾留が別件逮捕・勾留として違法であるときは，その間の余罪取調べも違法となる。また，本罪と余罪との間に社会的事実として密接な関連性がある場合は，本罪の取調べに付随して余罪を取り調べることは，余罪に関する取調べが本罪に関する取調べにもなる（前出最決昭和52・8・9〔憲法百選Ⅰ〔2版〕96事件〕参照）。そこで，余罪取調べの問題とは，適法な身柄拘束を前提として，本罪と密接な関連性の認められない余罪の取調べの適否に関するものとなる。

　(1)　取調べ受忍義務を認めることを前提として，①本罪で逮捕・勾留したときは，取調べ受忍義務は本罪だけでなく余罪についても認められ，受忍義務を課した余罪の取調べをすることができるとする説（東京高判昭和53・3・29刑月10巻3号233頁等），②本罪で逮捕・勾留したときは，取調べ受忍義務は，「事

Ⅲ　別件逮捕・勾留と余罪取調べ

件単位の原則」により余罪には及ばず[5]，受忍義務を課さない余罪の取調べを
することができるだけであるとする説（もっとも，余罪が軽微犯罪である場合や本
罪と同種の犯罪である場合などは，例外的に受忍義務を課した取調べが許容されるとす
る。前出東京地決昭和 49・12・9，前出浦和地判平成 2・10・12〔百選 16 事件〕等），
③本罪と余罪の罪質・軽重の相違，余罪の嫌疑の程度，その取調べの態様など
を総合的に判断して令状主義潜脱となるような余罪の取調べは許されず，違法
な余罪の取調べは別件逮捕・勾留による取調べでもあるとする説（**令状主義潜
脱説**。福岡高判昭和 61・4・28 刑月 18 巻 4 号 294 頁〔百選〔6 版〕15 事件〕）がある。

　取調べ受忍義務を認めることに対しては，供述の義務はないといっても実質
的には供述を強いるのと異ならないという原則的な批判がある。また，②説に
ついては，次の批判がある。受忍義務の根拠とされる刑訴法 198 条 1 項ただし
書は，参考人の取調べにも準用されているが，この場合には取調べ受忍義務が
ないというのであれば，被疑者の場合だけ取調べ受忍義務があるという解釈は
困難である，「事件単位の原則」は身柄拘束の要件ないし手続を規律するもの
であるから，直接に身柄拘束の目的とされていない取調べに対して適用される
ことはない，取調べ事実ごとに強制処分か任意処分かを使い分けるのは捜査実
務の実情から離れ便宜的に過ぎる，取調べ受忍義務不存在の告知義務を課す法
的根拠はないというのが，これである。③説に対しては，令状主義が取調べの
規制原理とされている点で，また，令状主義違反となるのは身柄拘束であって
取調べではないにもかかわらず取調べが令状主義違反とされている点で，問題
が指摘されている。

　(2)　取調べ受忍義務を否定する立場からは，④本罪と余罪のいずれにも取調
べ受忍義務はないが，身柄拘束中の被疑者取調べは実質的に強制処分であるか
ら，余罪の取調べが許されるのは，それが本罪の取調べに付随し並行して行わ
れ，余罪が同種事案である場合に限られるとする説（鈴木茂嗣『刑事訴訟法の基
本問題』〔成文堂，1988 年〕73 頁），⑤令状主義潜脱説（田宮 136 頁），⑥身柄拘束
と取調べは，理論上，全く別個のものと解すべきであって，原則として任意取
調べの範囲に制限はないと考える説（平野 105 頁）が主張されている。

　④説に対しては，実務における取調べの実態を直視し，強制的な取調べを，

5)　取調べ受忍義務は，逮捕・勾留の効果として認められるものであるから，受忍義務が及ぶ
　範囲も，逮捕・勾留の原因とされた被疑事実に限られると考えるのであろう。

UNIT 7 逮捕・勾留に伴う諸問題

司法審査を経た本罪に限定する実践的な狙いがあるものの，本罪取調べの強制処分性を黙認する点で，被疑者取調べ全体の適正化の観点からは疑問が残るとの批判がある。⑤説に対しては，③説に対するのと同様の問題が指摘されている。⑥説は，弾劾的捜査観の解釈論的帰結としてのシンボリックな意義を有する。

　(3)　起訴前の身柄拘束期間の趣旨から立論する見解によると，余罪取調べのために，本罪の取調べが中断されている状況がある場合には，起訴前の身柄拘束期間の趣旨から逸脱した行為によって，本罪のみの取調べを行った場合よりも，結果的に身柄拘束期間が長期化するという不利益を被疑者に負わせることになり，それゆえ，そのような余罪の取調べは，たとえそれが任意に行われたものであったとしても，原則として違法となる（川出敏裕「別件逮捕・勾留と余罪取調べ」刑法雑誌 35 巻 1 号〔1995 年〕10 頁）。

UNIT 8

被疑者・第三者の取調べ

Ⅰ　取調べ手続
Ⅱ　在宅被疑者の取調べ
Ⅲ　身柄拘束被疑者の取調べ
Ⅳ　第三者の取調べ
Ⅴ　捜査関係事項の照会
Ⅵ　取調べの適正化
Ⅶ　被告人の取調べ

Ⅰ　取調べ手続

1　被疑者取調べ権

(1)　検察官，検察事務官または司法警察職員は，犯罪の捜査をするについて必要があるときは，被疑者の出頭を求め，これを取り調べることができる（198条1項）。被疑者は，犯罪の嫌疑を受け，捜査の対象となっている者であって，極めて重要な「情報源」（松尾上61頁）である。被疑者の供述は，犯罪事実の解明に必要であり，とりわけ，被疑者が犯行を認める供述である自白は，それ自体犯罪事実を証明する直接証拠となり得るものである。犯行の経緯・動機・目的，共謀，犯行態様の詳細は，自白がなければ解明することができないし，贈収賄事犯等の犯罪捜査においては，賄賂の認識・犯意等の主観的要素はもとより，実行行為についても，その解明には自白が不可欠であるといわれている。

また，取調べは，被疑者が真の犯人であれば，早期に反省して更生への途を進み始めることに役立つものと考えられている。自己の犯行を否認したままでは，更生保護の成果を期待することができないので，被疑者の取調べは，それによって被疑者に真実を告白させ，反省悔悟を促すとともに再犯を防止する役割を担うことが期待されている。

このように被疑者の供述（自白）が犯罪の解明に必要であること，および刑

UNIT 8　被疑者・第三者の取調べ

事政策的な意義を持っていることから，取調べは勢い追及的なものとなり，供述が強制される危険性を否定することができない。被疑者の権利保障および正確な事実認定の確保の観点から，取調べの在り方が刑訴法上の中心的課題の1つとされてきた所以である[1]。

　(2)　捜査機関は，被疑者が供述をすれば，それを調書に録取して，被疑者に閲覧させるか，または読み聞かせて，間違いがないかどうかを被疑者に確かめ，被疑者が増減変更を申し立てたときは，その供述を調書に記載しなければならず，被疑者が間違いがないことを申し立てると，調書への署名・押印を求めることができる（198条3項〜5項）。署名・押印のある供述調書は，一定の要件の下で証拠となる（322条1項）。

　調書を作成するかどうかは，刑訴法上，捜査機関の裁量に委ねられているが，警察官が取調べを行ったときは，特に必要がないと認められる場合を除き，供述調書を作成するものとされている（捜査規範177条1項）。供述調書の記載事項も詳細に規定されており（捜査規範178条1項），必要があるときは，問答の形式が採用される（捜査規範179条1項3号）。

　また，被疑者の取調べを行った場合には，その年月日，時間，場所，調書作成の有無，取調べ状況に関する事項などを記載した**取調べ状況報告書**を，取調べを行った日ごとに作成することが義務付けられている（捜査規範182条の2第1項）。この報告書は，公判前整理手続（**UNIT 16**参照）において，証拠開示の対象とされている（316条の15第1項8号）。検察官による取調べについても，法務大臣訓令（「取調べ状況の記録等に関する訓令」）により，同様の作成義務が課せられている。

---

1)　被疑者取調べについては，①被疑者の弁解・主張を聴く手続と捉える見解，②被疑者の供述自体の矛盾やその供述と他の証拠との矛盾を確認する手続と捉える見解，さらに，③捜査官の知らない真相を自白させる手続と捉える見解があるといわれる。①は逮捕後の弁解録取手続として規定されており（203条〜205条），これとは別個に被疑者取調べが規定されていること（198条），その取調べの成果として，自白を含む不利益な事実の承認を内容とする供述録取書の作成が予定されていること（322条1項），憲法38条の禁止する不利益供述の「強要」には捜査段階におけるものも含まれることなどから，刑訴法198条の定める被疑者取調べは，①および②の型の取調べに限定されず，これらを含む③の型の取調べを予定しているものと解されている。

I 取調べ手続

▰▰ POINT 1 外国人の取調べ ▰▰▰▰▰▰▰▰▰▰▰▰▰▰▰▰▰▰▰▰▰▰▰▰▰▰▰▰▰▰

　来日外国人被疑事件の検察庁終局処理人員は，2015 年において 1 万 3307 人であり，その人員は，終局処理人員総数（33 万 6345 人）の 4.0％ に当たる。警察官が外国人の取調べを行うに当たっては，言語，風俗，習慣等の相違を考慮し，日本の刑事手続に関する基本的事項についての理解に資するよう適切を期す（捜査規範 232 条）ほか，日本語に通じない被疑者の取調べは，通訳人を介して行うものとされている（捜査規範 233 条 1 項）。供述調書は日本語で作成し，特に必要がある場合には，外国語の供述書を提出させる（捜査規範 235 条 1 項）。捜査上の必要により，通訳人を介して取調べを行ったときは，供述調書に，その旨および通訳人を介して当該供述調書を読み聞かせた旨を記載するとともに，通訳人の署名・押印を求める（捜査規範 182 条 1 項）。通訳人が供述調書の内容を口頭で翻訳して読み聞かせ，被疑者の署名・押印を求めた場合には，翻訳文のない日本語の供述調書であっても，その証拠能力が認められている（東京高判昭和 51・11・24 高刑集 29 巻 4 号 639 頁）。

　裁判例には，日本の刑事手続について知識のない外国人被疑者に対しては，黙秘権・弁護人選任権等がある旨を形式的に告知したのみでは足りず，分かりやすく説明することが必要であるほか，特に被疑者に弁護人が付いていない場合には，我が国の刑事手続の流れの概略を説明して，不必要な不安を除去すると同時に，作成された供述調書に署名・指印を求める際には，それが将来の公判において不利な証拠として使用され得ることを告知するなどの配慮を求めたものがある（浦和地判平成 2・10・12 判時 1376 号 24 頁〔百選 16 事件〕）。

▰▰▰

2　供述拒否権の告知

(1)　取調べに際しては，被疑者に対し，あらかじめ，自己の意思に反して供述する必要がない旨を告げなければならない（198 条 2 項。**供述拒否権〔黙秘権〕の告知**）。取調官対被疑者という状況の下で，被疑者は，取調べの開始に際して，取調官から黙秘権を告知されることにより，供述義務がないことの確認を

UNIT 8　被疑者・第三者の取調べ

受け，「自由な意思決定の可能性を回復する」（松尾上 118〜119 頁）といわれる。現行法制定時には，「あらかじめ，供述を拒むことができる旨を告げなければならない」という規定が置かれていたが，1953 年の改正作業において，規定の削除自体が議論された後，現行規定の表現となった。このことは，取調べの場の心理的な構造を変革する点で供述拒否権告知の持つ意義の大きさをうかがわせるのに十分である。犯罪捜査規範によれば，取調べが相当期間中断した後に再びこれを開始する場合，または取調べ警察官が交代した場合には，改めて供述拒否権の告知を行わなければならない（捜査規範 169 条 2 項）。

　(2)　さらに，「自由な意思決定の可能性」の実効的な保障を図るには，供述をすれば，それは後に公判で不利益な証拠となり得る旨の告知が考慮されてよいであろう（被告人については，その権利保護のため，起訴状の朗読が終わった後，裁判長に，黙秘権のほか，「陳述をすれば自己に不利益な証拠ともなり又利益な証拠ともなるべき旨」の告知を義務付けている〔刑訴規 197 条 1 項〕）。もっとも，これは，取調官の被疑者に対する「宣戦布告」（フロイド・フィーニー＝ヨアヒム・ヘルマン〔田口守一監訳〕『1 つの事件 2 つの制度——アメリカとドイツの刑事手続』〔成文堂，2010 年〕231 頁〔ヘルマン〕）であり，前述した取調べの持つ刑事政策的機能を低下させることとなる。アメリカ連邦最高裁のミランダ判決（Miranda v. Arizona, 384 U.S. 436 (1966)）は，外界から隔離して行われる（incommunicado）尋問に伴う自白を強制する雰囲気を取り除くためには，身柄を拘束された被疑者の取調べに当たって，黙秘する権利があることに加え，供述をすれば，それは不利益な証拠となり得ることを告知しなければならないとしている（これらに，取調べへの弁護人の立会いを求める権利があること，および弁護人を依頼する資力がなければ，公費で弁護人を付してもらうことができることを加えた 4 事項の告知は，ミランダ警告〔Miranda warnings〕とよばれている〔小早川義則『ミランダと被疑者取調べ』〔成文堂，1995 年〕，同『ミランダと自己負罪拒否特権』〔成文堂，2017 年〕参照〕）。

Ⅱ　在宅被疑者の取調べ ─────────────────────

　身柄を拘束されていない被疑者（在宅被疑者）は，捜査機関による取調べのための出頭要求を拒否し，いったん出頭しても自らの意思でいつでも退去する自由が保障されている（198 条 1 項ただし書）。捜査機関による出頭要求は，文

Ⅱ　在宅被疑者の取調べ

書・口頭など適宜の方法で行い得るし，出頭を求める場所も，警察署とは限らず，適宜の場所でよい。この出頭は**任意出頭**と呼ばれる。出頭を確保するため，捜査官が被疑者のもとに出向き，同行を求めることを任意同行といい，出頭要求の一方法として，刑訴法198条1項により許される。もっとも，任意同行，およびその後の取調べ等の間の滞留においては，強制手段（最決昭和51・3・16刑集30巻2号187頁〔百選1事件〕参照）の用いられる可能性があるため，捜査機関の同行の求めに対し被疑者がこれを拒否する自由があったか，また，その後に警察署等における取調べ等に際して，退去する自由があったかが問題となり得る。

━━ *POINT 2*　任意同行・滞留と実質逮捕 ━━━━━━━━━━━━━━━━━━━━━━

　　警察官2名が，「何もしていないから車には乗らない」と大声で叫んで乗車を拒否する被疑者を両側から抱え，その抵抗を排して無理にパトカーの後部座席に乗せ，その横と運転席に両名の警察官が座り，警察署へ同行したことは，**実質的逮捕**に当たる（仙台高秋田支判昭和55・12・16高刑集33巻4号351頁）。このように被疑者に対し物理的な強制力を行使した場合に限らず，同行・滞留の具体的状況から見て，被疑者が任意同行の求めを拒絶しようとしてもできない，または退去しようとしてもできない場合も，逮捕と同視すべき強制が加えられたものと見られている。逮捕とは，実質的に被疑者の身体の自由を拘束するものである限り，その方法の如何を問わないからである。任意同行・出頭後の滞留が実質的逮捕に当たるかは，同行を求めた時刻・場所，同行の方法・態様，同行後の状況（取調べの時間・場所・態様，食事中・休憩中・用便時の監視態様）等を総合考慮して，身体・行動の自由に対する制約が身体の拘束といえる程度に至っているかどうかにより判断される（東京高判昭和54・8・14刑月11巻7=8号787頁〔百選14事件〕参照）。

　　任意同行・滞留等が実質的逮捕に当たると判断される場合，身柄拘束の違法は，①勾留請求の許否（UNIT 6 参照）や，②身柄拘束中に獲得された自白の証拠能力（UNIT 23 参照）に影響を与え得る。勾留請求までの時間制限の起算点（「被疑者が身体を拘束された時」〔205条2項〕）は，実質的逮捕

121

UNIT 8 被疑者・第三者の取調べ

が行われた時点と解されている。

=== POINT 3 取調べの限界 ===

　任意捜査の一環としての被疑者に対する取調べは，**強制手段**（前出最決昭和 51・3・16〔百選 1 事件〕参照）によることができないことはもとより，「事案の性質，被疑者に対する容疑の程度，被疑者の態度等諸般の事情を勘案して，社会通念上相当と認められる方法ないし態様及び限度において，許容されるもの」（最決昭和 59・2・29 刑集 38 巻 3 号 479 頁〔百選 6 事件〕）と解されている。任意同行，それに引き続く警察署等での滞留，さらにその間の取調べ自体において，強制手段が用いられていないからといって，取調べが直ちに適法となるわけではなく，任意捜査として相当性の認められるものでなければならない。

　判例のいう「**社会通念上相当**」との判断基準については，保護法益である「供述の自由」はその制約の程度を観念すべきでないとして，取調べに関する行為規範を設定したものとする見解と，**比例原則**から導かれる判断基準を示したものとする見解が対立しており，さらに，後者については，論者により，措定される被侵害法益ないし不利益が異なっている（例えば，「他者の干渉を受けることなく自己決定する自由」〔長沼範良ほか『演習刑事訴訟法』（有斐閣，2005 年）66 頁［大澤裕］，取調べに応じることによる「行動の自由の制約，精神的，肉体的苦痛や疲労」〔川出敏裕「任意捜査の限界」『小林充先生・佐藤文哉先生古稀祝賀刑事裁判論集(下)』（判例タイムズ社，2006 年）37 頁〕）。

　判例には，殺人事件の被疑者に帰宅できない特段の事情もないのに，4 夜にわたり捜査官の手配した所轄警察署近くのホテル等に宿泊させその動静を監視し，連日，警察車両で警察署に出頭させ，午前中から深夜に至るまで長時間取調べを行った事案について，宿泊の点など任意捜査の方法として必ずしも妥当とは言い難いとした上，①被疑者が宿泊場所の手配を求める答申書を提出したこと，②被疑者がこうした宿泊を伴う取調べに任意に応じていたこと，③事案の性質上速やかに被疑者から詳細な事情・弁解を聴取する必要があったことなどの事情を総合すると，社会通念上やむを得なかったとしたものがある（前出最決昭和 59・2・29〔百選 6 事件〕。取調べ

を違法とする2名の裁判官の意見がある）。また，強盗殺人事件の被疑者を午後11時過ぎに警察署に任意同行した後，一睡もさせずに徹夜で，かつ，翌朝一応の自白を得た後も，午後9時過ぎに逮捕するまで継続して合計約22時間にわたり取調べを行った事案について，長時間にわたる取調べは，被疑者の心身に多大な苦痛，疲労を与えるものであるから，特段の事情のない限り容易に是認することはできないとしつつ，①冒頭に被疑者から進んで取調べを願う旨の承諾があったこと，②殺人と窃盗の自白が得られた後も，真相は強盗殺人ではないかとの疑いを抱いて取調べを継続したものであること，③被疑者が取調べを拒否したり休憩を求めたりした形跡がないこと，④被疑者が重要な点につき虚偽の供述や弁解を続けたこと，⑤事案の性質・重大性などを総合考慮し，取調べは適法であるとしたものがある（最決平成元・7・4刑集43巻7号581頁〔百選7事件〕。取調べを違法とする1名の裁判官の反対意見がある）。いずれも限界事例に関する判断であることに留意しておくべきである。

　下級審裁判例には，3000円相当のウイスキー1本の窃盗の容疑で，午後10時頃に警察署に任意同行した被疑者を，同人が徹夜の取調べを積極的に希望していなかったにもかかわらず，翌朝5時30分頃に緊急逮捕するまで取り調べたのは，社会通念上相当な限度を逸脱し違法であるとしたもの（大阪高判昭和63・2・17高刑集41巻1号62頁），殺人事件の重要参考人，その後被疑者として，警察官宿舎およびホテルに9日間宿泊させ，その挙動を監視し，外界と隔絶させて連日長時間の取調べをしたのは，「殺人という重大事件であって被告人から詳細に事情聴取（取調べ）する必要性が高かったにしても」社会通念に照らして行き過ぎであり，違法であるとしたもの（東京高判平成14・9・4判時1808号144頁〔百選73事件〕）がある。

Ⅲ　身柄拘束被疑者の取調べ

　身柄を拘束されている被疑者には，在宅被疑者と違って，出頭を拒否する自由も退去する自由もないか，つまり，**出頭義務**および**滞留義務**があるかは，刑訴法上の大きな問題の1つである。出頭義務および滞留義務があることは，一

UNIT 8 被疑者・第三者の取調べ

般に, 取調べを受ける義務 (**取調べ受忍義務**) があると理解されている[2]。

■■■ POINT 4 取調べ受忍義務と黙秘権 ■■■■■■■■■■■■■■■■■■■■■■■■■■■■■■■■■■■

　(i)　旧刑訴法では, 予審が採用され, 予審判事は, 強制的な被疑者取調べ権限を与えられていた。現行刑訴法は, 予審を廃止し, 捜査機関の被疑者取調べ権限 (198条1項) を認めたため, 旧法まで予審に属していた強制的な取調べ権限が捜査機関に移譲されたと見るべきかどうかの問題が生じ, この点に, 取調べ受忍義務の有無をめぐる争いの根源があるとされる (田宮134頁)。

　取調べ受忍義務肯定説がかつての通説であり, 現在でも捜査実務はこの立場を採っている。刑訴法198条1項は, 被疑者に対し強制的な取調べ権限を規定したものであり, ただし書で, 在宅被疑者について, 例外的に, 出頭拒否・退去の自由を認めたものと解釈される。これは, 捜査は, 本来, 捜査機関が, 犯罪事実を究明し, 被疑者を取り調べるための手続であると見る**糺問的捜査観** (平野83頁) と整合的な法解釈である。しかし, 取調べを受ける義務を課して取調べを行うことは, 被疑者の当事者性ないし主体性を支える大黒柱である黙秘権を侵害するおそれを生じさせる[3]。黙秘権を実効的に保障するためには, 取調べ自体に応じるかどうかを決定する自由を被疑者に与えなければならないことから, 取調べ受忍義務を認めることはできないと解されている。

　また, 取調べ受忍義務肯定説は, 逮捕・勾留の付随的効力として取調べ受忍義務が生ずるというが, 身柄拘束制度の趣旨は, 逃亡・罪証隠滅の防止にあり, 逮捕・勾留と取調べとは別個の処分であって, 逮捕・勾留の効力が取調べのための処分に及ぶとするのは論理的に成り立たないともいわれている[4]。

　(ii)　糺問的捜査観に対し, 捜査は捜査機関が単独で, 被疑者とは無関係

---

2)　強制処分と見るべきかどうかについては見解の対立がある。

3)　最高裁は, 「身体の拘束を受けている被疑者に取調べのために出頭し, 滞留する義務があると解することが, 直ちに被疑者からその意思に反して供述することを拒否する自由を奪うことを意味するものでないことは明らかである」としている (最大判平成11・3・24民集53巻3号514頁〔百選33事件〕)。問題は, 黙秘権侵害の「おそれ」があると見るか, あるとすれば, それから被疑者を保護すべきかどうかである。

Ⅲ　身柄拘束被疑者の取調べ

に行う準備活動であり，強制処分は将来の公判に備えて裁判所が犯人および証拠を保全する行為であるが，捜査機関も被疑者側も強制処分の結果を利用することはできると見る**弾劾的捜査観**（平野84頁）がある。これによると，一方当事者であるにすぎない捜査機関が被疑者に取調べを受けることを強制することはできないのであり，刑訴法198条1項は，次のように解釈される。すなわち，①出頭拒否・退去を認めることが逮捕または勾留の効力を否定するものでない趣旨を注意的に明らかにしたにとどまる（平野106頁），②在宅被疑者には取調べ受忍義務がないことを規定するにとどまり，身柄拘束中の被疑者については解釈に委ねられている（鈴木83頁），③198条1項全体は，在宅被疑者に対する捜査機関への出頭要求に主眼を置いた規定であり，ただし書は出頭要求が逮捕・勾留と違って任意処分であることを示すものである（田宮132頁），④身柄拘束中の被疑者にも原則として取調べ拒否権があるが，ただし書は，事案の性質・重大性，嫌疑の程度，供述証拠の重要性などを考慮して例外的に拒否権が否定されることを定めたものである（三井Ⅰ133頁）というのが，これである[5]。

　　(ⅲ)　取調べ受忍義務と出頭・滞留義務とを分けて考える立場がある。それによると，身柄拘束中の被疑者には，出頭拒否・退去の自由はないので（198条1項ただし書），求められれば取調室へは出頭することになるが，被疑者に包括的黙秘権が保障されている趣旨に即して考える限り，取調べ受忍義務は認められないので，捜査機関の側で翻意させるための説得を試みるとしても，それが長時間にわたることは許されず，被疑者の拒否の意思が確認されれば，それ以上取調べの場に滞留させる合理的な理由はなくなる（松尾上67頁）。これに対しては，出頭・滞留の義務を認めれば事実上取調べ受忍義務を否定し得ない状況が招来されるので，現実性の薄い区別

---

4)　この問題については，大澤裕「被疑者・被告人の身柄拘束のあり方――いわゆる中間処分を中心に」論ジュリ12号（2015年）94頁参照。

5)　我が国の憲法33条・35条の母法とされるアメリカ連邦憲法第4修正にいう逮捕および捜索・押収のための令状は，裁判官の発する命令状であり，捜査機関にはこれを執行する義務があり，逮捕後，被逮捕者を不必要な遅滞なく裁判官のもとへ引致し，押収実施後，速やかに押収物または押収目録を裁判官に提出することが求められている。こうした法制が弾劾的捜査観の発現形態であるとすれば，「許可状」の発付という形で司法的抑制を狙う我が国の刑訴法の立場は，弾劾的捜査観を拒むものである（アメリカにおける「令状主義」につき，松尾浩也「令状主義」判タ296号〔1973年〕14頁参照）。

UNIT 8　被疑者・第三者の取調べ

というべきであるとの批判がある（田宮 132 頁）[6]。

Ⅳ　第三者の取調べ

　(1)　検察官，検察事務官または司法警察職員は，犯罪の捜査をするについて必要があるときは，被疑者[7]以外の者の出頭を求めて，これを取り調べることができる（223 条 1 項。いわゆる**参考人の取調べ**）。出頭拒否権・退去権があるほか（身柄を拘束されている参考人には 198 条 1 項ただし書が準用されている），取調べの方法には，被疑者取調べに関する規定が準用され（223 条 2 項参照），供述調書は，一定の要件の下で証拠能力が与えられる（321 条 1 項 2 号 3 号）。黙秘権の告知は必要とされていない（223 条 2 項は 198 条 2 項を準用していない）。参考人は被疑者ではないということによる[8]。

　①犯罪の捜査に欠くことのできない知識を有すると明らかに認められる者が，取調べに対して出頭または供述を拒んだ場合（226 条），および②取調べに際して任意の供述をした者が，公判期日においては捜査機関に供述した内容と異なる供述をするおそれがあり，かつ，その者の供述が犯罪の証明に欠くことができないと認められる場合（227 条）に，参考人の供述を強制的に獲得する方法（証人尋問）が認められている。検察官は，第 1 回公判期日前に限り，裁判官にその者の証人尋問を請求することができる。証人尋問の請求は，証人尋問請求書を提出して行う（刑訴規 160 条）。②の場合については，検察官は，証人尋問を必要とする理由および犯罪の証明に欠くことができないものであることを疎明しなければならない（227 条 2 項）。

---

6)　なお，アメリカでも，ミランダ警告を与えるため被逮捕者を取調室に出頭させ，黙秘権・弁護権等の放棄の意思を確認することが行われており，また被逮捕者による明示的な権利行使がされた場合を除いて，取調べを開始することは禁じられていない。

7)　「被疑者」とは，当該被疑者（被疑事実につき，被疑者とされている本人）をいい，共犯等の関係にある者を含まないというのが判例（最決昭和 52・10・14 判時 867 号 50 頁，最決昭和 49・3・5 判時 741 号 117 頁）である。

8)　東京高判平成 22・11・1 判タ 1367 号 251 頁は，連続放火犯人の容疑者の 1 人として捜査対象としていた者に黙秘権を告げず，参考人として事情聴取し，同人による不利益な事実の承認を録取した警察官書面につき，これを同人の黙秘権を実質的に侵害して作成されたものとした。

(2) 請求を受けた裁判官は，裁判所または裁判長と同一の権限を有するので（228条1項），刑訴法第1編総則の証人尋問の規定（143条以下）が準用される。尋問の際，検察官には立会権・尋問権があるが（157条），被疑者・弁護人は，裁判官が捜査に支障を生ずるおそれがないと認めるときに，立会い・尋問を許されるにとどまる（228条2項，刑訴規162条）。証人は，自己または近親者が刑事訴追を受け，または有罪判決を受けるおそれのある証言を拒むことができる（146条・147条）。証人尋問調書は，後に検察官に送付され（刑訴規163条），一定の要件の下で証拠となる（321条1項1号・321条の2第1項）。

V　捜査関係事項の照会

　捜査については，公務所または公私の団体に照会して必要な事項の報告を求めることができる（197条2項）。報告を求められた公務所および団体は，原則として，報告の義務を負うが，報告を直接に強制する方法はない。

　刑訴法197条2項により，例えば，捜査機関は，被疑者と取引のある金融機関に被疑者の負債内容の報告を求め，それを記録した書面の交付を受けることができるとされている。しかし，こうした個人情報の収集を，対象者の同意も令状もなく，捜査機関の裁量的判断によって行い得るかは，検討を要する課題というべきである。

VI　取調べの適正化

　被疑者取調べの課題として，次の3点を指摘することができよう。

　第1に，刑訴法は，供述拒否権の告知（198条2項）を除き，取調べに関する準則を定めておらず（なお，捜査規範167条〜169条参照），取調べ準則の定立が課題となっている。取調べ（過程）が適切であったかどうかは，裁判所による事後的判断に委ねるほかなく，その判断の集積による取調べ基準の形成が可能であるとはいえ，取調官に明白な準則を提供するには十分でない。第2に，取調室の密室性・不可視性は，取調べ過程の適切さのみならず，被疑者のした自白の任意性・信用性に関する裁判所の判断を困難なものとしている。最後に，被疑者の特性を考慮し，心理学的知見を取り入れた取調べを行い，真実の供述

UNIT 8　被疑者・第三者の取調べ

を適正かつ効果的に得ることが求められている。

1　警察における取調べに対する監督強化策

　いくつかの著名な無罪事件での捜査に対する反省から，取調べに対する監督強化の必要が認識され，「被疑者取調べ適正化のための監督に関する規則」（2008 年）が制定された（2009 年 4 月 1 日から施行）[9]。これによると，取調べ監督官（取調規 4 条）は，取調べ状況の確認を行い，監督対象行為（取調規 3 条 1 項 2 号）を認めたときは，捜査主任官に対し，取調べの中止等の措置を求めることができる（取調規 6 条 1 項 3 項）。監督対象行為とは，①やむを得ない場合を除き，身体に接触すること，②直接または間接に有形力を行使すること（①に掲げるものを除く），③殊更に不安を覚えさせ，または困惑させるような言動をすること，④一定の姿勢または動作をとるよう不当に要求すること，⑤便宜を供与し，または供与することを申し出る，もしくは約束すること，および⑥人の尊厳を著しく害するような言動をすることの 6 つの行為をいう。さらに，取調べ時刻・時間の管理の厳格化の観点から，午後 10 時から翌日の午前 5 時までの間に取調べを行うとき，および 1 日につき 8 時間を超えて取調べを行うときは，事前に，警察本部長または警察署長の承認を得なければ監督対象行為とみなされる（取調規 3 条 2 項）。取調べ監督官は，警察本部長または警察署長の指名する者であり（取調規 4 条 1 項），取調べ監督官がその担当する被疑者取調べに係る被疑者に係る犯罪の捜査に従事することは許されない（同条 3 項）。

2　取調べの可視化

　(1)　取調べは，外界と遮断された取調室で行われ，弁護人の立会権は認められていない（なお，捜査規範 180 条 2 項参照）。取調べ過程は，調書（198 条 3 項）という形でしか明らかにならないが，調書を作成するかどうか，1 回の取調べごとに調書を作成するかどうか，さらに，どのような形式（一問一答形式・物語形式）の調書を作成するかは，取調官の裁量に委ねられている（同項参照）。そのため調書は，取調べ過程を**透明化・可視化**する手段として十分であるとはいえない。このような取調べの密室性による不透明性・不可視性は，不適切な取

---

9)　詳細については，重松弘教 = 桝野龍太『逐条解説被疑者取調べ適正化のための監督に関する規則』（東京法令出版，2009 年）参照。

Ⅵ　取調べの適正化

調べの温床となりやすく，また，取調べの適否や被疑者のした供述の任意性・信用性について裁判所の行う判断を困難にしている。

　こうした状況を打開する方策の1つとして，取調べ記録制度が採用された。身体を拘束された被疑者を取り調べた場合，取調べの都度，その担当者・時間・場所・調書作成の有無や枚数その他特記事項を記載した「取調べ状況報告書」を作成し，保存することが義務付けられた（捜査規範182条の2第1項〔警察官〕・取調べ状況の記録等に関する訓令〔検察官〕）。2004年の刑訴法改正により，取調べ状況報告書は，公判前整理手続における証拠開示の対象とされている（316条の15第1項8号）。余罪の取調べを行ったときも，「余罪関係報告書」を作成しなければならない（捜査規範182条の2第2項）。

　(2)　より徹底した方策と考えられるのが，**取調べの録音・録画制度**の導入である。裁判員制度（2004年5月に裁判員法が成立）導入の過程において，自白の任意性や信用性について無用な争いを防止するための方策として改めて注目されるようになった。取調べを録音・録画することについては，真相解明が困難になる，取調官および被疑者のプライバシーが保護されないなどの批判が強いが，検察は，2006年8月から，可視化の順次試行を開始し，①裁判員制度対象事件，②被疑者に知的・精神障害のある事件，③検察官独自捜査事件において録音・録画を実施するようになった（2014年10月からは，①〜③について，可視化を本格実施）。さらに最高検察庁は，2014年6月，必要と判断したときは，④逮捕して起訴する見込みの全ての事件の被疑者，および⑤起訴する見込みの全ての事件の被害者・参考人の各取調べに可視化の対象を拡大することを公表した。「証拠改ざん事件」（2010年9月に発覚。これを契機とする法務省「検察の在り方検討会議」の設置〔2010年11月〕）など不幸な出来事が，可視化推進の背景にあることはいうまでもない。

　一方，警察においても，国家公安委員会「警察捜査における取調べの適正化について」（2007年11月決定）に基づき，「警察捜査における取調べ適正化指針」による各施策を推進している。2009年4月から，すべての都道府県警察において，裁判員裁判対象事件について，取調べの録音・録画の試行を開始し，その後，知的障害・発達障害・精神障害等の障害を有する被疑者の取調べについて，取調べの可視化の試行を拡大した。

　(3)　このように捜査当局において策定・実施されてきた取調べの録音・録画

UNIT 8 被疑者・第三者の取調べ

という可視化方策は，新たな時代を迎えることとなった。2016 年の刑訴法改正により，検察官，検察事務官または司法警察職員は，逮捕・勾留されている被疑者を裁判員制度対象事件および検察官独自捜査事件について取り調べるとき（または弁解の機会を与えるとき）は，次の①〜④の例外事由に該当する場合を除き，その状況（全過程）を録音・録画しておかなければならないとされた（301 条の 2 第 4 項。UNIT 2 参照）。

　①記録に必要な機器の故障その他のやむを得ない事情により，記録をすることができないとき。

　②被疑者が記録を拒んだことその他の被疑者の言動により，記録をしたならば被疑者が十分な供述をすることができないと認めるとき。

　③当該事件が暴力団員による不当な行為の防止等に関する法律 3 条の規定により都道府県公安委員会の指定を受けた暴力団の構成員による犯罪に係るものであると認めるとき。

　④ ②③に掲げるもののほか，犯罪の性質，関係者の言動，被疑者がその構成員である団体の性格その他の事情に照らし，被疑者の供述およびその状況が明らかにされた場合には被疑者もしくはその親族の身体もしくは財産に害を加え，またはこれらの者を畏怖もしくは困惑させる行為がなされるおそれがあることにより，記録をしたならば被疑者が十分な供述をすることができないと認めるとき。

3　取調べの高度化

　警察官は，精神または身体に障害のある者の取調べを行うに当たっては，その者の特性を十分に理解し，取調べを行う時間や場所等について配慮するとともに，供述の任意性に疑念が生じることのないように，その障害の程度等を踏まえ，適切な方法を用いなければならない（捜査規範 168 条の 2）。

　警察では，取調べにおいて真実の供述を適正かつ効果的に得るための技術の在り方やその伝承方法について，時代に対応した改善を図るため，心理学的知見を取り入れた教本（「取調べ〔基礎編〕」〔2012 年 12 月〕）を作成しているほか，「取調べ技術総合研究・研修センター」（2013 年 5 月）を設置し，心理学的知見に基づく取調べ技術の体系化およびその習得のための研修方法に関する調査研究，さらに，各都道府県警察の取調べ指導担当者を対象とした研修を行ってい

る。また，再審無罪事案の絶無を期すため，「供述吟味担当官(班)」（捜査主任官以外の者から選任され，被疑者の供述と客観証拠・裏付け捜査等との関係を精査し，自白の信用性をチェックする）が設置され，相手方の特性に応じた取調べ方法の指導・教育等の施策が実施されている。

Ⅶ　被告人の取調べ

　起訴された被告人を起訴事実について取り調べることが許されるか（捜査機関による起訴後の捜索・差押えについては，上冨敏伸「起訴後の捜査について」椎橋隆幸先生古稀記念『新時代の刑事法学(上)』〔信山社，2016 年〕297 頁参照）。刑訴法198 条は，取調べの対象を「被疑者」としており，また，被告人の取調べについて直接定めた規定はない（被告人であっても，余罪について取り調べることは，余罪についてはいまだ被疑者であるので，ここでの問題ではない）。当事者主義の訴訟構造の下では，被告人は検察官と対等の訴訟の主体であり，一方当事者である検察官によって証拠収集の対象にされてはならず，刑訴法 198 条 1 項が被告人に言及していないのは**被告人の取調べを許さない趣旨**であるとして，被告人に対する取調べは一切許されないとする見解もあり得る[10]。しかし，判例は，「刑訴 197 条は，捜査については，その目的を達するため必要な取調をすることができる旨を規定しており，同条は捜査官の任意捜査について何ら制限をしていないから，同法 198 条の『被疑者』という文字にかかわりなく，起訴後においても，捜査官はその公訴を維持するために必要な取調を行うことができるものといわなければならない」とする一方で，「起訴後においては被告人の**当事者たる地位**にかんがみ，捜査官が当該公訴事実について被告人を取り調べることはなるべく避けなければならないところであるが，これによつて直ちにその取調を違法」とすることはできないとしている（最決昭和 36・11・21 刑集 15 巻 10 号 1764 頁〔百選 A16 事件〕）。

　被疑者も被告人も包括的黙秘権を保障されている点では，両者を区別することはできないほか，被告人が検察官と**対等の当事者**としての活動を開始するのは，第 1 回公判期日以後である（大阪高判昭和 50・9・11 判時 803 号 24 頁参照）。

---

10)　渥美 83 頁によると，被告人の取調べは「現行憲法の予定する当事者・論争主義公判構造と弾劾主義による訴追構造を害するもの」である。

UNIT 8　被疑者・第三者の取調べ

また，起訴後の真相解明に関する規制原理である**公判中心主義**についても，第
1回公判期日前までは，強制的な採証処分（証人尋問の請求〔226条・227条〕お
よび証拠保全の請求〔179条1項〕）が許されている。したがって，第1回公判期
日前であれば被告人の取調べに特段の制約はなく，第1回公判期日後であって
も，被告人が，供述拒否権と取調べ受忍義務がないことの告知を受けて任意に
取調べに応じる場合で，公判における被告人質問を待てないやむを得ない事情
（例えば，起訴後に共犯者が逮捕され，その供述を被告人に確認する必要が生じた場合）
があるときは，被告人の取調べが許されると解されよう[11][12]。

---

11)　最決昭和57・3・2集刑225号689頁は，昭和36年最高裁決定につき，「被告人を取り調
　べることはなるべく避けなければならないこと」「以上に，起訴後作成された被告人の捜査
　官に対する供述調書の証拠能力を肯定するために必要とされる具体的な要件を判示している
　とは解せられない」との理解を示し，昭和36年最高裁決定は第1回公判期日前における取
　調べのみを許しているなどとする上告趣意を退けている。
12)　被告人が供述を申し出た場合に，弁護人の立会いの下での取調べであれば許されるとす
　る見解として，三井I 174頁，田口153頁参照。

132

UNIT 9

被疑者の防御権（1）

I 黙秘権
II 証拠保全請求
III 違法捜査に対する救済

I 黙秘権

1 意 義

刑訴法は，被告人について，終始沈黙し，または個々の質問に対し，陳述（供述）を拒むことができる（291条4項・311条1項）とし，被疑者については，自己の意思に反して供述をする必要がない（198条2項）と規定している。証人は，自己またはその近親者が刑事責任を問われるおそれのある証言を拒むことができる（146条・147条。「証言拒絶権」）。被告人については供述義務の不存在を前提とした，いわゆる**包括的黙秘権**が保障されているが，被疑者の黙秘権を被告人のそれと同質のものと見るべきかという問題については，現行刑訴法における被疑者の当事者としての地位を考慮すれば，これを積極に解すべきであるといわれている。**黙秘権**は，弁護人の援助を受ける権利（UNIT 10 I 1参照）同様，被疑者の防御にとって最も重要な権利の1つである。

POINT 1　自己負罪拒否特権

憲法38条1項は，「何人も，自己に不利益な供述を強要されない」と規定し，自己弾劾の強要を峻拒する権利（**自己負罪拒否特権**）を保障している。同条項の母法であるアメリカ連邦憲法第5修正は，「何人も，刑事事件において，自己に不利益な証人となることを強要されない」と定めている。憲法38条1項には，「刑事事件」の文言はないものの，同項によって供述の強要が禁止されるのは，「自己が刑事上の責任を問われる虞ある事項」

UNIT 9　被疑者の防御権（1）

（最大判昭和 32・2・20 刑集 11 巻 2 号 802 頁〔百選〔8 版〕A19 事件〕）と解され
ている（なお，犯罪事実発見の端緒となり得る事実も含まれるとするのが通説で
あるが，同判決は，被疑者等が氏名黙秘のまま弁護人選任届を提出しようとして却
下され，やむを得ず氏名を明らかにしたという事案において，「氏名のごときは，
原則として〔憲法 38 条 1 項〕にいわゆる不利益な事項に該当するものではない」
とする）。

　自己負罪拒否特権の原型は，ius commune（ローマ法とカノン法の混合体
で，12 世紀以降のヨーロッパ大陸における大学の法学教育および法実務に影響を
与えた普通法をいう）において認められていた「何人も，自己を告訴する必
要なし（nemo tenetur seipsum prodere）」という法諺であり，これがイング
ランドにもたらされた後，アメリカに渡った。コモン・ロー時代およびア
メリカ植民地時代においては，自己負罪拒否特権は，証言を強要すること
を禁止するものであった。その後，アメリカでは，ミランダ判決（Miran-
da v. Arizona, 384 U.S. 436（1966））において，自己負罪拒否特権の保障が捜
査段階にまで拡大され，身柄拘束被疑者の取調べには，自己負罪拒否特権
を侵害する強制的雰囲気が伴うため，特権の保障を十全なものとするには，
黙秘権の付与と告知等が必要不可欠であると判示されるに至った。これに
対し，日本国憲法 38 条 1 項は，アメリカ法を母法とするとはいえ，法律
上の供述義務だけでなく（極端にいえば，法律上の義務というよりも），事実
上の供述義務を課して供述を獲得することを禁止するために置かれたとの
見方（松尾上 118 頁参照）が示されており，比較法的に興味深い。

2　黙秘権の告知・内容

(1)　告　知

被疑者の取調べに際しては，被疑者に対し，あらかじめ，黙秘権（供述拒否
権）を告知しなければならない（198 条 2 項）。**黙秘権の告知**は，憲法 38 条の保
障するものではないというのが判例（最大判昭和 23・7・14 刑集 2 巻 8 号 846 頁，
最判昭和 25・11・21 刑集 4 巻 11 号 2359 頁〔百選〔初版〕14 事件〕〔旧法事件〕）であ
る（最判昭和 59・3・27 刑集 38 巻 5 号 2037 頁〔憲法百選Ⅱ 124 事件〕は，国税犯則取

I 黙秘権

締法に基づく質問手続につき，供述拒否権の告知を要するものとすべきかどうかは，「立法政策の問題」であるとする）。

=== *POINT 2*　黙秘権不告知と自白の証拠能力 ===========================

　　黙秘権を告知しないで取調べをして得られた自白の証拠能力につき，黙秘権を告知しなかったからといって，その取調べに基づく供述が直ちに任意性（319条1項参照）を失うことにはならないとされる（前出最判昭和25・11・21〔百選〔初版〕14事件〕〔旧法事件〕）[1]。裁判例には，捜査機関による黙秘権の告知が取調べ期間中に一度もされなかった事案について，黙秘権不告知という事実を，「黙秘権告知を受けることによる被疑者の心理的圧迫の解放がなかったことを推認させる」「供述の任意性判断に重大な影響を及ぼす」事情と捉えたものがある（浦和地判平成3・3・25判タ760号261頁〔百選72事件〕）。

　　また，供述義務があると誤信しているのを知りながらあえて黙秘権を告知しないような場合は，黙秘権の侵害を認め得るであろう。参考人として取調べを行っていたところ，犯行への関与の疑いが強まったような場合は，その段階で黙秘権の告知が求められる（三井誠＝河原俊也＝上野友慈＝岡慎一編『新基本法コンメンタール刑事訴訟法〔第3版〕』〔日本評論社，2018年〕252頁［石井隆］は，このような場合，供述拒否権を告知した上，被疑者として取調べをするというのが実務の運用であるとする）。被疑者として捜査の対象となっているにもかかわらず，黙秘権を告知せず，参考人として事情聴取を行い，不利益な事実の承認を内容とする供述を得た場合について，黙秘権を実質的に侵害した旨判示した裁判例として，東京高判平成22・11・1判タ1367号251頁がある。

==

---

1)　アメリカでも，黙秘権を告知しないで行った取調べで得られた自白は，不任意自白（第5修正に違反して得られた自白）とは評価されていない。しかし，前出ミランダ判決の示した手続に違反して得られた自白として，検察側の実質証拠とすることは許されない（ただし，被告人が証人となって証言をした場合，その証言の信用性を弾劾するための証拠とすることはできる）。

UNIT 9　被疑者の防御権(1)

(2)　内容——黙秘事項

利益な事項・不利益な事項を問わず黙秘することができる。氏名も対象となる。黙秘する理由をいう必要もない（証人は，証言を拒む場合，「拒む事由」を示さなければならない〔刑訴規 122 条 1 項〕）。

(3)　「供述」に限られるか

強要が禁止される対象は，意思伝達の性格を持った証拠である。（口頭の）供述それ自体だけでなく，供述に代わる文書の提出を強要することも禁止される。「供述」と無関係な証拠の収集方法には，黙秘権の保障は及ばない。例えば，指紋・足跡の採取，身長・体重の測定，写真撮影，体液の採取，呼気検査は，いずれも対象者からその供述を得るものではない（強制採尿につき，「憲法 38 条 1 項違反をいう点は，尿の採取は供述を求めるものではないから」，所論は前提を欠くとした，最決昭和 55・10・23 刑集 34 巻 5 号 300 頁〔百選 27 事件〕，呼気検査を拒んだ者を処罰する道路交通法 120 条 1 項 11 号の規定は憲法 38 条 1 項に違反するものではないとした，最判平成 9・1・30 刑集 51 巻 1 号 335 頁〔百選 A9 事件〕参照）。

検討を要するのは，麻酔分析とポリグラフ検査（うそ発見器テスト）である。**麻酔分析**は，オイナルコン，エヴィパンなどの麻薬を被験者に注射し，現実感覚を失わせ，潜在意識下にある事柄を何らの抵抗なく供述させて行う心理鑑定であり，被験者の供述を拒否する自由を奪って供述を得る点で黙秘権を侵害するものである。被験者の同意があっても，その意思を麻痺させて捜査機関の支配下に置くような捜査手法はそれ自体が不適法であるとする見解（田宮 340 頁）があるが，被験者の同意があれば許されるとしても，個々の質問との関係で黙秘権の放棄があったといえるかは疑問であろう（もっとも，最判昭和 29・7・16 刑集 8 巻 7 号 1151 頁〔憲法百選 II 123 事件〕は，黙秘権の包括的な事前放棄を擬制し，麻薬取扱者の記帳義務の合憲性を認めている〔後出 4 参照〕）。

これに対し，**ポリグラフ検査**は，被検者の身体に，呼吸運動，心脈波，皮膚電気反射の測定装置の全部または一部を取り付け，被検者の応答に伴う生理的変化を記録し，そこに記録された，呼吸，脈波（血圧および脈搏），皮膚電気反射の変化の状態によって，応答の真実性・虚偽性を証明しようとする心理鑑定である。証拠に用いられるのは被検者の生理的変化であって供述ではなく（それゆえ黙秘権侵害はない），生理的反応の測定結果から内心の動揺を鑑定するものであるとする見解（「非供述証拠説」。平野 107 頁，三井 I 146 頁）と，生理的変

I 黙秘権

化は独立に証拠となるのではなく発問との対応関係で証拠的意味を持つのであり，検査結果が犯罪事実との関係における被告人のコミュニケーションの性格を持つ以上，黙秘権の侵害となるとする見解（「供述証拠説」。田宮341頁）が対立しているが，いずれも被検者の同意を要件として検査を許容している。非供述証拠説を採る裁判例として，東京高決昭和41・6・30高刑集19巻4号447頁がある。

3 黙秘権の効果

まず，①黙秘権は供述拒否権を認めるものであるため，供述義務を課すことが禁止される。供述を強要するために刑罰その他の法的制裁を設けることはできない。強制・拷問・脅迫など事実上の強制を加えて供述を得ることも禁止される。出頭義務・滞留義務を課して行う取調べが事実上の供述強制に当たるかについては，「身体の拘束を受けている被疑者に取調べのために出頭し，滞留する義務があると解することが，直ちに被疑者からその意思に反して供述することを拒否する自由を奪うことを意味するものでない」というのが判例（最大判平成11・3・24民集53巻3号514頁〔百選33事件〕）である。次に，②黙秘権を侵害して得られた自白は，証拠能力が否定される（**UNIT 23**参照）。最後に，③黙秘したことが不利益な資料とされないと解されている（**不利益推認の禁止**につき，川出敏裕「被告人の黙秘と推認」井上正仁＝酒巻匡編『刑事訴訟法の争点』〔有斐閣，2013年〕152頁参照）[2]。

■■*POINT 3* **不利益推認の禁止** ■■■■■■■■■■■■■■■■■■■■■■■■■■■■■■■

　　黙秘権の行使それ自体を理由として，勾留の要件である「罪証を隠滅すると疑うに足りる相当な理由」（〔207条1項〕60条1項2号）を認定するこ

---

2) コモン・ロー時代およびアメリカ植民地時代においては，自己負罪拒否特権は，証言強制を禁止していたにすぎなかった。黙秘に対する不利益推認の禁止が保障されるには，アメリカにおいては，1878年の連邦法を，イギリスにおいては，1898年の法律を待たなければならなかった。アメリカ連邦最高裁によって不利益推認の禁止が認められたのは，グリフィン判決（Griffin v. California, 380 U.S. 609（1965））においてであった。不利益推認は，糾問的刑事手続の残滓で，「〔自己負罪拒否特権〕という憲法上の権利の行使に対し罰（penalty）を科すものであり，特権の主張に対し大きな犠牲を強いることによって，その保障を弱めるものである」とされた。

UNIT 9　被疑者の防御権（1）

とはできないが，被告人（被疑者）が具体的に罪証隠滅行為を行うかどう
かを判断する資料として，被告人（被疑者）の供述態度を考慮し，供述態
度から罪証隠滅のおそれを推認することは許されると解されている。

　黙秘の事実を量刑上不利益な資料として考慮してよいかについては，積
極・消極の両説があるが，積極説も，黙秘それ自体を不利益に扱うことを
是認するものではなく，反省・悔悟を示す手掛かりとしての自白を量刑上
有利に考慮し，その反面として黙秘している被告人が重く処罰されること
になるという結果を認めるにすぎないという。

　黙秘権行使の事実を犯罪事実認定のための証拠として使用することはで
きるか。学説上一般に，実質証拠とすることは認められないと解されてお
り，裁判例にも，被告人が捜査・公判を通じて黙秘し供述を拒否した態度
を，殺意認定の情況証拠とすることは，「被告人に黙秘権，供述拒否権が
与えられている趣旨を実質的に没却することになる」として，許されない
としたものがある（札幌高判平成14・3・19判時1803号147頁〔百選〔9版〕
64事件〕）[3]。

4　行政法規上の記帳・届出義務等

　行政法規の中には，一定の**記帳・届出の義務**等を課し，その義務を怠った者
に対し，刑罰による制裁を加えるものがあるが，これらの行政法規が憲法38
条1項に違反しないかが問題となる（最大判昭和47・11・22刑集26巻9号554頁
〔憲法百選Ⅱ119事件〕〔川崎民商事件〕は，憲法38条1項が実質上，刑事責任追及の
ための資料の取得収集に直接結び付く作用を一般的に有する手続に及ぶことを認めてい
る）。

　判例は，麻薬取締法における麻薬の不正使用と帳簿記帳の義務につき，麻薬
取扱者としての免許を得た者は，当然に取締法規の命ずる「一切の制限または

---

[3]　不利益推認を回避するためには自己に有利な事項について供述をしなければならないとす
れば，不利益推認は，憲法38条1項には違反しないが，刑訴法の保障する包括的黙秘権を
侵害するものである（川出・前掲152頁。不利益推認が供述の「強要」に当たるとする見解
として，例えば，高橋和之『立憲主義と日本国憲法〔第4版〕』〔有斐閣，2017年〕291頁参
照）。

I 黙秘権

義務に服することを受諾しているもの」（前出最判昭和29・7・16〔憲法百選II 123事件〕）と考えるべきだとして，黙秘権の放棄を擬制した。自動車運転者の交通事故の報告義務については，報告を要求される「事故の内容」とは，「その発生した日時，場所，死傷者の数及び負傷の程度並に物の損壊及びその程度等，交通事故の態様に関する事項」と限定解釈すること（中野次雄編『判例とその読み方〔三訂版〕』〔有斐閣，2009年〕156頁［本吉邦夫］）により，「刑事責任を問われる虞のある事故の原因その他の事項までも右報告義務ある事項中に含まれるものとは，解せられない」とし，「警察署をして，速に，交通事故の発生を知り，被害者の救護，交通秩序の回復につき適切な措置を執らしめ，以つて道路における危険とこれによる被害の増大とを防止し，交通の安全を図る等」の行政上の目的に基づくものであるとして，合憲性を認めている（最大判昭和37・5・2刑集16巻5号495頁〔憲法百選II 122事件〕）。

　その後，最高裁は，収税官吏の質問検査につき，「もつぱら所得税の公平確実な賦課徴収を目的とする手続であつて，刑事責任の追及を目的とする手続ではなく，また，そのための資料の取得収集に直接結びつく作用を一般的に有するものでもないこと，および，このような検査制度に公益上の必要性と合理性の存すること」が認められるとして，憲法38条1項にいう自己に不利益な供述を強要するものではないとした（前出最大判昭和47・11・22〔憲法百選II 119事件〕〔川崎民商事件〕）。

　さらに，近時の判例（最判平成16・4・13刑集58巻4号247頁〔医事法百選2事件〕）は，死体を検案して異状を認めた医師は，自己がその死因等につき診療行為における業務上過失致死等の罪責を問われるおそれがある場合にも，異状死体に関する医師法21条の届出義務を負うとすることは，憲法38条1項に違反しないことを明らかにしている。すなわち，①「異状死体は，人の死亡を伴う重い犯罪にかかわる可能性があるものであるから，……届出義務の公益上の必要性は高い」こと，②「届出義務は，医師が，死体を検案して死因等に異状があると認めたときは，そのことを警察署に届け出るものであって，これにより，届出人と死体とのかかわり等，犯罪行為を構成する事項の供述までも強制されるものではない」こと，および③「医師免許は，人の生命を直接左右する診療行為を行う資格を付与するとともに，それに伴う社会的責務を課するものである」ことを指摘し，医師法21条違反に対する罰則を合憲とした。なお，

139

UNIT 9　被疑者の防御権(1)

本判決は,「医師が,〔届出〕義務の履行により,捜査機関に対し自己の犯罪が
発覚する端緒を与えることにもなり得るなどの点で,一定の不利益を負う可能
性があっても,それは,医師免許に付随する合理的根拠のある負担として許容
されるものというべきである」としている。この判示が従前の判例(例えば,
氏名は不利益事項に当たらないとした前出最大判昭和32・2・20)にどのような影響
を与えるかは明らかでない。

Ⅱ　証拠保全請求 ─────────────────────────

　捜査機関は,被疑者に有利な証拠も収集するが,このことは,被疑者側が有
利な証拠を自ら積極的に収集・保全しておく必要を否定するものではない。強
制処分権を認められていない被疑者・弁護人は,「あらかじめ証拠を保全して
おかなければその証拠を使用することが困難な事情がある」場合には,裁判官
に対し,押収,捜索,検証,証人尋問または鑑定の処分を請求することができ
る(179条1項)。被疑者が起訴されて被告人となった後も,第1回公判期日前
に限り,この請求は可能である(同項)。**証拠保全請求**の制度は,旧刑訴法には
なく,当事者主義を背景に,被疑者(被告人)の防御の準備のため,現行刑訴
法において初めて採用された制度である。

　請求は,裁判官(刑訴規137条)に対し,書面により,保全を必要とする事
由を疎明して行う(刑訴規138条1項3項)。捜査機関が収集し保管している証
拠は,特段の事情が存しない限り,証拠保全手続の対象にならない(最決平成
17・11・25刑集59巻9号1831頁)。請求を受けた裁判官は,請求が適法かつ理由
(保全の必要性)があると認めるときは,刑訴法179条1項に定める処分を行う。
証拠保全の請求を却下する裁判のうち,押収請求を却下する裁判は,「**押収に
関する裁判**」(429条1項2号)に当たり,準抗告をすることが許される(最決昭
和55・11・18刑集34巻6号421頁)。

　請求を受けた裁判官は,裁判所または裁判長と同一の権限を有するので
(179条2項),刑訴法第1編総則規定が準用される。検察官,被疑者(身柄拘束
被疑者を除く)または弁護人は,捜索,押収,検証に立ち会うことができる
(179条2項・113条1項・142条)。検察官,被疑者または弁護人は,証人尋問に
立ち会うことができ(179条2項・157条1項),証人の尋問に立ち会ったときは,

裁判長に告げて，その証人を尋問することができる（179条2項・157条3項）。

差押え・捜索のための令状（いわゆる命令状である）は，検察官の指揮によって，検察事務官または司法警察職員が執行する（108条1項）。令状を執行した者は，検察官を経由して，速やかに執行に関する書類および差し押さえた物を，令状を発した裁判所に差し出さなければならない（刑訴規97条）。

証拠保全として作成された書類および収集された証拠物については，検察官および弁護人は，裁判所において，これを閲覧・謄写することができる（180条1項）。被疑者は，弁護人がいない場合にのみ，書類および証拠物を閲覧（謄写は除外）することができる（同条3項）。検察官に閲覧・謄写権が認められているのは，その公益の代表者としての地位（検察4条）に由来するものとされる。

保全された証拠である**検証調書**は刑訴法321条2項により，**証人尋問調書**は同条1項1号により，それぞれ証拠能力が付与される。

Ⅲ　違法捜査に対する救済 ━━━━━━━━━━━

刑事手続内における方策としては，準抗告（429条・430条。勾留についてはUNIT 6Ⅲ4，差押えについてはUNIT 11Ⅷ1，接見指定についてはUNIT 10Ⅱ6参照），証拠排除（最判昭和53・9・7刑集32巻6号1672頁〔百選90事件〕〔大阪天王寺覚せい剤所持事件〕。UNIT 22参照），公訴棄却（338条4号。UNIT 15参照）が，刑事手続外における方策としては，懲戒処分（国公82条，地公29条），刑罰（刑193条等），国家賠償（国賠1条）が重要である。

UNIT 10

被疑者の防御権(2)

Ⅰ　弁護人依頼権
Ⅱ　接見交通権と接見指定
Ⅲ　任意同行後取調べ中の被疑者との面会
Ⅳ　起訴後の余罪捜査と接見指定

Ⅰ　弁護人依頼権

1　意　義

　被疑者の黙秘権については既に述べたが，法律の素人であるのが通例である被疑者にとって，法律の専門家である弁護人の援助を受ける権利も，その防御権として極めて重要である。旧刑訴法では，公訴の提起後，すなわち被告人になって初めて弁護人の選任が認められていたにすぎなかったが（旧刑訴39条），現行刑訴法は，被疑者にも，**弁護人選任権**を保障している（30条1項）。さらに，現行憲法は，「何人も，……直ちに弁護人に依頼する権利を与へられなければ，抑留又は拘禁されない」と規定して（34条前段），身体を拘束されている被疑者の弁護人選任権を憲法上の権利にまで高めている[1]。その狙いは，身柄拘束からくる不安定感の緩和，違法な身柄拘束からの解放，取調べに臨んだときの供述の自由の確保，そして公判へ向けての準備活動等を可能にすることによって，身柄拘束に伴う様々な不利益から被疑者を保護することにあるといわれている。また，捜査機関は，身体を拘束されている被疑者に対しては，弁護人選任権を告知するものとされている（203条1項等）。

---

1)　「刑事訴訟法の進化の歴史は弁護権拡充の歴史であった」といわれる。刑事弁護の歴史と理論に関する包括的研究書として，椎橋隆幸『刑事弁護・捜査の理論』（信山社，1993年）参照。

I 弁護人依頼権

2 選任手続

勾留された被疑者は，裁判官または刑事施設の長・その代理人に，弁護士，弁護士法人または弁護士会を指定して弁護人の選任を申し出ることができる（207条1項・78条1項）。この申出を受けた裁判官または刑事施設の長・その代理人は，直ちに被疑者の指定した弁護士，弁護士法人または弁護士会に，その旨を通知しなければならない（207条1項・78条2項）。逮捕された被疑者の場合も同様である（209条・211条・216条・78条2項）。

弁護人の選任は，弁護人と連署した書面を当該被疑事件を取り扱う検察官または司法警察員に差し出して行う（刑訴規17条）。第一審においても選任はその効力を有する（同条）。

■■■ POINT 1 被疑者国選弁護制度 ■■■■■■■■■■■■■■■■■■■■■■■■■■■■■■■■■■■

「被疑者段階と被告人段階を通じ一貫した弁護体制」を確立するため，**被疑者国選弁護制度**が2004年の刑訴法改正により実現した[2]。勾留状が発せられている被疑者が，貧困その他の事由により弁護人を選任することができないときは，裁判官は，その請求により，弁護人を付さなければならないこととなった（37条の2第1項）[3]。当初は，死刑または無期・短期1年以上の懲役・禁錮に当たる事件に限られていたが，2009年からは，死刑または無期・長期3年を超える懲役・禁錮に当たる事件（必要的弁護事件〔289条〕）に拡大され，さらに，2016年の改正により，犯罪による制限がなくなった（37条の2第1項）。国選弁護人選任請求は，勾留を請求された被疑者もすることができる（37条の2第2項）。勾留請求されていない逮捕段階にある被疑者は，国選弁護人の選任を請求することができないが，**当番弁護士**[4]による法的援助を受けることができる。

また，裁判官は，勾留状が発せられ，かつ弁護人がない場合において，

---

2) 公的弁護制度および刑事弁護の在り方につき，椎橋隆幸『刑事訴訟法の理論的展開』（信山社，2010年）76頁以下参照。
3) 私選弁護が原則である。
4) 逮捕・勾留された被疑者またはその関係者からの要請を受けた弁護士会が，弁護士を派遣し，「弁護人となろうとする者」（39条1項）として接見する制度で，被疑者は，その資力にかかわらず，無料で接見（1回に限る）することができる（費用は弁護士会が負担する）。

UNIT 10　被疑者の防御権(2)

「精神上の障害その他の事由により弁護人を必要とするかどうかを判断することが困難である疑いがある」被疑者については，職権で，弁護人を付すことができるほか（37条の4），死刑または無期の懲役・禁錮に当たる事件については，特に必要があると認めるときは，職権で，さらに弁護人1人を付すことができる（37条の5）。

被疑者が身体を拘束された後，その請求により国選弁護人が選任されるまでの手続は，おおむね次のとおりである。

①捜査機関は，逮捕された被疑者に対し，弁護人選任請求権およびその要件を教示しなければならない（203条3項4項・204条2項3項）。対象事件について勾留請求を受けた裁判官も同様である（207条2項3項4項）。

②選任を請求する被疑者は，資力申告書を提出しなければならないが，資力が基準額以上である場合は，あらかじめ，所定の弁護士会に，私選弁護人の選任の申出をしていなければならない（37条の3第1項2項）。私選弁護人の選任の申出を受けた弁護士会は，弁護人となろうとする者を速やかに紹介し（31条の2第2項），弁護人となろうとする者がいない場合，または紹介した弁護士が被疑者の選任の申込みを拒んだ場合は，申出をした被疑者にその旨を通知する（同条3項）。この通知をしたときは，所定の地方裁判所にその旨を通知する（37条の3第3項）。

③被疑者の選任請求書・資力申告書の提出（刑訴規28条の3）を受けた裁判官は，日本司法支援センター（法テラス）に対して国選弁護人候補の指名・通知を求める（法律支援38条1項）。日本司法支援センターは，国選弁護人契約弁護士の中から特定の弁護士を候補として指名し，裁判官に通知する。

これを受けて，④裁判官は，国選弁護人を選任する（法律支援38条1項，刑訴規29条2項）というものである。なお，被疑者が釈放されたときは，勾留の執行停止によるときを除き，選任は効力を失う（38条の2）。また，公訴が提起された場合は，第一審においても選任はその効力を有する（32条1項。なお，少42条2項参照）。

Ⅱ 接見交通権と接見指定

1 意 義

身体を拘束された被疑者に弁護人に依頼する権利を保障する憲法34条前段の規定は，単に被疑者が弁護人を選任することを官憲が妨害してはならないというにとどまらず，被疑者に対し，弁護人を選任した上で，弁護人に相談し，その助言を受けるなど弁護人から援助を受ける機会を持つことを実質的に保障するものである（最大判平成11・3・24民集53巻3号514頁〔百選33事件〕）[5]。

刑訴法39条1項は，身体の拘束を受けている被疑者と弁護人または弁護人を選任することができる者の依頼により弁護人となろうとする者（以下，「弁護人等」という）との**接見交通権**を規定しているが，これは，憲法34条前段の前記趣旨にのっとり，身体を拘束された被疑者が弁護人等から援助を受ける機会を確保する目的で設けられたものであり，その意味で，憲法の保障に由来するものである（前出最大判平成11・3・24〔百選33事件〕）。接見交通権は，身体を拘束された被疑者にとって「刑事手続上最も重要な基本的権利」であり，弁護人にとっては「その固有権の最も重要なものの1つ」である（最判昭和53・7・10民集32巻5号820頁〔百選〔5版〕14事件〕）。刑訴法において，弁護人との接見交通権を全く認めず，単に書類・物の授受の権利だけを保障することは，弁護人依頼権を認めた憲法の趣旨に反する。

2 指定規定の合憲性

最高裁（前出最大判平成11・3・24〔百選33事件〕）は，「憲法は，刑罰権の発動ないし刑罰権発動のための捜査権の行使が国家の権能であることを当然の前提とするものであるから，被疑者と弁護人等との接見交通権が憲法の保障に由来するからといって，これが刑罰権ないし捜査権に絶対的に優先するような性質のものということはできない」とするとともに，「捜査権を行使するためには，身体を拘束して被疑者を取り調べる必要が生ずることもあるが，憲法はこのような取調べを否定するものではない」とした上，刑訴法39条3項本文の予定

---

5) 接見交通権の展開につき，椎橋・前掲注2）56頁以下参照。

UNIT 10　被疑者の防御権(2)

している接見等の制限の態様・程度等（後出 3 参照）は，「憲法 34 条前段の弁
護人依頼権の保障の趣旨を実質的に損なうものではない」として接見指定規定
の合憲性を認めている。刑訴法 430 条 1 項および 2 項が，捜査機関のした接見
等の指定に対し，「簡易迅速な司法審査」の道を開いていることも，合憲性を
支持する事情として挙げられている。

3　接見「自由」の原則と「例外的」接見指定

　刑訴法 39 条は，1 項で**秘密交通権**を，3 項本文で**接見指定権**を，同項ただし
書で防御権尊重の視点に立つ指定内容の制限を定めている。身体の拘束を受け
ている被疑者は，弁護人等と立会人なしに接見し[6]，または書類・物の授受を
することができる（同条 1 項）。勾留されている被疑者は，家族など弁護人以外
の者と接見をすることもできるが（207 条 1 項・80 条），弁護人等との接見と異
なり，秘密性がなく（立会人が接見に立ち会う〔刑事収容 116 条 1 項・218 条 1 項〕），
また，裁判官による制限（接見禁止等）も認められる（207 条 1 項・81 条。なお，
逮捕留置中の被疑者との接見については，規定がない）。

　捜査機関は，「捜査のため必要があるとき」は，公訴提起前に限り，接見等
の「日時，場所及び時間」を指定することができるが（39 条 3 項本文），被疑者
が防御の準備をする権利を「不当に制限する」ような内容の指定をすることは
許されない（同項ただし書）。

　接見交通権の行使につき捜査機関が制限を加えることを認めている刑訴法
39 条 3 項の趣旨は，刑訴法において身体の拘束を受けている被疑者を取り調
べることが認められていること（198 条 1 項），被疑者の身体の拘束については
刑訴法上厳格な時間的制約があること（203 条〜205 条・208 条・208 条の 2 参照）
などに鑑み，被疑者の取調べ等の捜査の必要と接見交通権の行使との調整を図
ることにある（前出最大判平成 11・3・24〔百選 33 事件〕）。接見交通権が憲法の保

---

6)　裁判例には，弁護人固有の秘密交通権を保護する必要性から，「捜査機関は，被疑者等が
　弁護人等との接見内容の供述を始めた場合に，漫然と接見内容の供述を聞き続けたり，さら
　に関連する接見内容について質問したりすることは，刑事法 39 条 1 項の趣旨を損なうおそ
　れがあるから，原則としてさし控えるべきであって，弁護人との接見内容については話す必
　要がないことを告知するなどして，被疑者等と弁護人等との接見交通権に配慮すべき法的義
　務を負っているものと解するのが相当である」としたものがある（福岡高判平成 23・7・1
　判時 2127 号 9 頁〔確定〕〔百選 36 事件〕）。

Ⅱ　接見交通権と接見指定

障に由来する権利であることや，接見指定規定の趣旨に照らせば，捜査機関は，弁護人等から被疑者との接見等の申出があったときは，原則としていつでも接見等の機会を与えなければならないのであって，接見等の日時等の指定は，あくまで必要やむを得ない例外的措置であり（前出最判昭和53・7・10〔百選〔5版〕14事件〕），指定要件を具備する場合には，捜査機関は，弁護人等と協議してできる限り速やかな接見等のための日時等を指定し，被疑者が弁護人等と防御の準備をすることができるような措置を採らなければならない（前出最大判平成11・3・24〔百選33事件〕）。

　「○時から○時まで○分間接見できる」という接見指定がなされると，弁護人は，指定された日時・時間には確実に接見することができる一方，捜査機関は，弁護人等が接見を申し出た日時から，指定した接見日時までの間，その接見を拒否することができる。指定された接見日時・期間が経過すると，自由に接見することができる原則状態に戻り，以後，弁護人等から接見の申出があれば，捜査機関が接見指定の要否を判断することとなる（矢尾渉・最判解民事篇平成12年度541頁）。

▪▪▪POINT 2　「捜査のため必要があるとき」の意義 ▪▪▪▪▪▪▪▪▪▪▪▪▪▪▪▪▪▪▪▪▪▪▪▪

　最高裁は，接見指定制度を，被疑者の身体を利用する捜査の必要と接見交通権の行使との調整を図るための制度と位置付け（前述），「**捜査のため必要があるとき**」とは，弁護人等から申出のあった「接見等を認めると取調べの中断等により捜査に顕著な支障が生ずる場合」をいうとしている（前出最大判平成11・3・24〔百選33事件〕）。弁護人等から接見等の申出を受けた時に，「捜査機関が現に被疑者を取調べ中である場合や実況見分，検証等に立ち会わせている場合」のほか，「間近い時に……取調べ等をする確実な予定があって，弁護人等の申出に沿った接見等を認めたのでは，……取調べ等が予定どおり開始できなくなるおそれがある場合など」も，「原則として……取調べの中断等により捜査に顕著な支障が生ずる場合に当たる」（同判決。前出最判昭和53・7・10〔百選〔5版〕14事件〕以降の判例が採用していた「捜査の中断による支障」という表現に代えて，同判決が「中断等により捜査に顕著な支障」としたのは，間近な取調べ等を含み得る適切な表現に改める趣旨と解される）。

UNIT 10　被疑者の防御権(2)

もっとも，捜査機関が，弁護人等の接見申出を受けた時に，現に被疑者を取調べ中であっても，その日の取調べを終了するまで続けることなく一段落した時点で接見を認めても，捜査の中断による支障が顕著なものにならない場合がないとはいえない。そこで，接見指定要件の存否は，単に被疑者の取調べ状況から形式的に即断することなく，このような措置が可能かどうかについて十分検討を加える必要がある（最判平成3・5・10民集45巻5号919頁〔百選〔7版〕36事件〕における坂上壽夫裁判官の補足意見）。

　最高裁の判断は，「捜査のため必要があるとき」を，間近い時に取調べ等をする確実な予定があって，弁護人等の申出に沿った接見等を認めたのでは，取調べ等が予定どおり開始できなくなるおそれがある場合にまで拡大することによって，被疑者不在のため接見が物理的に不能な場合に限定する考え方（**物理的限定説**）を排斥するとともに，取調べの必要のほか，罪証隠滅の防止などを含む捜査全般からの必要を指定要件とする考え方（**捜査全般説**）を退けたものである。捜査機関が現に実施し，または今後実施すべき捜査手段との関連で具体的な罪証隠滅のおそれが認められる場合についても，接見指定は許されないとするのが判例の立場と解される（宇藤ほか197頁）。

4　指定のための措置

(1)　一般的指定方式から通知事件方式へ

　刑訴法39条3項は，接見等の指定の方式を規定していないが，刑訴法施行当初から長期間にわたって（1988年まで），いわゆる**一般的指定方式**が採られてきた。すなわち，検察官は，指定が必要と認められる事件について，「捜査のため必要があるので，〔被疑者〕と，弁護人〔等〕との接見又は書類若しくは物の授受に関し，その日時，場所及び時間を別に発すべき指定書のとおり指定する」旨が記載された「接見に関する指定書」（一般的指定書）を被疑者および被疑者が収容されている刑事施設の長に送付しておき，接見しようとする弁護人等は，接見を許す日時を記載した「具体的指定書」（いわゆる面会切符）を検察官から受領し，それを刑事施設に持参した場合に限って接見が許されるという

Ⅱ　接見交通権と接見指定

運用が行われていた。被疑者と一般人との接見が禁止されると（207条1項・81条），それに連動させて，弁護人等との接見についても一般的指定書を発出するのが通例であった。一般的指定方式の根拠となったのが，「捜査のため必要があるとき」についての「捜査全般説」であった。

　一般的指定方式は，具体的指定がされない限り，指定要件の有無にかかわらず，接見することができない現実があったため，このような方式に対しては，刑訴法39条1項が原則で同条3項本文が例外であるとの法の趣旨に反するという批判が加えられ，一般的指定方式の適法性が争われるようになった。1967年に至って，一般的指定を違法な接見指定処分であるとして，準抗告審でこれを取り消す決定（鳥取地決昭和42・3・7下刑集9巻3号375頁〔百選〔2版〕7事件〕）が下され，これを嚆矢として，多くの裁判例が一般的指定を違法とするようになった（もっとも，最判平成3・5・31判時1390号33頁〔百選〔7版〕35事件〕は，一般的指定は被疑者・弁護人等に何ら効果を有しない「捜査機関の内部的な事務連絡文書」にすぎず，それ自体は違法ではないとした）。

　1988年4月には，一般的指定書が廃止され，現在行われているいわゆる**通知事件方式**が採用されるようになった。すなわち，検察官において指定権を行使することがあると認める場合には，刑事施設の長に対し，あらかじめ「被疑者と弁護人〔等〕との接見〔等〕に関し，捜査のため必要があるときは，その日時，場所及び時間を指定することがあるので通知する」旨が記載された「接見等の指定に関する通知書」を送付して連絡しておき，弁護人等から接見の申出があると，指定要件の存否を判断する方式が採られている（最判平成16・9・7判時1878号88頁は，通知書の発出は違法ではないとしている）。

　接見の申出を受けた者が指定権を有する指定権者（実務上の原則的な取扱いによると，検察官への送致前は司法警察員の中の当該事件の捜査主任官，送致後は主任検察官）である場合は，速やかに当該被疑者について取調べ状況等を調査して，接見等を指定する要件が存在するか否かを判断し，指定要件を具備し，接見等の日時等を指定する場合は，弁護人等と協議してできる限り迅速な接見等のための日時等を指定し，被疑者が弁護人等と防御の準備をすることができるような措置を採らなければならない。これに対し，接見の申出を受けた者が指定権者でない場合は，指定権者に対してその申出のあったことを連絡し，その具体的措置について指示を受ける等の手続を採る必要があり，こうした手続を要す

149

UNIT 10　被疑者の防御権(2)

ることにより，弁護人等が待機することになり，またはそれだけ接見が遅れることになっても，それが合理的な範囲内にとどまる限り許される（前出最判平成3・5・31〔百選〔7版〕35事件〕）。

　(2)　**指定方法の適否**

　接見指定は，一種の行政処分であり，少なくとも名宛人である弁護人等に告知する必要があり，名宛人に告知されてはじめて外部的に成立し，処分としての効果が生ずると解されている。接見等の日時等を指定する際，いかなる方法を採るべきかについては，指定権者の合理的裁量に委ねられている。電話など口頭による指定のほか，接見指定書（具体的指定書）の交付による方法も許されるが[7]，著しく合理性を欠き，迅速かつ円滑な接見交通が害される結果となる指定方法は違法である（前出最判平成3・5・10〔百選〔7版〕36事件〕は，弁護人との協議の姿勢を示すことなく一方的に，往復2時間を要する検察庁に指定書を取りに来るよう伝達しただけで，接見日時の指定をしなかった措置を「指定の方法等において著しく合理性を欠く」ものと判示している）。

═══ *POINT 3*　**指定内容の適否** ════════════════════════════════════

　現行犯逮捕され警察署に引致された被疑者の弁護人となろうとする弁護士が，逮捕直後，警察署に赴いて被疑者との即時の接見を申し出たところ，捜査主任官である司法警察員がこれを拒否して，接見の日時を翌日に指定した事案につき，最高裁は，接見指定の違法を認めた。すなわち，被疑者が逮捕された直後の初回接見については，弁護人の選任を目的とし，今後取調べを受けるに当たっての助言を得る最初の機会であるため，接見の申出を受けた捜査機関は，たとえ接見指定要件が具備された場合でも，弁護人となろうとする者と協議して，即時または近接した時点での接見を認めても接見の時間を指定すれば捜査に顕著な支障が生ずるのを避けることが可能かどうかを検討し，これが可能なときは，特段の事情がない限り，逮捕後の手続を終えた後，比較的短時間でも時間を指定した上で即時または近接した時点での接見を認める措置を採らなければならず，被疑者の取調べを理由にこの時点での接見を拒否するような指定をすることは違法であ

───────────────────────────
7)　三井 I 161頁は，電話・ファックスによる指定を原則とすべきであるとする。

Ⅱ　接見交通権と接見指定

るとした（最判平成 12・6・13 民集 54 巻 5 号 1635 頁〔百選 34 事件〕）。

　指定要件が具備される場合にはじめて「接見時間の指定」が可能である
ため，本判決は，指定要件（「捜査のため必要があるとき」〔39 条 3 項本文〕）
が認められることを前提とし，「被疑者が防禦の準備をする権利を不当に
制限する」（同項ただし書）指定を違法としたものと解される。刑訴法 39
条 3 項本文の接見指定については，弁護人等の申出どおりの接見を認めた
場合の捜査に対する顕著な支障の有無が，同項ただし書については，「時
間を指定」した接見を認めた場合の捜査に対する顕著な支障の有無が問題
となるわけである。前述の「協議」と「検討」を行った上で，なお捜査へ
の顕著な支障を避けることができないと判断される場合は，「即時又は近
接した時点」よりも遅い時点での接見を指定することも違法でないとされ
ることとなろう。刑訴法 39 条 3 項ただし書違反に当たる指定内容である
かどうかは，申出がなされた接見の重要性と，それを認めた場合に生ずる
捜査への支障の程度を衡量して判断する（川出〔捜査・証拠篇〕224 頁）ほ
かないが，「取調べを受けるに当たっての助言を得るための最初の機会」
である初回接見に，比較衡量における優越的な地位を与えることなく，
「捜査の必要」との単純な衡量を許容するものと思われる点に，接見指定
に関する判例の特徴を読みとることができよう[8]。

POINT 4　事前連絡型の接見申出と接見指定要件

　指定権者に対して，明日とか明後日とか比較的先の日時における接見の
申出がなされ接見指定が行われた事案につき，最高裁は，「本件接見申出
……がされた時点において，本件被疑者は現に取調べ中であったか，〔弁
護人〕が希望した日時には本件被疑者に対する確実な取調べ予定があって，
右希望に沿った接見を認めると，右取調べを予定どおり開始することがで

---

8)　例えば，被疑者が未押収の重要な証拠物の所在につき供述をしたのを受け，被疑者を連れ
　　出して引き当たり捜査（捜査規範 136 条の 2 参照）を実施することができることには異論が
　　ない。これに対し，重大事件につき，被疑者がまさに真相に迫る供述を始めた場合，供述が
　　一段落して調書が作成されるまで接見を遅らせることが許されるかについては，意見の一致
　　をみない。

UNIT 10 被疑者の防御権(2)

きなくなるおそれがあった」として，違法な接見妨害はなかったとした（最判平成 12・2・22 判時 1721 号 70 頁）。

　問題は，本判決が従来の判例にあった「間近」要件に言及することなく「確実な取調べ予定」を根拠として接見指定を認めたことにある。これは，指定要件の具備を判断する基準時を，「接見申出時点」とするか「接見希望時点」とするかの問題といってもよく，これまでの判例の事案では，両時点が一致していたため，顕在化しなかったものである。取調べ等の捜査権限の行使と接見交通権の行使との調整が問題である以上，「現に」「間近」という指定要件の存否は，「接見希望時」を基準にするのが当然であるとも考えられる。そうだとすれば，本判決の事案でも，「接見希望時」に取調べの予定があった以上，「間近」ではなくむしろ「現に」ということになるから「間近」といわなかったにすぎないともいえよう。

　しかし，取調べの確実な予定さえあれば，翌日以降の捜査計画にすぎないものまでもが，接見交通権に原則として優位し得るとすると，事実上，「捜査全般説」の目指すような指定権の運用も可能となる。予告された接見日時までに時間的余裕がある場合には，捜査機関は，取調べ等の予定を動かせないかを検討すべきであろう。

5 接見の実施

　被疑者の逃亡，罪証の隠滅または戒護に支障のある物の授受を防ぐため必要な措置を法令で規定することができる（39 条 2 項）。刑事施設の長（留置管理業務者）は，法務省令（内閣府令）の定めるところにより，接見（面会）の場所について，刑事施設（留置施設）の規律および秩序の維持その他管理運営上必要な制限をすることができるとされており，面会は刑事施設の長（留置管理業務者）が指定する場所で行われている（刑事収容 118 条 4 項・220 条 4 項。なお，裁判所構内における接見の指定および書類・物の授受の禁止については，刑訴規 30 条参照）。面会の日および時間帯は，日曜日その他政令で定める日（土曜日・国民の祝日等〔刑事収容施行令 2 条 1 項〕）以外の日の刑事施設（留置施設）の執務時間内であり（刑事収容 118 条 1 項・220 条 1 項），午前 8 時 30 分から午後 5 時までがこ

れに当たる（「官庁執務時間並休暇ニ関スル件」〔大正 11 年閣令 6 号〕。なお，平日の執務時間内以外の日および時間帯における面会〔夜間休日面会〕につき，刑事収容 118 条 3 項・220 条 3 項参照）。面会の時間および回数を制限することはできない（刑事収容 118 条 5 項・220 条 5 項参照）。

　刑事施設における執務時間外の面会については，現在，実務上，弁護人等からの事前の予約を条件として，平日（土曜日も含まない）の夜間（執務時間終了から午後 8 時までの時間帯）および土曜日の午前中の面会が許されている。さらに，被疑者がその刑事施設に収容された後，最初に面会する場合には，土曜日・日曜日とこれに連続する休日の執務時間（平日の執務時間と同じ時間帯）にも，面会が許される（林眞琴＝北村篤＝名取俊也『逐条解説刑事収容施設法〔第 3 版〕』〔有斐閣，2017 年〕605 頁）。

6　違法な接見等の指定と救済

　捜査機関のした接見等の指定に不服がある者は，裁判所にその処分の取消しまたは変更を請求することができる（430 条 1 項 2 項。準抗告）。準抗告に理由がある場合は，準抗告裁判所は，指定を取り消すだけでなく，「検察官は，接見の日時を指定しない限り，接見を拒否してはならない」という内容の裁判，さらに，接見日時を指定する内容の裁判をすることができると解される（432 条・426 条 2 項参照）[9]。準抗告裁判所には「簡易迅速な司法審査」（前出最大判平成 11・3・24〔百選 33 事件〕）が期待されていることから，申立人の申立ての限度で，いずれの裁判もできるというべきである。

7　面会接見

　弁護人から検察庁の庁舎内にいる被疑者との接見の申出を受けた検察官が，庁舎内に逃亡・罪証隠滅を防止する設備を備えた部屋（接見室）がないことを理由に接見の申出を拒否することは，刑訴法 39 条 1 項に違反しない。しかし，弁護人が　こうした理由で接見を拒否されたにもかかわらず，即時の接見を求め，その必要が認められる場合には，刑訴法 39 条 3 項の趣旨から，検察官は，例えば立会人のいる部屋での短時間の「接見」（面会接見）であってもよいかど

---

9)　横田安弘＝高橋省吾『刑事抗告審の運用上の諸問題〔増補〕』（法曹会，1991 年）215 頁。

UNIT 10 被疑者の防御権(2)

うかにつき，弁護人等の意向を確かめ，弁護人等が面会接見であっても差し支えないとの意向を示したときは，捜査に顕著な支障が生じる場合を除き，面会接見のための特別の配慮をすべき義務を有する（最判平成17・4・19民集59巻3号563頁〔百選A11事件〕）。

Ⅲ　任意同行後取調べ中の被疑者との面会

　弁護人等が，任意同行後，取調べを受けている被疑者との面会を申し出た場合，捜査機関はいかなる措置を採るべきか。裁判例には，弁護人等は，その弁護活動の一環として，いつでも自由に被疑者に面会することができることから，被疑者が取調べを受けている場合，弁護人となろうとする者から面会の申出を受けた警察官は，弁護人等と面会時間の調整が整うなど特段の事情がない限り，取調べを中断して，その旨を被疑者に伝え，被疑者が面会を希望するときは，その実現のための措置を採るべきであるとしたものがある（福岡高判平成5・11・16判時1480号82頁〔百選A12事件〕）。これは，弁護人の権利を根拠に面会のための一定の措置を講じる義務を導き出すものである。

　これに対し，「刑訴法上被疑者の任意の取調がその開始・継続を被疑者の自由な意思に全面的に依存していることに鑑みるならば，面会と取調のいずれを優先させるかも被疑者の意思に委ねられているものと解するのが相当であ〔り〕」，「弁護人等から被疑者との面会の申し出がなされたことは被疑者にとって捜査機関の取調になお継続して応ずるかどうかを決定するにつき重要な事情であるから，すみやかに被疑者に取り次がれなければならない」（福岡地判平成3・12・13判時1417号45頁。前出福岡高判平成5・11・16〔百選A12事件〕の第一審判決）とした裁判例がある。これは，被疑者の権利から伝達義務等を認めるアプローチを採るものである（同様のアプローチにつき，大澤裕＝岡慎一「逮捕直後の初回の接見と接見指定」法教320号〔2007年〕130頁［大澤発言］参照）。

　社会通念上相当と認められる限度を超えて，被疑者に対する伝達を遅らせることは違法であり，国家賠償法1条1項の規定による損害賠償の対象となる（前出福岡高判平成5・11・16〔百選A12事件〕参照）。

Ⅳ　起訴後の余罪捜査と接見指定

　刑訴法 39 条 3 項によると，捜査機関が接見等の日時等を指定することができるのは，「公訴の提起前」に限られている。被告人は，防御の主体としての訴訟の当事者であるため，弁護人等との接見等を制限することは許されない。問題は，被告人について，起訴されていない被疑事実（余罪）の疑いがある場合において，被告事件の接見について指定が許されるかである。余罪について逮捕・勾留されていない場合には，その捜査の必要がある場合であっても，接見指定をすることはできない（最決昭和 41・7・26 刑集 20 巻 6 号 728 頁〔百選〔3版〕7 事件〕）。これに対し，「同一人につき被告事件の勾留とその余罪である被疑事件の逮捕，勾留とが競合している場合」においては，捜査機関は，「被告事件について**防禦権の不当な制限**にわたらない限り」，被疑事件だけでなく被告事件に関する被告人と弁護人との接見交通についても指定権を行使することができる（最決昭和 55・4・28 刑集 34 巻 3 号 178 頁〔百選 35 事件〕）。被告事件と被疑事件の各勾留が競合している場合において，被告事件についてだけ選任された弁護人に対しても接見指定権の行使が許される（最決平成 13・2・7 判時 1737 号148 頁）。被告事件の接見によって被疑事件の捜査が中断する以上，両事件の弁護人が同一人かどうかは問題とならない（大澤裕・平成 13 年度重判解〔ジュリ1224 号，2002 年〕191 頁）。もっとも，指定権の行使は，余罪捜査の必要を理由に本来的に自由である被告事件の接見に制限を加えるものであるところから，「防禦権の不当な制限」にわたるかどうかについては，被告事件の訴訟の進行状況，事案の軽重，それまでの接見状況，被疑事件の重大性などを考慮し，厳格な判断が求められる[10]。

---

10)　余罪捜査の緊急性・必要性が認められない限り，接見指定は許されないとする見解（田宮 148 頁），接見指定の認められる範囲は，被疑者と弁護人の接見よりも限定されるべきであるとする見解（井上正仁「起訴後の余罪捜査と接見指定」研修 450 号〔1985 年〕3 頁）参照。

UNIT 11

証拠の収集・保全(1)

 I 総　説
 II 令状による捜索・差押えの要件
 III 捜索・差押えの範囲
 IV 電磁的記録を含む証拠の収集・保全手続
 V 令状の執行
 VI 押収拒絶権
 VII 捜索・差押え後の措置
 VIII 不服申立て

I　総　説

1　令状主義

　憲法35条1項は,「住居,書類及び所持品」について,「侵入,捜索及び押収」を受けることのない権利を保障し,この権利は,「第33条の場合」を除いては,「正当な理由に基いて発せられ,且つ捜索する場所及び押収する物を明示する令状がなければ,侵されない」と規定している。「各人の住居は彼の城である。雨や風は入ることはできるが,国王は入ることはできない」という法諺に示されているとおり,人の私生活の中心である住居の不可侵は,全ての人権宣言において保障されている。人に固有のものとしての財産（property）も同様である（フランス人権宣言17条は,財産権を「不可侵で神聖な権利」と呼んでいる）。憲法35条は,今日,「住居,書類及び所持品」に対する財産上の権利に限らず,プライバシーをも保護するものであると解されている（最大判平成29・3・15刑集71巻3号13頁〔百選30事件〕は,憲法35条の保障対象には,「『住居,書類及び所持品』に限らずこれらに準ずる私的領域に『侵入』されることのない権利が含まれる」としている）。証拠の強制収集は,対象者の重要な権利・利益に対する実質的な侵害・制約を伴う処分であるから,刑訴法に特別の根拠規定を要するとともに（197条1項ただし書。強制処分法定主義）,原則として,裁判官が事

156

Ⅱ 令状による捜索・差押えの要件

前に発付する令状によって行われることとなっている（憲 35 条，218 条 1 項。令状主義）。

2 捜索・差押えの意義

捜索とは，人の身体，物または住居その他の場所について，物（222 条 1 項・102 条）の発見を目的とする強制処分をいう（人の発見を目的とする場合につき，220 条 1 項 1 号）。物の占有を取得する処分である差押え・領置・提出命令を含めて，押収という。このうち差押えは，物の占有を強制的に取得する処分であり，憲法 35 条にいう「押収」はこれに当たる。差押えの対象は，「証拠物又は没収すべき物」と思料するもの（222 条 1 項・99 条 1 項）で，有体物に限られる。領置とは，被疑者その他の者が遺留した物，または所有者・所持者・保管者が任意に提出した物の占有を取得する処分をいう（221 条）。占有取得の点で強制がないため，令状によることを要しないが，所有者等が領置物の占有を回復するには，還付手続によらなければならない（222 条 1 項・123 条）。領置の対象は，証拠物または没収物件に限られない。「遺留した物」には，占有が放棄された物も含まれる。公道上のごみ集積所に排出されたごみは，通常，そのまま収集されて他人にその内容が見られることはないという期待があるとしても，捜査の必要がある場合には，遺留物として領置することができる（最決平成 20・4・15 刑集 62 巻 5 号 1398 頁〔百選 8 事件〕）。提出命令とは，差し押さえるべき物を指定し，所有者・所持者または保管者にその物の提出を命ずる裁判をいう（99 条 3 項。なお，100 条 1 項 2 号）。提出されると押収の効果が生じ，提出しない場合は，差押えが行われる。証拠保全（UNIT 9 Ⅱ参照）の一環として，裁判官が提出命令を発することができる（179 条 2 項・99 条 3 項）。

Ⅱ 令状による捜索・差押えの要件 ————————

1 「正当な理由」の存在

憲法 35 条は，令状が正当な理由に基づいて発せられることを要求している。正当な理由とは，①特定犯罪の嫌疑が存在すること（刑訴規 156 条 1 項参照），②差押えについては，差し押さえるべき物（差押目的物）と被疑事実との関連性

157

UNIT 11 証拠の収集・保全(1)

(被疑事実に関する証拠としての価値）が存在すること，捜索については，**差押目的物の存在する蓋然性**が存在すること，および③捜索・差押えの必要があることをいう。刑訴法は，差押目的物を，「証拠物又は没収すべき物」と思料するもの（222条1項・99条1項）と規定し[1]，捜索については，差押目的「物の存在を認めるに足りる状況のある場合に限り」（222条1項・102条2項），これを認めている（被疑者については，証拠物等の存在する蓋然性が認められることが推定されているものと解されている）。

令状請求を受けた裁判官は，明文の規定はないが（逮捕の場合に関する199条2項ただし書，刑訴規143条の3参照），**差押えの必要性**を判断することができる（最決昭和44・3・18刑集23巻3号153頁〔百選A4事件〕は，差押えの必要性について準抗告裁判所の判断権を肯定したものであるが，明らかに差押えの必要がない場合にも令状請求を却下することができると解すべきである）。「犯罪の態様，軽重，差押物の証拠としての価値，重要性，差押物が隠滅毀損されるおそれの有無，差押によつて受ける被差押者の不利益の程度その他諸般の事情に照らし明らかに差押の必要がないと認められるとき」（同決定）は，令状の発付は許されない。

POINT 1 将来発生する犯罪と令状発付の可否

近い将来に発生することが見込まれる犯罪について，捜索・差押令状の発付は許されるであろうか。捜査とは，検察官による公訴提起および公判手続の遂行を目的とした活動をいう以上，将来発生の予想される犯罪についても捜査を観念することができる。裁判官による令状審査は，犯罪が存在する蓋然性を，一定の疎明資料に基づき，令状発付の時点で判断するものであり，その点で，過去の犯罪と将来の犯罪とで違いがあるわけではない[2]。さらに，捜査開始の要件を定める刑訴法189条2項（「犯罪があると思料するとき」）や，捜索・差押令状に関する刑訴法218条1項（「犯罪の捜

---

1) 被疑事件に関係があると認めるに足りる状況があれば差押えを認める郵便物の特例につき，刑訴法222条1項・100条1項参照。
2) 酒巻匡「『捜査』の定義について」研修674号（2004年）10頁は，「例えば，おとり捜査の最終局面で，将来の特定の日時・場所において薬物の取引が実行されることが確実に見込まれることが疎明可能である場合において，その取引行為を被疑事実とし，取引関与者の身体・所持品または当該取引予定場所を捜索場所とする捜索差押許可状の発付をあらかじめ行うことは不可能ではないように思われる」とする。

Ⅱ 令状による捜索・差押えの要件

査をするについて必要があるとき」）も，過去の犯罪に限定する法文上の根拠とならないであろうし，刑訴規則 156 条 1 項（捜索・差押令状の請求に「被疑者……が罪を犯したと思料されるべき資料」の提供を要求している）は，「通常の場合」を想定した規定と解することもできる[3]。通信傍受法は，「別表……に掲げる罪が犯され，かつ，引き続き次に掲げる罪が犯されると疑うに足りる十分な理由がある場合」において，傍受令状の発付を認めている（通信傍受 3 条 1 項 2 号。UNIT 13 参照）。

POINT 2 報道機関に対する提出命令・差押え

　報道機関に対するフィルムの提出命令につき，最高裁は，取材の自由が公正な刑事裁判の実現を保障するためにある程度制約を被ることとなってもやむを得ないが，「このような場合においても，一面において，審判の対象とされている犯罪の性質，態様，軽重および取材したものの証拠としての価値，ひいては，公正な刑事裁判を実現するにあたつての必要性の有無を考慮するとともに，他面において取材したものを証拠として提出させられることによつて報道機関の取材の自由が妨げられる程度およびこれが報道の自由に及ぼす影響の度合その他諸般の事情を比較衡量して決せられるべきであ〔る〕」とした上，本件フィルムは，「証拠上きわめて重要な価値」を有するものであること，既に放映済みのものを含む放映のために準備された取材フィルムであることなどを指摘して，これを合憲（憲法 21 条に違反しない）とした（最大決昭和 44・11・26 刑集 23 巻 11 号 1490 頁〔憲法百選Ⅰ 78 事件〕）。

　その後，最高裁は，捜査機関による報道機関の取材ビデオテープの捜索・差押えの適法性を判断するに当たって，前出大法廷決定を先例として引用しながら，「捜査の対象である犯罪の性質，内容，軽重等及び差し押さえるべき取材結果の証拠としての価値，ひいては適正迅速な捜査を遂げるための必要性と，取材結果を証拠として押収されることによって報道機

3）　令状実務は，将来犯罪についての令状発付に消極的であるようである（佐々木一夫「近い将来に確実に発生することが見込まれる被疑事実についての令状発付の可否」高麗邦彦 = 芦澤政治編『令状に関する理論と実務Ⅰ』〔判例タイムズ社，2012 年〕13 頁）。

UNIT 11　証拠の収集・保全（1）

関の報道の自由が妨げられる程度及び将来の取材の自由が受ける影響その他諸般の事情を比較衡量すべきであることは，明らかである」とし，本件ビデオテープは「重要な証拠価値」をもつものであったこと，差押えによる不利益は本件ビデオテープの放映が不可能となって報道の機会が奪われるというものではなかったことなどの事情を総合考慮し，本件差押えは憲法21条に違反しないと判断している（最決平成2・7・9刑集44巻5号421頁〔百選18事件〕。最決平成元・1・30刑集43巻1号19頁〔メディア百選7事件〕参照）。

　これらの判例は，いずれも「差押えの必要」に関する前出最決昭和44・3・18〔百選A4事件〕の示した判断枠組みによりつつ，当該提出命令・差押えを合憲とする判断を示したものである（刑事手続における取材・報道の自由に関する包括的な研究につき，上口裕『刑事司法における取材・報道の自由』〔成文堂，1989年〕，池田公博『報道の自由と刑事手続』〔有斐閣，2008年〕参照）。

2　捜索・差押え対象の明示

(1)　令状の請求と一般令状の発付禁止

検察官，検察事務官または司法警察職員は，犯罪の捜査をするについて必要があるときは，裁判官の発する令状により捜索・差押えをすることができる（218条1項）。令状の請求権者（検察官・検察事務官または司法警察員〔同条4項〕）の範囲は，逮捕の場合（199条2項）よりも広い。令状の請求は，請求権者の所属する官公署の所在地を管轄する地方裁判所・簡易裁判所の裁判官に対し（刑訴規299条1項），捜索すべき場所・身体・物，差し押さえるべき物，被疑者の氏名，罪名，犯罪事実の要旨等を記載した令状請求書を提出して行う（刑訴規155条1項）。被疑者が「罪を犯したと思料されるべき資料」も提供しなければならない（刑訴規156条1項）。

憲法35条1項をうけた刑訴法は，捜索・差押令状には，「被疑者……の氏名」[4]，「罪名」，「捜索すべき場所，身体若しくは物」，「差し押さえるべき物」等の記載を求めている（219条1項）。その趣旨は，捜索・差押えの個別具体的

な対象・範囲を明示しない「**一般令状**（general warrant）」の発付を禁止し，捜査機関による強制処分権限の恣意的な行使による基本的人権の侵害を防止することにある（酒巻105頁）。17世紀のイギリスにおいて一般的・探索的捜索を許す「令状制度の通弊」（渥美88頁）が痛感され，その教訓は，捜索・押収の対象を特定的に記載した（「捜索されるべき場所及び押収されるべき物件を特定して〔particularly〕示している」）令状を要求するアメリカ連邦憲法第4修正として結実した。我が国の憲法35条は，同修正を母法とするものであり，捜索・差押え対象の**明示**はその具体的な対象の指定をいう**特定**を意味する。

「特定」の要請は，裁判官による「正当な理由」の実質的認定を担保する（井上正仁『強制捜査と任意捜査〔新版〕』〔有斐閣，2014年〕155頁）。令状請求を受けた裁判官が「特定された」対象について「正当な理由」の存否を判断してこそ，それは令状審査に値する。裁判官により「正当な理由」の認められた対象を明示した令状が発付されることにより，捜査機関としては，その恣意的な権限行使の余地が奪われ，処分を受ける者にとっては，（令状の呈示を受け）受忍すべき範囲が明らかになる（松尾上73頁，川出〔捜査・証拠篇〕116~117頁）。

捜索令状と差押令状は，通例，「**捜索差押許可状**」として一括して発付される。憲法35条2項は，「捜索又は押収は，権限を有する司法官憲が発する各別の令状により，これを行ふ」と規定しているが，その趣旨は，捜索と押収について，各別の許可が記載されていることを要するということであり，これを一通の令状に記載することが禁止されるわけではない（最大判昭和27・3・19刑集6巻3号502頁）。これに対し，一通の令状で複数の捜索場所を許す令状の発付は，原則として許されない（東京地判平成21・6・9判タ1313号164頁参照）。「正当な理由」の存否は，場所や機会が変われば異なり得るため，同項は，場所・機会ごとに「正当な理由」の存否に関する裁判官の確認を要求するものと解されるからである（井上・前掲74頁）。

(2) 捜索場所等の特定と差押目的物の特定の程度

特定の趣旨から，捜索対象である「身体，物，住居その他の場所」（102条）は，これを他から識別することができる程度に，かつ，保護法益を考慮して，記載しなければならない。例えば，住居の記載に当たっては，番地表示により，

---

4) 被疑者の氏名は，令状の記載事項であるが，被疑者欄に「不詳」とした令状の請求・発付が有効とされており，令状発付の要件ではない。

UNIT 11　証拠の収集・保全 (1)

その**空間的位置**を示し，捜索が住居等の管理権等の侵害を伴うものであることから，その場所の**管理権**等ごとに特定することが必要である（川出・前掲 117～118 頁。場所の記載につき，最決昭和 30・11・22 刑集 9 巻 12 号 2484 頁は，「合理的に解釈してその場所を特定し得る程度に記載することを必要とするとともに，その程度の記載があれば足りる」とし，佐賀地決昭和 41・11・19 判時 470 号 64 頁は，「少なくとも管理（住居）権者を単位として特定しなければならない」という）。自動車については，ナンバーや車体番号による特定が可能である。マンションの居室や客が宿泊中のホテル客室などは，管理権は 1 個であるとしても，居住権や利用権等も保護する必要があると解されるので，これを基準に特定しなければならない（東京地判昭和 50・11・7 判時 811 号 118 頁。例えば，「マンション 201 号室」，「××ホテル 356 号室」を捜索すべき場所とする令状を要する。コインロッカーや貸金庫についても，個々の管理権を単位に発付された令状が必要であると解される）。捜索対象を，「○○番地 X 社に在所する者の身体および所持品」とする令状は，その者が誰か，どのような所持品かが特定されていない以上，それを捜索する「正当な理由」の存否に関する実質的認定が担保されない（大澤裕「捜索場所・押収目的物の特定」刑雑 36 巻 3 号〔1997 年〕434 頁）。もっとも，その場所（X 社）にいるということだけで，その者の身体および所持品について，一律に「正当な理由」が認められる特段の事情があれば，そのような記載でも特定の要請を満たす（東京地決平成 2・4・10 判タ 725 号 243 頁）。

　差押目的物の記載については，捜査機関にとって捜索・差押えの現場で差押えの許される物とそうでない物との識別が容易で，それによる権限濫用を防止し得るものでなければならないが，捜索・差押えを逮捕に先行させる捜査方法（物的証拠中心の捜査方法）が望ましいことや，捜索・差押えは捜査の初期の段階で行われることが少なくなく流動的要素が強いことから，**概括的な記載**も一定限度で許容される。判例は，「本件に関係ありと思料せられる一切の文書及び物件」という令状記載の特定性が問題となった事案につき，そうした記載は「会議議事録，斗争日誌，指令，通達類，連絡文書，報告書，メモ」という具体的な例示に付加されたものであって，①同令状に「罪名」として記載された「地方公務員法違反」被疑事件に関係があり，かつ，②右例示の物件に準じる闘争関係の文書，物件を指すことが明らかであるとし，差し押さえるべき物の明示に欠けるところがあるとはいえないとした（最大決昭和 33・7・29 刑集 12 巻

12 号 2776 頁〔百選 A5 事件〕）。この決定は，①と②による絞りをかけることにより，明示の要請を満たしているとするが，批判が強い。特別法犯についても，刑法犯同様，犯罪の一般名または罰条の記載が不可欠であるとする見解が有力である。捜査の秘密や被疑者のプライバシーの保護等を考慮しつつ，令状に「被疑事実の要旨」を記載することも検討されてよい。

Ⅲ　捜索・差押えの範囲

1　場所に対する捜索令状と捜索の範囲

　刑訴法は，令状に「捜索すべき場所，身体若しくは物」を明示することを要求している（219 条 1 項）ところ，捜索「場所」に置かれた物は，原則として「場所」に対する捜索令状により捜索することができる。これは，捜索すべき場所に存在する物に対する法益は，場所に対する法益に包摂されている，ないしは，住居等の場所に対する法益は，そこに居住し，あるいは定常的にそこを使用する人のプライバシーや生活その他の活動に係る権利・利益の総体である（井上・前掲 317 頁）と考えられることによる。被疑者 A の居室に対する捜索差押令状により，同居人 B（A の内縁の夫）が，その場所で携帯していたボストンバッグを取り上げて捜索した行為を適法とした判例（最決平成 6・9・8 刑集 48 巻 6 号 263 頁〔百選 19 事件〕）がある。これは，当該ボストンバッグが，捜索すべき場所に存在し，第三者の排他的支配下にある物といえない状況があり，また，当該捜索が B の身体に対する法益を制約するものとは認められず，B の挙動等から差押目的物が当該ボストンバッグに入っている可能性を否定し得なかったことから捜索の必要もあるなどの事実関係の下で，捜索を適法としたものと見られる。

　これに対し，場所に対する捜索令状により，その場所にいる者（捜索場所の居住者，偶然居合わせた第三者であるかを問わない）の身体・着衣を捜索することは許されない。場所に対する法益と身体・着衣に対する法益は異質なものであり，包摂関係にあるものでもない。もっとも，差押目的物を身体や着衣に隠匿したと認められる場合は，捜索・差押えに対する妨害を排除し，捜索・差押えの目的を達成するために必要かつ相当な措置として，その身体・着衣の捜索を

UNIT 11　証拠の収集・保全(1)

することができる場合があると解されている（これに対し，東京高判平成6・5・11高刑集47巻2号237頁参照）。しかし，捜索場所にいた者が隣人の部屋のベランダに差押目的物を投げ込んだような場合，同部屋の居住者の同意を得ることなく同室に立ち入ることは，帰責事由の認められない第三者の権利・利益を侵害するので許されない。

━━ *POINT 3*　捜索実施中に配達され受領された荷物の捜索 ━━━━━━━━━━━━

　　捜索令状は，「捜索すべき場所」および当該場所に属する物の捜索を許可するものであるから，捜索中に宅配便として届けられた荷物でも，被処分者の受領行為によって捜索場所に属する物となった以上，その物も場所に対する捜索令状によって捜索することができる（最決平成19・2・8刑集61巻1号1頁〔百選20事件〕参照）。令状裁判官は，「捜索すべき場所」に，有効期間（通常7日間〔刑訴規300条〕）内に「正当な理由」が存在すると判断して令状を発付するものであり，また捜査機関は，令状に設定されている有効期間内であれば，いつ令状により捜索・差押えをするかの裁量を与えられている（荷物の中に差押目的物の存在する蓋然性が認められることは捜索の要件ではない）。なお，令状呈示の要求（222条1項・110条。後述V1参照）は，手続の公正さ等を担保するものであり，呈示後に捜索場所に搬入された物の捜索の適否とは関係がない。

━━━

2　差押えの範囲

　差押えは，被疑事実と関連する証拠物の収集・保全を目的とするものであり，その対象は，「証拠物又は没収すべき物」と思料するもの（222条1項・99条1項）である。令状への差押目的物の記載が要求されている趣旨から，令状によって差し押さえることができる物は，①令状に記載された「差し押えるべき物」に類型的に該当し，かつ②令状発付の理由となった被疑事件（事実）と関連性を有する物に限られる。

　①について，最高裁は，「差押えるべき物，本件に関係ありと思料される帳簿，メモ，書類等」として発付された捜索差押許可状に基づき警察官が麻雀屋

を捜索し，麻雀牌および計算棒を差し押さえた事案において，「麻雀牌および計算棒が……差押えるべき物に包含されるとした原審の判断は正当である」としている（最判昭和42・6・8判時487号38頁）が，「麻雀牌および計算棒」が「帳簿，メモ，書類」という**差し押さえるべき物に準ずる物**として「等」に含まれるといえるか疑問がある（前出最大決昭和33・7・29〔百選A5事件〕参照）。②については，背景事実や情状事実に関する証拠まで含めることには関連性を緩やかに認めすぎるとの批判（田口88頁）があるが，判例（最判昭和51・11・18判時837号104頁〔百選21事件〕）は，暴力団員らによる恐喝事件で発付された令状により賭博メモを差し押さえた事案において，「甲組の組員らによる常習的な賭博場開張の模様が克明に記録されて」いる当該メモにより，「被疑者であるCと同組との関係を知りうるばかりでなく，甲組の組織内容と暴力団的性格を知ることができ」るとして，差押えを適法としている。

　捜索・差押えの理由となった被疑事実と関連性のない証拠が発見された場合，捜査機関はどのような措置を採り得るか。明白な犯罪関連物件を適法に発見し，それ以上の捜索を必要とせず直ちに差押えが可能である場合に無令状差押えを適法とする見解（田宮105頁）や刑訴法220条1項2号を準用して**緊急押収**を認める見解（渥美130頁）がある。しかし，刑訴法に無令状の差押えを許す明文規定がないことから，捜査機関は，任意提出を受けて領置する（221条）か，別途，差押許可状を得て差押えをするほかない（捜査規範154条1項参照）。ただし，例えば，発見された証拠が所持を禁じられている物で，その所持者を現行犯人として逮捕することができる場合には，逮捕に伴う無令状の差押えが許される（220条1項2号・3項）。

　差押令状に明示された物であっても，専ら別罪の証拠に利用する目的で差し押さえることは禁止される（前出最判昭和51・11・18〔百選21事件〕）。この場合は，差押えの必要に欠けるからと考えられよう。下級審の裁判例には，業務上横領事件の証拠を発見するため，ことさら被告人の住居を捜索する必要に乏しい別件の軽微なモーターボート競走法違反事件についての捜索差押令状を得て捜索した場合について，違法の疑いが強いとしたものがある（広島高判昭和56・11・26判時1047号162頁〔百選26事件〕）。

UNIT 11　証拠の収集・保全(1)

■■*POINT 4*　コンピュータ・記録媒体等の差押え ■■■■■■■■■■■■■■■■■■■■■■■■■■■■■

　(i)　差押えの対象は有体物であり，記録媒体（フロッピーディスク等）内の情報それ自体は，差押えの対象とならない。記録内容（情報）が被疑事実と関連性を有することを確認し，関連性の認められる情報を含むフロッピーディスク等だけを差し押さえることとなるが，記録内容は可視性・可読性を有しないので，関連性の判断は，記録内容をプリントアウトする（「必要な処分」〔222条1項・111条1項〕）などの方法により行う。問題は，そうした作業中に，記録内容を容易に消去されてしまうおそれがあるような場合に，いかなる措置を講じ得るかである。最高裁は，パソコン1台，フロッピーディスク合計108枚などが差し押さえられた事案について，「パソコン，フロッピーディスク等の中に被疑事実に関する情報が記録されている蓋然性が認められる場合において，そのような情報が実際に記録されているかをその場で確認していたのでは記録された情報を損壊される危険があるときは，内容を確認することなしに右パソコン，フロッピーディスク等を差し押さえることが許される」としている（最決平成10・5・1刑集52巻4号275頁〔百選22事件〕）。

　これは，被疑事実に関する情報が記録されている蓋然性（個々の記録媒体について認められる必要があるとされているかは明らかでない）と情報が損壊される危険の存在から，**被疑事実との関連性の程度**が緩和されるという考え方を採ったものとみられている（パスワードで保護されている場合など「技術的な理由」により内容の確認が困難である場合も，同様に解されることとなろう）。「正当な理由」の存否は，捜査上の利益と対象者の被る不利益との衡量によって決定されるものであり，具体的に必要とされる関連性の程度は一義的に決まるものではないとの考え方を前提とするものであろう（222条1項・100条1項参照）。

　しかし，憲法35条にいう「正当な理由」の審査が利益衡量的判断に親しむものと解することには疑問がある。そこで，記録媒体を一括取得し，警察署等で選別することは，差押えそのものではなく，捜索の一過程または令状記載の差押目的物に該当するかどうかを確認するための「必要な処分」（222条1項・111条1項）として許されるとする考え方（笹倉宏紀「判批」ジュリ1191号〔2000年〕83頁，酒巻匡「捜索・押収とそれに伴う処分」刑雑

36巻3号〔1997年〕94頁）が主張されている。これに対しては，差押えは
占有の取得を意味する以上，差押えのための差押えを認めることになる，
手続的な保護（「必要な処分」に対する準抗告の許否〔430条〕，押収目録の交付
〔222条1項・120条〕等）が与えられないという問題が指摘されている。

　(ii)　氏名不詳の被疑者1名がインターネット接続会社管理のサーバーコ
ンピュータ内（東京支店に設置）にわいせつ画像データを記憶，蔵置してわ
いせつ図画を公然陳列したとの事案について，警察官が，捜索差押許可状
に基づき同支店内を捜索し，顧客管理データ（同会社と会員契約を結んでホー
ムページを開設している者428人分のデータ）が記録されたフロッピーディ
スク1枚を差し押さえた処分は適法か。当該処分の取消しを求めて同会社
が申し立てた準抗告に対し，本件ホームページを開設した被疑者以外の
「会員に関するデータについては，……本件被疑事実との関連性を認めが
たく，差押えの必要性は認められない」とした裁判例（東京地決平成10・
2・27判時1637号152頁〔百選〔9版〕26事件〕）がある。被疑事実との関連
性の有無は，差押目的物である記録媒体ごとに判断されるため，被疑事実
との関連性は否定されないのであり，被疑事実と無関係な大量の情報が開
示されることによる不利益が極めて大きいため，捜査の必要との合理的な
権衡（差押えの相当性）に欠けると判断されたものと理解することができよ
う。

Ⅳ　電磁的記録を含む証拠の収集・保全手続

　前述のとおり，電磁的記録それ自体は，有体物でないので差し押さえること
ができない。そのため，電磁的記録に係る証拠の収集は，電磁的記録の保存さ
れている記録媒体につき，被疑事実との関連性を判断し，これを差し押さえる
方法を採るほかないが，その記録媒体が大型のサーバーである場合，これを差
し押さえることは，被処分者の被る不利益との合理的な権衡を欠くといえよう。
また，そのような場合には，被処分者の協力を得て必要な電磁的記録を他の記
録媒体に複写させたりして当該他の記録媒体を差し押さえることが考えられる
が，これには被処分者の協力が必要であり，協力が得られないときは，被処分

UNIT 11　証拠の収集・保全(1)

者側のシステムを使って複写等を行うことになろうが，これが「必要な処分」
（222条1項・111条1項）として許されるか疑問がある。こうした事態に対処す
ることができるよう，2011年改正により，電磁的記録を含む証拠の収集・保
全手続に関する規定が新設・改正された。

1　電磁的記録に係る記録媒体の差押えの代替処分

　差し押さえるべき物が電磁的記録に係る記録媒体であるときは，差押えをす
る者（222条1項で捜査機関の処分に準用される場合は処分を行う捜査機関）が，そ
の差押えに代えて，①当該記録媒体に記録された電磁的記録を他の記録媒体に
複写し，印刷し，または移転した上，当該他の記録媒体を差し押さえること，
および，②被差押者に差し押さえるべき記録媒体に記録された電磁的記録を他
の記録媒体に複写させ，印刷させ，または移転させた上，当該他の記録媒体を
差し押さえることができる（110条の2）。いずれの処分を選択するかは，捜査
機関の裁量に委ねられている。捜査機関のした222条1項において準用する
110条の2の処分は，430条にいう「押収に関する処分」に当たる。

2　記録命令付差押え

　裁判所および捜査機関は，電磁的記録を保管する者その他電磁的記録を利用
する権限を有する者に命じて必要な電磁的記録を記録媒体に記録させ，または
印刷させた上，当該記録媒体を差し押さえることを内容とする「**記録命令付差
押え**」を行うことができる（99条の2・218条1項）。電磁的記録の記録・印刷を
命じられた者は，法的な義務を負うが，被処分者が記録命令に従わない場合で
も，直接強制はできない。また，その義務違反に対する罰則も設けられていな
い。被処分者が命令に応じなかった場合には，必要な電磁的記録が記録されて
いる記録媒体自体を差し押さえることとなる。記録命令付差押えを受けた者が，
記録媒体の所有者，所持者または保管者であるときは，当該記録媒体の占有を
侵害されたとして，準抗告をすることができる（430条）。

3　電気通信回線で接続している記録媒体からの複写

　裁判所および捜査機関は，差し押さえるべき物が電子計算機であるときは，
当該電子計算機に電気通信回線で接続している記録媒体であって，当該電子計

168

算機で作成・変更をした電磁的記録または当該電子計算機で変更・消去をすることができることとされている電磁的記録を保管するために使用されていると認めるに足りる状況にあるものから，その電磁的記録を当該電子計算機または他の記録媒体に複写した上，当該電子計算機または当該他の記録媒体を差し押さえることができる（99条2項・218条2項）。

4 保全要請

捜査機関（ただし，司法巡査を除く）は，差押えまたは記録命令付差押えをするため必要があるときは，電気通信を行うための設備を他人の通信の用に供する事業を営む者または自己の業務のために不特定もしくは多数の者の通信を媒介することのできる電気通信を行うための設備を設置している者に対し，その業務上記録している電気通信の送信元，送信先，通信日時その他の通信履歴の電磁的記録のうち必要なものを特定し，30日を超えない期間を定めて，これを消去しないよう，書面で求めることができる（197条3項）。特に必要があるときは，30日を超えない範囲内で延長することができるが，通じて60日を超えることはできない（同条4項）。**保全要請**は，相手方に対して，法的な義務付けをするものであるが，相手方がこれを拒否しても，罰則等の制裁規定はない。相手方が保全要請に応じない場合には，差押えまたは記録命令付差押えが行われる。

5 電磁的記録に係る記録媒体についての差押状の執行を受ける者等に対する協力要請

差し押さえるべき物が電磁的記録に係る記録媒体であるときは，裁判所および捜査機関は，被処分者に対し，電子計算機の操作その他の必要な協力を求めることができる（111条の2・222条1項）。この規定は，裁判所および捜査機関が行う検証に準用されている（142条・222条1項）。

UNIT 11　証拠の収集・保全(1)

V　令状の執行

1　令状の呈示

　捜索差押許可状の執行に当たっては，刑訴法は，処分を受ける者（捜索場所・差押目的物の直接の支配者をいう）に対する令状の呈示のみを規定しているが（222条1項・110条），それに先立って，身分と来意を告知することが必要である。私的領域に対する予告なしの侵入は，物理的・精神的平穏を害するので，被処分者に状況を了解させ，同人の協力を得て立ち入ることにより，無用の混乱・不測の事態の発生を防止することが求められる（井上正仁『捜査手段としての通信・会話の傍受』〔有斐閣，1997年〕74～75頁，長沼範良ほか『演習刑事訴訟法』〔有斐閣，2005年〕115～116頁〔佐藤隆之〕参照）。これに対し，**令状呈示**の趣旨は，被処分者に対し，裁判の内容を了知させることにより，手続の明確性と公正を担保し，被処分者の不服申立てなどを確保してその利益を保護することにある。最高裁が「手続の公正を担保するとともに，処分を受ける者の人権に配慮する趣旨に出たもの」（最決平成14・10・4刑集56巻8号507頁〔百選A6事件〕）とするのも，同趣旨と解される。令状の呈示時期は明定されていないが，呈示の趣旨から，「令状の執行に着手する前」，例えばホテル客室については，入室前の呈示が求められる（同決定。**事前呈示原則**）。

　令状に記載された場所に立ち入って捜索・差押えをすることができるのは，発付された令状自体の効力に基づくものであり，また，令状呈示は，憲法の定める令状主義の要請ではないと解されるので，被処分者が不在の場合（110条参照）や，被処分者が令状による捜索・差押えの実行であることを了知しながら，令状の閲読を拒んだりして，呈示を受ける権利を放棄したとみなされる場合は，令状呈示を行わずに捜索・差押えに着手することができる。

　さらに，証拠隠滅行為を防止する必要があるときも，事前呈示原則の例外が認められる。判例は，覚せい剤事犯の前科のある被疑者の在室時に捜索・差押えを行うに当たり，被疑者が令状執行の動きを察知すれば直ちに覚せい剤を洗面所に流すなど短時間のうちに差押目的物を破棄隠匿するおそれがあった状況下で，令状の執行に着手してホテル客室に入室した直後に呈示を行った措置は，「捜索差押えの実効性を確保するためにやむを得ない」ものとして，事後（令

状執行着手後）の令状呈示を適法と判断している（前出最決平成14・10・4〔百選A6事件〕）。この決定は，立入りの直後に令状が呈示された事案に関するものであるが，捜索・差押え着手後の令状呈示を，直ちに違法とする趣旨まで含むものではないと解される。

2 立会い・令状の夜間執行など

公務所で捜索するときは，その長またはこれに代わるべき者に通知してその処分に立ち会わせ，人の住居または看守する邸宅などで捜索するときは，住居主・看守者またはこれに代わるべき者に立ち会わせなければならない（222条1項・114条1項2項）。処分を受ける者の権利の保護を図るとともに，その執行手続の公正を担保するためである（田宮108頁）。住居主などを立ち会わせることができない場合，隣人または地方公共団体職員を立ち会わせる（222条1項・114条2項後段）。捜査機関は，必要があるときは，被疑者を立ち会わせることができる（222条6項）が，被疑者・弁護人には立会権はない（同条1項は，113条を捜査機関による捜索・差押えに準用していない）。

夜間執行を許す記載が令状にある場合を除いて，日出前・日没後に，令状執行のため人の住居等に立ち入ることはできない（222条3項・116条1項。例外につき，222条3項・117条）。令状執行中，人の出入りを禁止し，または人を退去させること（222条1項・112条）が，執行を中止する場合は，その場所を閉鎖し，または看守者を置くこと（222条1項・118条）が許される。女子の身体の捜索については，急速を要する場合を除き，成年の女子を立ち会わせなければならない（222条1項・115条）。

3 「必要な処分」

捜索差押許可状の執行については，錠をはずし，封を開き，その他**必要な処分**をすることができる（222条1項・111条1項）。刑訴法111条は，「必要な処分」（事案によっては，強制処分たる実質を有する処分）を行う権限を創設するものではなく，本体たる捜索・差押えの中に含まれている権限を確認的に明示したものである。

最高裁は，令状の事前呈示原則の例外が認められる状況下において，警察官らが，来意を告知することなく，マスターキーによりホテル客室に入室した措

UNIT 11 証拠の収集・保全(1)

置は,「捜索差押えの実効性を確保するために必要であり,社会通念上相当な態様で行われていると認められる」として,これを「必要な処分」として許容した(前出最決平成14・10・4〔百選 A6 事件〕)。「社会通念上相当な態様」とは,被処分者の被る法益侵害措置の必要性との合理的権衡が認められる行為態様を意味し(酒巻116頁),具体的な事案ごとに,捜査の必要と被処分者のプライバシー保護とを比較衡量し,両者が合理的権衡を保っているかどうかにより「必要な処分」としての許容性が判断される。覚せい剤事犯に関する事案において,捜査員が宅配便の配達を装って玄関扉を開けさせて住居内に立ち入った行為(大阪高判平成6・4・20高刑集47巻1号1頁〔百選〔7版〕23事件〕)や,(覚せい剤等の証拠を隠滅することが予想されたほか)拳銃所持のおそれもあった場合において,合鍵による解錠および鎖錠の切断によって警察官が居室内に立ち入った行為(大阪高判平成5・10・7判時1497号134頁)が「必要な処分」として許されている。これに対し,警察官らが来意も告げず,郵便物の配達を装うなどして室内に入る方法を採ることなく,いきなり被疑者宅居室のベランダ側掃き出し窓のガラスを割り,錠を外して室内に入った行為につき,水に流すことが容易な覚せい剤が差押目的物に含まれていなかったなどとして,「必要な処分」とはいえないと判断した裁判例(東京高判平成15・8・28判例集未登載。本判決につき,最判解刑事篇平成14年度216頁以下参照)がある。

　押収物についても,「必要な処分」をすることができる(222条1項・111条2項)。未現像フィルムの現像(東京高判昭和45・10・21高刑集23巻4号749頁),電磁的記録媒体の情報内容の読出し,携帯電話のメモリ内容の読出しなどが,これに当たるといわれる。また,押収継続の要否だけでなく,押収物の証拠価値等の確認のためにも,「必要な処分」をなし得ると解されている。新たな権利・利益の制約を伴う場合には,別途,令状の発付を得て行う必要がある(例えば,撮影済みフィルムを破壊するには,令状〔検証許可状〕が必要となる〔前出東京高判昭和45・10・21〕)。

Ⅵ　押収拒絶権

　証拠物等であっても,公務上の秘密(222条1項・103条・104条)および業務上の秘密(222条1項・105条)に関わるものについては,**押収拒絶権**が認めら

れている。刑事手続における事案の真相の解明という利益を凌駕する国の重大な利益を保護すること，および個人の秘密に属する事項を取り扱うことの多い一定の業務とこれに秘密を託す者の信頼を保護することを，それぞれ目的とする。

　公務員または公務員であった者が保管し，または所持する物について，本人または当該公務所から職務上の秘密に関するものであることを申し立てたときは，当該監督官庁の承諾がなければ，押収することはできない。ただし，当該監督官庁は，国の重大な利益を害する場合を除いては，承諾を拒むことができない（222条1項・103条ただし書）。

　また，医師，歯科医師，助産師，看護師，弁護士，弁理士，公証人，宗教の職にある者またはこれらの職にあった者は，業務上委託を受けたため，保管し，または所持する物で他人の秘密に関するものについては，押収を拒むことができる。ただし，本人が承諾した場合，押収の拒絶が被疑者のためのみにする権利の濫用と認められる場合などは，この限りでない（222条1項・105条）。押収拒絶権者は，刑訴法に規定された者に限られる（制限列挙。なお，通信傍受16条参照）。

Ⅶ　捜索・差押え後の措置

　捜査機関は，捜索をしたが証拠物または没収すべき物を発見することができなかったときは，捜索を受けた者の請求があれば，その旨の証明書（**捜索証明書**）を交付する（222条1項・119条）。差押えをしたときは，その目録（**押収目録**）を作成し，所有者・所持者・保管者またはこれらの者に代わるべき者に交付する（222条1項・120条）。

Ⅷ　不服申立て

1　準抗告

　差押えについて，準抗告をすることができる（429条・430条）。令状発付が不適法であるとして「**押収の裁判**」の取消し（429条1項2号）を，令状に記載

UNIT 11　証拠の収集・保全(1)

のない物件や被疑事実に関連性のない物件が差し押さえられたなどとして「**押収に関する処分**」の取消し（430条1項2項）を請求することができる。処分が取り消されたときは，捜査機関は，押収物を被押収者に返還しなければならない。

　捜索・検証については，準抗告は認められていない。捜索は差押えの手段であり，占有移転を伴う差押えとは異なり権利侵害が即時的であり，差押えに対する救済制度を設ければ足りること，検証についても同様に，権利侵害が即時的で，占有移転を伴わないため権利侵害の程度が軽微であり，取消しの実益を無視し得ることが，その理由とされている。被侵害法益を財産権と捉えることの帰結である。

　判例は，捜索差押令状の執行中，捜索場所で令状なしに，印鑑，電動ひげ剃り機，洋服タンス内の背広などの写真撮影が行われた事案につき，写真撮影は，それ自体としては検証としての性質を有すると解した上，刑訴法430条2項の準抗告の対象となる「押収に関する処分」には当たらないとした（最決平成2・6・27刑集44巻4号385頁〔百選32事件〕）。もっとも，例えば，日記帳の内容を逐一撮影したような場合には，これと別異の解釈もできよう。同決定に付された補足意見は，このような場合について，「実質的にみれば，捜査機関が日記帳……を差し押さえてその内容を自由に検討できる状態に置いているのと同じであるから，……これを『押収に関する処分』として刑訴法430条の準抗告の対象とし，同法426条2項によりネガ及び写真の廃棄又は引渡を命ずることができるとする考え方もあり得よう」としている。

2　還付・仮還付

　還付は，押収の効力を消滅させ現状を回復する処分である。捜査機関は，押収物で，「留置の必要」がないものは，事件の終結を待たないで，これを還付しなければならない（222条1項・123条1項・124条1項）。還付は，請求がなくても，義務的である。これに対し，仮還付とは，留置の必要がないとは必ずしもいえない物であっても，所有者・保管者等の請求により，仮にこれを還付することをいう（222条1項・123条2項。なお，347条3項参照）。

　明文規定はないが，被押収者には，還付請求権が認められる（最決平成15・6・30刑集57巻6号893頁）。捜査機関がした押収物の還付に関する処分に不服

がある者は，準抗告をすることができる（430条1項2項）。還付の相手方は，原状回復が原則であるから，被押収者である（最決平成2・4・20刑集44巻3号283頁）。もっとも，贓物（盗品等）については，被害者に還付する（222条1項・124条1項）。

POINT 5　捜索・差押えの際の写真撮影

　身体の拘束を受けている被疑者の**写真撮影**は，被疑者を裸にしない限り，令状によることを要しない（218条3項）。写真撮影が身体の拘束という強制処分に付随するものとして許されるという理由による。そこで，捜索・差押えの過程における写真撮影も，その目的・方法・程度・必要性に照らし，捜索・差押えに付随するものと認められる場合は，令状なしに許されると解されている。捜索・差押えの際に，捜査機関が，証拠物の証拠価値を保存するために証拠物をその発見された場所・発見された状態において写真撮影することや，捜索差押手続の適法性を担保するため令状執行状況を写真撮影するのが，その例である（東京地決平成元・3・1判時1321号160頁）。

　なお，捜査機関は，捜索差押令状に記載された差押目的物を発見した場合，被差押者の利益を考慮して，これを差し押さえる代替的措置として，その写真を撮影することは当然に許される。これに対し，捜索差押令状に記載された物以外のものを写真撮影するには，検証許可状を要する（前出最決平成2・6・27〔百選32事件〕参照）。

UNIT
12
証拠の収集・保全(2)

Ⅰ　逮捕に伴う捜索・差押え
Ⅱ　検　証
Ⅲ　鑑定嘱託
Ⅳ　体液等の採取

Ⅰ　逮捕に伴う捜索・差押え ─────────────

　憲法 35 条 1 項は，「何人も，……捜索及び押収を受けることのない権利は，第 33 条の場合[1]を除いては，……令状がなければ，侵されない」と規定している。これをうけた刑訴法は，検察官，検察事務官または司法警察職員に対し，「逮捕する場合」において「必要があるとき」は，令状なしに，①人の住居等に立ち入り被疑者を捜索すること，および②「逮捕の現場」において，捜索・差押え等をすることを許している（220 条 1 項柱書・1 号 2 号・3 項）。ここにいう「逮捕」は，身体拘束それ自体をいい，また通常逮捕，緊急逮捕および現行犯逮捕を含む。①は，捜索令状なしに人の住居等に立ち入り被疑者の捜索を許すものであるが，これは，逮捕という目的達成のために必要かつ合理的な限度で認められるものである。「必要があるとき」に当たるというためには，「被疑者が人の住居に現在することの高度の蓋然性」が客観的に認められることを要する（札幌高函館支判昭和 37・9・11 高刑集 15 巻 6 号 503 頁，大阪地判昭和 38・9・17 下刑集 5 巻 9 = 10 号 870 頁）。被疑者以外の第三者の住居に立ち入るときは，その者に対し，逮捕状を呈示し（222 条 1 項・110 条参照），逮捕状がない場合は，立入り目的を告知すべきである（松尾上 56 頁）。
　②が逮捕に伴う捜索・差押え[2]と呼ばれているものである。

---

1)　「第 33 条の場合」とは，「〔第〕33 条による不逮捕の保障の存しない場合」（最大判昭和 30・4・27 刑集 9 巻 5 号 924 頁〔憲法百選Ⅱ 118 事件〕）をいう。
2)　逮捕に伴う検証については後述する。

176

I　逮捕に伴う捜索・差押え

1　根　拠

　無令状の捜索・差押えが認められる根拠につき，2つの考え方が示されている。1つは，逮捕の際に被逮捕者によって証拠が隠滅されることを防止し，それを保全する緊急の必要があるからだとする考え方（**緊急処分説**）である（酒巻122頁は，証拠隠滅の主体を第三者にまで拡大する）。令状を請求する時間的余裕がない場合に，令状主義の例外として，無令状の捜索・差押えを認めようとするものであり，学説上の多数説である（この説では，通常逮捕に伴う被逮捕者の身体の捜索〔後出〕については，事前に令状を請求する時間的余裕があるといえるので，令状によらない身体の捜索は許されないことになろうが，逮捕に着手した時点を基準に，緊急性を判断する立場もあり得よう）。もう1つは，逮捕の現場には，証拠が存在する蓋然性が一般的に高く，令状を請求すれば，それが当然発付されるため，裁判官による事前の司法審査を介在させる必要がないとする考え方である（**相当説**〔**合理性説**〕）。相当説の他の説明として，捜索・差押えは，必ずしも令状による必要はなく，合理的な理由があれば許され，逮捕に伴って行われる場合は，逮捕の現場には証拠の存在する蓋然性が一般的に高いので，合理的な理由のあるときに当たるというものがある。憲法35条は「不合理な」捜索・押収を禁止しているにすぎず，令状によることを原則とするものではないという立場が前提とされているのであれば，そのような立場は，「捜索及び押収を受けることのない権利は……令状がなければ，侵されない」と定める憲法35条と整合しないと解される。緊急処分説は，逮捕現場には証拠物の存在する高度の蓋然性が一般的に認められることを前提とするものであり，相当説との違いは，令状主義の例外を，事前に令状の発付を得ることが不可能な場合に限定すべきか否かという点にあるといわれている。

　最高裁は，「〔憲法〕35条が……捜索，押収につき令状主義の例外を認めているのは，この場合には，令状によることなくその逮捕に関連して必要な捜索，押収等の強制処分を行なうことを認めても，人権の保障上格別の弊害もなく，且つ，捜査上の便益にも適なうことが考慮されたによるものと解される」（最大判昭和36・6・7刑集15巻6号915頁〔百選A7事件〕）としている。「人権の保障上格別の弊害もなく」とは，既に逮捕によって人身の自由という大きな法益が侵害されている以上，住居や身体のプライバシーという相対的に小さな法益を

177

UNIT 12　証拠の収集・保全(2)

無令状で侵害しても許される，あるいは，逮捕によってその場所の平穏等の法益が既に侵害されており，捜索・差押えによって生ずる新たな法益侵害はさほど大きなものではないという趣旨をいうものと見られる（**付随処分説**）。

しかし，逮捕と捜索・差押えとでは，侵害される法益が異なり包摂関係が認められないことや，第三者の住居内で逮捕された場合には法益主体が異なることから，こうした「大は小を兼ねる」根拠付けには無理があるといわなければならない。また，最高裁のいう「令状主義の例外」は，緊急事情の存在ではなく，令状請求の必要の欠如をその根拠とするものといえよう。下級審裁判例には，逮捕現場に証拠物が存在する蓋然性が高いので，捜索差押許可状が発付される要件が充足されていること，逮捕者の身体の安全を図る必要があること，証拠の散逸・破壊を防ぐ必要があることなどを挙げるものがある（東京高判昭和44・6・20高刑集22巻3号352頁〔百選23事件〕，福岡高判平成5・3・8判タ834号275頁〔百選24事件〕等）が，これは，令状請求の必要の欠如と緊急事情の存在の両者に令状主義の例外根拠を求めるものである。こうした考え方は，緊急処分説を採用したといわれるアメリカ連邦最高裁のシーメル判決（Chimel v. California, 395 U.S. 752（1969））に付された反対意見に近い（被逮捕者の身体およびその直接の支配下にある場所のほか，捜索の要件を満たす範囲の場所を捜索対象とし，逮捕官憲の身体の安全の確保と証拠保全の緊急の必要性をその根拠とする）。

2　「逮捕する場合」・「逮捕の現場」

緊急処分説では，逮捕行為に際して捜索・差押えが許されるのは，客観的に見て被逮捕者が証拠を隠滅するおそれが存在する時間的範囲（**逮捕する場合**）・場所的範囲（**逮捕の現場**）でなければならない。原則として，逮捕に着手していることが必要であり，被疑者不在の場合の，逮捕に先行した捜索・差押えは許されない。また，逮捕が完了し，被疑者が現場から連行されるか，それ以前に，もはや身動きできなくなった状態になった場合も，その後の捜索・差押えは認められない。逮捕の現場での捜索の対象は，「身体，物又は住居その他の場所」（222条1項・220条1項・102条）であるが，緊急処分説によると，被逮捕者の身体およびその手の届く範囲の場所（そこにある物を含む）をいい，その具体的な範囲は，それが逮捕の際の被逮捕者の移動可能性に左右されるため，被逮捕者の拘束の態様・程度，被逮捕者と捜査官との位置関係等の諸事情を考慮

I 逮捕に伴う捜索・差押え

して決定されるといわれる[3]。

　これに対し，相当説では，証拠の存在する蓋然性は逮捕の先後で変更がないため，捜索が開始された時点で逮捕行為に着手している必要はないし，また，逮捕が完了した後も，捜索・差押えをすることができる。逮捕が成功しなかった場合も，同様であるが，法文上の「逮捕する場合」の制約が加わることに留意が必要である。「逮捕の現場」については，捜索令状が管理権侵害を許容するという実質を持ち，管理権を単位として発付されることから，逮捕地点を起点として同一の管理権が及ぶ範囲内の場所と解されている[4]（UNIT 11 II 2）。

　最高裁は，「逮捕の現場」を「場所的同一性を意味するにとどまるもの」と解し，「逮捕する場合」につき，捜索・差押えと「逮捕との時間的接着を必要とするけれども，逮捕着手時の前後関係は，……問わない」として，被疑者が他出不在であった場合において，被疑者が帰宅次第緊急逮捕する態勢の下に捜索・差押えを開始し，その20分後に帰宅した被疑者を逮捕した事案において，捜索・差押えの適法性を認め（前出最大判昭和36・6・7〔百選A7事件〕），また，被疑者を，同人が寝泊りしていた飲食店の1階において逮捕し，同店の2階に立ち入って実施した捜索・差押えにつき，「逮捕の現場」における捜索・差押えとして適法と判断している（最決昭和40・9・16集刑156号437頁）。緊急処分説からこれらの判例の結論を説明するのは困難である。判例上，相当説が根底にあるとされる（田宮109頁）所以である。

　下級審裁判例には，ホテル5階のロビーで被疑者を逮捕した場合に，同人が宿泊していた7階客室で実施した無令状捜索・差押えを適法としたものがある（東京高判昭和44・6・20高刑集22巻3号352頁〔百選23事件〕）が，緊急処分説・相当説いずれによってもこの結論を説明し得ないであろう（なお，福岡高判平成5・3・8判タ834号275頁〔百選24事件〕は，職務質問を継続する必要から，被疑者以外の者の住居内に移動し，同所で職務質問を実施した後に逮捕した場合，同所に対する捜索を逮捕に伴う捜索として正当化することができないとしている。しかし，当該処分

3）　井上正仁『強制捜査と任意捜査〔新版〕』〔有斐閣，2014年〕358頁は，緊急処分説を採りながらも，捜索の範囲を，被疑者の住居等についてはその全体，被疑者以外の住居等については逮捕行為の着手後完了までの間に被疑者が現にいるか，またはいたと認められるところとし，その根拠を，逮捕の現場に被疑事実に関する証拠が存在する蓋然性，およびそれについての事前の司法審査の必要性の違いに求める。

4）　新関雅夫ほか『増補令状基本問題(下)』（一粒社，1996年）279頁［小林充］。

UNIT 12　証拠の収集・保全(2)

について，捜索要件〔222条1項・220条・102条2項〕を具備する限り，これを許容すべきでないとすることは困難である）。

=== *POINT 1*　被疑者以外の者による証拠隠滅 ==

　被疑者をその居宅の台所で逮捕したが，隣室にいる被疑者の妻による証拠隠滅の現実的危険が認められるような場合，同室を捜索することは許されるか。相当説では，逮捕した現場である台所と同一管理権の及ぶ範囲内の場所の捜索が許されるので，こうした事態に対応し得るが，緊急処分説においても，「逮捕の現場」とは，被逮捕者のみならず第三者が被疑事実と関連する証拠物を破棄隠滅する可能性のある範囲の場所を意味すると捉える見解（酒巻123頁）によれば，隣室に対する捜索が許される。

==

3　差押えの範囲（物的範囲）

　逮捕に伴う差押えについても，その目的物は「証拠物又は没収すべき物」と思料するもの（222条1項・220条1項・99条1項）である。緊急処分説，相当説のいずれによっても，差押目的物は逮捕の理由とされた被疑事実と関連性を有する証拠物等に限られる。裁判例も，酒気帯び運転の容疑で現行犯逮捕した場合に，別罪である銃砲刀剣類所持等取締法違反の証拠物の捜索・差押えを許していない（東京高判昭和46・3・8高刑集24巻1号183頁）。このほかに，凶器や逃走のための道具が差押目的物とされることがある（無令状捜索・差押えの根拠として，被逮捕者による証拠隠滅の防止のほか，逮捕者の安全確保および被逮捕者の逃亡防止をも挙げる〔初期の〕緊急処分説では，これらの物件も差押目的物と捉えられているようである〔田宮109頁。なお，同112頁〕）が，逮捕に対する現実的な妨害があるときは，これを排除し逮捕を完遂するのに必要な措置として，凶器等の取上げ・保管が，逮捕の効力により許されるものと解される。

=== *POINT 2*　逮捕の現場に居合わせた第三者の身体・所持品の捜索 ==========================

　逮捕に伴う捜索の対象は，逮捕現場の「身体，物又は住居その他の場所」（222条1項・220条1項・102条）であり，そうである以上，第三者の身

180

体・所持品について，差押目的物が存在すると認めるに足りる状況が存在する限り（222 条 1 項・220 条 1 項・102 条 2 項），これを捜索することができると解されている（田宮 112 頁等）。しかし，逮捕現場にいる第三者の身体については，そもそも逮捕被疑事実と関連性を有する証拠物等の存在する蓋然性が一般的に高いとはいえないのではないかとの疑問が示されている（酒巻 125 頁。古江頼隆『事例演習刑事訴訟法〔第 2 版〕』〔有斐閣，2015 年〕139 頁，宇藤ほか 144 頁は，第三者の所持品についても同様の疑問を指摘する）。これによれば，第三者の身体について，逮捕に伴う無令状の捜索・差押えの正当化根拠が失われる以上，刑訴法 220 条 1 項 2 号による捜索の対象とならないということとなる[5]（なお，こうした立場に立っても，第三者が差押目的物を隠匿したと認められる場合は，令状による捜索・差押えの場合と同様，捜索・差押えに対する妨害を排除し，原状回復のための措置を講ずることは，捜索・差押えの付随的効力として許される）。

=== POINT 3 逮捕現場以外における被逮捕者の身体・所持品の捜索 ===

　逮捕現場付近の状況に照らし，その場で直ちに被逮捕者の身体・所持品の捜索・差押えをすることが，被逮捕者らの抵抗による混乱が生じるおそれがあるなどして適当でないときは，速やかに被逮捕者を捜索・差押えの実施に適する最寄りの場所まで連行し，そこで捜索・差押えを実施することが許されるか。最高裁は，このような事情が認められる場合に最寄りの場所（警察署）で実施された捜索・差押えは，「『逮捕の現場』における捜索，差押えと同視することができ，適法な処分と解するのが相当である」としている（最決平成 8・1・29 刑集 50 巻 1 号 1 頁〔百選 25 事件〕）。本決定は，被逮捕者の身体を逮捕の現場と見る裁判例（東京高判平成 5・4・28 高刑集 46 巻 2 号 44 頁〔本決定の原審〕）の立場や，警察署での捜索・差押えを「逮捕の現場」における捜索・差押えと捉える立場を採らないことを明らかにしたものである（前者は文理上問題があり，後者は「警察署」が捜索の対象となり

---

5) 刑訴法 102 条 2 項は，裁判官が被疑者以外の第三者の身体等に対する令状を発付するための要件でもある。刑訴法 220 条不適用説は，捜査機関からこの要件判断を行う権限を奪う効果をもつ。

UNIT 12 証拠の収集・保全(2)

かねない難点を持つ)。

　捜索差押許可状により対象者の身体を捜索する場合，捜索・差押えに適した最寄りの場所へ移動してこれを実施することが認められている。そこで，逮捕に伴う捜索・差押えについても，これと同様の理解ができるであろう（井上・前掲注3）365頁，大澤裕「逮捕に伴う被逮捕者の所持品等の差押えの適法性」法教192号〔1996年〕101頁）。刑訴法220条1項2号は，無令状捜索・差押えの根拠が失われていない状況の下で，「逮捕の現場」で捜索・差押えを実施することが適当でない事情がある場合には，「速やかに」被逮捕者を「捜索・差押えの実施に適する」「最寄りの場所」まで連行し，そこで捜索・差押えを実施することを許容していると解される。前出最決平成8・1・29〔百選25事件〕も，これと同趣旨をいうものであり，逮捕の現場における捜索・差押えと警察署における捜索・差押えという異なる2つの処分を措定したものではないと見られよう（大澤・前掲101頁参照）。

Ⅱ　検　証

1　令状による検証

　検証とは，場所・物・人について，五官の作用によりその存否，性質，状態，内容等を認識，保全する強制処分をいう（最決平成11・12・16刑集53巻9号1327頁〔百選31事件〕参照）。捜査機関が行う場合，裁判官の発する検証令状によって行う（218条1項）。検証を行ったとき，認識した物などの状態を調書（検証調書）に記録する方法が採られ，検証調書は一定の要件を満たせば証拠能力が付与される（321条3項）。令状請求の手続および検証の手続は，原則として捜索・差押えの場合と同様である（218条・219条・222条1項・110条・114条・222条4項5項）。検証については，身体の捜索，死体の解剖，墳墓の発掘，物の損壊その他必要な処分をすることができる（222条1項・129条）。しかし，「検証すべき物」として本件パーソナルコンピュータが記載されているにすぎない検証許可状により，本件パーソナルコンピュータからインターネットに接続してメールサーバにアクセスし，メール等を閲覧，保存することは，メール

Ⅱ　検証

サーバの管理者等の第三者の権利・利益を侵害するため許されない（東京高判平成28・12・7判時2367号107頁参照）。

検証の対象が人の身体である場合を身体検査といい，身体検査は，身体検査令状によらなければならない（218条1項後段 *POINT 4* 参照）。

検証に対する不服申立ての可否については，**UNIT 11** 参照。

2　令状によらない検証

身体の拘束を受けている者については，裸にしない限り，令状によらないで，その指紋・足型の採取，身長・体重の測定，写真の撮影をすることができる（218条3項）。これは，身体を拘束されている者を特定するための，身体拘束という強制処分に付随する処分であることによる（なお，DNA型鑑定のための標本を口腔内から採取する処分が同項により許されるかについて，これを積極に解する見解がないわけではないが，疑問である）。このほか，逮捕に伴う検証は，無令状で行うことができる（220条1項2号・3項）。法文上，身体検査もすることができるが（222条1項・220条・129条），後述の身体検査の特性および身体検査令状の請求・発付の特殊性（*POINT 4*）に鑑み，逮捕現場で行うべき特段の事情が認められない限り，無令状の身体検査は許されないと解されている。

捜査機関は，検証の性質を有する処分を任意処分として行うことができる（例えば，公道上の交通事故現場における見分など第三者の権利・利益を侵害しない場所で行う場合や，相手方の承諾を得て行う場合）。これは**実況見分**といわれる。実況見分が行われた場合，**実況見分調書**が作成される（捜査規範104条2項）。実況見分調書は，刑訴法321条3項により証拠能力が認められる（最判昭和35・9・8刑集14巻11号1437頁〔百選A39事件〕）。

POINT 4　身体検査の範囲と令状の種類

身体検査は，①**身体捜索**（218条1項），②**検証としての身体検査**（同項後段）および③**鑑定処分としての身体検査**（225条1項）の3つの処分により行うことができるが，身体検査の許容される範囲・程度（被験者のプライバシー侵害の程度）の違いにより，手続・要件が異なる。

①の身体捜索は，着衣の内側・身体の外表の検査に限られ，②の検証としての身体検査は，身体の外表部分の形状（人相，容貌，体格，痕跡等）や

UNIT 12 証拠の収集・保全(2)

体腔を認識・検査するもので，個人の尊厳に関わるため，①より慎重な手続・要件が定められている。すなわち，身体捜索は捜索令状により行うことができるが，身体検査は，より厳格な**身体検査令状**による必要があり，令状の請求に際しては，身体の検査を必要とする理由，対象者の性別および健康状態等を示さなければならない（218条5項）。令状を発付する裁判官は，身体検査の場所・時期の指定，医師の立会いの要求など，適当と認める条件を付することができる（同条6項）。

身体捜索も検証としての身体検査も，捜査機関が行うが，女子の身体検査については，医師または成年の女子を立ち会わせなければならない（222条1項・131条2項）。身体検査の対象者が，正当な理由なく検査を拒否したときは，身体検査の間接強制（過料・刑罰）ができる（222条1項・137条・138条・222条7項）。間接強制では効果がないと認められるときは，直接強制が許される（222条1項・139条）。身体検査のために強制的に出頭させ，または，身体検査に適した場所に連行することを許す明文規定はない（222条1項は132条以下を準用していない）。

③の鑑定処分としての身体検査は，身体の外表部分の検査にとどまらず，血液採取，レントゲン照射，胃カメラ・超音波の使用等の身体内部への侵襲を伴う検査であり，そのため，捜査機関の嘱託（223条1項）を受けた鑑定受託者としての医師等の専門家が行うこととされている（Ⅲ参照）。対象者が正当な理由なく検査を拒否したときは，間接強制ができるだけで（225条4項・168条6項・137条・138条），直接強制は許されていない（225条4項は139条を準用していない）。

Ⅲ 鑑定嘱託

鑑定とは，特別の知識・経験を有する第三者による，その知識・経験に基づいた，法則そのものについての報告，またはその法則を適用して得た具体的な事実判断や意見をいう（最判昭和28・2・19刑集7巻2号305頁参照。なお，165条参照）。捜査機関は，犯罪の捜査をするについて必要があるときは，被疑者以外の者に鑑定を嘱託することができる（223条1項）。これを**鑑定嘱託**，それを

受けた者を**鑑定受託者**という（これに対し，裁判所に命じられて鑑定を行う学識経験のある第三者は**鑑定人**と呼ばれる〔166条・168条参照〕）。

　鑑定受託者は，鑑定の嘱託に対し，その受託を拒否することができる（223条2項参照）ほか，鑑定人と違って，宣誓をする必要がない（鑑定人の場合につき166条参照）。鑑定受託者が鑑定の経過および結果を記載した書面（鑑定書）は，刑訴法321条4項の要件を満たすことにより証拠能力が与えられる（最判昭和28・10・15刑集7巻10号1934頁〔百選A40事件〕）。

　鑑定受託者は，鑑定について必要がある場合は，裁判官の**鑑定処分許可状**（225条3項）を得て，住居等に立ち入り，身体を検査し，死体を解剖し，墳墓を発掘し，または，物を破壊することができる（同条1項・168条1項）。鑑定処分許可状の請求は，捜査機関が行う（225条2項）。また，被疑者の心神または身体に関する鑑定をさせるために，**鑑定留置**（167条1項に規定する処分）の必要があるときは，捜査機関は，裁判官に対し，鑑定留置請求書（記載要件につき，刑訴規158条の2参照）を提出して，その処分を請求しなければならない（224条1項・167条1項）。裁判官は，この請求を相当と認めるときは，**鑑定留置状**を発し，期間を定め，病院その他の相当な場所に被疑者を留置する（224条2項・167条1項2項）。

Ⅳ　体液等の採取

1　強制採尿

　(1)　被疑者の尿中に覚せい剤成分が残留していたことは，覚せい剤自己使用罪などについて自己使用の事実を証明する証拠資料となるが，これを得るため，尿の任意提出を拒否する被疑者の尿道にカテーテル（導尿管）を挿入して膀胱に至らせ，そこに貯留されている尿を強制的に採取すること（いわゆる**強制採尿**）は，許されるであろうか。最高裁は「強制採尿が捜査手続上の強制処分として絶対に許されないとすべき理由はなく，被疑事件の重大性，嫌疑の存在，当該証拠の重要性とその取得の必要性，適当な代替手段の不存在等の事情に照らし，犯罪の捜査上真にやむをえないと認められる場合には，最終的手段として，適切な法律上の手続を経てこれを行うことも許され〔る〕」とした上，「そ

UNIT 12　証拠の収集・保全（2）

の実施にあたつては，被疑者の身体の安全とその人格の保護のため十分な配慮が施されるべきものと解するのが相当である」とした。そして，「適切な法律上の手続」について，「体内に存在する尿を犯罪の証拠物として強制的に採取する行為は捜索・差押の性質を有する」として，捜索差押許可状によって行うべきであるが，刑訴法218条5項（現6項）を準用し，捜索差押許可状には，「強制採尿は医師をして医学的に相当と認められる方法により行わせなければならない旨の条件の記載が不可欠である」とした（最決昭和55・10・23刑集34巻5号300頁〔百選27事件〕）。そのため，強制採尿は，捜索の対象を「被疑者の身体」，差し押さえるべき物を「被疑者の尿」とし，「医師をして医学的に相当と認められる方法により行わせる」旨の条件を付した捜索差押許可状（いわゆる強制採尿令状）により実施されている。

　本決定に対しては，①被侵害利益の程度に応じて身体に対する3種類の採証手続（身体捜索，検証としての身体検査，鑑定処分としての身体検査）を区別している実質的な意味が失われる（田宮116頁等。前出 *POINT 4* 参照），②条件付捜索差押許可状は新たな強制処分のための令状を判例によって立法したものである（最決平成11・12・16刑集53巻9号1327頁〔百選31事件〕参照），③そもそも強制採尿という証拠収集方法は「人間の尊厳」という観点から許されない（三井I63頁等。本決定の原審の名古屋高判昭和54・2・14判時939号128頁は，「被疑者の人格の尊厳を著しく害し，その令状の執行手続として許される限度を越え，違法である」とした），といった批判がある。

　(2)　被疑者が錯乱状態にあった場合も，任意の提出を期待することができず，「犯罪の捜査上真にやむをえない」場合に当たるとされた（最決平成3・7・16刑集45巻6号201頁）が，これは，尿の任意提出を期待できない合理的な事情が認められる事案で示された判断と理解しておくべきであろう。さらに，被疑者を採尿する医療施設などへ任意同行することが事実上不可能であるときは，令状の効力として，被疑者を採尿場所まで連行することができ，その際に必要最小限度の有形力を行使することが許されている（最決平成6・9・16刑集48巻6号420頁〔百選2事件〕）。その理由として，①そのように解しないと，強制採尿令状の目的を達することができないことと，②令状を発付する裁判官は，連行の当否を含めて審査し，同令状を発付したものと見られることが挙げられているが，強制連行が本来可能であるとすれば，②は補充的な理由付けといえるの

であり（井上・前掲注3）147頁），連行を不許可とする旨の令状記載がない限り，連行は許されていると解されよう。もっとも，被疑者が第三者の住居に逃げ込んだようなときに，その住居に立ち入ることまでは認められない（井上・前掲注3）148頁，川出〔捜査・証拠篇〕187頁）。このことは令状の呈示の先後で異ならないといえよう。

2　採血・呼気の採取・DNA 標本の取得等

採血は，強制採尿の場合と同程度の屈辱感・精神的打撃を与えるものではなく，身体への侵襲を伴うものの，医学的に相当な方法で行われる限り，令状によれば許されることについて異論はない。強制採血は，実務上，鑑定処分許可状と身体検査令状（併用説）によって行われている（血液は，老廃物でいずれは排泄される尿と違って，体液〔身体の一部〕であり，差押え物と解されないことによるものと思われる。なお，交通事故による負傷で失神状態にある被疑者を治療中の医師に，アルコール濃度測定のため，被疑者の承諾なしに注射器で採血させるには，鑑定処分許可状を要するとした裁判例として，仙台高判昭和47・1・25刑月4巻1号14頁〔百選A8事件〕参照）。直接強制を許すために身体検査令状を併用するのは便宜的であるなどとの批判があるが，嘱託鑑定は検証を補充・代替するものであると捉え，身体検査令状により，鑑定受託者の立会いの下で，身体検査を直接強制し得ると解されている（井上・前掲注3）97頁）。これは，鑑定人の鑑定を拒否する場合に関する刑訴法172条との整合的な解釈である。

呼気の採取も，これを強制的に行うときは，鑑定処分許可状と身体検査令状が必要であるとされている。なお，呼気検査を拒んだ者を処罰する道交法（120条1項11号）は，その供述を得ようとするものではないから，憲法38条1項に違反しない（最判平成9・1・30刑集51巻1号335頁〔百選A9事件〕。UNIT９I2参照）。

嚥下物の採取については，嚥下物を確認するためのレントゲン撮影やそれを排出させるための吐剤・下剤の投与は鑑定処分であり，また，嚥下物の採取は差押えに当たるので，鑑定処分許可状と差押許可状によるほか，強制力を用いる必要がある場合は，身体検査令状も必要になると解されている（三井I 59頁）。

DNA 標本の取得には，本人の同意か，これが得られないときは，鑑定処分許可状と身体検査令状が必要である。

UNIT 13

科学技術を用いた捜査の規律

Ⅰ　科学技術の活用
Ⅱ　科学技術を用いた捜査に対する規律内容

Ⅰ　科学技術の活用

『平成 29 年版警察白書』は，客観証拠による的確な立証を図り，犯罪の悪質化・巧妙化等に対応するために犯罪捜査において活用されている科学技術として，次の 6 種を紹介している（97〜99 頁）。

(1)　DNA 型鑑定[1]

DNA 型鑑定とは，ヒト身体組織の細胞内に存在する DNA（デオキシリボ核酸）の塩基配列を分析することで個人を識別する鑑定法である。現在行われている DNA 型鑑定は，主に STR 型検査法（STR と呼ばれる塩基配列の繰り返し回数に個人差があることを利用し，その反復回数を調べて，その繰返し回数を「型」として表記し個人を識別する検査方法）と呼ばれるもので，日本人で最も出現頻度が高い DNA 型の組合せの場合でも，約 4 兆 7000 億人に 1 人という確率で個人識別を行うことができる[2]。

(2)　指掌紋自動識別システム

「万人不同」および「終生不変」の特性を有する指紋および掌紋（指掌紋）は，

---

1)　被疑者 DNA 型記録（被疑者の身体から採取した資料の DNA 型の記録）と遺留 DNA 型記録（犯人が犯罪現場等に遺留したと認められる資料の DNA 型の記録）をデータベースに登録し，犯人の割り出しや余罪の確認等に活用されている。この「DNA 型記録検索システム」の運用は，2005 年 9 月から開始され，「DNA 型記録取扱規則」（平成 17 年国公委規 15 号）に基づいて行われている。2015 年からは，身元不明死体に関する資料から作成した変死体等 DNA 型記録および死体 DNA 型記録等のデータベースへの登録も行われている。同規則 7 条は，型記録の抹消事由を定めている。

2)　欧米諸国では，現在進行中の捜査と無関係に，将来犯罪の捜査等のため，一定の者（例えば，逮捕された被疑者や有罪判決を受けた者）から一律に DNA 標本を採取し，DNA 型鑑定を行い，その型記録をデータベース化することが行われている。

個人を識別するための資料として，犯罪捜査で重要な役割を果たしている。警察では，被疑者から採取した指掌紋と犯人が犯罪現場等に遺留したと認められる指掌紋をデータベースに登録して自動照合を行う指掌紋自動識別システムを運用し，犯人の割出しや余罪の確認等に活用している。被疑者の指掌紋の収集・管理等について，「指掌紋取扱規則」（平成9年国公委規13号）参照。

(3) プロファイリング

プロファイリングとは，犯行現場の状況，犯行の手段，被害者等に関する情報や資料を，統計データや心理学的手法等を用いて分析・評価することにより，犯行の連続性の推定や，犯人の年齢層・生活様式・職業・前歴・居住地等の推定，次回の犯行の予測を行うものである。

(4) 自動車ナンバー自動読取システム

自動車盗や自動車を利用した犯罪を検挙するため警察庁では，1986年度から，通過する自動車のナンバーを自動的に読み取り，手配車両のナンバーと照合する自動車ナンバー自動読取システムの整備に努めている（後出Ⅱ1参照）。

(5) 情報分析支援システム

捜査の方向性や捜査項目の優先順位の判断を支援するため，犯罪手口，犯罪統計等の犯罪関連情報を，地図上に表示するなど他の様々な情報と組み合わせることにより，犯罪の発生場所，時間帯，被疑者の特徴等を総合的に分析することを可能とする情報分析支援システム（CIS-CATS〔Criminal Investigation Support-Crime Analysis Tool & System〕）が，2009年1月から運用されている。

(6) デジタルフォレンジック

デジタルフォレンジックとは，犯罪の立証のための電磁的記録の解析技術およびその手続をいう。犯罪に使用された電子機器等に保存されている情報は，被疑者の特定，犯罪事実の証明，犯罪組織の解明に関する証拠となる場合があることから，犯罪に利用された電子機器等から証拠となる情報を取り出すための体制が整備されている。

UNIT 13　科学技術を用いた捜査の規律

Ⅱ　科学技術を用いた捜査に対する規律内容 ─────────

1　自動車ナンバー自動読取システム

　自動車ナンバー自動読取システム（いわゆる N システム）は，前述（Ⅰ(4)）の
とおり，道路上を通過する自動車のナンバーを自動的に読み取り，手配車両の
ナンバーと照合するものであるが，このシステムによって，自動車運転者等の
有するみだりにその容ぼう等を撮影されない自由（憲 13 条）が制約されること
はないと解されている（東京高判平成 17・1・19 判時 1898 号 157 頁，東京高判平成
21・1・29 判タ 1295 号 193 頁）。その理由として挙げられているのは，次の 2 点
である。①「自動車ナンバー自動読み取り装置」によって撮影された画像には，
一時的に走行車両の搭乗者の容ぼう・姿態が写っている可能性があるが，この
画像は瞬時にコンピュータ処理によって車両ナンバープレートの文字データと
して抽出されることになり，搭乗者の容ぼう・姿態が写っている可能性のある
画像そのものが記録，保存されることはないこと，② N システムによって読
み取られた走行車両のナンバーデータは，犯罪の発生から警察による事件の認
知または容疑車両等の割出しまでに時間がかかる場合があるため，一定期間保
存することができるようになっているが，その後は消去される仕組みになって
いること，がこれである。

　もっとも，N システムによって，同じく憲法 13 条の保障する「国民が公権
力によってみだりに自己の私生活に関する情報を収集・管理されない自由」
（前出東京高判平成 21・1・29）が制約されないかという問題があるが，この点も，
消極に解されている。その主たる理由は，N システムによって取得・保有・
利用される情報は，直接には特定のナンバープレートの車両が N システム端
末の設置された公道上の特定の地点を一定方向に向けて通過したとの情報にと
どまるものであること，および当該情報は，車両データに限られており，公権
力に対して秘匿されるべき情報ではないことである。

　収集・管理されるデータは，秘匿性が保障されない車両に関するものである
とはいえ，車両を用いた個人の「移動」に関する情報を伴うため，N システ
ムの端末が道路上の至る所に張り巡らされ，移動情報が大量かつ緊密に集積さ
れるような場合は，車両の運転者である個人の行動を含む私生活の内容を相当

190

II　科学技術を用いた捜査に対する規律内容

程度に推測する手掛かりとなり得る。Nシステムが許容されるためには，記録された通過車両データが警察による事件の認知または容疑車両等の割出し後は消去され，これが長期間にわたって大量に集積される仕組みとなっていないこと（前出東京高判平成17・1・19参照）や，Nシステムの端末が国民の私生活上の行動に対する監視が問題となる態様で緊密に張り巡らされていないこと（前出東京高判平成21・1・29参照）など，取得される情報の集積・照合等により自動車運転者等の私的な行動性向等の把握が可能となることを防止し得る担保措置が講じられていることが必要と解しておくべきであろう。

2　エックス線検査

最高裁（最決平成21・9・28刑集63巻7号868頁〔百選29事件〕〔大阪エックス線検査事件〕）は，荷送人の依頼に基づき宅配便業者の運送過程下にある荷物について，捜査機関が，捜査目的を達成するため，荷送人や荷受人の承諾を得ることなく，これに外部からエックス線を照射して内容物の射影を観察した事案につき，「本件エックス線検査は，……その射影によって荷物の内容物の形状や材質をうかがい知ることができる上，内容物によってはその品目等を相当程度具体的に特定することも可能であって，荷送人や荷受人の内容物に対するプライバシー等を大きく侵害するものであるから，検証としての性質を有する強制処分に当たるものと解される」として，検証許可状の発付を得て行われなかった本件エックス線検査を違法であると判断した。

第一審（大阪地判平成18・9・13判タ1250号339頁）は，「本件〔の〕エックス線検査による方法は，その射影により内容物の形状や材質を窺い知ることができるだけで，内容物が具体的にどのようなものであるかを特定することは到底不可能である」から，「この方法が荷送人・荷受人のプライバシー等を侵害するものであるとしても，その程度は極めて軽度のものにとどまる」とし，それを任意処分として行うことができるとし，原審（大阪高判平成19・3・23刑集63巻7号911頁）もこの判断を支持していた。本決定と第一審および原審とで判断が分かれた理由については，本決定においては，エックス線検査によって内容物を把握することができなかった場合でも，「内容物によってはその品目等を相当程度具体的に特定することも可能」である事実が挙げられ，実際に得られた画像ではなく，検査機器の持つそうした性能がその強制処分性を決定付け

UNIT 13 科学技術を用いた捜査の規律

得るものと捉えられている点に留意すべきであろう。なお，プライバシー等の侵害の程度・その重要性に関する最高裁の評価が他の事件の場合と整合的に行われているかについては，疑問が提起されている（井上正仁『強制捜査と任意捜査〔新版〕』〔有斐閣，2014 年〕433 頁。例えば，本決定において，荷物の内容物が明らかになるため，強制処分と評価されたエックス線検査は，実質的には，荷物を開披して内容物を調べる行為〔捜索〕と同視することができるが，所持品検査に関する最判昭和53・6・20 刑集 32 巻 4 号 670 頁〔百選 4 事件，〔9 版〕4 事件〕〔米子銀行強盗事件〕では，施錠されていないボーリングバッグのチャックを開けて中を一瞥した警察官の処分が「捜索」に当たらないと判断されている）。

3 通信傍受

(1) 検証許可状による電話傍受

（i）1999 年，通信の当事者のいずれの同意も得ないで行う**通信の傍受**について，これを一定の要件の下で許容する「犯罪捜査のための通信傍受に関する法律」（以下，「**通信傍受法**」という）が成立した（通信傍受法制に関する包括的研究につき，井上正仁『捜査手段としての通信・会話の傍受』〔有斐閣，1997 年〕参照）。同法成立以前は，捜査機関は，電話等を使用して組織的にかつ隠密裏に行われる覚せい剤等の薬物事犯の捜査において，刑訴法の定める検証許可状の発付を得て電話傍受を行っていた。こうした立法および実務に対し，憲法論として，通信傍受は，通信の秘密（憲 21 条 2 項）を侵害するものであって，およそ立法によってもこれを認めることはできないとする見解があったほか，立法によれば憲法上全く許されないわけではないとしつつ，憲法 35 条の要請（特定性）を満たすことができるかどうかをめぐって賛否の両論が見られた。通信傍受は，「通信の秘密」等を侵害する強制処分であるとしても，郵便物等の押収が認められていること（〔222 条 1 項〕100 条 1 項）との対比からも，およそ憲法上許容されない処分であるとはいえない。もっとも，通信傍受により制約される権利・利益の重要性に鑑みると，それが捜査として実施されるには，令状主義（憲 35 条）の要請が充足されることが不可欠である。憲法 35 条の趣旨が捜査の必要と個人のプライバシー保護とのバランスを図るという点にあるとすれば（UNIT 11 参照），会話ないし通話が無体物であることは，通信傍受に憲法 35 条の保障を及ぼす上での障害とはならない。

II 科学技術を用いた捜査に対する規律内容

(ii) 通信傍受法の制定前に実施された検証許可状による電話傍受の合憲性に関する判断を示したのが，最決平成11・12・16刑集53巻9号1327頁〔百選31事件〕である。同決定は，「電話傍受は，通信の秘密を侵害し，ひいては，個人のプライバシーを侵害する強制処分である」とした上，電話傍受が憲法上許容されるための要件を次のとおり示した（安村勉「通信・会話の傍受」井上正仁＝酒巻匡編『刑事訴訟法の争点』〔有斐閣，2013年〕92頁参照）。

「①重大な犯罪に係る被疑事件について，②被疑者が罪を犯したと疑うに足りる十分な理由があり，かつ，③当該電話により被疑事実に関連する通話の行われる蓋然性があるとともに，④電話傍受以外の方法によってはその罪に関する重要かつ必要な証拠を得ることが著しく困難であるなどの事情が存する場合において，⑤電話傍受により侵害される利益の内容，程度を慎重に考慮した上で，⑥なお電話傍受を行うことが犯罪の捜査上真にやむを得ないと認められるときには，⑦法律の定める手続に従ってこれを行うことも憲法上許されると解するのが相当である」（番号は筆者）。

そして，本決定は，本件当時，「電話傍受を直接の目的とした令状は存していなかった」が，「電話傍受が法律に定められた強制処分の令状により可能であった」とし，その根拠として次の5点を挙げた。すなわち，①電話傍受は，「五官の作用によって対象の存否，性質，状態，内容等を認識，保全する検証」としての性質をも有すること，②裁判官は，捜査機関から提出される資料により傍受要件の存否につき事前審査が可能であること，③検証許可状の「検証すべき場所若しくは物」（219条1項）の記載に当たり，傍受すべき通話，傍受の対象となる電話回線，傍受実施の方法および場所，傍受ができる期間をできる限り限定することにより，傍受対象の特定という要請を相当程度満たすことができること，④身体検査令状に関する刑訴法218条5項（現6項）は，その規定する条件の付加が強制処分の範囲，程度を減縮させる方向に作用する点において，身体検査令状以外の検証許可状にもその準用を肯定し得ると解されるから，裁判官は，例えば捜査機関以外の第三者を立ち会わせて，対象外と思料される通話内容の傍受を速やかに遮断する措置を採らせなければならない旨を検証の条件として付することができること，⑤捜査機関は，傍受すべき通話に該当するかどうか明らかでない通話について，その判断に必要な限度で傍受することは，「必要な処分」（129条）に含まれると解し得ることが，これである。

UNIT 13 科学技術を用いた捜査の規律

(iii) 通信傍受法の成立に伴い，刑訴法に「通信の当事者のいずれの同意も得ないで電気通信の傍受を行う強制の処分については，別に法律で定めるところによる」との規定（222条の2）が追加されたため，電話傍受を検証許可状によって行うことは許されなくなり，その限りで，本最高裁決定の意義は失われた。もっとも，本決定が，同法の規制対象外である通信形態の傍受や住居内の口頭会話の傍受等に対し，先例としての意義を持っていると見るべきかについては，見解が分かれている。

(2) 通信傍受法

(i) 通信傍受法の内容

通信傍受法は，通信傍受の要件，令状の請求・発付，傍受の実施，事後手続につき詳細な規定を設けている。

1) 通信・傍受

傍受の対象となる「通信」は，電話その他の電気通信であって，その伝送路の全部または一部が有線であるもの，またはその伝送路に交換設備があるもので（通信傍受2条1項），電話，携帯電話，ファックス，電子メール等もここにいう「通信」に含まれる。「傍受」とは，現に行われている他人間の通信について，その内容を知るため，当該通信の当事者のいずれの同意も得ないで，これを受けることをいう（同条2項）。

2) 令状発付の要件

a 犯罪の嫌疑 ①対象犯罪（通信傍受法別表第一に掲げる犯罪〔薬物関連犯罪，銃器関連犯罪，集団密航に関する罪および組織的殺人の罪〕または，同法別表第二に掲げる犯罪〔殺傷犯等関係（現住建造物等放火・殺人・傷害・傷害致死・爆発物の使用），逮捕・監禁，略取・誘拐関係，窃盗・強盗関係，詐欺・恐喝関係および児童ポルノ関係の犯罪。2016年改正により別表第二犯罪が追加された〕）が犯されたと疑うに足りる十分な理由があること，②対象犯罪が犯され，引き続き（a)当該犯罪と同様の態様で犯される同一・同種の対象犯罪，または（b)当該犯罪の実行を含む一連の犯行計画に基づいて対象犯罪が犯されると疑うに足りる十分な理由があること，③死刑または無期・長期2年以上の懲役・禁錮に当たる罪が対象犯罪と一体のものとしてその実行に必要な準備のため犯され，かつ，引き続き対象犯罪が犯されると疑うに足りる十分な理由があること，のいずれかの要件を満たし，かつ，通信傍受法3条2項の場合を除いて，それらの犯罪が数人の

共謀によるものであると疑うに足りる状況がなければならない（通信傍受3条1項）。

②および③は，一部，将来犯罪について令状発付を認める規定である。

b 犯罪関連通信の蓋然性　　対象犯罪の「実行，準備又は証拠隠滅等の事後措置に関する謀議，指示その他の相互連絡その他当該犯罪の実行に関連する事項を内容とする通信……が行われると疑うに足りる状況」があることを要する（通信傍受3条1項）。

c 補充性　　「他の方法によっては，犯人を特定し，又は犯行の状況若しくは内容を明らかにすることが著しく困難である」ことを要する（通信傍受3条1項）。

さらに，通信傍受法別表第二に掲げる犯罪（前出）については，「あらかじめ定められた役割の分担に従って行動する人の結合体により行われるもの……であると疑うに足りる状況がある」ことが認められなければならない（通信傍受3条1項1号）。

3）令状の請求・発付

a 請求権者・発付権者　　令状請求権者は，一般の令状の場合と異なり，検察官（検事総長の指定する検事）または司法警察員（警察官については，公安委員会の指定する警視以上の警察官）である。令状請求に慎重を期すために限定されている。請求先・発付権者は，地方裁判所の裁判官である（通信傍受4条1項）。令状請求を受けた裁判官は，理由があると認めるときは，10日以内の期間を定めて傍受令状を発付する（通信傍受5条1項）。ただし，請求権者の請求により，10日以内の期間を定めて延長ができるが，通じて30日を超えることができない（通信傍受7条1項）。

b 傍受令状の記載事項　　傍受令状には，「被疑者の氏名」，「被疑事実の要旨」，「罪名，罰条」，「傍受すべき通信」，「傍受の実施の対象とすべき通信手段」，「傍受の実施の方法及び場所」，「傍受ができる期間」，「傍受の実施に関する条件」，「有効期間」等が記載される（通信傍受6条1項）。後述4）eおよびfによる傍受を実施するときは，その旨の記載が必要である（通信傍受7条2項）。

4）傍受の実施

a 実施主体　　検察官または司法警察員に限られている（通信傍受3条1項）。

UNIT 13　科学技術を用いた捜査の規律

　b 令状の提示・通信管理者等の立会い　　傍受令状は，通信管理者等に示さなければならない（通信傍受 10 条 1 項）。傍受の実施をするときは，通信管理者等を立ち会わせなければならない。通信管理者等を立ち会わせることができないときは，地方公共団体の職員を立ち会わせなければならない（通信傍受 13条 1 項）。傍受手続の公正を担保するためである。

　c 傍受の種類　　次の 4 種類の傍受が認められている。

　①令状記載の「傍受すべき通信」の傍受（通信傍受 6 条 1 項），②令状記載の傍受すべき通信に該当するかどうか不明の通信について，該当性判断のために行う傍受（通信傍受 14 条 1 項。**該当性判断のための傍受**），③外国語・暗号等による通信で，傍受の時に該当性を判断できない通信を全部傍受する外国語傍受（通信傍受 14 条 2 項），および，④傍受の実施中に行われた，令状記載被疑事実以外の犯罪で，死刑または無期・短期 1 年以上の懲役・禁錮に当たる罪の実行に関する通信と明らかに認められる通信の傍受（通信傍受 15 条。**他の犯罪の実行を内容とする通信の傍受**）。

　ただし，④については，裁判官の事後審査が必要とされており，傍受した通信が通信傍受法 15 条所定の通信に該当しないと認められたときは，当該通信の傍受の処分は取り消される（通信傍受 27 条 3 項）。

　d 傍受した通信の記録　　傍受した通信は全て，記録媒体に記録され（通信傍受 24 条），立会人による封印がなされ（通信傍受 25 条 1 項），傍受実施状況報告書（通信傍受 27 条）とともに遅滞なく，傍受令状を発付した裁判官が所属する裁判所の裁判官に提出される（通信傍受 25 条 4 項）。検察官・司法警察員は，記録媒体から，刑事手続において使用するための「傍受記録」を作成しなければならない（通信傍受 29 条 1 項）。傍受記録の作成は，無関係な通信の記録を消去して行う（通信傍受 29 条）。

　e 特定電子計算機（特定装置）を用いる傍受（通信傍受 23 条）　　2016 年改正により導入された傍受の実施の方法で，捜査機関の施設における傍受の実施を可能とするほか，通信管理者等による立会い・封印を不要とするというもので，「従来の傍受形態を根本的に変革するもの」（田口 111 頁）である（なお，以下にいう「暗号化」とは，通信の内容を伝達する信号等の信号について，電子計算機および変換符号を用いて変換処理を行うことにより，当該変換処理に用いた変換符号と対応する変換符号を用いなければ復元することができないようにすること，「復号」とは，

Ⅱ　科学技術を用いた捜査に対する規律内容

暗号化により作成された信号について，電子計算機および対応変換符号を用いて変換処理を行うことにより，原信号を復元すること〔通信傍受（2条4項）〕，「再生」とは，一時的に保存をされた暗号化信号の復号により復元された通信について，電子計算機を用いて，音の再生，文字の表示その他の方法により，人の聴覚または視覚により認識することができる状態にするための処理をすることをいう〔(2条6項)〕)。

検察官または司法警察員は，裁判官の許可を受けて，通信管理者等に命じて，対象となる通信について，暗号化をさせ，暗号化により作成される暗号化信号を，傍受の実施の場所に設置された特定電子計算機に伝送させた上，暗号化信号を受信するのと同時に復号をし，復元された通信を，前記 c の傍受の場合と同一の範囲内で傍受することができる。

特定装置を用いる傍受は，裁判官が，傍受令状に当該方法による傍受をすることができる旨の記載をしたときに限られる。暗号化・複号に必要な鍵（変換符号およびその対応変換符号）は，傍受令状を発付した裁判官が所属する裁判所の職員が作成し，検察官または司法警察員に提供したものが用いられる。特定装置を用いて記録された記録媒体は，傍受の実施の終了後，遅滞なく，傍受令状を発付した裁判官の所属する裁判所の裁判官に提出することとなっている。傍受の実施の適正を担保するため，法は，「特定電子計算機」の持つべき機能について，詳細に規定している（通信傍受23条2項）。

通信管理者等による立会い（通信傍受13条1項）および記録媒体の封印（通信傍受25条1項）を要しない。

ｆ通信管理者等の施設における通信内容の一時的保存を伴う傍受（通信傍受20条～22条）　2016年改正により導入された傍受の実施の方法で，これにより，これまでのような長時間に及ぶ待機を避けることができるようになった。

検察官または司法警察員は，裁判官の許可を受けて，通信管理者等に命じて，①対象となる通信について，暗号化をさせ，これにより作成される暗号化信号を一時的に保存させ，その後，②傍受の実施の場所において，一時的に保存された暗号化信号を復号により復元させて再生し，前記 c の傍受の場合と同一の範囲内で傍受することができる。

この方法による傍受は，裁判官が，傍受令状に当該方法による傍受をすることができる旨を記載したときにすることができる。①の実施には，通信管理者等による立会い（通信傍受13条1項）を要しない。②の再生は，通信管理者等

197

UNIT 13　科学技術を用いた捜査の規律

の立会いの下で行われる。暗号化・復号に必要な鍵は，傍受令状を発付した裁判官の所属する裁判所の職員が作成し，これを通信管理者等に提供する。傍受の原記録についての封印や裁判官への提出については，通常の傍受の場合と同様である。

5）事後手続

a 事後の通知等　　傍受終了後，原則として 30 日以内に，傍受記録に記録されている通信の当事者に対し，実施した通信傍受について所定の事項を通知しなければならない（通信傍受 30 条）。通知を受けた通信の当事者は，傍受記録中の当該通信を聴取・閲覧・複製することができる（通信傍受 31 条）。その聴取・閲覧・複製を行った当事者の請求がある場合，裁判官（傍受の原記録を保管する裁判官）は，傍受記録の正確性の確認のために必要があると認めるときその他正当な理由があると認めるときは，原記録中の当該通信部分の聴取・閲覧・複製を許可しなければならない（通信傍受 32 条 1 項）。

b 不服申立て等　　通信傍受に関する裁判官の裁判・捜査機関の処分について不服のある者は，裁判所に不服申立てをすることができる（通信傍受 33 条 1 項 2 項）。裁判所は，処分を取り消す場合は，検察官または司法警察員に対し傍受記録の当該部分の消去を命じなければならない（通信傍受 33 条 3 項）。

c 国会への報告等　　政府は毎年，通信傍受の実施状況を国会に報告するとともに，公表するものとされている（通信傍受 36 条）。

(ii)　**通信傍受法の問題点**　　通信傍受法については，次の問題点が指摘されている。①憲法 35 条の特定性の要請を満たすかという根本的な問題のほか，②傍受のできる期間として 10 日以内の期間を定め，30 日を超えない範囲での延長を認め，継続的な処分を許している（通信傍受 5 条・7 条）が，傍受処分の持つ継続性がプライバシー等の侵害を増大させる点をどう見るべきか，③傍受対象に，犯罪との関連性が認められる通信だけでなく，関連性が認められるかどうか分からない通信を含め，それについて，該当性判断のための傍受を許している（通信傍受 14 条）が，こうした傍受は，憲法の禁ずる一般探索的処分に当たらないか，④傍受令状は通信を行っている両当事者には提示されないが（通信傍受 10 条 1 項），これは令状呈示原則違反や告知・聴聞を受ける権利（憲31 条）の侵害に当たらないか，⑤将来の犯罪に対する通信の傍受を部分的に認めているが（通信傍受 3 条），これを捜査として許容することができるか，さら

198

に，⑥令状記載の被疑事実以外の一定の重大犯罪に関する通信の傍受をも許しているが（通信傍受15条），この傍受は，令状の効力によって根拠付けられないため，何にその根拠を求めるべきか，などである。

4 秘密録音等

捜査機関が会話の一方当事者の同意を得てその**会話の聴取・録音**をするには令状を要するか。かつては，「電話の場合も，会話の場合も，……聞くことを認めた以上，これを録音することはさしつかえない。したがって，会話者が，相手方の知らないうちに録音しても……，モラルの問題は別として，違法とはいえない」（平野116〜117頁）とする見解があった。これは，会話の当事者は会話の内容を相手方の支配に委ねているから，相手方が会話の内容を第三者に話したりして会話の秘密性を放棄する場合には，これを受忍せざるを得ないという考え方に基づくものである。アメリカの判例上，現在でも，「危険の引受け」法理として，そのような考え方が採られている。

通常，会話は，第三者がそれを聞いていたり録音していたりすることはないという期待の下で自由な会話をすることができる（井上・前掲『強制捜査と任意捜査』221頁）とすれば，「みだりに会話を聞かれたり録音されたりしない自由」が，個人の私生活上の自由の1つとして保障されると解すべきであろう（写真撮影に関する最大判昭和44・12・24刑集23巻12号1625頁〔憲法百選I 18事件〕は，何人も，その承諾なしにみだりにその容ぼう等を撮影されない自由を有することを認めている）。秘密録音等は，こうした自由を侵害・制約するものであるが，会話内容の秘密性は相手方に委ねられているため，重要な権利・利益に対する実質的な侵害・制約を伴う強制処分（井上・前掲『強制捜査と任意捜査』12頁）とまではいえず，比例原則（197条1項本文）により，具体的状況の下で相当と認められる限度で許容されよう。

裁判例には，被告人と犯行を結び付ける証拠として，警察官が捜索・差押えの際に，小型マイクをネクタイピンに装着するなどして，立会人である被告人らの同意を得ずに密かにその声を録音した秘密録音テープ等の取調べ請求がされた事案につき，「自己の承諾なしに相手方に密かに対話を録音されないことについて正当な期待」があるとした上，「捜査機関が対話の相手方の知らないうちにその会話を録音することは，原則として違法であり，ただ録音の経緯，

UNIT 13　科学技術を用いた捜査の規律

内容，目的，必要性，侵害される個人の法益と保護されるべき公共の利益との権衡などを考慮し，具体的状況のもとで相当と認められる限度においてのみ，許容されるべきものと解すべきである」と判示したものがある（千葉地判平成3・3・29判時1384号141頁〔百選9事件〕）。

5　GPS（Global Positioning System〔全地球測位システム〕）端末装置の使用

GPS端末装置を用いた捜査をめぐる問題については，UNIT 5を参照。

6　携帯電話の位置情報

携帯電話の位置情報の提供・取得については，我が国では，現在のところ，次の扱いがなされている。電気通信事業者は，利用者の同意がある場合，裁判官の発付した令状[3]に従う場合その他の違法性阻却事由がある場合を除いては，位置情報（移動体端末を所持する者の位置を示す情報であって，発信者情報でないものをいう）を他人に提供しないこととされ（電気通信事業における個人情報保護に関するガイドライン〔平成29年総務告152号〕35条2項），その上で，電気通信事業者は，捜査機関からの要請により位置情報の取得を求められた場合，裁判官の発付した令状に従うときに限り，当該位置情報を取得することができると定められている（同条4項）。位置情報は，個々の通信に関係する場合は，通信の構成要素であるため，電気通信事業法4条1項の通信の秘密として保護されるが，個々の通信に関係せず通信の秘密に該当しない場合であっても，要保護性の程度が高いとの考えに基づく（同ガイドラインの「解説」115頁）。

═══ *POINT*　アメリカにおけるプライバシー保護の諸相 ══════════════════════

　アメリカでは，連邦憲法第4修正（日本国憲法35条の母法）によって，「不合理な捜索（unreasonable search）」を受けない権利が保障されている（第4修正の保障は，連邦機関の行動に対するものであるが，第14修正の適正手続条項を通して，州の行動にも及ぶ）。ここにいう捜索とは，①「プライバシーへの合理的な期待（reasonable expectation of privacy）」を侵害する，または②証拠収集目的による憲法上保護された領域である「身体，家屋，所有

---

3)　池田弥生「携帯電話の位置探索のための令状請求」判タ1097号（2002年）27頁参照。

Ⅱ　科学技術を用いた捜査に対する規律内容

物」等への不法侵入（トレスパス）を伴う政府の行動をいい，捜索が合理的なものであるためには，通例，「相当な理由（probable cause）」に基づいて発付される令状が必要とされている。なお，我が国でいう「検証」に相当する行為は，「search」に含まれる。

(i)　熱画像器の使用

　熱画像器は，肉眼には見えないが，ほとんど全ての物体の放出する赤外線放射物を探知し，それを温度差により画像に変換するものである。警察がこの熱画像器を使って被疑者の家屋から放出される熱量を調べるには，令状が必要か。家屋に対し一般に使用されていない（not in public use）熱画像器を使用することは，居住者の有する「プライバシーへの合理的な期待」を侵害するため，連邦憲法第4修正にいう捜索に当たり，令状の発付を得て行う必要があるとされている（Kyllo v. United States, 533 U.S. 27 (2001)）。

(ii)　ビーパー・GPS 追跡装置の使用

　公道上を自動車で移動する者は，ある場所から他の場所への移動について「プライバシーへの合理的な期待」を有しないので，警察がビーパー（無線電波送信機）により対象者の自動車の位置情報を収集する行為は，連邦憲法第4修正の適用を受けず，警察の裁量によって行うことができる（United States v. Knotts, 460 U.S. 276 (1983)）。

　これに対し，警察が被疑者の自動車の移動を監視するためその自動車にGPS 端末装置を装着することは，自動車という所有物へのトレスパスを伴うため，連邦憲法第4修正にいう捜索に当たり，令状によらない限り許されない（United States v. Jones, 132 S.Ct. 945 (2012)）。GPS が標準装備されている自動車の位置情報を収集する行為など，トレスパスを伴わない方法による場合については，それによって「プライバシーへの合理的な期待」が侵害されたかどうかによって令状の要否が判断されることとなろう。

　連邦最高裁は，Jones 判決後，取得し得る情報の質・量がプライバシー侵害の程度を決するものと見ているようである。警察官が被疑者の逮捕に伴って，無令状でその身体を捜索し所持する携帯電話（cell phone）を差し押さえた場合において，携帯電話に保存されているデータを調べるには，携帯電話には，莫大な量の文書や写真，ビデオを保存することができ，

UNIT 13　科学技術を用いた捜査の規律

「生活の私事（privacies of life）」が収められているなどとして，証拠破壊の切迫した危険があるときなどを除き，令状が必要であるとされた（Riley v. California, 134 S. Ct. 2473（2014））。その後，連邦最高裁は，警察官が，飲酒運転の容疑で逮捕した被疑者に対して無令状で実施した血液検査を第4修正違反と判断した（Birchfield v. North Dakota, 136 S. Ct. 2160（2016））。血液検査が身体への侵襲を伴うものであるだけでなく，保存可能な血液標本が——たとえアルコール濃度に関する情報以外の情報の取得が禁じられているとしても——同濃度の測定以外に利用される潜在的可能性のあることが被逮捕者に不安（anxiety）を与えるため，プライバシー侵害は大きいとされているのが注目される。

(iii)　薬物探知犬の使用

禁制薬物の所持に対しては「プライバシーへの合理的な期待」が認められていないため，禁制薬物の存否だけを明らかにする，薬物探知犬（sniff dog）による嗅覚検査を実施するには令状を要しない（Illinois v. Caballes, 543 U. S. 405（2005））。薬物探知犬の反応から，捜索の相当な理由が得られる（Florida v. Harris, 133 S. Ct. 1050（2013））。自動車の捜索については，自動車が可動性を有するほか，自動車に対するプライバシーへの期待が低いため，車内に禁制品等の存在することの相当な理由が認められれば，令状によることを要しない（California v. Acevedo, 500 U.S. 565（1991））。

家屋内に禁制薬物があるかどうかを確かめるため，玄関ポーチまで薬物探知犬を連れて行き，そこで嗅覚検査を実施する場合はどうか。警察官が家屋の居住者と話をするため玄関まで行くことは社会的慣行上許容されているが，負罪的証拠の獲得を見込んで薬物探知犬を玄関前まで連れて行くことについては，通常，居住者の承諾は得られないものと認められるので，令状によらないで行われた嗅覚検査は第4修正に違反するとされている（Florida v. Jardines, 133 S. Ct. 1409（2013））。

(iv)　DNA 標本の採取・型鑑定

暴力犯罪等の重大な（serious）犯罪で逮捕された被疑者について，留置手続の一環として，綿棒状の器具を用いてその口腔内の頬細胞から DNA 標本を採取し，DNA 型鑑定を行うには，被逮捕者の承諾も令状によることも必要とされていない（Maryland v. King, 133 S. Ct. 1958（2013））。指紋採

Ⅱ　科学技術を用いた捜査に対する規律内容

取や写真撮影と同様，DNA 標本の採取および DNA 型鑑定は，被逮捕者の特定や刑事施設における円滑な収容等を目的として行われるものである上，標本採取による外科的侵襲はほとんどなく，また，被逮捕者の遺伝情報や健康状態等に関する情報の入手は目的とされておらず，さらに，被逮捕者の有する「プライバシーへの合理的な期待」は逮捕という事実によって低くなっているなどの事情から，被逮捕者の受けるプライバシー侵害は政府の利益を上回るものではないとされている。

UNIT 14

検察官による事件処理とその是正

　I　国家訴追主義・起訴独占主義
　II　終局処分
　III　起訴便宜主義
　IV　弊害の是正策

I　国家訴追主義・起訴独占主義 ─────────────

　現行法上，公訴の提起を行うのは検察官である（247条）。起訴を行うのが検察官という国家機関であるという意味で国家訴追主義であり，起訴権限を有するのが検察官のみであるという意味で起訴独占主義である（後述の検察審査会制度や付審判手続も，検察官が不起訴処分にしたことがそれらの手続を開始する前提である）。国家訴追主義・起訴独占主義は，明治維新後，大陸法を継受する中で確立し，日本の刑事訴訟法上確固たる地位を占める。しかし，国家訴追主義・起訴独占主義を採ることは，立法政策の問題にすぎない（最大判昭和27・12・24民集6巻11号1214頁）。比較法的に見ても，国家機関による起訴権限の独占が当然のことではない。例えばアメリカの連邦や多くの州では，一般市民からなる大陪審（Grand Jury. 多くは23名で構成される）が，検察官と並んで，起訴権限を有しており，連邦のように重罪事件の起訴は必ず大陪審によるところもある（公衆訴追主義）。イギリスでは1986年にいわゆる検察庁が設立された後においても，私人による起訴の道が残されており（Prosecution of Offences Act 1985, s.6），その意味でコモン・ローの伝統（私人訴追主義）が維持されている。ドイツでも，一定の犯罪（住居侵入，侮辱，信書秘密侵害，傷害，ストーカー行為，脅迫，器物損壊，等）について，被害者による私人訴追（Privatklage）が認められている（ドイツ刑事訴訟法374条以下）。

Ⅱ　終局処分

Ⅱ　終局処分

　終局処分には，起訴，不起訴，家庭裁判所送致がある。起訴には，公判請求と略式請求がある。その他，制度上は，交通事件即決裁判手続法による即決裁判請求があるが，現在では使われていない。不起訴処分がなされる場合には，嫌疑なし・嫌疑不十分，起訴猶予のほか，刑の免除，訴訟条件の欠如，罪とならない場合（犯罪構成要件に該当しない場合および違法性阻却事由・責任阻却事由等の犯罪成立阻却事由がある場合は「罪とならず」の不起訴裁定がなされるが，刑事未成

図表 14-1　被疑事件の既済人員
　　　　　——自動車による過失致死傷等及び道路交通法等違反被疑事件を除く

各罪		総数	刑法犯	特別法犯
総数		390,828	273,689	117,139
起訴	計	126,036	77,268	48,768
	公判請求	79,162	54,730	24,432
	略式命令請求	46,874	22,538	24,336
不起訴	計	163,248	120,522	42,726
	起訴猶予	113,130	78,467	34,663
	嫌疑不十分	29,531	23,442	6,089
	嫌疑なし	2,181	2,002	179
	罪とならず	1,854	1,293	561
	刑事未成年	8	8	—
	心神喪失	551	505	46
	親告罪の告訴・告発・請求の欠如・無効・取消し	8,046	7,863	183
	確定判決・大赦・刑の廃止・刑の免除	66	61	5
	時効完成	6,485	6,102	383
	その他	1,396	779	617
中止		599	434	165
他の検察庁に送致		53,884	30,828	23,056
家庭裁判所に送致		47,061	44,637	2,424

（2015 年次の検察統計年報による）

205

UNIT 14 検察官による事件処理とその是正

年および心神喪失については，「罪とならず」ではなく，それぞれ刑事未成年，心神喪失の裁定がなされる）がある。

中間処分には，移送と中止がある。

▪▪▪ POINT 1　簡易処理手続（略式手続・簡易公判手続・即決裁判手続）▪▪▪▪▪▪▪▪▪▪▪▪▪▪▪▪▪▪▪▪▪▪▪▪▪

(i) 略式手続（461 条以下）

検察官は，公判を開くことなく簡易裁判所の書面審理による略式命令で100 万円以下の罰金または科料で足りると考えた場合には，被疑者にこの略式手続について説明し，異議のないことを確かめた上で，起訴と同時に略式命令の請求を行うことができる。裁判所が略式命令を不相当と考えた場合には，通常の公判手続による。略式命令を受けた者または検察官は，その告知を受けた日から 14 日以内に略式命令をした裁判所に対して正式裁判の請求ができる。その請求が適法である場合は，通常の公判手続が行われることになる。2017 年における略式事件の既済人員は 24 万 4246 人（地方裁判所および簡易裁判所における通常第一審および略式命令による既済人員合計のうちの 76.3%，簡易裁判所だけだと 97.3%）であり，主な罪名別で見るとそのうちの道交法違反が 63.9%，過失運転致死傷が 18.2%，窃盗が 2.5% である（平成 29 年度司法統計による）。

(ii) 簡易公判手続（291 条の 2 以下）

死刑または無期もしくは短期 1 年以上の懲役もしくは禁錮に当たらない事件が公判請求され，通常の公判手続の冒頭手続で被告人が有罪である旨を陳述した場合，裁判所は簡易公判手続により証拠調べを簡易化することができる（291 条の 2・320 条 2 項）。本手続は，1953（昭和 28）年の刑訴法改正で導入された制度であるが，ほとんど使われていない。

(iii) 即決裁判手続（350 条の 16 以下）

捜査から判決に至る手続全般の迅速化・合理化を図るべく，2004（平成16）年の刑訴法改正で導入されたのが即決裁判手続である（同手続が憲法32 条および 38 条 2 項に反しないことは最判平成 21・7・14 刑集 63 巻 6 号 623 頁〔百選 59 事件〕で確認されている）。死刑または無期もしくは短期 1 年以上の懲役もしくは禁錮に当たらない事件に限ること，および簡易な方式による証拠調べが行われることは簡易公判手続と同様であるが，次のような特徴

を追加した。

すなわち，事案が明白かつ軽微で，被告人が有罪である旨の陳述をし，弁護人も同手続によることに同意していることを要件として，検察官は起訴と同時に即決裁判手続の申立てを行う（350条の16）。公判期日はできるだけ起訴後14日以内に開かなくてはならず（刑訴規222条の18），原則として，即日判決を言い渡さなければならない（350条の28）。懲役または禁錮の言渡しをする場合は，執行猶予を付さなければならない（350条の29。科刑制限）。事実の誤認を理由とする上訴は許されない（403条の2。上訴制限）。被告人・弁護人が同意を撤回した場合や，裁判官が即決裁判手続によることが不相当と判断した場合などには，通常の公判手続が行われる（350条の22・350条の25）。

しかし，即決裁判手続も，あまり使われなかった（2017年の統計でみると，地裁で同手続によることが一番多い犯罪である覚せい剤取締法違反でも，終局総人員の3.5%にすぎない〔平成29年度司法統計による〕）。①被告人・弁護人が同意を撤回した場合，通常の手続で裁判されることとなるため，結局，捜査はその撤回されることを想定して行われなければならず，捜査の簡易化・迅速化に役立たない，②そうしたフルセットの捜査をした以上は即決裁判手続による必要がない，③裁判に感銘力がない，などが不振の理由とされた。そこで，自白の存在を前提として簡易・迅速な捜査で起訴した場合であっても，同意を撤回した場合には，捜査官が安心してもう1度捜査段階に戻り，被告人を被疑者の身分に戻した上で捜査を再開して，「あらたに重要な証拠を発見した場合」（340条）でなくとも起訴ができるよう，2016（平成28）年改正で，公訴の取消しに伴う再起訴制限が緩和された（350条の26）。

Ⅲ　起訴便宜主義

1　起訴猶予処分

検察官は起訴権限を独占するだけではなく，被疑者を起訴すれば有罪にする

UNIT 14　検察官による事件処理とその是正

だけの証明が可能であると考えた場合であっても，「犯人の性格，年齢及び境遇，犯罪の軽重及び情状並びに犯罪後の情況」を考慮して，起訴しないこと，すなわち起訴を猶予することができる（248条）。これを起訴便宜主義という。一部起訴（**UNIT 17 I 3**）もその一類型である。公判を請求するか略式命令の請求で済ませるか，また即決裁判手続の申立てをするかなどの選択も，起訴しないというわけではないが，広い意味での訴追裁量権の行使である。

　起訴便宜主義の下，有罪にできる場合でも起訴すべきでない場合があるということは，有罪判決が得られると確信した場合でない限り起訴しない，そのためには綿密な捜査が必要である，という起訴権限行使の運用につながる。これが極めて低い無罪率（**図表 14-2**）をもたらしている主要な要因である（2013年における簡易裁判所の無罪率の高さは，栃木県警宇都宮東警察署におけるレーダー式速度測定装置の誤操作に基づき有罪とされた一連のスピード違反事件につき，再審無罪が言い渡された結果であると思われる）。

図表 14-2　通常第一審における無罪率

無罪率の区分	裁判所	2011 年	2012 年	2013 年	2014 年	2015 年
全部無罪人員の判決人員に対する割合（％）	地　裁	0.14	0.15	0.22	0.21	0.13
	簡　裁	0.11	0.09	5.59	0.22	0.19
否認事件における全部および一部無罪人員の判決人員に対する割合（％）	地　裁	2.91	2.57	3.36	3.11	2.87
	簡　裁	3.82	2.41	61.78	5.68	5.22

（最高裁判所事務総局刑事局「平成 27 年における刑事事件の概況（上）」曹時 69 巻 2 号〔2017 年〕507 頁による）

　検察官にこのような刑事政策的観点からの裁量権を与えない考え方を，起訴法定主義という。「検察官は，法律に別段の定めのある場合を除き，訴追可能なすべての犯罪に対して，事実に関する十分な根拠が存在する限り，手続をとらなければならない」，と規定するドイツ刑事訴訟法 152 条 2 項（松尾浩也監修・訳『ドイツ刑事訴訟法典』法務資料 460 号〔法務省大臣官房司法法制部司法法制課，2001 年〕）はその典型である。

　起訴便宜主義は，フランス法を継受し起訴法定主義を採用したと解されていた治罪法の時代から，実務上採用されており，司法省訓令等により，微罪は検

Ⅲ　起訴便宜主義

挙しない・起訴しないという運用が行われていた。この運用は，刑の執行猶予制度が採用（1905〔明治38〕年）された後は，微罪以外の放火，殺人，強盗にも拡大していき，旧刑事訴訟法（1922〔大正11〕年）において立法的に正式に認知された（詳細は三井Ⅱ 24頁以下参照）。同279条は，「犯人ノ性格，年齢及境遇並犯罪ノ情状及犯罪後ノ情況ニ因リ訴追ヲ必要トセサルトキハ公訴ヲ提起セサルコトヲ得」と規定した。現行法が同条を引き継いだものであることは文言上明らかである。ただし，旧法にない「犯罪の軽重」という文言が加わっている。これは，一般予防的視点を重視する方向を示したものとの理解がある。しかし，起訴便宜主義は，元々微罪不検挙・微罪不起訴の実務が発展したものであり，犯罪の軽重が起訴不起訴の判断に当たって考慮されたことは旧法上も変わりがなく，現行法と旧法に内容的な違いはない，とする見解が実務では強い。

　だからといって，起訴を一旦留保して被害弁償や被害回復等の犯罪後の情況の動向をみた上で，場合によっては捜査を再開するという再起制度の積極的活用や，更生保護団体による保護観察を活用した保護観察付起訴猶予の実施など，旧法上広く行われた運用が，現行法上も同様に行われ得るわけではない。なるほど，再起は，二重処罰の禁止（憲39条）に反するものでなく（最判昭和32・5・24刑集11巻5号1540頁），不起訴処分後に新証拠が発見されたとか，訴訟条件が具備されたなど，現行法上も再起が認められ，実務上も活用されている（**図表14-3**。なお，本表の再起には，不起訴処分という終局処分をした場合のほか，中止処分という中間処分をした場合を含む）。しかし，起訴猶予処分も検察官がする終局的な処分であるから，何らの事情の変更もないのに，後日になって改めて公訴を提起するようなことは，被疑者の身分を極めて不安定にするものであり，許されない（東京高判昭和55・10・15判タ440号151頁）。また，起訴もされていない者に対して保護観察という不利益処分を課すことは，無罪の推定の原則との抵触等も問題となる。1961（昭和36）年から横浜地検を主幹として，一定の起訴猶予者に対し，更生緊急保護制度を用いて，本人の申出に基づく形で，6か月間の保護観察を付ける試みがなされたことがある（15検察庁で採用）。しかし，10年間ほどの実施で対象者が減り，運用が停止されたという（経緯については，三井Ⅱ 30頁のほか，井上正仁「犯罪の非刑罰的処理──『ディヴァージョン』の観念を手懸りにして」芦部信喜ほか編『岩波講座基本法学8』〔岩波書店，1983年〕428頁以下，等参照）。この例にみるように，保護観察の実施には，検察官の負

UNIT 14　検察官による事件処理とその是正

担の観点からも無理が伴う。

図表 14-3　検察官による被疑事件の新受人員──道路交通法等違反被疑事件を除く

計	通常受理			他の検察庁から	家庭裁判所から	再　起
	計	検察官認知・直受	司法警察員から			
948,250	861,005	6,192	854,813	84,088	1,478	1,679

(2015 年次検察統計年報による)

　起訴便宜主義の運用状況は，**図表 14-4** のとおりである。1987 年から自動車の運転による過失致死傷（いわゆる交通業過）の起訴猶予率（起訴人員と起訴猶予人員の合計に占める起訴猶予人員の割合）が跳ね上がったのは，同年に東京高検が，①けがが 2 週間以内で，②飲酒運転や信号無視などの悪質な法令違反がなく，③示談が成立している場合には原則起訴猶予にする，との方針に変更し，この方針が全国に波及したこと（玉井義臣「論壇」朝日新聞 1988 年 6 月 14 日日刊）などによると思われる。このように，起訴猶予にするか否かについては，実務上，一定の標準が存在する。

図表 14-4　起訴猶予率（1982 年～2015 年）

- 全事件（特別法犯を含む）
- 刑法犯（交通関係業過を除く）
- 交通関係業過

===POINT 2　協議・合意制度 ==

　司法取引には，被疑者が自己の罪を認める代わりに専ら自己の犯罪について軽い犯罪で起訴されるなど自己に有利な処分で済ませてもらう自己負

Ⅲ　起訴便宜主義

罪型と，他人の犯罪捜査に協力する代わりに自己に有利な処分で済ませて
もらう捜査・公判協力型とがある。今回の平成 28 年刑訴法改正では，新
たな証拠収集手段として，後者のみが導入された（UNIT 2Ⅳ2(1)）。これは，
検察官の訴追裁量の一環として，他人の刑事事件の捜査・公判への協力を
248 条の「犯罪後の情況」とするものである。

　具体的には，次のように，特定犯罪の被疑者・被告人が検察官との合意
の下，恩典と引き換えに，特定犯罪に係る他人の刑事事件（共犯事件等）
について捜査・公判協力を行う（350 条の 2 以下）。

(i)　合意の内容と合意のための協議

　特定犯罪とは，①刑法上の強制執行妨害，文書・有価証券偽造，贈収賄，
詐欺・恐喝・横領，②組織犯罪処罰法上の組織的強制執行妨害・組織的詐
欺および恐喝・犯罪収益等隠匿および収受，③脱税，独禁法違反，金商法
違反等の財政経済関係犯罪，④薬物銃器犯罪および⑤刑法および組織犯罪
処罰法上の犯人蔵匿，証拠隠滅，証人等威迫である。生命・身体に対する
罪は含まれず，死刑または無期の懲役もしくは禁錮に当たるものも除かれ
る。したがって，裁判員裁判事件は対象外である（350 条の 2 第 2 項）。

　捜査・公判協力者である被疑者・被告人に対して検察官が合意をするこ
とができる恩典は，不起訴，公訴取消し，特定の訴因・罰条による起訴，
特定の訴因・罰条への変更請求等，論告における特定の刑の求刑，即決裁
判手続の申立ておよび略式命令の請求である。被疑者・被告人が提供する
他人の刑事事件への捜査・公判協力の内容は，捜査機関に対する取調べや
証人尋問における真実の供述，捜査機関に対する証拠物の提出その他必要
な協力である。検察官は，被疑者・被告人から提供される証拠の重要性，
関係する犯罪の軽重・情状，当該関係する犯罪に関する犯罪の関連性の程
度等を考慮して，恩典を提供する合意を行う（350 条の 2 第 1 項）。したが
って，例えば自己の犯罪と全く関連性のない犯罪についての捜査・公判協
力は，取引の対象とならない。

　合意には弁護人の同意が不可欠であり，合意は検察官，捜査・公判協力
者およびその弁護人の連署した書面による（350 条の 3）。合意のための協
議に際しても，弁護人の関与が必要であり，被疑者または被告人および弁
護人に異議がないときであっても変わりない（350 条の 4）。

UNIT 14　検察官による事件処理とその是正

　合意が成立しなかった場合，①被疑者・被告人が協議においてした供述を証拠とすることはできない（350条の5第2項）。

　なお，検察官は，司法警察員が送致した事件や捜査中の事件については，被疑者との協議に先立ち，司法警察員と協議しなければならない。検察官は，合意のための協議における必要な行為（他人の刑事事件についての供述を求める等）を司法警察員にさせることができる（350条の6）。

(ii)　公判手続の特則

　合意内容書面は，合意をした捜査・公判協力者が被告人の事件では，冒頭手続終了後遅滞なく，公判前整理手続に付された事件ではその時後遅滞なく，証拠調べを請求しなければならない（350条の7）。捜査・公判協力者以外の他人の事件において，合意に基づいて捜査・公判協力者によってなされた供述の録取書等（290条の3第1項本文）を取り調べる場合および合意をした捜査・公判協力者を証人として取り調べる場合には，検察官は遅滞なく，合意内容書面の取調べを請求しなければならない（350条の8・350条の9）。

(iii)　合意の終了と合意の履行の確保

　合意の当事者が合意に違反したときは，相手方当事者は合意から離脱することができる。検察官が訴因変更等を請求したが裁判所がそれを許さなかった場合，検察官の求刑を上回る刑を裁判所が言い渡した場合，即決裁判手続の申立てや略式命令の請求を裁判所が認めなかった場合なども被告人は合意を離脱できる。検察官は，供述が虚偽であることが明らかになった場合には，合意から離脱できる（350条の10）。

　検察官が不起訴等の上記の合意内容に違反した場合（論告における特定の刑の求刑違反は除く），裁判所は判決で当該公訴を棄却しなければならず，また訴因変更等を許してはならない（350条の13）。さらに，検察官が不起訴等の合意内容に違反した場合，①被告人が協議においてした供述および②当該合意に基づいてした被告人の行為により得られた証拠は，合意をした捜査・公判協力者が被告人である事件においても第三者が被告人である事件においても，被告人に異議がない場合を除いて，それを証拠とすることができない（350条の14）。

　合意に違反して虚偽の供述をし，偽造・変造した証拠を提出した捜査・

公判協力者は，5年以下の懲役に処せられる（350条の15第1項）。

なお，検察官が合意に基づき不起訴にしたにもかかわらず，検察審査会によって起訴相当または不起訴不当の議決が出された場合にも，合意は効力を失い（350条の11），捜査・公判協力者である被告人の刑事事件が検察審査会の議決に基づいて起訴された場合には，①被告人が協議においてした供述，②当該合意に基づいてした被告人の行為により得られた証拠ばかりか，③これらに基づいて得られた証拠（派生証拠）も，被告人に異議がない場合等を除いて，証拠とすることができない（350条の12）。

(iv) 供述の信用性

以上の協議・合意制度に対しては，第三者に対して不利益な供述をして自分が利益を得るわけであるから，第三者が被告人である事件では，共犯者の自白についてつとに指摘される引っ張り込みの危険の存在が指摘されている。また，供述録取書等が証拠として請求される場合には，信用性にとどまらず，利益誘導として証拠能力の要件である特信性・任意性すら問題になり得るとされる。他方，捜査機関による十分な裏付け捜査によって当該供述の信用性が確かめられた場合でなければ，検察官は合意しないし，それに基づいて第三者を起訴することもない。虚偽供述だと分かれば検察官は合意から離脱できるから，虚偽供述をした捜査・公判協力者は恩典を受けられないことになるし，処罰されることにもなる，と反論されている。裁判官にも，合意内容書面の慎重な取調べと共に，証言や供述録取書等の信用性について慎重な判断が求められよう。また，合意に立ち会った弁護人には，供述の信用性の担保となることが期待され，衆議院の附帯決議では，検察官は協議の日時，場所，協議の相手方および協議の概要に関する記録を作成し，当該合意に係る他人の刑事事件および当該合意の当事者である被告人の公判が終わるまで，記録を保管しておくことが求められている。

2　公訴取消し

検察官は，一旦起訴した事件であっても，第一審の判決があるまでは公訴を取り消すことができる（257条）。その場合は，公訴棄却の決定がなされる（339

UNIT 14 検察官による事件処理とその是正

条1項3号)。公訴取消しは，起訴便宜主義の当然の帰結とされる。ただ，実際に公訴が取り消される事例は，公訴提起後に起訴猶予すべき事由の存在が判明した場合ではなく，法人が消滅した，被告人が死亡した，被告人の所在が不明のまま長年月が経過した，真犯人が判明した等，有罪判決を得られなくなったという限られた場合である。公訴取消しの決定が確定した場合に再度起訴することは，明文であらたに重要な証拠を発見した場合に限られている（340条。ただし，上述のとおり平成28年の刑訴法改正で即決裁判手続には特例が新設された）。

3 微罪処分

司法警察員は，犯罪捜査をしたときは，事件を事件ごとに検察官に送致しなければならない（246条。全件送致主義）。しかし，検察官が指定した事件については，例外が認められている（同条ただし書）。検察官の一般的指示権（193条1項）に基づき，司法警察員は，一定の軽微事件（被害僅少かつ犯情軽微な財産犯で被害の回復が行われ，被害者が処罰を希望せず，かつ素行不良でない者の偶発的犯行で再犯のおそれのない事件，軽微な賭博で共犯者の全てについて再犯のおそれのない初犯者の事件など）については，月ごとにまとめて，一覧表（犯罪捜査規範別記様式19号）で検察官に報告することとされている（「微罪処分」という）。その場合，警察の処置として，被疑者に対する訓戒，親や雇主などの呼出し等が行われる（捜査規範200条）。これは，検察官の起訴猶予権限の行使を司法警察員に委ねたものである。

Ⅳ　弊害の是正策

以上のように，検察官は，起訴不起訴の決定について，強大な権限を有する。それだけに，権限行使を誤った場合のことを想定して，その是正策が必要となる。それは，起訴すべき事件を起訴しなかった場合と，起訴すべきでない事件を起訴した場合である。

1 起訴すべき事件を起訴しなかった場合

検察官は，起訴不起訴の処分をした場合に，告訴人・告発人・請求人に通知する（260条）。不起訴処分にした場合で請求のあるときは，告訴人・告発人・

Ⅳ 弊害の是正策

請求人にその理由を告げなければならない（261条）。1999年からは，告訴の有無にかかわりなく，被害者や親族等に対しては，事件の処分結果等が検察庁から通知されることになった（被害者等通知制度）。

不起訴処分に対して，民事訴訟や行政訴訟を提起することは許されない（前掲最大判昭和27・12・24）。被害者や告訴人が公訴提起によって受ける利益は，公訴提起の反射的な事実上の利益にすぎず，法律上保護された利益ではないから，不起訴処分の違法を理由として国家賠償請求を提起することも許されない（最判平成2・2・20判時1380号94頁）。不起訴処分に不満のある被害者や告訴人等の採り得る方法は，次の3つである。

(1) 付審判請求手続（262条～269条，通信傍受30条）

公務員による職権濫用の罪についての告訴人・告発人は，不起訴処分に不服がある場合には，裁判所に対して事件を審判に付すことを請求できる。請求を受けた裁判所が審理の結果請求に理由があると判断した場合は，事件を管轄地方裁判所の審判に付する決定を行う。同決定があったときは，当該事件について公訴提起があったものとみなされる（いわば，裁判所による公訴提起）。その事件で公訴の維持の任に当たる者（検察官役）は，裁判所によって弁護士の中から指定される。

事件を審判に付すべきかを判断する審理の具体的なやり方について，法は，合議体で行うこと，および裁判官が事実の取調べをすることができる（265条）とする以外，何も規定していない。そこで，付審判請求を受けた裁判所が，自ら判断資料の収集を行うに先立って，検察官から送付された全記録の閲覧謄写を請求人代理人らに許す，証人尋問に請求人代理人を立ち会わせ，かつ発問を許す等，付審判請求人に積極的に関与させることを試みたことがある。しかし，最高裁は，これらの措置について，被疑者等の名誉・プライバシーを不当に侵害する可能性，真実歪曲の危険性など，捜査の密行性の解除によってもたらされる弊害に優越すべき特段の必要性のない限り，裁判所に許される裁量の範囲を逸脱し違法である，とした（最決昭和47・11・16刑集26巻9号515頁，最決昭和49・3・13刑集28巻2号1頁〔百選〔9版〕A12事件〕）。

付審判決定が出た事件は極めて少ない。2006年から2015年までの10年間における新規受理人員は2632人であるが，付審判決定がなされたのは5人にすぎない。現行刑訴法が施行されてから2015年までに審判開始が決まったの

UNIT 14 検察官による事件処理とその是正

は全部で 21 件，うち無罪が確定したのが 11 件，有罪が確定した事件は 10 件（うち免訴 1 件を含む）であり，有罪の 8 件については刑の執行猶予がついている（曹時 69 巻 2 号 466 頁以下）。また，罰金の実刑を科された残りの 1 件も付審判対象事件については無罪とされた（最決昭和 49・4・1 刑集 28 巻 3 号 17 頁）。

(2) 検察審査会

第二次世界大戦後，連合国軍最高司令官総司令部（GHQ）は，検察の民主化のため，政府に対して検察官公選制と大陪審の採用を示唆した。それを受け，1948（昭和 23）年，戦前に陪審法が停止されたことに示される国情や，英米における大陪審制度の実績に照らし，起訴するかしないか自体を決定する大陪審ではなく，検察官の不起訴処分の当否の審査，ならびに検察事務の改善に関する建議または勧告を所掌する制度が適切だとして，検察審査会法（昭和 23 年法 147 号）が制定された。検察官公選制の代わりには検察官適格審査会が設置された。

検察審査会は，選挙権者の中からくじで選ばれた 11 人の審査員で構成され（4 条），公訴権の実行に関し民意を反映させてその適正を図ることを目的として（1 条），不起訴処分の当否を審査し，かつ検事正に対して検察事務の改善に関して建議または勧告を行う（2 条 1 項）。

不起訴処分の審査は，当該処分の対象となった事件について告訴・告発などをした者またはその犯罪の被害者による審査申立てによる場合と（告訴人・被害者型としては交通業過など，告発人型としては贈収賄，選挙違反，公害事件など），職権による場合とがある（2 条 2 項 3 項）。申立ては，内乱罪（刑 77 条〜79 条）および独禁法違反の罪を除き，全ての犯罪について行うことができる（30 条）。職権審査は，マスコミ報道，投書，他事件の審査中における関連事件の探知などによることも可能だが，実際にはその 3 分の 2 は，申立権のない者（例えば，死亡した被害者の「配偶者，直系の親族又は兄弟姉妹」以外の遺族）から申立てがあった場合である（2000〔平成 12〕年の被害者保護二法〔UNIT 19 Ⅱ 7(2)(ii)〕による改正前は，「配偶者，直系の親族又は兄弟姉妹」にも申立権が認められていなかった）。

検察審査会の議決には，審査要件が欠如している場合の形式的議決（申立却下，移送，審査打切り）と，不起訴処分の当否について実体的審査をした場合の実体的議決（起訴相当，不起訴不当，不起訴相当）とがある。議決の要旨は，当該検察審査会事務局の掲示板に掲示されるとともに，申立人にも通知される（40

条）。議決書謄本の送付を受けた検事正は，その議決を参考にして再捜査し，公訴を提起すべきであると考えたときは起訴の手続をとる（41 条）。

　起訴相当の議決は 8 人以上の多数によらなければならないが，それ以外の議決は過半数による。しかし，従来，検察官は，不起訴不当の議決が出た場合と同様，起訴相当の議決が出た場合であってもそれに拘束されることはなく，再考した結果，公訴提起すべきでないとの判断に至った場合には，不起訴にすれば足りた。検察審査会が起訴相当・不起訴不当の議決をした事件について検察官が起訴した割合は，検察審査会が設置された 1949 年から司法制度改革審議会が設置された 1999 年まででは，最低が 1993 年の 0.2%，最高が 1958 年の39.7% であり，また 10% を割った年度は 6 回，10% 台の年度が 24 回，20%台の年度が 14 回，30% を上回った年度が 5 回であった。

━━ *POINT 3*　検察審査会による起訴強制手続 ━━━━━━━━━━━━━━━━━━━━━

　司法制度改革審議会は，2001 年 6 月，その意見書において，「公訴権の実行に関し民意を反映させてその適正を図る」という「検察審査会制度の機能を更に拡充すべき……検察審査会の一定の議決に対し法的拘束力を付与する制度を導入すべきである」との提言を行った。この提言を受けて，2004 年に検察審査会法が改正され，2009 年 5 月に施行された。

　検察審査会が起訴相当の議決を行ったが，検察官が再検討の上でやはり不起訴処分にした場合，または一定期間（原則 3 か月）内に公訴を提起しなかった場合には，再度，その不起訴処分の当否が検察審査会によって審議されなければならない（41 条の 2）。検察審査会が再度，起訴相当の議決に至ったときは，認定した犯罪事実を記載した起訴議決書を，審査補助員（弁護士の中から委託された 1 名〔39 条の 2〕）の補助を得て作成する（41 条の7）。起訴議決書の謄本の送付を受けた地方裁判所は，その事件で公訴の維持の任に当たる者（検察官役）を弁護士の中から指定し（41 条の 9），この指定弁護士が公訴を提起する（41 条の 10）。

　同改正法の施行後 2016 年までに，起訴強制の議決が行われた件数が 14件，再議決には至らなかった件数が 10 件である（「検察審査会の受理件数，議決件数等（平成 24 年〜平成 28 年）」裁判所 HP）。起訴強制されたもののうち，裁判が確定した事件の人員は有罪 2 名，無罪（免訴・公訴棄却を含む）

UNIT 14　検察官による事件処理とその是正

3名である（法務省法務総合研究所編『平成28年版犯罪白書——再犯の現状と対策のいま』〔日経印刷，2016年〕）。

----

(3)　検察官の指揮監督者たる上級官庁の長への処分変更の申立て

　裁判所法の前身である裁判所構成法は，「司法事務取扱ノ方法ニ対スル抗告殊ニ或ル事務ノ取扱方ニ対シ又ハ取扱ノ延滞若ハ拒絶ニ対スル抗告ハ此ノ編ニ掲ケタル司法行政ノ職務及監督権ニ依リ之ヲ処分ス」としていた（140条）。この規定が，検察官同一体の原則の下で（現行）検察庁法7条から10条までに引き継がれたと解釈されており，検察官の不起訴処分に対しては，その監督官に対して不服を申し立てることができる。

2　起訴すべきでない事件を起訴した場合

　起訴すべき事件を起訴しなかった場合と異なり，現行刑訴法には，被告人が，自身の刑事裁判の中で，起訴されるべきでなかったと主張して起訴の不当性を直截に争うことを認めた明文の規定は，存在しない。しかし，誤った起訴には理論上2つの類型が存在し得ることは上述のとおりである。とりわけ1960年代中盤になって，ビラ貼り等の公安・労働事件や戸別訪問等の公職選挙法違反事件に関連して，起訴すべきでないのにした不当起訴であり，公訴棄却等の形式裁判で訴訟を打ち切るべきである，と主張されるようになる（諫山博「政治的意図にもとづく不当起訴とのたたかい」労旬557号〔1965年〕17頁等）。これをきっかけとして，学界においても広く議論されるようになったのが，いわゆる「公訴権濫用論」である。

　公訴権の濫用とされる類型には，一般に，①嫌疑なき起訴，②起訴猶予にすべきなのになされた起訴（訴追裁量権の逸脱），③違法捜査に基づく起訴，があるとされる（その他，検察官が公訴を取り消すべきなのに取り消さない場合なども，公訴権濫用の一類型とされることがある。松尾上267頁）。

(1)　嫌疑なき起訴

　旧刑訴では，予審制度が採用され，「公判ニ付スルニ足ルヘキ犯罪ノ嫌疑」がないときには免訴を言い渡すこととされていた（旧刑訴313条）。予審が廃止された現行法の下において，有罪判決の見込みがないのに起訴された場合に訴

訟を打ち切るべきであるとの主張は，被告人を裁判の負担から早期に解放すべきである，という実践的意味を有する。

客観的嫌疑を欠く起訴については，国家賠償訴訟で，その違法性が争われることがある。検察官が起訴時において，収集した各種の証拠資料を総合勘案して客観的に有罪と認められる嫌疑があると考えたことに合理的な理由があれば，適法とされている（最判昭和 53・10・20 民集 32 巻 7 号 1367 頁〔百選 37 事件〕，最判平成元・6・29 民集 43 巻 6 号 664 頁等）。

■■■ *POINT 4*　嫌疑と訴訟条件 ■■■■■■■■■■■■■■■■■■■■■■■■■■■■■■■■■■

嫌疑なき起訴は違法であるとの主張に対しては，平野博士から，①冒頭手続と証拠調べ手続で嫌疑の有無を 2 度取り調べることになり，無意味な重複であって，無罪判決で決着させれば済む，②嫌疑のない場合は訴訟を打ち切るべきであるとすることは，検察官から裁判官への嫌疑の引継ぎを承認することになる，との批判が加えられた（平野龍一「刑事訴訟における実体判決請求権説」兼子博士還暦記念『裁判法の諸問題（下）』〔有斐閣，1970 年〕141 頁〔同『捜査と人権〔刑事法研究(3)〕』〔有斐閣，1981 年〕189 頁所収〕）。①は，現状よりももっとあっさり起訴すべきであるという，訴訟観の争いでもあったが，②は，極めて理論的な批判であった。

すなわち，嫌疑がないのに起訴する場合として，検察官が嫌疑がないことを知りつつ起訴する場合と，検察官の認識に関わりなく客観的嫌疑（すなわち，第三者によって認識し得る「有罪判決を得る見込み（蓋然性）」が存在しない場合がある。検察官が主観的に嫌疑を抱いていたか否かを明らかにすることは，実際上そう簡単にできるものではない。他方，客観的嫌疑がない場合には公訴権が認められないとして，客観的嫌疑の存在を訴訟条件とすると，客観的嫌疑があることを前提として審理を開始することになる。これでは予断排除の原則に反する，というわけである。

この主張は，起訴という「不利益」が現実のものであるのに対し，裁判官の心理的中立性の確保は観念的なものでしかない（松尾上 150 頁），「疑わしきは罰せず」が堅持されていれば嫌疑は即有罪を意味するような被告人にダメージングなものではない（田宮裕「公訴の提起と犯罪の嫌疑」松尾浩也＝井上正仁編『刑事訴訟法の争点〔新版〕』〔有斐閣，1991 年〕109 頁）などと

UNIT 14　検察官による事件処理とその是正

して，広く支持されるまでには至らなかった。

(2)　訴追裁量権の逸脱

　現行法は，有罪判決の宣告猶予制度や刑の宣告猶予制度などを用意していない。被告人にとって，起訴猶予になるべきなのに起訴されてしまうということは，有罪とされることであり，せいぜい刑の執行猶予が認められることを意味するから，嫌疑なき起訴の場合にもまして，ことは重大である。訴追裁量権の逸脱による起訴であるとの主張は，同じことをしても他の人は起訴されていないのに何で自分だけが起訴されるのか，という被告人の不公平感の表れである。これは，アメリカで問題とされる不平等起訴が人種，性別等の何らかのクラス（社会的分類）による差別的起訴を問題にするのに対し，このような場合に限定されないという点では，柔軟な主張である。

■■ POINT 5　チッソ水俣病事件最高裁決定 ■■■■■■■■■■■■■■■■■■■■■■■

　同一の事件，同一の被告人は存在しない。それだけに，逸脱を認める基準設定には困難を伴う。厳格な基準を設定すれば，訴追裁量権の逸脱という類型の公訴権の濫用の主張は，実際上認められなくなる。緩やかな基準を設定すれば，ややもすると公訴権の濫用の主張が一部の事件で多発され，訴訟の進行の妨げとなるおそれがないわけではない。最高裁は，チッソ水俣病患者とチッソ本社との補償交渉過程で生じた衝突に関して患者側のみが傷害罪で起訴された事件で，訴追裁量権の逸脱により公訴の提起が無効になる場合があり得ることを認めながらも，「それはたとえば公訴の提起自体が職務犯罪を構成するような極限的な場合に限られる」として，公訴権の濫用には当たらないとした（最決昭和55・12・17刑集34巻7号672頁〔百選38事件〕）。軽微事件にもかかわらず職権濫用により起訴したような場合が，「極限的な場合」の典型例であろう。悪意による起訴である必要まではなくとも，職権濫用の故意を立証することは並大抵のことではない。本決定後，訴追裁量権の逸脱が認められた事例が存在しないことは，その証左である（例えば，山口簡判平成2・10・22判時1366号158頁は公訴権の濫用を認めたが，控訴審で否定された。広島高判平成3・10・31高刑速（平成3）128

220

頁）。

　一部起訴も「極限的な場合」に当たれば，無効となり得る。

(3)　違法捜査に基づく起訴

　起訴が違法捜査に基づく場合には手続を打ち切るべきである，という主張は，違法逮捕に続く勾留請求の是非（UNIT 6Ⅲ2 *POINT 5*）や違法収集証拠排除法則（UNIT 22）と比較しても，起訴そのものが否定される点で，極めてドラスティックな主張である。それだけに判例も，「捜査手続に違法があるとしても，それが必ずしも公訴提起の効力を当然に失わせるものでないことは，検察官の極めて広範な裁量にかかる公訴提起の性質にかんがみ明らか」であるとする（最判昭和44・12・5刑集23巻12号1583頁〔少年百選20事件〕）。しかし，本判決は，実際には違法捜査がなかったとされた事案に関するものであり，しかも「必ずしも」，「当然に」と述べる。いかなる違法捜査に基づく場合であっても公訴提起の効力には影響がない，とまでの判断を示したものとはいえない。スピード違反で現行犯逮捕された際に警察官から暴行を受けたという事案に関して，違法捜査に基づく起訴だとして公訴棄却し，学界からたいへん注目を浴びた大森簡判昭和40・4・5下刑集7巻4号596頁についての上告審も，「本件逮捕の手続に所論の違法があつたとしても本件公訴提起の手続が憲法31条に違反し無効となるものとはいえない」（傍点は筆者）と判示するのみで，事例判決にすぎない（最判昭和41・7・21刑集20巻6号696頁〔百選A13事件〕）。例えば，性的関係を用いて犯罪を起こさせるなど，おとり捜査（UNIT 5Ⅴ）の手法が著しく違法な場合などには，起訴自体を無効とする余地はあろう。

■■ *POINT 6*　違法捜査と量刑 ■■■■■■■■■■■■■■■■■■■■■■■■

　　将来における違法捜査の抑制という観点から，違法収集証拠排除法則と同質のものとして手続の打ち切りを説明するのであれば，公訴権濫用の第3類型は，必ずしも検察官による起訴不起訴の判断を媒介にしない点で，第1・第2類型とは理論構成を質的に異にする。他方，あくまでも公訴権の濫用を検察官の起訴権限行使の許容性の問題として捉えるならば，嫌疑の有無の判断や248条に列記の起訴猶予の判断に当たって考慮すべき事項

UNIT 14　検察官による事件処理とその是正

の枠内で，違法捜査の点を考慮せざるを得ない。後者の考え方は，違法捜
査の存在を——違法の程度が手続を打ち切るまでには至らない場合であっ
ても——有罪判決を言い渡すに当たって量刑に反映させることを認めるこ
とにつながる[1]。例えば，逮捕後に捜査官から暴行を受けたという事情を，
被告人に有利な「犯罪後の情況」とするわけである（浦和地判平成元・12・
21 判タ 723 号 257 頁参照）。捜査官の暴行は，被告人の犯罪行為自体には属
さない事由であるから，犯情には含まれない。一般情状に含まれるとする
ことは，一般予防・特別予防・規範予防の観点からは，犯罪を犯すと捜査
官に殴られるぞ，という威嚇効果を是認することであり，捜査官による暴
行を正当化することである。応報の観点からは，捜査官による私的制裁を，
犯罪という害悪を中和する要素として，容認することである。したがって，
起訴権限行使の観点から訴訟の打ち切りを認めることは難しい（藤井敏明
「量刑の根拠」平野龍一＝松尾浩也編『新実例刑事訴訟法Ⅲ』〔青林書院，1998 年〕
211 頁以下参照）。打ち切りを認めるということは，起訴猶予や量刑の判断
に当たって，行為責任または予防の問題には還元できない刑事政策的考慮
が，刑の免除などの明文の規定がない場合であっても働き得ることを承認
することである。これに対して，おとり捜査の場合には，犯罪を実行する
ように働き掛けられた，という犯情の 1 つとして，捜査の違法を考慮する
ことができる。

---

1)　248 条に列挙された事項は，量刑に際しての考慮事項である。最判昭和 25・5・4 刑集 4
　巻 5 号 756 頁。

UNIT 15

起　訴

Ⅰ　起訴状
Ⅱ　起訴状一本主義と予断排除の原則
Ⅲ　公訴時効

Ⅰ　起訴状

1　起訴状の記載事項

旧刑訴では，一定の場合に，口頭または電報による公訴提起（公判請求のほか，予審請求を含む。旧288条）が認められていた（旧290条2項3項）。しかし現行法は，公訴の提起につき書面主義を採用し（256条1項），例外を認めない。

公訴を提起する検察官は，自らの所属する検察庁に対応した裁判所に，起訴状を提出する（256条1項，検察4条・5条）。起訴状には，①被告人の氏名その他被告人を特定するに足りる事項，②公訴事実，③罪名，を記載しなければならない（256条2項）。また，起訴状には，④提出先の裁判所名のほか，⑤検察官が作成する書類であるから，作成年月日，作成者である検察官の署名（記名）・押印および所属検察庁名（刑訴規58条・60条の2），さらに⑥被告人が逮捕・勾留されている場合にはその旨（同164条1項2号）も記載される。

被告人の特定を欠く起訴は無効である。公訴事実は，訴因を明示して記載しなければならず（256条3項），訴因の特定を欠く起訴も無効である（**UNIT　17**Ⅱ2）。罪名は，公訴事実に適用される法令およびその条文である罰条を明示して記載しなければならない。しかし，誤った罰条が記載されていても，被告人の防御に実質的な不利益を生じるおそれがない限り，起訴は有効である（同条4項）。その他の記載事項について，記載の誤りがあっても，直ちに起訴が無効になるわけではない。無効な場合は，判決で控訴棄却される（338条4号）。誤った管轄の裁判所宛てに起訴状が提出された場合は，判決で管轄違いの言渡し

UNIT 15 起 訴

がなされる（329条）。

2　被告人

　氏名以外の被告人を特定するに足りる事項（前出①）として，被告人の年齢，職業，住所および本籍が起訴状に記載される（刑訴規164条1項1号。被告人が法人の場合は，「事務所並びに代表者又は管理人の氏名及び住居」）。これらの事項が不明な場合は，その旨を記載すれば足りる（同条2項）。例えば，被告人が黙秘して氏名が不明な場合は，氏名記載欄に「氏名不詳」と記載した上で，人相，体格，指紋のほか，そのような場合には被告人が勾留されているであろうから，留置番号で被告人を特定し（刑訴64条2項参照），写真を添付するといった方法がとられる。

　検挙されていない氏名不詳の犯人をDNA型情報のみによって特定して起訴することがアメリカでは認められている（連邦については，2003年から性犯罪について認められた。18 U.S.C.§3282 (b)）。日本でも，2010（平成22）年の刑訴法一部改正に至る，凶悪・重大犯罪をめぐる公訴時効制度の見直し論議の中で，DNA型情報のみを起訴状に記載するだけで被告人が特定されているといえるかが，検討された。しかし，①DNA型以外にはどの者が被告人か全く判明していないのであるから，およそ訴訟手続を現実に進行し得る状態にはなっていない，②基本的にDNA型情報等がある事件に対象が限られ，その他の事件と不均衡が生じる，といった問題が指摘され，採用されなかった。

■■ *POINT 1*　氏名の冒用 ■■■■■■■■■■■■■■■■■■■■■■■■■■■■■■■■■■■■

　　被告人が，他人の氏名をかたっていた場合（いわゆる氏名の冒用の場合），
　　被告人は，検察官が被告人と考えていた人か（意思説），起訴状に記載され
　　た氏名の人か（表示説），それとも実際に被告人として行動した人か（行動
　　説），いくつかの考え方がある。最高裁は，酒気帯び運転の罪で起訴され
　　た被告人が，無免許であることの発覚を免れるために他人の氏名を冒用し，
　　略式命令を受けて罰金刑が確定したあと，同酒気帯び運転の罪と観念的競
　　合の関係にある無免許運転の罪で起訴された事案に関して，前訴である略
　　式裁判は被冒用者に対するものであり，同確定判決の効力である一事不再
　　理の効力は後訴の被告人（冒用者）には及ばない，とした（最決昭和50・

5・30刑集29巻5号360頁)。これは，被告人が起訴状に記載された氏名の人であるとする意味で，表示説に立ったことになる。他方，住居侵入・窃盗で起訴された在宅の被告人が，前科の発覚を免れるために他人の氏名を冒用し，執行猶予の付いた有罪判決を受けたあと，氏名の冒用と前科が発覚したので，執行猶予の取消しが問題になった事案においては，最高裁は，同執行猶予付有罪判決は冒用者に対するものであるから，執行猶予を取り消すことができるとした（最決昭和60・11・29刑集39巻7号532頁〔百選50事件〕）。したがって，表示説によらなかったことになる。前者は略式命令に関する事案であり，書面審理である同手続においては，裁判官が被告人と対面しない以上，被告人が誰かの判断は専ら起訴状の記載に基づいて行わざるを得ない。一方，正式裁判の事案である後者では，裁判官は公判廷で被告人と実際に対面し，その者に対して判決を言い渡している。この違いを考えれば，両最決は矛盾していないといえよう。なお，略式命令であっても，逮捕中の被疑者を検察庁に待たせたままで手続を行う場合（いわゆる逮捕中在庁略式）には，被告人は冒用者であるとする考え方がある（大阪高決昭和52・3・17刑月9巻3＝4号212頁，等）。確かに逮捕中在庁略式の場合も，在宅の被告人の場合と同様に，裁判所としては被告人の顔を見ていないことに変わりなく，裁判所は起訴状のみで誰が被告人かを判断せざるを得ない。しかし，公訴の効力は「検察官の指定した被告人」に及ぶ（249条）。身柄を確保している者を被告人として指定していることが明らかであり，略式命令の告知（461条の2）や略式命令謄本の交付送達等の一連の所要手続が冒用者以外の者になされる余地の全くないことなどから，冒用者が被告人であるとする。

Ⅱ　起訴状一本主義と予断排除の原則

1　起訴状一本主義

旧刑訴法の実務慣行として，検察官は，公訴提起と同時に，いわゆる一件記録（犯罪発覚の端緒となるべき捜査報告書等の書類が冒頭となり，捜査官によって作成

UNIT 15 起 訴

された資料等が続き，起訴状が最後になる形で捜査資料が作成年月日順に編綴されたもの）を裁判所に提出していた。現行法は，起訴状に，裁判官に事件につき予断を生ぜしめるおそれのある書類やその他の物を添付し，またはその内容を引用することを禁じる（256条6項）。これを起訴状一本主義という。単なる余事記載（256条2項3項違反）にすぎなければ，削除すれば足りる。6項違反となると公訴提起が無効となる（338条4号）。

　旧刑訴法は職権主義であるから，証拠調べを主導するのは裁判官である。したがって，裁判官はどのような証拠が存在するかをあらかじめ知っていなければならない。裁判所は，第1回公判期日における取調べの準備のため，公判期日前に被告人を尋問したり，証人や鑑定人などを召喚したり，証拠物や証拠書類の提出を命じることができた（旧刑訴323条・324条）。こうしたやり方は，捜査機関の抱いた嫌疑が裁判所に引き継がれることになり，裁判官はあらかじめ（有罪方向への）予断を持って第1回公判期日を迎え，かつ証拠調べを行うことになる，との批判の下，現行法は，起訴に当たっては起訴状しか裁判所に提出できないことにすることによって，嫌疑の引継ぎを遮断した。また，審理の在り方が当事者主義に改められたことにより，裁判官は，訴訟指揮を行う上で，必ずしも事前に事件の概要を把握していなくとも済むことになった（刑訴規106条1項については **UNIT 19** Ⅱ4(1)(i)を参照）。起訴状一本主義は，それが当事者主義を前提とするという意味で，職権主義の旧刑訴から当事者主義の現行刑訴への転換を象徴する制度である。

　最高裁も，当初，256条6項は，「裁判官が，あらかじめ事件についてなんらの先入的心証を抱くことなく，白紙の状態において，第1回の公判期日に臨み，その後の審理の進行に従い，証拠によつて事案の真相を明らかにし，もつて公正な判決に到達する」ためのものであるとし，詐欺の事案で，公訴事実の冒頭に，「被告人は詐欺罪により既に2度処罰を受けたものであるが」と記載することは，「公訴犯罪事実の構成要件となつている場合（例えば常習累犯窃盗）又は公訴犯罪事実の内容となつている場合（例えば前科の事実を手段方法として恐喝）等」を除いて，治癒不能の違法であるとした（最大判昭和27・3・5刑集6巻3号351頁）。ただし，冒頭手続で前科が示されなかったとしても，通常は数分後に行われる検察官の冒頭陳述で前科の存在が明らかにされる（**UNIT 19** Ⅱ2）。同大法廷判決には，証拠調べ手続に入ればその初めに陳述を

Ⅱ　起訴状一本主義と予断排除の原則

許される前科について「予め起訴状に書いたからといつて，たかだか手続の時期，順序を間違えたというだけの話」であるとする反対意見（斎藤悠輔裁判官）が付されていたことは，銘記されてよい。その後，同大法廷判決が判例変更されることはないものの，6項違反に当たるかについての最高裁の判断は，実質的に緩やかになっていったといえよう。例えば，同大法廷判決が例外として挙げる犯罪の手段方法についての記述とはいえ，起訴状に脅迫文書の全文とほとんど同様の記載をした恐喝の事案（最判昭和33・5・20刑集12巻7号1398頁），また名誉毀損文書である文藝春秋掲載論考の4ページにわたる部分をほぼそのまま引用した事案（最決昭和44・10・2刑集23巻10号1199頁）で，訴因はできる限り特定して記載しなければならないという訴因明示の要請（256条3項）に応えたものであり，6項違反はないとされた（また，大阪高判昭和57・9・27判タ481号146頁〔百選40事件〕参照）。このように，訴因を明示するという利益を根拠にしつつも，判例の傾向が変化したと見得る背後には，当事者主義の定着に伴って，その象徴的性格を強調する必要が弱まったことがあるとされる。また，一定程度のものを第1回公判前に見たからといって，それによって心証形成を左右されるほど「日本の裁判官はひ弱なものでない」（山室惠・百選〔5版〕65頁）という，上記大法廷判決における反対意見に共通する職業裁判官の自負があるといえよう。

　なお，起訴状の記載について，上記の最大判昭和27・3・5は同種前科の事例であり，仮に異種前科の記載であったならば6項違反とまではいえない場合がある，という見解がある。しかし，後述のように（UNIT 19Ⅱ2 *POINT 1*），とりわけ裁判員裁判では冒頭陳述で前科について述べることは好ましくないとされる。ましてや実証的根拠の乏しい人格評価に直結しやすい異種前科を起訴状に記載してもよいということにはならない。

■■■ POINT 2　起訴状一本主義と公判前整理手続 ■■■■■■■■■■■■■■■■■■■■■■

　公判前整理手続において裁判官は，証拠の採否決定に当たり，また証拠開示に関する裁定においても，証拠の提示命令を出すことができる（UNIT 16Ⅰ2⑴図表16-1）。このように，第1回公判期日前にもかかわらず，裁判官はある程度は証拠に直に接することが予定されている。予断排除の原則とは，捜査機関の心証が裁判所に「一方的に」引き継がれることを禁

UNIT 15 起 訴

止するものだとして，両当事者が参加する公判前整理手続の場で裁判官が証拠に接しても同原則には反しない，という見解がある（三井誠＝酒巻匡『入門刑事手続法〔第 7 版〕』〔有斐閣，2017 年〕123 頁，143 頁。酒巻 261 頁）。しかし，最高裁は，両当事者が同時に出頭していた，公職選挙法の百日裁判規定に基づく事前打ち合わせの場で，受供与者が受領した金員を更に他の者に交付したり，饗応に当てたりした趣旨の事実が系統的に図示されている一覧表を裁判官に提示した事案で，その一覧表の記載内容の程度を問題にして，その「程度の記載内容では，いまだ〔6 項〕にいう裁判官に事件につき予断を生ぜしめるおそれのある書類」には当たらない，としている（最決昭和 42・11・28 刑集 21 巻 9 号 1299 頁）。したがって，両当事者が参加する手続であっても，書面等の内容，その提示の仕方によっては，6 項違反となる余地が残ることは否定できないであろう。ただ，両当事者の前で提示されるのであれば，予断を抱くおそれは低いし，抱くと疑われるおそれも小さい，とはいえよう。しかも，「充実した公判の審理を継続的，計画的かつ迅速に行う」（316 条の 2 第 1 項，316 条の 3 第 1 項）という公判前整理の要請が，前述の訴因明示の要請に加えて，予断排除の要請に対立する利益として存在することを考慮に入れなければならない。したがって，例えば，事実の取調べ（43 条 3 項）が許される範囲は広いというべきである。裁判員裁判における被害者の写真などについては，証拠決定をするに当たって，提示命令（刑訴規 192 条）を出してその内容を確認し，裁判員に対して過度な精神的苦痛を与えるおそれがないかを判断しなければならない。

2　起訴状一本主義および予断排除のためのその他の制度と公平な裁判所

(1)　除斥・忌避

　裁判官の除斥事由の大方（20 条 1 号～6 号）は，裁判官が訴訟関係人との一身的関係から，あるいは当該事件との密接な関係から利害関係を有し，公平な裁判を行えないおそれがある類型である。忌避は，それらの類型に当たらなくとも，当該訴訟の手続外の要因により不公平な裁判をするおそれがある場合についての制度である。検察官または被告人・弁護人の申立てに基づき，裁判所が

決定する（21条以下）。訴訟手続内における審理の方法，態度などは，それだけ
で直ちに忌避事由となることはない（最決昭和48・10・8刑集27巻9号1415頁
〔百選A25事件〕）。忌避事由があると考えた裁判官は，裁判を回避することもで
きる。当該裁判官の申出に基づき，裁判所が決定する（刑訴規13条）。除斥事
由がある場合，忌避の申立て・回避の申立てが裁判所によって認められた場合，
当該裁判官は職務の執行から除かれる。これらの制度は予断を有するおそれを
根拠にする点で起訴状一本主義と共通する。

　しかし，除斥事由中の前審関与（20条7号）は，同じ裁判官が自分の関与し
た裁判を審査するというのは自己矛盾であるという意味で，審級制度の趣旨を
活かすための類型であるとされる。前審関与によって事件についての知識を職
務上得て，何らかの形で心証を形成していたことは，除斥原因・忌避理由では
ない。例えば，一審の審理に関与した裁判官が，再審請求の審理に携わっても，
7号事由に該当することはない（最決昭和34・2・19刑集13巻2号179頁）。第14
回公判期日において被告人の実年齢が起訴時には19歳であったことが判明し
たため，公訴棄却の判決をした裁判所を構成する裁判官が，当該事件が逆送さ
れて再度起訴されて配点された裁判所を構成する裁判官となり，前訴の審理で
実施された証人尋問や被告人質問の記載された公判調書を後訴でも証拠採用し
たという事案においても，7号事由には当たらない（最決平成17・8・30刑集59
巻6号726頁〔百選〔9版〕52事件〕）。このように，事件について知っていたか
らといっても前審関与に当たらなければ，「公平な裁判を受ける権利」（憲37
条1項）を侵害したことにはならない。そうだとすると，事前に事件について
知ることを禁止する起訴状一本主義違反も法令違反にすぎない。起訴に当たっ
て一件記録の添付・引用を禁止することが，公平な裁判の実現にかなう，との
考えに現行法が立つからといって，それは法律上の要請にとどまる。

(2)　勾留裁判官等

　起訴後，第1回公判期日までの間，勾留に関する処分は，公判裁判所ではな
く裁判官が行う（280条1項）。これも予断排除の理念に基づくものである。た
だし，小規模庁で裁判官の数が少なく，公判裁判所を構成するためには勾留に
関する処分をした裁判官を除外できないような場合には，例外が認められてい
る（刑訴規187条2項ただし書）。勾留に関する処分に関与し，かつ起訴後第1回
公判期日までに保釈請求却下の決定をした裁判官が，第一審の審理判決をした

UNIT 15 起 訴

としても，公平な裁判を受ける権利の侵害とはならない（最大判昭和 25・4・12
刑集 4 巻 4 号 535 頁）。

　証拠保全の請求（179 条）や検察官による証人尋問の請求（226 条以下）が，
起訴後であっても第 1 回公判期日までは受訴裁判所ではなく裁判官になされる
のも，予断排除の理念の表れである（その他，刑訴規 188 条）。

Ⅲ　公訴時効

　犯罪行為が終わってから一定の期間が経過すると，起訴することができなく
なる（337 条 4 号）。これを公訴時効という（250 条以下。他方，刑の言渡しを受け，
それが確定した後，一定期間刑が執行されなかった場合に，その刑の執行が免除される
制度を刑の時効という。刑 31 条以下）。2015 年の例では，刑法犯（自動車による業
務上過失致死傷等を除く）で公訴時効が完成した人員は 6102 人に上る（**UNIT 14**
Ⅱ 図表 14-1。最近の 10 年では，2007 年の 7390 人がピークである。各年の検察統計統
計表による）。なお，2010 年の刑事訴訟法の改正（平成 22 年法 26 号）によって，
「人を死亡させた罪」（すなわち，実行行為と因果関係のある死亡の結果が構成要件要
素となっている罪）のうち，法定刑の上限が死刑である犯罪（殺人既遂など）に
ついては，公訴時効が廃止された（250 条の改正。同年 4 月 27 日施行）。

1　制度趣旨

　公訴時効制度の趣旨として，時の経過により犯罪の社会的影響が微弱化し，
可罰性が減少・消滅するとする**実体法説**，証拠の散逸により真実の発見が期し
難くなるとする**訴訟法説**，その両方の事由を存在理由に挙げる**競合説**が，主張
されてきた。またそれぞれに対しては，可罰性がなくなるならばなぜ免訴
（337 条 4 号）ではなく無罪としないのか，社会的影響の微弱化や証拠の散逸を
問題にするのであればなぜ犯罪の軽重によって一律に時効期間を異にする
（250 条）のか，などと批判されてきた。これらの見解は，刑罰を科すことがそ
もそも許されるかという観点からのものである。他方，一定期間訴追されない
でいたことに伴う被疑者・被告人の地位の尊重，あるいは事件処理遅延と起訴
権限濫用の防止，といった時効制度の持つ機能の観点から制度趣旨を説明しよ
うとする説もある（いわゆる**新訴訟法説**）。

Ⅲ　公訴時効

　時の経過による犯罪の社会的影響の微弱化を根拠とする実体法説は，刑罰の一般予防効果という観点から可罰性の減少を考えるものである。これに対して，一定の期間，いつ捕まるかという不安を抱えながら生活をしていたということで犯罪者は既に処罰されており，特別予防上，更に刑を科す必要はないと考えることも可能かもしれない。しかし，時効期間内に他の罪を犯したことを時効の停止事由とするとか，時効完成犯罪を他罪の量刑上考慮してよいとでもしない限り，この見解を採ることは難しい。

　他方，機能の観点から時効制度を政策的に説明するのであれば，一部の新訴訟法説のように被告人の保護の面に限る必要はない。訴追活動における国家の怠慢の防止や，いつまでも同じ事件に捜査機関が関わっていることに対する人的・財政的制約といった視点から，時効制度を考えることができる（三井Ⅱ117頁）。

▓▒░ POINT 3　公訴時効の延長・廃止と遡及禁止 ░▒▓░░░░░░░░░░░░░░░░░░░░░

　2004年の刑事訴訟法改正で，死刑，無期もしくは長期15年以上の懲役・禁錮に当たる罪の公訴時効期間が延長された際には，改正法施行前に犯した犯罪について，従前の例によることとされた（平成16年法156号附則3条2項）。これに対して，2010年の改正では，「同法の施行前に犯した人を死亡させた罪であって禁錮以上の刑に当たるもので，この法律の施行の際その公訴の時効が完成していないものについても，適用する」とされた（平成22年法26号附則3条2項）。公訴時効の遡及適用が認められたわけである。

　従来，公訴時効に係る規定の遡及適用は，実体法説からは認められないが，訴訟法説からは認められる，とされてきた。

　ドイツ（当時は西ドイツ）では，第二次世界大戦後，ナチス政権下における政治的，人種的あるいは宗教的理由から行われた犯罪行為（いわゆるナチス犯罪）について，ヒトラーが政権を獲得した1933年1月30日からドイツ帝国降伏の日，またはその後の裁判権回復までは刑事訴追することに対する法律上の障害があったとして，公訴時効が停止すると解された。ラントによってはその旨の立法も行われた。次に，1965年5月8日にナチスによる謀殺事件の時効（謀殺罪の時効期間は20年）が完成となる際には，

UNIT 15 起 訴

それを阻止すべく，連邦議会は，時効期間算定法を制定し，ドイツの裁判所の刑事裁判権が連合軍によって制限されていた1949年末までの期間，無期懲役に当たる重罪の公訴時効の進行を停止した。さらに，同法によっても時効が1969年末で完成することになるところ，1969年2月26日の連邦憲法裁判所判例（BVerfGE 25, 269）は，同法の実質は時効の停止ではなく時効期間の遡及的延長であるとしながらも，それは憲法上の遡及処罰の禁止にも法治国原理にも反しないとした。①時効期間の延長ないし廃止は犯罪の可罰性には関係せず，訴追できるか否かにのみ関係する，②国民の法的地位が事後的に損なわれることはないという，法的安定性に対する国民の信頼の保護は，その信頼が実体的正義に反して正当とはいえない場合には，法治国原理に矛盾しない，ということを理由とする。したがって，時効期間の遡及的延長ばかりでなく，時効を遡及的に廃止することも立法による解決に委ねられることになった。本判決後，1969年の刑法改正で，謀殺罪の時効が30年に延長され，とうとう1979年の刑法改正で，謀殺罪の時効が遡及的に廃止された。なお，一旦時効が完成した犯罪事実について，そのあとで時効期間を延長したり時効を廃止した場合でも遡及的に処罰することが許されるかについては，上記連邦憲法裁判所判例は判断を示していない。公訴時効は犯罪の可罰性に関係がないとすれば，この場合も遡及処罰を認めることができるかもしれない。しかし，ドイツでは学説上一般に，処罰できなくなったあとで再度訴追を可能にすることは，可罰性を遡及的に新たに認めるに等しく，遡及処罰の禁止に反する，とか，時効の中断が認められれば時効期間が新たに最初から進行を始めることになるように（ドイツには時効の停止のほかに中断〔後掲3を参照〕の制度がある），いつまで隠れていればよいかという信頼は保護に値しないが，処罰されなくなったという信頼は保護に値するなどとして，法治国原理の観点から許されない，とされている。

　公訴時効制度が実体法的側面を有することを否定できないとしても，人を死亡させた重大犯罪については，応報，一般予防および特別予防という観点からは元々時効を認める必要がないほどに可罰性が高く，そうした犯罪の時効は訴訟法的観点からのみ設けられてきた，と考えることができるかもしれない。そうだとすれば，専ら立証の困難や訴訟経済の観点から時

効期間の延長・廃止を考えることになる。DNA 鑑定等の立証技術の進歩により、そうした制約を加える合理性が認められなくなった以上、時効を廃止してもよい、ということになろう。当該犯罪後における社会情勢や被害者遺族の処罰感情という可罰性に結び付く要素の変化も、訴追経費等の社会的負担を国民が受け入れるかどうかという観点から問題にすれば足りる。制度趣旨を処罰の必要性と法的安定性の調和に求めた上で、2010 年の改正法による遡及適用が憲法 39 条（遡及処罰の禁止）にも 31 条（適正手続の保障）にも反しないとした最判平成 27・12・3 刑集 69 巻 8 号 815 頁〔百選 41 事件〕も、「その趣旨を実現するため、人を死亡させた罪であって、死刑に当たるものについて公訴時効を廃止し、懲役又は禁錮の刑に当たるものについて公訴時効期間を延長したにすぎず、行為時点における違法性の評価や責任の重さを遡って変更するものではない」とする。これを可罰性の高い死亡させた罪に限定した判示と解すれば、実体法との関わりを否定し去ったわけではない。また、同判決は、同改正法は「被疑者・被告人となり得る者につき既に生じていた法律上の地位を著しく不安定にするようなものでもない。……本法施行の際その公訴時効が完成していないものについて、本法による改正後の刑訴法 250 条 1 項を適用する」ものである、とする。「被疑者・被告人となり得る者」の地位の安定を害するばかりでなく、可罰性の遡及適用につながる、公訴時効が既に完成している場合にまで、遡及適用が認められるというわけではない。

2 公訴時効の進行

(1) 公訴時効期間とその起算点

時効期間は、法定刑の重さによって定まる（250 条）。科刑上一罪の場合はその中の最も重い罪の刑につき定めた時効期間による（観念的競合につき最判昭和 41・4・21 刑集 20 巻 4 号 275 頁、牽連犯につき最判昭和 47・5・30 民集 26 巻 4 号 826 頁）。

時効は、「犯罪行為が終つた時」から進行する（253 条）。学説上、即成犯・状態犯については既遂時、継続犯については既遂時ではなく犯罪の終了時から

UNIT 15　起　訴

開始するとされてきたところがあるが，判例は必ずしもそうではない（不動産
侵奪罪につき侵奪行為の終了時を起算点とする福岡高判昭和 62・12・8 判時 1265 号 157
頁，競売入札妨害罪につき即成犯か継続犯かを明示することなく，内容虚偽の陳述等に
基づく競売手続が進行する限り時効は進行しないとする最決平成 18・12・13 刑集 60 巻
10 号 857 頁等参照）。行為時（実行行為終了時）からではない。一般に，起算点を
行為時とする見解を**行為時説**，判例のように犯罪構成要件充足時とする見解を
結果時説と称する。

　実体法説からすると，犯罪の社会的影響にとって結果発生が一般に重要であ
るとはいえ，全ての場合に結果の発生を待つ必然性はない。訴訟法説からして
も，証拠は実行行為終了とともに散逸を始めるとすれば，時効の起算点を行為
時とすることに結び付くであろうが，結果を含めて，収集すべき証拠が出そろ
ってから起算すべきであるとも解し得よう。まして時効制度を政策的に説明す
るのであれば，行為時とも結果時とも一義的に定まるわけではない。後述のよ
うに，検察官の訴追意思を重視するのであれば，結果の重大性も起訴不起訴判
断の重要な要素であるから，結果時説に結び付きやすい。

(2)　科刑上一罪における公訴時効の進行

　判例は，科刑上一罪について，時効が個々の犯罪行為ごとに進行するとの考
え方（個別説）を採っていない。

　観念的競合の関係にある犯罪行為は，その全体について一体的に進行すると
する（**一体説**。前出最判昭和 41・4・21）。その論拠として，①犯罪の社会的影響
は最終結果が発生してから微弱化していく，②証拠の散逸という点でも，順次
結果が発生している以上，証拠は保持されるはずである，③一罪として手続法
上も一括して取り扱うべきである，ということが挙げられる。①は実体法説，
②は訴訟法説に結び付く説明である。しかし，最終結果の発生が時間的に他の
結果と乖離している場合には，当初の結果の社会的影響は既に消滅している場
合もあるであろうし，証拠も保持されていない，ともいえよう。また，③は公
訴時効をその機能面から捉える見解と親和性を有するが，科刑上一罪は本来は
数罪であるから，個別説を排斥する論拠としてそれほど強いものではない。検
察官の訴追意思を重視すると，いくつの結果が発生したかは起訴不起訴の判断
にとって重要であるから個別説は妥当でないということになろう。

　公訴時効の起算点につき結果時説を採り，かつ時効の進行につき一体説を採

Ⅲ　公訴時効

ると，観念的競合の関係にある一部の行為について時効期間が一旦過ぎたあと
で別の一部の行為について結果が発生した場合であっても，前者についても訴
追することができる（熊本水俣病事件に関する最決昭和63・2・29刑集42巻2号314
頁〔百選42事件〕）。

　牽連犯については，大審院の判例上，犯罪の手段行為に時効が完成するまで
に犯罪の目的行為が行われた場合には時効は一体的に進行するが，前者に対す
る法定刑を基準とする時効期間が経過したあとに後者が行われたときには，前
者について訴追することはできないという例外が認められている（**時効連鎖説**）。
1個の行為による場合である観念的競合の場合には例外を認める余地はないが，
牽連犯の場合，手段行為は目的行為が実行されない限り何十年たっても依然と
して刑を免れないことになるというのは，時効制度の精神に矛盾するからであ
る，とされる（大判大正12・12・5刑集2巻922頁）。旧刑訴法下においては学
説・判例上，時効の起算点は行為時であると一般に考えられていたから（三井
Ⅱ122頁），1個の行為による場合である観念的競合の場合には例外が認められ
る余地はなかった。しかし，現行法上は結果時を起算点とすることで判例が固
まっている。したがって，一旦時効期間が過ぎても時効の完成が将来の事象の
発生の有無に左右されるという点では，観念的競合と牽連犯を区別することは
できない[1]。要するに，時効の完成がいつになるか分からないということが時
効制度の趣旨と矛盾するかが問題である。例外を認めない一体説に対しては例
えば，公訴時効制度を時の経過による既成事実の尊重という観点から捉えた上
で，新たな結果を時効の起算点とするのは，新たな結果が同一構成要件内の既
に発生した結果から予測可能である範囲を超えたものであり（死亡だけでなく，
予期できない重篤な後遺症が発生した場合も含む），かつ以前の結果による社会的影
響の残存している間に発生した場合に限るべきだ，等の批判がある[2]。

---

1)　塩化メチル水銀を河川の河口海域に排出して同海域を汚染し，その海域で獲られた魚介類
　を摂取した人々に傷害を負わせ，その一部の人を死に至らしめたという熊本水俣病事件にお
　いて，一審は，一旦時効期間を経過した被害者に対する業務上過失致死傷罪については時効
　完成を理由に免訴とした。これらについて，一体説による以上は時効が完成していないこと
　になるにもかかわらず，検察官は控訴しなかった。
2)　長沼範良「公訴時効の起算点」『松尾浩也先生古稀祝賀論文集（下）』（有斐閣，1998年）
　375頁。

UNIT 15 起 訴

3 公訴時効の停止

旧刑訴法は，公訴の提起等があった場合には改めて時効がゼロから進行を開始する，という時効中断の制度を採用していた。中断を繰り返せばいつまでも時効は完成せず，時効制度自体が無意味なものとなることに対する懸念などから，現行法は，一定の場合に時効の進行が停止されるという制度を採用した（三井Ⅱ119頁以下参照）。

時効停止事由の第一は，公訴の提起である（254条）。判例は，検察官が裁判所に訴追意思を明示したことを重視する。したがって，例えば起訴状の公訴事実の記載に不備があっても（訴因不特定により公訴棄却される場合），特定の事実について検察官が訴追意思を表明したものと認められるのであれば，右事実と公訴事実を同一にする範囲において，公訴時効の進行は停止する（最決昭和56・7・14刑集35巻5号497頁）。訴追意思の表明という点では，追起訴も訴因の追加的変更も変わりがないから，検察官が追起訴の代わりに間違って裁判所に訴因変更請求書を提出した時点で公訴時効の進行が停止する（254条1項の準用。最決平成18・11・20刑集60巻9号696頁〔百選A14事件〕。訴因変更が許されるのであれば，公訴事実の同一性を有する変更前の訴因で起訴された時点で，時効の進行は停止する。最決昭和29・7・14刑集8巻7号1100頁）。

共犯者の公訴提起による時効停止の効力が他の共犯者にも及ぶ（254条2項）理由が，公訴時効は客観的な特定の犯罪事実に基礎を置く制度だからであると考えれば，犯人でない者（人違い，身代わり犯）を起訴した場合であっても，誰を起訴したかは重要でなく，時効停止の効力が真犯人にも及ぶことになろう。しかし，同項を，共犯者間での不公平な扱いを避けるための政策的な特別規定と解するならば，真犯人にまで及ぼす理由はない。他方，刑罰を加える必要性の希薄化ということ（実体法説）であれば，真犯人に及ぶと考えやすい。しかし，被告人が誰かを問題とせずに起訴不起訴の判断をすることは現行法の立場に反する。検察官の訴追意思の表明という点を重視するなら，誰を起訴したのかを問題にせざるを得ない。この意味で，実体法説は，検察官の訴追意思を重視する判例の立場にそぐわない。

犯人が国外にいる場合，および犯人が逃げ隠れしているため有効に起訴状謄本の送達や略式命令の告知ができなかった場合にも，時効は進行を停止する

（255 条）。起訴状謄本については，公示送達や書留郵便に付する送達が認められていない（54 条，刑訴規 63 条 1 項ただし書）。交付送達以外に補充送達や差置送達が可能だが（54 条，民訴 101 条・106 条），犯人が国外にいる場合には難しい。外国にいる場合に時効の進行が停止するのも，犯人が逃げ隠れしている場合と同様に，起訴状謄本の送達が困難だからだとすると，犯人が特定できていない場合にはその者が外国にいても時効の進行は停止しない，と解することも可能である。しかし，判例は，日本の捜査権が実際上及ばないことを根拠の 1 つに挙げて，捜査官が犯罪事実または犯人を知っているか否かは犯人が国外にいる場合の判断には関係がない，とする（最判昭和 37・9・18 刑集 16 巻 9 号 1386 頁〔白山丸事件〕）。また，未だ犯人を起訴できる段階に至っていないのであれば，起訴状謄本の送達が困難かは現実には問題になり得ないが，公訴提起以前であっても逃げ隠れしていれば時効の進行は停止する（仙台高判昭和 60・12・16 判時 1195 号 153 頁）。一時的な渡航であって，国内に住居が定まっており，起訴状謄本の差置送達が容易であることも，時効の停止には関係がない（最決平成 21・10・20 刑集 63 巻 8 号 1052 頁）。訴訟法説からすれば，一旦証拠が起訴できるまでに確保されたことで証拠の散逸が防止されるから，時効の進行の停止を認めてよい，ということになろう。しかし，捜査が公訴提起できる段階まで至っていなくとも時効の停止が認められるとする以上，時効の停止と訴訟法説との結び付きは弱い。

　以上，公訴時効の停止に関する判例の立場を，実体法説からも訴訟法説からも，一義的に説明することはできない。判例は，以前から検察官の訴追意思や捜査の実効性という国家の訴追目的の観点から時効制度を捉えてきたのであり，その意味で公訴時効の機能的理解につながる。これは，新法の遡及適用を認めた 2010 年の改正と軌を一にするといえよう。

■■■ *POINT 4* 　起訴状謄本の送達と公訴時効の停止 ■■■■■■■■■■■■■■■■■■■■■■■■■■■■■■■■■■

　1953（昭和 28）年に改正されるまで，254 条 1 項は「時効は，当該事件についてした公訴の提起によつてその進行を停止し，管轄違又は公訴棄却の裁判が確定した時からその進行を始める。但し，第 271 条第 2 項の規定により公訴の提起がその効力を失つたときは，この限りでない」と規定していた。したがって，271 条 2 項により，公訴の提起があった日から 2 か

UNIT 15 起 訴

月以内に起訴状の謄本が送達されずに公訴の提起が「さかのぼつてその効力を失う」場合は，254条1項ただし書により，公訴時効停止の効力も遡って失われる，すなわち時効の進行が停止しなかったことになる。また，271条2項の場合，決定で公訴棄却すべきとの規定もなかった。1953年の刑訴法改正は，254条1項ただし書を削除し，公訴棄却事由として339条1項1号を創設した。その結果，254条1項本文どおり，公訴の提起によって時効の進行が停止し，起訴状謄本の不送達による公訴棄却の決定が確定した時点で，時効の進行が再度始まる，ということになる。これは同改正を審議した法制審議会の考えにはなかった，との指摘もある（松尾浩也・百選〔5版〕68頁）。判例は，時効の停止を認めた（最決昭和55・5・12刑集34巻3号185頁〔百選A13事件〕）。検察官の訴追意思の表明があることに着目する以上，時効の停止は立法政策としても一貫する。しかし，271条2項に「さかのぼつてその効力を失う」とある以上，時効の停止を認めるべきでないとの見解も根強い。犯人が起訴があったという事実を知らない間に時効が停止するというのは不都合だとして公訴時効の停止を認めるべきでない，とするのであれば，被告人が外国人で日本語を解さない場合や，訴訟能力（UNIT 19Ⅱ6(1)）に欠ける場合に起訴状謄本の送達を有効とすることにも問題があることになろう（東京高判平成2・11・29高刑集43巻3号202頁〔百選〔8版〕44事件〕は，日本語で書かれた起訴状謄本の送達を認める。訴訟能力がなくとも起訴状謄本の送達を有効とするものとして，大阪高判平成7・12・7判タ918号263頁〔最判平成10・3・12刑集52巻2号17頁の原審〕）。

UNIT 16

公判準備

Ⅰ 準備手続から公判前整理手続へ
Ⅱ 証拠開示

Ⅰ 準備手続から公判前整理手続へ ────────────

　起訴状を受理した裁判所によって当該事件の配点を受けた部，すなわち受訴裁判所は，被告人に対して起訴状謄本の送達を行うとともに，弁護人選任の有無や，弁護人が付されていないときは国選弁護人の選任を請求するか否かについて照会する書面も送達する。照会に被告人からの回答がなくまたは弁護人の選任がない必要的弁護事件（289条）においては，裁判長が弁護人を選任する（272条，刑訴規177条・178条）。

1　2004（平成16）年刑訴法改正前

　充実かつ迅速な公判審理を行うためには，特に訴訟当事者による訴訟準備が重要である。1950（昭和25）年の刑事訴訟規則改正で，訴訟関係人は，第1回公判期日前に，できる限り証拠の収集・整理をしなければならない，とされた（刑訴規178条の2）。また，裁判所は，審理に2日以上を要する事件については，できる限り連日開廷し，継続して審理を行わなければならない，とされ（平成16年刑訴法改正に対応する平成17年改正前の刑訴規179条の2），複雑な事件については，事件の争点および証拠を整理するための準備手続を行うことができる，とされた（同194条）。具体的内容は**図表16-1**のとおりである（同194条の3）。しかしこの準備手続は，第1回公判期日前には行えないものとされた（同194条1項ただし書）。予断排除の原則に抵触すると考えられたからである。また，後述のように，検察官側が開示しなければならない証拠も，請求証拠に限られた。その結果，公判期日ごとに相手側の出方を見定めながら審理計画を立ててゆくという，いわゆる五月雨式審理が行われることとなった。

UNIT 16 公判準備

2 2004（平成16）年刑訴法改正——公判前整理手続・期日間整理手続

(1) 概 要

上に述べた連日開廷の要請は実現しなかった。むしろ，ほぼ1か月の間隔で公判期日が開かれる，いわゆる月1開廷という実務が恒常化した（UNIT 19Ⅱ3）。しかし，近年ではオウム真理教事件の裁判に代表される長期裁判は，刑事司法全体に対する国民の信頼を傷つける。また，裁判員制度を採用するとなると，刑事裁判の充実・迅速化が急務となる。司法制度改革審議会は，真に争いのある事件につき，当事者の十分な事前準備を前提に，集中審理（連日的開廷）により，裁判所の適切な訴訟指揮の下で，明確化された争点を中心に当事者が活発な主張立証活動を行い，効率的かつ効果的な公判審理の実現を図ること，およびそのための人的体制の整備および手続的見直しを行うことが必要であるとして，第1回公判期日前における準備手続の創設，その手続とリンクした証拠開示制度の拡充を要請した。

この要請を受けて，また第一審を「2年以内のできるだけ短い期間内」に終わらせるという「裁判の迅速化に関する法律」の目標を実現すべく（UNIT 19Ⅱ3 *PONT 2*(i)），刑事訴訟法の平成16年改正は，従来の準備手続に代えて（刑訴規194条以下の削除），「事件の争点及び証拠を整理するための公判準備」（316条の2第1項・316条の28第1項）として公判前整理手続・期日間整理手続を新設し，同時に同手続の下における新たな証拠開示制度を創設した。とりわけ，公判前整理手続では，従前の準備手続で行うこととされていた内容が第1回公判期日前に行われることとなった（**図表16-1** 参照）。

予断排除の原則との関係は，既に述べたとおりである（UNIT 15Ⅱ1 *POINT 2*）。また，裁判所と検察官・弁護人との事前打合せは（刑訴規178条の15。本条は，第1回公判期日前における検察官・弁護人の事前準備の慣行を促進すべく行われた1961〔昭和36〕年改正で新設された〔旧〕178条の10を引き継いだ規定である），以前は行えないとされていた事項（削除された刑訴規194条の3各号）も含めて，広く，例えば証明予定事実記載書や証拠開示等（後述）の内容にわたり，公判前整理手続の迅速な準備・進行に向けて活用され得る。同178条の15第1項ただし書は「事件につき予断を生じさせるおそれのある事項にわたることはできない」と定めるが，刑訴法256条6項の場合と同様，公判前整理手続において

240

I　準備手続から公判前整理手続へ

図表 16-1　【対照表】

	刑訴規則〔旧〕194 条の 3		刑訴法 316 条の 5
1 号	訴因又は罰条を明確にすること。	1 号 2 号	訴因又は罰条を明確にさせること。 訴因又は罰条の追加，撤回又は変更を許すこと。
2 号 3 号	事件の争点を整理すること。 計算その他繁雑な事項について釈明すること。	3 号	公判期日においてすることを予定している主張を明らかにさせて事件の争点を整理すること。
4 号	証拠調の請求をさせること	4 号	証拠調べの請求をさせること。
5 号 6 号	立証趣旨，尋問事項等を明らかにさせること。 証拠書類又は証拠物の提示を命ずること。	5 号	前号の請求に係る証拠について，その立証趣旨，尋問事項等を明らかにさせること。
7 号 8 号	法第 326 条の同意をするかどうかを確めること。 法第 327 条による書面の取調の請求をするかどうかを確めること。	6 号	証拠調べの請求に関する意見（証拠書類について第 326 条の同意をするかどうかの意見を含む。）を確かめること。
9 号	証拠調をする決定又は証拠調の請求を却下する決定をすること。	7 号	証拠調べをする決定又は証拠調べの請求を却下する決定*をすること。
10 号	証拠調の請求に関する異議の申立に対して決定をすること。	9 号	証拠調べに関する異議の申立てに対して決定をすること。
11 号	証拠調の順序及び方法を定めること	8 号	証拠調べをする決定をした証拠について，その取調べの順序及び方法を定めること。
		10 号	第 3 目〔争点及び証拠の整理〕の定めるところにより証拠開示に関する裁定をすること。
		11 号	第 316 条の 33 第 1 項の規定による被告事件の手続への参加の申出に対する決定又は当該決定を取り消す決定をすること。 〔本号は平成 19 年改正で追加〕
		12 号	公判期日を定め，又は変更することその他公判手続の進行上必要な事項を定めること。

＊裁判所は，証拠決定のための提示命令を刑訴規則 192 条，証拠開示決定のための提示命令を刑訴法 316 条の 27 に基づいて行うことができる。

UNIT 16 公判準備

は，予断排除の要請が低下し，かつ充実した公判審理の継続的，計画的かつ迅速な実行という要請（316条の2第1項・316条の3第1項）が加わるからである。

なお，裁判員事件では，公判審理の途中で鑑定が行われて審理が中断するという，いわゆる「鑑定待ち」を避けるため，鑑定結果の報告が出るまで相当の期間を要する場合には，公判前整理手続で鑑定の経過および結果の報告以外の鑑定手続を行うことができる（裁判員50条）。

期日間整理手続については，IIの証拠開示制度を含め，公判前整理手続の規定が基本的に準用される（316条の28第2項）。以下では，公判前整理手続について解説する。

(2) 対象事件・出席者・実施状況

裁判員裁判対象事件（裁判員49条）およびそれ以外でも裁判所が「充実した公判の審理を継続的，計画的かつ迅速に行うため必要があると認め」た事件（316条の2第1項）は，公判前整理手続に付される。後者につき，従来は「検察官及び被告人又は弁護人の意見を聴いて」と定められていた。しかし，平成28年改正法で（UNIT 2IV5⑵），検察官および被告人・弁護人にも公判前整理手続の請求権が与えられた（同項。期日間整理手続に関しては316条の28第1項）。請求があったとき，裁判所は，相手方当事者の意見を聴いて，整理手続に付する旨の決定または請求を却下する旨の決定をする（316条の2第2項・316条の28第2項）。ただし，裁判所が請求を却下した場合，不服申立て手段は設けられていない。

検察官および弁護人の出頭は必要的だが（316条の7），被告人の出頭は必ずしも求められてはいない。しかし，裁判所が必要と認める場合には被告人に出頭を求めことができ，その場合には，被告人が出頭する最初の公判前整理期日において黙秘権を告知しなければならない（316条の9）。被告人が事実上出頭した場合にも黙秘権の告知を行うことが望ましいであろう。運用上，人定質問も行う。

2017年度における通常第一審で公判前・期日間整理手続に付された被告人数および裁判員裁判で終局処理された被告人数は，次のとおりである。

I 準備手続から公判前整理手続へ

図表 16-2　通常第一審事件の終局総人員

	終局総人員	公判前整理手続に付された被告人	期日間整理手続に付された被告人	裁判員裁判による終局総人員
地方裁判所	50,591	1,172	181	966
簡易裁判所	5,524	1	3	

（平成 29 年度司法統計による）

(3)　事後的証拠調べ

　公判前整理手続で，両当事者間における証拠開示，受訴裁判所の主宰の下での争点と証拠の整理を経た上で（316 条の 24），公判期日・審理計画が定められるわけであるから，同手続終了後に無制約に新たな証拠調べ請求を認めたのでは，継続的・計画的な迅速審理が困難となる。公判前整理手続終了後の証拠調べ請求は，同手続で請求することができなかった「やむを得ない事由」がある場合に限られる（316 条の 32 第 1 項）。同事由が認められない場合は，控訴審の事実の取調べが認められる要件である 382 条の 2 第 1 項の「やむを得ない事由」も認められないことになる。

　公判前整理手続後に示談が成立した場合の示談書や嘆願書が「やむを得ない事由」の典型である。328 条の弾劾証拠について，証言予定要旨記載書面（316 条の 14 第 1 項第 2 号等）から証言するであろう事実が公判前整理手続の時点でも判明しており，それと相反する内容の供述を録取した書面があることが分かっていた場合にまで，「やむを得ない事由」があるといえるかは，議論のあるところである（名古屋高金沢支判平成 20・6・5 判タ 1275 号 342 頁〔百選 58 事件〕参照）。

■■■ POINT 1　立証制限と主張制限 ■■■■■■■■■■■■■■■■■■■■■■■■■■■■■■■■■■■

　立証はできなくとも，公判前整理手続で行わなかった主張を公判で新たに行うことまでもが許されないわけではない（旧民訴法におけるような失権効までは認められない）。平成 16 年刑訴法改正の立案過程では，当初は主張制限を設けることも提案されたが，被告人が勝手に供述を始めたらそれを止められない，被告人が供述した以上弁護人はその主張にのっとって弁護

243

UNIT 16 公判準備

活動をせざるを得ない，と考えられたためである。しかし，全くの無制約
というわけではない。被告人・弁護人の予定主張の明示状況，新たな主張
がされるに至った経緯，新たな主張の内容等を考慮して，①「主張明示義
務に違反したもの」と認められ，かつ②公判前整理手続で明示されなかっ
た主張に関して被告人の供述を求める行為（質問）等を許すことが，「公
判前整理手続を行った意味を失わせるもの」と認められる場合には，③
「新たな主張に係る事項の重要性等も踏まえた上」で，公判期日でその具
体的内容に関する質問や被告人の供述が，刑訴法295条1項により制限さ
れることがあり得る（最決平成27・5・25刑集69巻4号636頁〔百選57事件〕）。
同最決は，②の公判前整理手続の意味を失わせる場合として，「公判前整
理手続において，裁判所の求釈明にもかかわらず，『アリバイの主張をす
る予定である。具体的内容は被告人質問において明らかにする。』という
限度でしか主張を明示しなかったような場合」を例示する。

Ⅱ 証拠開示

1 2004（平成16）年改正前

(1) 概 説

弁護人は，公訴が提起された後，公判裁判所の管理する証拠書類および証拠
物を閲覧謄写できる（40条）。しかし，現行法が起訴状一本主義を採用した結
果，弁護人が公判における証拠調べ以前に裁判所に行っても，証拠書類，証拠
物は存在しないことになった。検察官，被告人または弁護人が証拠書類，証拠
物の取調べを請求する場合には，あらかじめそれらを相手方に閲覧する機会を
与えなければならない（299条1項，刑訴規178条の6）。したがって，請求証拠
については，相手方の手持ち証拠の開示を受ける規定が存在する。しかし，証
拠請求しない証拠についての開示を認める明文の規定は存在しなかった。そこ
で，例えば捜査段階における供述内容が相手方に知られるのを回避するために，
検察官が捜査段階で作成された検面調書等の供述調書について証拠請求を行わ
ず，最初から証人の尋問を請求することもあった。このような事案においては，

Ⅱ　証拠開示

供述調書の開示をめぐって，検察官と弁護人とが鋭く対立することにもなった。労働公安事件，贈収賄事件，選挙違反事件，特殊な恐喝事件等の物証の乏しい否認事件がその例であったとされる。また，検察官手持ち証拠の中に，被告人に有利な証拠が隠されているのではないかとの観点から，検察官手持ち証拠の全面事前開示が弁護人から求められることもあった。

(2)　判例法の展開

当初，最高裁は，冒頭手続で弁護人が検察官手持ち証拠の全面開示を求めた事案において，「刑事訴訟法規をみても，検察官が所持の証拠書類又は証拠物につき公判において取調を請求すると否とに拘わりなく予めこれを被告人もしくは弁護人に閲覧させるべきことを裁判所が検察官に命ずることを是認する規定は存しない」として，開示を認めなかった（最決昭和34・12・26刑集13巻13号3372頁）。また，証人の検察官による主尋問終了後，反対尋問の段階で同証人の検面調書の開示が求められた事案において，刑訴法300条に基づき「検察官に公判での取調請求義務が生ずるのは，刑訴321条1項2号後段所定の場合に限られ，検察官が未だ取調を請求することを決定するに至らない証拠書類についてまで，公判において取調を請求すると否とにかかわりなく，あらかじめ被告人若しくは弁護人に閲覧させるべき義務はなく……〔被告人・弁護人には〕閲覧請求権はない」，としていた（最決昭和35・2・9判時219号34頁）。

これらの一般的な言い回しを文言どおりに理解すれば，検察官に請求予定のない証拠について弁護人が開示を請求する術はないことになる。しかし，その後，最高裁は，これらの判決はあくまで当該事例に限った判断であると解した上で，裁判所の訴訟指揮権に基づき，一定の場合に証拠開示を認めるに至った。❶第1は，検察官の立証が一旦終了した後，犯行を目撃し得たとされる者に対して刑訴法226条に基づいて作成された証人尋問調書につき，弁護人が防御準備のためにその閲覧を申し出る一方，検察官はそれを拒否するとともに証人尋問請求の意思もない旨明らかにしているという事案に関する，最決昭和44・4・25刑集23巻4号248頁〔百選A27事件〕である。同決定は，「本件のように証拠調の段階に入つた後，弁護人から，具体的必要性を示して，一定の証拠を弁護人に閲覧させるよう検察官に命ぜられたい旨の申出がなされた場合，事案の性質，審理の状況，閲覧を求める証拠の種類および内容，閲覧の時期，程度および方法，その他諸般の事情を勘案し，その閲覧が被告人の防禦の

245

UNIT 16　公判準備

ため特に重要であり，かつこれにより罪証隠滅，証人威迫等の弊害を招来するおそれがなく，相当と認めるときは，その訴訟指揮権に基づき，検察官に対し，その所持する証拠を弁護人に閲覧させるよう命ずることができる」，とした。

❷また，最決昭和44・4・25刑集23巻4号275頁は，検察側証人の反対尋問等のため，弁護人が同証人の検面調書の閲覧を同証人の証人採用決定前に申し出た事案について，「主尋問を実施したうえ，調書の取調請求を必要とする気配が生じた時にこれを閲覧することができれば，通常の場合，被告人の防禦に欠けるところはな」く，証人威迫，罪証隠滅のような「弊害の有無は，証人を採用し主尋問の行なわれた段階で，閲覧の必要性を判断するに際し，あわせて考慮すべき」であるとした。

　以上の判例法の下，検察官が任意に開示する場合は別にして，検察官手持ち証拠の全面開示は認められず，また反対尋問のための証拠開示についても，主尋問終了前には認められない，ということになる。主尋問終了後に開示すればよいという実務は，主尋問と反対尋問を同じ公判期日に連続して行わなくともよい，という前述の月1開廷の実態を前提とするものであった。

2　2004（平成16）年改正

(1)　概　要

　裁判員制度の下，裁判員の負担を考慮すると，公判は原則として連日的に開廷できなければならない。そのためには，公判前整理手続で十分な争点整理を行い，明確な審理の計画を立てることが必要とされる。これは，従来の証拠開示のやり方では無理である。証拠開示の時期・範囲等に関するルールを法令により明確化し，さらには必要に応じて裁判所が開示の要否につき裁定することができる仕組みを整備することが必要とされ（司法制度改革審議会意見書），この要請に応じて，新たな証拠開示手続が創設された。①検察官側請求証拠開示，②類型証拠開示，③被告人側請求証拠開示，④主張関連証拠開示，という段階的開示手続である（図表16-3参照）。なお，これらの手続とは別に，検察官による任意開示が行われ得ることは，従前と同様である。

　公判前整理手続・期日間整理手続に付した事件においては，従前の裁判所の訴訟指揮権に基づく証拠開示命令は原則として許されない。公判前整理手続・期日間整理手続に付されない事件においても，開示をめぐって両訴訟当事者間

Ⅱ 証拠開示

図表 16-3 【流れ図】

○検察官による証明予定事実記載書面の提出（316条の13）
○検察官請求証拠開示（316条の14）

○被告人・弁護人の請求に基づく類型証拠開示（316条の15）

○検察官請求証拠に対する被告人・弁護人の意見表明（316条の16）
○被告人・弁護人による予定主張の明示（316条の17）・請求証拠開示（316条の18）
○被告人・弁護人請求証拠に対する検察官の意見表明（316条の19）

○被告人・弁護人の請求に基づく主張関連証拠開示（316条の20）

で紛争することが予想される場合などは、訴訟指揮権に基づく証拠開示命令によるのではなく、むしろ事件を公判前整理手続・期日間整理手続に付すべきであるとされている。

(2) 検察官による証明予定事実記載書面の提出と請求証拠開示

公判前整理手続では、まず検察官が犯罪の成否および量刑についての「証明予定事実」を記載した書面を裁判所に提出し、被告人・弁護人に提示するとともに、証明予定事実を証明するための証拠の取調べを請求しなければならない（316条の13）。請求証拠開示は、公判前整理手続に299条による証拠開示を組み込んだものであり、証明予定事実記載書面には、「証拠により証明すべき事実」の明示である冒頭陳述（296条）をある程度前倒しし、事実と証拠との関係を具体的に明示するなどして（刑訴規217条の21）、「事件の争点及び証拠の整理に必要な事項を具体的かつ簡潔に明示」する（同217条の20第1項）。ただし、299条では、検察官は被告人・弁護人に対して、証人等の尋問請求に当たっては証人等の氏名・住居を知る機会を、また、証拠書類・証拠物の取調べ請求に当たってはその閲覧する機会を与えればよいが、公判前整理手続における請求証拠開示に当たっては、証人等については「その者の供述録取書等のうち、その者が公判期日において供述すると思料する内容が明らかになるもの」の閲覧・謄写（被告人は閲覧のみ）、証拠書類・証拠物については弁護人にはその閲

247

UNIT 16　公判準備

覧だけでなく謄写する機会を与えなければならないこととされた（316条の13
第3項・316条の14第1項1号2号）。これらの請求証拠開示の方法は，以下の証
拠開示手続でも同様である。

　なお，実務上，検察官は，請求証拠開示と同時に，次の類型証拠開示手続で
被告人・弁護人から開示請求され得る証拠について，開示請求がなくとも，任
意に開示することもある。これは，公判前整理手続の早期終結に進んで協力す
る（316条の3第1項）ことにもなる。

　検察官が閲覧または謄写の機会を与えた証拠に係る複製等について，弁護人
は適正に管理しなければならず（281条の3），また被告人・弁護人は目的外使
用をしてはならない（281条の4・281条の5）。

(3)　類型証拠開示

　請求証拠開示を受けた被告人・弁護人は，当該検察官請求証拠の証明力判断
にとって重要で，かつ316条の15第1項各号の類型に当たる証拠について，
その開示を請求することができる。検察官は，証明力判断にとっての重要性等
被告人の防御の準備のために開示する必要性の程度と，開示によって生じ得る
弊害の内容と程度とを比較衡量し，相当と認めるときは，速やかにその証拠を
開示しなければならない（同項本文）。これを類型証拠開示という。1(2)❷の昭
和44年最決で問題となったような「供述録取書等」（供述書，供述を録取した書
面で供述者の署名もしくは押印のあるものまたは映像もしくは音声を記録することがで
きる記録媒体であって供述を記録したもの。290条の3。なお本条は，平成28年刑訴法
改正で新設された規定であり〔UNIT 19 Ⅱ7(3)〕，同改正前における「供述録取書等」の
定義は316条の14に置かれていた）の開示は，被告人・弁護人の権利として認め
られることとなり，しかも開示時期が第1回公判期日前へと格段に早められた。

　例えば，検察官が証人尋問を請求した場合や，検察官が取調請求をした供述
録取書等につき326条の同意が得られなければその供述者本人の証人尋問を請
求する予定である場合，被告人・弁護人は，その者の供述の変遷過程等を検討
して証明力を判断するため，請求証拠以外のその者の検面調書等の開示を求め
ることができる（316条の15第1項5号）。

　また，検察官が証人尋問を請求する予定のない参考人の供述録取書等であっ
ても，「特定の検察官請求証拠により直接証明しようとする事実の有無に関す
る供述を内容とするもの」は類型証拠開示の対象となる（316条の15第1項6

Ⅱ　証拠開示

号）。この供述については，原供述に限るべきであるというのが下級審判例の傾向である（大阪高決平成 18・10・6 判時 1945 号 166 頁，東京高決平成 23・11・22 判タ 1383 号 382 頁等）。例えば捜査官が犯行現場等にいた者（参考人）から聞き取った内容を記載した書面（聞き込み捜査報告書，地取り捜査報告書など）の場合，それを「供述録取書」と解すると，原供述者（参考人）の署名押印がない以上，6 号の供述録取書等には当たらない。捜査官の「供述書」と解して 6 号の供述録取書等には当たるとしても，「事実の有無に関する供述」とはいえない，とされる。「事実の有無に関する供述」という類型を緩やかに解すると，個々の事案ごとに開示の必要性と弊害を具体的かつ慎重に判断することが求められ，この段階での開示対象をまずは類型的に画そうとする法の趣旨にそぐわないことになり得る。類型証拠開示は，検察官の主張立証に対して被告人・弁護人がどのような主張立証を行うかを判断するためのワン・ステップである。類型証拠としては開示が認められない証拠であっても，被告人・弁護人は，次のステップで主張関連証拠として開示請求することができる。なお，類型証拠開示請求前の任意開示と同様，被告人側からの主張関連証拠としての請求が予想される場合には，検察官請求証拠に対する被告人側の意見表明以前であっても，検察官が任意に開示することは可能である。

　被告人の供述録取書等や取調べ状況報告書（UNIT 8Ⅵ2(1)）も類型証拠開示の対象である（316 条の 15 第 1 項 7 号 8 号）。平成 28 年改正法（UNIT 2Ⅳ6(3)）では，共犯者の取調べ状況報告書，証拠物の証明力を判断するための差押調書・領置調書等も，類型証拠開示の対象に追加された（316 条 15 第 1 項 9 号・2 項）。

■■■*POINT 2*　検察官手持ち証拠の全面開示と一覧表開示 ■■■■■■■■■■■■■■■

　検察官手持ち証拠の全面開示は認められない。全面開示は，争点に関係のない証拠が大量に開示対象となって審理の遅延を招き，争点および証拠の整理という公判前整理手続の目的に反するおそれがあり，しかも個別的事案における罪証隠滅，証人威迫や関係者の名誉・プライバシー侵害などを防止できないからである。また，法律論や事件の見立てなど捜査官の知的・精神的活動の所産について記載された報告書等（いわゆるオピニオン・ワーク・プロダクト。具体的には，検察官の不起訴裁定書や警察の総括捜査報告書等がこれに当たる余地がある）の開示を求めたり，「何かこちら側に有利な証

UNIT 16　公判準備

拠はないかな」といった漠然とした期待の下で開示を求めること（いわゆるフィッシング・エクスペディション〔証拠あさり〕）は，各当事者双方が訴訟を追行するという意味での当事者主義に反する。

　現行法上，当初は，検察官が保管する証拠の標目等を記載した一覧表の開示も認められなかった。316条の27第2項の定める，証拠標目の「一覧表」は，裁判所が証拠開示に関する裁定をするに当たって行うことができる提示命令の対象にすぎず，「裁判所は，何人にも，当該一覧表の閲覧又は謄写をさせることができない」（同項後段）のも，そのためである。しかし，被告人・弁護人による類型証拠，主張関連証拠の開示請求に手掛かりを与え便宜を図る，証拠開示をめぐる無用な争いを解消する，といった観点からは，一覧表の開示を認める意義がある。認めるにしても，証拠の識別事項として詳細な記載が必要だとすると全面証拠開示に近づくことになってしまう。平成28年改正法は（**UNIT 2Ⅳ6⑴**），検察官が請求証拠の開示後，被告人側の請求に基づき，一覧表を開示すべき，とした上で，証拠物については品名・数量，供述証拠については標目・作成年月日・供述者の氏名，それ以外の証拠書類については標目・作成年月日・作成者の氏名の限度で記載するものとした（316条の14第2項3項）。したがって，被告人側が証拠の具体的内容について釈明を求めても，検察官はそれに答える必要はない。また，人の身体・財産・名誉等を害するおそれや犯罪の証明・捜査に支障を生じるおそれがある場合にはその事項については記載しなくともよい，とした（同条4項）。一覧表の記載や交付手続について，不服申立ての手段は設けられていない。

⑷　**被告人側予定主張明示・証拠調べ請求・請求証拠開示と検察官による証拠意見表明**

　類型証拠開示を受けた被告人・弁護人は，検察官請求証拠について，326条の同意をするかどうかなどの証拠意見を明らかにしなければならない（316条の16）。また，検察官の証明予定主張に対して公判期日においてすることを予定している主張（例えば，アリバイや違法性阻却事由・責任阻却事由等の主張）がある場合は，これを明らかにし，証拠により証明しようとする事実（証明予定事

Ⅱ　証拠開示

実) については，その立証に用いる証拠の証拠調べを請求する義務を負う (316
条の 17)。請求した証拠は検察官に速やかに開示しなければならない (316 条の
18)。今度は，開示を受けた検察官が，この被告人側請求証拠に対する意見を
明らかにしなければならない (316 条の 19)。

═══ *POINT 3*　被告人による予定主張の明示・証拠調べ請求義務と黙秘権 ═══════════════

　　被告人による予定主張の明示と証拠調べ請求義務が黙秘権を侵害しない
かについては，平成 16 年改正法の制定過程から議論されてきた。最高裁
は，「316 条の 17 は，被告人に対し自己が刑事上の責任を問われるおそれ
のある事項について認めるように義務付けるものではなく，また，公判期
日において主張をするかどうかも被告人の判断に委ねられているのであっ
て，主張をすること自体を強要するものでもない」として，「憲法 38 条
1 項違反をいう所論は前提を欠」くとした (最決平成 25・3・18 刑集 67 巻 3
号 325 頁〔百選 55 事件〕)。憲法上，38 条 1 項違反の主張を排斥するだけで
あれば，316 条の 17 で明らかにすることが義務付けられている内容が自
己が刑事上の責任を問われるおそれのある事項に当たらないという，判示
の前段の理由付けで十分である。これに対し，刑訴法上，被告人は，包括
的黙秘権を有し (311 条)，自己に不利益な事実かどうかにかかわりなく，
供述を強制されない。公判期日で主張するかどうかは被告人の判断に委ね
られているという判示後段の理由付けは，主張することを選択した場合に
公判期日での主張を公判前整理手続に前倒し (accelerate) するだけである
というものである。316 条の 17 が憲法の禁止する「強要」に当たらない
だけでなく，刑事訴訟法上の黙秘権との関係でも問題のないことを，暗黙
のうちに判示したものといえよう。

═══

(5)　主張関連証拠開示

　検察官請求証拠・類型証拠としていまだ開示されていない証拠の中から，被
告人側が明らかにした 316 条の 17 の予定主張に関連する証拠を，さらに検察
官に開示させることによって，争点整理，証拠整理，被告人の防御の準備が一
層深まるようにするために設けられたのが，主張関連証拠開示である。被告人

UNIT 16　公判準備

側から開示請求のあった証拠について，検察官は，当該証拠と被告人側予定主張との関連性の程度等開示の必要性の程度，開示に伴う弊害の内容とその程度を考慮し，相当と認めるときは，速やかに開示しなければならない（316条の20）。開示範囲に類型証拠開示のような証拠の類型による限定はない。しかし，316条の17の被告人側予定主張とは，検察官の証明予定主張に対する反論であるから，その範囲を超えた証拠の開示を求めることは許されない。例えば，検察官の証明予定主張と直接には関連しない，犯罪の背景事実に関連する証拠などは，開示の必要性が認められないことになろう。検察官が開示義務を負う対象にオピニオン・ワーク・プロダクトが基本的に含まれないことは，類型証拠開示の場合と同様である。

■■■*POINT 4*　取調べメモ・捜査メモの開示 ■■■■■■■■■■■■■■■■■■■■■■■■■■■■■■■■■■■■

　　最決平成19・12・25刑集61巻9号895頁は，主張関連証拠として開示請求のあった警察官作成の取調べメモの開示を認めた。316条の26第1項の証拠開示命令（後述(7)）の対象となる証拠は，「検察官が現に保管している証拠」，すなわち検察官の手持ち証拠には必ずしも限られないとし，「当該事件の捜査の過程で作成され，又は入手した書面等であって，公務員が職務上現に保管し，かつ，検察官において入手が容易なものを含む」とした。平成16年改正法の立案担当者は，検察官の手持ち証拠に限るとする見解であったと思われる（落合義和ほか『刑事訴訟法等の一部を改正する法律及び刑事訴訟規則等の一部を改正する規則の解説』〔法曹会，2010年〕115頁，162頁）。検察官が現に保管する証拠に限られないとする同最決に対しては，提示命令に関する前述の証拠標目「一覧表」の対象が検察官の「保管する証拠」の標目と規定されていること（316条の27第2項）に照らし，現行法の予定しない開示対象の拡張であり，開示対象をめぐる両当事者間の紛争を激化させるおそれがある，との懸念が表明されている[1]。ただし，同最決も，「専ら自己が使用するために作成したもので，他に見せたり提出することを全く想定していない」公務員作成のメモまでは開示対象としていない。

---

1)　酒巻匡「証拠開示制度の構造と機能」同編著『刑事証拠開示の理論と実務』（判例タイムズ社，2009年）23頁以下。

Ⅱ　証拠開示

同最決は，同取調べメモが警察官が犯罪捜査規範 13 条に基づき作成した備忘録であり，「個人的メモの域を超え，捜査関係の公文書」であることも，それが開示命令の対象となる理由としていた（また，最決平成 20・6・25 刑集 62 巻 6 号 1886 頁）。しかし，その後の最決平成 20・9・30 刑集 62 巻 8 号 2753 頁〔百選 54 事件〕は，警察官の取調べメモが犯罪捜査規範 13 条に基づくものである点に言及していない（宮川光治裁判官による補足意見参照）。したがって，検察官が作成した取調べメモ・捜査メモ等も開示対象証拠に含まれ得る。

(6)　証拠調べ請求の追加，証明予定事実・予定主張の追加等

検察官および被告人・弁護人は，証拠調べ請求の追加が必要な場合には，速やかにこれを行う。また，一連の証拠開示手続の結果，証明予定事実の追加・変更，予定主張の追加・変更が必要になった場合も，当事者双方はそれらを行うことができる（316 条の 21・316 条の 22）。

公判前整理手続を終了するに当たっては，裁判所は当事者双方との間で，争点・証拠整理の結果を確認する（316 条の 24）。

(7)　裁判所の開示命令と同決定に対する不服申立て

平成 16 年改正以前の裁判所の訴訟指揮権に基づく証拠開示命令については，裁判所が証拠開示命令を発しない場合に，証拠開示を申し立てた被告人側に証拠調べに関する異議申立て（309 条 1 項）が認められるかについて，争いがあった[2]。1(2)の 2 つの最決昭和 44・4・25 が証拠開示命令を弁護人からの「申出」があった場合における裁判所の裁量行為と解して，弁護人に請求権を認めていなかったためである。また，証拠開示命令を発しない措置はそもそも「決定」にも「命令」にも当たらないから，抗告（419 条）や特別抗告（433 条）もできないと解されていた。他方，裁判所が開示命令を発した場合，検察官は 309 条 1 項の異議申立てを行うことができた。しかし，その異議申立てを棄却する決定に対しては，それが「訴訟手続に関し判決前にした決定」（420 条 1 項）に当たるため，即時抗告を認める規定がない以上，抗告が認められなかった。

---

2)　たとえば，中川博之「証拠開示命令」平野龍一＝松尾浩也編『新実例刑事訴訟法Ⅱ』（青林書院，1998 年）335 頁参照。

UNIT 16　公判準備

　これに対して，公判前整理手続における所定の証拠開示手続において当事者が開示すべき証拠を開示しない場合は，その相手方当事者の請求により，裁判所が開示を命じる決定をすることになる（316条の26)[3]。裁判所に裁定権限を与えることにより，証拠開示が円滑かつ適正に行われるとともに，証拠開示をめぐる争いが紛糾することのないようにしたのである。また，証拠開示に関する裁判所の裁定に対しては，即時抗告の道が開かれた（同条3項)。「訴訟手続に関し判決前にした決定」だから本案判決に対する上訴で救済すべきだとすると，上訴審で開示すべきだったとされた場合には，不開示を前提として進められた一審手続をやり直さなければならなくなることがあるし，開示すべきでなかったとされた場合は，開示がなされなかった状態に戻すことが事実上不可能だからである。

---

3)　同条1項後段に基づき開示命令に付することができる条件の例として，東京地決平成19・10・19 LEX/DB25352607。

UNIT 17

審判の対象

Ⅰ　訴因と公訴事実
Ⅱ　訴因の有効無効

Ⅰ　訴因と公訴事実 ─────────────────────

1　旧法との対比

1922（大正 11）年制定の旧刑訴法は，「公訴ノ提起ハ書面ヲ以テ之ヲ為スヘシ」と規定し（旧 290 条。ただし，予審請求については要求事件についての例外がある），「公訴ヲ提起スルニハ被告人ヲ指定シ犯罪事実及罪名ヲ示スヘシ」（旧 291条 1 項）と規定する（1890〔明治 23〕年制定の旧々刑訴法上，「犯罪事実」の記載は要求されていなかった。「司法警察官の意見書の通り」というような記載のこともあったので，公訴提起された事実を他の事実と弁別できるようにしたものである）。「審判ノ請求ヲ受ケサル事件ニ付判決ヲ為」すことは許されず（旧 410 条 18 号。不告不理の原則。絶対的上告理由とされた），審判（すなわち審理・判決）の請求を受けた事件の範囲，すなわち訴訟物の範囲は，「犯罪事実」によって定まり，「犯罪事実」とは犯罪を構成する具体的事実を指すとされた。そして，他の犯罪事実と識別できないものや犯罪の内容が不明なものは犯罪事実の表示として不適法であり，公訴提起の手続は無効であるとされた（大判昭和 5・7・10 刑集 9 巻 504頁）。この「犯罪事実」を講学上「公訴犯罪事実」ということもあり，「公訴事実」ということもあった。他方，裁判所は，「公訴事実の同一性」に影響しないのであれば，「犯罪事実」の記載内容と異なる事実について判決しても，公訴提起されていない事実について審判したことにはならない，とされた（例えば，予審が放火未遂で公判請求したのに対して同既遂で処断し〔大判昭和 11・6・8 刑集 15 巻 765 頁〕，検察官が詐欺だとして公訴提起したのに対して横領罪で処断することが許された〔大判昭和 8・7・3 刑集 12 巻 1061 頁〕）。また，一罪の一部だけが「犯

255

UNIT 17　審判の対象

罪事実」として掲げられていても，訴訟物の範囲は一罪全体に及ぶ（これを公訴不可分の原則という）。このように，旧刑訴法の下では，審判の請求を受けた事件，すなわち審判の対象は公訴事実を同一にする範囲であり，裁判所は，検察官が公訴提起に当たって示した「犯罪事実」の表示内容に拘束されず，また，公訴事実全体について審理判決する義務を負った。これは，捜査機関の抱いた犯罪の嫌疑が公訴提起と共に裁判所に引き継がれ，裁判所が証拠調べ等を通じてさらにその嫌疑を解明していく，という職権主義に基づく訴訟手続である。「犯罪事実」とは，「公訴事実」についての公訴提起の時点での検察官の判断であり，訴訟物の範囲を判断する際のいわば指標であったのである。

　これに対して，現行法は，起訴状に公訴事実を記載するに当たり（256条2項。UNIT 15 I 1参照），「公訴事実は，訴因を明示してこれを記載しなければならない。訴因を明示するには，できる限り日時，場所及び方法を以て罪となるべき事実を特定してこれをしなければならない」と規定する（同条3項）。256条2項だけであれば，旧刑訴法と酷似する。しかし，同条3項で「訴因」という新たな文言が加わった。「訴因」とは，英米法における "count" の訳語であり，英米法における審判の対象を表す用語である。英米法における刑事裁判は職権主義ではなく当事者主義に基づく。当事者主義の下での審判の対象は，原告の主張である。審判とは，原告の主張が認められるか否かを判断するためのものであり，かつそれにとどまるのではないか。

　現在では審判の対象は訴因であるとされてほぼ争いはない。しかし，審判の対象は公訴事実か訴因か，また両者はどのような関係にあるのか等，職権主義的なのか当事者主義的なのかという現行刑訴法の性格をめぐる理解の仕方を反映して，現行刑訴法の最重要問題の1つと解されてきた。

2　公訴事実対象説と訴因対象説

(1)　公訴事実対象説

　審判の対象が公訴事実であるとしても（公訴事実対象説），明文で規定されている以上，訴因という観念を無視することはできない。また，起訴状一本主義が採用されて捜査と公判が遮断され，公判審理においても当事者主義型の証拠調べにならざるを得ない現行訴訟構造の下では，実際に生じた事件は何だったのかという意味での公訴事実を裁判所が旧刑訴法下のように自ら明らかにして

いくことは，実際的でない。そこで，代表的見解は，現実的（形式的・表現的）
な審判の対象は訴因であるが，潜在的な審判の対象は公訴事実である，などと
主張した。公訴事実は必ずしも起訴状に記載された事実に限られないわけであ
るから，被告人の防御に便宜を図るために審判の対象を顕在化したものが訴因
である，というわけである。その典型は，起訴に際しての罰条とは異なる罰条
で被告人を有罪とする場合や，刑が重くなる方向での量刑事情の変更があった
場合には，「あらかじめ被告人に告知し，防御の機会を与えなければならない」
とのドイツ刑事訴訟法の規定（同法265条）を参照して，法律構成が変わった
場合には訴因変更が必要だとする考え方（法律構成説）である。また，訴因変
更すべきであったのに訴因変更せずに，裁判所が起訴状記載の事実以外の事実
を認定した場合も，絶対的控訴理由である「審判の請求を受けない事件につい
て判決をしたこと」（378条3号。いわゆる不告不理原則違反）には当たらず，単
に被告人の防御を害したにすぎないことになり，訴訟手続の法令違反（379条）
にとどまる。

　公訴事実が審判の対象である以上，審判の請求を受けた事件に対する判断で
ある判決は，公訴事実を同一にする範囲についての判断である。したがって，
判決が確定すると，既判力は公訴事実を同一にする範囲に及ぶことになる。

(2) 訴因対象説

　現行刑訴法は，英米法，特にアメリカ法の影響を受けて，それまでの職権主
義から当事者主義へ移行した。そうである以上，審判の対象は原告である検察
官の主張であり，それが「訴因」である。現行法は，検察官の請求に基づき，
訴因の変更を「公訴事実の同一性を害しない限度において」認めているが
（312条1項），これは訴訟物の変更であり，訴追意思の表明という点では新た
な起訴と変わらない。「公訴事実の同一性」が認められる範囲とは，訴因変更
が可能な範囲であり（UNIT 18Ⅲ），訴因変更が認められない以上，訴因事実
とは別の罪となるべき事実が審判の対象になることはない。

　訴因が審判の対象であるとすれば，訴因に含まれていない事実について裁判
所が判決したら，不告不理原則違反になるのではないか。以前はそう考えられ
た。しかし，後述のように（UNIT 18Ⅱ2）平成13年に最高裁は，訴因の記載
内容を審判対象の画定にとって記載の不可欠な事項とそうでない事項とに分け
る考え方を採用した（最決平成13・4・11刑集55巻3号127頁〔百選45事件〕）。そ

UNIT 17　審判の対象

の考え方によれば，前者の事項について逸脱認定をすれば別事件について判決したことになるが，後者の事項について逸脱認定してもそれはせいぜい訴訟手続の法令違反にとどまることになろう。

憲法 39 条は，「既に無罪とされた行為については，刑事上の責任を問はれない。又，同一の犯罪について，重ねて刑事上の責任を問はれない」として一事不再理の原則を定める。一事不再理の効力が及ぶ範囲は，伝統的に，公訴事実の同一性が認められる範囲であるとされてきた。公訴事実対象説によれば，その範囲は既判力の及ぶ範囲と一致する。しかし審判の対象は訴因に尽きるとすると，裁判所の判決は，訴因を超える事実についての判断を含まない。したがって，訴因として記載された事実以外の事実には既判力は及ばない。訴因対象説に立つと，一事不再理の効力がその範囲に及ぶことを，既判力とは別の説明をする必要がある。そこで，訴因対象説からは，訴因変更が可能な限度で審判される可能性があり，有罪となる危険があったとして，被告人の手続上の負担の観点から，一事不再理の効力の及ぶ範囲の説明が試みられてきた（二重の危険の原則）。

ところで，検察官の主張の当否を判断するのが当事者主義の下における裁判所の役割であり，訴因のみが審判の対象であるとするならば，検察官が起訴状に記載する公訴事実は訴因と同義だというしかないことになるはずである。しかしそうだとすると，公訴事実の同一性が認められる範囲内で訴因変更が認められるということは，訴因の同一性が認められるのに変更する，という不可解なことになる，との批判がある。これに対しては，312 条の「公訴事実の同一性」は，256 条の「公訴事実」とは別個の概念であり，訴因変更を画する機能概念である，と反論されている。

■■■ POINT 1　訴因変更命令の形成力・訴因変更命令義務 ■■■■■■■■■■■■■■

312 条 2 項は，「裁判所は，審理の経過に鑑み適当と認めるとき」には，検察官に訴因の変更を命じることできる，と規定する。公訴事実対象説に立つならば，証拠調べの結果，裁判所が訴因とは異なる心証を抱くに至った場合，その心証に沿った審判ができなければ，審判対象（＝公訴事実）について審判する義務を尽くさなかったことになる。また，裁判所が訴因変更を命じたのに検察官がそれに従わないとすると，被告人の防御を図り

I　訴因と公訴事実

つつ審理判決するという義務を果たせないことになりかねない。したがっ
て，このような場合には，裁判所は訴因変更を命じる義務があり，かつ，
訴因変更命令を出した以上は，検察官がそれに従うか否かにかかわらず，
訴因が変更を命じられた新訴因へと変更される，すなわち訴因変更命令に
よって新訴因が形成されなければならない。これを訴因変更命令の形成力
という。訴因変更命令に形成力を認めるか否かは，審判対象を公訴事実と
捉えることができるかの試金石の1つであるとされてきた。

(i) 形成力についての判例

　最大判昭和40・4・28刑集19巻3号270頁〔百選A23事件〕は，「裁
判所から右命令を受けた検察官は訴因を変更すべきである」としながらも，
「検察官が裁判所の訴因変更命令に従わないのに，裁判所の訴因変更命令
により訴因が変更されたものとすることは，裁判所に直接訴因を動かす権
限を認めることになり，かくては，訴因の変更を検察官の権限としている
刑訴法の基本的構造に反するから，訴因変更命令に右のような効力を認め
ることは到底できない」とした。これは，公訴事実対象説を採用しないこ
との表明である。他方，訴因対象説に立っても，明文で訴因変更命令権限
が裁判所に与えられている以上，検察官に釈明を求める（刑訴規208条）
にとどまらず，検察官の訴追意思に反する訴因への変更を求めることがで
きる。これは，検察官の訴因設定権限に対する修正である。最高裁は，こ
の修正を，検察官には変更命令に従う国法上の服従義務があるとしても，
それを刑訴法上直接強制する方法はない，という限度で認めたものと一般
に解されている。

(ii) 訴因変更命令義務についての判例

　訴因対象説からすれば，訴因変更命令を出すことができるのみならず，
312条2項の文言を超えて，出さなければならない場合があるか，すなわ
ち訴因変更命令義務があるかは，裁判所の職権による検察官の訴因設定権
限に対する修正をどこまで強く認めるかという政策判断である。当事者主
義という刑訴法の基本構造を強調すればするほど，義務はないということ
になるし，職権主義による修正を強く認めようとすれば，義務を負う範囲
が広がることになる。最高裁は，形成力を否定した判決の3年後，殺人罪
で起訴されたが殺意の認定ができず，殺人の訴因を重過失致死の訴因に変

259

UNIT 17　審判の対象

更しない限り，被告人を無罪にするほかないという事案において，訴因変
更命令義務を認めた。すなわち，訴因変更すれば「有罪であることが証拠
上明らかであり，しかも，その罪が重過失によつて人命を奪うという相当
重大なものであるような場合には，例外的に，検察官に対し，訴因変更手
続を促しまたはこれを命ずべき義務があるものと解するのが相当である」
とした（最決昭和43・11・26刑集22巻12号1352頁〔百選〔4版〕37事件〕）。
他方，現場共謀による傷害致死の訴因について，事前共謀の訴因に変更し
ないと無罪とするほかなく，裁判長から検察官に対し，約8年半に及ぶ裁
判の最終段階において，共謀の時期・場所に関する検察官の従前の主張を
変更する意思はないかとの求釈明をしたところ，検察官がその意思はない
旨の明確かつ断定的な釈明をした，という事案において，「求釈明によつ
て事実上訴因変更を促したことによりその訴訟法上の義務を尽くしたもの
というべきであり，さらに進んで，検察官に対し，訴因変更を命じ又はこ
れを積極的に促すなどの措置に出るまでの義務を有するものではない」と
した（最判昭和58・9・6刑集37巻7号930頁〔百選47事件〕。本事案は，事前
共謀か現場共謀かで，共犯者の範囲，実行行為と結果の範囲が変わる事案であった。
池田修・最判解刑事篇平成13年度78頁注12）。また，公職選挙法違反の事件
で，軽い交付罪で起訴することが一部起訴（後述）として許される場合に
は，訴因として掲げられていない，より重い罪である供与罪の成否につき
審理したり，訴因の追加・変更を促したりする義務はないとした（最決昭
和59・1・27刑集38巻1号136頁）。

(iii)　形成力についての再考

　ところで，訴因変更命令が検察官の訴因設定権限への修正であるならば，
命令義務がある場合における変更命令には，形成力を認めることも理論的
には可能である。裁判所に義務を課しながら，検察官は従わなくともよい
とするのは，検察官の訴追権限を尊重しすぎているとも考えられる。形成
力を否定した前出最大判昭和40・4・28〔百選A23事件〕は，供与罪（公
選法違反）の幇助という訴因を同罪の共同正犯という訴因へ変更を命じた
事案である。その後の訴因変更命令義務に関する一連の判例に照らせば，
幇助の限度での有罪判決が可能である以上，裁判所に変更命令義務までが
ある事案ではない。最大判が具体的事例に即した判断にすぎないとすれば，

Ⅰ 訴因と公訴事実

変更命令義務が存する場合については，判断を示していないと解することもできよう。訴因変更命令に形成力を認めるとなると，前出最決昭和43・11・26〔百選〔4版〕37事件〕のいう訴因変更を促せば足りる場合と命ずべき場合との区別が重要となろう。

なお，同最決の事案は，現在であれば，裁判員裁判の対象となる事案である。訴因変更によって裁判員事件でなくなる場合も，原則として裁判員裁判で審判される（裁判員5条）。訴因変更命令は裁判官の中立性を裁判員に疑わせるおそれがあり，裁判官はその行使に慎重になるであろう（司法研修所編『裁判員制度の下における大型否認事件の審理の在り方』〔法曹会，2008年〕21頁以下）。それにもかかわらず，後見的立場を一旦行使した以上は，形成力を認めないと，裁判員も納得しないのではなかろうか。

3 一部起訴

⑴ 考え方

起訴便宜主義の下，犯罪を犯していても起訴しないことができるのであるから（UNIT 14Ⅲ1），一罪の一部のみを起訴することもできる。単純一罪を構成する一部の事実を除外して起訴する場合（例えば，窃盗の被害品の一部のみを起訴状に記載する），法条競合の一部のみを起訴する場合（例えば，業務上横領を単純横領で起訴する），包括一罪や科刑上一罪の一部のみを起訴する場合（例えば，常習累犯窃盗の事案で全ての窃盗ではなく主要なものだけを起訴する，住居侵入窃盗の事案で住居侵入を除外して窃盗のみで起訴する）である。

審判の対象を公訴事実とすると，公訴不可分の原則が適用されるから，起訴状記載の事実が一罪の一部であっても公訴の効力は一罪全体に及ぶ。したがって，裁判所は検察官が起訴状に摘示しなかった事実についても審理判決する権限と責務を負うことになり，裁判所は検察官の一部起訴に拘束されないことになる。しかし，審判の対象を訴因に限定すると，検察官の設定した審判対象の範囲に裁判所は拘束される。この意味で，一部起訴は「訴因制度の子」である（田宮170頁）。一部起訴が認められる範囲は，検察官の裁量をどこまで認めるべきかによって定まる。検察官の実体的真実解明義務や，一罪は一体的に処理

261

UNIT 17 審判の対象

すべきとする刑法上の要請を強調すれば，一部起訴の許される範囲は狭まる。裁量権を逸脱した一部起訴の場合，裁判所は，検察官に釈明を求め，あるいは訴因変更を命じることで対処することになるだろう。

(2) 判例の動向

判例は，公選法違反供与罪で起訴せず，軽い交付罪で起訴した事案に関し，「検察官は，立証の難易等諸般の事情を考慮して」軽い交付罪のみで起訴することが許されるとする（前出最決昭和59・1・27）。実行行為を行っていない共謀共同正犯がいる場合に，実行行為の全部を行った者を単独犯で起訴することも同様である（最決平成21・7・21刑集63巻6号762頁参照）。先の抵当権設定行為により横領罪が成立しており，さらに後に所有権移転行為を行った場合，後行行為のみで起訴することも許される。判例は，「このような場合に，被告人に対し，訴因外の犯罪事実を主張立証することによって訴因とされている事実について犯罪の成否を争うことを許容することは，訴因外の犯罪事実をめぐって，被告人が犯罪成立の証明を，検察官が犯罪不成立の証明を志向するなど，当事者双方に不自然な訴訟活動を行わせることにもなりかねず，訴因制度を採る訴訟手続の本旨に沿わない」とする（最大判平成15・4・23刑集57巻4号467頁〔百選39事件〕）。これは，先行行為である抵当権設定行為について横領罪が成立すると，後行行為である所有権移転行為については横領罪が成立しない，という不可罰的事後行為についての古い見解を前提とする。後行行為である所有権移転行為については横領罪が成立する以上（いわゆる共罰的事後行為），後行行為のみの起訴が検察官の裁量権の範囲内であれば，先行行為に関する弁護人の主張は，訴訟活動として不自然なものであるか否かに関係なく，認められない。

以前に単純窃盗で有罪判決を受けて確定していた者が，後に単純窃盗で再度起訴された場合に，双方は1つの常習特殊窃盗を構成するから後訴には前訴の一事不再理の効力が及ぶとして，被告人が免訴（337条1号）を主張する場合は（最判平成15・10・7刑集57巻9号1002頁〔百選97事件〕は，一事不再理の効力を否定する），一部起訴という面から見たとき，当事者に不自然な訴訟活動を行わせるようなことは許されない，という当事者主義からの要請が，そのような後訴が許される直接の根拠となり得る。起訴が許されないとすることは，被告人が常習性の存在の立証を，検察官が常習性の不存在の立証を行うということにつながるからである。これに対し，前訴が単純窃盗であっても後訴が常習累犯

I 訴因と公訴事実

窃盗の場合（最判昭和43・3・29刑集22巻3号153頁）であれば，常習性の立証を行うのは検察官であるから，被告人が一事不再理の効力を主張することは不自然な訴訟活動とはいえない。先行行為である抵当権設定行為につき横領罪で処断されたあとで，後行行為である所有権移転行為につき再度横領罪で起訴された場合に被告人が免訴を求めることも，被告人が犯罪成立の証明をするわけではないから，不自然な訴訟活動ではない[1]。

なお，一事不再理の効力が及ぶか否かといった罪数評価に当たっては，訴因外の事実は審理の対象とならないと解するのが訴因制度運用の在り方に沿う，とする見解がある[2]。しかし，一罪かどうかという実体法の判断，ひいては憲法上保障された権利である一事不再理効の範囲が，検察官の訴因構成の仕方に拘束されるというのは，逆である。最高裁も，訴因外の事実を考慮すること自体が「訴因制度を採る訴訟手続の本旨に沿わない」，としているわけではない[3]。

▪▪ POINT 2　一部起訴と公訴権の濫用 ▪▪▪▪▪▪▪▪▪▪▪▪▪▪▪▪▪▪▪▪▪▪▪▪▪▪▪▪▪▪▪▪▪

一部行為・後行行為が犯罪として成立する場合であっても，起訴された罪を包含する重い罪への訴因変更を裁判所が命じなければならないような起訴は，公訴権の濫用とされることもあろう（例えば，検察官が賄賂をもらって犯罪の一部のみを起訴した場合）。また，一部起訴の方が刑が重くなる犯罪類型においても（例えば，後行行為の方が刑が重い，偽造通貨収得後知情行使〔刑152条〕と詐欺〔刑246条〕や，占有離脱物横領〔刑254条〕と器物損壊〔刑261条〕で，後行行為が犯罪として成立するとの見解を採った場合，等），ことさらに後行行為のみの一部起訴をしたとすれば，軽い先行行為への訴因変更命令では足りず，公訴権の濫用とされる余地があろう。前述の実行行為の全てを行った共謀共同正犯を単独犯で起訴した前出最決平成21・7・21の事例についても，仮に単独犯の方が量刑上刑が重くなる場合であったとし

---

1)　宇藤崇「不可罰的（共罰的）事後行為——訴訟法の見地から」刑ジャ14号（2009年）40頁。

2)　高木俊夫「訴訟の場から見る不可罰的事後行為」『河上和雄先生古稀祝賀論文集』（青林書院，2003年）273頁。

3)　宇藤崇「訴訟における罪数論のあり方について」『三井誠先生古稀祝賀論文集』（有斐閣，2012年）703頁。

UNIT 17　審判の対象

たら，同様の問題が生じ得る。

==

(3)　親告罪の告訴

　親告罪につき告訴がない場合に，その一部を構成する親告罪でない部分のみ
で起訴することも，親告罪の趣旨に反するから許されない，と一般に考えられ
ている。典型は，強姦について告訴がないので，単純暴行で起訴する場合であ
るとされてきた。これに対して，強姦罪の告訴期間（235条）が6月とされて
いた平成12年の刑訴法改正前においては，被害者が告訴するかしないか迷っ
ている間に告訴期間が過ぎてしまうことを防止するために，暴行だけで一応起
訴しておく必要がある。告訴がなされなければ，起訴を取り下げればよい，と
主張された。ただし，告訴期間が撤廃されると，公訴時効完成間際に犯人が判
明した例外的な場合でもなければ，この主張には合理性がない。むしろ，単純
暴行での起訴が許されないとすると，同罪で起訴された場合には被告人は公訴
棄却の判決（338条4号）を求めることになり，その結果，姦淫の点が裁判で明
らかになってしまう。被害者の名誉は害されるわ，被告人は強姦はもとより単
純暴行でも処罰されないわでは，理不尽である。そこで，単純暴行での一部起
訴を認めた上で，姦淫行為は裁判所の審理の対象とすべきでない，と反論され
ていた[4]。今日では，平成29年の刑法改正で，強姦罪等が非親告罪化された。
その結果，そもそも被告人が強姦罪の成立を立証する意味は失われた。

■■ POINT 3　告訴の追完 ■■■■■■■■■■■■■■■■■■■■■■■■■■■■■■■■■

　親告罪の告訴が起訴後になされた場合，告訴の追完（訴訟条件の追完の一
場合）が認められるか。①非親告罪で起訴したところ，審理過程で親告罪
であると判明した場合には，その時点で告訴があれば，訴因変更の上で実
体判決を下せばよい。例えば，窃盗で起訴したところ，器物損壊であると
か，親族相盗例の適用があることが判明した場合や，傷害や業務上過失傷
害等で起訴したところ，単なる過失傷害であることが判明した場合である。
問題となるのは，親告罪について告訴を欠いたまま起訴したところ，②あ

---

4)　川出〔公訴提起・公判・裁判篇〕76頁。

264

とから告訴があった場合や，③審理過程で非親告罪であると判明した場合にも，公訴提起の瑕疵が治癒され得るかである。告訴の追完をこれらの場合にも認める見解は，訴因事実である親告罪は（潜在的）審判対象の一部にすぎず，審理の対象は訴因に拘束されない。起訴された事件が本当に親告罪に当たるかどうかは，審理してみないと分からない。訴訟条件の存否の判断基準は裁判所の心証であり，告訴は審理の条件ではなく実体判決の条件である。しかも，告訴の欠如を理由に公訴棄却の判決をしても，再起訴されるだけであるから，それまでの審理が無駄になるだけで，訴訟経済に反する，などと主張した。しかし，訴因を現実的な審判対象にすぎないとする立場からも，検察官が公訴提起について犯した手続上の誤りに対しては公訴棄却という画一的な処理をすべきであり，必ずしも再起訴されるとは限らない，と批判されていた。ましてや審判対象を訴因と解する以上，訴訟条件の存否の判断基準は訴因であり，②と③の場合は，審理の条件を欠く違法起訴である。告訴の追完を認めないのが通説だとされる。

　しかし，訴因対象説からすれば，告訴の追完を認めるべきかは，公訴棄却することによる手続の確実性・安定性の確保等の利益と，公訴棄却しないことによる訴訟経済の利益との衡量の問題に尽きる。冒頭手続までに告訴の追完があった場合，被告人の同意があった場合，告訴を欠く起訴が検察官の単なる過誤に基づくような場合などには，告訴の追完を例外的に認めてもよいとする見解もある。まして③の場合，検察官は訴因変更を請求するくらいであるから，公訴棄却しても再起訴するであろう（最決昭和29・9・8刑集8巻9号1471頁は，非親告罪への訴因変更を認める）。追完を認める利益は大きい。

II　訴因の有効無効

1　訴因の記載

　刑訴法は，「訴因を明示するには，できる限り日時，場所及び方法を以て罪となるべき事実を特定してこれをしなければならない」と規定する（256条3

項）。「罪となるべき事実」とは，有罪判決の摘示事項である（335条）。検察官ができる限り特定して記載した「罪となるべき事実」が，証拠調べの結果，合理的な疑いを超える証明がなされたと事実認定者（裁判官および裁判員）に判断されたときに，有罪判決へと至る。

実務では，訴因を，「誰が」（主体），「いつ」（日時），「どこで」（場所），「何・誰を」（客体），「どのようにして」（方法），「どうした」（行為・結果）の六何の原則で記載する運用が確立している。共犯の場合には，「誰と」が加わり，さらにかつては犯行動機としての「なぜ」も記載していたので，八何の原則といわれていた。また現在でも裁判員裁判事件では，裁判員が事件の概要を理解しやすいように，動機を簡潔に記載する運用もある。個々の犯罪によって，六何の全てが犯罪構成要件要素，すなわち罪となるべき事実であるわけではない。とりわけ，日時，場所，方法が構成要件要素となっている犯罪は，限られる。しかし，それらの記載は，具体的に発生したどの事実が起訴されたのかを特定する上で重要である。例えば，A宅に侵入して現金5万円を窃取したという事実を例にとろう。A宅が窃盗に入られることは1回に限らない。日時・場所の記載がなければ，どの住居侵入窃盗が起訴されたのか分からない。また，強盗を例にとれば，客観的に相手の反抗を抑圧するに足りる程度の暴行・脅迫の方法が記載されていなければ，罪名を強盗と記載したところで，恐喝や窃盗の罪となるべき事実との区別がつかない。

2 特定・明示の程度

訴因対象説に立つ以上，起訴された事件がどの事件かが分からなければ，審判対象は不明である。したがって，訴因にはどの事件が起訴されたのかを示す機能がある。また，訴因を軸にして検察官と被告人・弁護人による攻撃・防御や証拠調べが行われ，審判は発展する。したがって，審判対象である訴因は，攻撃・防御や証拠調べの対象を示す機能も有する。起訴状における訴因の特定・明示とは，六何で記載される訴因がそうした機能を公訴提起の段階でどこまで果たしているべきか，という問題である。

(1) 判例の動向

最高裁大法廷判決（最大判昭和37・11・28刑集16巻11号1633頁〔百選A17事件〕〔白山丸事件〕）は，「被告人は，昭和27年4月頃より同33年6月下旬まで

の間に，有効な旅券に出国の証印を受けないで，本邦より本邦外の地域たる中国に出国したものである」という日時，場所，方法に幅のある記載について，①「犯罪の日時，場所及び方法は，これら事項が，犯罪を構成する要素になつている場合を除き，本来は，罪となるべき事実そのものではなく，ただ訴因を特定する一手段として，できる限り具体的に表示すべきことを要請されているのであるから，犯罪の種類，性質等の如何により，これを詳らかにすることができない特殊事情がある場合には」，②「審判の対象を限定するとともに，被告人に対し防禦の範囲を示す」という256条3項の「目的を害さないかぎりの幅のある表示をしても，その一事のみを以て，罪となるべき事実を特定しない違法があるということはできない」，とした。その上で，この特殊事情として，当時国交がなく，外交関係のない中国への出国であり，その出国の具体的顛末について確認することが極めて困難であったことを挙げ，また，冒頭陳述によれば，「日時は詳らかでないが中国に向けて不法に出国し，引き続いて本邦外にあり，同33年7月8日白山丸に乗船して帰国したものであるとして，右不法出国の事実を起訴したものとみるべきである」から，「裁判所に対し審判を求めようとする対象は，おのずから明らかであり，被告人の防禦の範囲もおのずから限定されている」とした。

　次いで覚せい剤自己使用罪に関する最決昭和56・4・25刑集35巻3号116頁〔百選43事件〕は，「昭和54年9月26日ころから同年10月3日までの間，広島県高田郡吉田町内及びその周辺において，覚せい剤であるフエニルメチルアミノプロパン塩類を含有するもの若干量を自己の身体に注射又は服用して施用し，もつて覚せい剤を使用した」との日時，場所の表示に幅があり，方法等にも明確を欠くところがある記載であっても，「検察官において起訴当時の証拠に基づきできる限り特定したものである以上，覚せい剤使用罪の訴因の特定に欠けるところはない」とした。被告人の自白や犯行の目撃証言がない場合，覚せい剤自己使用罪を立件する証拠としては，被告人から採取した尿についての鑑定結果に頼らざるを得ない。この犯罪の特殊性が，日時を「詳らかにすることができない特殊事情」であり，「覚せい剤使用罪の訴因」との判示はこのことを示すものであると解することもできよう。しかし，「被告人は，……被害者に対し，その頭部等に手段不明の暴行を加え，頭蓋冠，頭蓋底骨折等の傷害を負わせ，よって，そのころ，同所において，頭蓋冠，頭蓋底骨折に基づく

UNIT 17　審判の対象

外傷性脳障害又は何らかの傷害により死亡させた」という傷害致死の訴因が問題となった最決平成14・7・18刑集56巻6号307頁は，被害者に致死的な暴行が加えられたことは明らかであるものの，暴行態様や傷害の内容，死因等については十分な供述等が得られなかったのだから，できる限り傷害致死の事実を特定して訴因を明示したものといえるとした。①の「詳らかにすることができない特殊事情」とは，具体的事案における立証上の困難を意味するにすぎないものとなっている。そうなると，②の審判対象の限定，被告人の防御範囲の明示という訴因の機能が害されていないか，という点が訴因の特定にとってキーとなる。

(2)　識別説と防御説

　従来，訴因の特定については，他事件との識別ができる程度で足りるとする考え方（識別説）と，その程度では足りず，被告人の防御権の十分な行使が可能な程度の記載が必要であるとする考え方（防御〔権〕説）が主張され，とりわけ共謀共同正犯において，単に「共謀の上」との記載で足りるか，それとも共謀の日時場所方法の記載までも必要とするのかが争われてきた。前者によれば，実行正犯行為が特定されているのであるから，実行正犯行為の謀議という形で他の犯罪の謀議と識別できるのであって，日時場所方法の記載がなくとも公訴棄却（338条4号）されることはない，とする。後者によれば，共謀にしか関与していない共謀共同正犯にとって，アリバイ立証等，防御において重要な争点となる共謀の日時場所方法についての記載の欠ける訴因は，訴因の特定を欠き，公訴棄却されるべきであるとされる。しかし，起訴状に共謀の日時場所等を記載することは証拠隠滅のおそれが懸念されることもあって，今日，実務では一般に識別説で運用されている。

　識別説は，前出最大判昭和37・11・28〔百選A17事件〕〔白山丸事件〕が256条3項の目的の1つとして挙げる，審判対象の限定という点に注目したものである。白山丸事件では，最終帰国（昭和33年7月13日）に対応する出国について起訴されたとみることにより（1回の帰国に対応する出国は1回），他の出国との識別が可能である（奥野裁判官補足意見）。これに対して，尿から検出された覚せい剤成分に対応する覚せい剤使用は，1回に限られない。複数回の覚せい剤使用は併合罪である。そこで，その期間に「少なくとも1回」の使用があったとか（最低一行為説），検出された覚せい剤成分の「最終使用」が起訴さ

268

Ⅱ　訴因の有効無効

れた（最終行為説），という意味で，審判対象は明らかであるなどと主張される。しかし，「少なくとも1回」というのでは，結局どの使用が起訴されたのかが特定されていないことに変わりはない。択一的認定を認めるか，それとも併合罪であること自体を否定して包括一罪と解するかのどちらかに帰着する。最終行為説によると，判決確定後に，複数回の覚せい剤使用が当該期間内になされたことが判明した場合には，最終使用以外には確定判決の一事不再理の効力が及ばないから，最終使用でない使用を改めて起訴できることになってしまう。しかし，尿から検出された覚せい剤成分についての鑑定結果は最終使用の証拠としてしか用いないという実務の下，現在では，実務上，最終行為説が揺るぎない運用となっている。

(3)　被告人の防御範囲の明示

前出最大判昭和37・11・28〔百選A17事件〕〔白山丸事件〕は，256条3項のもう1つの目的である，被告人の防御範囲を示すという役割が害される場合も，訴因の特定に欠けるとする。他事件との識別にとって不可欠な事実＝防御の範囲だと解すれば（コインの裏表の関係ともいわれることがある），審判対象が識別できれば，防御範囲も示されているということになる。しかし，同大法廷判決は，訴因が特定されているかを判断するに当たり，証拠調べの初めに行われる冒頭陳述の内容も考慮に入れてよいとする。他事件との識別が不可能なレベルにまで訴因が不特定ならば，そもそもどの事件が起訴されたのかが分からないのであるから，分からないまま証拠調べに入ることは許されないはずである。冒頭陳述の内容を考慮できるとすれば，それは，他事件との識別を超える被告人の防御の観点からである（同大法廷判決は，訴因不特定の瑕疵が冒頭陳述によって治癒されるとしているのではない。ただし，最終帰国に対応する出国という，他事件との識別のための事実ですら冒頭陳述によらなければ明らかでなかったというのであれば，瑕疵が治癒されたというしかないであろう）。また，起訴状一本主義に関する判例において予断のおそれに優先するとされる訴因特定の利益も，他事件との識別にとって不可欠な訴因記載部分について問題となったのではない（UNIT　15Ⅱ1）。暴行の態様や傷害の内容，死因等についての概括的記載であっても訴因特定の要請に反しないとした前述の最決平成14・7・18でも，他事件との識別さえできればよいというのであれば，人の死は一度しか生じないのであるから，傷害致死事件としてはそもそも特定の問題は生じなかったはずで

UNIT 17　審判の対象

ある[5]。このように，判例の考える訴因の特定とは，他事件との識別という機能の裏面にとどまらない。

包括一罪について，判例は，一罪を構成する個々の犯罪行為を1つ1つ訴因に記載する必要はないとする（最決平成17・10・12刑集59巻8号1425頁，最決平成26・3・17刑集68巻3号368頁〔百選44事件〕）。これは，識別説に立てば論理的帰結である。防御説に立っても，包括一罪の中核となる部分が記載されていれば，通常は被告人の防御に実質的な不利益を生じることはなく，特定性の要請を満たしているといえよう。

■■■*POINT 4*　有罪判決における「罪となるべき事実」との関係 ■■■■■■■■■■■■■■■■

近年，①訴因記載事実が認定されたときに有罪判決に至るのであるから，訴因記載の「罪となるべき事実」と有罪判決の記載要件である「罪となるべき事実」は等しい，②後者には合理的疑いを超えた証明の担保としての罪となるべき事実の特定が要請される，③したがって，訴因の特定にとっても，合理的な疑いを超える証明を担保するに足りるだけの記載が必要である，との見解がある[6]。合理的な疑いを超える証明を担保するだけの具体的記載内容が審判対象を画定する事実であるとすれば[7]，冒頭陳述の内容まで考慮に入れることは許されないことになろう。しかし，審判対象の画定としては他事件との識別が可能な程度の記載で足りるのであれば[8]，冒頭陳述の内容を含めて合理的な疑いを超える証明の担保がされていればよいことになる。

しかし，これらの見解は，特定していなければならない，有罪判決における「罪となるべき事実」の記載と，「できる限り」特定していれば足りる，訴因記載事項である「罪となるべき事実」の記載とを同一視するものである。しかも，起訴の段階で合理的な疑いを超える証明が可能となる程度までの具体的記載を求めるのであるから，公判における証拠調べを通じて事実が明らかになってゆくという訴訟の発展的性格に制約を加えるもの

---

5)　川出敏裕「訴因の構造と機能」曹時66巻1号（2014年）7頁以下参照。
6)　堀江慎司「訴因の明示・特定について」研修737号（2009年）7頁，川出・同12頁以下。
7)　堀江・同10頁。
8)　川出・前掲注5)15頁参照。

Ⅱ　訴因の有効無効

であり，有罪の客観的嫌疑を訴訟条件とする公訴権濫用論と軌を一にする考え方といえよう。

3　特定・明示の時期と方法

　特定を欠いたかどうかは，訴因の文面だけで判断するのではなく，裁判所が「検察官の釈明を求め，もしこれを明確にしないときにこそ，訴因が特定しないものとして」，公訴棄却（338条4号）すべきである，というのが判例である（最判昭和33・1・23刑集12巻1号34頁）。ただし，釈明による補正の余地がないほど不特定な場合は，釈明を求める必要はない[9]。公訴棄却すべきなのにされることなく実体判決がなされれば，絶対的控訴理由（378条2号）となる。

　しかし，前出の白山丸事件最高裁大法廷判決について述べたように，訴因の特定の判断に当たっては冒頭陳述に進んでよい場合があるとすると，その場合には公訴提起の手続自体には瑕疵がなかったということであるから，公訴棄却する必要はない。必要があるのは，冒頭陳述に進むことが許されない場合であり，通常は他事件との識別すら不可能で証拠調べの対象が分からない場合ということになる。釈明による補正を求めた上記最判も，包括一罪か併合罪かが不明な訴因に関する下級審（東京高判昭和27・1・29高刑集5巻2号130頁）の判示を是認したものであって，他事件との識別が問題になった事例である。ただ，他事件との識別はできても，被告人の防御範囲について冒頭陳述を待って明確にすることを認めるに値しない場合にも公訴棄却すべきことになる（例えば，全く日時場所方法の記載を欠く殺人既遂罪の訴因[10]）。また，後述のように（**UNIT 18Ⅱ2**），他事件との識別に必要な範囲を超えて冒頭陳述前に訴因に記載しておかなければならない事項があるとする見解に立てば，公訴棄却すべき場合はさらに広がることになろう。

　256条3項は，訴因を明示するには「できる限り……罪となるべき事実を特定」することを求める。できる限り特定しても他事件と識別ができないのであ

---

9)　三井明・最判解刑事篇昭和33年度15頁，大阪地判昭和51・11・18刑月8巻11＝12号504頁。

10)　川出敏裕「訴因の機能」刑ジャ6号（2007年）124頁参照。

UNIT 17　審判の対象

れば，訴訟物が不明なのであるから，その公訴提起手続は違法である。被告人の防御範囲を示すという観点からできる限り特定すべきなのにそうしていなかったというのであれば，その点につき裁判所が検察官に釈明を求めなかった場合には，訴訟手続の法令違反である（東京高判平成 6・8・2 高刑集 47 巻 2 号 282 頁）。共謀共同正犯について，謀議の日時場所等を公訴提起の段階で特定できるのに「共謀の上」としか記載しない訴因は，訴因明示の要請に反しているのではないか，との疑問が呈されることがある。事前謀議は実行行為時における共謀の存在を立証する間接事実にすぎず，そもそも罪となるべき事実そのものでないのであるから，記載すること自体が不要である，という考え方もある。しかしこれは，共謀共同正犯についての刑法上の 1 つの見解（藤木説）を前提としたものにすぎない[11]。実行行為を行わないというだけでなく，犯行現場にいない共謀共同正犯（練馬事件型の共謀共同正犯。最大判昭和 33・5・28 刑集 12 巻 8 号 1718 頁〔百選 A43 事件〕〔練馬事件〕）について，事前謀議行為自体が罪となるべき事実と解したとしても，共謀の日時場所等の明示は被告人の防御範囲を示すという観点からの要請であるから，冒頭陳述の内容に委ねてよい。検察官は，冒頭手続では，冒頭陳述で述べる旨の釈明ですませることができる。なお，冒頭陳述により訴因の内容が具体化したといっても，訴因の内容はそういうものだったということが事後的に分かるだけであり，訴因自体に変動はない。

　検察官が特定して明示できるのに意図的に冒頭陳述でも特定しなかった場合，単に釈明に応じなかったというだけでなく，できる限り特定しなかったことになるから，256 条 3 項違反となろう。しかし，被害者の氏名については，被害者保護の観点から，それが判明していても明示しないことが許される場合がある[12]。例えば，性犯罪被害者について，氏名の代わりに年齢と性別だけを記載するとか，メールアドレスを記載するなどである。平成 28 年の刑訴法改正に当たり，国会提出法案が修正される中で，「起訴状等における被害者の氏名の秘匿に係る措置」が検討事項として追加された（刑事訴訟法の一部を改正する法律〔平成 28 年法律第 54 号〕附則 9 条 3 項）。

---

11)　後藤昭「訴因の記載方法からみた共謀共同正犯論」村井敏邦先生古稀祝賀『人権の刑事法学』（日本評論社，2011 年）453 頁。

12)　酒巻匡「被害者氏名の秘匿と罪となるべき事実の特定」町野朔先生古稀記念『刑事法・医事法の新たな展開（下）』（信山社，2014 年）449 頁。

Ⅱ　訴因の有効無効

　なお，平成 16 年の刑訴法改正で，従前第 1 回公判期日後の準備手続の対象
とされていた訴因・罰条の明確化が，公判前整理手続の内容となった（UNIT
16 Ⅰ 2⑴図表 16-1）。公判前整理手続が行われる場合には，第 1 回公判期日前に
おける同手続の段階で，冒頭陳述を先取りする形で，訴因の特定・明示が図ら
れることになる（316 条の 5）。

UNIT 18

訴因変更

　　Ⅰ　訴因変更の可否，要否および許否の関係
　　Ⅱ　訴因変更の要否
　　Ⅲ　訴因変更の可否
　　Ⅳ　訴因変更の許否

Ⅰ　訴因変更の可否，要否および許否の関係

　312条1項によれば，訴因変更は，検察官の請求に基づき，公訴事実の同一性を害しない限り，認められる。変更請求は，原則，書面による（刑訴規209条）。訴因変更には，交換的変更のほかに，訴因の予備的記載（256条5項）に対応した，訴因の予備的追加がある。

　公訴事実の同一性の有無が，訴因変更の可否の問題である。起訴状記載事実と裁判所の認定事実との間にずれが生じても，訴因変更手続を経ずに，裁判所がそのままの認定事実で判決をしてもよい場合がある。これが訴因変更の要否の問題である。両者のずれが公訴事実の同一性を害しない場合であっても，312条1項の規定にかかわらず例外的に訴因変更を認めることが妥当でない場合が，訴因変更の許否の問題である。訴因変更の要否は裁判所が訴因変更なしに判決した，もしくは検察官に訴因変更させなかったという裁判所の措置の是非の問題であり，訴因変更の可否および許否は検察官の措置の是非の問題である。

Ⅱ　訴因変更の要否

1　平成13年最決前

　審判対象についての公訴事実対象説からは，訴因は被告人の防御のための制度にすぎないから，法律構成を異にする場合に訴因を変更すべきであるとの見

Ⅱ　訴因変更の要否

解も主張された（UNIT 17Ⅰ2(1)）。しかし，判例が法律構成を異にする場合でも訴因変更が必要でない場合を認め（詐欺の訴因で背任を認定した事案についての最判昭和28・5・8刑集7巻5号965頁），学説上も訴因が事実の記載であるとする見解（事実記載説）が通説となると，一般的には被告人の防御に影響する事実が変動した場合であっても，具体的な審理の経過をも考慮に入れると，訴因を変更しなくとも被告人の防御に不利益を及ぼさない場合には訴因変更を不要とする見解も主張された。これを具体的防御説といい，具体的審理の経過を考慮に入れずに被告人の防御を考える見解を抽象的防御説という。具体的防御説は，画一的判断を不可能にする。公訴事実対象説に立っても被告人の防御を画一的に図ろうとすれば具体的審理の経過を考慮に入れるべきではないことになり得るのであり，公訴事実対象説が論理必然的に具体的防御説に結び付くというわけではない。

　他方，訴因対象説からは，訴因に記載された事実以外の事実を認定することはできないから，具体的な審理経過を考慮して訴因記載事実以外の事実を認定することを認める具体的防御説を採ることはできない，と一般に主張された。しかし，起訴状に記載されていない事実を認定するにはおよそ訴因変更が必要である，訴因変更が必要でないのは，訴因記載事実の一部を認定するにすぎない場合，いわゆる縮小認定の場合のみである，とまで厳格に考えられていたわけではない。日時にわずかなずれが生じた場合や，財産犯の被害額に若干の変動が生じた場合のように，法律的，社会的意味が違ってくるわけではなく，被告人の防御にも影響しない場合がある。このような，事実が実質的に変わったとまではいえない場合にまで変更が必要だとすることは，あまりにも煩瑣であるとして，訴因変更は必要でないとされた（この場合を「訴因の同一性」が認められるという）。

　判例上，昭和30年代前半までは，具体的防御説に立つと解し得るものが現れていたが，30年代後半からは，抽象的防御説に移行した，との評価が一般的である。しかし，酒酔い運転の罪の訴因のままで酒気帯び運転の罪の認定が許されるとした，最決昭和55・3・4刑集34巻3号89頁〔百選A19事件〕をめぐっては，評価が分かれた。酒酔い運転と異なり，酒気帯び運転の罪は，「政令で定める程度以上にアルコールを保有する状態」であったことが構成要件要素である。この点の記載のない酒酔い運転の訴因のままでこの点を認定す

UNIT 18　訴因変更

れば，訴因逸脱認定であり，それにもかかわらず訴因変更が不要だとする以上，
最高裁は抽象的防御説の傾向を強めていると一概に結論づけることはできない，
との評価もなされた（中山隆夫「訴因の変更——裁判の立場から」三井誠ほか編『新
刑事手続Ⅱ』〔悠々社，2002年〕213頁）。他方，酒酔い運転罪にいう「酒に酔つた
状態」であれば酒気帯び程度のアルコール保有が一般に認められるから，「酒
に酔つた状態」は実質的に「政令で定める程度以上にアルコールを保有する状
態」を含んでいるとすれば，縮小認定の一場合にすぎないといえよう。その上
で，「しかも本件においては運転開始前の飲酒量，飲酒の状況等ひいて運転当
時の身体内のアルコール保有量の点につき被告人の防禦は尽されている」とす
る同最決に対しては，縮小認定の場合であっても具体的審理経過を考慮に入れ
ると被告人に不利益な場合には訴因変更が必要であることを認めたものである，
との評価もなされた（岩瀬徹・百選〔6版〕86頁）。

2　平成13年最決

　以上の，訴因変更の要否を被告人の防御の観点から判断する考え方に対し，
訴因が被告人の防御のための制度であるだけでなく，審判の対象であるという
点を正面に据えて訴因変更の要否についての考え方を示したのが，平成13年
最決（最決平成13・4・11刑集55巻3号127頁〔百選45事件〕）である。殺人の共
同正犯の事案において，実行行為を行ったのは被告人であるとする訴因の下で，
訴因変更手続を経ることなく，実行行為者を「共犯者又は被告人あるいはその
両名」と認定することが許されるかが争点となった。訴因として記載された事
項のうち，①「審判対象の画定」にとって記載が不可欠な事項について異なる
認定をする場合は，訴因変更が不可欠であるとし，②そうでない事項について
異なる認定をする場合には，(ア)訴因として記載された以上は原則として訴因変
更を要するが，(イ)少なくとも，具体的審理の経過に照らして被告人に不意打ち
を与えるものでなく，かつ，訴因に記載された事実と比べて被告人にとってよ
り不利益な認定でない場合には，例外的に訴因変更を要しない，とした。従来
主張されてきた訴因の2つの機能に沿って訴因変更の要否についての判断基準
を段階的に考えようとするものである。

　①の審判対象としての機能について，「限定」でも「確定」でもなく，範囲
そのものを示す言葉である「画定」という用語が用いられた背景には，訴因対

象説の定着があるといえよう。そして，審判対象の画定にとって記載が不可欠な事項とは，訴因の特定に関する識別説を前提とし，他事件との識別にとって不可欠な事項であると解されるのが一般的である（川出〔公訴提起・公判・裁判篇〕87頁以下等参照）。ただし，審判対象とは証拠調べ・判決の対象であるから，被告人の防御の観点（例えば訴訟準備の観点）から冒頭手続の段階までに明らかにしておかなければならない事実があるとすれば，それも審判対象の画定にとって記載が不可欠な事項であり，その範囲は識別説よりも広がり得る（量刑を含めて判決に影響を及ぼす事項と解する見解として，小林充原著・植村立郎監修・前田巌改訂『刑事訴訟法〔第5版〕』〔立花書房，2015年〕144頁）。

　他方，共同正犯者間で実行行為を行った者が誰かは，共同正犯の構成要件要素ではない。識別説を前提にする限り，実行行為者が誰かは，審判対象の画定にとって記載が不可欠な事項ではない。しかし，平成13年最決は，「実行行為者がだれであるかは，一般的に，被告人の防御にとって重要な事項であるから，当該訴因の成否について争いがある場合等においては，争点の明確化などのため，検察官において実行行為者を明示するのが望ましい」とする。量刑上，共同正犯者間の役割は重要である。「できる限り」日時，場所，方法を記載することが256条3項で求められる罪となるべき事実でなくとも，実行行為者が特定できる場合は記載すべきである。しかし，訴因設定権限は検察官にあるから，「望ましい」とする限度で要請したのであろう。その上で，検察官が記載した以上は，原則として訴因変更手続を経る必要があるというのである。これに対して，被告人の防御にとって重要でない事項については，訴因変更は不要である。前述の日時のわずかなずれや被害額の若干の変動の場合がこれに当たろう。

　また，「明示するのが望ましい」事項につき検察官が訴因として明示せず，ただ争点としてのみ主張していた場合であれば，訴因変更は不要であることになる。しかし，例えば，「被告人は，Yと共謀の上」とのみ記載され，実行行為者の明示がない共謀共同正犯の訴因の下で，検察官が実行行為者はYであると釈明したが，訴因変更まではなされていなかった場合に，裁判所が被告人を実行行為者として突然認定することは，とりわけ被告人にとって不意打ちであり，不利益にもなり得る。これは，実行行為者が訴因に明示されていた場合と異ならない。したがって，裁判所としては，検察官に改めて釈明を求めたり，場合によっては訴因の予備的追加を促すなど，争点を明確化・顕在化する措置

UNIT 18 訴因変更

を講じなければならない。講じなければ，訴訟手続の法令違反となる（一審が「Yとの共謀」との訴因の下で，訴因変更手続をとることなく，「氏名不詳者との共謀」を認定した事案〔しかも実行行為を行ったのはその共犯者〕である東京高判平成10・7・1高刑集51巻2号129頁〔ロス疑惑銃撃事件〕参照）。このことは，同じく共謀共同正犯につき，検察官が冒頭陳述で釈明したものとは異なる共謀の日時・場所等を裁判所が認定しようとする場合も，同様である。

ところで，被告人の防御の観点にとっては，結果的に不利益な認定でなければよい，というものではない。手続的正義の観点から，不意打ちは許されない。したがって，不意打ちか否かと不利益か否かは「かつ」の関係にある。最高裁も，平成13年最決後の放火の事案で，ガスに引火，爆発させた方法につき，「ガスコンロの点火スイッチを作動させて点火し」との訴因の下，それ以外の方法の具体的可能性等について何ら審理することなく，「何らかの方法により」引火，爆発させたと認定したことは，攻防の範囲を超えて無限定な認定をした点で被告人に不意打ちを与えるものであり，訴因変更手続を経ずにそのような認定をすることは違法である，とする。その上で最高裁は，411条の職権破棄事由である「破棄しなければ著しく正義に反する」か否かの判断に当たり，「被告人の防御は相当程度共通し，上記訴因の下で現実に行われた防御と著しく異なってくることはないものと認められる」とする（最決平成24・2・29刑集66巻4号589頁）。これは，結果的に防御にとって不利益か否かとは別に，不意打ちか否かを問題とするものである。

審判対象の画定にとって記載が不可欠な事項についての縮小認定の場合であっても，平成13年最決によれば，被告人の具体的防御を害さないかが問題となり得る（児童ポルノ・児童買春禁止法違反の共同正犯の訴因で幇助犯を認定する場合についての名古屋高判平成18・6・26高刑集59巻2号4頁，殺人の共同正犯の訴因で〔心理的〕幇助犯を認定する場合についての福岡高判平成20・4・22LEX/DB25421350）。とりわけ，防御方針の追加・変更を検討する機会も与えないような縮小認定は，不意打ちである。他方，訴因変更が不要だからといって，縮小訴因であれば検察官が訴追意思を有さない場合もあり得る。検察官にも，求釈明などによって，公訴の取消しの機会は与えるべきであろう。

以上の判断枠組みを図で示すと次のようになる。

Ⅱ　訴因変更の要否

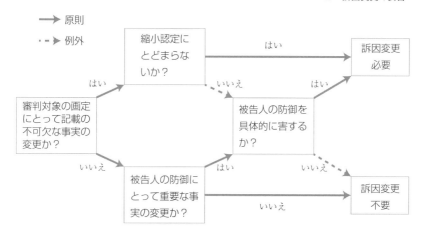

3　公判前整理手続と訴因変更

　起訴後，公判前整理手続の段階で，例えば，被告人や証人予定者の供述が変わるなどして，起訴状記載どおりの事実の立証が困難になった場合，検察官としては積極的に訴因変更（316条の5第2号）をすべきか。審判対象の画定にとって記載が不可欠な事項について変更があった場合に訴因変更が必要なことはいうまでもない。被告人の防御の観点からのみ重要な記載部分に変更があった場合，確かに，公判前整理手続の内容を考慮して，被告人の防御を考えることは可能である。例えば，被告人に不利益でない内容の変更であれば，証明予定事実記載書面の変更等を通じて，被告人に対する不意打ちを防止することができるかもしれない。しかし，公判前整理手続の結果は，公判手続において被告人の冒頭陳述終了後に顕出されるものの（316条の31第1項），それだけでは証拠調べの対象が，とりわけ裁判員にとって明確化されているとはいえまい。前述の，裁判官が起訴状記載の訴因と異なる心証を得た場合における訴因変更は，既になされた証拠調べに対応した事後措置である。これに対し，公判前整理手続における訴因変更は，これから行われる証拠調べの対象の変更である。罪となるべき事実についての縮小認定の場合や，審判対象の画定にとって記載が不可欠でない事項の変更の場合も，証拠調べの対象の明確化のために，訴因変更を行うべきである。被告人の防御にとって重要でない事項であっても，同様で

279

UNIT 18　訴因変更

ある。

4　罰条の変更と罪数補正を伴う訴因変更

　法令の適用について，検察官の主張には裁判所に対する拘束力がなく，それは裁判所の専権事項である。したがって，事実に変動がなく，単に適用罰条に変動があるにすぎない場合，「被告人の防禦に実質的な不利益が生じない限りは，罰条変更の手続を経ないで，起訴状に記載されていない罰条であつてもこれを適用することができる」（最決昭和53・2・16刑集32巻1号47頁〔百選A20事件〕）。これは，罰条記載の誤りは「被告人の防禦に実質的な不利益を生ずる虞がない限り」公訴提起の効力に影響を及ぼさない，とする刑訴法256条4項と整合する考え方である。しかし，前述の平成13年最決が訴因変更について，被告人の防御上の不利益ばかりでなく，被告人に対する不意打ちのおそれという手続的正義を強調するのであれば，罰条変更にも「罰条の適用について意見を述べる具体的な機会を被告人に与え」ることが必要であろう（昭和53年最決における大塚喜一郎裁判官の意見参照）。

　包括一罪で起訴されたが併合罪であるとされたものの，包括一罪の訴因を併合罪の訴因と読み直すことができる場合[1]や，起訴事実が併合罪として追起訴された事実に吸収され，法的評価として単純一罪であるとされた場合[2]など，訴因と認定事実とが異なっても事実の変更を伴わないのであれば，罪数判断も法令解釈の問題であるから，裁判所は検察官に罪数の補正を求めれば足りるとされる。これに対して，罪数変更が事実の変更を伴う場合には，罪数補正と同時に訴因変更の問題が生じる。包括一罪として起訴されたが証拠調べの結果，単に事実に対する法的評価の範囲を超えて訴因事実そのものに変動が生じ，そのため数個の併合罪と認定するのが相当であると判断されれば，罪数補正だけでなく訴因変更も必要となる（東京高判昭和52・12・20高刑集30巻4号423頁

---

1)　最判昭和29・3・2刑集8巻3号217頁。なお，個々の犯罪行為について逐一特定して記載しなければならない併合罪の訴因の場合と異なり，包括一罪の訴因では，個々の犯罪行為を逐一記載する必要はなく，概括的記載で足りるとされている。最決平成17・10・12刑集59巻8号1425頁，最決平成26・3・17刑集68巻3号368頁〔百選44事件〕等。
2)　最決昭和35・11・15刑集14巻13号1677頁。本件は，追起訴という訴因変更に準じた手続が採られているので（UNIT 15Ⅲ3参照），被告人の防御を害することのない事例であった。川添万夫・最判解刑事篇昭和35年度394頁以下。

II 訴因変更の要否

〔百選 A24 事件〕)。窃盗犯人が逮捕を免れるために暴行を加えたとして事後強盗で起訴されたが，暴行が逮捕を免れる目的であったとは認定できないとして窃盗と傷害の併合罪の認定をする場合など，事実に変動があっても縮小認定が可能である場合には，審判対象の画定の見地からは訴因変更は不要である。被告人側が窃盗と暴行自体の事実は否定せず，専ら暴行が逮捕を免れるためではなかったとして争ったような場合であれば，被告人の具体的防御の観点からも訴因変更は不要であろう。罪数補正だけで足りる。

▪▪▪ POINT 1 　過失犯の訴因 ▪▪▪▪▪▪▪▪▪▪▪▪▪▪▪▪▪▪▪▪▪▪▪▪▪▪▪▪▪▪▪▪▪▪▪▪▪▪

　過失犯の訴因は，「注意義務の前提となる具体的事情」，「注意義務の内容」，「注意義務違反の具体的内容」および「過失行為と結果に至る具体的経緯」を記載するのが実務である。例えば，自動車運転過失致傷罪（自動車運転致死傷 5 条）については，「被告人は，平成＊年＊月＊日午前＊時＊分ころ，普通乗用自動車を運転し，＊市……道路上を＊方面から＊方面に向け進行するに当たり〔**注意義務の前提となる具体的事情**〕，前方左右を注視し，進路の安全を確認して進行すべき自動車運転上の注意義務がある〔**注意義務の内容**〕のにこれを怠り，前方注視を欠いたまま漫然進行した〔**注意義務違反の具体的内容**〕過失により，自車を道路右部分に進出させ，折から対向進行してきた＊運転の大型貨物自動車に衝突させ，よって，自車同乗者＊に加療約＊か月間を要する＊等の傷害を負わせた〔**過失行為と結果に至る具体的経緯**〕」となる。

　過失犯の構造については，刑法理論上議論のあるところである。例えば旧過失論によれば，過失とは意思の弛緩であるのに対し，新過失論によれば，過失犯はいわゆる「開かれた構成要件」であって，注意義務の内容，すなわち基準行為である結果回避義務ごとに構成要件が異なる，とされる。したがって，旧過失論に立てば，他事件との識別という観点からは，精神の緊張を欠いたこと，すなわち「漫然と」との記載で足りる。それ以上の詳細な記載は，被告人の防御範囲の明示という観点から意味を持つにすぎない。これに対して，新過失論によれば，注意義務の内容を異にすれば罪となるべき事実が異なることになるから，他事件との識別という観点からも訴因変更が必要となる。

UNIT 18　訴因変更

　下級審判例上，昭和40年頃から，自動車による人身事故の事案におい
て，事故が生じたことについては争いがないものの，注意義務違反の有無
が争点となり，裁判所が過失態様について訴因の記載と異なる認定をする
には訴因変更が必要かが問題とされるようになった。この問題に一定の指
針を示したのが，交差点で一時停車中の自動車に対する追突事故の事案に
関する最判昭和46・6・22刑集25巻4号588頁〔百選A18事件〕である。
本最判は，交差点の停止信号で一時停止中，前車の発進するのを見て自車
も発進しようとした際には，「発進に当つてはハンドル，ブレーキ等を確
実に操作し，もつて事故の発生を未然に防止すべき業務上の注意義務があ
る」という訴因の下で，「ブレーキをかけるのを遅れた過失により」追突
させたとの事実を認定するには訴因変更が必要であるとした。新過失論か
らすれば訴因変更が不可欠な事案だということになろう。他方，本件は，
被告人は訴因に掲げられた過失態様は争っていないが，認定事実であれば
争った可能性があり（鬼塚賢太郎・最判解刑事篇昭和46年度141頁以下），旧
過失論からしても，被告人の防御の観点から訴因変更が必要とされたとい
えよう。

　本最判は訴因変更について厳格な立場を示したものと一般に受け取られ，
下級審では，事実がわずかにずれた場合であっても訴因変更を予防的に行
う傾向が生じたとされる。こうした中，最決昭和63・10・24刑集42巻8
号1079頁は，平成13年最決の考え方につながる判断を示した。自動車運
転者が速度調節義務に違反して追突事故を起こしたという事案につき，そ
の注意義務の前提となる具体的事情として，起訴状記載の訴因では，「前
方道路は付近の石灰工場の粉塵等が路面に凝固していたところへ，当時降
雨のためこれが溶解して車輪が滑走しやすい状況にあつたから」とされて
いたが，一審で，その部分を「当時降雨中であつて，アスフアルト舗装の
道路が湿潤し，滑走しやすい状況であつたから」とする交換的変更がなさ
れた。最高裁は，石灰の粉塵の路面への堆積凝固という「一定の注意義務
を課す根拠となる具体的事実……が公訴事実中に一旦は記載されながらそ
の後訴因変更の手続を経て撤回されたとしても，被告人の防禦権を不当に
侵害するものでない限り，右事実を認定することに違法はない」とした。
この場合，速度調節という注意義務自体には変更がないから，新過失論に

立っても，訴因変更が不可欠というわけではなく，被告人の具体的防御の観点からのみ訴因変更の要否を考えれば足りる。

Ⅲ 訴因変更の可否

1 訴因変更制度の趣旨

公訴事実対象説によれば，訴因の背後に審判対象である公訴事実の存在を想定するのであるから，旧訴因と検察官が変更・追加しようとする新訴因が公訴事実の同一性の認められる範囲内のものであるかは，両訴因が共に同じ公訴事実の表れであるか否かという観点から検討することになる。

これに対して，審判対象を訴因と解すると，訴因の背後に公訴事実なるものの存在を想定することはできない。公訴事実の同一性が認められる範囲内で訴因変更が認められるのは，1回の訴訟手続で処理すべきであるという政策的考慮に基づく（UNIT 17 Ⅰ 2(2)）。公判審理の結果，あるいは既に公判前整理手続において，起訴状記載の事実を裁判所が認定できないおそれが生じた場合，それまでに行われた手続を無駄にしないという訴訟経済とともに，検察官や被告人双方の利益を考慮すると，常に当該訴訟手続を終わらせ，再訴により新たに手続を始めればよいというのは必ずしも妥当でない。したがって，公訴事実の同一性とは，訴因変更が可能な枠を示す政策的な機能的概念にすぎない。旧訴因と新訴因とを比較して，この訴因変更制度の趣旨に基づき，公訴事実の同一性が認められるかを判断することになる。

新旧訴因を比較する際，訴因の文面だけでなく，証拠関係を含めて比較することは，訴因の背後にある社会的事実関係に照らして初めて可能である，とされることがある[3]。そうだとすると，公訴事実対象説である。しかし，証拠関係を比較の資料とするといっても，それは，裁判官が訴因変更の可否，すなわち公訴事実の同一性の有無を判断する時点において，証拠から認定できる事実はどういうものかを問題にしているにすぎない。その意味で，証拠関係を含め

---

3) 香城敏麿「訴因制度の構造(上)」判例時報 1236 号（1987 年）13 頁〔『刑事訴訟法の構造（香城敏麿著作集 2)』（信山社，2005 年）所収，265 頁以下〕。

UNIT 18　訴因変更

た比較とは裁判官の心証（証拠から認定できる事実）に基づいた検察官の新旧主
張の比較であって，訴因の背後にある社会的嫌疑・社会的事実関係（実体的真
実そのもの）といったものを媒介にした比較ではない[4]。

2　公訴事実の同一性の判断基準

　公訴事実対象説によるか訴因対象説によるかで説明の仕方は異なるが，実際
にどのような場合に公訴事実の同一性が認められるかについては，判例が積み
重ねてきた結論でほとんど争いがない。

(1)　公訴事実の同一性（狭義）

　判例は，旧訴因と新訴因の基本的事実が同一であれば，公訴事実の同一性を
認めてきた（基本的事実同一性基準）。公訴事実対象説からすれば，両訴因の基
本的事実が同一であれば両者は同一の公訴事実の表れであるといえよう。訴因
対象説によっても，両訴因の基本的事実，すなわち両訴因の基本的部分が一致
していれば，1回の訴訟手続の中で処理すべきであるといえよう。

　問題は，何が基本的事実であるかである。判例は，日時，場所の近接性，罪
質の類似性，両訴因事実が両立するか否か，訴因として構成された犯罪が両立
するか否か，などを考慮して判断してきた。とりわけ，両訴因事実が両立する
か否かという判断要素を示して公訴事実の同一性を認めた判例（最判昭和29・
5・14刑集8巻5号676頁）は，時間的には5日，場所的には静岡県長岡温泉に
おける窃盗と東京都豊島区池袋における盗品罪という，罪質的には同質である
ものの，日時場所の近接性の観点からは基本的事実が同一とはいい難い事案に
ついてのものであった。そこで，同一性の判断に困難が伴うときに非両立性と
いう要素で判断できるのであれば，同一性の判断が容易なときも非両立性とい
う要素だけで判断できるのであって，基本的事実同一という判断基準は不要で
あり，非両立性だけを問題にすればよい，という主張も見られた。

　また，両訴因が両立するかどうかという判断要素は，事実として両立しない
場合だけでなく，事実としては両立するものの当該事実の法的評価が両立しな
いと解される場合にも用いられた。上記の事案は，盗難のあった当時，被告人
が居住地である東京から長岡温泉に出向いたということの立証が十分にはなさ

---

4)　佐藤文哉「公訴事実の同一性に関する非両立性の基準について」『河上和雄先生古稀祝賀
　論文集』（青林書院，2003年）261頁以下。

Ⅲ　訴因変更の可否

れなかったという事案であり（天野憲治・最判解刑事篇昭和 29 年度 104 頁），その意味で長岡温泉から財物を持ち出したのか持ち出していないのかという事実の非両立性が問題になったものである[5]。これに対して，窃盗なのか，同一物の売却代金の一部を着服したことが委託物横領なのかが争われた事案では，財物の持ち出しを窃取と評価できれば，その後の当該財物の売却代金の着服は不可罰的事後行為であり，前者が成立すれば後者は成立しない関係にあるとして，公訴事実の同一性が認められた（最判昭和 34・12・11 刑集 13 巻 13 号 3195 頁）。これは，財物の持出行為と売却代金の取得行為は事実としては両立するが，法的には両立しないとするものである。また，被告人が「公務員乙と共謀のうえ，乙の職務上の不正行為に対する謝礼の趣旨で，丙から賄賂を収受した」という枉法収賄の訴因と，「丙と共謀のうえ，〔同〕趣旨で，公務員乙に対して賄賂を供与した」という贈賄の訴因とは，「収受したとされる賄賂と供与したとされる賄賂との間に事実上の共通性がある場合には，両立しない関係にあり，かつ，一連の同一事象に対する法的評価を異にするに過ぎないものであつて，基本的事実関係においては同一である」から，公訴事実の同一性が認められるとされた（最決昭和 53・3・6 刑集 32 巻 2 号 218 頁〔百選 46 ①事件〕）。被告人は，丙から受け取った金員の一部を乙に渡すという形で丙と乙の間で賄賂の受渡しに関与した者であり，この受渡しの流れが収受行為か贈与行為かという法的評価の非両立性が問題にされたといえよう（本件が収賄側と贈賄側双方の共犯であって，被告人の行為が収受と贈与の両面の法的性質を同時に有する事案ではなかったと思われる点については，古田佑紀・百選〔7 版〕103 頁参照）。

　非両立か否かは，基本的事実が同一かどうかを判断する一要素ではなく，それに取って代わる判断基準であるとする見解に対しては，次の 2 つの場合に妥当な結論に至らないと批判されてきた。1 つは，①例えば札幌と那覇といった 2 つの遠隔地における，同一日時，同一物に対する窃盗の場合であり，もう 1 つは，②自動車による人身事故に関する身代わり犯の場合（自動車運転過失致死

5）　佐藤・前掲注 4）265 頁以下，酒巻 302 頁は，窃盗罪が成立すれば盗品罪は不可罰的事後行為となり，盗品罪が成立するとすれば窃盗罪は成立していないことになる，として，長岡温泉の事案も実体法解釈上の択一関係であるとする。しかし，不可罰的事後行為とは，両事実が両立することを前提とする（UNIT 17 Ⅰ 3(2)参照）。被告人が長岡温泉に出向いていなかったのであれば，証拠上，およそ窃盗罪は成立せず，両事実は両立しない。窃盗罪の成否は，盗品罪の有無に関わりがない。この択一関係は，実体法解釈以前の問題である。

UNIT 18　訴因変更

傷と犯人隠避）である（東京高判昭和40・7・8高刑集18巻5号491頁は，公訴事実の同一性を否定する）。どちらの場合にも，両者の事実は両立しない関係にあり，公訴事実の同一性が否定されることになってしまうではないか，というのである。これに対して，①については，事実認定の次元でいずれかが誤っている主張，ないしはいずれもが認定できない主張であるにすぎない，との見解がある[6]。しかし，前述の長岡温泉の事案も，長岡温泉から財物を持ち出したのか持ち出していないのかという，どちらかが誤っている場合であることに変わりはない。②についても，自動車運転過失致死傷罪と犯人隠避罪では，公訴事実の同一性を問題とする前提である事実の共通性がそもそも欠ける，と反論される[7]。しかし，そもそも事実の共通性が公訴事実の同一性の判断要素の1つであるというのが，基本的事実同一性基準である。同基準に非両立か否かという判断要素が取って代わっているわけではない[8]。

(2)　公訴事実の単一性

　基本的事実の同一性が認められない場合であっても，旧訴因事実と新訴因事実が一罪を構成する場合，公訴事実の同一性が認められる。常習特殊窃盗のような包括一罪や（例えば，最判平成15・10・7刑集57巻9号1002頁〔百選97事件〕），日時場所の離れた牽連犯のように，基本的事実の同一性が認められない場合がこれである。しかし，一罪だからといって，基本的事実の同一性を問題にすることなく，公訴事実の同一性が認められるわけではない。観念的競合の関係にある場合，1個の行為による犯罪であるから，基本的事実の同一性が認められるのであって，公訴事実の同一性を認める上で一罪性を問題にする必要はない（例えば，最決昭和47・7・25刑集26巻6号366頁）。また，前述の可罰的事後行為の場合も，日時や場所の近接性や，罪質の同質性のみならず，被害が物なのかその売却代金なのかが問題であるから，基本的事実の同一性の枠内で判断できる。一罪の関係にあることを，一般に公訴事実の単一性と呼ぶ。これに対して，基本的事実の同一性が認められることを狭義の公訴事実の同一性と呼ぶ。したがって，312条にいう公訴事実の同一性を広義の公訴事実の同一性と呼び，それは同一（狭義）または単一の場合に認められることになる。

---

6)　酒巻304頁。
7)　佐藤・前掲注4）268頁，酒巻304頁。
8)　岩瀬徹「訴因変更の可否」『三井誠先生古稀祝賀記念論文集』（有斐閣，2012年）620頁。

Ⅲ　訴因変更の可否

　このように，公訴事実の単一性とは，狭義の公訴事実の同一性の拡張原理にすぎない（基本的事実の同一性が欠ける場合にも公訴事実の単一性を認めることから，一事不再理の効力の範囲との関係で生じる問題については，UNIT 28 参照）。しかし，この公訴事実の単一性という用語は，元々は，審判対象について公訴事実対象説に立った上で，訴訟の各時点で審判の対象はどこまで広がっているかを示す概念であった（横断的概念）。それに対して，公訴事実の同一性とは，異なった時点で前後同一かを示す概念であった（縦断的概念）。したがって，審判の対象は，縦横同一の範囲，すなわち（縦横をひっくり返して）公訴事実が単一かつ同一の範囲であるとされた。しかし，訴因対象説の下では，審判の対象は訴因に限られるから，訴訟の各時点で審判の対象がどこまで広がっているかは問題とならず，公訴不可分の原則の適用はない（UNIT 17Ⅰ1・3(1)）。したがって，元々の意味での単一性という概念は不要である。ただ，単一性が一罪の範囲で認められたことから，一罪の範囲であるという意味でのみ単一性という概念を用いるのが，訴因対象説に立った場合における同概念の用語法である。

(3)　併合罪

　判例は，旧訴因事実と新訴因事実が併合罪の関係にある場合には，基本的事実が同一かどうかについて論じることなく，公訴事実の同一性が欠けるとする（例えば，窃盗幇助と贓物故買の各事実は公訴事実の同一性を欠くとする最判昭和33・2・21刑集12巻2号288頁）。「併合罪でないこと」を公訴事実の単一性の問題と考えると，併合罪でない場合に初めて，狭義の公訴事実の同一性を論じることになるから，この局面だけを見ると，両者は単一かつ同一の関係にあるように見える。しかし，むしろ併合罪の場合には一律に基本的事実の同一性が欠けるとされている，と解すべきであろう。

　ただ，併合罪についても併合起訴が認められる以上，仮に基本的事実の同一性が認められるとすれば，1回の訴訟手続で処理してはならないという実体法（刑法）上の要請が存在するとまではいえない。また，前述のように公訴事実の同一性を，どの範囲の事実までが1回の訴訟手続で処理されるべきかという政策的機能概念であると解するならば，併合罪の場合だからといって基本的事実の同一性が一律に認められないとする論理的必然性もない。例えば，高速道路を連続走行中における時速145kmでの速度違反と，そこから10分後の19.4km離れた地点での時速160kmでの速度違反とは併合罪であるとされる

UNIT 18 訴因変更

(最決平成5・10・29刑集47巻8号98頁)。しかしこの場合，短時間にわたる一連の連続した行為である。1回の訴訟手続で処理すべきだ，という訴訟法上の判断もあり得る。その他，併合罪とされる常習累犯窃盗と軽犯罪法1条3号違反の侵入具携帯（最決昭和62・2・23刑集41巻1号1頁）なども，同様に公訴事実の同一性を肯定する余地があろう[9]。

判例の判断枠組みを図で示すと次のようになる。

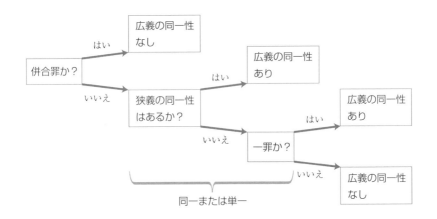

■■■ POINT 2　覚せい剤自己使用罪の訴因変更 ■■■■■■■■■■■■■■■■■■■■■■■■■■■■

　覚せい剤自己使用罪については，日時場所に相当程度幅のある訴因が認められている（UNIT 17 II 2(1)）。一方，日時場所が特定できるのであれば，特定しなければならない。そこで，日時場所を特定して起訴したところ，被告人が自白を翻したり，覚せい剤使用現場の目撃証人が証言を変更したりして，その日時場所が別の日時場所である可能性が出てきたり，そもそも特定の日時場所の証明が困難になる場合がある。その場合に，別の日時場所，あるいは日時場所に幅のある訴因に変更することができるか。覚せい剤自己使用罪の場合，複数回の自己使用は併合罪とされる。そのため，

---

9) 松尾上308頁は，一罪かどうかは公訴事実の同一性の問題ではなく，罪数による規整の問題であるとした上で，被告人が一罪ごとに一個の無罪判決を受ける利益を放棄するときは，「併合罪であっても——むろん公訴事実の同一性が認められることを前提として——訴因変更を許すことができよう」とする。

Ⅳ　訴因変更の許否

旧訴因事実と新訴因事実が別個の使用行為であれば，公訴事実の同一性は認められない。しかも，覚せい剤自己使用罪の決定的証拠である尿からは，一定期間内に使用した覚せい剤成分が検出されるのであって，その期間に複数回使用していればどの使用の覚せい剤成分なのかは識別不能である。

　最高裁は，時間にして1時間，約1.8 km 離れた場所における使用行為につき，「いずれも被告人の尿中から検出された同一覚せい剤の使用行為に関するものであつて，事実上の共通性があり，両立しない関係にあると認められるから，基本的事実関係において同一である」として，「公訴事実の同一性を認めた原判断は正当である」とした（最決昭和63・10・25刑集42巻8号1100頁〔百選46②事件〕）。原審の判断とは，本件起訴を「〔逮捕に〕直近する1回の使用行為」に対するものとした上で，公訴事実の同一性を認めたものであった。しかも，原審は，新訴因の「日時以降逮捕時迄に被告人が覚せい剤を使用した証跡はない」とするから，尿に成分が出ないような逮捕直前での覚せい罪使用はなかったということである。したがって，旧訴因も新訴因も，尿から検出された覚せい剤成分の「最終使用」である点で共通しており，最終使用は1回しかないから，両立しない関係にあるとした，と解し得よう。そうだとすると，使用行為の日時場所の特定が困難となって日時場所等についての概括的訴因への変更が求められた場合も，それが「最終使用」であることに変わりなく，旧訴因と新訴因は非両立の関係にあり，公訴事実の同一性が認められることになる。

Ⅳ　訴因変更の許否

1　訴因変更命令義務の裏返し

　検察官の請求した新訴因は裁判所の心証に反するが，元の旧訴因のままならばそのままの事実で有罪判決を下せるという場合がある。しかも，予備的変更ならまだしも，交換的変更となると，一定の場合には，有罪判決が不可能となり，旧訴因へ戻す形の訴因変更を命じる義務が生じることにもなりかねない（最判昭和42・8・31刑集21巻7号879頁〔百選 A22 事件〕は，「仮に起訴状記載の訴

UNIT 18 訴因変更

因について有罪の判決が得られる場合であつても，第一審において検察官から，訴因，罰条の追加，撤回または変更の請求があれば，公訴事実の同一性を害しない限り，これを許可しなければならない」と判示する。しかし，この事案は，管理売春の訴因を売春周旋の訴因に変更しようとした事案に関するものであり，変更後の訴因でも有罪判決が可能な場合であって，いわば訴因変更の形による一部起訴の事案であった）。このような，訴因変更を認めることが訴因変更命令義務と衝突する場合には，訴因変更命令義務の裏返しとして，検察官の主張どおりに訴因変更を認めるわけにはいかない。裁判所には，変更請求をしないように促しまたは命じる義務がある（大阪高判昭和 56・11・24 判タ 464 号 170 頁）。仮に訴因変更命令に形成力を認めるとすれば，そうした訴因変更は許されないことになる。

2　訴因変更の時期／時機的限界

警察官に対する殺人事件（本土復帰前の 1971 年に沖縄で起こった勢理客交番襲撃事件）で，炎に包まれている警察官を炎の中から引きずり出した行為が，殺人の実行行為なのか，それとも警察官に対する救助行為としての消火行為なのかが第 1 回公判期日当初から争点となって審議が進行していたところ，第 1 回公判期日から約 2 年 6 か月が経った第 18 回公判期日において，検察官が「〔警察官〕の腰部附近を足げにし，路上に転倒させた」という，炎に包まれる前の被告人の行為を殺人の実行行為として追加する訴因変更請求を行った。福岡高裁那覇支部はこの訴因変更は許されないとした（福岡高那覇支判昭和 51・4・5 判タ 345 号 321 頁〔百選 A21 事件〕）。312 条 4 項が，訴因の「変更により被告人の防禦に実質的な不利益を生ずる虞がある」場合には公判手続の停止を求めていることに鑑みると，被告人の不利益を生ずるおそれが著しく，裁判の公平を損なうおそれが顕著な場合には，裁判所は，公判手続の停止措置にとどまらず，検察官の請求そのものを許すべきではない。ここにいう被告人の防御に実質的な不利益として，憲法上の要請でもある迅速な裁判を受け得ないことからくる被告人の不安定な地位の継続による精神的物質的な消耗をも考慮に入れるべきである，とする。

この事案は，証拠調べの結果，検察官が当初の訴因事実を維持できなくなった場合である。被告人への実質的不利益という観点から訴因変更の許否を判断し，迅速な裁判の要請をもその不利益の要素とする以上，法の予定する公判手

Ⅳ　訴因変更の許否

続の停止では修復できないほどに訴因変更の「時期」が時間的に遅すぎること
を問題としたものとも解し得る。しかし，裁判の公平・公正をも問題にする以
上，証拠調べの内容にかかわらず，検察官が裁判の当初から行うことができた
主張や証拠請求をあとになって行うことが，裁判の公正を害し，ひいては権利
の濫用（刑訴規1条2項）に当たるといえる場合とも考えられる（大阪地判平成
10・4・16判タ992号283頁等）。この場合は，必ずしも迅速な裁判が問題となる
ような「時期」が遅すぎる必要はなく，訴因変更請求の「時機」が問題である。

　訴因変更の時機的限界が訴因変更権限の濫用の問題だとすると，訴因変更が
許されないのは公判手続の停止では被告人に十分な防御の準備をする機会を提
供したことにならない場合に限られる。公判前整理手続の時点において，将
来的に公判途中で訴因変更を請求することになる可能性が検察官には当然に予
測できたにもかかわらず，検察官がその可能性を示さなかった結果，充実した
争点整理や審理計画等の策定が行われなかった場合にも，公判開始後の訴因変
更請求が許されないことになることがあろう（東京高判平成20・11・18高刑集61
巻4号6頁〔百選56事件〕）。充実した公判の審理を継続的，計画的にかつ迅速
に行うことを可能にするという公判前整理手続の目的（316条の3）が没却され
るからである。

UNIT
19
公判手続

Ⅰ　通常第一審
Ⅱ　冒頭手続─証拠調べ手続─最終弁論─判決宣告

Ⅰ　通常第一審 ────────────────────

　刑事事件の第一審裁判所は，地方裁判所と簡易裁判所である。地方裁判所で裁判される事件は，裁判員裁判対象事件，裁判官3名で構成される合議事件（これには法定合議事件と裁定合議事件がある）および裁判官の単独事件である。

　2004（平成16）年に裁判員の参加する刑事裁判に関する法律が制定され，2009（平成21）年5月21日から施行された。これに伴い，①死刑または無期の懲役もしくは禁錮に当たる罪に係る事件のほか，②法定合議事件であって，故意の犯罪行為により被害者を死亡させた罪に係る事件については，原則として裁判員裁判対象事件となった（例外として，裁判員等に危害が加えられるおそれ等のある事件〔裁判員3条〕。また，後述（Ⅱ3）の審理が著しく長期にわたること等が見込まれる事件〔2015年の改正で新設された裁判員3条の2〕）。主要な刑法犯等は，原則3名の裁判官と6名の裁判員の合議体で裁かれるのである（裁判員2条1項2項）。例外的に，公訴事実に争いがなく，事件の内容その他の事情を考慮して適当と認められる場合には，検察官，被告人および弁護人に異議がない限り，裁判官1名，裁判員4名の合議体で裁判することができる（裁判員2条2項ただし書・3項4項）。ただし，裁判員制度の開始から2017年に至るまで，この例外の合議体が開かれたことはない（各年の最高裁判所事務総局「裁判員裁判の実施状況等に関する資料」による）。

　裁判員裁判が，裁判所による裁判を保障する憲法32条，公平な裁判所の迅速な公開裁判を保障する同37条1項，全ての司法権は裁判所に属すると規定する同76条1項，裁判官の職権の独立を保障する同条3項等に違反しないことは，最高裁によって確認されている（最大判平成23・11・16刑集65巻8号1285

292

頁〔百選 49 事件〕）。そうであれば，裁判員裁判と裁判官のみによる裁判の選択権を被告人に与えるかは，立法政策の問題にすぎない（最判平成 24・1・13 刑集66 巻 1 号 1 頁）。裁判員制度は，「司法に対する国民の理解の増進とその信頼の向上に資すること」（裁判員 1 条）を目的として採用されたのであって，被告人の権利として採用されたのではない。国民の司法参加という裁判の正統性の観点から見た場合，また被告人に選択権を与えていた戦前の陪審制が被告人に選択されずに失敗に終わった経緯に照らすと，選択権を認めないことは合理的である。

Ⅱ　冒頭手続―証拠調べ手続―最終弁論―判決宣告

　第一審は，冒頭手続，証拠調べ手続，最終弁論そして判決宣告と続く。しかし，公判前整理手続に付された事件とそうでない事件，また公判前整理手続に付された事件であっても裁判員裁判とそうでない裁判では，法令上，また運用上，公判手続の様相は異なる。

1　冒頭手続

　裁判官が被告人に対して人定質問を行い，検察官が起訴状を朗読し，裁判官が被告人に対して黙秘権を告知し，最後に，被告人および弁護人が起訴事実に対して自らの意見を述べる。起訴状の朗読といっても，裁判官の人定質問と重複する「被告人の氏名その他被告人を特定するに足りる事項」は読み上げない。読み上げるのは公訴事実と罪名である。民事訴訟法と異なり，訴訟関係者が公訴事実については事前に知っているからといって，「訴状のとおり陳述します」というわけにはいかない。口頭公開主義の要請である。

2　冒頭陳述

　証拠調べは，検察官が「証拠により証明すべき事実を明らかに」する冒頭陳述で始まる。検察官の冒頭陳述に一定の形式があるわけではない。従前（公判前整理手続が採用される以前）の一例（司法研修所検察教官室編『検察講義案〔平成18 年版〕』〔法曹会，2007 年〕175 頁以下）によれば，冒頭陳述は(1)被告人の身上・経歴等，(2)本件犯行に至る経緯，(3)犯行状況，(4)犯行後の状況，(5)その他

UNIT 19　公判手続

情状等，の順に行われ，まず(1)で，①被告人の出生，最終学歴，職歴，現在の職業等，②家族関係，扶養家族の有無（既婚か未婚か），住居関係等，③前科・前歴がある場合はその時期，罪名，処分内容等，が述べられる。その上で，(2)〜(4)の本件犯行に関する陳述が続く。(5)は標題のみを挙げることで，情状について立証する意思を表示するにとどまる。かつては，一般に冒頭陳述を行うのは検察官のみであり（296条），被告人・弁護人がそれを行うこと（刑訴規198条）はまれであった。しかし，公判前整理手続の設置に伴って，同手続を経た事件では，被告人・弁護人も，「証拠により証明すべき事実その他の事実上及び法律上の主張があるときは」，冒頭陳述をすることが必要的となった（316条の30）。

　裁判員裁判では，冒頭陳述を行うに当たって，「公判前整理手続における争点及び証拠の整理の結果に基づき，証拠との関係を具体的に明示しなければならない」（裁判員55条）。

POINT 1　前科と冒頭陳述

　　起訴状一本主義の下，冒頭手続までは事件についての情報から隔絶されていた裁判官も，検察官の冒頭陳述で前科の存在が判明すれば，執行猶予（刑25条）を付けることができる事案か，累犯加重事案か等が分かった上で，証拠調べを進行させることができる。しかし，裁判官のみの裁判と異なり裁判員裁判となると，素人である裁判員には予断の問題が一層深刻なものとなる。裁判員制度の開始に伴って，犯罪事実に関係しないことが明らかな情状に関する証拠の取調べは，犯罪事実の取調べとはできる限り区別して行うことが求められることになった（刑訴規198条の3の新設）。したがって，従来のように証拠調べの冒頭で前科・前歴について言及することは，好ましくない。一方で裁判官は，公判前整理手続で前科情報については知ることができる。裁判員裁判では，冒頭陳述も，犯罪事実に関する立証の開始時と，そのあとの情状に関する立証の開始時とに二分することが望ましい。

Ⅱ　冒頭手続―証拠調べ手続―最終弁論―判決宣告

3　連日的開廷

　前に触れたように（UNIT 16 I 1），2005（平成 17）年改正前の刑事訴訟規則
では「裁判所は，審理に 2 日以上を要する事件については，できる限り，連日
開廷し，継続して審理を行わなければならない」とされていた（179 条の 2）。
しかし現実には，いわゆる月 1 開廷と呼ばれる状態が続いていた。争いのある
事件では，証拠調べをした裁判官が判決言渡し時には転任してしまっており，
別の裁判官が判決を言い渡すということもまれではなかった。確かに，弁論が
終結して残っているのが判決の宣告だけである場合を除き，裁判官が交代する
場合には公判手続の更新を行わなければならない（315 条）。しかし，更新は
「相当と認める方法」で行えば足り（刑訴規 213 条の 2 第 4 号），実際には当事者
の同意さえあれば証拠調べを実質的に省略できるため，証拠調べに実際には立
ち会っていない裁判官が，公判調書を読んで判決を言い渡すことになる。その
結果，後で別の裁判官がどんな疑問を抱いても公判調書を読んだだけでそれに
答えられるよう，また，証人を見ていない裁判官でも判決を下せるよう，証人
尋問は微に入り細に入ったものとなりがちであった。主尋問だけで当日は終了
し，反対尋問は次回公判期日で，という例すらあった。

　裁判員裁判となると，そうはいかない。一般市民である裁判員の負担を考え
ると，裁判員を長期間裁判に拘束しておくわけにはいかない。何か月も前の証
人尋問について，裁判員に記憶しておけというのも酷である。しかも，公判手
続の更新も，当事者の同意があったからといって，裁判員に公判調書を読めと
いうわけにもいかない。裁判員裁判では集中審理（連日的開廷）が不可欠とな
る。そこで，裁判員制度を導入する際に，規則の規定が刑事訴訟法の規定に格
上げされた（2004〔平成 16〕年の刑訴法改正による 281 条の 6 の新設と刑訴規 179 条
の 2 の削除）。この規定は，裁判員裁判の審理だけでなく，全ての審理に適用さ
れることに注意すべきである。

　他方，裁判員裁判対象事件でも，例えば初公判から判決まで 1 年を超えるよ
うな著しく長期にわたる事件も想定され得る。このような超長期審理事件につ
いては，2015（平成 27）年改正で，裁判員対象事件の対象から外し，裁判官の
みの裁判で処理することが認められた（裁判員 3 条の 2 の新設）。

UNIT 19 公判手続

POINT 2 迅速な裁判

(i) 裁判の迅速化に関する法律

憲法は 37 条 1 項で被告人に「迅速な公開裁判」を保障する。被告人には，長期間被告人という不安定な座に置かれるという有形無形の社会的不利益，証人の記憶が減退・喪失したり証拠物が散逸・滅失するという防御上の不利益が考えられる。さらには，勾留されている場合には長期間身柄拘束されるといった不利益もある。これに対して，刑事訴訟法が「刑罰法令を適正且つ迅速に適用実現すること」（1 条）をその目的とし，刑事訴訟規則も「裁判の迅速と公正とを図るよう」解釈・運用しなければならない（刑訴規 1 条 1 項）とするのは，被告人の権利保障という面からだけではない。迅速に犯罪が正しく処罰され，社会の安全が確保されることは，社会・公共の利益でもある。

1970 年頃には，審理期間が 20 年を超える騒乱事件など，裁判の長期化が問題とされた。また，同時期には学園紛争や 70 年安保闘争に関連する一連の公安事件が発生し，裁判の長期化をもたらした。地方裁判所における通常第一審事件における終局人員のうち審理期間が 2 年を超えた者が，1972 年から 1975 年には 4% を超えていた。その後減少傾向をたどり，1985 年以降は 1% を下回っていたものの（1965 年以降における地方裁判所の平均審理期間の経年変化については，裁判所「裁判の迅速化に係る検証に関する報告書〔第 1 回〕」〔平成 17 年 7 月 15 日公表〕208 頁参照），2001（平成 13）年，司法制度改革審議会意見書は，民事事件等にも共通する問題として，司法の充実・迅速化を要請した。刑事司法についても，「通常の事件についてはおおむね迅速に審理がなされているものの，国民が注目する特異重大な事件〔オウム真理教事件：筆者注〕にあっては，第一審の審理だけでも相当の長期間を要するものが珍しくなく，こうした刑事裁判の遅延は国民の刑事司法全体に対する信頼を傷つける一因ともなっていることから，刑事裁判の充実・迅速化を図るための方策を検討する必要がある」とした。刑事裁判の充実・迅速化を図るために公判前整理手続や連日的開廷の確保等の規定が整備されるに先立ち，司法制度改革推進本部のイニシアティブの下で 2003（平成 15）年に制定されたのが「裁判の迅速化に関する法律」である。同法では，「第一審の訴訟手続については 2 年以内のできるだけ短い

Ⅱ 冒頭手続―証拠調べ手続―最終弁論―判決宣告

期間内にこれを終局させ」ることが目標として設定された（裁判迅速化2条）。

(ⅱ) 迅速な裁判の保障とその救済

憲法の保障する迅速な裁判を受ける権利が侵害されたとして，非常救済手段として免訴という形で裁判が打ち切られたことがある（最大判昭和47・12・20刑集26巻10号631頁〔百選A31事件〕〔高田事件〕。**UNIT 1Ⅱ3**）。被告人らが1952年8月に起訴されたのち，被告人の一部については1953年6月，他の被告人については1954年3月の公判期日を最後に，審理が事実上中断され，1969年6月ないしは9月に審理が再開されるまでの間，15年余の長年月にわたり全く審理が行われなかった，という事案であった。本判決以前は，迅速な裁判の保障違反の場合について救済を定めた明文規定はなく，また，破棄差戻しをすると一層裁判が長期化するから，同違反は判決に影響を及ぼさない，とされ（最大判昭和23・12・22刑集2巻14号1853頁等），憲法の迅速な裁判の保障規程はプログラム規程であると一般に考えられていた。本判決は，そうでないことを示したものである。

その上で本判決は，手続が打ち切られるべきかは，「遅延の期間のみによって一律に判断されるべきではなく，遅延の原因と理由などを勘案して，それ遅延がやむをえないものと認められないかどうか」，憲法37条1項が保障する諸利益（「長期間罪責の有無未定のまま放置されることにより」被告人が「有形無形の社会的不利益」を受けたり，「被告人または証人の記憶の減退・喪失，関係人の死亡，証拠物の滅失など……被告人の防禦権の行使に種々の障害を生ずること」の防止）が「どの程度実際に害せられているかなど諸般の情況を総合的に判断」するとした。また，「少なくとも検察官の立証がおわるまでの間に訴訟進行の措置が採られなかつた場合において，被告人側が積極的に期日指定の申立をするなど審理を促す挙に出なかつたとしても，その一事をもつて，被告人が迅速な裁判をうける権利を放棄したと推定することは許されない」と述べた。これは，被告人側の訴訟促進活動を要求するいわゆる要求法理を否定したものと理解された。

しかしその後の判例を見ると，同判決のいう「有形無形の社会的不利益」ではなく，専ら被告人の防御上の利益のみを侵害利益として取り上げたり，訴訟遅延が被告人側の訴訟活動に起因することなどを理由に，いず

UNIT 19　公判手続

れも迅速な裁判の保障には反しないとされている。

4　証拠調べ手続

(1)　証人尋問

とりわけ裁判員裁判では，被告人の供述録取書である検面調書や員面調書，被告人以外の者の検面調書等の書証ではなく，証人の取調べが重視される。鑑定書についても，裁判員裁判開始当初は，従来の鑑定書を簡易化する方策が検討されたが，実際には，鑑定人・鑑定受託者に対する証人尋問が重宝される。

　　(ⅰ)　**交互尋問**　　証人尋問は，交互尋問の方式で行われる。これは，1957（昭和 32）年の刑事訴訟規則改正で採用された（刑訴規 199 条の 2〜199 条の 13 の追加）。刑事訴訟法上は，裁判長または陪席の裁判官がまず尋問し，検察官および被告人・弁護人は，裁判官の尋問が終わった後で裁判官に告げて尋問することができると規定されるにとどまる（304 条）。これは，裁判長による尋問，裁判長に告げた上での陪席判事による尋問，裁判長の許可を受けた上での検察官および弁護人による尋問，の順番で規定していた旧刑訴法 338 条をかなりの部分で引き継いだものであった。現行法上，証拠調べ請求は，原則，当事者が行い，裁判所は「必要と認めるとき」でなければ職権証拠調べを行うことはできない（298 条）。それにもかかわらず起訴状一本主義の下で証拠を見ていない裁判官がまず尋問する以上は，尋問事項を知り得なければならない。刑事訴訟規則上，証人尋問を請求した者は，「裁判官の尋問の参考に供するため，速やかに尋問事項又は証人が証言すべき事項を記載した書面を差し出さなければならない」とされたのも（刑訴規 106 条 1 項），このような事情を考慮したものである。職権主義手続の下で育った裁判官が当事者主義的証人尋問に馴染むに伴って，1957 年の規則改正で交互尋問方式が導入されたのであった。

　交互尋問方式においては，証人尋問を請求した者がまず主尋問を行う。引き続いて相手方当事者が反対尋問を行う。主尋問を行った者は，反対尋問を受けて，再度主尋問を行うことができる（刑訴規 199 条の 2 第 1 項）。反対尋問をした者が再度反対尋問を行うには，裁判長の許可が必要である（同条 2 項）。主尋問では，原則，誘導尋問は許されない。誘導尋問は，証人が以前の供述と実質

Ⅱ 冒頭手続―証拠調べ手続―最終弁論―判決宣告

的に異なる供述をした場合など，例外的に許されるにとどまる（刑訴規199条の3第3項）。記憶喚起のためには，書面や物を提示して尋問することもできる。心覚えのメモが記載された手帳などである。しかし，供述録取書は提示できない（刑訴規199条の11）。これは，供述録取書，とりわけ捜査機関の作成した供述録取書が証人に対して不当な影響を与えることを防止するためである。

(ii) **証人資格・証言拒絶権**　公務員または公務員であった者は，公務上の秘密について，自らまたは当該公務員の属する公務所もしくはその上級の公務所が申し立てた場合，当該秘密の保持につき指揮監督・処分権限を有する監督官庁による承諾がなければ，証人として尋問されない（144条本文）。承諾を拒めるのは，国の重大な利益を害する場合のみであるが（同条ただし書），この判断権は当該監督官庁にある。この証人不適格事由は，公務上の秘密に対する押収拒絶権（103条）に対応する（UNIT 11 Ⅵ）。

また，証人は，憲法38条1項の自己負罪拒否特権に基づく証言拒絶権を有するほか（146条），憲法の直接要求するところではないものの近親者が刑事訴追を受けるおそれのある事項についても証言を拒絶することができる（147条）。また，押収拒絶権（105条）に対応して，業務上の秘密についても証言を拒絶することができる（149条）。証言を拒むには，個々の尋問ごとに，裁判所に拒む事由を示して証言拒絶権の行使を申し立てなければならない（刑訴規122条）。

(iii) **証人の出頭確保**　裁判所は証人を召喚することができ，正当な理由がなく出頭しない場合には，過料や罰金等に処し（150条・151条），また，召喚に応じない場合には勾引することができる（152条）。さらに，2016（平成28）年の刑訴法改正で，召喚に応じないおそれがある場合にも，召喚手続を経ることとなしに，勾引することができるようになった（152条の改正。それに伴い，143条の2も新設された）。これは，勾引の要件を緩和して後述（6(2)）の被告人の勾引の場合と平仄を合わせ，公判期日の空転，またそこまででなくとも円滑な審理が妨げられるのと防ぐためである。

POINT 3　刑事免責

　ロッキード事件に関し，アメリカ在住の証人に対して東京地検検事正，検事総長および最高裁がそれぞれ，証言およびその結果として入手されるあらゆる情報を理由として公訴を提起しない旨を宣明し，それに基づいて

UNIT 19 公判手続

アメリカの司法機関によって取得された嘱託尋問調書につき，最高裁はその証拠能力を否定した（最大判平成7・2・22刑集49巻2号1頁〔百選66事件〕〔ロッキード事件〕）。その理由は，刑事免責制度は，憲法上その導入を否定されてはいないが，「自己負罪拒否特権に基づく証言拒否権の行使により犯罪事実の立証に必要な供述を獲得することができないという事態に対処するため，共犯等の関係にある者のうちの一部の者に対して刑事免責を付与することによって自己負罪拒否特権を失わせて供述を強制し，その供述を他の者の有罪を立証する証拠としようとする……合目的的な制度として機能する反面，犯罪に関係のある者の利害に直接関係し，刑事手続上重要な事項に影響を及ぼす制度であるところからすれば，これを採用するかどうかは，これを必要とする事情の有無，公正な刑事手続の観点からの当否，国民の法感情からみて公正感に合致するかどうかなどの事情を慎重に考慮して決定されるべきものであり，これを採用するのであれば，その対象範囲，手続要件，効果等を明文をもって規定すべきものと解される」というものであった。これに対する立法上の回答が2016（平成28）年の刑訴法改正である（UNIT 2Ⅳ2(2)）。

　検察官が証人尋問を請求するに当たって，「自己が刑事訴追を受け，又は有罪判決を受ける虞」（146条）のある事項についての尋問を予定している場合で必要と認めるとき，または証人尋問において証人が上記の自己負罪のおそれから証言を拒んだ場合で必要があるときは，裁判所に対して，①尋問に応じてした供述およびこの供述に基づいて収集された証拠を，証人の刑事事件で被告人である証人の不利益な証拠とすることはできないこと，および②証人として自己負罪拒否特権の行使ができないことを条件に，証人尋問を行うことを請求する。①の当該供述に基づいて収集された証拠も含むということは，派生証拠も証拠とすることはできないということである（派生使用免責）。裁判所は，尋問事項に自己負罪事項が含まれないと明らかに認められる場合を除いて，免責決定を行う（157条の2。また，証人尋問開始後の免責決定については157条の3参照）。この制度は，証人の意思とは無関係に証言を強制するものである。証人（および証人の弁護人）との事前協議は前提とならない。弁護人の関与は必要的でない。また，協議・合意制度（UNIT 2Ⅳ2(1)・UNIT 14Ⅲ1 *POINT 2*）のような犯罪の種類による

Ⅱ　冒頭手続─証拠調べ手続─最終弁論─判決宣告

対象事件の限定はない。したがって裁判員裁判事件にも適用できる。第1回公判期日前の証人尋問にも準用される（228条1項）。

　刑事免責制度は，証言を強制した場合におよそ起訴をしないという行為免責（transactional immunity）と，証言を強制して得た供述を証人の不利益には使わないという使用免責（use and derivative use immunity）に大別される。行為免責は，証言の内容にかかわりなく不起訴という利益を得るものであるから，虚偽の供述をするおそれがあり，証言の任意性に問題があるとされてきた。今回採用されたのは使用免責である。真実の供述をすればするほど，免責される範囲が広がるのであるから，任意性に問題がないとされる（UNIT 23 Ⅰ 2(1)・UNIT 27Ⅳ参照）。

(2)　書面・証拠物・証拠物たる書面の取調べ

　書面の取調べ方法は朗読（305条），証拠物の取調べ方法は展示（306条），書面と文書との両面を有する証拠物たる書面の取調べ方法は朗読と展示（307条）である（朗読に代えて要旨の告知で済ますことができる。規則203条の2）。その他のものは，その種類・性質に応じた適切な方法による（最決昭和35・3・24刑集14巻4号462頁）。したがって，ビデオ等は，展示の上で再生されることになる。

　裁判員裁判において，証拠能力の判断権は，裁判所が有する（裁判員6条2項）。しかし，公判廷で被告人の供述証拠や参考人の検面調書の証拠能力が争われた場合，一旦証拠能力が認められると，証拠能力の要件としての任意性や特信性はその証明力の判断に密接に結び付く。そのため，実務上，それらの訴訟法上の事実についての取調べに裁判員も立ち会っている（裁判員60条）。

(3)　職権証拠調べ・釈明義務

　裁判所の職権による証拠調べは，規定上，「できる」とされており，裁判所の義務ではない（298条2項）。しかし，最高裁は，裁判所には職権で証拠調べをしなければならない義務や公判維持のために検察官に立証を促す（刑訴規208条の求釈明）義務は原則としてないとしながらも，例外的に，「被告事件と被告人の共犯者又は必要的共犯の関係に立つ他の共同被告人に対する事件とがしばしば併合又は分離されながら同一裁判所の審理を受けた上，他の事件につき有罪の判決を言い渡され，その有罪判決の証拠となつた判示多数の供述調書

UNIT 19　公判手続

が他の被告事件の証拠として提出されたが，検察官の不注意によつて被告事件に対してはこれを証拠として提出することを遺脱したことが明白なような場合には，裁判所は少くとも検察官に対しその提出を促がす義務あるものと解するを相当とする」とした（最判昭和33・2・13刑集12巻2号218頁〔百選A26事件〕）。これは，当事者主義に基づく取調べが原則であって，裁判所が後見的立場から検察官の立証活動に対して加える職権主義的修正は例外であることを宣言したものである。同時に，「少くとも」と述べるのであるから，促す義務だけでなく，職権証拠調べを行う義務の存在も否定するものではないといえよう。ただ，判決に影響を及ぼすことが明らかなような，要証事実に関する重要な証拠の存在が十分うかがわれる場合であっても，不注意で遺脱したことが明白な場合を超えて，検察官が意識的に証拠調べを請求しない場合にまで，裁判所にそのような義務を認めるべきかは，議論のあるところであろう。

　他方，被告人側に対して裁判所が後見的役割を果たす方向での権限行使は，広く認められてきた。しかし，最判平成21・10・16 刑集63巻8号937頁〔百選〔9版〕60事件〕は，「刑事裁判においては，関係者，取り分け被告人の権利保護を全うしつつ，事案の真相を解明することが求められるが，平成16年に刑訴法の一部改正が行われ，刑事裁判の充実・迅速化を図るべく，公判前整理手続等（……），連日的開廷の原則（……）が法定され，刑訴規則にも，証拠の厳選（刑訴規則189条の2）が定められて，合理的期間内に充実した審理を終えることもこれまで以上に強く求められている」のであって，「当事者主義（当事者追行主義）を前提とする以上，当事者が争点とし，あるいは主張，立証しようとする内容を踏まえて，事案の真相の解明に必要な立証が的確になされるようにする必要がある」と述べて，強制わいせつ致死等の犯行場所について検察官主張に沿った認定ができる証拠の存在する可能性がある場合であっても，裁判所には釈明を求める義務はないとした。公判前整理手続の要請等は検察官ばかりでなく被告人側に対しても同様に働く。被告人側に対する釈明義務さらには職権証拠調べ義務の在り方についても再考することが求められよう。

■■■ *POINT 4*　被告人の証人適格 ■■

　現行法上，被告人に対しては証人尋問はできず，被告人質問ができるのみである（311条）。

Ⅱ　冒頭手続─証拠調べ手続─最終弁論─判決宣告

　被告人の証人適格については，①被告人が証人となった場合の規定がな
く，むしろ被告人質問の制度があること，②被告人には終始沈黙し，しゃ
べりたくないことはしゃべらなくてよいという包括的黙秘権（同条1項）
が認められていることから，否定されてきた。その結果，被告人は，一方
でうそを言いたい放題であり，他方で真実を話しても宣誓の上で偽証罪の
適用の下でした供述ではないから信用性の担保がない，と批判される面を
持つ。2011（平成23）年に設置された法制審議会・新時代の刑事司法制度
特別部会でもこの問題が取り上げられた。被告人または弁護人からの請求
があるときは被告人を証人として尋問することができ，その際には包括的
黙秘権の規定は適用しない，という案が一旦は出されたが，最終報告書で
は，「引き続き検討を行うことが考えられるであろう」とされるにとどま
った。

5　弁論の分離・併合

⑴　主観的併合と客観的併合

　313条の弁論の分離・併合とは，国法上同一の裁判所に係属する審理手続の
分離・併合である。国法上異なる裁判所に係属する事件に関する審判の分離・
併合（4条・5条・7条・8条）とは異なる。弁論の分離・併合は，検察官や被告
人の請求によりまたは職権で行う，裁判所の合目的的な裁量行為である。ただ
し，被告人の防御がお互いに相反する等の事由があって，被告人の権利を保護
するため必要があると認めた場合には，弁論の分離が必要的となる（313条2
項，刑訴規210条）。

　　⑴　**主観的併合**　　複数の被告人が共犯関係にある場合などに被告人を一
緒に裁判しようとすることを主観的併合という。メリットとして，①同じ証拠
が使えることにより合一確定が可能となる，②被告人間の量刑のバランスがと
れる，③証拠調べの重複を回避でき訴訟経済にかない，迅速な裁判に役立つ，
④証人，とりわけ被害者が何度も法廷に出頭する必要がなく負担軽減につなが
り（ビデオリンクを使っても，補充質問が必要になればやはり証人として出廷しなけれ
ばならない），被害者の意見陳述なども1回で済む，⑤仮に同一の裁判官が共犯

303

UNIT 19　公判手続

関係にある被告人を別々に審理した場合，後に審理する被告人との関係では予断の問題が生じる，といった点が挙げられる。デメリットとしては，⑥被告人の1人が自白し相被告人が否認するなど防御方針が対立する場合はもとより，一方の被告人の住居が遠隔地で公判期日への出頭が困難な場合など，共犯関係だからといって利害が一致するわけではなく，被告人の権利が害される，⑦とりわけ被告人に不利な供述をする相被告人に対して，被告人質問しかできず，反対尋問を行えない，⑧被告人の数が多すぎると訴訟遅延の原因となる，などが挙げられる。他方，⑨公判を分離した場合には，被告人としては反対尋問ができるが，証人となった相被告人としては，弁護人なしで供述しなければならないというデメリットがある。

　また，分離と併合を繰り返す場合も存在した。その場合，被告人と相被告人の証拠を共通にするために手続が煩瑣となる。しかも一旦証人として供述し，その後再度併合されると，証人としての供述を記録した公判調書が，同意しなくとも322条1項により証拠採用されかねない。かつて，「立てば証人座れば被告人」（東京高判昭和29・9・7高刑集7巻8号1286頁）といわれた状況が生じることになる。そこで，「仮の分離」は許されず，「真の分離」（別の裁判官による永続的分離）でなければならない，「仮の分離」のときは証言拒絶権ではなく包括的黙秘権を与えねばならない，などと主張された。実務からは，相被告人の権利保護の観点から，できるだけ被告人の地位にとどめたままで供述を得るべきであり，実際にも被告人が黙秘権を行使する場合は少ないため（黙秘権を行使すると供述の信用性が低くなってしまう），原則として併合のままで被告人質問をし，黙秘権を行使した例外的な場合に限って分離して証人尋問を行う，などと主張された。

　(ii)　**客観的併合**　　1人の被告人に対して幾つもの裁判が起こされた場合に，それらをまとめて裁判することを客観的併合という。メリットとしては，①手続が節約されること，②併合罪が分離されると，いわゆる一般情状や一部の行為属性（犯行動機，共犯関係等）がいわば二重評価されることになって，併合審理された場合よりも量刑が不利になることがあり，併合された方が量刑上被告人に有利なことが多いこと（いわゆる併合の利益）が挙げられる。その一方で，③追起訴によって併合審理が増えると公判が長期化するというデメリットも指摘されてきた。

Ⅱ　冒頭手続―証拠調べ手続―最終弁論―判決宣告

(2)　裁判員制度と審判の分離・併合

　各被告人によって証拠関係が異なる場合，素人である裁判員に，それぞれの被告人の関係で取り調べられた証拠のみに基づいて，別々の判断を下すことを求めるのは酷である。法は，裁判員裁判対象事件と非対象事件との併合を，「適当と認められるものについては」可能にしている（裁判員4条）。しかし，各被告人が，量刑事情が異なるだけで，事実関係を認めているようなケースや，否認していても証拠に対する意見が実質的に共通しているケース以外，主観的併合を認めることは難しい。313条がそのまま適用される裁判員裁判対象事件同士の併合の場合も同様である。ましてや審理途中で分離することは相当でなく，公判前整理手続の段階で最初から併合審理するのか否かを判断しなければならない。

　客観的併合についても，従来のように，一挙に起訴できない場合には順次捜査を遂げて追起訴して併合する，というわけにはいかない。しかし，実務上，併合罪における併合の利益も無視できない。

(3)　区分審理・部分判決制度

　裁判員法では，同一の被告人に対して複数の事件が起訴されてその併合審理が長期に及ぶなどする場合に，裁判員の負担を軽減しながらも，刑の量定を含めて適正な結論が得られるようにするため，次のような部分判決・区分審理の制度が設けられた（裁判員71条〜89条。憲法の保障する公平な裁判を受ける権利に違反しないことは，最判平成27・3・10刑集69巻2号219頁で確認された）。公判前整理手続で，併合された事件全体について区分審理を行うことにした場合には，区分審理決定を行う。同決定において，先行して審理する事件について順次裁判員を選任し，その裁判員はその事件についてそれぞれ有罪・無罪の部分判決を下す。最後に，併合事件全体についての裁判をする裁判員が選任され，その裁判員は，自分たちが担当する事件を審理し，また別の裁判体が部分判決を宣告した事件の情状を含めて，併合事件全体について刑の量定を行う，という制度である。ただし，犯罪の証明に支障を生じるおそれや被告人の防御に不利益を生じるおそれがあるなど相当でない場合には，区分審理を行うことはできない（71条1項ただし書）。

　区分審理決定がなされた判決人員は，次表のとおり非常に少ない。事件相互間に一括審理を必要とするような関連がない場合に例外的な扱いとして実施さ

UNIT 19　公判手続

れているようである（最高裁判所事務総局「裁判員裁判実施状況の検証報告書」〔平成24年12月〕28頁）。

図表 19-1

判決人員	2013年	2014年	2015年	2016年	2017年
区分審理決定あり	18	9	12	11	13
区分審理決定なし	1,369	1,193	1,170	1,093	953

（各年の最高裁判所事務総局「裁判員制度の実施状況等に関する資料」による）

6　被告人・弁護人の出頭

(1)　公判手続の停止——被告人の訴訟能力

　被告人が心神喪失の状態にあったり病気のため出頭ができないとき，また犯罪の存否の証明に欠くことのできない証人が病気のため出頭できないときは，当事者の意見を聴いた上で，原則として公判手続が停止される（314条）。さらに判例上，訴訟能力の回復が見込めず，公判再開の可能性がない場合には，公判手続の停止にとどまらず，公訴棄却で訴訟を打ち切ることが認められている（最判平成28・12・19刑集70巻8号865頁）。被告人が心神喪失の状態にある場合には，被告人に訴訟能力がない。ここにいう心神喪失とは，「被告人としての重要な利害を弁別し，それに従って相当な防御をすることのできる能力を欠く状態」である（最決平成7・2・28刑集49巻2号481頁〔百選51事件〕）。重要な利害を弁別する，相当な防御をする，といっても，訴訟という場でそれを行うには，黙秘権の内容などの抽象的概念の理解が不可欠である。しかし，「抽象的，構造的，仮定的な事柄について理解したり意思疎通を図ることが極めて困難」であっても，手話通訳を介して，自己の利益を防御するために相当に的確な状況判断をし，各訴訟行為の内容についてもおおむね正確に伝達を受けられ，自ら決めた防御方針に沿った供述ないし対応ができ，黙秘権の趣旨も相当程度伝わるのであれば，訴訟能力が欠けるわけではない（最判平成10・3・12刑集52巻2号17頁）。

　なお，訴訟能力があるからといって，個々の訴訟行為を行う能力があることにはならない（控訴の取下げにつき，最決平成7・6・28刑集49巻6号785頁）。

Ⅱ　冒頭手続―証拠調べ手続―最終弁論―判決宣告

(2)　被告人の出頭確保――勾留・保釈

(i)　**勾留等**　　被告人の出頭確保のための制度が，召喚，勾引および勾留である。いずれも裁判所の職権で認められるものであり，令状をもって行う（62条）。勾引状と勾留状は憲法33条の要請である。したがって，「理由となつてゐる犯罪を明示する」必要があるから，公訴事実の要旨の記載は不可欠である（64条）。住所不定の場合のほか，被告人が正当な理由なく召喚に応じないまたは応じないおそれがあるときには，勾引することができる（58条）。勾引した被告人の留置は，裁判所に引致した時から24時間以内で許される（59条）。勾引状の執行は，検察官の指揮により，検察事務官または司法警察職員が行う（70条）。必要があれば，刑事施設に留置することができる（75条）。

　勾留の期間は，最初が2か月であり，1か月ごとの更新が可能である。ただし，後述の権利保釈の除外事由の一部が認められる場合を除いて，更新は1回に限られる（60条2項）。勾留の要件は，被疑者勾留の場合と同様である（60条1項。UNIT　6Ⅲ2(1)）。したがって，出頭確保のためばかりでなく，罪証隠滅を防止するためにも認められる。しかし，起訴されて被告人となったということは，起訴するだけの証拠が収集されているはずである。そのことを前提に罪証隠滅の現実的可能性を考えなければならない。また，証拠調べが進めば一般に隠滅され得る証拠は減少する。公判前整理手続を経た事件では，同手続で整理された争点に関する証拠との関係で隠滅のおそれの有無を判断しなければならない。

　勾留するか否かは受訴裁判所（第1回公判期日までは裁判官〔280条1項〕。UNIT　15Ⅱ2(2)）の職権判断による。当事者の申立ては不要である（60条1項）。身柄拘束されている被疑者が起訴された場合には，208条1項の「公訴を提起しないときは……釈放しなければならない」の反対解釈として，被疑者の勾留が被告人勾留に引き継がれる。被疑者が在宅起訴された場合で検察官が被告人の身柄拘束を必要と考えた場合，起訴状に「求令状」と記載され，これを求令状起訴という。被疑者を逮捕中に起訴し勾留が必要だと考えた場合は，逮捕中求令状という。逮捕・被疑者勾留事実と別の公訴事実で起訴された場合，前者の事実で勾留されていても後者の事実について裁判所の職権判断がなければ被告人勾留されず，これを勾留中求令状という。以上の求令状起訴はいずれも裁判所の職権発動を促す意味を持つにすぎない。

UNIT 19　公判手続

被告人勾留においては，取調べは制限され（UNIT 8Ⅶ），弁護人との接見も制限されない（UNIT 10Ⅳ）。

(ii)　**保釈**　　被疑者勾留の場合と異なり，被告人勾留には，被告人・弁護人等の請求により保釈が認められる（88条）。これを権利保釈という。保釈とは，被告人に保釈保証金を納付させることにより，出頭を確保する制度である（住居制限等の条件を付すことができる。93条3項）。保釈が取り消された場合には，保釈保証金が没取され得る（96条）。保釈は被告人の権利である。しかし，いくら保証金を積んでも逃亡のおそれや罪証隠滅のおそれがある場合には保釈が認められない。起訴された犯罪の法定刑が重い場合，前科があって有罪になると重く処罰される可能性がある場合，常習犯の場合である。また，氏名や住居が不詳・不定で出頭確保ができない場合のほか，罪証を隠滅するおそれや証人等に害を加えたり畏怖させるおそれが認められる場合にも保釈が認められない（89条）。

権利保釈が認められない場合であっても，裁判所の裁量による保釈が認められ得る（90条）。2016（平成28）年の刑訴法改正は，この裁量保釈に当たって考慮すべき事情として，「保釈された場合に被告人が逃亡し又は罪証を隠滅するおそれの程度のほか，身体の拘束の継続により被告人が受ける健康上，経済上，社会生活上又は防御の準備上の不利益の程度その他の事情」と明記し，従来の運用を確認した。判例は，裁量保釈の審査に当たって，勾留犯罪事案の内容や性質，被告人の経歴，行状，性格等の事情をも考察することが必要であり，そのための一資料として，勾留状の発せられていない事実をも考慮することも許される，とする（最決昭和44・7・14刑集23巻8号1057頁〔百選A28事件〕）。勾留犯罪でない事実を独立に考慮することまでも認めるものではなく，事件単位の原則に反するわけではない。裁量保釈に対する抗告審は，受訴裁判所の判断が，委ねられた裁量の範囲を逸脱して不合理であることを具体的に示さなければ，これを覆すことはできない（最決平成26・11・18刑集68巻9号1020頁〔百選A54事件〕）。なお，近年，公判前整理手続が導入されて以降，裁量保釈が以前よりは緩やかに認められるようになっている。

(3)　被告人の不出頭

被告人は，軽微事件を除いて，原則として第一審の公判期日に出頭しなければならない（286条）。出頭しなければ開廷できない場合であっても，被告人が

Ⅱ　冒頭手続―証拠調べ手続―最終弁論―判決宣告

正当な理由なく出頭を拒否し，引致を著しく困難にしたときは，被告人の出頭なしで公判手続を行うことができる（286条の2）。これは，集団事件で公判期日への出頭を拒否する事態が生じたため，1953（昭和28）年の改正で認められたものである。この場合は，被告人が出頭の権利を放棄したと解釈することができる。在廷する被告人が暴れるなどした場合にも，裁判長は，被告人の身柄を拘束したり看守者を付けたり（287条），退廷させることができる（288条）。退廷させられたときは，被告人の陳述を聴かないで判決をすることができる（341条）。この場合，被告人が反対尋問権や責問権を放棄しているとはいえない。公判手続の円滑な進行という利益が被告人の権利に優越すると考えるべきであろう（最決昭和53・6・28刑集32巻4号724頁〔百選〔9版〕A38事件〕参照）。

(4)　弁護人の不出頭

任意的弁護事件において，弁護人の出頭・在廷は，被告人の権利である。権利である以上，被告人がそれを放棄しているといえれば，弁護人の立会いがなくても審理判決ができるはずである。被告人が法廷闘争の名の下に，国選弁護人を誹謗・罵倒するなどしたためその裁判所が国選弁護人を解任した後，被告人からの国選弁護人の再選任要求に応じず，弁護人の立会いなしに審理判決がなされた事案につき，最高裁は，「訴訟法上の権利は誠実にこれを行使し濫用してはならないものであることは刑事訴訟規則1条2項の明定するところであり，被告人がその権利を濫用するときは，それが憲法に規定されている権利を行使する形をとるものであつても，その効力を認めないことができる」とする（最判昭和54・7・24刑集33巻5号416頁〔百選A29事件〕）。

これに対して，「死刑又は無期若しくは長期3年を超える懲役若しくは禁錮にあたる事件」である必要的弁護事件および公判前整理手続・期日間整理手続に付された事件を審理する場合，弁護人なしで開廷することはできない（289条・316条の29）。これらの場合に弁護人の立会いが要求されるのは，被告人の権利であると同時に，公判審理の公正を確保する，あるいは公判前整理手続・期日間整理手続における十分な争点や証拠の整理を裁判で現実のものとするという利益に基づくものである。しかし，弁護人が，被告人に法廷闘争に同調するよう恫喝されたり，むしろ同調した結果，出頭しなかったり，退廷したり，退廷命令を受けた場合には，被告人が弁護を受ける権利を放棄していると考えることができる。同時に，そのような弁護人がいても実効ある弁護活動は期待

UNIT 19 公判手続

できない。1970年代のいわゆる「荒れる法廷」の下，1978年に弁護人抜き裁判を認める法案が国会に上程されたが，法曹三者の協議が成立し，廃案となった。しかしその後，最高裁は，必要的弁護事件につき，「裁判所が弁護人出頭確保のための方策を尽したにもかかわらず，被告人が，弁護人の公判期日への出頭を妨げるなど，弁護人が在廷しての公判審理ができない事態を生じさせ，かつ，その事態を解消することが極めて困難な場合には，当該公判期日については」，弁護人の立会いのないまま審理することができるとしている（最決平成7・3・27刑集49巻3号525頁〔百選52事件〕）。これは，本件原審のいう341条の類推適用ではなく，289条1項自体に内在的制約があることを認めたものである。

2004（平成16）年の刑訴法改正は，裁判員制度の導入に伴い，裁判の充実・迅速化を図るため，弁護人の出頭・在廷に対する間接強制規定を新設した（278条の2）。過料の制裁（同条3項）が憲法31条・37条3項に反しないことは，最高裁によって確認された（最決平成27・5・18刑集69巻4号573頁）。また，289条2項の「弁護人がなければ開廷することができない場合において，弁護人が出頭しないとき，又は弁護人がないときは，裁判長は，職権で弁護人を附しなければならない」とされていた規定に，「在廷しなくなったとき」を追加すると共に，3項を追加して，「出頭しないおそれがあるとき」にも裁判所が弁護人を選任できることとされた。公判前整理手続・期日間整理手続でも同様である（316条の8・316条の28）。

7 証人・被害者の保護

証人は，公判廷に出頭し，宣誓の上，偽証罪の適用の下，証言するのが原則である。これは，真実の証言を担保するものである。しかし，危害を加えられることを恐れたり，精神的ストレスから，証人としての出頭を確保しにくい場合や，出頭しても真実の証言が得にくい場合が存在する。他方，証人も1人の人間としての権利（例えば，身体の安全や精神の平穏）が保護されなければならない。このことは，とりわけ被害者が証人となる場合に当てはまる。さらに，被害者の視点から訴訟を見たとき，被害者を単に証拠方法としての地位にとどめておいてよいのかも，問題となる。

Ⅱ　冒頭手続─証拠調べ手続─最終弁論─判決宣告

(1) 以　前

現行法上，当初から存在した証人保護のための定めは，審判の公開の禁止（憲 82 条 2 項，裁 70 条），裁判所外および公判期日外の証人尋問（158 条・159 条・281 条），傍聴人の退廷（刑訴規 202 条）である。被害者等に対して加害等のおそれがある場合における保釈制限（89 条 5 号・96 条 1 項 4 号）も，間接的ながら証人保護の規定に含めることができよう。昭和 33 年の改正で認められたのが，証人威迫罪（刑 105 条の 2）の新設と並んで新設された刑訴 281 条の 2 および 304 条の 2 である。いわゆるお礼参りを恐れて十分な供述ができないと認められる場合に，弁護人の立会いを条件に被告人を退席・退廷させ，供述が済んだ後で被告人に証言の要旨を告げ，証人に対して被告人に尋問をする機会を与える，という制度である。被告人の退廷は，旧刑訴にあった規定（339 条）を引き継いだものである。これらは憲法 37 条 2 項の証人審問権には抵触しないというのが判例である（最大判昭和 25・3・15 刑集 4 巻 3 号 355 頁〔旧法事件〕，最判昭和 35・6・10 刑集 14 巻 7 号 973 頁）。また，同年，証人となって加害を受けた場合の療養費等の給付制度も設けられた（証人等の被害についての給付に関する法律）。

(2) 組織犯罪対策三法と被害者保護二法

その後，証人・被害者の保護という観点からの立法の動きは停滞する。動いたのは 1999 年からである。

(i) 組織犯罪対策三法　暴力団構成員による事件のような組織的犯罪では，参考人・証人が自身や家族に対する報復を恐れて出頭を渋り，出頭・供述の確保に相当の困難を伴う場合がある。1999（平成 11）年の改正で（いわゆる組織犯罪対策三法のうちの刑訴法改正），証人，鑑定，通訳人や翻訳人，またそれらの者の親族に対して，身体や財産に害を加えたりこれらの者を畏怖させたり困惑させるおそれがある場合には，証人等の住居や勤務地等が特定される事項についての尋問を制限したり（295 条 2 項），請求証拠開示に当たっても，相手方に対して，それらの事項が被告人を含む関係者等に知られないようにすることやその他の安全のための配慮を求めることができるとされた（299 条の 2）。前者の措置は，改正前であっても，「その他相当でないとき」（現 295 条 1 項。改正前の295 条）として裁判長の訴訟指揮権に基づいて尋問制限が行われてきたし，後者の措置も実務上必要に応じて行われてきたが，法律に明記することにより，

UNIT 19　公判手続

裁判官，検察官，弁護人の注意を喚起し，また証人等に安心感を与えることを狙ったものである。

(ii)　**被害者保護二法**　翌 2000（平成 12）年には，証人，特に性犯罪の被害者を想定して，いわゆる被害者保護二法（刑事訴訟法及び検察審査会法の一部を改正する法律と犯罪被害者等の保護を図るための刑事手続に付随する措置に関する法律）が制定された。これによって，証人には付添人が付けられるようになった（157 条の 2〔現 157 条の 4〕）。また，証人が公開の法廷で証言することの精神的負担を軽減するために，被告人や傍聴人との遮蔽措置および別室で取調べを受けるビデオリンク方式が導入された（157 条の 3〔現 157 条の 5〕・157 条の 4〔現157 条の 6〕）。遮蔽措置やビデオリンク方式は弁護人の出頭が条件である。判例は，遮蔽措置については，「証人の姿を見ることはできないけれども，供述を聞くことはでき，自ら尋問することもでき，さらに，この措置は，弁護人が出頭している場合に限り採ることができるのであって，弁護人による証人の供述態度等の観察は妨げられない」として，ビデオリンク方式については，「被告人は，映像と音声の送受信を通じてであれ，証人の姿を見ながら供述を聞き，自ら尋問することができる」として，ビデオリンク方式と遮蔽措置の併用についても，「映像と音声の送受信を通じてであれ，被告人は，証人の供述を聞くことはでき，自ら尋問することもでき，弁護人による証人の供述態度等の観察は妨げられない」として，憲法の保障する証人審問権の侵害はないとした（最判平成 17・4・14 刑集 59 巻 3 号 259 頁〔百選 67 事件〕）。証人が同一の事実につき後に再度供述を求められると精神的負担がかかるため，ビデオリンク方式による証人尋問における供述および尋問の状況は，記録媒体に記録することができ（157 条の 4〔現 157 条の 6〕第 2 項 3 項），伝聞例外の適用がある（321 条の 2）。さらに被害者には，被害に関する心情その他の被告事件に関する意見を陳述する機会が与えられた（292 条の 2）。その他，平成 12 年の同改正によって，親告罪である強姦罪等の性犯罪についての告訴期間の撤廃，被害者の法廷傍聴，被害者等による公判記録の閲覧・謄写，被害者と被告人との民事上の争いについての刑事訴訟手続における和解が認められた。

(3)　近年の動き

2004（平成 16）年における公判前整理手続の導入に伴って，弁護人には開示された証拠の管理・保管が義務付けられると共に，被告人・弁護人等にはその

II 冒頭手続―証拠調べ手続―最終弁論―判決宣告

目的外使用が禁じられた（281条の3～281条の5）。

2007（平成19）年の刑訴法改正では，被害者参加制度が創設され，殺人，傷害等の故意の犯罪行為により人を死傷させた罪，業務上過失致死傷等の罪に係る事件等の被害者等が，刑事裁判手続に参加することが許されることになった。すなわち，裁判所が相当と認めて参加を許された被害者参加人等は，①原則として公判期日に出席すること，②被告事件についての検察官の権限行使に関し，意見を述べ，説明を受けること，③情状に関する事項についての証言の証明力を争うために証人を尋問すること，④意見の陳述（292条の2および次の⑤）に必要があると認められる場合には被告人に質問をすること，⑤証拠調べが終わった後，訴因の範囲内で，事実または法律の適用について意見を陳述すること，が認められた（316条の33～316条の39）。また，同改正法により，被害者の特定情報に対する保護も図られた。性犯罪等の被害者の氏名等については，起訴状の朗読，冒頭陳述，書証の朗読，被告人質問や論告・弁論等に際して，公開の法廷で明らかにしない旨の決定を裁判所ができることとされた（290条の2）。請求証拠開示に当たっても，被害者特定事項の開示が被害者等の名誉等を著しく害したり，被害者やその親族の身体・財産に害を加える等のおそれがあると認められる場合には，弁護人に対して，被害者特定事項を被告人等に知られないよう求めることができることとされた（299条の3）。290条の2が公開裁判を受ける権利（憲37条1項）に反しないことは最高裁によって確認されている（最決平成20・3・5判タ1266号149頁〔百選A30事件〕）。

2008（平成20）年には，被害者参加人のための国選弁護制度が導入された（犯罪被害保護5条〔現11条〕以下）。2015（平成27）年には，290条の2の決定があった事件について，裁判員選任手続においても被害者特定事項を裁判員候補者に明らかにしない等，裁判員法が改正された（裁判員33条の2）。

2016（平成28）年の刑訴法改正では（**UNIT 2Ⅳ7**(3)），ビデオリンク方式における証人尋問に際し，裁判官らの在席する場所と同一構内にない場所で証人が尋問を受けることも認められた（157条の6第2項）。これは，①証人が裁判所に出頭することに伴う精神的負担を軽減し（同項1号），②裁判所への行き帰りに証人の身体・財産に危害等が加えられることを防止（同項2号3号）するとともに，③遠隔地に居住する証人が年齢等の事情により同一構内に出頭することが困難な場合（同項4号）にも配慮したものである。ただし，③の場合の証

UNIT 19　公判手続

人尋問については，供述等を記録媒体に記録することができない（同条3項）。

　また平成28年の同改正は，299条の証拠開示や公判前整理手続における請求証拠開示に当たって，証人の身体・財産への加害行為等のおそれがある場合には，証人の氏名や住居を被告人には知らせない条件を付けたり，それでは不十分な場合には被告人・弁護人に対して氏名に代わる呼称や住居に代わる連絡先を知らせる措置を採ることができるようにした（299条の4）。訴訟記録や証拠物の閲覧に当たっても同様の条件や措置を可能にした（299条の6）。また，被害者ばかりでなく証人にも299条の3と同様のおそれがある場合，公判廷で証人の氏名等を明らかにしない措置も認められた（290条の3）。

　2000（平成12）年の刑訴法改正で告訴期間が撤廃されていた強姦罪等の性犯罪が2017（平成29）年の刑法改正で非親告罪化されたことは，前述（**UNIT 17** Ⅰ3(3)）のとおりである。

(4)　運　用

　被害者保護二法で認められた付添人等の制度等，および2007（平成19）年の刑訴法改正で認められた被害者特定事項の不開示についての運用（高裁・地裁・簡裁総数）は次のとおりである。

図表 19-2　　　　　　　　　　　　　　　　　　　　　　　　（2016年）

付添い	証人尋問の際に付添いの措置が採られた証人の数	128人
	意見陳述の際に付添いの措置が採られた被害者等の数	71人
遮へい	証人尋問の際に遮へいの措置が採られた証人の数	1,623人
	意見陳述の際に遮へいの措置が採られた被害者等の数	209人
ビデオリンク	ビデオリンク方式による証人尋問が行われた証人の数	303人
情報保護	被害者特定事項を明らかにしない旨の決定をした被害者の数	3,976人

（裁判所「犯罪被害者保護関連法に基づく諸制度の実施状況（高・地・簡裁総数）」による。数値は決定等がなされた日を基準とする）

　通常第一審事件のうち被害者参加の申出のあった事件において被害者保護の措置が採られた終局人員は次のとおりである。

II 冒頭手続—証拠調べ手続—最終弁論—判決宣告

図表 19-3

(2017 年)

	地　裁	簡　裁
参加を申し出た被害者等	1387 人	2 人
参加を許可された被害者等	1379 人	1 人
情状証人に対する反対尋問（316 条の 36）	196 人	0 人
被告人質問（316 条の 37）	558 人	0 人
心情等についての意見の陳述（292 条の 2）	1020 人	0 人
事実または法律の適用についての意見の陳述（316 条の 38）	664 人	1 人

(平成 29 年度司法統計による)

8 判　決

　判決は宣告によって成立する。判決宣告の時点では，まだ判決書が作成されていないことも多い。宣告内容が判決書（草稿でよい）の内容と異なる場合，宣告内容が判決となる。上訴の申立てがない場合には，公判調書の末尾に判決主文，罪となるべき事実の要旨，適用した罰条を記載して，判決書に代える調書判決の制度もある（刑訴規 219 条）。

　合議体の意見は，過半数の意見による（裁 77 条 1 項）。量刑判断や既遂・未遂の判断等について意見が 3 説以上に分かれ，いずれも過半数に満たない場合には，「過半数になるまで被告人に最も不利な意見の数を順次利益な意見の数に加え，その中で最も利益な意見」が合議体の意見となる（同条 2 項）。例外として，裁判員裁判においては，裁判官と裁判員の双方の意見を含む合議体の員数の過半数の意見による（裁判員 67 条 1 項）。したがって，過半数の意見には，必ず裁判官が 1 人は加わっていなければならない。すなわち，裁判員だけで有罪にしたり無罪にすることはできない。また，裁判官 3 名，裁判員 6 名（例外的に裁判官 1 名，裁判員 4 名）であるから，裁判官だけで多数意見を構成することはできない。裁判官と裁判員の協働が不可欠である。

UNIT 19　公判手続

図表 19-4　公判手続の流れ

	裁判員裁判・非裁判員裁判 －公判前整理手続付－	非裁判員裁判 －公判前整理手続なし－	被害者等参加制度
冒頭手続	人定質問 　（裁判官） 起訴状朗読 　（検察官） 黙秘権等の告知 　（裁判官） 被告事件に関する陳述 　（被告人・弁護人）	人定質問 　（裁判官） 起訴状朗読 　（検察官） 黙秘権等の告知 　（裁判官） 被告事件に関する陳述 　（被告人・弁護人）	
証拠調べ手続	冒頭陳述（検察官） 冒頭陳述 　（被告人・弁護人） 公判前整理手続結果の顕出 証拠調べの実施 　検察官立証 　被告人・弁護人立証 被告人質問	冒頭陳述 　（検察官〔被告人・弁護人〕） 証拠決定 証拠調べの実施 　検察官立証 　被告人・弁護人立証 被告人質問	情状に関する証人尋問（316条の36） 意見陳述に必要な場合における被告人質問（316条の37） 被害に関する心情等についての意見の陳述（292条の2）
最終弁論	論告 弁論 最終陳述	論告 弁論 最終陳述	事実または法律の適用についての意見の陳述（316条の38）
判決宣告			

UNIT
20
証拠法の基本原則

Ⅰ　証拠の意義と種類
Ⅱ　証拠裁判主義（317条）
Ⅲ　自由心証主義（318条）
Ⅳ　挙証責任と推定

Ⅰ　証拠の意義と種類 ────────────────

　刑事裁判では，事実関係を確定すること（事実認定）および刑を量定すること（量刑）が，刑罰法令の適正迅速な適用実現のために重要な課題となる（1条参照）が，そのための資料を「証拠」という。そして，証拠に基づいて事実を認定する過程を規律する法の総体を「証拠法」という。このUNIT 20および21では，証拠法全般に関わる原理・原則を検討し，UNIT 22以下で，個々の証拠のうち重要なもの（違法収集証拠，自白，伝聞）について考察する。

　証拠はさまざまに分類される。例えば，以下のようなものがある。

1　人的証拠と物的証拠

　証拠を得るための強制処分の方法の差異により，人的証拠（証人，鑑定人など）と物的証拠（それ以外のもの）に分けられる。前者を取得する処分は召喚，勾引であり，後者は押収である。

2　証拠方法と証拠資料

　証拠方法とは，事実認定の素材となる人または物をいう。これには，①人証（例えば　証人，鑑定人），②書証（例えば　証拠書類），③物証（例えば　証拠物）がある（ただし，ビデオテープなどこれらに当たらないものもある）。これらは，法廷での適式な証拠調べの方式が異なる。すなわち，①は尋問（304条），②は朗読（305条，刑訴規203条の2），③は展示（306条以下）である。なお，人証は人的証拠であるが，人的証拠が人証であるとは限らない（人の身体の状態が証拠と

UNIT 20 証拠法の基本原則

なる場合は，人的証拠ではあるが，物証である。写真につき，最決昭和59・12・21刑集38巻12号3071頁〔百選89事件〕）。

証拠資料とは，この証拠方法から得られた内容をいう。具体的には，①供述証拠（事実の痕跡が言葉により表現されたもの。これは，人の知覚—記憶—表現・叙述という過程を経て法廷に到達する。例えば，証人の証言，参考人の供述），②非供述証拠（供述証拠以外の証拠）がある。供述証拠には伝聞法則の適用があるが，写真や録音テープ等がそのいずれにあたるかについては，争いがある（UNIT 25以下を参照）。なお，この区別は，1の区別に対応しない。例えば，人的証拠でも，人の身体は非供述証拠であるし，物的証拠でも，供述調書は供述証拠である。

この両者は，「証拠方法を取り調べると，証拠資料が得られる」という関係に立つ。例えば，犯行目撃者である証人，犯行に使われたとされる凶器それ自体を取り調べると，犯人や犯行態様に関する証言（目撃証言）が得られたり，犯行に使われた凶器の形状・性質などが明らかとなったりする。

3 直接証拠と間接証拠

直接証拠とは，主要事実（例えば，殺人があったこと）を直接的に証明する証拠をいう。例えば，犯行目撃者の証言，被告人の自白がこれにあたる。

間接証拠（情況証拠ともいう）とは，主要事実の存在を推認させる証拠である。例えば，被告人が被害者と口論していた旨の目撃供述，被告人が着ていた血痕の付着した服である。

4 実質証拠と補助証拠

実質証拠とは，主要事実またはその間接事実の存否を証明するために用いられる証拠をいう。例えば，犯行目撃者の証言，被告人の自白がこれである。

補助証拠とは，補助事実（実質証拠の証明力に影響を及ぼす事実）を証明する証拠をいう。証拠能力の要件を立証する証拠も補助証拠である。例えば，犯行目撃供述の信用性に関して，目撃者の視力を証明する視力診断書がこれにあたる。その種類としては，①弾劾証拠（証明力を減殺する証拠），②増強証拠（証明力を強める証拠），③回復証拠（いったん弱められた証明力を再び強める証拠）がある（328条参照）。

5 本証と反証

要証事実（立証事項）について挙証責任を負っている者が，その事実を証明するため提出する証拠を本証といい，相手方がその事実を否定するために提出する証拠を反証という。刑事訴訟では，犯罪事実の立証については原則として検察官が挙証責任を負うから（Ⅳ1参照），通常は，検察官が提出する証拠が本証であり，被告人側の提出する証拠が反証である。

Ⅱ 証拠裁判主義（317条）

1 意義・趣旨

刑事訴訟法は，「証拠」の節（第2編第3章第4節）の冒頭に，「事実の認定は，証拠による。」として，証拠裁判主義を規定している（317条）。これには，まず，証拠によらない非科学的裁判（例えば，盟神探湯）を否定するとともに，他方で，拷問を伴う自白至上主義的裁判を否定した点で歴史的な意義が認められる。

しかし，このような意味での証拠裁判主義は，近代裁判における自明の理を述べたにすぎない。むしろ，証拠裁判主義は，犯罪事実の認定は「厳格な証明」によらなければならないということを宣明した点で実定法的意義があると解される。すなわち，通説によれば，「事実」とは，犯罪事実（刑法上の犯罪成立要件を充足する事実。構成要件該当事実，違法性・責任を基礎づける事実のほか，処罰条件である事実，法律上の刑の加重事由となる事実を含む。つまり，国家刑罰権の存否および範囲を定める事実）をいい，「証拠」とは，「厳格な証明」（①証拠能力を有し，かつ，②適式な証拠調べ手続を経た証拠による証明）をいう。具体例として，被告人の自白調書を有罪認定の証拠とする場合は，①自白の任意性（322条1項・319条1項。なお，326条も参照）および②法廷での朗読（305条）が必要となる。

これに対し，①，②の双方または一方を欠く証明を「自由な証明」という（その一種として，疎明がある〔19条3項・206条1項など〕）。

UNIT 20 証拠法の基本原則

POINT 1 証拠能力と証明力

　証拠能力とは，犯罪事実の認定（厳格な証明）の資料として用いることができる資格（証拠の許容性）をいい，①自然的関連性（証拠の性質上少なくともある程度の証明力があること），②法律的関連性（伝聞法則や悪性格立証禁止の原則〔UNIT 21 Ⅱ参照〕などに従い，裁判所に誤判のおそれや予断・偏見を抱かせるおそれのない証拠であること）が認められ，かつ，③証拠禁止にあたらないこと（証拠収集手続が適正であること）が要件とされる。これに対し，①や②の用語を使わず，「関連性」を挙げる見解も有力である。①ないし③（特に①と②）は，排他的なものでなく（同時に適用される場合もある），相互の関係が明白でない場合もあり，観点の違いにすぎないとみるべきであろう（平野 192 頁以下）。

　いずれにせよ，「あるかないか（存否）」が問題となる。証拠能力のない証拠は，当事者が証拠調べ請求をすること自体は許されるが，厳格な証明を要する場合には，裁判所は証拠採用してはならない。

　なお，自然的関連性・法律的関連性は，科学的捜査により収集されたいわゆる科学的証拠の証拠能力を論ずる際に問題とされることが多い（UNIT 21 Ⅲ参照）。科学的証拠には，ポリグラフ検査（結果回答書），筆跡鑑定（書），声紋鑑定（書），毛髪鑑定（書），警察犬による臭気選別（結果報告書），DNA 型鑑定（書）などがあるが，科学の限界に留意した慎重な吟味やプライバシーの保護が要請されている。

　これに対し，証明力とは，一定の事実を推認させる証拠の実質的価値をいう。厳密には，狭義の証明力と信用性に分けられる。前者は，要証事実を実際にどの程度推認させるかであり，後者は，要証事実から一応離れて，その証拠がそれ自体としてどの程度信頼できるかが問題となる。

　証拠能力の有無は法律等で規制されており，存在するか否かのいずれかであるのに対し，証拠の証明力は原則として裁判官の自由な判断に委ねられ（自由心証主義），「100 から 0 まで幅がある」という特色がある。このように両者は本来別個の概念であるが，もともと証拠能力の制限という制度は，類型的・定型的に証明力の乏しい証拠を裁判官（英米では陪審員）の目に触れさせないようにしようとの発想に基づく。したがって，証拠能力が否定される類型の中には，類型的に証明力の乏しい証拠も含まれている

320

（ただし，常にそうとはいえない。典型例は，違法収集証拠である）。これとは逆に，証拠能力は肯定できるが類型的に証明力の乏しい証拠として，身代り犯人の自白が挙げられる。

2　厳格な証明の範囲

　問題は，犯罪事実以外の事実であっても，それに準じて厳格な証明を要するものがあるのではないか，である。例えば，量刑の資料となる事実のうち，単なる情状に関する事実（一般情状。被告人の経歴・前歴，性格，犯罪後の情況など。これに対し，犯情〔犯行の動機・方法・結果など〕は犯罪事実に属する）は，かつては，非類型的で厳格な証明に適さないことから，自由な証明で足りるとされてきた。しかし，現在のわが国の裁判実務では，厳格な証明によることがむしろ通例である（特に被告人が争っている場合）。否認事件では，少なくとも，公判手続に顕出して被告側に「争う機会」を与えるべきであるとの見解もある（「適正な証明」説）。

　また，訴訟法上の事実のうち，特に重要なものについては厳格な証明を要求する見解も有力である。例えば，訴訟能力のうち自白の任意性を基礎づける事実の有無や，親告罪における告訴の有無など訴訟条件の存否に関わる事実などについて，かつては，犯罪事実と異なるとして，自由な証明で足りるとされてきたが，現在の実務では，厳格な証明によることが多い。

　なお，裁判所に「公知の事実」など，証明を必要としない事実もある。

Ⅲ　自由心証主義（318条）─────────────

1　意義・趣旨

　証拠の証明力は，自白を除いて（319条2項3項），「裁判官」の「自由な判断」に委ねられる（318条。なお，裁判員裁判では，「裁判官及び裁判員」とされている〔裁判員62条〕）。これは，歴史的に，糺問主義の下での「法定証拠主義」を克服し，近代の刑事裁判において採用されたものである。すなわち，法定証拠

UNIT 20 証拠法の基本原則

主義には，積極的法定証拠主義（一定の証拠〔2人以上の目撃者の証言など〕があれば必ず有罪としなければならないとする考え方）と，他方で，消極的法定証拠主義（一定の証拠〔特に自白〕がなければ有罪としてはならないとする考え方。実質上は，自白必要主義といえよう）があった。しかし，前者は，裁判官の事実認定が硬直化するおそれがあるので，裁判官の理性を信頼すべきであると批判され，後者は，自白強要のための拷問を招くおそれがあるので人権保障を重視すべきであると批判されたのである。

ただし，自由心証主義にも制約（例外）がある。自白必要主義を否定したのだから自白がなくても有罪を認定できるはずであるし，逆に，自白に基づいて有罪を認定することも許されるはずである。しかし，現実の裁判実務では自白事件が多数を占めており，裁判官は自白を過度に重視するおそれがある。そこで，このような裁判官の自白偏重および捜査機関の自白強要を防止するため，自白が唯一の証拠である場合には有罪としてはならない（憲38条3項，刑訴319条2項3項）。換言すれば，自白に証拠能力があっても，自白だけで有罪とすることは許されず，補強証拠を要するのである（これを，自白の補強法則という。UNIT 23 Ⅱ 1参照）。このほか，公判調書の証明力の法定（52条）も，自由心証主義の制約といえよう。

ところで，「自由」とは，法律的拘束がないというだけで裁判官の恣意を許すわけではない。すなわち，裁判官は良心に従い「合理的」「客観的」に証拠の評価・事実の認定を行わなければならないのであって，「論理則」や「経験則」に拘束される。要は，常識的判断が必要だということである（したがって，「合理的心証主義」ともいわれる）。

■■■*POINT 2* 自白の信用性の評価および判断に関する注意則・経験則 ■■■■■■■■■■■■■■■■■■■■■■■■

この注意則・経験則は，（裁）判例上で提唱されてきているものである。例えば，最判平成12・2・7民集54巻2号255頁〔百選76事件〕〔草加事件民事上告審判決〕（殺人事件の被害者〔少女〕の両親が加害者とされる少年ら〔少年院送致決定が確定〕の親権者に対して提起した不法行為に基づく損害賠償請求訴訟において捜査機関等に対する自白に依拠して少年らを殺人等の犯人であるとした原審認定が争われた事例）は，次のように判示した。自白の「信用性の判断は，自白を裏付ける客観的証拠があるかどうか，自白と客観的証拠と

の間に整合性があるかどうかを精査し，さらには，自白がどのような経過でされたか，その過程に捜査官による誤導の介在やその他虚偽供述が混入する事情がないかどうか，自白の内容自体に不自然，不合理とすべき点はないかどうかなどを吟味し，これらを総合考慮して行うべきである」，殺人行為等に関する少年らの捜査機関等に対する自白が極めて詳細かつ具体的であり，その内容が各少年とも大筋において一致し，互いに補強し補完し合うものであっても，この「自白にはいわゆる秘密の暴露があるわけではなく，自白を裏付ける客観的証拠もほとんど見られず，かえって自白が真実を述べたものであればあってしかるべきと思われる証拠が発見されていない上，一部とはいえ捜査官の誤導による可能性の高い明らかな虚偽の部分が含まれ，しかも犯行事実の中核的な部分について変遷が見られるという幾多の問題点があるのに，漫然とその信用性を肯定した原審の判断過程には経験則に反する違法があるといわざるを得ず，その違法は原判決の結論に影響を及ぼすことが明らかである」。ここには，自白の信用性の評価および判断基準に関する注意則・経験則が示されており，総合的・直感的な判断よりも分析的・客観的な判断に親和的な判示といえよう。

2 合理的心証主義を担保するための諸制度

自由心証主義は基本的に裁判官への信頼を前提とした制度だから，その合理性を担保するための諸制度が不可欠であるとして，種々のものが議論されている。例えば，事前手段として，当事者主義的訴訟構造（裁判官が中立・公平な第三者となる），証拠能力の制限（伝聞法則など），有罪判決の場合の理由記載義務（335条）など，事後手段として，上訴・再審制度などが挙げられる。

Ⅳ 挙証責任と推定

1 挙証責任の意義・趣旨

ある要証事実について存否いずれとも判明しない場合（「真偽不明」の場合）

UNIT 20 証拠法の基本原則

に一方当事者が受けるべき不利益な地位を，挙証責任（立証責任，証明責任）という。犯罪事実については，原則として，訴追者である検察官が挙証責任を負担する。その根拠としては，「疑わしいときは被告人の利益に（in dubio pro reo)」の原則，「無罪の推定（presumption of innocence)」の原則，適正手続の保障（憲31条）などに求められる。なお，無罪推定は公判手続全体を貫く原則であり（ただし，捜査段階を含む全刑事手続で妥当するとする見解もある），利益原則は証拠法上の原則（前者の一部）と解される。被告人が有罪であるか否かが「疑わしいときは被告人の利益に」解すべきものとされ，被告人の有罪が確定するまで「無罪と推定」すべきこととなる。換言すれば，被告人が起訴事実を犯したかどうかが「不明」の場合は，検察官が有罪立証に失敗したことを意味し，裁判所は被告人に利益な判断（端的には無罪判決）を下さなければならない。

■■ *POINT 3* 「疑わしいときは被告人の利益に」の原則 ■■■■■■■■■■■■■■■■■■■■■■■■■■

(i) 条文上の根拠と判例による承認

条文上の根拠として，刑訴法336条は，「犯罪の証明がないときは，判決で無罪の言渡をしなければならない。」とする。また，憲法31条（適正手続の保障），世界人権宣言11条1項（「犯罪の訴追を受けた者は，すべて，自己の弁護に必要なすべての保障を与えられた公開の裁判において法律に従って有罪の立証があるまでは，無罪と推定される権利を有する。」），国際人権B規約14条2項（「刑事上の罪に問われているすべての者は，法律に基づいて有罪とされるまでは，無罪と推定される権利を有する。」）が挙げられる。さらに，判例上では，「刑事裁判における鉄則」（最決昭和50・5・20刑集29巻5号177頁〔百選A55事件〕〔白鳥決定〕，最決昭和57・3・16判時1038号34頁など）として承認されている。

(ii) 実質的根拠

刑罰という苛烈な措置を講ずる以上，証明は厳格でなければならない。

(a) 「二重の不正義」の回避論　真犯人を誤った無罪判決で不処罰とすると，真犯人が社会に解放される不利益が生ずるのに対し，無辜（無実の者）を誤って有罪判決で処罰すると，真犯人が社会に解放される不利益に加えて，無辜が処罰される本人の不利益が生ずる。したがって，不利益の大きさの比較からして，前者の方がまだ「まし」だから，挙証責任を検察

官に負わせる方が，後者の生じる危険が少ない，とする。

(b) **「当事者主義」からの根拠付け**　　当事者主義の下では，捜査機関（警察・検察）と被告人が対等に攻防を展開することで誤判を防止するが，両当事者間には証拠収集能力に圧倒的な差がある（捜査機関に強制処分権限，組織的対応能力，専門知識あり）。つまり，捜査機関側に証拠が偏在し，活用能力も優れているので，挙証責任は検察側に，とする考え方である。これに対しては，職権主義を採用するドイツでも「疑わしいときは被告人の利益に」原則が採用されており，当事者主義に独自のものといえない，との批判がある。

(c) **「国家対個人の格差」からの根拠付け**　　(b)説を修正し，（当事者主義ではなく）刑罰権限を発動する国家と個人との間の証拠収集能力等に差があることから根拠付けを行う。つまり，職権主義では「裁判所＋検察」対「私人」，当事者主義では「検察」対「私人」の形で，いずれにせよ差がある，という。これに対しては，私人訴追制度（イギリスなど）の下でも無罪推定原則が採用されていることの説明が困難，との批判がある。

(d) **「社会的な危険（リスク）分散」による根拠付け**　　無辜を誤って有罪判決で処罰すれば，無実の被告人に集中的に重い負担を負わせるのに対し，真犯人を誤った無罪判決で不処罰とすれば，真犯人が社会に解放されるリスクを社会全体で薄く負担することになる。つまり，裁判によって真犯人を処罰できなかった場合の負担を1人に集中的に負わせる危険を回避できるとする。1人の者にリスクを集中的に負荷させるより，「保険類似の発想」で，危険を社会に分散して負担する方が，結果的に個々人の権利が保障されるとする点に特徴がある。

2　証明の程度

証明の程度については，アメリカ法にいう「合理的な疑いを超える証明（proof beyond a reasonable doubt）」とほぼ同水準とみてよい。大陸法では，わが国の判例と基本的に同様に，「確実性に接着する高度の蓋然性」が用いられてきた。前者は，否定的評価を消去するアプローチ，後者は，積極的評価を積み

UNIT 20 証拠法の基本原則

重ねてゆくアプローチという方法論的な違いはあるが，両者は同一判断の表裏をなすものであり，判例も，「反対事実の存在の可能性を許さないほどの確実性」という表現をしている（最判昭和48・12・13判時725号104頁〔長坂町放火事件〕）ので，ほぼ同義であるとみてよい。ただ，当事者主義の訴訟構造には，前者の方が適しているであろう。

「合理的な疑い」を超える証明とは，通常人ならば誰でも，「（被告人が犯人でないかもしれないとの）疑い」を差し挟まない程度に，「真実らしいとの確信」を裁判官が得ることができる程度の証明をいう。被告人に無罪の証明（例えば，完全なアリバイ立証）を要求するのは「悪魔の証明」を求めるに等しい。刑事裁判では，「黒か黒でないか」だけが重要であり，「灰色」無罪，「真っ白」無罪などは俗的表現である。以上の正しい理解は，裁判員裁判の場合に特に重要であるが，裁判官裁判の場合も基本的には同じである（なお，民事の裁判例であるが，最判昭和50・10・24民集29巻9号1417頁〔ルンバールショック事件〕参照）。

POINT 4 情況証拠による事実認定

　　有罪認定に必要とされる「合理的な疑い」を超える証明の意義について，最決平成19・10・16刑集61巻7号677頁は，反対事実が存在する疑いを全く残さない場合をいうのではなく，健全な社会常識に照らしてその疑いに合理性がないと一般的に判断される場合には有罪認定を可能とする趣旨であり，直接証拠による事実認定の場合と異ならない，とした。また，裁判員裁判施行後の最判平成22・4・27刑集64巻3号233頁〔百選61事件〕は，「情況証拠によって認められる間接事実中に，被告人が犯人でないとしたならば合理的に説明することができない（あるいは，少なくとも説明が極めて困難である）事実関係が含まれていることを要する」とした。後者は情況証拠による事実認定につき新たな証明基準を定立したわけではないが，第三者による犯行可能性の吟味という具体的視点を明示しつつ，裁判員裁判でも有罪認定基準が緩和されることはないことを確認した点で重要であろう。

3 挙証責任論の射程

検察官は，最初から全ての事実を立証する必要はなく，構成要件該当事実を証明すれば，その違法性や有責性は事実上「推定」される。被告人は，その推定を破るため，犯罪成立阻却事由（正当防衛，心神喪失〔責任無能力〕など）を示す「一応の証拠」を提出しなければならない。これを，「証拠提出責任」，「争点形成責任」などという。いわば問題提起的な訴訟行為が被告人に要請される。

これに対し，検察官は，その不存在を，合理的な疑いを超える程度に証明しなければならない。そして，検察官がこれに成功すれば被告人に不利益な判断（有罪）を，失敗すれば被告人に利益な判断（無罪）を下すべきことになる。したがって，挙証責任が転換されるわけではない。なぜなら，挙証責任は検察官にあるからである。

例えば，証拠調べを尽くした結果，正当防衛の成否についていずれとも決しがたい場合（真偽不明の場合），裁判所はどのように判断すべきか。もとより，正当防衛について，被告人から証拠提出責任が果たされていることが前提となるが，検察官が，正当防衛の不存在について合理的な疑いを超える程度の証明ができなかったのであれば，裁判所は，正当防衛の存在を認めて，被告人に無罪判決を下すべきこととなろう。

4 実体刑法規定における例外

以上に対し，被告人が例外的に挙証責任を負うようにみえる場合がある。例えば，同時傷害罪の特例（刑207条）や名誉毀損罪の「公共の利害に関する事実」の真実性の証明の特例（刑230条の2）のほか，「人の健康に係る公害犯罪の処罰に関する法律」5条の推定規定などが挙げられている。

これについては，そもそも挙証責任の転換規定と解すべきかについて見解が対立しているが，通説は，転換規定とみつつ，厳格な解釈・運用の下でのみ合憲としている。その際の挙証責任の転換を正当化する要件としては，①基本的行為の危険性ないし可罰性，②推定の合理性または反証の容易性のほか，③被告人に課する証明責任は「証拠の優越（preponderance of evidence）」の程度で足りるとされている。

UNIT 20　証拠法の基本原則

5　訴訟法上の事実の証明

　訴訟条件の存否（例えば，親告罪における適法な告訴の存否），証拠能力の有無（例えば，違法収集証拠の違法の存否）については，原則として，主張する各当事者に挙証責任があるとされてきた。なぜなら，これらは，有罪・無罪の判断に直接影響するものではないからである。

　この点につき，例えば，自白法則における任意性の立証については留意が必要である。刑訴法319条1項は，「……その他任意にされたものでない疑のある自白は，これを証拠とすることができない」と規定している。これは，任意性が存在する旨を明確に証明できなかった場合には自白の証拠能力を否定するもの，つまり，不任意の疑いがあるだけで自白の証拠能力を否定するものと解される。なぜなら，自白は，有罪・無罪の判断に直結する価値の高い証拠だからである。したがって，任意性について真偽不明の場合は証拠能力が否定されることとなる。これは，検察官に挙証責任があることを意味する。

6　推定の意義・趣旨

　推定とは，X事実（前提事実）から，Y事実（推定事実）を推認することである。Y事実自体の立証が困難な場合に，その前提であり立証のより容易なX事実を立証することにより，Y事実の存在を推認する。

　推定には，事実上の推定と法律上の推定とがある。前者は，前提事実から被推定事実を推認することが経験則上一般に合理的な場合をいう。後者は，反証を許す推定とこれを許さない推定とがある。反証を許さないのは擬制（みなし規定）であるから，実体法要件の変更を意味する。したがって，狭義の推定は，反証を許す推定をさす。例えば，公害罪法の因果関係の推定規定（公害犯罪5条），麻薬新法の不法収益の推定規定（麻薬特14条），各種両罰規定における事業主の過失責任の推定規定などがある。

　従来，前提事実が立証されれば被推定事実の不存在の挙証責任は被告人に転換されると解されてきた。しかし，そうすると，被告人は罪を犯したからではなく訴訟のやり方が拙かったために処罰されるおそれがある（平野187頁）。さりとて，被告人が何らかの証拠を提出すれば，推定の効果を阻止しうるとすれば，推定規定を設けた意味が失われる。そこで，被推定事実の存在に合理的な

Ⅳ　挙証責任と推定

疑いをいれるだけの事実を示すことが被告人に求められると解される（田宮308頁）。

　それでは，被告人がその責任を果たさなかったとき（証拠不提出）の推定の効果はどうなるか。裁判所が被推定事実の認定を義務づけられるとする（義務的推定説）と，無罪推定と矛盾し，また，自由心証主義にも反するおそれがある（鈴木191頁など）。そこで，被告人が証拠提出責任を果たさなかったこと自体を情況証拠として，裁判所は被推定事実を認定することが許されると解すべきであろう（許容的推定説）。問題は，どのような場合に，被告人の証拠不提出を情況証拠とみてよいか，である。まず，前提事実と被推定事実との一般的な合理的関連性（密接関連性）を要する。次に，被告人が被推定事実の不存在を立証することが便宜であること（反証の提出に酷な事情がないこと）を要しよう（田口355頁など参照）。

UNIT 21

証拠の関連性

Ⅰ　証拠の証拠能力（許容性）とその要件
Ⅱ　悪性格の立証
Ⅲ　科学的証拠

Ⅰ　証拠の証拠能力（許容性）とその要件 ─────────

　UNIT 20Ⅱで扱ったように，刑訴法317条は，「事実の認定は，証拠による。」として証拠裁判主義を規定する。そして，犯罪事実を中心とする重要な事実の認定は，証拠能力があり適式な証拠調べ手続を経た証拠による証明，すなわち，「厳格な証明」を要する。

　それでは，「証拠能力がある（証拠として許容される）証拠」とは，どのようなものをさすか。例えば，(a)福祉目的の募金を装って金銭を詐取した詐欺被告事件で，被告人に詐欺の故意があることを証明するため，検察官が，「被告人はかつて同じ手口で募金詐欺をしたという前科調書」の証拠調べ請求をした場合や，(b)収賄被告事件において，被告人に賄賂の認識があったことを証明するため，検察官が，「贈収賄の現場を目撃した目撃者の供述を検察官が録取した書面」の証拠調べ請求をした場合に，弁護人が不同意の意見を述べたとすると（326条1項参照），これらを証拠とすることが許されるか。(a)では，裁判官に予断偏見を与えるおそれのある前科調書が取調べ請求されており，また，(b)では，目撃者の供述を検察官が録取して書面とした点で伝聞証拠（UNIT 24以下）という，内容の真実性・正確性について吟味を要する証拠が取調べ請求されている。

　従来，証拠能力を認めるためには，以下の段階を踏んでそれらをクリアすることが必要だと説かれてきた。すなわち，①自然的関連性があり，②法律的関連性もあり，③証拠禁止に当たらないこと，である（平野192頁以下）。このうち，①と②は，「関連性」という用語が示すように，当該証拠によって証明し

I 証拠の証拠能力（許容性）とその要件

ようとする事実の存在を推論できるような（当該証拠と事実との間の）「結び付き」を問題としている。

①自然的関連性とは，証明を要する事実（要証事実）に対して必要最小限の証明力があることをいう。例えば，占い師が占いによって「被告人は犯人だ」と述べたとしても，その内容には現代の知見からすれば被告人と犯人との同一性を証明する力は皆無である。このような証拠は取り調べてもむだだから，証拠能力が否定される。次に，②法律的関連性とは，必要最小限の証明力があるとしても，判断者の正しい証明力評価・事実認定を誤らせるような事情があれば，証拠能力が否定される。憲法・刑訴法は，証明力評価を誤らせる事情を伴う供述証拠について，自白法則（憲38条2項，刑訴319条1項。UNIT 23）と伝聞法則（憲37条2項前段，刑訴320条以下）を規定する。前者は，例えば強制により得られた自白は虚偽のおそれがあるため排除されると解すれば，法律的関連性の観点から証拠能力が否定されると説明される。また，後者は，被告人の反対尋問事実を経ない供述証拠は真実性の吟味ができないと解すれば，同様に説明される。

以上に対し，③証拠禁止は，関連性のある証拠でも，種々の利益を衡量して，その利用が適正な手続を害すると思われる場合または一定の優越的利益を守る必要があると解される場合には，証拠による事実認定を犠牲にしても，これらの点を優先して，当該証拠の使用が禁止されるとする観点をいう。例えば，捜査機関の違法な手続によって獲得された証拠の証拠能力は否定されるとする違法収集証拠排除法則（UNIT 22）は，その典型例である（このほか，とくに自白法則を違法排除説〔UNIT 22 I POINT 1〕から理解する場合も，同様である）。

■■ POINT 1　自然的関連性・法律的関連性・証拠禁止の関係 ■■■■■■■■■■■■■■■■

上述の①自然的関連性，②法律的関連性，③証拠禁止の3つは，刑法上の構成要件・違法性・責任のような体系的で排他的な要件ではない。むしろ　証拠能力を否定する理由や観点を整理したものにすぎないと考えることもできる（このことを明確に論ずるものとして，笹倉宏紀「証拠の関連性」法教364号〔2011年〕26頁以下）。とくに，①と②を厳密に区別することは困難で実益がない場合も多い。すなわち，当該証拠に法律的関連性がないということは，証明力評価の誤り・事実誤認をもたらすということであるか

331

UNIT 21　証拠の関連性

ら，それを凌駕するほどの証明力がない（自然的関連性も乏しい）ということを意味すると理解することもできよう。

　また，同じく証拠排除といっても，これら３つの制限は相互に重なり合う場合がある。例えば，自白法則について，強制・拷問・脅迫等によって得られた証拠が虚偽のおそれがあり，事実認定を誤らせる面に着目すれば，法律的関連性の観点から証拠能力を否定すべきこととなるが，同則を，被告人の黙秘権の保障のためや捜査機関による違法行為の抑止のために必要だという面に着目すれば，証拠禁止の観点から証拠能力を否定すべきこととなる。また，前述(b)で問題となっている伝聞法則も，他人（原供述者）から話を聞いた別の者がこれを公判廷で話すと事実誤認をもたらしかねないという面に着目すれば，法律的関連性の観点から証拠能力を否定すべきことになるが，被告人に対して，直接事件を目撃した原供述者を法廷に召喚し，証人として尋問する証人審問権を保障するために伝聞法則が機能する面に着目すれば，それは防御の機会を被告人に保障するという証拠禁止の観点も有しているといえよう。

Ⅱ　悪性格の立証

　被告人の犯罪事実（犯人性）を立証するために，被告人の悪性格を立証することは許されない。同様に，被告人の同種前科，起訴されていない犯罪（余罪），非行歴など類似事実の立証も許されない。なぜなら，これらの事実は，犯罪事実との自然的関連性がない（例えば，幼児期の悪戯と成人後の起訴事実との間には関連性がない）か，または，法律的関連性がない（これらに一定の証明力はあるとしても，それを適正に吟味・評価する手段がない）からである。また，これらが，裁判所に不当な予断偏見を与え判断を誤らせる危険（これが，証拠排除の主要な要素とされてきた）のほか，審理の争点が本件とそれ以外の事実との間の類似性などに広がるため長期化する危険や，相手方当事者に対する不公正な不意打ちの危険が類型的にあると捉えれば，証拠禁止の観点から問題となるともいえよう（悪性格立証につき，こうした多様な観点からの検討を行ったものとして，和歌山地決平成 13・10・10 判タ 1122 号 132 頁〔和歌山カレー毒物混入事件証拠決定〕

Ⅱ　悪性格の立証

参照)。

　それでは，前述(a)のような，犯罪の主観的要素(被告人の故意や知情など)を同種前科で立証することも許されないであろうか。また，これ以外に「例外」的に許される場合はないのであろうか。この問題は，明文上の規定がなく，刑訴法 317 条の解釈を要する。

　①判例は，犯罪の客観的要素が他の証拠によって認められるものであれば，被告人の故意などの主観的要素を立証するために類似事実で立証することも許されるとする。例えば，前述(a)のような事案で，「犯罪の客観的要素が他の証拠によつて認められる本件事案の下において，被告人の詐欺の故意の如き犯罪の主観的要素を，被告人の同種前科の内容によつて認定した原判決に所論の違法は認められない」とした(最決昭和 41・11・22 刑集 20 巻 9 号 1035 頁)。その理由は必ずしも明確ではないが，少なくとも，前回も同様の行為で処罰されていた以上は今回も違法な行為だということを主観的に認識していただろうという推論(いわば悪性格を間接事実とした推認)をしても，予断偏見などの弊害は生じないと判断して，許容したものと思われる。②関連して，犯罪の手口などの態様に際立った特徴がある場合にも，例外的に，類似事実による立証が許される場合があるとされる(松尾下 116 頁，田宮 327 頁)。③また，被告人がその善良な性格を立証した場合には，これに対する反証として，被告人の悪性格を立証することも許される(田口 369 頁)。④以上と異なり，罪責認定としての資料としてではなく，量刑資料としてであれば，これらの事実も使用できるはずであるが，刑を加重する方向では証拠能力が要求されるから，実際にはほとんど使用できないであろう。なお，量刑資料として余罪を使用してよいかには争いがあるが，判例は，「起訴されていない犯罪事実をいわゆる余罪として認定し，実質上これを処罰する趣旨で量刑の資料に考慮し，……被告人を重く処罰すること」((1)実質処罰類型としての余罪考慮)は許されないが，「刑事裁判における量刑は，被告人の性格，経歴および犯罪の動機，目的，方法等すべての事情を考慮して，裁判所が法定刑の範囲内において，適当に決定すべきものである」から，その「量刑のための一情状として，いわゆる余罪をも考慮すること」((2)情状推認類型としての余罪考慮)は必ずしも禁じられるものでなく，憲法 31 条・39 条に違反しない，としている(最大判昭和 41・7・13 刑集 20 巻 6 号 609 頁，最大判昭和 42・7・5 刑集 21 巻 6 号 748 頁。UNIT 28 Ⅱ 2 (2) *POINT 4*)。

UNIT 21　証拠の関連性

=== *POINT 2*　同種前科・類似事実による事実認定 ====================================

　最高裁（最判平成24・9・7刑集66巻9号907頁〔百選62事件〕）は，前科調書を用いて被告人と犯人との同一性を証明する場合の証拠能力について重要な判断を示した。被告人は，住居侵入・窃盗の後に当該住居を放火したとして起訴され，犯人性が争われたが，検察官は，被告人が過去に住居侵入・窃盗の後に住居を放火した事件の判決書謄本と前科関係の証拠調べを請求した。最高裁は，前科調書が証拠としての価値（自然的関連性）を有することを認めつつも，「前科，特に同種前科については，被告人の犯罪性向といった実証的根拠の乏しい人格評価につながりやすく，そのために事実認定を誤らせるおそれがあり，また，これを回避し，同種前科の証明力を合理的な推論の範囲に限定するため，当事者が前科の内容に立ち入った攻撃防御を行う必要が生じるなど，その取調べに付随して争点が拡散するおそれもある」としたうえで，「前科調書は〔それによって〕証明しようとする事実について，実証的根拠の乏しい人格評価によって誤った事実認定に至るおそれがないと認められるときに初めて証拠とすることが許される」，本件のような前科証拠による犯人性の立証については「前科に係る犯罪事実が顕著な特徴を有し，かつ，それが起訴に係る犯罪事実と相当程度類似することから，それ自体で両者の犯人が同一であることを合理的に推認させるようなものであって，初めて証拠として採用できる」とした（当該調書に証拠能力を認めた原判決破棄）。これは，証拠としての価値と弊害とを衡量して，前者が上回り，犯人との同一性を合理的に推認できる場合に限って例外的に証拠採用できるとしたもので，従来の判例や学説を継承しつつ，証拠能力（関連性）が肯定される具体的な基準を示したものといえよう。

　その後，最高裁は，類似事実による被告人と犯人との同一性の推認についても，同様の判断枠組みでその証拠能力や間接事実としての利用が制限されることを明らかにしている（最決平成25・2・20刑集67巻2号1頁。ただし，金築裁判官の補足意見は，「併合審理される類似事実については，前科についてみられる，その存在自体で人格的評価を低下させる危険性や，同判決〔注・平成24年判決〕が指摘する争点拡散のおそれは，考え難い」と述べる）。

==

<blockquote>

≡≡ POINT 3　裁判員裁判と証拠能力（許容性）≡≡≡≡≡≡≡≡≡≡≡≡≡≡≡≡≡≡≡≡≡

　　裁判員裁判では，法律の素人である一般市民（裁判員）が事実認定に関
与する。仮に裁判員が悪質・有害な証拠に職業裁判官よりも影響されやす
いとすれば，証拠の証拠能力（許容性）は，信用性評価に先立つものとし
て，従前よりも慎重な判断が求められる。例えば，人の感情を刺激しやす
い残酷な遺体写真は事実認定に悪影響を与えないかにつき，関連性の視点
から検討する必要がある。もとより，裁判員裁判の下でも証拠法の規律は
特段変更を要しないとする立場もありうる（前述の前科調書の証拠能力が争
われた事案で，原審は，「証拠の関連性についての判断は，裁判員裁判の対象事件
とそうでない事件とで，異なるところはない」としていた〔東京高判平成23・3・
29判タ1354号250頁〕）が，最高裁の判断は，裁判員裁判の下での証拠法の
あり方を示唆したものと解すべきであろう（証拠法ないし事実認定に関する
こうした最高裁の傾向は，最近顕著となっている）。

　　裁判員制度の導入を受けて，証拠法に関わる諸問題のうち，何について
どこまで独自の配慮や再検討をすべきかは，まさに今日的課題といえよう。

</blockquote>

Ⅲ　科学的証拠

1　意義と問題点

　科学技術の発展に伴って，犯罪捜査や刑事裁判で用いられる証拠も，科学の
諸分野に由来する専門的知見や技術を適用・発展させて得られるものが注目さ
れるようになった。それには，例えば，科学的捜査の知見が証拠化される場合
（鑑定書，検証調書など）や，裁判所が鑑定を命ずる等の場合がある。このよう
な科学的証拠が，事実認定（事案の真相解明）にとって重要な役割を演ずる事例
は増加しているし，今後ますます増えるであろう。しかし他方で，その誤りが
生じたときの悪影響は大きいため，慎重な扱いが必要不可欠である。すなわち，
科学技術は日進月歩であり，従来の科学技術が事後に誤りであったことが判明
することも大いに生じうる（現に生じている）からである。なお，科学的証拠の
概念は必ずしも明確ではないが，以下では，一定の事象・作用につき，通常の

UNIT 21 証拠の関連性

五官の認識を超える手段・方法を用いて認知・分析した結果（東京高判平成8・5・9高刑集49巻2号181頁）との定義を一応の前提とする。

翻って考えてみると，事実認定者は，——職業裁判官であれ裁判員であれ——当該科学分野に精通していない素人である。すなわち，科学的証拠は，内部をうかがい知ることのできないいわば「ブラック・ボックス」から出てきたものであり，しかもそれは「科学」という衣をまとっているため，事実認定者はその証拠価値や信用性を見誤るおそれがあるし，それが結論にを悪影響を及ぼし誤判を招いたときの弊害は甚大である。そこで，科学的証拠が，中身のない空疎なもの（ニセ科学）に由来する場合には，必要最低限の証明力もないとして自然的関連性を否定すべきである。次に，自然的関連性の認められる証拠でも，その作出過程がブラック・ボックスに隠されているため実質上十分な吟味・評価ができない場合，またはその証明力評価を誤らせるおそれがある場合には，そのような事情が除去されない限り，法律的関連性がないとして証拠能力を否定すべきである。そこで，とくに非供述証拠の証明力評価が困難な場合に，どのような要件の下で証拠能力を肯定することができるかが問題となる。例えば，血液型や指紋の鑑定は，科学的証拠として証明力に問題がない典型例とされてきた（もっとも，鑑定資料の採取・保管が不十分であったり他の資料と混同したりすれば，いかに鑑定が十全なものであったとしても，その鑑定結果は自然的関連性を欠く）。これに対し，証明力の実質的吟味が困難な場合には，法律的関連性を欠くこととなろう。

この点につき，アメリカでは，「一般的承認」基準（フライ基準。Frye v. U.S., 293 F. 1013〔D. C. Cir. 1923〕。科学的証拠は，①検査の基礎となる科学的原理が「当該分野の専門家」に「一般的に承認」されており，②使用された検査方法がその承認された原理に基づく妥当なものであるとの2の要件を充足しなければ関連性が認められないと解するもの）が用いられてきたところ，後に，「原理の科学的有効性」基準（ドーバート基準。Daubert v. Merrell Dow Pharmaceuticals, Inc., 509 U.S. 579〔1993〕）に変更された。つまり，科学的証拠は，その方法が単なる主観的な考えでなく「科学的に有効な知識」と判断でき，かつそれが「科学的に信頼できる方法」によって行われたものであれば関連性が認められることとなった。これによると，専門家内で少数説であっても，科学的に学説として成立している場合には証拠能力が認められる（ただし，少数説によって誤謬率が高いことが指摘されれば，

Ⅲ　科学的証拠

かつては「科学的」とされた証拠も採用されなくなる余地もあるため，フライ基準よりも緩やかとは一概に言い切れない）。これを受けて，わが国でも，前述の「ブラック・ボックス」自体に一定の「確かさ」を求めるための要件（の一部）として，①基礎にある科学的原理・法則が確かなものであり，②用いられた技術・方法がこれに適合していることを条件に関連性を肯定し，他方で，一般的承認までは不要であるとする立場が有力となっている（以上につき，宇藤ほか364頁以下〔堀江慎司〕など参照）。

2　DNA 型鑑定

DNA 型鑑定とは，人の細胞内に存在する DNA（デオキシリボ核酸）の塩基配列を検討対象として，個人識別を行う鑑定手法である。資料が微量でも，高い確率で，個人を識別できる方法として注目を集め，犯罪捜査や刑事裁判でもその使用例が増加している。下級審裁判例には，犯行現場に遺留された唾液や精液の DNA 型と被告人から採取した血液のそれとを対照した DNA 型鑑定を証拠の 1 つとして採用し，被告人を犯人と認定した事例（水戸地下妻支判平成 4・2・27 判時 1413 号 35 頁）や，捜査段階における被害者の同一性に関する DNA 型鑑定書の証拠能力を認めた事例（名古屋地判平成 6・3・16 判時 1509 号 163 頁），DNA 型鑑定書の信用性を否定して無罪を言い渡した事例（福岡高判平成 7・6・30 判時 1543 号 181 頁）などがあった。その後，最高裁も，足利幼女殺害事件（いわゆる足利事件）で，MCT118 法（科学警察研究所が 1989 年に実用化した鑑定法）による DNA 型鑑定につき，「その科学的原理が理論的正確性を有し，具体的な実施の方法も，その技術を習得した者により，科学的に信頼される方法で行われた」とした上で，「右鑑定の証拠価値については，その後の科学技術の発展により新たに解明された事項等も加味して慎重に検討されるべきであるが，なお，これを証拠として用いることが許されるとした原判断は相当である」として，その証拠能力を認めた（最決平成 12・7・17 刑集 54 巻 6 号 550 頁〔百選 63 事件〕）。

DNA 型鑑定に関しては，実施機関，鑑定資料の適正な採取・保管などが問題となる。また，事後的な再検査（追試）可能性を証拠能力の要件とする見解もある。なお，欧米諸国では，DNA 型記録のデータベース化が進んでいる（UNIT 13 注 2））が，その拡充は今日的課題であろう。

UNIT 21 証拠の関連性

■■■ POINT 4 足利事件とDNA型鑑定 ■■■■■■■■■■■■■■■■■■■■■■■■■■■

DNA型鑑定の発展は日進月歩であり，飛躍的な改良が図られている。その結果，初期段階のDNA型鑑定が誤りであることが明らかになる場合も生ずる。その典型例が，足利事件である。前述のように，最高裁は，結論として同鑑定の証拠能力を認め，被告人に無期懲役を言い渡したが，その後新たな鑑定が実施され，当時のMCT118型検査法が誤りであることが判明して，再審が開始され，再審公判で無罪判決が言い渡された（それぞれ，東京高決平成21・6・23判タ1303号90頁，宇都宮地判平成22・3・26判時2084号157頁）。これは，最高裁の判断が誤りであったことを意味するもので，DNA型鑑定については，図らずも，まさにその証拠価値を「慎重に検討」すべきこと（他の証拠による補強を要すると解すべきこと）が実証された事例といえよう。

なお，足利事件では，客観的には誤りのDNA型鑑定を，捜査機関がそれと認識することなく告知した結果，被疑者が自白したが，前出宇都宮地判平成22・3・26は，偽計による自白として任意性は否定されないと判断した。しかし，自白法則についての虚偽排除説からは，証拠能力が否定される余地があると思われる。いずれにせよ，同鑑定を前提とする取調べによる自白の証拠能力・証明力の吟味も慎重にすべきであろう。

■■■

3 ポリグラフ検査

ポリグラフ検査とは，一定の質問に対しての応答に伴う被疑者の生理的反応（脈拍，呼吸，発汗等）をポリグラフと呼ばれる機器で同時記録して分析し，被疑者の有罪意識の有無や応答の真偽を判断するものである。その手法には，被疑事件全体に関する供述の真偽を総合的に質問する「対照質問法」と，捜査官と被害者以外には犯人のみしか知らない事実の質問とその他の質問との組み合わせによる「緊張最高点質問法」がある（後者の方が，犯人でないとの判定の正確度は高いとされている）。

ポリグラフ検査結果回答書の証拠能力については，見解が分かれているが，最高裁は，これを「被検査者の供述の信用性の有無の判断資料に供することは

慎重な考慮を要する」ものの，法326条1項による同意があったときに，検査者の検査結果記載過程の真正性および検査者の検査過程からみて検査結果の信頼性があるとうかがわれる場合には，検査結果を相当と認めて証拠能力を肯定した原審を正当であるとした（最決昭和43・2・8刑集22巻2号55頁）。これは，ポリグラフ検査の科学的原理・法則の妥当性について判断せず，一定の条件の下で証拠能力を肯定したものであるが，本件では，同意に基づく証拠採用であった点にも留意を要する（原審の東京高判昭和42・7・26高刑集20巻4号471頁は，一般論として「ポリグラフ検査結果の確実性は，未だ科学的に承認されたものということはできず，その正確性に対する（第三者の）判定もまた困難であるから，軽々にこれに証拠能力を認めるのは相当でないと同時に，わが国における刑事裁判が陪審制によっていないこと，ポリグラフ器械の規格化及び検査技術の統一と向上に伴い，ポリグラフ検査結果がその検定確率の上昇を示しつつあることなどにかんがみると，一概にこれが証拠能力を否定することも相当でない」と判示したが，裁判員裁判の下でも同様に考えるべきかについては，検討を要しよう）。この場合における伝聞法則との関係は，被告人が同意しかつ相当である場合を除き，ポリグラフ検査を一種の心理的鑑定とみて，法321条4項を準用し，検査者の証人尋問を要件に証拠能力を判断することとなろう。

　これに対し，多くの学説は，捜査結果の事後検証が困難であることから，同回答書の関連性（証拠能力）には疑問があるとしている。すなわち，同回答書は，被告人の供述証拠とみるべきで，しかも被告人が争っている場合にはその証明力の事後検証は困難であるから，証拠能力を否定すべきである，という。したがって，被告人が同意しかつ相当性があればともかく，そうでなければ，捜査活動の一環としての検査にとどめるべきこととなろう（田口370頁）。

4　声紋鑑定・筆跡鑑定

　例えば，電話による脅迫事件・恐喝事件では，犯人の声を録音しておき，これと被告人の声との同一性を判別して，被告人と犯人との同一性を立証するという手法が採られることが多い。このような声紋鑑定について，裁判例の中には，「音声を高周波分析や解析装置によって紋様化し画像にしてその個人識別を行う声紋による識別方法は，その結果の確実性について未だ科学的に承認されたとまではいえないから，これに証拠能力を認めることは慎重でなければな

UNIT 21　証拠の関連性

らない」が、「他面陪審制を採らず、個別的具体的な判断に親しむわが国の制度の下では、各種器械の発達及び声紋識別技術の向上に伴い、検定件数も成績も上昇していることにかんがみれば、一概にその証拠能力を否定し去るのも相当でなく」、「その検査の実施者が必要な技術と経験を有する適格者であり、使用した器具の性能、作動も正確でその検定結果は信頼性あるものと認められるときは、その検査の経過及び結果についての忠実な報告にはその証明力の程度は別として、証拠能力を認めることを妨げない」としたものがある（東京高判昭和 55・2・1 東高刑 31 巻 2 号 5 頁。声紋鑑定に科学的合理性があるとしたものとして、東京地判平成 2・7・26 判時 1358 号 151 頁）。

　また、筆跡鑑定について、判例は、「いわゆる伝統的筆跡鑑定方法は、多分に鑑定人の経験と感〔勘〕に頼るところがあり、ことの性質上、その証明力には自ら限界があるとしても、そのことから直ちに、この鑑定方法が非科学的で、不合理であるということはできないのであって、筆跡鑑定におけるこれまでの経験の集積と、その経験によって裏付けられた判断は、鑑定人の単なる主観にすぎないもの、といえないことはもちろんである。したがって、事実審裁判所の自由心証によって、これを罪証に供すると否とは、その専権に属することがらである」としている（最決昭和 41・2・21 判時 450 号 60 頁）。これらの場合における伝聞法則との関係は、被告人が同意しかつ相当である場合を除き、法 321 条 4 項を準用して、鑑定受託者の鑑定書の作成者の証人尋問を要件に証拠能力を判断することとなろう。

　いずれも、科学的証拠の中でも、科学的原理・法則は一般的に承認され、科学的に有効な知見であるが、識別方法や技術が問題となるものといってよい。そして、判例が、証拠能力を肯定するための要件を設定しようとしている点は、自然的関連性を前提としつつ法律的関連性の吟味を加えようとするものとして、正当といえよう。ただし、（裁）判例では、証拠能力の有無と証明力の評価の検討が混在しているようにも思われる。また、（裁）判例が、関連性（証拠能力）を念頭に置き、これを肯定したものと解するとしても、証拠の証明力判断は慎重であるべきであろう（他の証拠による補強を要するといえよう）。

5　警察犬による臭気選別検査

　犯罪捜査の過程で、犯行現場に遺留されたものから犯人の体臭（原臭）を採

取し，これを指導手が警察犬に嗅がせ，一定距離離れた台の上に置いてある複数の物（被疑者〔被告人〕の体臭〔対象臭〕の付着した物と，これとは無関係な臭気〔誘惑臭〕の付着した物）の中から，原臭と同じ臭気を持つ物を選び出させる実験（臭気選別検査）を行い，被告人と犯人との同一性を立証しようとするものをいう。これにつき，最高裁は，「〔本件の〕各臭気選別は，右選別につき専門的な知識と経験を有する指導手が，臭気選別能力が優れ，選別時において体調等も良好でその能力がよく保持されている警察犬を使用して実施したものであるとともに，臭気の採取，保管の過程や臭気選別の方法に不適切な点のないことが認められるから，本件各臭気選別の結果を有罪認定の用に供しうるとした原判断は正当である」と判示した（最決昭和 62・3・3 刑集 41 巻 2 号 60 頁〔百選 65 事件〕）。この場合における伝聞法則との関係は，被告人が同意しかつ相当である場合を除き，（この事案のように）選別実験に立ち会った司法警察員らが臭気選別の経過と結果を記載したもの（結果書）であれば，実況見分調書の一種として，法 321 条 3 項の書面に準ずる。また，指導手が作成したものであれば，鑑定受託者による鑑定書の一種として，法 321 条 4 項の書面に準ずることとなろう。

　これに対し，学説上は，犬の嗅覚についての科学的解明は未だなされているとはいえず，また，選別結果の正確性・信用性を事後的に判定するのは著しく困難であること等を理由として，証拠能力を否定する見解もある。すなわち，その科学的原理・法則が科学的に確立されているとまではいえない，という。したがって，これも，捜査活動の一種にとどめるべきこととなろう（田口 371 頁）。

UNIT 22 違法収集証拠

Ⅰ　違法収集証拠と排除法則
Ⅱ　排除法則の根拠
Ⅲ　証拠排除の基準・要件
Ⅳ　先行行為の違法と証拠排除
Ⅴ　排除法則をめぐるその他の問題

Ⅰ　違法収集証拠と排除法則

　例えば，警察官Ｋが，覚せい剤事犯の多発地帯でＡを職務質問（警職２条１項）したところ，Ａの挙動が不審なため覚せい剤中毒者との疑いを持ち，Ａに対して所持品の提示を求めたが，Ａはこれを拒否した。そこで，Ｋは，Ａの承諾を得ないで上着の内ポケットに手を入れて所持品を取り出したところ，それが覚せい剤であることが判明したので，Ａを覚せい剤不法所持の現行犯人として逮捕し，覚せい剤を差し押さえた。その後，検察官Ｐは，Ａを覚せい剤取締法違反で起訴し，差し押さえた覚せい剤を証拠調べ請求した。裁判所はこれを犯罪事実を認定するための証拠として使用することができるであろうか。

　違法な収集手続によって得られた証拠（物）（以下「違法収集証拠（物）」という）の証拠能力については，憲法や刑事訴訟法に直接の明文規定がなく，これを否定するかどうか（証拠を排除するかどうか），証拠能力を否定する場合の根拠や基準（要件）は何か，などが，長らく刑事訴訟法学の重要な論争点とされてきた。違法収集証拠を証拠から排除する（証拠能力を否定する）原則を「違法収集証拠排除法則」（略して「排除法則」）という。これは，事実認定の正確性を確保するための伝聞法則などと異なり，証明力のある証拠でも，手続上の政策的理由に基づいて排除しようとする原則であり，「証拠禁止」と呼ばれる。

　かつて，最高裁は「押収物は押収手続が違法であつても物其自体の性質，形状に変異を来す筈がないから其形状等に関する証拠たる価値に変りはない」と判示し（最判昭和24・12・12集刑15号349頁の傍論），下級審も同様の立場をと

I 違法収集証拠と排除法則

っていた。学説も，証拠物については収集手続の違法は証拠価値に影響しない，手続の違法を理由に証拠排除してしまうと有罪であることが明らかな者を処罰することができず実体的真実主義に反する，違法捜査の救済は別の方法（刑事制裁，懲戒，国家賠償等）によるべきである，などとして，排除に消極的であった。しかし，学説は，その後，とりわけ適正手続（デュー・プロセス）の理念に基づくアメリカ法（特に米連邦最高裁判例）の強い影響を受けて，少なくとも収集手続に一定の重大な違法がある場合には証拠排除すべきだとする立場が有力化し，下級審裁判例の中にも，違法収集証拠の証拠能力を否定するものが現れた（大阪高判昭和 31・6・19 高刑特 3 巻 12 号 631 頁など）。この判断自体は上告審で破棄され，証拠収集手続（緊急逮捕に先行する捜索・差押え）の違法性が否定された（最大判昭和 36・6・7 刑集 15 巻 6 号 915 頁〔百選 A7 事件〕）が，この法廷意見に対しては，当該手続を違法とした上で一般論として証拠排除の可能性を認めるべき旨の異論が出され，その影響等を受けて昭和 40 年代には排除法則の考え方が下級審にもかなり浸透するようになった。こうした動向を背景として，最高裁も，1978（昭和 53）年に，違法な所持品検査により収集された覚せい剤等の証拠能力を判断する際に，「事案の真相の究明も，個人の基本的人権の保障を全うしつつ，適正な手続のもとでされなければならないものであり，ことに憲法 35 条が，憲法 33 条の場合および令状による場合を除き，住居の不可侵，捜索及び押収を受けることのない権利を保障し，これを受けて刑訴法が捜索及び押収等につき厳格な規定を設けていること，また，憲法 31 条が法の適正な手続を保障していること等にかんがみると，証拠物の押収等の手続に，憲法 35 条及びこれを受けた刑訴法 218 条 1 項等の所期する令状主義の精神を没却するような重大な違法があり，これを証拠として許容することが，将来における違法な捜査の抑制の見地からして相当でないと認められる場合においては，その証拠能力は否定されるものと解すべきである」と判示して，排除法則の採用を初めて宣言した（最判昭和 53・9・7 刑集 32 巻 6 号 1672 頁〔百選 90 事件〕「大阪天王寺覚せい剤所持事件」。以下「昭和 53 年判決」ともいう。ただし，当該事案では証拠能力を肯定した。冒頭の事例はこの事件に基づく）。

POINT 1　排除法則と自白法則

証拠収集手続の違法性がその証拠の証拠能力に影響を及ぼすか否かは，

UNIT 22　違法収集証拠

証拠物だけでなく自白についても問題となるが，自白については明文で
「任意にされたものでない疑のある自白」の証拠能力が否定されている
（刑訴319条1項，憲38条2項。自白法則）。これに対し，証拠物については
規定がないため，特に問題とされた。しかし，自白も排除法則と無縁では
ない。自白の証拠能力が制限される根拠については，虚偽排除説，人権擁
護説，違法排除説の対立があるが，前二説（合わせて任意性説とよばれる）
では，供述者の主観的な心理状態を問題とするため不任意という認定が困
難になるとされる。そこで，発想を転換して捜査官側の客観的状況に着目
し，自白採取手続に違法があれば自白を排除すべきであるとする違法排除
説が有力となった。これは，「排除法則の自白版」ともいわれる（田宮349
頁）。これに対し，判例等実務は，依然として任意性の観点を強調してい
る。

　もっとも，排除法則と自白法則との関係については，①強制・拷問など
憲法上の重大な違法による排除，刑訴法上の不任意自白の排除，排除法則
による排除が併存するとする説（総合説），②憲法・刑訴法の規定は違法収
集自白の例示列挙であり，それらと同程度のものは「任意性に疑いのあ
る」自白として排除される（この文言を「適正かつ任意にされたことに疑いの
ある」と解釈し，違法収集自白もこれに読み込める）とする説，③排除法則こ
そが一般的類概念であり（自白法則はその中に含まれる），憲法等の規定は自
白が排除される典型的場合の例示であって，それ以外にも排除法則により
排除される場合がある（違法な手続により獲得された自白など）とする説があ
る。③説における明文による自白排除も違法排除説によるのであるから，
②説と③説に実質的な違いはない。ただし，自白法則を任意性概念から解
放するという違法排除説の狙いに照らすと，直接明文にない場合も明文規
定の解釈論として論じようとする②説の方が，これに忠実な理論構成とい
えようか（以上につき，田口406頁以下など参照）。

Ⅱ 排除法則の根拠 ─────────────────────

1 理論的根拠

　理論的根拠については，次の3つが挙げられている。第1は，違法収集証拠の使用は適正手続に反しており，憲法上の基本権保障が証拠排除を予定しているとする（憲法保障説，規範説）。第2は，違法収集証拠の使用は，本来廉潔であるべき裁判所に対する国民の信頼を裏切るとする（司法の廉潔性〔無瑕性〕説）。第3は，将来の違法捜査抑止のためには違法収集証拠の排除が最善の方法であるとする（抑止効説）。ただし，これらにはそれぞれに批判がある。第1説に対しては，憲法を守るために犯人を無罪放免してしまうのは筋違いである，第2説に対しては，犯人を逃すことこそ司法に対する国民の信頼を裏切る，さらに，第3説に対しては，抑止の効力は実証されていない，というのである。

　違法収集証拠について（証明力ではなく）証拠能力を否定するためには，大きな価値の転換が必要である。具体的には，真実発見・犯人処罰から適正手続の保障への視点の転換であり，これは刑事訴訟の「目的」の変遷と密接に関連する。現行刑事訴訟（刑訴1条，憲31条参照）は，実体的真実主義によりつつ，それは人権を保障した手続の枠内でのみ実現されるべきであるという立場を採っている。そして，真実発見に優先する人権保障は適正手続を意味するので，排除法則は少なくとも適正手続の要請であると解される。つまり，排除法則は，真実発見と適正手続とが矛盾・相剋する場合には後者を優先すべきであるとの立場を具現したものといってよい。たしかに，今日では，排除法則を予防法則と捉える抑止効説が主流となっている（田宮400頁など参照）が，各根拠は必ずしも相互に排斥し合うものでないので，適正手続の保障を基本としつつ，各根拠を総合して排除法則の根拠を考えることも可能であろう（田口378頁など）。

2 判例の立場

　昭和53年判決は，上の判示に先立って，「〔違法収集証拠物の証拠能力については〕憲法及び刑訴法になんらの規定もおかれていないので，この問題は，刑訴法の解釈に委ねられている」とし，排除法則を刑訴法レベルでの原則と位置づけた。しかし，同判決は「適正手続」（特に憲35条・31条）を援用しているの

UNIT 22　違法収集証拠

で，第一次的には適正手続を根拠とし，その担保手段として排除法則を導き出したとする見解もある（田宮 402 頁）。他方で，同判決は抑止効説にも立っており，むしろそれこそが中核的根拠であるとの理解が一般的である。同判決の文言からは，排除法則を訴訟法上の原則とした上で，その適用の指針として憲法を援用したとみるのが素直であるが，令状主義の精神を実質的な基準としているのであるから，同判決が憲法論を排斥したとまではいえないであろう（田口 378 頁）。

Ⅲ　証拠排除の基準・要件

1　考え方

問題はどのような場合に証拠排除すべきかであり，現在の争点はこの問題に移っている。これに関しては，大別して 2 つの考え方がある。

第 1 は，端的に証拠収集手続の違法の有無を基準とする立場である（絶対的〔画一的・一元的〕排除説）。第 2 は，適正手続違反があれば自動的に証拠排除するが，それ以外の場合は，司法の廉潔性ないし違法捜査抑制の見地から諸般の事情を利益衡量して排除するか否かを判断するとする立場である（相対的排除説）。その際の利益衡量の要素としては，手続違反の程度・状況・有意性・頻発性，手続違反と証拠獲得との因果性の程度，証拠の重要性，事件の重大性が挙げられる[1]。この両説の背後には，排除法則を憲法に直接由来する「憲法原則」と解するか，憲法の趣旨を受けて裁判所が政策的に創設した「証拠法則」とみるか，の対立がある。両説にはそれぞれに批判がある。第 1 説に対しては，――基準は明確であるが――違法認定が証拠排除に直結するため，裁判所が違法認定に慎重・消極的になってしまう，第 2 説に対しては，――証拠排除しないものの手続の違法宣言が容易となり判例による法形成をもたらすが――利益衡量の基準（特に各要因間の関係）が不明確で，結局は処罰の必要性を重視して証拠排除されない場合がほとんどとなる，というのである。第 1 説でも手続の違法の重大性を要件とすれば（特に憲法上の基本権侵害の場合に限るならば），排除される場合は相当限定されるし，第 2 説でも適正手続違反の場合は証拠排除

---

[1]　井上正仁『刑事訴訟における証拠排除』（弘文堂，1985 年）404 頁。ただし，田口 399 頁は，本文で掲げた最後の 2 要素の重視に警戒的である。

を認めるのであるから，両説は，適正手続違反以外の違法がある場合の証拠排除の範囲について広狭を生じうることとなる。しかし，個々の事案に即した「利益衡量」を是認するか否かという方法論的な点で，具体的結論にとどまらない大きな差異があるといえよう。

2　判例の立場

昭和53年判決は，「令状主義の精神を没却するような重大な違法があり，これを証拠として許容することが，将来における違法な捜査の抑制の見地からして相当でないと認められる場合」においてその証拠能力は否定されるとして，①「重大な違法（違法の重大性）」と②「排除相当性（違法捜査の抑制）」とを基準とした。問題は，この2要件の相関関係をいかに解すべきかであり，大別して，競合説（併行説。①または②を具備すれば証拠排除されるとする見解）と重畳説（加重説。①および②を満たして初めて証拠排除されるとする見解）の対立がある。文言からは判例は重畳説をとると解される（多数説。田宮403頁など参照）。

まず，①の基準は，学説や下級審裁判例がほぼ認めてきており，従来問題とされたのは，憲法35条に違反した場合，被疑者等の基本的人権を侵すような方法がとられた場合，刑法上処罰されるような違法行為があった場合，刑訴法上の強行規定に違反した場合等である。これに対し，昭和53年判決は，これを単なる令状主義違反でなくその精神を没却するような著しい違法がある場合に限定した。そして，当該事案への適用についても，警察官の所持品検査をプライバシー侵害の程度が高く捜索に類するとまで評価しながらこれを所持品検査の許容限度をわずかに超えたにすぎないとし，警察官の令状主義潜脱意図や強制の有無をも問題にしている。しかし，このように「重大な違法」を——たとえ極限的な場合に限らないとしても——ごく限定的に解すると，排除法則の適用は相当に制限される。また，捜査官は職務熱心のあまり法を犯すことが少なくないから，令状主義潜脱という主観的意図の有無を重視すれば，現実に証拠排除される場合はさらに限定されるおそれがあろう[2]。

2）　ただし，井上・前掲注1）506頁は，本判決は，これを，手続違反の客観的内容が軽微でもかかる意図が積極的に認められれば重大な違法を認めるという意味で副次的・補充的な要因としたにすぎないとする。そうだとすれば，アメリカ法的な「善意の例外」（**Ⅳ2**参照）を導入する趣旨ではないこととなろう。

UNIT 22　違法収集証拠

　次に，②の基準につき，重畳説からは，論理的には①を満たしたとしても②を満たさないとして証拠排除されない場合もありうるはずであるが，これまでの下級審裁判例で①を認めながら②を否定したものはない。そのため，②は①の「同義反復」であり「常套句・修飾語的に用いられているにすぎない」と評される（田宮 403 頁，三井誠・百選〔6 版〕131 頁）。これに対し，柔軟な相対的排除説を前提に，②の基準に意味をもたせるため判例を目的論的に解釈して，②からの証拠排除を認めるべきだとする見解（競合説。井上・前掲注 1）556 頁，田口 399 頁）も有力である。つまり，違法の程度が軽微であっても，それが頻発性をもつ場合や捜査官に令状主義潜脱の意図がある場合などには，証拠排除を認めるべきだと説く。たしかに，抑止効説はアメリカで最も強調されている論拠であり，昭和 53 年判決もそれに親しむ基準を設定している（その意味で相対的排除説に近い面がある）。また，この説が，重大な違法がない場合にも抑止効の観点から証拠排除の範囲を広げようとしている点は注目される。ただし，抑止効の実証は極めて困難であり具体的基準として明確性を欠く上，当のアメリカでは，不可避的発見の例外等を認めたり（Ⅳ2 参照），公判廷以外での利用は抑止効と無関係であるなどとして，逆に排除の範囲を狭めたり排除の例外を正当化するため活用されてきたことにも留意を要する[3]。

　いずれにせよ，判例は，現実の運用上，「重大な違法」を証拠排除の必要十分条件としているかのようにみえる。その意味で，競合説でも重畳説でもなく，実態はむしろ絶対的な排除に近い面がある。ただし，判例は，単なる違法ではなくそれが重大である場合に限って排除を認めるほか，手続違反の有意性など証拠収集の違法に直接関係のない要素も考慮して違法の重大性を判断するとしているので，①②のいずれについても単純な画一的判断とまではいえない。むしろ，諸事情の利益衡量に基づく相対的排除の考え方に親しむ面もあるといえよう（ただし，判例よりも柔軟な相対的排除説と比較すると，排除の範囲は限定されることとなろう）。

---

3)　鈴木 228 頁は，②に関して，違法捜査が偶発的で将来再発のおそれがごく少なく証拠排除の必要性が乏しい場合に排除相当性を否定する限度で考慮するにとどめるべきだと説く。

Ⅲ　証拠排除の基準・要件

▪▪ POINT 2　排除法則と最高裁判例 ▪▪

　昭和53年判決の以後に生じた排除法則に関する事件（いずれも覚せい剤自己使用罪における採尿手続に関する）では，最高裁は，1例を除き，すべて違法宣言をしつつその「重大性」を認めず証拠能力を肯定している。すなわち，①最判昭和61・4・25刑集40巻3号215頁〔百選91事件〕は，被疑者宅寝室への立入り，同所からの承諾なき任意同行，退去申し出を拒否しての警察署への留め置きが任意捜査の域を逸脱して違法な事案につき，これに引き続き任意に行われた採尿手続も，同じ事件の捜査という「同一目的」に向けられ，一連の手続によりもたらされた状態を「直接利用」して行われたので違法性を帯びるが，その違法は重大でないとして尿の鑑定書の証拠能力を肯定した。②最決昭和63・9・16刑集42巻7号1051頁は，職務質問後の承諾なき任意同行，警察署での所持品検査が違法な事案につき，これに引き続き任意に行われた採尿手続も違法性を帯びるが，逮捕が可能な状況下で警察官が法の執行方法の選択ないし捜査の手順を誤ったにすぎず，その違法は重大でないとして尿の鑑定書を許容した。③最決平成6・9・16刑集48巻6号420頁〔百選2事件〕は，被疑者を職務質問後6時間半以上も現場に留め置いた上で強制採尿した事案につき，留め置き措置は任意捜査の域を逸脱し違法だが，その程度は重大でなく，採尿までに至る一連の手続全体は違法でないとして，尿の鑑定書を許容した。④最決平成7・5・30刑集49巻5号703頁は，自動車内を承諾なく調べて覚せい剤を発見した事案につき，所持品検査の限度を超え違法だがその程度は重大でないとし，被疑者の現行犯逮捕を経て行われた採尿手続も全体として違法は重大といえないとして，尿の鑑定書を許容した。なお，⑤最決平成8・10・29刑集50巻9号683頁は，警察官らが覚せい剤を発見した後にそのうちの警察官が被疑者に暴行を加えた事案につき，暴行を違法と認定しつつ，その時点は証拠物発見以後であり，証拠物の発見を目的とするものではないなどとして，覚せい剤の証拠能力を認めたが，証拠収集と警察官の違法行為との間に因果関係が認められず，それまでの判例の枠組みの射程外と解せよう。

　これらの判例は，当該証拠の収集だけを個別に見ずに一連の手続を全体として評価する手法を採った。すなわち，先行手続における違法の後行手

349

UNIT 22　違法収集証拠

続への「波及効」を認め，違法判断の対象を拡大している（先行違法承継説）。しかし，違法の重大性の判断は極めて厳格で，証拠能力を否定する重大な違法はほとんど認定されていない。また，違法宣言だけで違法捜査抑止の実効性があるかも疑問とされる。これに対し，下級審裁判例には，重大な違法を認定して証拠排除しているケースも少なくない（ただし，多くは被疑者の身体の自由に対する有形力行使の事案で，それ以外の場合では違法宣言にとどまっているが，住居の平穏やプライバシーの侵害を身体の自由の侵害より軽度とみるのは妥当でなかろう）。

　このような状況の中で，最高裁は，昭和53年判決から4半世紀後の2003（平成15）年に，違法収集証拠の証拠能力を初めて否定する判断を示した（⑥最判平成15・2・14刑集57巻2号121頁〔百選92事件〕。以下「平成15年判決」ともいう）。これは，警察官3名が被告人方へ窃盗罪で逮捕するために向かう際に逮捕令状を携行せずに逮捕を執行し，かつうち1名が逮捕状を携行したかのように虚偽の捜査報告書を作成した事案であり，この逮捕中に尿検査を行い覚せい剤が検出されたため，尿の鑑定書およびそれに基づく捜索差押許可状の執行により差し押さえられた覚せい剤等によって被告人を覚せい剤取締法違反で起訴したというものである。まず，尿の鑑定書につき，「本件逮捕には，逮捕時に逮捕状の呈示がなく，逮捕状の緊急執行〔注：法201条2項・73条3項〕もされていない……という手続的な違法があるが，それにとどまらず，警察官は，その手続的な違法を糊塗するため，前記のとおり，逮捕状へ虚偽事項を記入し，内容虚偽の捜査報告書を作成し，更には，公判廷において事実と反する証言をしているのであって，本件の経緯全体を通して表れたこのような警察官の態度を総合的に考慮すれば，本件逮捕手続の違法の程度は，令状主義の精神を潜脱し，没却するような重大なものであると評価されてもやむを得ないものといわざるを得ない。そして，このような違法な逮捕に密接に関連する証拠を許容することは，将来における違法捜査抑制の見地からも相当でないと認められるから，その証拠能力を否定すべきである」と判示した（しかし他方，差し押さえられた覚せい剤等については，証拠能力を肯定した）。

　注目すべき点の第1は，本判決が，証拠排除の要件を検討するに際して，逮捕にあたった警察官の手続違背やその後の違法行為等，法無視の態度な

いし主観的事情を重視していることである。本件では，警察官が逮捕状の緊急執行の手続をとっていれば何ら問題はなかった事案であり，また，その後の違法行為がなければ証拠排除に至らなかったであろうから，むしろ，将来の違法捜査抑制の見地からの「排除相当性」に関するという見方も成り立たないではない。しかし，この点は，従来の判例と同様に「重大な違法」の枠内で判断したとみるべきであろう。

第2に，本判決は，違法な先行手続を直接利用する場合に限って収集手続を違法と判断してきた従来の判例と異なり，当該採尿手続の適否に言及することなく，違法逮捕と密接に関連する証拠（尿の鑑定書）を排除した。本件逮捕は窃盗を被疑事実としており，覚せい剤使用の嫌疑による採尿と直接利用の関係にあるとはいえなかった。そこで，本判決は，従来違法の承継として扱われてきた問題を関連性の問題として処理した，つまり，先行手続の違法性が後行手続に及ぼす影響（違法の承継）をさほど厳格に要求せず，違法な先行手続を直接利用しないで証拠収集を行った場合でも，証拠排除される可能性を認めたものとも解せよう。

その後，⑦最決平成21・9・28刑集63巻7号868頁〔百選29事件〕〔大阪エックス線検査事件〕は，当該エックス線検査が検証許可状によらず行われたとして違法としたが，同検査の射影の写真等を疎明資料として発付された捜索差押許可状に基づいて発見された覚せい剤等の証拠能力については，同検査と関連性はあるものの，証拠収集過程に重大な違法があるとまではいえないなどとして，証拠能力を肯定した。

Ⅳ　先行行為の違法と証拠排除

1　毒樹の果実の理論

例えば，警察官Kは，Aから無令状で強制採尿した尿を鑑定したところ，覚せい剤成分が検出されたので，数日後，尿の鑑定書のみを疎明資料として覚せい剤使用の被疑事実でA方を捜索場所とする捜索差押許可状の発付を受けた。KがA方を捜索した結果，覚せい剤が発見されたため，これを差し押さ

UNIT 22　違法収集証拠

えた。その後，検察官Ｐは，Ａを覚せい剤取締法違反で起訴し，差し押さえた覚せい剤を証拠調べ請求した。裁判所はこれを犯罪事実を認定するための証拠として使用することができるか。

違法収集証拠（第１次証拠＝毒樹）に基づいて発見・獲得された証拠（派生的・第２次証拠＝果実）にも排除法則が及ぶ（「波及効」がある）。派生的証拠も排除しなければ，排除法則の実質的意義が失われてしまうからである。これを「毒樹の果実の理論」といい，アメリカ判例上確立された。両証拠の形態としては，それぞれ証拠物の場合と自白の場合とが考えられる。すなわち，①証拠物から証拠物を得る場合，②証拠物から自白を得る場合，③自白から証拠物を得る場合，④自白から自白を得る場合の４類型である。

問題は，いかなる範囲の派生的証拠を排除すべきかである。これがすべて排除されるとすると，証拠排除の範囲が無限に拡大し真実発見を妨げる場合もありうるからである。この点につき，排除法則の根拠を憲法上の基本権侵害に求める立場（規範説）からは，条件的（事実的）因果関係があれば派生的証拠も原則的に排除される（絶対的排除説）。これに対し，相対的排除説によれば，適正手続保障の観点からは両証拠間の因果性だけで足りるが，その他の場合については，違法の程度や両証拠間の関連性のほか，派生的証拠の重要性・事件の重大性などを利益衡量して判断すべきものとされる。いずれにせよ，まずは第１次証拠収集手続の違法の程度を検討すべきこととなる。

次に，両証拠間の関連性については，違法に押収された覚せい剤とその鑑定書，違法押収覚せい剤を提示して得られた自白，違法収集自白に基づき発見された凶器，反復自白（違法に採取された自白に引き続いてなされたそれと同一趣旨の自白）などのように，直接的関係があれば関連性は直ちに肯定される。これに対し，①最初の違法捜査と派生的証拠との因果関係（両証拠間の関連性）が希薄化してしまった場合（たとえば，両者の間に他の適法証拠が介在する場合），および，②派生的証拠が別の捜査活動（独立の入手源）から得られた場合には，派生的証拠に証拠能力を認めてよいとされる。①を「希釈の法理」，②を「独立入手源の法理」とよぶ。ただし，安易な証拠許容を避けるためそれらの事情について訴追側に挙証責任を課すべきであろう。

毒樹の果実の排除が正面から問題とされた事案は少ないが，例えば大阪高判昭和52・6・28刑月9巻5＝6号334頁は，不任意自白に基づき証拠物が発見

IV　先行行為の違法と証拠排除

されたときでも，自白が適正手続違反で採取された場合は拷問等による場合に比べ違法性が小さいので，諸事情を利益衡量して波及効の範囲を定めるべきだとする（結論として証拠能力を肯定した）。また，最判昭和 58・7・12 刑集 37 巻 6 号 791 頁は，違法な別件逮捕中における自白により逮捕された被疑者の本件勾留質問調書等（反復自白）の証拠能力を検討し，勾留質問は別の機関によって別の目的で行われるとしてこれを許容したが，「毒樹の実」に言及し希釈法理から許容を根拠づけた伊藤補足意見[4]が注目される。これら以外の（裁）判例も，諸事情を総合して波及効の範囲を判断している上，自白法則の根拠も学説と異なると思われるが，違法排除説では自白にも毒樹の果実論が適用されるから，例えば憲法・刑訴法の所期する基本原則を没却するような重大な違法手続により収集された自白に基づき発見された凶器（福岡高那覇支判昭和 49・5・13 刑月 6 巻 5 号 533 頁，東京高判平成 14・9・4 東高刑 53 巻 1〜12 号 83 頁〔百選 73 事件〕〔松戸市殺人事件控訴審判決〕など参照）は，原則として証拠排除すべきである。これに対し，少なくとも虚偽排除説からは，自白の証拠能力が否定されても毒樹の果実論は妥当せず，凶器の証拠能力が認められる可能性もあろう。

　先の平成 15 年判決の事案では，尿の鑑定書は証拠排除されたが，これに基づき差し押さえられた覚せい剤等については，「本件覚せい剤は，被告人の覚せい剤使用を被疑事実とし，被告人方を捜索すべき場所として発付された捜索差押許可状に基づいて行われた捜索により発見されて差し押さえられたものであるが，上記捜索差押許可状は上記……の鑑定書を疎明資料として発付されたものであるから，証拠能力のない証拠と関連性を有する証拠というべきである。しかし，本件覚せい剤の差押えは，司法審査を経て発付された捜索差押許可状によってされたものであること，逮捕前に適法に発付されていた被告人に対する窃盗事件についての捜索差押許可状の執行と併せて行われたものであることなど，本件の諸事情にかんがみると，本件覚せい剤の差押えと上記……の鑑定書との関連性は密接なものではないというべきである。したがって，本件覚せい剤及びこれに関する鑑定書については，その収集手続に重大な違法があるとまではいえず，その他，これらの証拠の重要性等諸般の事情を総合すると，そ

---

4)　第 2 次証拠は第 1 次証拠との関連性だけで一律に排除されるべきでなく，第 1 次証拠の違法の程度，第 2 次証拠の重要性，両者の関連性の程度等を考慮して総合的に判断すべきだとする。

UNIT 22　違法収集証拠

の証拠能力を否定することはできない」とした。これは，本件差押えが「司法審査を経て発付された捜索差押許可状」によって実施されたことを考慮しており，希釈法理を採用したようにもみえる。しかし，裁判所は，令状審査の際に捜査機関の責任を希釈するほどの実質的な審査をしていない（大澤裕＝杉田宗久「違法収集証拠の排除」法教 328 号〔2008 年〕79 頁〔杉田発言〕）。他方，本件差押えが適法な「窃盗事件についての捜索差押許可状の執行」と並行していたことを考慮したため，独立入手源法理（さらには，後述 2 の「不可避的発見の法理」）を採用したようにもみえる。しかし，窃盗罪の令状により別罪である覚せい剤取締法違反の証拠は差し押さえられないので（しかも被告人は身体拘束中のため領置も無理であった），「独立に入手」することはできなかったはずである。これは，第 2 次証拠の証拠能力について「証拠の重要性等諸般の事情を総合」して考慮するものといえよう[5]。

2　排除法則の例外

　アメリカ判例では，①不可避的（必然的）発見の例外，②善意の例外が認められている。①は，たまたま一部の捜査官が違法捜査をして証拠を収集したが，いずれ他の捜査官が適正捜査を進めてその証拠に達したはずだという場合には証拠排除しないとするものであり，②は，違法捜査した捜査官が当該手続を適法であると誤信していた場合には証拠排除しないとするものである。いずれも証拠排除しても違法捜査の抑止効はないため例外とされるが，仮に認めるとしても①は不可避的発見の可能性が真に高度な場合，②は捜査官に法無視の態度がなく偶発的な場合に限られよう（田宮 405 頁）。

　ただし，①は独立入手源の法理と類似するが，仮定的判断を伴うため後知恵による正当化を招きかねない。また，②は捜査官の主観的要素の立証に問題が残る。なお，昭和 53 年判決が警察官の法潜脱の意図の不存在に言及した点との関係も検討を要しよう（Ⅲ2）。

　一方，平成 15 年判決が，別件（窃盗罪）の捜索差押許可状の執行と併せて行われたとして覚せい剤を証拠排除しなかった点は，排除法則の例外としてアメ

---

5)　最決平成 21・9・28 刑集 63 巻 7 号 868 頁〔百選 29 事件〕〔大阪エックス線検査事件〕もこのような考え方によるものであろう。その後の裁判例として東京高決平成 25・4・23 東高刑 64 巻 1～12 号 105 頁参照。

リカ判例で採用されている「不可避的発見の法理」を想起させる。アメリカと異なり相対的排除論を基本とするわが国でも，この考え方が働くような場合について，先行する違法行為と後行する証拠収集手続の関連性が弱まる（ないし遮断される）と考えることは，不可能でない。ただし，すでに述べたとおり，窃盗事件の令状で覚せい剤を発見しても当然にこれを差し押さえられるわけでないことには注意を要しよう。

V　排除法則をめぐるその他の問題

　関連問題については，総じて，排除法則の根拠論や基準・要件論との関連づけが重要な点となる。

1　証拠とすることの同意・証拠排除の申立適格

　被告人が証拠とすることに同意したとき（異議のない場合を含む）は違法収集証拠でも証拠能力を肯定してよいかが問題となる。前出最大判昭和36・6・7〔百選 A7 事件〕は，傍論で，捜索差押え手続の適否に拘わらず当事者の同意を理由に証拠能力を認めた（ただし，その限界は明らかでない上，昭和53年判決より古い点に留意を要する）。

　学説は，大別して，異議がないからといって証拠自体に存する瑕疵まで治癒されないとする見解と，証拠排除はプライバシー侵害を受けた者の証拠法上の特権だから放棄することができる（特に積極的・明示的に同意した場合）とする見解がある（長岡哲次「違法に収集した証拠」争点〔新版〕224頁など参照）。伝聞証拠に対する同意（326条）が責問権放棄ないし証拠能力付与の効果をもつと解する立場からは，手続違背がプライバシー等本人の放棄可能な権利・利益に関する限り，証拠物についても同意があれば証拠能力を付与してよいこととなる。ただし，一個人を超えた社会公共の利害に関係する場合や違法の程度が重大な場合には，——端的に同意を無効とするか刑訴法326条の相当性要件を準用して——証拠能力を認めるべきでなかろう（田口403頁＊＊＊参照）。福岡高判平成7・8・30判時1551号44頁は，偽造調書を唯一の疎明資料として発付された捜索差押許可状により覚せい剤が発見され，新たな令状によりこれが押収された事案で，前提となる捜査に「当事者が放棄することを許されない憲法上の権

UNIT 22 違法収集証拠

利の侵害を伴う……重大な違法が存する」ので，同意により証拠を許容することは「手続の基本的公正」に反し許されないとしている。

　関連して，証拠排除を申し立てることができる（「申立適格」がある）のは誰かが問題となる。例えば，第三者との関係で証拠が違法収集された場合に被告人はその証拠の排除を申し立てることは可能であろうか（これを否定するものとして，東京地判昭和 55・3・26 判時 968 号 27 頁など参照）。司法の廉潔性や抑止効の観点からは証拠排除はすべての人に意味があるので権利・利益侵害を受けた者に限定する理由はないのに対し，適正手続の観点（特に排除は権利侵害を受けた者の特権と解する立場）からは侵害を受けた者だけが申立適格をもつとされる。ただし，第三者個人を越える重大な公益に関わる場合や著しく不公正な方法で権利が侵害された場合は別である（東京高判昭和 59・4・27 高刑集 37 巻 2 号 153 頁参照）し，そもそも被告人は適正手続の保障の享受者であって違法は相対化されないと解すれば，被告人の申立適格を制限する理由はないこととなろう。

2　私人による違法収集証拠

　私人による違法収集証拠を訴追機関が使用することができるかについては，抑止効は機能しないし私人の行為が刑罰法規に触れるならば処罰されるから，通常は証拠排除を認める必要はない。ただし，捜査機関が私人に依頼するなど捜査の一環と評価できる場合は証拠排除の対象となるし，違法の程度が著しく司法の廉潔性や適正手続の観点からとうてい容認できない場合も排除が考えられる。一方，違法収集証拠を，例えば被告人供述の弾劾証拠として許容できるかについては，これを肯定すると排除法則の意義を損なうおそれがあるので，特に抑止効説からは否定されよう。

UNIT
23
自　白

Ⅰ　自白の証拠能力
Ⅱ　自白の証明力

Ⅰ　自白の証拠能力 ───────────────────

　自白とは，犯罪事実の全部または主要部分を認める旨の被疑者・被告人の供述をいう。有罪である旨の陳述（291 条の 2）ないし有罪の自認（319 条）がこれに当たるほか，構成要件事実を認めつつ犯罪成立阻却事由を主張しても自白である。一般に自己に不利益な事実を認める供述を「不利益な事実の承認」という（322 条 1 項）が，自白はその代表的な一種である。

　自白はかつて「証拠の（女）王」といわれていたが，今日でも，自白のもつ意味は大きいといってよい。そこで，憲法・刑訴法は，自白に対して大きな配慮を払っている。すなわち，公務員による拷問と自白の強要を絶対に禁止する（憲 36 条・38 条 1 項）とともに，自白の証拠能力および証明力について重大な制約を設けている（憲 38 条 2 項 3 項，刑訴 319 条）。

1　自白（排除）法則の意義および根拠と基準・類型

　憲法 38 条 2 項は，「強制，拷問若しくは脅迫による自白又は不当に長く抑留若しくは拘禁された後の自白は，これを証拠とすることができない。」と規定し，刑訴法 319 条 1 項は，「強制，拷問又は脅迫による自白，不当に長く抑留又は拘禁された後の自白その他任意にされたものでない疑のある自白は，これを証拠とすることができない。」と定めている。すなわち，「任意性」に疑いのある自白（「不任意自白」）は証拠能力が否定されるのである。これを「自白（排除）法則」という。したがって，明文上規定のある強制・拷問・脅迫による自白や，不当に長く身柄拘束された後の自白はもとより，いわゆる「約束に基く自白」（最判昭和 41・7・1 刑集 20 巻 6 号 537 頁〔百選 70 事件〕）や「偽計による自

357

UNIT 23 自 白

白」（最大判昭和 45・11・25 刑集 24 巻 12 号 1670 頁〔百選 71 事件〕〔切り違え尋問事件〕）も証拠能力が否定されることがある。なお，任意性のない自白調書は，伝聞証拠（**UNIT 24** 以下参照）と異なり，被告人が同意（326 条）しても証拠にすることはできないし，自由な証明にも，また，弾劾証拠としても使えないと解されている。

自白（排除）法則の根拠・理由や判断基準・排除要件については，自白法則の根拠およびそれと密接に関わる自白排除の基準に関する争いを反映して，見解が分かれている。①虚偽排除説は，当該取調べが被疑者に対して類型的・外形的に虚偽自白への強力な誘因（事実認定を誤らせるおそれ）となるか否かで証拠能力を判断する。②人権擁護説は，当該取調べが被疑者の人権（特に黙秘権，供述の自由）を侵害したか否かで判断する。この両説では，自白の証拠能力は供述者の主観面への影響（「任意性」の有無）に基づいて判断されるところ（「任意性説」とも呼ばれる），①説ないし両者の併用説（折衷説）も存在する。

他方，③違法排除説は，自白法則を違法収集証拠排除法則の「自白版」と捉え，排除の根拠を（供述者の人権への影響とは独立に）取調べ側の客観的な自白獲得手続の違法性に求める（ただし，排除法則と同様に排除の要件を「重大な」違法に限るかについては争いがある）。そして近時は，④二元説（二元論。自白法則については併用説に依りつつ，自白にも排除法則を適用する見解）も有力に主張されている。これは，①説ないし③説は実質上排斥し合うものでないが，強制自白等を任意性から切り離す③説は解釈論としては無理がある反面，証拠物につき不文のルールとして排除法則が採用された（最判昭和 53・9・7 刑集 32 巻 6 号 1672 頁〔百選 90 事件〕〔大阪天王寺覚せい剤所持事件〕）以上，同法則が自白にも適用されるべきことを説くものである。この立場からは，自白法則は多元的に根拠づけられることとなろう。

（裁）判例の多くは，従来，①説（ないし，①と②の折衷説）と解されてきたが，最近は，②説さらには③説への接近を窺わせるもの（前出最大判昭和 45・11・25 など）もみられる（ただし，判例をそのように理解してよいかは，検討を要する）。これに対し，学説は，①説や②説は自白する側の状況を問題とするのに対し，③説は端的に自白を採取する側の状況に着目しているので，判断基準が客観化できる上，証拠物についての排除法則と統一的に理解可能だとして，③説が主張されてきた。ただし，近時は，③説の見直しが行われているといえよう。

I 自白の証拠能力

2 自白の証拠能力の有無

(1) 約束による自白

約束自白の証拠能力については，これを分類し，暗黙の脅迫や欺罔の要素を含む態様のものは，人権擁護（ないし違法排除）の観点から自白の任意性が否定される。一方，利益の提示に人権侵害ないし違法の側面がないか，あるいは乏しい態様の自白の任意性については，虚偽排除の観点から判断せざるを得ないところ，任意性の有無は，（利益の提示と自白との因果関係に加え）利益の提示が虚偽自白を誘発するおそれのある状況といえるか否かによって決まるとされる。そして，利益の提示が虚偽自白を誘発するおそれのある状況といえるか否かの判断には，次の①ないし③の各要素が重要であるとされる（石井一正『刑事実務証拠法〔第5版〕』〔判例タイムズ社，2011年〕250頁以下）。すなわち，①提示された利益の内容，②利益の提示者と利益の関係，③利益提示の態様である。その他，その提示が直接か第三者を介してのものか，自白獲得の手段として意図的かつ執拗になされたものかなどの点も考慮される。

前出最判昭和41・7・1は，いわゆる約束による自白について，自白して改悛の情を示せば起訴猶予処分にする旨の検察官の内意が弁護人を介して被疑者に伝わり，これを信じた被疑者が起訴猶予になることを期待して行った自白につき，「本件のように，被疑者が，起訴不起訴の決定権をもつ検察官の，自白をすれば起訴猶予にする旨のことばを信じ，起訴猶予になることを期待してした自白は，任意性に疑いがあるものとして，証拠能力を欠くものと解するのが相当である」旨判示している（ただし，これが約束自白の典型例といえるかには疑問がある）。下級審裁判例には，①任意性に疑いがあるとして証拠能力を否定したものと，②任意性ありとして証拠能力を肯定したものとに大別される。

(2) 偽計による自白

偽計（詐術）による自白は，それによって被疑者が心理的強制を受けて虚偽の自白が誘発されるおそれが類型的に高く，虚偽排除説の見地からは任意性を否定すべきことになる。これに対し，人権擁護説の見地からは，偽計による自白は，供述者の動機に影響を与えるにせよ，意思決定そのものの自由まで制約するとはいえないので，任意性の否定を説明できないとされる（大澤裕「自白の任意性とその立証」争点〔3版〕171頁）。要するに，人権擁護説によって自白の

UNIT 23 自 白

証拠能力が否定されるのは，強制，拷問，脅迫による自白，不当に長い抑留，拘禁後の自白の場合に限られ，その他任意にされたものでない疑いのある自白は，虚偽排除説の見地から任意性の有無を検討すべきことになる（ただし，異論もある。石井・前掲258頁は，「偽計によって被疑者が心理的強制を受け，虚偽の自白が誘発されるおそれが高いし，人権保障上も捜査官が被疑者を取り調べる際，偽計を用いて被疑者を錯誤に陥れて自白を獲得するような尋問方法は，厳に避けなければならないから，偽計による自白の任意性は，虚偽排除及び人権擁護双方の観点からして，否定すべきものと考える」とする。また，前出最判昭和41・7・1のような約束による自白に関し，「このような自白は，利益目当ての虚偽自白の可能性が高いという点が重要ではあるが，自白すれば起訴猶予にする旨の検察官の言葉は，裏返しにすれば，自白しないと起訴する旨を暗示する点で被疑者に対する暗黙の脅迫あるいは精神的圧迫を加えたことになるし，結局は起訴した点で欺罔の要素を含み，人権擁護説の観点からも自白の任意性を否定することができよう」としている）。

判例としては，著名な「切り違え尋問」の事例がある（前出最大判昭和45・11・25）。同判例は，捜査における適正手続を強調し，かかる尋問方法を避けなければならない点と心理的強制による虚偽自白の誘発という点を挙げて任意性に疑いがある，としているが，この事案では，検察官によって共犯者である妻の不起訴の暗示があり，この点が，虚偽自白が誘発される類型的なおそれを認定する大きな要素になっていると考えられる。したがって，同判例をもって，偽計を用いた取調べによる自白は常に任意性が否定される，と解するのは早計であろう。

下級審裁判例では，捜査官が「〔犯行現場に遺留された靴から検出された〕分泌物がおまえのと一致した」との虚言を用いて自白を獲得した場合（東京地判昭和62・12・16判時1275号35頁〔百選〔9版〕75事件〕），再度の執行猶予の可能性が事実上ないのに，それが確実であるように示唆して自白を得た場合（浦和地判平成元・10・3判時1337号150頁）につき，いずれも任意性が否定されている。

(3) 黙秘権不告知による自白

黙秘権不告知による自白につき，判例は，黙秘権告知をしなかったからといって直ちに供述の任意性を失うことにはならないとした（最判昭和25・11・21刑集4巻11号2359頁〔百選〔初版〕14事件〕〔旧法事件〕。ただし，刑訴応急措置法の時代の判例である）。しかし，ここでは，手続に違法があるのみでなく，供述の

I 自白の証拠能力

自由（自由な意思決定）も侵害されているとみるべきである。したがって，原則として証拠排除されるべきであろう[1]。

(4) 違法取調べによる自白

例えば，①長期間に及ぶホテル宿泊を伴う取調べによる自白が問題となる。下級審裁判例として，9泊10日のホテル宿泊を伴う取調べは明らかに行きすぎであるとした上で，自白についても違法収集証拠排除法則を採用できるとして，手続の違法が重大であり，これを証拠とすることが違法捜査抑制の見地から相当でない場合には，証拠能力を否定すべきであるとしたものがある（東京高判平成14・9・4東高刑53巻1〜12号83頁〔百選73事件〕〔松戸市殺人事件控訴審判決〕）。これは，ホテル宿泊を伴う取調べという手続違法は排除法則の問題であるとの前提から，自白法則に先行して排除法則により自白の証拠能力を否定したものであるが，そうした取調べは，自白の任意性（の疑い）に影響し得るから，自白法則によっても自白の証拠能力を否定できたであろう。

②連日連夜に及ぶ取調べによる自白につき，下級審裁判例として，警察での取調べで黙秘権の侵害があり，連日連夜の相当長時間の厳しい取調べを受けて肉体的・精神的に相当疲労し，弁護人の助言も得られなかったことから，虚偽の自白を誘発するおそれがあるとし，検察官に対する自白も，その前日まで司法警察員に対しなされた自白とととともに，人権擁護と虚偽排除の観点から，任意性に疑いがあるとしたものがある（東京高判昭和60・12・13刑月17巻12号1208頁〔日石・土田邸事件〕）。任意性説を前提としつつも，取調べ手続の違法性を問題としている（加えて，反復自白の証拠能力も否定した）点で留意すべきであろう。

(5) 弁護人選任権（依頼権）および接見交通権の制限・侵害による自白

弁護人選任権の告知がなかったからといって直ちに自白の任意性が否定されるものではない（仙台高判昭和27・6・28判特22号138頁）。しかし，弁護人選任権の侵害を理由として自白の証拠能力を否定した裁判例も少なくない[2]。また，弁護人との接見交通権の侵害を理由として自白の証拠能力が争われた事案では，

---

1) 任意性に疑いがあるとしたものとして，浦和地判平成3・3・25判タ760号261頁〔百選72事件〕。
2) 弁護人選任権の告知不十分などの事案につき，浦和地判平成元・3・22判時1315号6頁，浦和地判平成2・10・12判時1376号24頁〔百選16事件〕。

UNIT 23 自 白

証拠能力が肯定された例が少なくない[3]が，証拠能力を否定した裁判例もある（函館地決昭和43・11・20判時563号95頁）。同決定は，逮捕前の任意の取調べ段階に関するものであるが，同決定は，「本調書は被告人Ｘが任意出頭の求めに応じてＨ警察署に出頭し，未だ逮捕状を執行される以前にＫ警部から取調べを受け作成されたものである。しかし，右取調の段階において弁護士Ａは，被告人Ｘの弁護人として選任手続をとり且つ必要な協議をなすべく，同警察署を訪ね，Ｌ警部補に対して同被告人との面接を求めたが，取調中を理由に面接を拒絶されたことが明らかである。憲法34条刑訴法30条の保障する弁護人依頼権は単に弁護人を持つという形式的な権利でなく弁護人の援助を受け自己の利益を擁護する実質的な権利であり，殊に任意出頭の段階において，捜査機関が被疑者の取調べを理由に弁護人との面接を拒む合法的な根拠は全く存しない。任意の取調べであるといえ，被疑者は取調室にあって弁護人の来訪を知るべくもない。しかも，任意に退去しようとするならば，直ちに予め用意された逮捕状の執行を受けることは疑いの余地がない。……従って本件調書は，弁護人との面接を妨げることによって被疑者の防禦権を不当に侵害した状況において違法に収集された証拠であって，その瑕疵の重大性に鑑み，証拠能力を有しないというべきである。」旨判示した（任意同行中の弁護人との面会制限に関しては，国家賠償法上の損害賠償の対象となりうる旨の民事判決もある。福岡高判平成5・11・16判時1480号82頁〔百選A12事件〕）。

(6) 不任意自白に基づいて発見された証拠物

大阪高判昭和52・6・28判時881号157頁〔百選75事件〕は，偽計や約束による自白の場合，当該自白の証拠能力さえ否定すれば，違法な自白獲得の抑制という要求は一応満たされ，それ以上に派生的第2次証拠までも他の社会的利益を犠牲にしてまですべて排除効を及ぼすべきではない旨判示したが，他方，「虚偽自白を招くおそれのある手段や，適正手続の保障に違反して採取された不任意自白に基因する派生的第2次証拠については，犯罪事実の解明という公共の利益と比較衡量の上，排除効を及ぼさせる範囲を定めるのが相当と考えられ，派生的第2次証拠が重大な法益を侵害するような重大な犯罪行為の解明にとって必要不可欠な証拠である場合には，これに対しては証拠排除の波及効は

---

[3] 最決平成元・1・23判時1301号155頁〔百選74事件〕など。

I 自白の証拠能力

及ばないと解するのが相当である。」旨判示している点に注意を要する。すなわち、同裁判例は、爆弾の製造・所持という重大な犯罪であったのに対し、例えばカメラ窃盗は、公共の利益に関わる重大な犯罪であるとは必ずしもいえない。したがって、窃盗事件においては、被害品の隠匿所持の事実は、極めて重要な証拠には違いないが、その事実の自白が不任意だった場合に、それによって得られた被害品には排除効を及ぼすべきではないという判断にはなりにくいように思われる。

自白法則につき任意性説に立つ場合には、自白法則と違法収集証拠排除法則とは別個の根拠に基づくものであることから、そのまま「接ぎ木」することはできない。そこで、自白が任意性なしとして証拠能力が否定される場合に第2次証拠まで排除すべきかどうかは、違法捜査の抑止、適正手続の保障等の観点から、改めて、自白採取手続の違法の重大性と第2次証拠の排除相当性を検討した上で決する必要がある（前出大阪高判に関する山上圭子・百選〔8版〕173頁参照）。これに対し、違法排除説に立つ場合には、自白の証拠能力について、端的に自白採取手続の適法性を検討すれば足りる。具体的には、先行する自白の収集手続に「憲法や刑事訴訟法の所期する基本原則を没却するような重大な違法があり、これを証拠として許容することが将来における違法捜査抑制の見地からして相当でないと認められる」（令状主義の精神を没却する、という表現は使えない）として、自白調書の証拠能力を否定し、第2次証拠についても「密接関連性」を認定し、「毒樹の果実」として証拠能力を否定することとなる。なお、任意性説に立ちつつ、改めて第2次証拠の証拠能力を検討する場合にも、実質的には同様の検討をすることになろう。

しかし、一緒に発見された他事件の証拠物については、直接的な第2次証拠と異なり、捜査官においても、その発見まで当初から意図していたとはいえず、いわば偶然の発見によるものであって、当初の自白と直接に関連するものとはいえない。また、被疑者から任意提出を受けて領置していれば、その手続にも問題はない。しかも、他事件の方が本件犯罪よりも犯情が重い場合には、その直接の証拠となるものであることを考えると、これにまで排除効を及ぼさせるのは問題であり、密接関連性を否定して証拠能力を認めるのが妥当であるといえよう（長沼範良ほか『演習刑事訴訟法』〔有斐閣、2005年〕267頁〔長沼〕）。

UNIT 23　自　白

(7)　反復自白

　自白法則について任意性説を採った場合，反復自白の証拠能力に関しては，
第1次自白と第2次自白との因果関係の問題として処理することになり，因果
関係が切断されたと認められなければ第2次自白の任意性も否定されることに
なる（最判昭和27・3・7刑集6巻3号387頁）。その際の判断基準については，
（後述のように）「毒樹の果実」理論を採用する場合と大きく異なるところはな
く，①警察官の取調べと検察官の取調べの日時，②取調べ場所の同一性，③警
察官調書の内容と検察官調書の内容との異同，④被疑者の健康状態・性格・主
観的側面，⑤検察官による警察官の取調べの影響の遮断等であり，これらの要
素を総合考慮することになる。

　これに対し，自白法則について違法排除説を採った場合には，違法収集証拠
排除法則の場合と同様に，毒樹の果実理論を用いることになる。米連邦最高裁
が形成した毒樹果実理論は，違法に獲得された証拠にその発見を負う第2次証
拠（＝毒樹の果実）にも，原則として排除法則の適用を認める理論である。そ
の主な根拠は，捜査官による違法行為を抑制するのに最も有効な手段であるこ
とにあるとされる。

　第2次証拠の果実性が認められない例外として，独立入手源法理，希釈法理，
不可避的発見の法理が挙げられている。「独立入手源の法理」は，捜査機関が
第1次証拠（＝毒樹）と独立に入手できる場合に第2次証拠の果実性を否定す
る法理であり，「希釈法理」は，第1次証拠の汚染を希釈した上で第2次証拠
を入手した場合，その果実性を否定する法理であり，「不可避的発見の法理」
は，独立入手源の法理を仮定化した法理といってよく，違法捜査がなかったと
しても捜査機関が独立の捜査により当該証拠を入手したであろうと仮定できる
ときに，果実性を否定する法理である（UNIT　22Ⅳ2）。このうち，希釈法理の
適用を考察する上での判断要素は，上で述べたように，任意性説を採用した場
合の因果関係切断の判断要素と基本的に同じといってよい。

　最判昭和58・7・12刑集37巻6号791頁は，違法な別件勾留中の自白を疎
明資料として発付された逮捕状による逮捕後に実施された勾留質問調書の証拠
能力に関し，「勾留質問は，捜査官とは別個独立の機関である裁判官によつて
行われ，しかも，右手続は，勾留の理由及び必要の有無の審査に慎重を期する
目的で，被疑者に対し被疑事実を告げこれに対する自由な弁解の機会を与え，

I 自白の証拠能力

もつて被疑者の権利保護に資するものであるから，……勾留請求に先き立つ捜査手続に違法のある場合でも，被疑者に対する勾留質問を違法とすべき理由はなく，他に特段の事情のない限り，右質問に対する被疑者の陳述を録取した調書の証拠能力を否定すべきものではない」と判示した。前述のように（**UNIT 22Ⅵ1**），同判決における伊藤裁判官の補足意見には，①毒樹果実理論の根拠は，将来における同種の違法捜査の抑止と司法の廉潔性の保持にあること，②毒樹果実性は，第1次証拠の収集方法の違法程度，第2次証拠の重要程度及び第1次証拠と第2次証拠との関連程度等を考慮して総合的に判断すべきであることが述べられているが，同意見は，法廷意見を代弁したものとみてよいとされている（森岡茂・最判解刑事篇昭和58年度186頁）。

3 任意性の立証

実務では，被疑者段階の自白調書の任意性が争点となることも少なくない。自白調書は伝聞証拠であるが，任意性があれば証拠能力が認められている（322条1項・319条1項）。任意性の有無は「訴訟法上の事実」であり，自白調書の取調べを請求する検察官に挙証責任がある。ただし，判例（裁判実務）は，従来，なかなか任意性を否定しなかった。特に捜査段階の自白は密室での取調べにより獲得されるので，任意性の有無が判断しにくく，「水掛け論」になることも少なくなかった。

しかし，このような状態では，裁判員裁判による判断（特に裁判員の判断）にとって耐え難い問題が生ずる。

■■ *POINT 1* 取調べの可視化 ■■■■■■■■■■■■■■■■■■■■■■■■■■■■■■■

平成28年の法改正により，「取調べの可視化」が一部法制化されることとなった（301条の2。UNIT 8Ⅵ2参照）。「取調べの可視化」とは，捜査機関（警察や検察）で実施される，被疑者に対する取調べの状況を録音・録画（以下，「録画」ともいう）して，その取調べが適法・適正なものであったかどうか，事後的な検証をできるようにしようというものである。法制化により録画が義務化されるのは，裁判員裁判対象事件及び検察官独自捜査事件（いわゆる特捜事件など）である。ただし，依命通知により，すでに検察では相当範囲で，警察でも一定の可視化が実施されている。

365

UNIT 23 自 白

元々，捜査機関による取調べの状況は一切録画されていなかった。捜査機関が不相当な威圧や偽計を用いて取調べを行い，その結果として無実の被疑者が無理やり自白をさせられた（本当は無実なのに「私がやりました」という自白をしてしまう）場合でも，裁判で，その自白調書の適法性を争うことが非常に難しいという状況が生じていた。

捜査機関の密室での取調べにより無理やりに自白させられるという問題は，大きな冤罪事件の原因となったものでもある。例えば痴漢冤罪の事件などで，本当は無実なのに，警察から，不相当な威圧や偽計を加えられ，穏便に済ませようとしてつい自白をしてしまったという例もあるものと推測される。これに対し，取調べを録画することにより，警察や検察の取調べに問題がなかったかどうかを検証可能なものとし，さらには録画という「外圧」によって捜査機関の不適切・違法な取調べを抑制しようというものである。

Ⅱ 自白の証明力 —————————————————————————

1 補強法則

(1) 根 拠

憲法38条3項は，「何人も，自己に不利益な唯一の証拠が本人の自白である場合には，有罪とされ，又は刑罰を科せられない」と規定し，刑訴法319条2項は，それは「公判廷における自白であると否とを問わ」ないとしている。すなわち，自白だけで有罪とすることはできず，他に補強証拠を要するのである。これを補強法則といい，自由心証主義の例外である。その根拠は，自白偏重・誤判の防止，自白強要の防止にあるとされている。

(2) 補強証拠に関する諸問題

補強証拠に関しては，①補強証拠の必要な範囲，②補強証拠の証明力の程度，③補強証拠となりうる資格（補強証拠適格）などの問題がある。①については，罪体説（形式説。罪体〔犯罪事実のうち客観的側面の全体ないし重要部分〕につき補強を要するとする説。被告人と犯人との同一性についても補強を要するとする説もある）

Ⅱ　自白の証明力

と実質説（罪体に限らず自白された事実の真実性を担保する補強証拠があればよいとする説）とが対立する。②については，①とも関連し，絶対説（それだけで一応の心証を得られる程度の証明力を要する）と相対説（自白以外の他の証拠と相まって要証事実を認定できれば足りる）とが対立している。なお，③については，被告人の自白以外の証拠能力ある証拠でなければならない。

■■■ POINT 2　補強証拠を必要とする範囲 ■■■■■■■■■■■■■■■■■■■■■■■■■■■■■■■■■■■■■■

　累犯となる前科など犯罪事実以外の事実の自白について補強証拠を必要としないことについては異論がない。また，犯罪事実は，①故意・過失，目的，知情など犯罪の主観的側面，②行為，結果などの客観的側面，③被告人と犯人が同一であることに分けることができるところ，このうち，①の犯罪の主観的側面についての自白に補強証拠が不要であることについても異論がない。

　学説は，前述のとおり，罪体説と実質説とに大別され，さらに，罪体説においても罪体の概念をめぐり，ⓐ客観的法益侵害（例えば，死体）と解する見解，ⓑ何びとかの犯罪行為に起因する法益侵害（例えば，他殺死体）と解する見解，ⓒ被告人による犯罪行為に起因する法益侵害（犯人性）と解する見解等があり，罪体説の(b)が通説であるといわれる。罪体説は，補強証拠を必要とする範囲を形式的に限定する点で，明確性を有し，これに対して，実質説は，個々の犯罪についての補強証拠を実質的に判断する点で，合理性を有するなどとされる（藤永幸治ほか編『大コンメンタール刑事訴訟法第5巻Ⅰ』〔青林書院，1999年〕219頁〔中山善房〕）。

　判例は，「自白を補強すべき証拠は，必ずしも自白にかかる犯罪組成事実の全部に亘って，もれなく，これを裏付けするものでなければならぬことはなく，自白にかかる事実の真実性を保障し得るものであれば足る」（最判昭和23・10・30刑集2巻11号1427頁），「自白の補強証拠というものは，被告人の自白した犯罪が架空のものではなく，現実に行われたものであることを証するものであれば足りる」（最判昭和24・7・19刑集3巻8号1348頁）などと述べており，実質説の立場をとっているといわれている。

■■

UNIT 23 自 白

(3) 補強証拠を必要とする「被告人の自白」の意義

2つの重要問題がある。まず，①憲法上，公判廷における自白も含まれるか（公判廷における自白にも補強証拠を要するか）という問題があり，含まれないとするのが判例（最大判昭和23・7・29刑集2巻9号1012頁〔百選A34事件〕）である。公判廷の自白には高度の任意性があり，また，自白の信用性は裁判所で判断できると解されたためであろう。この点は，刑訴法上は結論に違いを生じないが，公判廷における自白を唯一の証拠として有罪とした場合に憲法違反として上告できるか（405条1号），さらには，立法論としてアレインメント制度（有罪答弁制度）が合憲かなどの議論に関連する（酒巻515頁など参照）。

次に，②共犯者の自白（共犯者〔として〕の供述）も含まれるか（共犯者の自白にも補強証拠を要するか）という問題がある。共犯者の自白は他人を引っ張り込む危険性があることから，鋭い見解の対立がある。判例は若干動揺したが，共犯者も被告人からみれば第三者であり，反対尋問でその信用性を争えるとして，被告人の自白に含まれない（補強証拠を要しない）とする立場に立つ（最大判昭和33・5・28刑集12巻8号1718頁〔百選A43事件〕〔練馬事件〕）。しかし，補強法則の趣旨に照らし，両者は同視すべきであるとする見解も有力である。

2 自白の信用性

自白に補強証拠がある場合であっても，自白それ自体の証明力評価が重要であることはいうまでもない。従来，自白それ自体の証明力評価は，裁判官の自由心証の問題とされてきた。しかし，証明力評価の方法ないし基準は，できるだけ客観化される必要がある。

なお，自白の信用性の評価・判断とその基準については，UNIT 20 Ⅲ 1 *POINT 2* を参照。

UNIT 24

伝聞(1) ——伝聞と非伝聞

Ⅰ 伝聞法則の意義
Ⅱ 伝聞証拠と非伝聞証拠

Ⅰ 伝聞法則の意義

1 伝聞証拠の意義

伝聞証拠とは，条文上は，「公判期日における供述に代」わる書面すなわち「伝聞書面」ないし「供述代用書面」，および，「公判期日外における他の者の供述を内容とする供述」すなわち「伝聞供述」ないし「供述代用供述」をいう（320条1項）。

具体例を挙げよう。仮に被告人（犯行時は被疑者）Aの犯行を目撃した目撃者Wが，「私はAの殺人行為を目撃しました」と供述したとしよう。Wが公判廷に出廷して供述すれば，事実認定をする裁判所はこの供述態度やその形成過程を「直接観察」することができ（直接主義），A（または／およびその弁護人）はこれに「反対尋問」（被告人につき，憲37条2項前段〔刑事被告人の証人審問権〕）することが可能となる。しかし，「Wの供述を検察官が録取した書面（検察官面前調書）」（＝「公判期日における供述に代」わる書面）や，「Wから話を聞いた第三者Xの公判廷での供述」（＝「公判期日外における他の者の供述を内容とする供述」）は，いずれも，犯行を目撃したW本人が法廷で供述しているわけではなく，いわば代替品（代用品）にとどまる。W自身が公判廷で供述しない限り，「また聞き」の証拠であるにすぎないのである。したがって，裁判所は公判期日にこの供述態度やその形成過程を直接観察することができず，また，被告人（その弁護人）は反対尋問することができない。したがって，伝聞証拠とは，公判期日外の供述であって公判期日における裁判所および当事者の観察・吟味を経ていない供述証拠をいう。

369

UNIT 24 伝聞(1)

2 伝聞法則の意義と根拠

人の供述は，知覚―記憶―表現・叙述という過程をたどって法廷で再現されるが，その各過程に誤りが混入する危険がある。供述内容の真実性を吟味・確認する最も有効な手段は，公判期日に裁判所が供述者の供述を直接観察しつつ，対立当事者が供述者自身に対し反対尋問することであるが，公判期日に供述者本人が出廷しなければ，それは不可能となる。そこで，伝聞証拠は原則として証拠能力が否定されるとするのが，伝聞法則（伝聞証拠禁止の法則）である（320条1項）。

なお，ここでいう当事者は，検察官・被告人の双方を意味する。たしかに，被告人については憲法上の証人審問権が保障されている点で差異があるが，法320条1項は両者の区別なく適用されるため，双方に対して「公判期日外」の供述を排除することで，双方による反対尋問を通じた攻撃・防御を経て事実認定すべきことを要請している。

供述の正確性を確認する方法として，現行刑訴法は，原則として原供述者を公判期日に出廷させて供述させる制度を採用している。この制度設計には，一定の意味がある。いずれも公判期日内であれば，第1に，対立当事者が反対尋問を行うことで供述の正確性を担保することができる。第2に，裁判所は，証人に，宣誓させ，偽証罪による制裁の可能性の下で，証言をさせることができる[1]。第3に，裁判所が直接に供述者の供述態度や供述が引き出される過程を観察することができ，その供述の証明力を判断する資料の1つとして活用することができる。このように，公判期日内の供述には，公判期日外で得られた供述と比べて，「供述内容が真実か否か」を吟味・確認する手段が法的に設けられている。

すなわち，これは，伝聞法則の根拠を，大陸法的な直接主義と，英米法的な反対尋問権に見出しているといってよい。前者は，裁判所による事実認定の視点を重視する点で職権主義的な色彩が強いのに対し，後者は，検察官・被告人双方による反対尋問を通じた攻撃・防御を経て事実認定することを求める点で，

---

1) もっとも，被告人の供述には，宣誓による信用性の担保はない。ただし，最決昭和57・12・17刑集36巻12号1022頁〔百選A36事件〕は，被告人の裁判官面前調書を伝聞例外（1号書面）として証拠能力を認める。

当事者主義的な理解を含んでいる。伝聞法則は，この両者の理由から採用されたものであり，いずれも公判中心主義の実現を狙いとしている点では共通しているといえよう。

これとは別に，伝聞証拠を，端的に「裁判所の面前での反対尋問を経ていない証拠」とする見解も有力である。これは，伝聞証拠の意義のうち，とくに反対尋問権の保障を重視するものである。しかし，刑訴法320条1項の文言は，単に当該供述への「反対尋問」がなされたか否かではなく，当該供述が「公判期日外」でなされたか否かを重視している。その点で，この見解は，条文の文言以上に反対尋問権を強調するものとみてよい。例えば，公判期日に主尋問で証言をした証人が反対尋問前に病気等で死亡したという事案では，この見解によれば，死亡したのが検察官側証人であろうと被告人側証人であろうと，反対尋問を経ていない以上は，公判期日内の主尋問に基づく供述であっても伝聞証拠に当たることとなろう。これに対し，直接主義と反対尋問権の両者の理由を考慮する立場からは，どのように考えるべきか。この証人が被告人側証人であれば，被告人側による主尋問を通じて公判期日に法廷内で検出した供述である以上，これを証拠採用しても法320条1項に反しない。しかし，検察官側証人である場合には，被告人側の反対尋問を行う機会が失われるから，憲法37条2項により証拠とすることができないと解されよう。

Ⅱ　伝聞証拠と非伝聞証拠

1　伝聞と非伝聞との区別

当該証拠によって立証しようとする事実（「要証事実」ないし「立証事項」）が供述内容の真実性と関係がない場合には，伝聞法則の適用は最初から問題とならない（伝聞法則の「適用外」）。これを非伝聞という。例えば，名誉毀損事件において，証人が公判廷で「被告人は皆に『Yは人殺しだ』と言っていました。」と証言した場合は，被告人が「Yは人殺しだ」と言ったかどうか自体が要証事実である（これに対して，被告人が「Yは人殺しだ」と言ったのを証人が聞いたかどうかが供述内容の真実性の問題である）ので，非供述証拠であって伝聞証拠とはいえない。これとは異なり，前述した目撃者Wの「私はAの殺人行為を

UNIT 24　伝聞(1)

目撃しました。」との供述については，Wの供述内容の真実性が，要証事実であるAの殺人行為の有無に関係するため，供述内容どおりの事実を認定するには，原供述者を観察し，尋問することで正確な事実認定を行う必要がある。そこで，伝聞法則を適用し，原則として証人として公判廷に召喚することが求められている（152条・153条参照）。そうすると，伝聞証拠とは，①公判期日外の供述を内容とする証拠であることに加え，②公判期日外の供述の内容の真実性を立証するために提出・使用される証拠ということになる。

　ここでは，とくに②の要素との関係で，当該証拠が何を証明するために使用されるのかを検討することが重要である。すなわち，供述の証拠としての利用価値を検討するには，当該証拠の「要証事実」（ないし「立証事項」）が何かを考える必要がある。

=== **POINT 1　立証趣旨と要証事実（立証事項）** ================================

　訴訟当事者は，証拠を提出する際に，自らが当該証拠で立証しようとしているテーマを「立証趣旨」という形で主張する（316条の5第5号，刑訴規189条1項参照）。例えば，検察官が実況見分調書（321条3項参照）を証拠調べ請求するときに，立証趣旨として「犯行現場の状況」などと明示する。この場合，立証趣旨とは，当該証拠によってどのような事実を立証しようとするのかの当事者の意図であり，これに基づいて要証事実が判断されるものと解される。しかし，わが国の実務・多数説は，わが国が当事者主義訴訟を基調とするにもかかわらず，裁判所は当事者が主張する立証趣旨に必ずしも拘束されず，当該証拠から事実を認定することができると解している（東京高判昭和27・11・15高刑集5巻12号2201頁など参照）。そのため，当事者が明示した立証趣旨によって直ちに伝聞法則の適用の有無が決まるのではなく，裁判所の視点から見て，当該証拠が最終的に何を証明するために用いられるかが決められ，伝聞法則の適用の有無にも影響することとなる。このように，裁判所の視点から，当該証拠によって証明しようとしている事実と判断されるものを要証事実（ないし立証事項）と呼ぶ。

　ただし，裁判所が要証事実は何かを解明するに際しては，第一次的には当事者の主張する立証趣旨を尊重すべきであり，それが抽象的であったり，そこから要証事実を導くことが意味をもたないなど例外的な場合に限って，

Ⅱ　伝聞証拠と非伝聞証拠

当該事件の公訴事実や争点を意識しつつ，実質的な要証事実を自ら把握するようにすべきであろう（最決平成17・9・27刑集59巻7号753頁〔百選83事件〕参照）。

2　伝聞と非伝聞との区別をめぐる諸問題

「供述」や「発言」，「言葉」（以下，単に「言葉」ともいう）は，供述証拠として用いられる場合と非供述証拠として用いられる場合とがある。供述証拠として用いられる，とは，言葉の意味内容の真実性を要証事実とする場合であり，非供述証拠として用いられる，とは，言葉の存在そのものを問題とする場合である。

まず，言葉が非供述証拠として用いられる場合は，伝聞に当たらない（非伝聞）。したがって，伝聞法則は問題とならず，当該証拠は関連性が認められる限り証拠能力が認められる。次に，言葉が供述証拠として用いられる場合にも，伝聞証拠となる場合とならない場合とがある。

(1)　「言葉」が非供述証拠の場合

行為の言語的部分，すなわち，行為に随伴してこれに法的意味を付与する言葉は，非伝聞とされる。例えば，他人の肩をたたきながら「元気か」と発言する場合である（これは，肩をたたく行為が暴行行為でないことを明らかにする意味がある）。

(2)　「言葉」が供述証拠の場合

言葉の意味内容（意思活動の表現）が問題となる場合には供述証拠となる。そして，供述証拠が伝聞証拠となるか否かは，要証事実との関係で決まる。例えば，「Wが『私はAの殺人行為を目撃しました』と言っていました。」というXの供述は，「Aの殺人行為」それ自体が要証事実であれば，Wの供述を法廷で観察し反対尋問することが必要であるから，Xの供述は伝聞証拠となる。これに対し，「WのAに対する名誉毀損行為」が要証事実であれば，Wの発言を直接聞いたXの供述を法廷で観察し反対尋問することが可能であるので，Xの供述は非伝聞証拠となる。判例（最判昭和38・10・17刑集17巻10号1795頁〔白鳥事件〕）も，甲が一定内容の発言をしたこと自体を要証事実とする場合に

UNIT 24　伝聞(1)

は，その発言を直接知覚した乙の供述は伝聞証拠に当たらないが，甲の発言内容に符合する事実を要証事実とする場合には，その発言を直接知覚したのみで，要証事実自体を直接知覚していない乙の供述は伝聞証拠に当たるとする。なお，証人の体験供述や被告人の公判廷供述は，通常は，この意味で非伝聞証拠である。

　他方，供述証拠が伝聞証拠に当たる場合でも，直接観察と反対尋問が必要な場合とそれが不要な場合とがある。①これらが必要な場合には，原則として，伝聞証拠の使用は許されない（320条1項）。ただし，一定の場合には，「伝聞例外」（狭義）として証拠能力が認められる（321条・323条・324条）。②これらが不要な場合とは，それらがすでになされているか，それらを行うことが無意味な場合であり，伝聞法則の適用が不要な場合である（321条2項・322条・326条。広義の「伝聞例外」）。

(3)　供述証拠としての「言葉」が非供述証拠として使用される場合

　言葉が一応は供述証拠に当たるが，言葉の存在それ自体を証拠とする場合は，言葉の「知覚─記憶」の過程を欠き，直接観察と反対尋問の必要がないため，非伝聞とされる。これには，以下のようなものがある。

　(i)　供述が情況証拠の場合は，非伝聞とされる。例えば，甲乙の会話から甲乙の面識関係を推認する場合，または，「私は神様だ」という供述から供述者の精神異常を推認する場合である。これらは，言葉の内容となっている事実の存在を立証するためにその供述を使用しているのではないから，言葉が非供述証拠として用いられる場合に当たる（「言葉の非供述的用法」）。

　なお，証明力を争う証拠（328条）について自己矛盾供述に限るとの説をとれば，この証拠も非伝聞となろう。

　(ii)　精神状態に関する供述をどのように解するかについては，問題がある。

　精神状態の供述とは，原供述者の当該供述時点での精神状態を意味する。例えば，被告人Aの強姦事件で，第三者Wが被害者Vから事件前日に「Aは気持ちが悪くて嫌いだ。」と述べているのを聞き，Wがその旨を法廷で証言する場合は伝聞法則の適用を受けるか，が問題となる。VがAに対して抱く感情の内容は，事件が強姦か和姦かを判断する間接事実となるからである。

　Vの供述・発言は公判期日外のものであるが，伝聞法則の適用を受ける「供述」に当たるといえるか。この供述時のVの精神状態の供述は，Vの外で

374

起きた（起きている）出来事に関する知覚―記憶を経ていない。そのため，この精神状態の供述を聞いた W の証言を，心の状態を述べた原供述者 V がその供述当時その内容のとおりの心の状態にあったことを証明するために用いる場合，この供述は「公判期日外における他の者の供述」（320 条 1 項）に当たるかどうかが問題となる。これについては，表現・叙述の過程でその真摯性を吟味する必要があるので伝聞証拠である，とする見解もあるが，多数説は，その点の真摯性は，供述態度や供述状況に関する第三者（前の例では W）の証言など，反対尋問以外の方法によっても吟味することは可能であるとして，伝聞証拠と解する必要はないとしている。判例も同様である（最判昭和 30・12・9 刑集 9 巻 13 号 2699 頁）。これは，「私は神様だ」と述べた供述者の精神異常を推認する供述の場合のような，「言葉の非供述的用法」のときにも表現・叙述の真摯性については反対尋問を要しないとされていることとも，整合的な理解であるといってよい。もっとも，供述時現在の精神状態に関する供述は，精神異常の立証の場合以上に表現・叙述の真摯性が深刻に問題とされるので，アメリカでは，この場合を伝聞法則の例外（伝聞証拠だが例外的に許容される）と扱っている（連邦証拠規則 803 条参照）。したがって，伝聞例外として明文規定で規律するのが望ましいとの見解も主張されている。

　(ⅲ)　(ⅱ)と同様の問題は，証拠が書面の場合にも生ずる。例えば，共謀時に作成された「犯行計画メモ」に関し，「人の意思，計画を記載したメモについては，その意思，計画を立証するためには，伝聞禁止の法則の適用はないと解することが可能である。それは，知覚，記憶，表現，叙述を前提とする供述証拠と異なり，知覚，記憶を欠落するのであるから，その作成が真筆になされたことが証明されれば，必ずしも原供述者を証人として尋問し，反対尋問によりその信用性をテストする必要はないと解されるからである。そしてこの点は個人の単独犯行についてはもとより，数人共謀の共犯事案についても，その共謀に関する犯行計画を記載したメモについては同様に考えることができる。……ただ，この場合においてはその犯行計画を記載したメモについては，それが最終的に共犯者全員の共謀の意思の合致するところとして確認されたものであることが前提とならなければならない」として，人の意思，計画を記載したメモは，その意思，計画を立証するためには伝聞法則の適用はない，とした下級審裁判例がある（東京高判昭和 58・1・27 判時 1097 号 146 頁〔百選 79 事件〕）。一般に，

UNIT 24　伝聞（1）

犯行計画メモが現在の精神状態を表す場合には，非伝聞と解する余地がある（押収された作成者不詳の襲撃計画メモの証拠能力を肯定した大阪高判昭和57・3・16判時1046号146頁参照）が，それが過去の精神状態の報告文書である場合には伝聞となる。この点で，前出東京高判昭和58・1・27の犯行計画メモは，犯行2日前の会議のメモであったため現在の精神状態を表す証拠といえない，などの疑問が出されている。

POINT 2　犯行計画メモの証拠能力

　一般に，共謀による犯行計画メモは，非伝聞証拠の場合でも，共謀の際の発言と同様に，作成時の状況に応じて，①メモ作成者らの現在の精神状態の供述に当たる場合と，②メモ自体が共謀行為の一部を構成する場合とに分けられる。①は，ⓐメモ作成者A自身との関係では，自己が「○○という犯行をするつもりだ。」と発言する代わりに，この計画を文字にしたにすぎないから，端的に心の状態を述べたものとして非伝聞となる。この点は，前出東京高判昭和58・1・27も指摘するように，ⓑ数人共謀の共犯事案でその共謀に関する犯行計画を記載したメモについても，メモ作成者の意図の立証に関しては同様である。しかし，それを越えて，共謀内容記載のメモの中に，作成者以外の共謀参加者Bの意図が，――その点に関する作成者の認識という形でではなく――参加者自身の供述として直接示されているとみてよいかは，別途検討を要する。この点につき，Bとの関係では，BがAのメモ内容を承認したことが立証されれば，Bの精神状態の供述ともなる。同判決が，「最終的に共犯者全員の共謀の意思の合致するところとして確認されたものであること」を必要としているのは，それを考慮したものとも解される。しかし，Aのメモは，事前共謀後に，会議不参加のAが参加者Bから結果を聞いて作成したものであるので，その内容が，他の共謀参加者によって直接確認されたという事実は認定されていない。そこで，上記判示については，Aのメモが共謀加担者BとAとの順次共謀を立証する証拠となる，Aの説明した計画が共謀参加者全員の共同意思であることが別の証拠によって認定されればBの犯罪意思と同内容の共謀成立の事実を推認させる間接事実となる，などと説明される。

Ⅱ　伝聞証拠と非伝聞証拠

他方，②（例えば，ＸとＹとの間でメモを用いて犯行が計画された場合，メモが共謀参加者間で回覧されて共謀内容の確認に供されたような場合）では，当該メモは，作成者の心の状態を述べるのではなく，その内容の真偽にかかわらず，それが共謀の形成に利用されている点で共謀行為の一部をなす。つまり，共謀の際の発言が共謀自体を立証するために用いられる場合と同様の構造で，当該メモは，その存在および記載自体が共謀の存在を示すものであるから，非伝聞と考えられる。しかし，（前出東京高判昭和58・1・27の）Ａのメモは，共謀不参加のＡが作成したものである上，その後回覧されたとの事実も認定されていないから，本件メモを非伝聞証拠とみることはできないであろう。

さらに，前出大阪高判昭和57・3・16は，③実行された犯行と合致する犯行計画の記載されたメモが被告人Ｚの支配領域内で発見された場合につき，当該メモは要証事実との関係から伝聞証拠であるが，表意者の表現時における精神状態に関する供述であるので，反対尋問の方法による正確性のテストを受けなくても，伝聞法則の適用を受けない書面として証拠能力を許容した。このように③の場合は，メモ中にＺの名前の記載がなくとも，Ｚが共謀に関与した事実を推認させる間接証拠の1つとなりうる。メモは，記載内容の真実性とは異なる固有の証拠価値を有するので，メモの存在と記載内容自体を要証事実とすれば，非伝聞となろう。

UNIT 25

伝聞(2) ── 伝聞法則の例外①

I　伝聞法則の例外
II　伝聞書面

I　伝聞法則の例外 ──────────────────────

1　伝聞例外の意義

「伝聞例外」とは，伝聞証拠であっても，その使用を認めることで真実発見の可能性が高まるものについて，一定の要件の下に証拠能力を認めるものである。これは，もともと伝聞証拠に当たらない「非伝聞」とは異なる。

　伝聞法則によって伝聞証拠は原則として証拠から排除されるが，伝聞証拠を排除する根拠の1つである被告人の証人審問権（憲37条2項前段）も，例外を許さないものではない（最大判昭和24・5・18刑集3巻6号789頁）。すなわち，伝聞証拠の中には，「公判における反対尋問がほとんど無用なほど信用性の高いもの」や，「当該伝聞証拠以外に証拠がなく，しかも当該伝聞証拠に事実認定に用いても誤った事実認定を導かない程の信用性があるもの」もある。このような場合にまで伝聞証拠の使用を禁止するのであれば，伝聞法則にはむしろ真実発見や訴訟経済を害するおそれがある。そこで，刑訴法320条1項は，「第321条乃至第328条に規定する場合を除いては……」として，例外の存在を明示している。この321条ないし328条において，書面および証言それぞれの性質に応じ，「使用可能な伝聞証拠」の範囲が具体的かつ詳細に示されている（もっとも，325条は，320条の直接的な例外規定ではないし，328条は，理論上320条の適用のないものが対象とされている）。

2　伝聞例外の全体像

(1)　伝聞法則が作用しない場合には，以下の3つがある。

378

I 伝聞法則の例外

第1は，証人への反対尋問の実施が不可能または困難な場合であり，反対尋問に代わる保障があれば，例外として伝聞証拠は許容される（本来の伝聞例外）。

第2は，伝聞不適用の場合であり，形態としては伝聞証拠であるが，伝聞法則の趣旨に照らして伝聞法則の適用がない（その必要がない）場合である。例えば，すでに実質的に反対尋問の機会が与えられている場合（321条2項。証人尋問調書），当事者の同意・合意によって反対尋問権が放棄されている場合（326条・327条），被告人自身の供述であって反対尋問（反対質問）が無意味な場合（322条）である。これらは，広く伝聞例外とされているが，そもそも伝聞法則が適用されない結果として伝聞証拠が許容されている場合である。

第3は，非伝聞の場合である。伝聞例外の中には，「非伝聞」が混在していることに留意を要する。

(2) 伝聞例外の一般的な要件

例外の要件は，一般的にいえば，①伝聞証拠であっても証拠とする必要性（伝聞証拠を使用する必要性があること）と，②反対尋問に代わる信用性の情況的保障（特信情況。信用すべき情況の下で当該公判期日外供述がなされたこと）である。これは，英米法で判例法として形成されてきたものである。①必要性は，原供述者が公判期日または公判準備において供述することができない場合（供述不能），前後の供述の不一致（自己矛盾供述）の場合，公判期日または公判準備の供述が公判期日外供述よりも信用性が高いことを類型的に期待できない場合に認められる。②信用性の情況的保障は，公判期日外供述がなされたときの客観的情況に照らし，反対尋問による吟味・確認に代わる程度の類型的な信用性が認められることをいう。

最も厳格な例外要件を規定しているのは，刑訴法321条1項3号である。これは，被告人以外の者の供述代用書面のうち，裁判官や検察官の面前での供述調書でないものについて，(a)供述者が死亡等のため公判期日等において供述することができず（供述不能），かつ，(b)その供述が犯罪事実の存否の証明に欠くことができないものであり（不可欠性），さらに，(c)その供述が特に信用すべき情況（絶対的な特信情況）の下にされたものであるときに限り，証拠能力が認められる。前2者が①必要性要件，最後が②特信情況要件に相応する。

ただし，これ以外の場合にも常に両者が必要というわけでなく，伝聞証拠の種類により2要素の強弱の兼ね合いで要件が定められている。法律上，伝聞例

UNIT 25 伝聞(2)

外の範囲は多岐に渡っており，実務上も，例外としての厳格な解釈・運用が行われているとはいえず，むしろ原則と例外が逆転しているともいえる状況となっている。

=== *POINT 1* 伝聞例外の多用 ===================================

　伝聞法則の採用は，公判中心主義ないし証人裁判の実現に直結するはずだった。しかし，現実には，例外の多用により，伝聞法則はかなり形骸化している。すなわち，争いのない事件では，証拠とすることの同意（326条）により検察官申請の伝聞証拠はほぼ採用されるし，争いのある事件でも，「検察官面前調書（検面調書）」（321条1項2号）などは，比較的容易に証拠能力が認められることが多いからである。

　伝聞法則の母法である英米法（特に米法）では，事件の最中や直後になされた「自然発生的な供述」のように，自然で作為が加えられる余地の少ない場合（供述の自然性），死に直面した者の「臨終の供述」のように，供述の誠実性を疑う余地が少ない場合（供述の良心性），自己の財産上の利益に反する「利益に反する供述」のように，自己に不利益な供述をするのは真実だからだと考えられる場合（供述の不利益性），公文書・業務文書などのように作成が義務的・定型的であり，内容が公示されていることからみて正確性を期待しうる場合（供述の義務性・公示性）など，具体的な特信情況がなければ伝聞例外は認められない。現行法は，英米法を継受しながら特信情況等の要件を緩和しており，公判において検面調書が多用される原因の1つとなっている。このような捜査書類偏重の傾向に対しては，「調書裁判」であり憲法の趣旨や当事者主義・公判中心主義の建前からずれているとの批判があり，警察・検察の捜査手続とその結果に対する裁判所のチェックの甘さの現れといわれることもある。しかし，裁判員制度の施行とともに，従来のこのような解釈・運用には見直しが進んでいる。

==

　伝聞例外の規定は，原則型を基本としつつ，その例外要件の程度を緩和するという体系を採っている。まず，①被告人以外の者の供述については，誰の前の供述かによって要件に格差が設けられている。すなわち，321条1項3号書

I 伝聞法則の例外

面が原則型であるのに対し，同条同項の2号書面（検察官面前調書），1号書面（裁判官面前調書）と要件が順次緩和され，裁判所面前では無条件となる（321条2項）。次に，②被告人の供述については，誰の面前かを問わず，不利益供述か利益供述かで要件が区別されている（322条1項）。

=== POINT 2 伝聞例外の分類の視点 ===

①原供述者が誰か（被告人か，それ以外か），②供述録取書の場合に誰が録取したか（裁判所〔裁判官〕か，検察官か，それ以外か）という観点から分類される。また，③伝聞証拠の形態の違い（書面か，口頭か）によっても要件が異なる。

(i) 原供述者

法は，原供述者を「被告人以外の者」（321条など）と「被告人」（322条など）の場合を区別して規定している。「被告人以外の者」とは被告人本人以外の者をさし，「被告人」とは当該被告事件の被告人本人をいう。被告人本人との関係では，共同被告人や共犯者もまた「被告人以外の者」（321条など）である。原供述者が被告人のときは，被告人の黙秘権行使や自己矛盾供述など必要性に関わる要件は要求されていない。ただし，不利益な事実の承認には任意性が，利益な供述には特信情況が要求される（322条1項）。

(ii) 供述録取の主体

供述録取を行った機関による区別である。これは，裁判官面前調書（裁面調書），検察官面前調書（検面調書），司法警察職員面前調書（員面調書）に分類される。被告人以外の者の供述調書の場合，裁面調書・検面調書と員面調書の間の要件の違いが顕著であるが，被告人の供述調書の場合はこうした要件の違いがない。

(iii) 書面・口頭

供述代用書面（321条〜323条）か伝聞供述（324条）かの違いである。公判期日外供述を書面で法廷に報告する供述代用書面には，原供述者が要証事実（立証事項）に関する供述を自ら書面化した供述書と，原供述者の供述を第三者が録取した供述録取書がある。供述書は，署名・押印を必要としないが，原供述者が不明の場合（匿名投書など）は供述書としての効力が否定される。供述録取書には，捜査機関・裁判機関の作成する供述調書・

UNIT 25 伝聞(2)

証人尋問調書などがあるが、録取の正確性の担保として、原則として原供述者の署名または押印が要求される（321条1項・322条1項）。原供述者の署名・押印によって、録取に伴う二重の伝聞性（録取によって録取者の知覚—記憶—表現・叙述という過程が付け加わること）が除去され、単純な伝聞となる（なお、316条の14の「供述録取書等」を参照）。ただし、署名・押印によるまでもなく録取の正確性が担保される場合は、署名等は不要である（公判調書における証人・被告人などの供述〔刑訴規45条1項〕、供述録音など）。

これに対し、供述書は、供述者本人の作成書面であることは当然必要であるが、署名・押印は不要である（最決昭和29・11・25刑集8巻11号1888頁）。したがって、供述録取書における録取者の署名押印（通常は、原供述者の署名・押印〔指印〕と録取者の署名・押印が併記されている）が、理論上は不要である。

伝聞供述は、公判期日外供述が口頭で法廷に報告される場合である。報告者である伝聞証人に対する尋問によって、原供述が正確に知覚—記憶—表現・叙述されているか否かが吟味・確認される。原供述が、他の証拠方法に転換されて報告される点で、供述代用書面と同じ性質を有する。原供述者が被告人であるか、被告人以外の者であるかという違いに応じて、供述代用書面に関する規定が準用される（324条1項・322条1項、324条2項・321条1項3号）。

〔伝聞例外とその要件〕

1 被告人以外の者の供述書・供述録取書（321条）
(1) 321条1項1号［裁判官面前調書］前段：供述不能
　　　　　　　　　　　　　　　　　　　後段：相反供述
(2) 321条1項2号［検察官面前調書］前段：供述不能
　　　　　　　　　　　　　　　　　　　後段：相反供述ないし不一致供述、相対的特信情況
(3) 321条1項3号［警察官面前調書など］：供述不能、不可欠性、絶対的特信情況
(4) 321条2項前段［公判準備・公判期日の供述録取書］：(無条件)

　　　　　　　後段［裁判所・裁判官の検証調書］：（無条件）

⑸　321条3項［捜査機関の検証調書］：真正作成の証言

⑹　321条4項［鑑定書］：真正作成の証言

2　ビデオリンク方式による証人尋問調書（321条の2）：（無条件）

3　被告人の供述書・供述録取書（322条）

⑴　322条1項［公判準備・公判期日外の供述録取書］前段：不利益な事実の承認，
　　　　　　　　　　　　　　　　　　　　　　　　　　　　　　任意性
　　　　　　　　　　　　　　　　　　　　後段：絶対的特信情況

⑵　322条2項［公判準備・公判期日の供述録取書］：任意性

4　特に信用すべき書面（323条）：（無条件）

5　伝聞供述（324条）

⑴　324条1項［被告人の供述を内容とする被告人以外の者の公判準備・公判期日の
　　供述］：322条を準用

⑵　324条2項［被告人以外の者の供述を内容とする被告人以外の者の公判準備・公
　　判期日の供述］：321条1項3号を準用

6　同意書面・同意供述（326条）：相手方の同意，相当性

7　合意書面（327条）：（無条件）

8　証明力を争う証拠（328条）：自己矛盾供述

Ⅱ　伝聞書面

1　被告人以外の者の供述代用書面

　刑訴法321条は，1項書面（⑴1項1号書面，⑵1項2号書面，⑶1項3号書面），
2項書面（⑷），3項書面（⑸），4項書面（⑹）について，伝聞例外要件を規定
している。

⑴　法321条1項1号書面：裁判官面前調書（裁面調書，1号書面）

　裁判官の面前における供述を録取した書面を，裁判官面前調書という。この
書面については，(a)供述者が死亡等のため公判期日等において供述することが
できないとき（同号前段。証人の供述不能），または，(b)供述者が公判期日等にお
いて前の供述と異なった供述をしたとき（同号後段。証人の供述の食違い）に，
証拠能力が認められる。裁判官面前調書には，裁判官の証人尋問調書（226

UNIT 25　伝聞(2)

条・227条・228条・179条），他事件における証人尋問調書（最決昭和29・11・11刑集8巻11号1834頁）や他事件における公判調書（最決昭和57・12・17刑集36巻12号1022頁〔百選A36事件〕）などがある。なお，1号書面の要件は，2号書面，3号書面の要件と重なるので，それぞれの箇所で併せて検討する。

(2)　法321条1項2号書面：検察官面前調書（検面調書，2号書面）

検察官の面前における供述を録取した書面を検察官面前調書という。検察官事務取扱検察事務官（検察36条）の面前調書も含む。

検面調書の要件は3号書面に比べて緩和されているが，それは，検察官が法律の専門家であること，法の正当な適用を請求するという客観的立場にあることが理由として挙げられる。したがって，例えば，検察官が，単に検察事務官や司法警察職員の作成した調書（＝3号書面）を読み聞かせて確認したのみでは，検察官の面前における供述を録取したという実質を具備していないので，検面調書とはいえないであろう。

（i）**前段書面**　検面調書について2号前段では，その供述者が死亡，精神もしくは身体の故障，所在不明もしくは国外にいるため，公判準備もしくは公判期日において供述することができないときに，証拠能力が認められると規定している。すなわち，証人の供述不能が例外要件となる。

第1に，検面調書は捜査書類であるため，その伝聞例外を認めた前段の規定の合憲性が問題となる。一定の厳格な要件の下であれば，合憲と認められよう（最判昭和36・3・9刑集15巻3号500頁）。

第2に，前段にも（絶対的）特信情況を要するかが問題となるが，裁判実務では，明文上要件とされていないことから不要であると解されている（ただし，特信情況を必要とした下級審裁判例に大阪高判昭和42・9・28高刑集20巻5号611頁がある）。これに対し，検察官は被告人の反対当事者であって裁判官のように公平な立場にないこと，捜査段階で必要な場合には証人尋問請求が可能であること（226条・227条）から，前段にも特信情況を要すると解すべきであろう。

第3に，「供述不能」の意義が問題となる。具体的には，前段は例示列挙かについて，判例・通説は例示列挙と解している。最高裁は，証人が証言を拒否した事案において，供述不能事由は，その供述者を証人として尋問することを妨げる障碍事由を示したものにほかならないから，これと同様またはそれ以上の事由の存在する場合には証拠能力を認めることができるとし，証言拒否の場

384

Ⅱ　伝聞書面

合は被告人に反対尋問の機会を与えることができないという点で供述者死亡の場合と何ら選ぶところはないとした（最大判昭和27・4・9刑集6巻4号584頁。黙秘して事実上証言拒否した場合も含むとするのは，東京高判昭和63・11・10判時1324号144頁）。また，証人が記憶喪失の場合も同様であるとしている（最決昭和29・7・29刑集8巻7号1217頁）。さらに，証人が号泣して証言できない場合も供述不能に含むとされる（札幌高函館支判昭和26・7・30高刑集4巻7号936頁）。これに対しては，そもそも伝聞法則からすれば証人が法廷で証言することが原則であり，伝聞例外は例外であって厳格に解釈すべきであるとする異論の余地がある。また，判例のように解するのであれば，検面調書に特信情況が認められることを要件とすべきであろう。

　第4に，前段要件の認定のあり方（厳格性の程度）が問題となる。記憶減退・喪失や号泣による証言不能は，身体や精神の故障に関わるが，これらの場合も，ある程度時間をおくなどして回復が可能な場合には，そのための措置を講じて証言が得られるように相当の努力をすべきである。

　特に問題となるのは，「所在不明若しくは国外にいる」の意義である。形式的な要件該当性で足りるとすべきでない。すなわち，所在不明については，証人の所在発見について相当な努力をすることが必要である。また，国外にいるとの要件（国外要件）の認定についても，国外渡航が容易になった現在の状況に照らせば，証人が現に国外にいる場合でも，公判出頭の努力を尽くすことが必要であろう（東京地決昭和53・9・21判時904号14頁〔ロッキード事件〕）。関連して，証人が国外にいるに至ったことにつき訴追機関に責任のないことが求められる。そもそも証人が法廷で証言するのが伝聞法則の趣旨であるから，訴追機関も証人を出廷させる義務を負う（この義務に反して故意に証人を国外に去らせた場合には，国外要件は認定できない）と解される（田口432頁）。

POINT 3　退去強制と検察官面前調書

　退去強制によって出国した者の検察官に対する供述証拠の証拠能力が問題となった事案で，最高裁は，検察官において供述者がいずれ国外に退去させられ公判準備または公判期日に供述することができなくなることを認識しながらことさらそのような事態を利用しようとした場合，裁判官または裁判所がその供述者について証人尋問決定をしているにもかかわらず強

UNIT 25　伝聞(2)

制送還が行われた場合など，その供述調書を 321 条 1 項 2 号前段書面とし
て証拠請求することが「手続的正義」の観点から「公正さ」を欠くと認め
られるときは，これを事実認定の証拠とすることが許容されないこともあ
るとした（最判平成 7・6・20 刑集 49 巻 6 号 741 頁〔百選 81 事件〕）。証拠能力
の判断にあたり，公正さという新たな要件を付加したものとみてよい（そ
の後，手続的正義の観点から公正さを欠く場合には当たらないとしたものとして，
東京高判平成 20・10・16 高刑集 61 巻 4 号 1 頁，東京高判平成 21・12・1 判タ
1324 号 277 頁など参照）。今後の課題としては，訴追機関と出入国管理当局
との緊密な意思連絡のあり方を検討すること，裁判所による集中審理や必
要に応じて期日外の証人尋問（281 条）を行う努力をすること，などが考
えられよう。

(ii)　**後段書面**　　検面調書について 2 号後段では，原供述者が公判準備も
しくは公判期日において前の供述（検面調書）と相反するか実質的に異なった
供述をしたときで，公判準備もしくは公判期日における供述よりも前の供述
（検面調書）を信用すべき特別の情況の存在するときに，証拠能力が認められる。
すなわち，(a)証人の相反供述または実質的不一致供述と，(b)相対的特信情況が
例外要件となる。

　(i)と異なり，(ii)の場合は，原則に立ち返って証人尋問請求がなされ証人尋問
が行われた後に証拠能力の要件の判断が可能になる。例えば，証人が被告人に
利益な証言をした場合，それが以前に検面調書で述べた被告人に不利益な供述
と異なるとき，両者を比較して検面調書の供述の方が相対的に信用できれば，
要件が認定できるが，これらは，公判準備もしくは公判期日で証人が証言して
初めて検討できることとなるのである。

　この場合，第 1 に，検面調書を伝聞例外として認めた後段の規定の合憲性が
問題となる。後段を合憲とするためには，書面（検面調書）の内容への反対尋
問（ただし，証人尋問の際に証人への反対尋問を通じて行われるものをいう）が十分
に行われることが条件となる。判例も，「これらの書類はその供述者を公判期
日において尋問する機会を被告人に与えれば，これを証拠とすることができ
る」としている（最判昭和 30・11・29 刑集 9 巻 12 号 2524 頁〔百選 A37 事件〕）。書

II 伝聞書面

面の内容への反対尋問が十分になされるためには，(a)主尋問に先立つ検面調書の証拠開示，(b)主尋問における検面調書の内容の再現が必要であろう。この点につき，証人の記憶が明らかでないときや，証人が，検面調書の内容と相反するか実質的に異なる供述をしたときは，主尋問においても誘導尋問が許され（刑訴規199条の3第3項3号6号参照），記憶喚起のために書面または物を提示して尋問することもできる（ただし，「供述を録取した書面」それ自体の提示は許されない。刑訴規199条の11第1項）ので，検面調書の内容の再現は可能である。これが十分行われた上で，被告人側が，反対尋問の結果，被告人に利益な供述を引き出したのであれば，仮に検面調書が証拠採用されても，その証明力は低いであろう。ただし，検面調書の内容が十分再現されたときは，そもそも，さらに加えて本号後段でこれを証拠採用することはできないと解する余地もある（田口433頁）。他方で，誘導尋問にも限界があるので，検面調書の内容が十分に再現されない場合も想定される。この場合，仮に反対尋問で被告人に利益な供述を引き出しても，後段によって検面調書が証拠採用されてしまえば，十分な反対尋問のないまま被告人に不利益な供述が採用されるおそれがあろう[1]。

第2に，「相反するか若しくは実質的に異なつた」の意義が問題となる。1号書面の場合は，証人の供述に食違いがあれば足りるため，前の供述の方が詳細で証明力が異なるのみでも足りるが，2号書面の場合には，前の供述との実質的な食違いがあることを要する。したがって，多少なりとも事実認定に差異を生ずる可能性があることを要するであろう（松尾浩也監修『条解刑事訴訟法〔第4版増補版〕』〔弘文堂，2016年〕857頁）。ただし，「相反する」ものか「実質的に異なつた」ものかの間に異同はない。典型的には，証人が被告人に利益な証言をしたが，それが以前に検面調書で述べた被告人に不利益な供述と異なるときが，これに当たる。

第3に，「前の供述」の意義が問題となる。大きく3つの関連問題がある。

①証人を尋問したところ，検察官の予想した供述をしなかった場合，検察官は公判期日後にその証人の取調べを行うことが許されるか。

---

1) この点につき，仮に被告人側に検面調書が証拠開示されていても，その内容が供述されない限り，有効な反対尋問を行うことができない。そのため，実務では，被告人側が事実を争っている場合でも，検面調書の証拠採用に同意（326条）した上で，その証明力を争うための手段として証人尋問が行われている。この場合の同意は，証拠能力を付与するものであるが，反対尋問の放棄を意味するものではないのである。

UNIT 25　伝聞(2)

　実務は，被告人側証人を捜査段階の取調べとして取り調べることはできない
し，前の検面調書の不足を補う必要性もあるとして，これを肯定する。これに
対し，学説は，公判中心主義に反する等の否定説もあるところ，証人が自ら取
調べを望む場合に任意取調べとして許されるとしている（通説）。

　②証人を再喚問して尋問したところ，検面調書と異なる供述をした場合，検
面調書を後段書面として証拠採用することができるか。判例（最決昭和58・6・
30刑集37巻5号592頁）は，すでに公判期日において証人尋問された者を，同
一事項につき検察官が取り調べて作成した供述調書であっても，その後の公判
準備・公判期日において，その者が当該供述調書の内容と相反するかもしくは
実質的に異なった供述をした以上,「前の供述」の要件を満たすとする。これ
に対し，学説は，公判中心主義に反し，検面調書作成過程に作為・強制が入る
危険があり，公判で二度同じ供述をしている場合には検面調書の特信性は通常
否定されるなどとしている（鈴木208頁など）。

　③証言後に取調べがあり検面調書が作成され，次回公判期日における再度の
証人尋問が予定されていたところ，その前に証人が死亡した場合，検面調書を
証拠採用することができるか。「後の供述」だから，後段書面としては採用で
きない。そこで，高裁判例には，前に一度証人として供述しているとはいえ，
次回公判期日にはこれと異なる新たな内容の供述を行うことが予定されている
のだから，「供述者が死亡したため公判期日において供述することができない
とき」に当たるとして，前段書面として許容したものがある（東京高判平成5・
10・21高刑集46巻3号271頁。田口435頁は，前段にも特信情況を要することを前提
に，限界事例として前段書面とみる余地があるとする）。

　第4に，相対的特信情況の意義が問題となる。相対的特信情況とは，前の供
述（検面調書）と公判供述の両者を比較して前の供述の方が相対的に信用でき
る情況であれば，これを認定することができる。例えば捜査段階の供述が，事
件の記憶が鮮明な早期に行われ，かつ，検察官の面前の方が公判廷より供述し
やすい情況で行われたとすれば，これに当たるであろう。これに対し，3号書
面（後述）の場合は，比較の対象がないので絶対的特信状況と呼ばれる。

　相対的特信情況につき，判例は，必ずしも外部的な特別な事情によることを
要さず，その供述自体によって判断してよいとする（最判昭和30・1・11刑集9
巻1号14頁〔百選A38事件〕）。これに対しては，検面調書は捜査機関の取調べ

Ⅱ　伝聞書面

の結果として作成されるものであり，また，特信情況は（証明力ではなく）証拠
能力の要件なのであるから，供述の際の外部的付随的事情と解すべきであると
の批判がある。もっとも，そう解したとしても，この事情を判断するにあたり，
調書の記載内容を考慮することは許されるであろう（松尾下61頁，鈴木208頁な
ど参照）。

(3)　法321条1項3号書面：司法警察員面前調書等（員面調書等，3号書面）

　3号書面は，前2号に掲げる書面以外の書面をいう。代表例は，司法警察員
面前調書（員面調書）である。その他，被害届・始末書，上申書，捜査報告書，
捜索差押調書，酒酔い・酒気帯び鑑識カードなどがある。3号書面は伝聞例外
の原則型であり，その証拠能力の要件は，例外として最も厳格なものが課せら
れている。すなわち，(a)供述者が死亡，精神もしくは身体の故障，所在不明ま
たは国外にいるため公判準備または公判期日において供述することができず
（供述不能），(b)その供述は犯罪事実の存否の証明に欠くことができないもので
あるときで（不可欠性），(c)その供述が特に信用すべき情況の下になされたもの
であるとき（絶対的特信状況）である。

　321条にいう裁判所，裁判官，検察官は日本の法制度が前提とされているた
め，たとえ公的な機関であっても，外国の裁判所等の作成した調書は3号書面
としてその証拠能力を判断しなければならない。判例は，アメリカの宣誓供述
書（最決平成12・10・31刑集54巻8号735頁）[2]や韓国の公判調書（最決平成15・
11・26刑集57巻10号1057頁）について，特信情況を肯定した。これに対し，
刑事免責を付与して得られた供述を録取した嘱託証人尋問調書については，
「我が国の刑訴法は，この制度に関する規定を置いていない」とし，「刑事免責
を付与して得られた供述を犯罪事実認定の証拠とすることは，許容されない」
とした（最大判平成7・2・22刑集49巻2号1頁〔百選66事件〕〔ロッキード事件〕)[3]。

---

2)　アメリカ合衆国に在住する者が，国際捜査共助に基づいて，同国の捜査官と日本の検察官
　の質問に対して供述し，公証人の面前において供述内容が真実であることを言明した上で署
　名して作成された宣誓供述書が，特に信用すべき情況の下でなされた供述に当たるとした。
3)　事実上の刑事免責を付与して得られた嘱託証人尋問調書の証拠能力については，種々の見
　解があるが，最高裁は，刑事免責規定の不存在を理由として，その証拠能力を否定した。そ
　の理論的根拠は必ずしも明らかでないが，事実上の刑事免責付与はわが国の現行法の下では
　違法だったのであるから，排除法則（**UNIT 22**）ないし公正裁判原則の一適用事例と考え
　る余地があろう。

UNIT 26

伝聞（3）――伝聞法則の例外②

Ⅱ　伝聞書面（続）

Ⅰ　伝聞法則の例外（UNIT 25）

Ⅱ　伝聞書面（続）

1　被告人以外の者の供述代用書面（続）

(4)　法321条2項書面

①前段の被告人以外の者の公判準備もしくは公判期日における供述を録取した書面とは，当該事件の公判準備における裁判所の証人尋問調書（158条・281条等）などであり，②後段の裁判所もしくは裁判官の検証の結果を記載した書面とは，当該事件以外の裁判所・裁判官の検証調書をいう。これらの書面は，無条件の証拠能力が認められる。なぜなら，それぞれの書面に供述が含まれていても，供述時にすでに反対尋問権が保障されているからである（検証への立会権〔142条・113条〕は，その際に事実を指摘して裁判所の観察を正確にするのに資するので，実質上反対尋問権が保障されているとみることができよう）。

(5)　法321条3項書面

検察官，検察事務官または司法警察職員の検証結果を記載した書面とは，捜査機関作成の検証調書，検察官作成の検視調書などをいう。この書面については，その供述者が公判期日において証人として尋問を受け，その真正に作成されたものであることを供述したときに，証拠能力が認められる。すなわち，例外要件は，作成者による「真正作成供述」である。

　(i)　第1に，「真正作成供述」の意義が問題となる。単に作成名義が真正であることのみでなく，記載内容の真実性についても反対尋問に答えたものであることを要する。

390

Ⅱ　伝聞書面（続）

　　(ii)　第 2 に，いわゆる実況見分調書（捜査機関が任意処分として行う検証結果
を記載した書面）も含まれるかが問題となる。判例は，321 条 3 項所定の書面に
はいわゆる実況見分調書も「包含する」とし（最判昭和 35・9・8 刑集 14 巻 11 号
1437 頁〔百選 A39 事件〕。要は，同条項が適用されるということ），学説も，検証活
動の性質に違いはないとしてこれを支持している。

　捜査機関以外の者による場合でも，その職務や業務などから類型的にその観
察や書面の記載に客観性・正確性の期待できる者の作成した同様の性格の書面
にも，本項を準用ないし類推適用することは許される（条解 864 頁）。例えば，
別事件や民事事件における裁判所（裁判官）の検証調書，外国の裁判所や捜査
機関が作成した検証（実況見分）調書，さらには，税務職員作成の調査報告書
（内容が実況見分結果を記載したもの）などである。

　これに対し，被告人側の検証結果を記載した書面には，本項を準用すること
はできない（私人作成の燃焼実験報告書抄本につき，最決平成 20・8・27 刑集 62 巻 7
号 2702 頁〔百選 84 事件〕。ただし，321 条 4 項の書面（(6)）に準ずるものとして同項に
より証拠能力が認められるとする）。

　　(iii)　第 3 に，実況見分の立会人が行った「指示説明」を記載した部分も実
況見分調書の一部かが問題となる。例えば，事件の目撃者が立会人として「加
害者が被害者を殴ったのはこの地点である」と述べた場合である。たしかに，
この指示説明部分は供述ではあるが，あくまで当該地点を確定する手段・動機
となっているにすぎないのであって，これにより加害者・被害者の行為に関す
る事実認定を行うものではない。判例も，立会人の指示説明を実況見分調書に
記載するのは実況見分調書の結果を記載することに他ならないとしてこれを是
認している（最判昭和 36・5・26 刑集 15 巻 5 号 893 頁）。

　　(iv)　第 4 に，いわゆる酒酔い・酒気帯び鑑識カードはどのように規律され
るかが問題となる。判例は，化学判定欄や被疑者の外部的状態（言語，動作，
酒臭，外貌，態度等）に関する記載欄の記載は 321 条 3 項書面に当たり，被疑者
との問答の記載欄並びに飲酒日時や飲酒動機の両欄の各記載は 321 条 1 項 3 号
書面に当たるとしている（最判昭和 47・6・2 刑集 26 巻 5 号 317 頁）。ただし，こ
れは旧書式についてであり，新書式では，これらも 321 条 3 項書面の一部をな
している。

　その他，速度測定カード，警察犬による臭気選別検査結果書（立ち会った司

391

UNIT 26 　伝聞（3）

法警察職員作成の報告書）（最決昭和62・3・3刑集41巻2号60頁〔百選65事件〕）など も同様である（ただし，後者は，訓練士作成の場合は321条4項の鑑定書に含まれ よう）。

　(v)　第5に，犯行や被害の状況等の再現結果を記載した報告書はどのよう に規律されるかが問題となる。

■■■POINT 1　犯行（被害）再現状況報告書と再現写真 ■■■■■■■■■■■■■■■■■■■■■■■■■■■■

　被告人（被疑者）に犯行状況（被告人が被害者に犯行を行った際の被告人と被 疑者の位置とその犯行態様など）を動作で再現させ，捜査官がその経過と結 果を記載した犯行再現状況報告書（実況見分調書，写真撮影報告書）の取調 べが請求される例が実務上存在する。被害者に被害状況を再現させた経過 と結果を記載した被害再現状況報告書についても同様である。このような 場合，一定の犯行態様（被害態様）が犯行現場の状況から可能であること を立証するため用いられるときは，他の実況見分調書等と同じである。こ れに対し，犯行（被害）を再現したものは，犯行（被害）状況を直接立証 するための証拠として用いられる。判例は，「立証趣旨が『被害再現状況』， 『犯行再現状況』とされていても，実質においては，再現されたとおりの 犯罪事実の存在が要証事実になる」ことから，これらの証拠能力について は，同意（326条）がない場合は，「〔刑訴法〕321条3項所定の要件を満た す必要があることはもとより，再現者の供述の録取部分及び写真〔供述写 真〕については，再現者が被告人以外の者である場合には同法321条1項 2号ないし3号所定の，被告人である場合には同法322条1項所定の要件 を満たす必要がある」（ただし，「写真については，撮影，現像等の記録の過程 が機械的操作によってなされることから前記各要件のうち再現者の署名押印は不要 と解される」）としている（最決平成17・9・27刑集59巻7号753頁〔百選83事 件〕）。

　これに対し，犯罪事実の立証は被害者の証人尋問によることとして，そ の際に，被害状況に関する証人の供述を明確にする目的で被害再現写真を 示して尋問する（刑訴規199条の12）ために，立証趣旨を「被害状況を再 現したこと自体」として写真を利用することは可能である。また，尋問終 了後，裁判所が当該写真を証人尋問調書に添付することができる（刑訴規

392

49 条。ただし，それにより写真が当然に証拠となるわけではない〔条解 660 頁〕）。判例は，証人に示された被害再現写真が独立した証拠として採用されていなかったとしても，証人がその写真の内容を実質的に引用しながら証言した場合，引用された限度において写真の内容は証言の一部となり，当該証言全体を事実認定に供することができるとした（最決平成 23・9・14 刑集 65 巻 6 号 949 頁）。

(6) 法 321 条 4 項書面

裁判所が命じた鑑定の経過および結果を記載した書面で鑑定人の作成したもの（鑑定書）についても，法 321 条 3 項と同様に，作成者である鑑定人による「真正作成供述」があれば，証拠能力が認められる。

第 1 に，鑑定受託者（捜査機関の嘱託に基づく〔223 条〕）の鑑定書も含まれるかが問題となる。鑑定受託者の鑑定書も，客観性・正確性があり，また，被疑者・被告人側は証拠保全として鑑定請求ができることとなっている（179 条 1 項）のに対し，捜査・訴追側にはそうした規定がなく，鑑定嘱託によらざるをえないなどとして，積極に解されている（判例として，最判昭和 28・10・15 刑集 7 巻 10 号 1934 頁〔百選 A40 事件〕）。これに対し，私人の嘱託鑑定は含まれないと解される（必要があれば，179 条により可能である）。ただし，私人がその学識経験に基づいて作成した「燃焼実験報告書」抄本につき 321 条 4 項の書面に準ずるとした判例がある（前出最決平成 20・8・27）。

第 2 に，その他の書面でこれに該当するものがあるかが問題となる。(裁)判例は，医師の診断書（最判昭和 32・7・25 刑集 11 巻 7 号 2025 頁），ポリグラフ検査結果回答書（東京高決昭和 41・6・30 高刑集 19 巻 4 号 447 頁），声紋鑑定書（東京高判昭和 55・2・1 判時 960 号 8 頁）をこれに含めている。

(7) 写真・録音テープ・ビデオテープ

写真・録音テープ・ビデオテープの成立には，人為的操作（撮影，録音・録画，編集等）が加わっている。これを考慮すれば，それらは「供述証拠」となり，その内容の真実性を要証事実とする場合は伝聞法則に従うこととなる。これに反し，その科学的・機械的な過程を重視すれば，「非供述証拠」となり，関連性が認められれば証拠能力が付与されることとなる。

UNIT 26 　伝聞(3)

　(i) 写　真　　写真と犯罪事実との関連性が立証されれば証拠能力が認められる(非供述証拠説＝関連性立証説)。写真は機械的方法で撮影等がされるものであるから，非供述証拠と考えられる。したがって，伝聞法則に服し，検証調書に準じて撮影者の証人尋問を要する(供述証拠説)，とはいえない。判例も，「犯行の状況等を撮影したいわゆる現場写真は，非供述証拠に属し，当該写真自体又はその他の証拠により事件との関連性を認めうる限り証拠能力を具備するもの」であって，「これを証拠として採用するためには，必ずしも撮影者らに現場写真の作成過程ないし事件との関連性を証言させることを要するものではない」とする(最決昭和59・12・21刑集38巻12号3071頁〔百選89事件〕)。

　問題となるのは，関連性の立証方法である。写真自体またはその他の証拠で関連性を立証することを認めるか，撮影者の証言を要するか，である。これは，撮影者不明，死亡や病気のときに差異が生ずる。現場写真は非供述証拠であるから，原則として証言がなくとも関連性の立証は可能であるが，撮影者の証言を得る方が立証は容易である。もっとも，撮影者不明の場合はいうまでもなく，死亡や病気の場合もその他の証拠での立証を認めるべきであろう[1]。

　以上に対し，犯行(被害)再現写真のような写真の意味内容の真実性が問題となるもの(供述写真)は，その内容の真実性を要証事実とする供述証拠であるから，伝聞法則に服する。ただし，撮影等の記録の過程が機械的操作によってなされることから，証拠能力を認める伝聞例外の要件のうち再現者の署名・押印は不要である(前述 *POINT 1* を参照)。

　(ii) 録音テープ　　現場録音(犯行現場での音響等を録音したもの)は，音声の意味内容ではなく音声自体が要証事実(立証事項)であるから，非供述証拠である。これに対し，録音された供述の意味内容の真実性が問題となる場合には，供述証拠と考えられる(供述録音)。この場合は，伝聞法則に服する。

---

1) 　条解841頁以下は，「科学的・機械的装置による記録」の場合でも，その全部を非供述証拠か否かで割り切ってしまうことは問題であり，従来の概念に当てはまらない，証拠として価値を最大限発揮でき，かつその誤謬の危険性を最小限にするような新たな証拠法則を定立すべきであると説く。すなわち，例えば，定点に設置されたオービスⅢのカメラで写した写真の場合と，警察官が通常のカメラで撮影した写真の場合とは，定型性，無謬性の点で異なるので，後者のような具体的場合ごとに特定の人間の人間的な誤謬の混入する危険性のあるもの(個別的に手で操作される機器による写真，録音等)については，原則として操作者本人が公判期日において操作過程を正当に行ったことを供述することが証拠能力の要件となるとしている。

II 伝聞書面（続）

　前者で問題となるのは，関連性の立証方法である。録音テープ自体またはその他の証拠で関連性を立証することを認めるか，録音者の証言を要するか，であり，現場写真の場合と同様に考えることができる。後者で問題となるのは，録音テープに供述者の書名・押印がない点である。再生供述が原供述者のものであることが音声や録音者の証言で立証されれば，関連性は立証することができる。ただし，伝聞例外の要件との関係では，録音等の記録の過程が機械的操作によってなされることから，供述写真の場合と同様に，供述者の署名・押印は不要と解される。もとより，偽造・変造の疑いがある場合には，録音者のみならず録音立会人，テープ保管者等の尋問も必要となり，その疑いが残る場合には関連性が否定されるべきであろう。

　(iii) **ビデオテープ**　基本的な性質は写真と同様である。すなわち，現場ビデオテープは，非供述証拠であり，伝聞法則の適用は受けない。裁判例には，テレビの録画ビデオテープについて，撮影者や編集者の主観的意図の介在により事実を正確に再現できなくなる危険があるため，321条3項の類推適用により，これらの者の証人尋問を要するとするものもある（大阪地決昭和48・4・16判時710号112頁）が，光学的・科学的原理を応用して機械的・科学的に作成され，供述の要素を含まないから，立証事項との関連性が明らかになれば，証拠採用できるとするものがあり（東京地決昭和55・3・26判時968号27頁），非供述証拠と考えられている。ただし，関連性の立証は，写真の場合よりもさらに慎重に行うべきであろう。

　テレビの画像をビデオ録画した場合は，録画は原テープの「写し」となるが，その内容が原本と同一であれば，原本と同一の証拠能力を認めることができる。裁判例では，写しの証拠能力の要件として，原本の存在，写しが原本を忠実に再現したものであること，写しによっては再現できない原本の性状が立証事項とされていないことが挙げられているが，原本の提出が不可能または著しく困難であることを要しないとされている（東京高判昭和58・7・13高刑集36巻2号86頁）。

■■■ *POINT 2*　取調べ DVD の証拠能力 ■■■■■■■■■■■■■■■■■■■■■■■■■■■■■■■■■■■

　被疑者取調べの録音・録画（可視化ともいわれる）の試行に伴い，取調べ過程が DVD に記録されたものが，証拠調べ請求される例が増えている。

UNIT 26　伝聞（3）

　このうち，レビュー方式（「供述調書作成後の取調べ場面」〔取調官が調書の原案の内容を確認しつつ，読み聞かせ，署名押印する場面〕を記録する一部録音・録画方式）により記録された DVD を，取調べにより得られた自白の任意性を立証するための証拠として使用する場合については，そこから自白の任意性を損なうような強制的状況や心理的圧迫はなかったことを推認することができるとすれば，証拠資料とされるレビュー状況は非供述証拠ということになる。DVD は録音・録画の対象となった状況の機械的記録であるから，DVD がレビュー状況を真正に記録したものであることが立証される限り，裁判所としては，こうした推認によって DVD に記録されたレビュー状況に自白の任意性との関連性が認められることを要件に，任意性立証のための証拠として許容しうるであろう。

　これに対し，ライブ方式（「供述調書作成を伴わない取調べ場面」も含め全過程を録音・録画する方式）の場合については，取調べ DVD を，自白の任意性立証のためだけでなく，自白調書に代えて証拠調べ請求するなどして積極的に罪体立証に使用しようとする（「取調べ DVD の実質証拠化」）事例が生じており，裁判所はこれに否定的な立場と解されてきた（最近のものとして，東京高判平成 28・8・10 高刑集 69 巻 1 号 4 頁）が，取調べ DVD を実質証拠として採用した事例も複数存在している。このような DVD は，被告人の公判廷外供述の記録物であるから，刑訴法 322 条 1 項の準用が可能であり，実質証拠としての証拠能力は認めうるであろう。ただし，DVD は供述を機械的に録音・録画するものであるとして，原供述者の署名・押印は不要といえよう。しかし，その場合でも，DVD 記録が真正に作成されたことの立証が必要である。さらにまた，DVD 音声・映像の及ぼす影響力の大きさに鑑みて，自然的関連性が疑問視される余地もあろう（しかし，これは，可視化の要求と矛盾することになろう）。

POINT 3　実況見分を含む捜査報告書の証拠能力

　A は，交差点で赤信号を無視し，自車両を左折しようとしたため，折から自転車で歩道を渡ろうとしていた通行人 V を死亡させたとして，過失運転致死傷罪（自動車運転致死傷 5 条）で起訴された。公判で，検察官 P

は，立証趣旨を「犯行状況」とし，Ａを現場に立ち会わせて実施した実況見分の結果を記載した司法警察員Ｋ作成の捜査報告書の証拠調べを請求したが，Ａの弁護人Ｂは「不同意」との意見を述べた。この事例において，捜査報告書には，道路の幅員，信号機の位置等交差点の状況のほか，①Ａが指示した自車と被害者の衝突地点，②赤色信号を無視して交差点を左折し，ブレーキを踏んだが間に合わなかった旨のＡの供述が記載されていた。また，③実況見分の際には，Ｖ運転自転車と同一型の車両を用い，Ａの説明に基づき，事故直前のＶ運転自転車車両の走行経路を再現させ，同調書添付の現場図面には，④その走行経路が記載されるとともに，その再現状況を撮影した写真５葉が添付されていた。裁判所は，この捜査報告書を証拠として取り調べることができるか。

　実況見分を含む捜査報告書は，検証調書を規定する刑訴法321条3項に「包含」されるから，作成者が公判期日において証人として尋問を受け，その真正に作成されたものであることを供述したときは，これを証拠とすることができる。

　①は，「現場での指示説明（現場指示）」であり，当該報告書と一体をなすものである。これに対し，②は，「現場供述」であり，刑訴法321条3項のほか，同条1項3号の要件を満たす必要があるところ，供述録取者の署名・押印という要件は満たさないので証拠能力は否定される。

　③④の「再現状況」，「再現写真」は，「現場写真」と同じく，実況見分調書と一体として証拠能力が認められるか。たしかに，機械的方法で撮影・現像される写真は，非供述証拠といえるので，少なくとも「現場写真」であれば，証拠能力は認められる。しかし，犯行現場の再現である再現写真は，再現行為自体を要証事実とするものではなく，再現内容の真実性を要証事実とする供述証拠というべきである。したがって，再現写真は実況見分調書と一体として証拠能力を認めるべきでなく，供述録取書に類するものとして伝聞例外の要件を満たす場合に限り，証拠能力を認めるべきである。事例では，犯行再現は動作により自白内容を表現したものと考えられるので，別途，刑訴法322条1項の要件も満たす必要がある。もっとも，写真は機械的過程を経て作成されるため，録取の正確性は担保されているといえるので，同項の供述者の署名・押印という要件は不要である。

UNIT 26 伝聞（3）

ただし，犯行再現者が被告人であることを確認する等して，関連性を立証する必要がある。それゆえ，本問写真は，刑訴法321条3項のほか，署名・押印を除く同条1項の要件も満たす場合に限り，裁判所は証拠採用することができる。

＊＊

(iv) **ビデオリンク方式による証人尋問の記録**　ビデオリンク方式による証人尋問（157条の6第1項）は，記録媒体に記録することができ（同条3項），この記録媒体は，訴訟記録に添付して調書の一部とされる（同条4項）。また，この記録媒体は，その後の公判で再生して（305条5項），証拠とすることができる（321条の2第1項）。例えば，共犯者A，Bのうち，被告人Aの公判で被害者がビデオリンク方式で証言したものを録画すれば，被告人Bの公判で被害者が証言を再度行うのを避けることができるため，被害者保護に資する。「前条第1項の規定にかかわらず，証拠とすることができる」（321条の2第1項）の趣旨は，ビデオテープの証拠能力要件の具備にかかわらず，無条件で証拠とすることができるということである。これは，裁判所が被害者証言を直接録画するため，321条2項の公判調書と同様の扱いをしたものと解される。ただし，この場合，裁判所は，その調書を取り調べた後，訴訟関係人に対し，その供述者を証人尋問する機会を与えなければならない（321条の2第1項2文）。これは，被告人の反対尋問権を保障するために，当該証人が再度証言することを予定したものである。

しかし，調書に記録された証人の供述は，295条1項前段（重複尋問の制限）ならびに321条1項1号（裁判官面前調書）および2号（検察官面前調書）の適用については，「被告事件の公判期日においてされたものとみなす」（321条の2第3項）。すなわち，ビデオテープの再生は，証人が当該公判期日において供述しているものとみなされるのであるから，別室で証人が供述しているのと同様に扱われることとなる。したがって，重複尋問は許されない。これにより，被害者が複数の公判で繰り返し証言させられる事態を回避するとともに，後の公判での被告人の反対尋問の保障にも配慮したのである。このように理解するならば，重複尋問としてでなく許される反対尋問は，すでに行われた反対尋問部分については許されず，新たな反対尋問部分に限られることとなろう（田口

417頁）。また，公判での供述が「前の供述と異なつた供述」であるとき（321条1項1号）および「前の供述と相反するか若しくは実質的に異なつた供述をしたとき〔加えて，相対的特信情況が存在するとき〕」（同項2号）には裁面調書ないし検面調書の証拠能力が認められるところ，ビデオテープの再生であっても，公判供述と同様に扱われる。例えば，共犯者Aの公判で被害者が行った証言を記録した媒体を，共犯者Bの公判で再生したところ，その供述内容が，被害者の以前の裁面調書ないし検面調書の内容と異なっている場合には，前者については相反供述，後者についてはそれに加えて相対的特信情況が認定できれば，それぞれ証拠能力が認められることとなる。

2 被告人の供述代用書面

刑訴法322条は，被告人の供述代用書面について，伝聞例外要件を規定している。

(1) 法322条1項書面

被告人が作成した供述書（例えば，被告人作成の日記帳，備忘録，上申書など），または，被告人の供述を録取した書面で被告人の署名もしくは押印のあるもの（例えば，検面調書，員面調書，弁解録取書，勾留質問調書）については，提出先や相手方のいかんを問わず，以下の要件の下で証拠能力が認められる。

(i) **その供述が被告人に不利益な事実の承認を内容とするものであるとき（322条1項前段）** この場合は，それが自白でない場合でも，319条に準じ，任意性に疑いがあるときは証拠とすることができない（322条1項ただし書）。

(ii) **不利益な事実でないときは，特に信用すべき情況の下にされたものであるとき（322条1項後段）** この場合は，絶対的特信状況を要する。

以上は，そもそも伝聞法則が適用されない結果として伝聞証拠が許容される場合の一例である。

(2) 法322条2項書面

被告人の公判準備または公判期日における供述を録取した書面は，任意性を要件として，その証拠能力が認められる（322条2項）。被告人の公判準備における供述としては，例えば，検証現場での被告人の指示説明，証人尋問における被告人の反対尋問としての供述などがある。被告人の公判期日における供述を録取した書面（公判調書）が使用されるのは，典型的には判決裁判所が異な

UNIT 26　伝聞（3）

る場合である。

3　特信文書（特に信用すべき書面）

　これは，類型的に高度の信用性が認められるとして，無条件で証拠能力が認められる書面である（法323条書面）。「前3条に掲げる書面以外の書面」と規定されているところ，供述代用書面で本条各号により証拠能力を取得しうるものには，前3条の適用がないという趣旨である。本条は，特に高度の信用性の保障が認められる書面を対象としているため，まず前3条の適用の有無を考え，その要件を満たさない場合に本条の適用を検討するというのは背理だからである（条解879頁以下）。

(1)　1号の書面（公務文書）

　戸籍謄本，公正証書謄本，「その他公務員（外国の公務員を含む。）がその職務上証明することができる事実についてその公務員の作成した書面」である。戸籍謄本は，公の原簿，台帳，登記簿等に記録または記載されている事項を内容とする書面の典型的例示である。また，公正証書謄本は，法令により特別の公証力の与えられている書面の代表的例示である。その他の書面としては，例えば，不動産登記簿や商業登記簿（謄本，抄本），印鑑証明，裁判書（謄本），検察官の不起訴裁定書，公の記録に基づくものが挙げられる。これに反し，捜査書類は含まれない。

(2)　2号の書面（業務文書）

　商業帳簿，航海日誌，「その他業務の通常の過程において作成された書面」である。商業帳簿は，金銭出納帳，仕入れ帳，売上帳のほか，貸借対照表や財産目録を含む。これに類するものとしては，証券類の発行簿，在庫品台帳などがあろう。現在では，商業帳簿類が電磁的記録で作成されることが多い。航海日誌に準ずるものには，航空日誌がある。その他の書面としては，医師が作成するカルテ，漁船の操縦位置に関する無線受信記録（最決昭和61・3・3刑集40巻2号175頁）などがある。

(3)　3号の書面（その他の特信文書）

　前2号に掲げるもののほか「特に信用すべき情況の下に作成された書面」である。「特に信用すべき情況」とは，321条1項3号と対比して，323条1号・2号に準ずるような高度の信用性を保障する類型的な外部的情況をいう。実務

Ⅱ　伝聞書面（続）

上多い例としては，信用ある金融機関の職員が作成した預金者との取引状況に関する報告書，定型的・非個性的な取引の過程で作成される書面（預貯金通帳，レシート）などが挙げられる。銀行支店次長が作成した日誌も（2号書面ではなく）3号書面に当たりうる（東京地決昭和53・6・29判時893号3頁③事件）。

UNIT 27

伝聞（4）——伝聞法則の例外③

Ⅲ　伝聞供述
Ⅳ　任意性の調査（325条）
Ⅴ　同意書面・合意書面
Ⅵ　証明力を争う証拠（弾劾証拠）（328条）

Ⅰ　伝聞法則の例外（UNIT 25）

Ⅱ　伝聞書面（UNIT 25・26）

Ⅲ　伝聞供述

1　伝聞供述（324条）

　伝聞供述は，公判における証人が，他の者の公判廷外での供述について述べるものであり，伝聞証拠の本来的な形態のはずである。しかし，法は，まず，書面についての伝聞例外規定を設けたのち，これを伝聞供述に準用するという規定の方法を採用した。もっとも，わが国では，伝聞例外の大多数は書面であるから，この方が実際的な規定形式であるともいえよう（田口419頁）。

　(1)　被告人以外の者の公判期日等における供述で被告人の供述を内容とするもの

　322条の規定（被告人の供述代用書面の証拠能力に関する規定）が準用される（324条1項）。裁判例によれば，「被告人以外の者」には捜査官も含まれるから，被告人を被疑者として取り調べて自白を得た捜査官の公判廷での供述も，本条によって証拠能力が認められることとなる（東京高判平成3・6・18判タ777号240頁）。

　(2)　被告人以外の者の公判期日等における供述で被告人以外の者の供述を内容とするもの

　321条1項3号の規定（裁判官・検察官面前調書以外の，被告人以外の者の供述代

用書面の証拠能力に関する規定）が準用される（324条2項）。

2 再伝聞（二重伝聞）

再伝聞（二重伝聞ともいう）について，法は明文規定を置いていない。

(1) AがBにある事実を伝え，BがCにそれを伝え，Cが公判期日等に供述する場合

AがBにある事実を伝え（第1伝聞過程），BがCにそれを伝え（第2伝聞過程），Cが法廷供述をしているので，伝聞過程が2つ含まれている。これについて，再伝聞証拠であるCの供述に証拠能力を肯定する立場は，まず第2伝聞過程に伝聞例外規定（324条2項・321条1項3号）を適用し，それをクリアしたら，次に第1伝聞過程に再度，伝聞例外規定（324条2項・321条1項3号）を適用し，これが認められれば，Cの供述は伝聞例外として証拠能力が付与されると説く。しかし，こうした伝聞例外の機械的適用は，理論的には際限なく続くことを認めてしまうため，伝聞禁止原則とは調和しないと批判されている（鈴木206頁，松尾下67頁）。

(2) AがBにある事実を伝え，Bが検察官Pにそれを伝え，Pが検面調書を作成した場合

この場合も，(1)の場合と基本的な構造は同じであるが，介在者が検察官である点が異なる。他方，AがBにある事実を伝え（第1伝聞過程），BがPにそれを伝え（第2伝聞過程），Pが検面調書を作成している（第3伝聞過程）ので，伝聞過程が3つ含まれているようにみえるが，Bの署名・押印により第3伝聞過程の伝聞性は解消されるので，再伝聞である。これについて，再伝聞証拠であるP作成の検面調書に証拠能力を肯定する立場は，まず第2伝聞過程に伝聞例外規定（321条1項2号）を適用し，それをクリアしたら，次に第1伝聞過程に再度，伝聞例外規定（324条2項・321条1項3号）を適用し，これが認められれば，P作成の検面調書は伝聞例外として証拠能力が付与されると説く。この場合は，同一の伝聞例外規定の重複適用はされていないので，その限度で再伝聞の証拠能力が認められるとするのである（田宮391頁）。

判例は，被告人Xの検面調書中に，共同被告人Yに由来する伝聞供述が含まれている事案で，321条1項2号，324条（2項・321条1項3号）により，当該部分をYに対する証拠とすることができるとして，再伝聞の証拠能力を肯

UNIT 27 伝聞(4)

定している（最判昭和 32・1・22 刑集 11 巻 1 号 103 頁〔百選 88 事件〕。なお，Y の反対尋問権については，原供述者も Y であり，そのような権利も権利侵害もないとしている）。ただし，供述調書に供述者の署名・押印が要求されている趣旨から，原供述者（この事案では Y）がその旨の発言をしたことの肯定確認ないし原供述の存在を確認できる他の証拠の存在が必要であるとされている（鈴木 213 頁，松尾下 68 頁。弾劾証拠ですらその存在につき厳格な証明を要するとする最判平成 18・11・7 刑集 60 巻 9 号 561 頁〔百選 87 事件〕と対比して，一層，原供述者の肯定確認を要すると説くものとして，光藤景皎『刑事訴訟法Ⅱ』〔成文堂，2013 年〕257 頁）。

Ⅳ　任意性の調査（325 条）

　以上の伝聞例外（321 条～324 条）の書面または供述については，任意性の調査が直接要求される場合（322 条 1 項ただし書・324 条 1 項）と，特信情況が要件とされていることにより事実上要求される場合（321 条 1 項 2 号ただし書 3 号ただし書・322 条 1 項後段・323 条 3 号・324 条 2 項）とがある。

　自白の任意性が証拠能力の要件となる場合と異なり，証拠調べ前に調査する必要はなく，証拠能力の評価に当たって調査すればよい（最決昭和 54・10・16 刑集 33 巻 6 号 633 頁）。

Ⅴ　同意書面・合意書面

1　同意書面（326 条）

　検察官および被告人が証拠とすることに同意した書面（同意書面）は，相当性（その書面が作成されたときの情況を考慮して相当であること）が認められれば，証拠能力が肯定される。また，同意のあった伝聞供述（同意供述）も，同様に証拠能力が認められる。証拠とすることの同意は，自白事件が多いこともあって，条文の配列とは異なり，実務ではもっとも活用され，主導的役割を担っている。これは，現行刑訴法に存在する合意的要素の表れである。なお，これも，伝聞不適用の一場面である。

V　同意書面・合意書面

■■ POINT　同意の効果 ■■■

　学説上は，反対尋問権の放棄であるとする見解が有力であるが，実務で
は，当事者が伝聞証拠に証拠能力を付与する訴訟行為と解される例が多い。
この問題に関しては，不利益供述を内容とする検面調書については，むし
ろこれに同意してその証拠調べを先行させ，その後で原供述者に対する反
対尋問を行って有利な供述を引き出す方が，弁護戦術として優れていると
されてきた（松尾下73頁）。

　そもそも当事者主義を前提とするならば，当事者には訴訟行為を処分す
る権限がある。したがって，伝聞証拠に対する同意は，責問権放棄という
処分権の行使とみることが可能である。他方，先の弁護戦術については，
旧刑訴法の方式であるとの批判のほか，特に公判前整理手続における証拠
開示の大幅な拡充に伴い，実務に変化が生じうるとの指摘がある。しかし，
裁判員裁判か非裁判員裁判かを問わず，必要な場面も想定されるし，一概
に不適切とまではいえない。それゆえ，同意は，当事者の手続処分権に基
づく証拠能力付与行為とみるべきであろう（田口422頁など参照）[1]。このよ
うに解するならば，同意があっても反対尋問権は放棄されていないので，
同意後に証人尋問することは可能となろう（ただし，証明力を争う機会を認
める308条参照）。

■■■

　326条1項の同意権者は，検察官請求証拠については，被告人である。とは
いえ，実務上は，弁護人が同意行為を代理して行っている。その結果，両者の
意思に齟齬を来すことがありうる。しかし，たとえ弁護人がその代理権に基づ
いて同意しても，被告人が反対すれば，その同意は無効である。被告人が公訴

1）　違法収集証拠物について証拠とすることの同意をすることができるか（これを肯定する判
　例として，最大判昭和36・6・7刑集15巻6号915頁〔百選A7事件〕）。326条の同意の対
　象は，書面または供述であり，証拠物ないし非供述証拠にその適用がないことは文理上明ら
　かである。ただし，当事者の手続処分権という同意の本質に照らせば，違法収集証拠物等に
　ついても，本条を準用して当事者が証拠とすることに同意した場合，それが当事者の放棄で
　きる権利である限り，証拠能力を肯定することができると考えることもできよう。実務上も，
　非供述証拠とされる現場写真やビデオテープなどについても，同意があれば，関連性などを
　調査せず，証拠能力ありとして証拠調べがなされている（条解896頁）。

405

UNIT 27　伝聞(4)

事実を全面的に否認している場合には，反対の意思を明示していなくても，弁護人の同意は無効と解する余地がある。被告人の意思が不明な場合には，裁判所はそれを確認すべきであろう（ただし，被告人と弁護人との信頼関係を損なわない配慮が必要である）。

　被告人が出頭しないでも証拠調べを行うことができる場合において，被告人が出頭しないときは，証拠とすることの同意があったものとみなされる。これを，同意の擬制という（326条2項本文）。同項は，被告人が秩序維持のため退廷を命ぜられ341条により審理を進める場合においても適用される（最決昭和53・6・28刑集32巻4号724頁〔百選〔9版〕A38事件〕）。ただし，代理人または弁護人が出頭したときは，同意は擬制されない（326条2項ただし書）。これらの者は，被告人に代わって同意・不同意の意見を述べることができる。もっとも，被告人の意思に反する意見を述べることはできない。

2　合意書面（327条）

　合意書面は，無条件で証拠能力が認められる。これは，従来あまり活用されてこなかったが，裁判員裁判およびそのための公判前整理手続の実施に伴い，活用が期待されている。また，これは，現行刑訴法に存在する合意的要素の表れである。なお，これも，伝聞不適用の一場面である。

Ⅵ　証明力を争う証拠（弾劾証拠）（328条）

　刑訴法321条から324条までの規定により（すなわち，伝聞法則の適用により）証拠とすることができない書面または供述であっても，公判準備または公判期日における被告人，証人その他の者の供述の証明力を争うためには，これを証拠とすることができる（328条）。供述の証明力を弾劾する証拠であるから，「弾劾証拠」とよばれる。例えば，証人Wが法廷で「犯人は（ここにいる）Aである」と証言したが，Wが法廷外で「犯人はAでない」と供述していた場合，法廷証言には証拠能力があるが，法廷外供述（321条1項3号の要件を満たさない員面調書など）に証拠能力がないことが考えられる。このような場合に，法廷供述の証明力を争うために使用することを認めるのが，328条である。ここでは，「犯人はAでない」という事実を立証するのではなく，2つの自己矛

Ⅵ　証明力を争う証拠（弾劾証拠）（328条）

盾供述（不一致供述）があることを立証して，いずれかの供述は虚偽であり，法廷供述は信用できないことを立証しようとするのである。したがって，弾劾証拠を実質証拠とすることは許されない（最決昭和28・2・17刑集7巻2号237頁）。

　第1に，弾劾証拠として証拠とすることができるのは供述者の自己矛盾供述に限られるかが問題となる。証明力を争うものであれば自己矛盾供述に限られないとの見解（非限定説）もあるが，証人Wの証言を弾劾するために，別人Zの証拠能力のない法廷外供述の使用を許してしまえば，これを実質証拠とするのと変わりなくなってしまう。したがって，自己矛盾供述に限る（限定説）のが一般的な考え方である。判例（前出最判平成18・11・7）も，「刑訴法328条は，公判準備又は公判期日における被告人，証人その他の者の供述が，別の機会にしたその者の供述と矛盾する場合に，矛盾する供述をしたこと自体の立証を許すことにより，公判準備又は公判期日におけるその者の供述の信用性の減殺を図ることを許容する趣旨のもの」であるとして，この立場に立つ。このように理解するならば，弾劾証拠は非伝聞であり，本来は明文がなくとも使用が可能である。それゆえ，本条は，伝聞証拠であっても弾劾目的で非伝聞証拠として使用するのであれば差し支えない旨を注意的に規定したものと解されよう（鈴木216頁）。

　第2に，弾劾証拠にも証拠能力を要求されるか（厳格な証明を要するか）が問題となる。判例（前出最判平成18・11・7）は，「別の機会に矛盾する供述をしたという事実の立証については，刑訴法が定める厳格な証明を要する趣旨である」から，「刑訴法328条により許容される証拠は，信用性を争う供述をした者のそれと矛盾する内容の供述が，同人の供述書，供述を録取した書面（刑訴法が定める要件を満たすものに限る。），同人の供述を聞いたとする者の公判期日の供述又はこれらと同視し得る証拠の中に現れている部分に限られる」として，原供述者の署名・押印のない書面は328条が許容する証拠に当たらないとした。これによれば，弾劾証拠であっても証拠能力は要求される。例えば，任意性を欠く自白や証拠排除される違法収集証拠も，弾劾証拠として使用できないこととなろう。

　第3に，「証明力を争う」の意味が問題となる。すなわち，「減殺」のほか「増強」や「回復」を含むのか，である。「争う」という文言や伝聞法則潜脱の

UNIT 27　伝聞(4)

おそれの回避のため，増強証拠は含まれないが，回復証拠の提出は弾劾証拠に対する弾劾（再弾劾）であり結果的に元の供述の証明力が回復されるのであるから，許されるであろう（東京高判昭和54・2・7東高刑30巻2号13頁）。なお，一致供述は回復証拠として最も重要であるが，不一致供述をしたことが確実であれば，他にいかに多くの一致供述があっても，供述間の矛盾は消えず法廷供述の信用性も高まらないから，関連性に乏しいとの批判もある。しかし，一致供述は自己矛盾供述に矛盾する供述であるから，自己矛盾供述が弾劾証拠として許容される以上，一致供述も許容されてよく，また，同一人が一致供述をしているということは，証明力の回復に何らかの効力はあるから，許容して，後は裁判官の心証（証明力判断）に委ねればよいであろう。

　第4に，弾劾証拠は被弾劾証拠の証拠調べ後に作成されたものも許されるかが問題となる。法廷供述以後になされた不一致供述の許容性については，文言上明かでないが，判例（最判昭和43・10・25刑集22巻11号961頁〔百選A51事件〕〔八海事件〕）は，「公判準備期日における証人Wの尋問終了後に作成された同人の検察官調書を，右証人の証言の証明力を争う証拠として採証した原判決の説示は，必ずしも刑訴法328条に違反するものではない」とし，供述の前後を問わないとした（同旨，前出東京高判昭和54・2・7など）。これに対しては，公判中心主義や当事者対等の原則等に反する，手続の適正さに疑問があるなどとして，証言以後の供述内容を利用しようとするのであれば当該証人を公判廷に再喚問するのが筋であるとの批判が強い。しかし，十分な反対尋問の行われた証人の再尋問請求は，必要性に乏しいとして却下すべき場合が通例である。そこで，裁判所としては，証言後作成の書面も弾劾証拠として一応許容し，これを証人尋問の内容と対比検討して必要性が認められれば再尋問を行うものとすべきであろう。

UNIT
28
裁　判

Ⅰ　裁判の意義・種類
Ⅱ　裁判の内容
Ⅲ　裁判の効力
Ⅳ　一事不再理の効力

Ⅰ　裁判の意義・種類 ─────────────────────

1　裁判の意義

　裁判という用語は，きわめて多義的に用いられるが，刑事訴訟においては，裁判機関（裁判所または裁判官）の意思表示を内容とする訴訟行為をいう。したがって，有罪・無罪の判決のみでなく，捜査での令状発付や裁判長の訴訟指揮上の処分なども含まれる。しかし，裁判機関の訴訟行為であるから，書記官，検察官等の行為と区別され，また，意思表示的行為であるから，証拠調べ等の事実行為と区別される。

2　裁判の種類

　裁判は，種々の観点から分類することができるが，主な区別は次のとおりである。

⑴　判決・決定・命令

　これは，裁判の形式による区別であり，実定法上認められている（43条）。具体的には，主体，手続内容，不服申立て方法に違いがある（**図表 28-1** 参照）。このほかにも，決定・命令については，口頭弁論を要しないが事実の取調べはできる（43条2項3項）とか，判事補1人で行うことができる（45条）などの特則がある。

　なお，略式命令（461条以下）は，命令という語が用いられてはいるが，決定の特殊な場合である。

409

UNIT 28 裁 判

図表 28-1 〔判決・決定・命令〕

	主体	口頭弁論	理由	不服申立て
判決	裁判所	必要	必要	控訴・上告
決定	裁判所	任意	上訴を許す	抗告
命令	裁判官	任意	とき必要	準抗告

(2) **終局裁判・非終局裁判（終局前の裁判・終局後の裁判）**

　これは，裁判の機能による区別である。終局裁判とは，当該審級における訴訟手続を終了させる効果をもつ裁判をいい，管轄違いの判決（329条），有罪・無罪の判決（333条・334条・336条），免訴の判決（337条），公訴棄却の判決・決定（338条・339条）などがある。上訴審における上訴棄却や破棄差戻しの裁判もこれに当たる。

　非終局裁判には種々のものがあり，終局裁判に到達する過程で生ずる手続上の問題を処理するための終局前の裁判と，終局裁判後にそれに付随して生じた問題について行われる終局後の裁判とに分けられる。前者の例としては，訴訟指揮の裁判，証拠調べに関する裁判などがあるが，法的安定性の原理が支配する終局裁判と異なって合目的性の原理が働くので，広く撤回・変更が認められる。また，一般に独立の意味をもたないので，原則として上訴は許されない（420条）。後者の例としては，上告審の訂正判決（415条），訴訟費用執行免除申立てに対する決定（500条，刑訴規295条の2）などがあげられる。

(3) **実体裁判・形式裁判**

　これは，裁判の内容による区別である。実体裁判とは，申立ての理由の有無を判断する裁判をいい，形式裁判とは，申立ての有効・無効（適法・違法）についての裁判をいう（広義）。

　しかし，この区別は，一般に，公訴提起に対する裁判（公判の裁判）について用いられる（狭義）。すなわち，公訴の理由の有無（被告事件の実体そのもの）を判断する裁判を実体裁判といい，手続上の理由から訴訟手続を打ち切る裁判を形式裁判という。前者には，有罪・無罪の判決があり，後者には管轄違いの判決，公訴棄却の判決・決定がある。免訴の判決も形式裁判と解するのが，判例（最大判昭和23・5・26刑集2巻6号529頁〔百選A47事件〕〔プラカード事件〕）・通説である。統計上は，公判の裁判の圧倒的多数が実体裁判（とくに有罪判決）

I 裁判の意義・種類

であるが,「形式裁判」論は,検察官の訴追活動のコントロールや実体的真実主義との対立等の訴訟の根本問題に連なるなどの理由で,基礎理論上重要とされている(田宮 418 頁注(3))。

3 裁判の成立

(1) 内部的成立と評議

裁判の意思表示的内容が裁判機関の内部で決定されることを,裁判の内部的成立という。内部的成立があれば,その後に裁判官が交替しても,公判手続を更新せずに告知の手続を進めることが許される(判決につき,315 条ただし書参照)。この点に内部的成立を論ずる意味がある。その具体的な時期については,単独制(1 人制)の場合には手続の明確性という観点から裁判書作成時であり,合議制の場合は裁判官(裁判員裁判の場合は裁判員も含む。以下,同じ)全員の評議の終了時というのが,一般的な理解である。これに対しては,内部的成立は裁判内容をそのまま告知してよい段階に認められるのだから,合議制の場合にも手続の明確性を考慮して裁判書作成のときと解する見解も有力である(平野273 頁,田宮 419 頁など)。ただし,裁判書を作成しないときは,告知により内部的にも外部的にも同時に成立するので,内部的成立を問題とする意味はない。

合議体の意思決定には,裁判官全員の評議(広義。狭義の評議と評決から成る)を経る必要がある。評議(狭義)とは,構成員である裁判官の間の意見交換をいう。評議は,裁判長がこれを開きかつ整理する(裁 75 条 2 項)が,原則として公行せず(同条 1 項),その内容について各裁判官は原則として守秘義務を負う(同条 2 項。最高裁判所の場合の例外につき,同 11 条参照)。各裁判官は,評議において,意見を述べなければならない(同 76 条)。

■■ POINT 1 評議の方法 ■■■■■■■■■■■■■■■■■■■■■■■■■■■■■■■■■■■■■■

裁判所は,評議を尽くしても意見がまとまらないときは,評決により,合議体としての意見を決定する。原則として過半数の意見による(裁 77 条1 項。最高裁判所の違憲判決の場合の例外につき,最事規 12 条参照)が,意見が3 説以上に分かれそれぞれ過半数に達しないときは,過半数になるまで被告人にもっとも不利な意見の数を順次利益な意見の数に加え,その中でもっとも利益な意見による(裁 77 条 2 項 2 号)。例えば,3 人の裁判官 A,B,

411

UNIT 28 裁 判

Ｃが，それぞれ懲役３年，２年，１年を主張した場合には，被告人にもっとも不利益なＡの意見をＢの意見に加えると過半数になるから，その中でもっとも利益な意見である懲役２年が裁判の内容となる。これは，量的な意見の相違にすぎないときは，もっとも不利益意見が否定されれば次に不利益な意見に賛成するはずだとの考え方による（平野272頁）。

　これに対し，質的に異なる３つの意見が主張された場合には，結論（主文）について評決すべきだとする結論説（主文説）と理由から評決すべきだとする理由説との対立がある。例えば，裁判官Ａ，Ｂ，Ｃが，殺人の訴因につき，それぞれ有罪，正当防衛で無罪，責任無能力で無罪を主張した場合，結論説によれば，２対１で無罪となるのに対し，理由説によれば，構成要件には３対０で該当するが，正当防衛や責任無能力には１対２で該当しないとして有罪となる。刑事の実体裁判については結論説が多数説である（平野272頁，小田中聰樹『ゼミナール刑事訴訟法（下）』〔有斐閣，1988年〕202頁）。しかし，現行法は，裁判に理由を付することを要求している（44条１項）のに，結論説では合議体として統一的な理由が示せなくなること，それぞれの無罪理由につき３分の１しか支持者がいない以上，有罪としても「疑わしいときは被告人の利益に」の原則に反しないこと等の批判があり，理由説も有力である（例えば，中野次雄『刑事法と裁判の諸問題』〔成文堂，1987年〕192頁以下，田宮420頁）。この立場からは，罪責問題については，ある訴因につき有罪か否かという形ではなく，構成要件該当性の有無，個々の違法性阻却事由・責任阻却事由の有無などについて各別に評決すべきこととなろう。

(2) 外部的成立

　裁判は，これを受ける者に告知することで外部的に成立し，その時点から，各種の裁判の効力が発生する。これが外部的成立を論ずる実益である。裁判の告知は，公判廷では宣告等によって行う（刑訴規34条）が，もっとも重要な裁判である判決については，常に公判廷での宣告によって告知する（342条）。

　宣告は，裁判長が，主文および理由を朗読するか，主文の朗読と同時に理由の要旨を告げなければならない（刑訴規35条）。ただし，裁判書が宣告時に作

I 裁判の意義・種類

成されている必要はない（刑訴規 219 条）。しかし，主文については「朗読」を要することから，少なくとも主文については書面が作成されている必要があると解するのが一般である（判例として，最決昭和 45・4・20 判時 591 号 98 頁。これに対し，「朗読」とは全文を告げなければならない趣旨だと解するものとして，平野 274 頁）。告知された裁判内容と裁判書の記載内容がくい違った場合には，前者が基準となる。ただし，判例は，裁判は宣告それ自体ではなく宣告のための公判期日が終了してはじめて外部的に成立するとの立場から，朗読を誤った場合にその訂正を有効とし（最判昭和 47・6・15 刑集 26 巻 5 号 341 頁），さらに，いったん宣告した判決内容の変更も違法でないとしている（最判昭和 51・11・4 刑集 30 巻 10 号 1887 頁）が，言直し可能な時期・内容について批判が強い（横川敏雄・百選〔5 版〕204 頁，田口 428 頁など）。なお，公判廷外でする裁判の告知は，裁判書の謄本を送達して行うのが原則である（刑訴規 34 条）。

　裁判の効力のうち，確定力（後出Ⅲ参照）は裁判の確定をまつ必要があるが，裁判が外部的に成立すると，当該裁判機関は，原則としてみずからこれを撤回・変更することができなくなる。これを，自己拘束力（羈束力，自縛力）という。ただし，終局前の裁判については，合目的性の原理により広く撤回・変更が認められるし，終局裁判の場合でも，まだ確定力発生前の段階なので，上告審による判決の訂正（415 条），原審の再度の考案による公訴棄却決定の更正（423 条）などの例外が認められている。

　なお，外部的成立に伴って当事者に上訴権が生ずるほか，終局裁判の告知により勾留などに関していくつかの付随的効果が発生する（343 条〜345 条など参照）。

≋≋ POINT 2　**裁判書** ≋≋

　裁判をするときは，原則として裁判書（「さいばんがき」と読み，裁判の形式により判決書，決定書，命令書がある）を作成しなければならない（刑訴規 53 条。内容につき，刑訴規 54 条以下）。ただし，決定・命令を宣告する場合には，裁判書を作らないで調書に記載させてもよく（刑訴規 53 条ただし書），判決についても，地裁・家裁・簡裁では，上訴の申立てがなく判決書謄本の請求もないときは，主文などを調書の末尾に記載させて裁判書に代えることができる。これを，調書判決という（刑訴規 219 条）。したがって，刑

UNIT 28 裁　判

訴法上は，裁判書の告知前の作成は要求されていない（判例として，最判昭和 25・11・17 刑集 4 巻 11 号 2328 頁）。実務でも，判決言渡しは草稿によって行われ，その後に判決書が作成されるのが通例である（松尾浩也編『刑事訴訟法Ⅱ』〔有斐閣，1992 年〕345 頁注(1)〔飯田喜信〕）。迅速な裁判の観点からは理解できないわけではないが，少なくとも争いのある事案では事前作成が望ましいであろう。

　裁判書には，さまざまな記載事項が必要とされる（詳しくは，後出Ⅱ参照）ほか，歴史と伝統を踏まえて実務上一定の型や慣例が形成されている。しかし，「開かれた裁判所」「分かりやすい裁判」の理念に基づき，裁判書の様式・表現を分かりやすくするための工夫が裁判所内部で試みられるようになった（いわゆる新様式）[1]。この方向は，裁判員裁判の導入に伴い，さらに推し進められるべきである。ただし，その際には，審理や評議を十分に反映させ，裁判員や国民一般に分かりやすいだけでなく，被告人にとっても理解や納得を得られるものである必要があろう。今後は，これらを契機として，一層，司法の民主化や現代化に向けた改善が期待されるところである。

Ⅱ　裁判の内容

1　主文と理由

　裁判は，主文と理由からなる（44 条，刑訴規 35 条）。主文とは，裁判の対象事項についての最終的結論であり，裁判の種類により異なる。有罪には刑の言渡しの判決（333 条 1 項）と刑の免除の判決（334 条）とがあるが，前者の場合には，「被告人を懲役○年（ほかに，死刑，無期懲役，罰金△円など）に処する。」

---

1)　東京地裁・大阪地裁刑事判決書検討グループ「刑事判決書の見直しについて（提言）（全 4 回）」判タ 755 号 10 頁・766 号 6 頁・777 号 8 頁・796 号 6 頁（1991〜92 年）など参照。具体的には，文章を平易化・短文化する，「罪となるべき事実」を純化する（「犯行に至る経緯」を「量刑事情」に回す），「証拠の標目」等の記載を合理化して分かりやすくする，出席検察官のほか弁護人の氏名も記載する，などの工夫が挙げられている。なお，2001（平成 13）年 1 月から裁判文書が A 判横書き化されたため，裁判書の様式も変更されている。

Ⅱ 裁判の内容

という具体的な宣告刑（主刑）のほか，未決勾留日数の算入（刑21条），刑の執行猶予・保護観察（333条2項，刑25条・25条の2），労役場留置（刑18条），没収・追徴（刑19条・19条の2など），押収物の還付（347条1項2項），仮納付（348条），訴訟費用の負担（181条以下）などの付随処分が表示され，罪名は，理由中の法令の適用（335条参照）の箇所で示される（これに批判的なものとして，田口454頁）。後者の場合は，主文で刑を免除する旨を言い渡す。無罪の場合（336条）は，主文に「被告人は無罪。」と記載される。

裁判に理由を付するのは，近代法の所産の1つである。その主な機能は，裁判機関の恣意を防止すること，訴訟関係人（ひいては国民）を納得させること，上訴審が原裁判の当否を審査するための資料を提供することにある（田宮裕『刑事訴訟法講義案〔増補第4版〕』〔宗文館書店，1982年〕78頁など）。したがって，理由は，これらの機能を果たすよう具体的に示さなければならない。なお，判決についてはつねに理由を付する必要があるが，上訴を許さない決定・命令には原則として理由は不要である（44条2項）。

2 有罪判決の内容

(1) 犯罪の証明

有罪判決は「犯罪の証明があつた」ときに言い渡される（333条1項）。「犯罪の証明があつた」とは，訴因について「合理的な疑いをいれない」程度の確信が得られ（事実の認定），刑罰法令のあてはめにより犯罪の成立が認められた（法令の適用）ときをいう。「合理的な疑い」が残るときは，「疑わしいときは被告人の利益に」の原則により有罪にできない。訴因に示された犯罪事実がそのまま認定されれば「犯罪の証明があつた」といえるのは当然であるが，「大は小を兼ねる」の原則から訴因の一部を認めることも許される（縮小認定ないし一部認定）。ただし，これは，認定事実についても検察官が訴追意思を有する場合に限られる。

POINT 3 択一的認定

難しい問題は，いわゆる択一的認定が許されるか否かである[2][3]。択一

---

2) 詳しくは，大澤裕「刑事訴訟における『択一的認定』(1)〜(4・完)」法協109巻6号919頁（1992年），111巻6号822頁（1994年），112巻7号921頁（1995年），113巻5号711

UNIT 28　裁　判

的認定は，広義では予備的認定と不特定認定も含む。予備的認定とは，別
個の構成要件に該当する２つの事実の間に大小（包摂）関係がある場合に
大なる事実に疑いがあるとして小なる事実を認定することをいう（例えば，
既遂の成否が不明として未遂を認定する場合）。この場合は，少なくとも小な
る事実の限度で確信が得られているから問題なく許される。また，不特定
認定とは，同一構成要件内で数個の事実のいずれかが不特定な場合にこれ
を厳密に特定しないで認定することをいう（例えば，犯罪の日時につき「３日
頃」と認定する場合）。この場合も，全体としてみて一定の構成要件該当事
実が認定されていれば許容される（強盗の単独犯と共同正犯との択一的認定を
認めた東京高判平成４・10・14 高刑集 45 巻３号 66 頁は，両者を同一構成要件内の
事実とみたものと思われる。一方，覚せい剤の単独所持が明白であれば，共謀の疑
いがあっても択一的認定は不要とした東京高判平成 10・６・８判タ 987 号 301 頁も
参照）。

　これらに対し，狭義の択一的認定は，異なる構成要件にわたる２個の事
実のうち，いずれかであることは確実だがそのいずれかが不明の場合に問
題となる（例えば，窃盗と盗品譲受けとの間で，いずれかで有罪ないし軽い盗品
譲受罪で有罪と認定する場合）。実務家の中にはこれを許容する見解も有力で
あり（中野次雄・百選〔５版〕206 頁など），裁判例も分かれている（肯定例と
して，札幌高判昭和 61・３・24 高刑集 39 巻１号８頁，否定例として，大阪地判昭
和 46・９・９判時 662 号 101 頁）が，通説は，「疑わしいときは被告人の利益
に」の原則に反する，明文なく合成した構成要件で処罰したことになり罪
刑法定主義に反する，嫌疑刑を科することになる等を論拠に択一的認定を
否定している（平野 280 頁注(3)，松尾下 128 頁，田宮 423 頁など）。

頁（1996 年），同「いわゆる単独犯と共同正犯の択一的認定について」『田宮裕博士追悼論
　集下巻』481 頁など参照。
3)　これに対し，訴因の一部認定は許される。関連して，最決平成 21・７・21 刑集 63 巻６号
　762 頁は，共謀共同正犯者の存在に言及することなく，被告人が単独犯の訴因で起訴された
　場合に，被告人１人の行為により犯罪構成要件のすべてが満たされるときは，他に共謀共同
　正犯者が存在するとしても，訴因どおりに犯罪事実を認定することができる，とする。これ
　は厳密には，訴因の一部認定ではなく一部起訴の適否が問題となりうるが，考え方は同様で
　ある。もっとも，共謀共同正犯者の存在が量刑に影響を及ぼす場合には，単独犯と共犯の択
　一的認定が問題となりうる。

Ⅱ　裁判の内容

(2)　刑の量定（量刑）

　罪となるべき事実が認定され法令のあてはめがなされると，刑の量定（量刑）が行われる。量刑とは，広義では，法定刑から処断刑を導いたのち宣告刑を決定し，さらに執行猶予の許否，保護観察の要否などを決める全手続をさすが，狭義では，処断刑から宣告刑を導く際の刑の数量的決定をいう。量刑は，事実認定の陰に隠れがちであるが，公判審理の開かれる事件の9割以上が自白事件というわが国の現状では，被告人をはじめ訴訟関与人の主要な関心は量刑にあるとみてよい。

　量刑にあたって，裁判官は，しばしば裁量的判断を要求されるが，法は量刑の基準をほとんど示しておらず（改正刑法草案48条2項参照），起訴猶予の基準（248条）が類推できるだけである。実務上は，検察官の求刑（293条1項参照）といわゆる「量刑相場」が裁判官の判断を支えているといわれている。なお，量刑の資料・手続との関係では，罪責認定手続と量刑手続とを明確に区別すべきであるという手続二分論（公判二分論）が注目される（田宮425頁，杉田宗久『裁判員裁判の理論と実践〔増補版〕』〔成文堂，2013年〕193頁以下など参照）。

■■■ POINT 4　余罪と量刑 ■■

　　量刑で問題となるのは，起訴されていない余罪を考慮できるか，である。判例は，「起訴されていない犯罪事実をいわゆる余罪として認定し，実質上これを処罰する趣旨で量刑の資料に考慮し，……被告人を重く処罰すること」（①実質処罰類型としての余罪考慮）は許されないが，「刑事裁判における量刑は，被告人の性格，経歴および犯罪の動機，目的，方法等すべての事情を考慮して，裁判所が法定刑の範囲内において，適当に決定すべきものである」から，その「量刑のための一情状として，いわゆる余罪をも考慮すること」（②情状推認類型としての余罪考慮）は，必ずしも禁じられるものでなく，憲法31条・39条に違反しない，とする（最大判昭和41・7・13刑集20巻6号609頁，最大判昭和42・7・5刑集21巻6号748頁）。①類型が許されないのは当然である（名古屋高判平成10・1・28高刑集51巻1号70頁など）が，②類型については，余罪は悪性格の代表であるから，これを一切量刑資料から排除するのも行き過ぎである。とはいえ，②類型の形をとりながら①類型が行われる危険を避ける必要がある。しかし，やはり両者

UNIT 28 裁 判

の区別は実際上困難である。そこで，たとえば，余罪が重大犯罪であると
か，余罪につき被告人が否認しているような場合には，①類型に当たると
みるべきであろう（これに対し，余罪が多数というだけでは，これに当たらない
であろう）。

(3) 有罪判決の理由

　裁判の中でも有罪判決はとくに重要なので，法は，理由として示すべき事項
を厳格に定型化している（335条）。

　(ⅰ) **罪となるべき事実（犯罪事実）**　　特定の犯罪構成要件に該当する具体的
事実，責任条件（故意・過失）に関する事実，および構成要件の修正形式（未
遂・共犯等）に当たる事実をいう。「理由」が要求される趣旨から，できるだけ
具体的に表示する必要があり，あまりに大まかな事実認定は理由不備（378条4
号）の違法を問われうる。

　問題は，どの程度の具体性が必要かである。判例は，犯罪の日時・場所等は
罪となるべき事実に属さないので，犯罪事実を特定しうる限り具体的に表示し
なくてもよいとし（例えば，最判昭和24・4・14刑集3巻4号547頁），また，共謀
共同正犯における共謀を罪となるべき事実に属するとしつつ，共謀の日時・場
所等の詳細まで示す必要はないとしている（最大判昭和33・5・28刑集12巻8号
1718頁〔百選A43事件〕〔練馬事件〕。実務もこれに従い，単に「共謀の上」と表示さ
れている）が，学説上は，いずれにも批判が強い（平野274頁，高田卓爾『刑事訴
訟法〔2訂版〕』〔青林書院新社，1984年〕481頁など）。なお，構成要件に該当すれ
ば違法性・責任の存在は事実上推定されるので，特に問題となる場合のほかは
逐一表示する必要はない。これに対し，処罰条件に当たる事実や刑の加重減免
の理由となる事実については表示しなければならない。

　(ⅱ) **証拠の標目**　　罪となるべき事実の認定を支える証拠の表題・種目を
いう。例えば，「被告人の当公判廷における供述」とか「司法警察員作成の実
況見分調書（検察官請求番号8）」などである。これは，裁判官の事実認定の合
理性を担保し，かつそれに対する批判を可能にするため挙示が必要とされる
（高田・前掲483頁，鈴木235頁）。旧法では，「証拠ニ依リ之〔罪となるべき事
実〕ヲ認メタル理由ヲ説明」すること（360条1項），すなわち「証拠説明」が

418

要求されていたが，現行法は，裁判官の負担軽減のため「証拠ノ標目」を示せば足りるとした戦時刑事特別法（1942〔昭和17〕年。26条）を承継し，裁判官に判決書の作成よりも公判での心証形成に集中させることとしてその簡易化をはかった。ただし，認定された事実と証拠との具体的な結び付きを示すという証拠説明の本旨まで変更されたわけではなく，また，現行法の基調をなす当事者主義からみて当事者の納得する説明が求められていると解される。実務では，証拠の内容はもちろんどの証拠のどの部分を採用したかを示す必要はなく，証拠採否の理由や心証形成の過程を説明することも要しないとされているが，被告人が事実関係を激しく争う事案や事実認定が複雑・困難な事案では，証拠説明を付加する例も少なくないようである。しかし，自由心証主義の合理性を担保するためむしろ原則として証拠説明を要するとの見解も根強い（庭山英雄『刑事訴訟法』〔日本評論社，1977年〕201頁以下）。

(iii) **法令の適用**　認定された事実に対し実体刑罰法規をあてはめて主刑を導いた過程を明示することをいう。これにより，罪刑法定主義の遵守を保障するのである（高田・前掲484頁，鈴木236頁）。具体的には，構成要件・法定刑を示す規定（未遂・共犯等の総則規定も含む）の適用のほか，科刑上一罪の処理，刑種の選択，累犯加重，法律上の減軽，併合罪の処理，酌量減軽などを摘示するとともに，未決勾留日数の算入などの付随処分についても法令上の根拠を示すべきものとされる（松尾下147頁など）。その方式には文章式と羅列式とがあるが，「法令の適用」は「適用した法令」と区別しなければならない。この点につき，判例は，いかなる法令を適用して主文の判断に至ったかがわかれば法令の羅列も違法でないとしている（最判昭和28・12・15刑集7巻12号2444頁）。実務では，一般に，単なる羅列式でなく文章式が行われてきたが，いわゆる新様式では，適用法令を小見出しとともに配列する羅列式が採用されている。

(iv) **特別の主張に対する判断など**　法律上犯罪の成立を妨げる理由または刑の加重減免の理由となる事実について当事者から主張があったときは，裁判所はこれに対する判断を示さなければならない（335条2項）。これは，当事者（検察官も含む）の主張を裁判所が無視しなかったことを明らかにするという当事者主義の精神に由来する（田宮427頁）。「法律上犯罪の成立を妨げる理由となる事実」とは，いわゆる阻却事由（違法性阻却事由，責任阻却事由など）となる事実をいう。訴訟条件欠缺や刑罰法令の違憲無効の主張はこれに含まれない。

UNIT 28 裁 判

「刑の加重減免の理由となる事実」とは，加重減免が必要的な場合に限るとするのが判例・通説である（これに対し，当事者主義的な事実認定からは裁判所に争点に対する応答義務がある〔田口 462 頁〕などとして，任意的な場合も含むとする説も有力である）。単なる犯罪事実の否認や有利な情状の主張はいずれにも当たらない。以上の主張は，公判廷でのものならば審理のいずれの段階でなされたものでもよい。また，当事者の主張が単なる否認か法定の主張かが判然としない場合には，裁判所は釈明によりその真意を確認すべきであろう。実務では，判決書中に「弁護人の主張に対する判断」などの項を設けてまず主張を要約したうえ，これに対する判断の理由・結論を示すのが一般である（必要的判断事項以外の事項に関する主張についても行われることが少なくない。松尾編・前掲 366 頁以下〔日比幹夫〕）。

なお，量刑の理由の判決書への記載は法 335 条では要求されていないが，その重要性に鑑みて，適宜の説明をするのが望ましい。実務でも，法令の適用の次に「量刑の事情」などの項を設けて被告人に有利・不利な事情を列挙したうえ，これに対する裁判所の総合的な評価・結論を説示する（少なくとも，判決宣告後の訓戒の際に口頭でこれを説明する）場合が少なくない（松尾編・前掲 370 頁〔日比〕など参照）。

(4) 無罪判決の内容と理由

(i) **内 容**　　無罪判決は，「被告事件が罪とならないとき」または「被告事件について犯罪の証明がないとき」に言い渡される（336 条）。前者は，法律上犯罪の成立が否定される場合（例えば，訴因として掲げられた事実が立証されたとしても構成要件該当性を欠く等の理由で犯罪を構成しない場合）である（訴因事実が犯罪を構成しても起訴状記載の罰条と著しく異なる場合がこれに当たるかは争いがある）。後者は，犯罪を立証すべき証拠がないか不十分な場合，すなわち，訴因について「合理的な疑い」を容れない程度の心証が得られなかった場合をいう。この点に関し，証拠がまったくないかまたは決定的な反証（殺人事件の場合の被害者の生存，真犯人の出現，アリバイの成立など）がある場合を「真白無罪」として証拠不十分による「灰色無罪」と区別する例がみられるが，実定法上無意味なだけでなく，「灰色無罪」は中世の嫌疑刑を再現するおそれがあり，そもそも刑事裁判における事実認定の原則（「黒か白か」ではなく「黒か黒でないか」を決める）に反する（中野・前掲書 160 頁参照）として峻拒されている。

Ⅱ　裁判の内容

　(ⅱ)　**理　由**　　　無罪を言い渡すときは，主文に「被告人は無罪。」と記載する。無罪判決の理由は，有罪判決の場合と異なり法定されていないので，どの程度具体的に説示すべきかについて争いがある。判例は，法336条の前段後段のいずれによるのかを示せば足りるとし（東京高判昭和27・10・23高刑集5巻12号2165頁），個々の証拠につき採用できない理由を逐一説明する必要はないとする（最判昭和35・12・16刑集14巻14号1947頁）が，無罪判決にも理由が要求されている（44条1項）し，現行法上は無罪に対する検察官上訴が許されているので，その資料を提供する程度には理由を明示すべきものと解される（田宮429頁）。もっとも，実際には，有罪の場合以上に詳細な理由が付される例が少なくない。なお，無罪率がきわめて低い（0.05％未満）のがわが国の刑事司法の特色の一つとされ，公判中心主義等の観点から問題視されている（ただし，これについての留意点につき，田口463頁以下参照）。

　なお，無罪判決が確定した等の場合に被告人とされた者の救済を図るため，費用（被告人，弁護人が公判期日等の出頭に要した旅費，日当，宿泊料，弁護人報酬）補償の制度が1976（昭和51）年の法改正で新設された（188条の2～188条の7）。これは，国家賠償法による救済と異なり検察官等の故意・過失の立証を要せず，また，刑事補償法による場合と異なり被告人が身柄拘束されなくても救済の対象となる点に特色がある（田宮裕『注釈刑事訴訟法』〔有斐閣，1980年〕200頁など参照）。

■■ *POINT 5*　**無罪判決後の勾留**　■■■■■■■■■■■■■■■■■■■■■■■■■■■■■■■■■■

　　外部的成立に伴い当事者に上訴権が生ずるほか，終局裁判の告知により勾留などに関していくつかの付随的効果が発生する。例えば，禁錮以上の刑に処する判決の宣告があったときは，保釈または勾留の執行停止はその効力を失い（343条），無罪等の裁判の告知があったときは，勾留状はその効力を失う（345条）。ただし，判例は，第一審裁判所が犯罪の証明がないことを理由として無罪の言渡しをした場合であっても，控訴審裁判所は，第一審裁判所の判決の内容，とりわけ無罪とした理由および関係証拠を検討した結果，なお罪を犯したことを疑うに足りる相当な理由があり，かつ，刑訴法345条の趣旨および控訴審が事後審査審であることを考慮しても，勾留の理由と必要性が認められるときは，その審理の段階を問わず，被告

UNIT 28 裁 判

人を勾留することができるとしている（最決平成 23・10・5 刑集 65 巻 7 号 977 頁。同旨のものとして，最決平成 12・6・27 刑集 54 巻 5 号 461 頁〔百選〔8 版〕98 事件〕〔東京電力女性社員殺人事件〕，最決平成 19・12・13 刑集 61 巻 9 号 843 頁〔百選 96 事件〕）。

---

(5) 訴訟費用

　訴訟にはさまざまな費用を要する。刑事訴訟上，「訴訟費用」の範囲は，公判期日等に関わった証人等に支給すべき旅費，日当，宿泊料，鑑定人に支給すべき鑑定料，国選弁護人に支給すべき報酬などである（刑訴費 2 条）。訴訟費用はすべて国庫が支給するが，法は，一定の要件のもとに被告人等これを生じさせたことに帰責事由がある者に負担させることとし，その内容・手続等を定めた（181 条〜188 条）。裁判所が刑の言渡しをしたとき（執行猶予の場合を含む）は，原則として被告人に費用の全部または一部を負担させなければならない（181 条 1 項本文。さらに，同条 2 項 3 項・182 条参照）。ただし，被告人が貧困のため訴訟費用を納付できないことが明らかな場合は，負担させないことができる（181 条 1 項ただし書。この場合は，主文には出さず理由中にその旨を示す）。また，いったん負担を命じられても，貧困の場合は，執行免除の申立てができる（500 条）。なお，判例は，証人喚問に要した費用や国選弁護人の費用を被告人に負担させても憲法に反しないとする（前者につき，最大判昭和 23・12・27 刑集 2 巻 14 号 1934 頁，後者につき，最大判昭和 25・6・7 刑集 4 巻 6 号 966 頁）。

　以上は，すべて，公訴提起された場合における訴訟費用負担についてである。これに対し，不起訴となった事件については，2004（平成 16）年の刑訴法改正により規定が新設された。すなわち，国選弁護人が付された被疑者が公訴提起された場合には，被疑者段階と被告人段階を通じて，前述の刑訴法 181 条 1 項 2 項 3 項により負担の有無が決定される。また，同人が公訴提起されなかった場合には，原則として，被疑者段階の国選弁護費用は負担させないが，被疑者の責任により生じた費用は，負担させることができる（181 条 4 項。さらに，告訴人等の費用負担につき 183 条 2 項）。

　被告人に訴訟費用を負担させるときは職権で判断するが，本案の裁判について上訴がなければ，不服を申し立てることはできない（185 条）。裁判では訴訟

Ⅲ　裁判の効力

費用の具体額は示されず，執行指揮担当検察官が法定基準（刑訴費3条〜9条）に従って算定する（188条）。なお，2004（平成16）年の法改正により，訴訟費用の予納制度が導入されている（500条の2）。

Ⅲ　裁判の効力

1　裁判の効力の意義

裁判は，確定によりその本来的効力を生ずる。これを確定力という。もっとも，裁判確定以前にも，外部的の成立に伴い一定の効果が発生する（前出Ⅰ3(2)参照）。しかし，裁判の効力としてもっとも重要なのは確定力である。

裁判の確定とは，裁判がもはや通常の上訴またはこれに準ずる不服申立て方法によって争えなくなったことをいう。不服申立ての許されない裁判は告知と同時に確定し，不服申立ての許される裁判については，上訴期間の徒過，上訴の放棄・取下げ，上訴棄却の裁判の確定等により確定する。

2　確定力の理論

確定力の理論や体系については，学説の激しい対立・変遷がある。以下では，主要なものを紹介・検討する（**図表28-2**参照）。

(1)　伝統的構成

旧法下以来の通説（例えば団藤310頁以下）によれば，裁判が通常の上訴により争えなくなった状態を形式的確定といい，この不可争力を形式的確定力とよぶ。これに伴い裁判の意思表示的内容も確定するが，これを内容的確定といい，その効力を内容的確定力とよぶ。内容的確定力は，一方で執行力として現れ（内部的効力），他方で同一事情のもとでは同一事項につき異なる判断を許さないという拘束力として現れる（外部的効力）。以上は実体裁判でも形式裁判でも同様であるが　実体裁判（および免訴）の内容的確定力を特に実体的確定力とよぶ。これは，やはり，一方で刑の執行力として現れ，他方で法的安定性の要求から，再訴禁止すなわち一事不再理の効力として現れる。そして，この一事不再理効を特に既判力とよぶのである。

UNIT 28 裁 判

図表 28-2 〔確定力の体系〕

(a) 伝統的見解（団藤説）

(b) 新しい見解1（平野説）

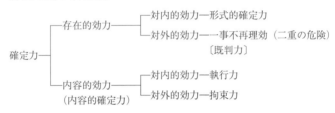

(c) 新しい見解2-1（田宮説）

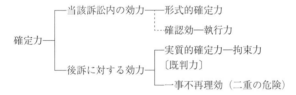

(d) 新しい見解2-2（田口説）

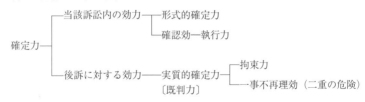

　この立場は，①確定力の中核は具体的な法（規範）形成力たる内容的確定力であり，②一事不再理効はその反射的効力にすぎず，③実体裁判では拘束力は一事不再理効に転化するので別事件への拘束力は予定されず，拘束力が意味を

もつのは形式裁判についてだけであるとする３点に特色がある。そして，確定力の体系構成は，この３点をどのように考えるかに帰着するとされる（田宮433頁以下参照）。

(2) 学説の新たな展開

これに対しては，まず②に対して批判が出された。すなわち，現行法上訴因を審判の対象と解するならば判断内容の効果は訴因にしか及びえないはずで，一事不再理効が公訴事実の同一性の範囲に及ぶことの説明に窮する，憲法39条は英米の二重危険禁止の原則を採用したといわれる（判例として最大判昭和25・9・27刑集4巻9号1805頁）ので，一事不再理効もこの原則に沿って説明すべきである等の理由から，一事不再理効は判断内容の効力から切り離して構成すべきことが提唱された（例えば平野281頁以下）。また，③の点に対しても，一事不再理効を内容的効力から切り離したので，残った内容的効力，特に拘束力は，内容的確定力の不可欠の構成部分として実体裁判でも広く機能すべきものと批判される。さらに進んで，①に対しては，裁判の意思表示的内容の効力（これを確認効とよぶ）自体は確定力の前提ではあるが確定力の概念そのものからは外すべきであるとする（したがって，執行力も確定力として捉えない）との批判も向けられる（これが田宮裕『一事不再理の原則』〔有斐閣，1978年〕，田宮437頁以下である）。

その後，これを踏まえつつ，やや旧来の見解との統合を志向する見解が登場した（田口守一『刑事裁判の拘束力』〔成文堂，1980年〕，田口468頁）。これは，従来理論的問題と考えられてきた拘束力論に政策的考慮を導入するとともに，一事不再理効を二重危険禁止の原則と解しつつなお裁判の効力論として論じている点に特色がある。

3 確定力の本質

確定力（既判力）の本質・根拠については，①実体法説，②具体的規範説，③訴訟法説がある。このうち，実体法説（確定裁判により新たな実体法が創造されるとする見解）はすでに克服されたが，後の2説がなお対立している。

具体的規範説は，従来の通説的見解である（例えば団藤・前掲310頁以下）。これは，裁判の意思表示的内容の効力が確定により妥当性（通用力）をもつこと自体を既判力とするものである。そして，このように既判力があるからこそ確

425

UNIT 28 裁 判

定裁判は具体的法ないし規範とされ，規範であるから執行力，一事不再理効，拘束力が効果として認められると説く（ただし，二重の危険説では一事不再理効は除かれる。平野 284 頁）。

これに対して，訴訟法説（例えば田宮 439 頁以下）は，たしかに裁判の確定によりその判断内容は不動のものとなる（確認効）が，確定力論で重要なのは，そのような裁判をなぜ訴訟上維持し判断の抵触を回避しなければならないかを機能的に考察することにあると考える。すなわち，訴訟は争いのある事項ないし不明の法律関係を裁判所の公権的判断により終局的に解決する機能をもつが，こうした判断（裁判）がいつまでも不安定では裁判制度の趣旨に反するうえ，被告人の法的地位の安定もはかれないので，確定力の制度が要請されるとし，したがって，既判力（実質的確定力）とは，確定裁判の後訴への影響にほかならず，具体的には後訴で取消し・変更できなくなるという不可変的効力（すなわち拘束力）を意味すると説く。これが，今日の有力説である。

4 確定力の効果

以下では，確定裁判の拘束力（内容的確定力，内容的拘束力，実質的確定力，既判力ともいう）の効果について検討する。

なお，拘束力が及ぶのは，裁判の理由中の判断事項で，主文と直接関係するかそれに必要な理由部分であり，かつ，判断の明示されている事項である（拘束力については，特に，田口・前掲，田口 470 頁以下が詳しい）。

(1) 実体裁判の拘束力

実体裁判が確定した場合には，いずれの立場でも公訴事実の同一性の範囲で一事不再理効が生ずるとされるので，同一事件に関する後訴ははじめから遮断される。したがって，それとは別に拘束力を論ずる実益はないとみられてきた。

しかし，同一被告人の別事件でそれがどう現れるかは問題となりうる。例えば，被告人がわいせつ文書頒布罪で無罪判決を受けそれが確定した後に同じ出版物を頒布した場合には，前の無罪判決に拘束され無罪の判断を下すべきか否かという問題が生ずるのである。この点につき，通説は，前の裁判が万一誤判であった場合にその効果を別事件にまで波及させるべきでないと考え，刑事訴訟では拘束力は同一事件に限るべきで別事件にまで広げるのは妥当でないと説く（田宮 442 頁参照）。これに対しては，具体的規範説の立場から拘束力と内容

的確定力を同視し，実体裁判でも被告人の利益・不利益を問わず拘束力を緩やかに肯定する見解（平野龍一『刑事訴訟法の基礎理論』〔日本評論社，1964年〕164頁）や，逆に拘束力を内容的効力と区別したうえで，これを被告人の法的安定性を保障するための訴追側の矛盾行為の禁止という禁反言的効力と解し，「原則として」被告人に利益な方向では（事件が別個でも）同一事項につき拘束力を肯定しようとする見解（田口472頁）などが主張されている。

(2) 形式裁判の拘束力

　形式裁判には，一般に一事不再理効は生じないとされるので，この場合にこそ拘束力を論ずる実益がある。すなわち，刑訴法15条2号は管轄違いの裁判に確定力があることを前提とするものと解されるし，特定の訴訟条件が欠けるため公訴を不適法と判断し被告人に対する応訴強制を不相当として否定する形式裁判が確定しても，新たな資料が現れ次第いつでも後訴裁判所はこれを覆すことができるというのでは，被告人の地位はきわめて不安定なものとなるからである（光藤景皎『口述刑事訴訟法中〔補訂版〕』〔成文堂，2005年〕295頁，田宮442頁参照）。例えば，親告罪につき告訴が無効であるとした公訴棄却の判決（338条4号）が確定した場合には，訴因が親告罪でかつ有効な告訴がないという判断に拘束力が生ずるので，のちに実は当該告訴は有効であったとして再訴してもその主張は排斥される。もとより，新たに有効な告訴がなされれば，判断の基礎たる事情に変更があるので，起訴は適法となる。

　拘束力の性質については，①同一判断を繰り返させる効力とみる説（光藤・前掲294頁など）と，②同一事項についての再度の審判を排斥する遮断効とみる説（田宮440頁，田口470頁など多数）がある。例えば，管轄違いの判決が確定した事件が再訴された場合，①説では管轄違いの判決を言い渡すのに対し，②説では公訴提起手続の不適法を理由に公訴棄却の判決（338条4号）を言い渡すことになる。裁判例においても，形式裁判の拘束力が論じられている。例えば，保釈取消し決定を取り消す決定が確定すれば内容的確定力を生じ，その後に事情変更がないかぎり，これに反する判断をすることはできないとして拘束力を肯定した裁判例がある（大阪高決昭和47・11・30高刑集25巻6号914頁）。これに反し，死亡診断書を偽造して公訴棄却決定（339条1項4号）を得た被告人が確定後同一事件で起訴された事案で，偽装工作の事実が新証拠により明白になったとして先の決定の拘束力を否定したものもある（大阪地判昭和49・5・2

UNIT 28 裁 判

刑月 6 巻 5 号 583 頁〔百選 98 事件〕）。この問題について，通説は，拘束力が及ば
なくなる事情の変更に新証拠の発見は含まれない，この場合の再訴は不利益再
審に匹敵するが現行法はどのような新証拠が発見されても不利益再審を許さな
い等の理由から，被告人の偽装の有無を問わず拘束力を肯定すべきであるとし
て，これを否定した裁判例に反対する（例えば，田宮 442 頁以下）。これに対し
ては，拘束力は検察官の禁反言たる性質をもつ効力であり被告人に拘束力の要
求資格が求められるとの立場から，裁判例の論拠を批判しつつ，被告人に偽装
工作があるような場合には要求資格が欠けるので，検察官は再訴が可能となる
という主張も有力である（田口 471 頁以下。同旨，光藤・前掲 296 頁）。

　ところで，最高裁は，公訴事実が不特定の結果当然訴因も不特定であるとし
て公訴棄却した判決に関して，内容的確定力は直接の理由である訴因不特定と
の判断にのみ生じ公訴事実不特定との判断には及ばないと判示している（最決
昭和 56・7・14 刑集 35 巻 5 号 497 頁。これにつき，鈴木茂嗣・百選〔7 版〕204 頁）。
これは形式裁判に拘束力を肯定した最初の最高裁判例であるが，そこでは，裁
判の理由中のいかなる判断事項に拘束力が及ぶか，具体的には，主文の「直接
の理由」に限られるか，やや広く主文を導くため「必要不可欠な理由」にまで
及ぶか，が問題となった。この点につき，最高裁は前者の立場をとった（ただ
し，反対意見あり）が，被告人の法的安定性保障の見地から後者の立場を支持す
る見解も有力となっている（田宮 444 頁など参照）。

IV　一事不再理の効力

1　一事不再理の効力と二重の危険

　審理が終了した以上，同じ事件は二度と取り上げないという原則を，一事不
再理の効力（憲 39 条）という。その本質・根拠については，学説の激しい対
立・変遷がある。すなわち，①確定力説，②公訴権消滅説，③二重の危険説で
ある。わが国における戦後の発展は，確定力理論（III 2）と密接に関連して，
①説から（②説を経て）③説への展開という形をとってきた（田宮・前掲『一事
不再理の原則』，田宮 445 頁以下）。

Ⅳ　一事不再理の効力

2　一事不再理の効力の発生

(1)　一事不再理効の発生する裁判

　確定した実体裁判には，いずれの見解でも一事不再理効が生ずる。実体裁判によって実体的法律関係が確定すればもはや変動を容認すべきでないし，「危険」とは，有罪の危険（つまり実体裁判の危険）を意味するからである。

　これに対して，形式裁判は実体的法律関係について判断がなされていない以上実体的確定力は発生しえず，また，実体判断の前提としての実体審理がむしろ禁止される場合であるから，二重の危険という観点からも，危険が生ずるとはいえない。しかし，通説は，形式裁判説を前提に，免訴判決だけには一事不再理効があるとする。その根拠として，特に二重の危険説からは，例外的に危険が発生したといえる場合が想定できるとされる。

(2)　一事不再理効の発生時期

　一事不再理効が二重の危険の問題だとすると，発生時期（段階）が裁判の確定時に結びつく必然性はなくなり，確定以前の手続段階へ遡上する可能性が出てくる。そこで，英米で禁止される無罪判決に対する検察官上訴の当否が論ぜられるに至る。判例（前出最大判昭和25・9・27）は，第一審から上訴までが1つの「継続的危険」だとして二重の危険に反しないとしたが，批判も強い。

3　一事不再理の効力の範囲

(1)　一事不再理効の客観的範囲

　客観的（事物的）範囲については，①訴追・判決された訴因と公訴事実を同一にするすべての事実に及ぶとする説（公訴事実同一説）のほか，②公訴事実の同一性の範囲外の余罪でも量刑に斟酌されれば及ぶし，同一性内でも法律上または事実上審判が不可能であれば及ばないとする説（事実的審判可能性説），③1個の犯罪のほか，同時立証可能な場合や，以前に判断された事項が争点の拘束力として働く場合をも含める説（多元的危険説）もある。①説が通説である。

(2)　一事不再理効の時間的範囲・人的範囲

　時間的範囲については，原理的考え方は客観的範囲の場合と同様である。すなわち，どの時点まで実体裁判の危険が及ぶかであり，事実審理の法律上可能な最後の時が基準となる。具体的には，①弁論終結時説，②第一審判決（言渡

UNIT 28 裁 判

し）時説，③原則は第一審判決時，例外的に控訴審破棄自判説（判例・通説）がある。

人的範囲については，当該手続の対象となった被告人についてのみ及ぶ。

UNIT
29

上訴・確定後救済手続・裁判の執行

Ⅰ　上　訴
Ⅱ　確定後救済手続
Ⅲ　裁判の執行

Ⅰ　上　訴

1　総　説

(1)　上訴の意義

　裁判所の裁判を受けた者がその確定前に上級裁判所に是正を求める不服申立てを，上訴という。これには，控訴，上告，抗告がある。これに対し，確定後に裁判の是正を求める不服申立の方法として，再審，非常上告がある。判決に対する上訴を控訴，上告といい，決定・命令に対する抗告（一般抗告〔通常抗告，即時抗告〕，特別抗告のほか準抗告）と区別される（抗告については後出 4，準抗告については UNIT 11 Ⅷ 1 も参照）。

(2)　上訴の機能

　裁判が神ならぬ裁判官の行うものである限り，誤判ないし冤罪は不可避であり，その是正・被告人救済が必要不可欠となる。誤判や冤罪が社会の大きな注目を集めたことはかつてもあったが，今日もなおそのような状況にある。もとより誤判は許されないものであり，これを事前に避けるため最大限の努力を払うべきことは当然である。しかし，裁判が人間の営為である以上，誤判を完全に防ぐことはできない。ここに，その是正のため上訴制度を設けるべき理由がある。この点は，裁判の確定前と確定後で違いはないので，確定後にも，再審などの救済手続が認められている（後出 Ⅱ 参照。ただし，確定した裁判に対する点で，要件や手続には違いがある）。

431

UNIT 29　上訴・確定後救済手続・裁判の執行

(3)　上訴の要件と手続

　上訴には，「上訴の利益」が必要である。上訴は，救済を求めるものであるので，原裁判所が上訴請求権者に対して不当または不利益な裁判を行ったことを要する。ただし，「上訴理由」は限定されている（384条・405条・419条。上訴理由制限主義。また，免訴等の形式裁判に対して被告人は無罪を主張して上訴することはできない〔判例・通説〕）。

　上訴を行うことができる者（「上訴権者」）は，検察官（351条1項2項），被告人（同条1項），被告人の法定代理人または保佐人（353条），原審の代理人または弁護人（355条），勾留理由の開示請求者（354条）であり，検察官・被告人以外で決定を受けた者は抗告を行うことができる（352条）。このうち特に，「検察官上訴」の合憲性が問題とされてきた。誤判の是正が被告人の具体的救済に役立つ面のあることはいうまでもないが，検察官は被告人に不利益な上訴も可能である。実際にも，検察官による上訴の方がはるかに破棄率（原判決が間違いだとして破棄される事件の割合）が高い。そこで，このような検察官上訴は，二重の危険禁止の原則（同一犯罪事実について2度以上裁判にかけられないという憲法39条の保障）に違反するのではないかが争点とされてきたのである。判例は，第一審から上訴までが1つの継続的危険であるとしてこれを合憲とする（最大判昭和25・9・27刑集4巻9号1805頁）。これに対しては，少なくとも事実認定については第一審判決で終局的となると解すべきであり，無罪判決に対する事実誤認を理由とする検察官上訴には違憲の疑いがあるとの反対説も主張されている（田口478頁など）。立法論を含め，重要な検討課題といえよう。

　上訴は裁判の一部に対してのみ行うこと（「一部上訴」）もできる（357条）。また，上訴は，一定の「上訴期間」内に行うことが求められている。控訴，上告は14日（373条・414条），即時抗告は3日以内（422条），特別抗告は5日（433条2項）である（これに対し，通常抗告は原則として期間制限がない〔421条〕）。上訴の提起期間は，裁判の告知された日から進行する（358条）。

　上訴は，「放棄」または「取下げ」をすることができる（359条）。放棄・取下げ権者は，原審の代理人・弁護人を除き，上訴権者とほぼ同様である（同条・360条）。ただし，死刑または無期の懲役・禁錮に処する判決に対する上訴の放棄は許されず（360条の2），他方，放棄・取下げをした者は，その事件についてさらに上訴することはできない（361条）。なお，上訴権者は，自己また

は代人に帰責できない事由によって，上訴提起期間内に上訴できなかったとき
は，原裁判所に「上訴権回復の請求」をすることができる（362条）。

上訴の「効果」としては，適法な上訴の申立てにより，移審の効力（訴訟係
属が上訴審に移る効力）および停止の効力（裁判の確定・執行を停止する効力）が発
生する。ただし，一般抗告は，決定で執行停止しない限り，即時抗告のような
停止の効力は生じない（424条1項）。

(4) 不利益変更禁止の原則

被告人側から，または被告人のため控訴・上告された事件については，「不
利益変更禁止の原則」により，原判決の刑より重い刑を言い渡すことはできな
い（402条・414条。再審につき，452条参照）。これは，上訴するとかえって刑が
重くなるのでは，被告人はそれをおそれて上訴しなくなるとの配慮から設けら
れたものである。ただし，禁止されているのは重い「刑」への変更のみである
ので，上訴審裁判所は被告人に不利益な事実を認定してもよい。「重い」かど
うかは，被告人にとって実質的に不利益かどうかで判断する（例えば，懲役1年
の第一審判決を破棄して原審が懲役1年6月・執行猶予3年の保護観察付き執行猶予を
言い渡した場合はこれに当たらないとするものとして，最決昭和55・12・4刑集34巻7
号499頁）。

(5) 破棄判決の拘束力

上訴審が原判決を破棄（取消し）して事件を下級審に差戻し・移送したとき
は，上級審の判断は下級審を拘束する（裁4条）。そうでなければ，事件が上級
審と下級審の間を際限なく往復し，解決できなくなってしまうおそれがあるか
らである。これを，「破棄判決の拘束力」という。これがどの範囲で生ずるか
は争いがあるが，判例は，破棄の直接の理由（すなわち，原判決に対する消極
的・否定的判断）についてのみ生ずるとする（最判昭和43・10・25刑集22巻11号
961頁〔百選A51事件〕〔八海事件〕）。

2 控 訴

(1) 控訴審の意義と構造

控訴とは，地方裁判所，家庭裁判所または簡易裁判所がした第一審の判決に
対する高等裁判所への上訴である（372条，裁16条1号）。

控訴審の審判の方法（「控訴審の構造」）については，原審とは無関係に新たに

UNIT 29　上訴・確定後救済手続・裁判の執行

審判をやり直す覆審，原審の審理を引き継ぎこれに新たな証拠を加えて審判を行う続審（継続審），原判決の当否を審査するにとどまる事後審（審査審）の3種があり，現行の控訴は，旧法までの覆審から事後審になったとするのが通説である。この変化の背景には，第一審の当事者主義化，口頭弁論主義・直接主義の徹底により事実審理のやり直しが困難になったとともに，憲法審となった最高裁の負担軽減のため控訴審に一般の法律問題を担当させる必要が生じたという事情があるとされている。もっとも，現行法は，事後審を純粋に貫いてはおらずいくつかの例外を認めている（382条の2・393条2項など）し，事後審の観念自体理解の一致を見ていない。そこで，通説的な事後審論は，控訴審の事実審としての性格を曖昧にし，控訴審での書面中心の事実判断を許してきたという批判も有力である（後藤昭『刑事控訴立法史の研究』〔成文堂，1987年〕など参照）。なお，控訴審が原判決を破棄するときは差し戻すか移送して再度審判させるのが原則（397条〜400条）だが，実務の運用では逆に自判が原則化しており，続審ないし覆審化傾向が看取される。

(2)　**控訴理由**

控訴は無制限に許されるわけでなく，当事者主義にのっとり，当事者は，原判決のどこに誤りがあるか（「控訴理由」）を明示して主張しなければならない。それは，法定の控訴理由（377条〜382条・383条）の中から主張する必要がある（384条）。控訴理由は，原判決の成立過程に対応して，①訴訟手続の法令違反（一定の事由があればそれだけで原判決破棄の理由となる絶対的控訴理由〔377条・378条〕と，判決に影響を及ぼすことが明らかな場合に限り原判決破棄の理由となる相対的控訴理由〔379条〕がある），②事実誤認（382条・382条の2），③量刑不当（381条），④法令適用の誤り（380条），⑤再審理由など判決後の事情の変更（383条）に分けられる。ただし，それは広範囲に及んでおり，あまり限定的とはいえない。また，それは，控訴審が，法律問題だけを審理する法律審と，事実問題をも扱う事実審との複合的性格を有することも示している。

(3)　**控訴審の審判対象と攻防対象論**

控訴審を事後審と解する場合は，控訴審の審判対象は原判決となる。しかし，事後審性の修正条項の解釈次第で，見解は分かれる。すなわち，①狭義の原判決対象説は，原判決それ自体を審判対象とし，当事者の申立て以外に係る破棄理由も広く職権調査を認める。これに対し，②申立て理由対象説は，当事者の

Ⅰ　上　訴

控訴申立て理由を審査対象とし，控訴理由の審査を通じて原判決の事後審査を
なすとする。上訴審の主な目的は，当事者の不服申立てに対する救済であるか
ら，基本的に②説が妥当であろう。

　このように理解するとしても，問題となるのは，控訴審の職権調査の範囲で
ある。この問題は２つに分かれる。第１は，職権調査がどの犯罪まで及ぶかで
ある。判例は，一部無罪の有罪判決を被告人のみが控訴した事案において，無
罪部分も控訴審に移審係属するが，当事者の攻防対象からは外れるとした
（「攻防対象論」。最大決昭和 46・3・24 刑集 25 巻 2 号 293 頁〔新島ミサイル事件〕）。こ
れは，控訴審の事後審としての性格をよく示している（これは上告審にも妥当す
る）。また，②説からは，当事者（とくに被告人）の申立てを後見する方向での
職権調査が求められるので，その趣旨とも適合するであろう[1]。

　第２は，職権調査が一定の犯罪に限られるとして，その犯罪のどのような事
実まで職権調査を及ぼすことができるかである。第一審の弁論終結前に取調べ
請求できなかったことに「やむを得ない事由」が認められる場合には，原裁判
所で取り調べられなかった事実も審判対象となりうるし（382 条の 2），同事実
について，控訴裁判所は取調べの義務を負う（393 条 1 項ただし書）。問題は，「や
むを得ない事由」が認められない場合に，控訴裁判所が裁量で職権調査（同項
本文）を及ぼせるか，である。判例は，原裁判所で取り調べられなかった被告
人の前科調書等（情状資料）につき，「やむを得ない事由」が認められない場合
でも，原判決の当否を判断するにつき必要であれば裁量でその取調べができる
とした（最決昭和 59・9・20 刑集 38 巻 9 号 2810 頁〔百選 A49 事件〕）。「やむを得な
い事由」による取調べを認めること自体がすでに事後審構造の修正であったか
ら，この職権取調べの確証は，事後審構造をさらに修正するものといえよう。

━━ POINT　裁判員制度と控訴 ━━━━━━━━━━━━━━━━━━━━━━━━━

　裁判員制度の導入に伴って，多くの法改正が行われたが，上訴制度には
何も変更が加えられなかった。そこで，制度上は，裁判員裁判（第一審判
決）を，裁判官のみで構成されている控訴審が破棄したり自判したりする

1）　控訴審の攻防対象から外れるか否かは，被告人の控訴した部分と他の部分との「可分性」
　を前提としつつ，「検察官の訴追意思」（の放棄）を考慮して判断されることとなろう。最決
　平成元・5・1 刑集 43 巻 5 号 323 頁，最決平成 25・3・5 刑集 67 巻 3 号 267 頁など参照。

435

UNIT 29 上訴・確定後救済手続・裁判の執行

ことも，裁判員裁判の場合と同様に可能なはずである。しかし，同制度の導入は，第一審中心主義の強化を求めるものであるから，控訴審には，これまで以上に原判決を尊重することが求められるし，原判決を破棄する場合も，これまでのような自判中心でなく，差戻しを原則とすることが求められる。

　最高裁は，事実誤認（382条）の意義についての判示の中で，つぎのように説示した。「刑訴法は控訴審の性格を原則として事後審としており，控訴審は，第一審と同じ立場で事件そのものを審理するのではなく，当事者の訴訟活動を基礎として形成された第一審判決を対象とし，これに事後的な審査を加えるべきものである。第一審において，直接主義・口頭主義の原則が採られ，争点に関する証人を直接調べ，その際の証言態度等も踏まえて供述の信用性が判断され，それらを総合して事実認定が行われることが予定されていることに鑑みると，控訴審における事実誤認の審査は，第一審判決が行った証拠の信用性評価や証拠の総合判断が論理則，経験則等に照らして不合理といえるかという観点から行うべきものであって，刑訴法382条の事実誤認とは，第一審判決の事実認定が論理則，経験則等に照らして不合理であることをいうものと解するのが相当である。したがって，控訴審が第一審判決に事実誤認があるというためには，第一審判決の事実認定が論理則，経験則等に照らして不合理であることを具体的に示すことが必要である」（最判平成24・2・13刑集66巻4号482頁〔百選100事件〕）。結論として，控訴審が第一審判決に論理則・経験則等に照らして不合理な点があることを十分示していないため，第一審判決に事実誤認があるとの原判断には法382条の解釈適用を誤った違法があるとして原判決を破棄した。控訴審の判断姿勢についての白木補足意見とも相まって，裁判員裁判では，一層第一審中心主義の流れが強まるといえよう（なお，検察統計によると，検察官控訴も半数以下に激減している）。

(4)　控訴・控訴審の手続と控訴審の裁判

　控訴する当事者は，判決後14日以内に控訴申立書を第一審裁判所に差し出さなければならない（373条・374条）。控訴については，高等裁判所が裁判権

を有する（裁16条1号）。第一審裁判所は，申立てが明らかに公訴権消滅後に されたものであるときは，決定でこれを棄却し（375条），それ以外の場合は， 公判調書の記載の正確性についての異議申立て期間経過後，速やかに訴訟記録 および証拠物を控訴裁判所に送付する（刑訴規235条）。

　控訴申立人には，裁判所の規則で定める期間内に（期間経過後の場合につき， 刑訴規238条），（起訴状に相当する）控訴趣意書等の提出が求められる（376条）。 控訴審の手続は，原則として，第一審の公判に準じて行われる（404条，刑訴規 250条）。ただし，上訴審であることから種々の特則もある。例えば，すでに第 一審判決が下されているので，起訴状一本主義は適用されない。また，裁判長 は，公判期日を定め，被告人を召喚しなければならないが（273条），被告人の 出頭は義務とされていない（390条）。これは，控訴審が事後審とされているた め，その審理は控訴理由の審査という法律専門的な手続が中心となるからであ る（ただし，被告人の権利保護にとって重要であると認めるときは，出頭命令が可能で ある〔同条ただし書〕）。公判期日には，検察官と弁護人は，控訴趣意書に基づい て弁論をする（389条）。この際，弁護士以外のものを弁護人に選任することは できず，被告人のための弁論は弁護人のみ可能である（387条・388条）。

　控訴裁判所の調査の範囲，事実の取調べ等については，特に規定がある （392条以下参照）。

　控訴審の裁判は，①決定・判決による控訴棄却（控訴申立て手続が違法ないし 控訴理由がない場合），②判決による破棄・差戻し（控訴理由がある場合，および， 職権で事実を調べた結果破棄しなければ正義に反する場合），③破棄・自判（証拠など から控訴審自身が直ちに判決しうると判断した場合）に分けられる（385条・386条・ 395条以下）。統計的には，控訴率は1割強と意外に低い（そのほとんどは被告人 側による）。また，検察官控訴の破棄率は7割以下であるのに対し，被告人控訴 の破棄率は1割強である。こうした傾向は，裁判員裁判の場合，一層顕著にな っているといえよう。

3　上　告

(1)　上告の意義

　上告とは，第二審の判決（通常は控訴審の判決）に対する最高裁判所への上訴 である（その他，高等裁判所が第一審として下した裁判に対する上告，地方裁判所等が

UNIT 29　上訴・確定後救済手続・裁判の執行

第一審として行った判決に憲法判断が含まれているときに直接最高裁に行われる跳躍〔飛躍〕上告などがある）。

(2)　上告審の機能と上告理由

　上告審の主な機能は，違憲法令審査，法令解釈の統一である。すなわち，上告審担当の最高裁は，違憲審査権を有する終審裁判所であり（憲81条），少人数で司法行政の最高責任も負っているので，「上告理由」は憲法違反と判例違反に限定されている（405条）。したがって，上告審は，原則として法律審としての事後審であり，書面審理を中心としている。なお，控訴についての規定が，原則として上告審にも準用される（414条）が，上告審特有の規定も少なくない。

　そのほか，原判決に著しい法令違反や事実誤認があって正義に反する場合が職権破棄事由とされている（411条）。これは，本来の上告理由ではないが，実務ではむしろこの職権破棄を求める上告が中心であり（その中でも量刑不当の主張が圧倒的に多い），被告人の具体的救済が強く期待されているといってよい。現に，最高裁が職権を発動し誤判が救済された例もある（例えば，最判平成元・4・21判時1319号39頁〔遠藤事件〕，最判平成元・6・22刑集43巻6号427頁〔山中事件〕など）。これは，控訴審のチェック機能の不備を示唆するものとしても重要である。

　もっとも，上告率が4割を超えそのほとんどが被告人によるのに対して，破棄率は0.1％未満にすぎず，救済はきわめて制限されていることに留意すべきであろう。

(3)　上告・上告審の手続と上告審の裁判

　上告は，高等裁判所がした第一審または第二審の判決に対してこれをすることができる（405条）。裁判権を持つのは最高裁判所である（裁7条1号）。上告のためには，申立書を原裁判所に差し出さなければならない。これを受けた原裁判所は，公判調書の記載の正確性についての異議申立期間経過後，訴訟記録を速やかに上告裁判所に送付しなければならない。ただし，上告の申立てが明らかに上告権の消滅後にされた場合を除く（刑訴規251条）。上告申立人は，上告趣意書を上告裁判所に差し出さなければならない（407条，刑訴規253条）。

　上告審の裁判には，①上告棄却の判決（408条），②原判決破棄の判決（410条以下），③訂正判決（415条）がある（上告判決の確定については，418条参照）。

　①上告裁判所は，上告趣意書その他の書類によって，上古申立ての理由がな

いことが明らかであると認めるときは，弁論を経ないで，判決で上告を棄却することができる（408条）。

②上告裁判所は，405条各号に規定する事由があるときは，判決で原判決を破棄しなければならない。ただし，判決に影響を及ぼさないことが明らかな場合はこの限りでない（410条1項）。また，上告裁判所は，405条各号に規定する事由がない場合であっても，判決に影響を及ぼすべき法令違反があるとき，刑の量定が甚だしく不当であるとき，判決に影響を及ぼすべき重大な事実誤認があるとき，再審請求をすることができる場合に当たる事由があるとき，判決後に刑の廃止もしくは変更または大赦があったという事由がありかつ原判決を破棄しなければ著しく正義に反する（著反正義）と認めるときは，判決で原判決を破棄することができる（411条。いわゆる職権破棄）。

③上告裁判所は，その判決内容に誤りがあることを発見したときは，検察官，被告人または弁護人の申立てにより，判決でこれを訂正することができる（415条・416条。417条も参照）。

4 抗 告

(1) 抗告の意義

抗告とは，裁判所の決定または命令に対する不服申立て方法をいい，一般抗告と特別抗告がある。これに対し，準抗告とは，裁判官の命令または捜査機関の処分に対する不服申立てをいう。

(2) 一般抗告

一般抗告とは，裁判所の決定または命令に対する不服申立て方法をいい，①即時抗告と②通常抗告がある。これに対し，高等裁判所の決定に対する不服申立てを異議という（428条）。

①即時抗告は，裁判所の決定に対し，法律に特別の定めがある場合を除きすることができる（419条）。提起期間は3日であり（422条），この期間内およびその申立てがあったときは，裁判の執行は停止される（425条）。抗告に理由があれば決定で原決定を取り消し，必要があれば，さらに裁判を行う（426条2項。同条1項・427条も参照）。

②通常抗告は，裁判所の決定に対する不服申立てであるが，法律に特別の定めがある場合（419条ただし書），裁判所の管轄または訴訟手続に関し判決前に

UNIT 29　上訴・確定後救済手続・裁判の執行

した決定に対しては（420条1項），抗告をすることができない。ただし，勾留，保釈，押収または押収物の還付に関する決定および鑑定のためにする留置に関する決定については，抗告可能である（420条2項。同条3項も参照）。通常抗告には，裁判の執行を停止する効力がない（424条1項）。ただし，原裁判所は，決定で抗告の裁判があるまで執行停止することができる（同項ただし書）。

(3)　特別抗告

法律上不服を申し立てることのできない決定または命令に対しても，405条に規定する事由があることを理由とする場合に限って，最高裁判所に特に抗告することができる（433条1項）。特別抗告の提起期間は5日である（同条2項）。

(4)　準抗告

準抗告には，裁判官の命令に対する不服申立て（429条），検察官，検察事務官，司法警察職員のした処分に対する不服申立て（430条）がある。特に捜査段階における適正手続の実現に重要な意義がある。

Ⅱ　確定後救済手続

1　総　説

裁判が確定した場合にもそれに対する不服申立てを認めるべき場合のあることは否定できない。そこで，法は，主に事実認定の誤りを救済する制度として再審を，法令の解釈適用の誤りを是正する手段として非常上告を認めている。

2　再　審

(1)　再審の意義と理念・目的

判決が確定すると，もはや上訴でその当否を争うことはできなくなるが，確定判決にも重大な誤りのあるおそれは否定できない。特に，誤って有罪判決を受けた者（無辜）が処罰されることは，耐えがたい人権侵害であるとともに裁判の権威を失墜させる。そこで，主に確定判決の事実認定の誤りを是正する手段として，「再審」が認められている。

伝統的に，再審は，法的安定性（確定力）と正義（実体的真実）との矛盾を調和させるための制度と考えられてきたが，国家的利益の観点から前者を優先す

440

Ⅱ　確定後救済手続

る立場が支配的であったためきわめて厳格に運用され，「開かずの門」とさえ呼ばれてきた。しかし，被告人に不利益な再審を認める旧法と異なり，現行法は，憲法39条による二重の危険禁止の原則の趣旨に基づいて利益再審だけを認めている。したがって，法的安定性といっても被告人の地位の安全は問題とならず，他方，真実の発見も被告人の具体的救済にこそねらいがあることになる。こうして，今日では，有罪判決の維持という国家的利益と無罪を主張する被告人の権利の相克に再審の本質がある，つまり，再審も「無辜の救済」を基本的な指導理念・目的とする人権保障のための制度であるとの面が強調されるようになっている。

　もっとも，再審制度の運用は，現行法施行後も30年近くは旧法時代とさほど変わらなかった。しかし，変革の動きは次第に大きくなり，1975（昭和50）年5月20日，最高裁第1小法廷がいわゆる白鳥決定（刑集29巻5号177頁〔百選A55事件〕。(2)参照）で再審理由の解釈につき柔軟な姿勢を示して以来，実務の運用に顕著な変化が生じた。その直後，これを敷衍・具体化した財田川決定（最決昭和51・10・12刑集30巻9号1673頁）が下され，再審開始に向けた動きが現実化した（両者をあわせて，「白鳥＝財田川決定」という）。具体的には，1983（昭和58）年にわが国の裁判史上初めて死刑囚に再審無罪判決が言い渡された（熊本地八代支判昭和58・7・15判時1090号21頁〔免田事件〕）ほか，今日までに，死刑事件4件（免田のほか，財田川，松山，島田）を含む著名な再審請求事件で再審開始決定や再審無罪判決が下されている。ただし，統計上は，再審請求が認容される場合のほとんどが，簡易裁判所の略式命令（罪種としては，道交法違反，自動車運転過失傷害等）に対する検察官からの請求の事案であり，再審の門は依然狭いというのが実情である。現に，この間，多くの再審請求事件（名張毒ぶどう酒事件，狭山事件，マルヨ無線事件，日産サニー事件，福井女子中学生殺人事件，飯塚事件など）で，──中にはいったん再審開始決定が出たものもあるが──請求が棄却されてきた。

　しかし，他方で新たな動きもみられる。例えば足利事件では，証拠開示とそれを踏まえた新たなDNA型鑑定によって再審開始・無罪となり（宇都宮地判平成22・3・26判時2084号157頁），布川事件では，証拠開示等が契機となって再審開始・無罪（水戸地土浦支判平成23・5・24LEX/DB25471410）となった。戦後に無期懲役以上の判決が下った例で再審無罪判決になった例は，死刑事件4

UNIT 29　上訴・確定後救済手続・裁判の執行

件のほか梅田事件しかなく，足利事件が 6 件目，布川事件が 7 件目（共同正犯被告事件のため 7，8 人目）である。さらに，東京電力女性社員殺人事件でも，証拠開示とそれを踏まえた新たな DNA 型鑑定によって再審開始・無罪となった（東京高判平成 24・11・7 東高刑 63 巻 1～12 号 223 頁。なお，再審開始決定に対する抗告審のものとして，東住吉事件〔大阪高決平成 27・10・23LEX/DB25543252〕がある）。そして，袴田事件では，証拠開示と新たな DNA 型鑑定等によって再審開始が決定され，死刑のみならず拘置の執行も停止された（448 条 2 項参照。静岡地決平成 26・3・27 判時 2235 号 113 頁。ただし，即時抗告審〔東京高決平成 30・6・11LEX/DB25560605〕で原決定取消し，再審請求棄却となった）。これらは，再審における証拠開示と DNA 型鑑定のような科学的証拠が大きな決め手となったものである[2]。他面で，それらが確保できない再審請求事件では請求棄却されるという傾向が看取できるといえよう。

(2)　再審理由

　有罪の確定判決に対する再審理由は刑訴法 435 条に列挙されている（なお，436 条）。このうち，同条 6 号以外は，原確定判決の証拠が偽りであった場合等（1 号～5 号）や関与裁判官等に職務犯罪があった場合（7 号）に再審を限定し，しかもそれらの事由が原則として確定判決で証明されることを要求している（437 条参照）。これは，「ファルサ（偽証拠）型」再審理由と呼ばれ，いわば絶対的事由なので判定に困難はない。これに対し，6 号は，包括的に，無罪等を言い渡すべき「明らかな」証拠の「あらた」な発見を要件とする「ノヴァ（新証拠）型」再審理由を規定している。前者を証拠の「明白性（明確性）」，後者を証拠の「新規性」という。これは，いわば相対的理由なので実務上・理論上問題が多いが，実際には圧倒的多数の事件が 6 号によっている。この 2 要件のうち，実質上再審請求の命運を制してきたのは前者であり，その意義・程度，判断方法などをめぐって鋭い対立がある。

　従来の実務においては，既述のように確定力重視の傾向が強く，明白性についても，あたかも新証拠だけで「無実」の証明を必要とするかのような運用が

---

2)　とくに証拠開示との関係では，大崎事件の再審開始決定等が注目される。このほかに開始決定が下された近時のものとして，松橋事件，湖東病院事件，日野町事件等がある。日本弁護士連合会　再審における証拠開示に関する特別部会編『隠された証拠が冤罪を晴らす――再審における証拠開示の法制化に向けて』（現代人文社，2018 年）参照。

Ⅱ　確定後救済手続

なされていた。しかし，これに対しては，再審理念の転換を踏まえた緩やかな解釈を求める見解が強く主張され，ついに最高裁白鳥決定は，①明白な証拠とは，確定判決の事実認定に合理的な疑いをいだかせその認定を覆すに足りる蓋然性のある証拠で足り，②明白性の有無は当の新証拠と他の全証拠との総合的評価により判断すべきであり，③その判断の際にも「疑わしいときは被告人の利益に」とする刑事裁判の鉄則（利益原則）が適用されると判示した。要するに，再審請求人は，無実の立証ではなく原有罪判決に合理的な疑いをいだかせれば足りることになった。そして，これが，のちに再審の新しい流れを生み出したのである。もっとも，同決定の意味については今なお理解の相違がある。また，その後も旧来的な解釈によると思われる請求棄却決定が見られることに注意すべきであろう。

　無罪の再審理由と免訴の再審理由が競合する場合について，最高裁は，原確定判決後に刑の廃止または大赦が行われた事案で，旧刑訴法363条2号（「犯罪後ノ法令ニ因リ刑ノ廃止アリタルトキ」）および同条3号（「大赦アリタルトキ」）の免訴事由を認めて免訴にした第一審判決を肯認した（あわせて，再審においても，免訴判決に対して被告人が無罪を主張して上訴することはできないと判示した。最判平成20・3・14刑集62巻3号185頁〔横浜事件〕。ただし，当該事件の刑事補償請求に対して，横浜地決平成22・2・4LEX/DB25462561は，免訴判決をすべき事由がなかったならば無罪の裁判を言い渡すべき十分な理由があるとして，請求を認めた）。

　証拠の「新規性」は，原確定判決の基礎とされたのと同一資料に基づきこれと異なる判断をすることは確定の観念と矛盾し三審制の運用を歪めることになるとして，設けられた要件である。つまり，確定判決に至る審理において裁判所の実質的な証拠価値の判断を経ていない証拠の提出が要求される。これに関しては，特に，新規性は誰に対して要求されるかが，身代り犯人からの再審請求の可否という形で重要な争点とされている。

(3)　**再審手続**

　再審は二段階構造をとっている。まず，再審請求手続で再審請求の理由の有無が審理される。再審請求は，原判決をした裁判所が管轄する（438条）。再審請求できるのは，有罪の言渡しを受けた者などであるが，検察官も，公益の代表者として再審請求をすることができる（439条。請求の際の提出物につき，刑訴規283条）。再審請求には刑の執行停止の効力はない（442条）。再審請求を受け

UNIT 29 上訴・確定後救済手続・裁判の執行

た裁判所は，審理のため必要があるときは，事実の取調べをすることができる
（445条）。裁判所は，再審請求が法令上の方式に違反しまたは請求権の消滅後
にされたものであるときや，請求に理由がないときは，請求棄却の決定をする
（446条・447条）。これに対し，理由ありと判断されると，再審開始決定が下さ
れる（448条）。いずれの場合にも，請求をした者等の意見を聴く必要がある
（刑訴規286条）。再審開始決定が確定すると（ただし，検察官は即時抗告〔450条。
さらに特別抗告（433条）〕できるため，再審開始決定が取り消されるおそれがあり，ま
た，開始決定の確定まで長期化するという問題がある），審級に従い，事件自体につ
いての審理である再審公判手続が行われる（451条）。再審においても不利益変
更禁止の原則が妥当する（452条）。また，通常の場合と同様に上訴も許される。

　統計的には，再審開始決定があれば最終的にほぼすべて無罪判決が言い渡さ
れている。それだけ綿密・慎重な審理が再審請求手続で行われているともいえ
ようが，前段階に力点が置かれすぎているとの批判もある。また，同手続につ
いては規定が少ないことから，とくに請求人の手続的権利保障のため法制を整
備すべきであるとの意見が強い。そのほか，再審開始決定の効力や再審公判手
続の進め方についても，多くの検討課題が残されている。

3　非常上告

(1)　非常上告の意義と理由

　これは，再審と同じく裁判の確定後にその誤りを是正することを認める制度
である。しかし，再審のように事実認定を変更して有罪の言渡しを受けた者を
救済するのではなく，法令解釈の統一を目的として，検事総長が，確定判決の
審判が法令に違反したことを発見したときに最高裁判所に申立てを行うもので
ある（454条。なお，申立て件数は通常，年間10件未満にすぎない）。

(2)　非常上告の審判

　非常上告をするには，その理由を記載した申立書を提出する（455条）。その
後，公判が開かれ，検察官が申立書に基づき陳述しなければならない（456条）。
非常上告の対象となる判決には，確定判決と同一の効力を有する上訴棄却決定
や略式命令も含まれる。また，申立ての理由には，実体法，手続法双方の違反
が含まれる。申立てに理由のないときは判決でこれを棄却する（457条）。これ
に反し，原判決に法令違反があるときは，その違反した部分を破棄し，訴訟手

続が法令に違反したときは，その違反した手続を破棄する（458条）が，非常上告の判決は原判決そのものは破棄しない（その効力は理論的なものにとどまり被告人には及ばない。459条）。ただし，前者の場合，原判決が被告人に不利益なときは，原判決を破棄しさらに被告事件について自判する（この場合だけは判決の効力が被告人に及ぶ。458条1号ただし書・459条）。

Ⅲ 裁判の執行

1 総 説

裁判が行われれば，その意思表示内容を国家権力によって強制的に実現する必要がある。これには，刑の執行それ自体のみならず，刑の付随的処分（追徴，訴訟費用など）の執行，刑以外の制裁処分（過料，費用賠償など）の執行，強制処分（勾引，勾留，捜索，押収，鑑定留置）ないし令状の執行も含まれる。

裁判の執行時期としては，原則として確定した後に行う（471条）。

裁判執行の指揮者は，その裁判をした裁判所に対応する検察庁の検察官である。ただし，例外がある（472条1項）。

執行の順序について，2つ以上の主刑を執行するときは，罰金および科料を除き，その重いものを先に行う。ただし，検察官は，重い刑の執行を停止して，他の刑の執行をさせることができる（474条）。

2 刑の執行

(1) 死刑の執行

死刑の執行は，法務大臣の命令による（475条1項）。この命令は，判決確定の日から6か月以内に行うことを要する（同条2項本文）。ただし，上訴権回復もしくは再審の請求，非常上告または恩赦の出願もしくは申出がなされその手続が終了するまでの期間および共同被告人であった者に対する判決が確定するまでの期間は，これをその期間に参入しない（同項ただし書）。命令があれば，5日以内に執行しなければならない（476条）。

ただし，現実には，死刑確定から執行までの期間は，2004年から2013年までの10年間で平均約5年6か月となっている。

UNIT 29 上訴・確定後救済手続・裁判の執行

(2) 自由刑の執行

自由刑の執行は，刑事施設で行う（刑事収容施設及び被収容者等の処遇に関する法律，国家公安委員会関係刑事収容施設及び被収容者等の処遇に関する法律施行規則などを参照）。

未決勾留は，刑罰そのものではないが，人身の自由を剥奪する点で自由刑の執行と共通点があるため，公平の観点から，刑法は，未決勾留の全部または一部を本刑に算入することを認めている（刑21条）。

(3) 財産刑等の執行

財産刑（罰金，科料，没収，追徴，過料，没取，訴訟費用，費用賠償，仮納付）の裁判は，検察官の命令によって執行する。この命令は，執行力のある債務名義と同一の効力を有する（490条1項）。

3 裁判の執行に対する申立て

これには，訴訟費用免除の申立て（500条・503条・483条，刑訴規295条〜295条の5），裁判の解釈を求める申立て（501条・503条・504条，刑訴規295条），執行についての異議の申立て（502条〜504条，刑訴規295条）がある。

UNIT 30

少年手続

Ⅰ　少年法の目的・理念
Ⅱ　保護事件の手続
Ⅲ　刑事事件の手続

Ⅰ　少年法の目的・理念 —————————————

1　少年法の目的

　少年法（1948〔昭和 23〕年制定，1949〔昭和 24〕年施行）は，非行のある少年に対して，性格の矯正および環境の調整という教育的な性格を持つ処遇（保護処分）と刑事手続による措置とによって，少年を健全に育成すること，つまり，少年の再非行を防止し，非行の責任を自覚し自立した健全な国民として社会に復帰させることを目的としている（少1条）。

2　少年法の理念

　少年法の基本理念は保護主義（パレンス・パトリエ，少年の改善・教育）にあるといわれる。

　身体と精神の成長過程で環境の影響を受けやすい中で行われた少年の非行に対しては，少年が一般に可塑性に富み，したがって，教育による立直りの効果も期待できることから，刑罰よりも保護・教育処分が優先される。刑罰は，犯罪に対する非難として加える苦痛（応報）を基本としつつ，応報刑の合理的な枠内で，犯罪の抑止（一般予防）と犯人の改善や再犯の防止（特別予防）の要請を考慮するのに対して，少年法は，非行のある少年等が非行を行わないように改善・教育することを主たる狙いとしている。少年法の基本理念が少年の健全育成にあるといわれる所以である。その背景には，国が親に代わって非行少年の後見者として少年の保護・育成の役割を担うという国親思想（パレンス・パ

UNIT 30　少年手続

トリエ）がある。

　他方，少年法は正義の原理に基づく刑事法的側面を持つ。同法1条は「少年の健全な育成を期し，非行のある少年に対して性格の矯正及び環境の調整に関する保護処分を行うとともに，少年の刑事事件について特別の措置を講ずることを目的とする」と規定している。刑事事件の手続については後述する。

3　保護主義から導かれる諸原則

(1)　職権主義構造

　刑事裁判は基本的に当事者主義の訴訟構造を採用し，一方の当事者である検察官が犯罪事実を訴因の形式で主張し，それを証拠によって立証する。他方の当事者である被告人は弁護人の助力を受けつつ検察官の主張に反論する防御活動を行う。両当事者の攻撃・防御の結果，裁判所は公平な立場から事実認定を行い，検察官の主張が合理的な疑いを超えるまで立証されていると判断した場合には有罪の認定をするという当事者対立構造を採用している。攻撃（検察官）と防御（被告人・弁護人）という対立構造の中で中立な裁判所が公平な事実認定をするという役割分担が決められている。公平な裁判をするために事件について予断を抱くことがないように，裁判官は事実審理の前に証拠に接することが禁じられている（256条6項。起訴状一本主義）。

　これに対して，少年審判は，非行事実に表れた少年の問題性を明らかにして，少年の改善更生のために最もふさわしい処分を決定することが目的である。そのため，裁判官が，捜査機関からの証拠資料，家庭裁判所調査官の科学的知見に基づく調査結果などを基にして，少年の心を開いて少年の問題性を明らかにするのにふさわしい構造，つまり，裁判所を中心として関係各機関が協力して事案の真相を解明して少年の改善更生を図るという職権主義の訴訟構造が妥当とされている。少年審判自体が一種のカウンセリング機能を果たしているといわれる。

(2)　少年のプライバシーの保護

　少年の問題性を明らかにするために，少年の家族とその他事件関係者のプライバシーが明らかになる場合がある。少年や関係者のプライバシーがみだりに暴かれる理由はないし，プライバシーが明らかにされることにより少年の社会復帰の妨げになることも許されない。プライバシーが明らかになることを恐れ

I 少年法の目的・理念

て真実を語ることができず，それが少年に防御権の行使を躊躇させることも避けなければならない。そのために少年審判は非公開とされている（少22条2項）。また，家庭裁判所の審判に付された少年，または少年のときの犯罪で起訴された者については，氏名，年齢等の身元を特定できるような情報の報道も禁止されている（少61条）。

(3) 要保護性に従った処分

刑事裁判では犯罪の重大さに均衡した刑罰が科せられるが，少年に対する処分は，非行事実の重大性に必ずしも対応するものではなく，健全育成の理念の下に，再非行の危険性や矯正の可能性等で構成される要保護性に従って決定される。

後述する保護事件の手続は，少年法の理念とそこから導かれる諸原則の下に構成され具体化されている。

4　少年法の対象

少年とは20歳未満の者であり（少2条1項），少年法が手続の対象とする非行少年とは，犯罪少年（罪を犯した少年），触法少年（14歳未満で刑罰法令に触れる行為をした少年），および，虞犯少年（保護者の監督に服さず，家庭に寄り付かず，犯罪性のある人・不道徳な人と交際し，または，いかがわしい場所に出入りしたり，自己または他人の徳性を害する行為をする性癖のある少年で，将来罪を犯し，または刑罰法令に触れる行為をするおそれがある者）である（少3条1項）。

このうち，犯罪少年の事件は全て家庭裁判所に送致される（少3条）。家庭裁判所は調査の上（少8条），事件を少年審判に付すか否かの決定をする（少19条・21条）。また，家庭裁判所は少年を保護処分に付すか否か（少23条・24条），刑事処分が相当か（少20条）の決定をするが，少年法は保護処分優先主義を採用している。保護処分には保護観察所の保護観察に付すこと，児童自立支援施設や児童養護施設への送致，少年院への送致がある（少24条）。家庭裁判所が刑事処分を相当と認めたときは，事件を検察官に送致する（少20条1項）。この場合，事件は刑事手続によって処理される。

UNIT 30　少年手続

Ⅱ　保護事件の手続

1　保護事件の調査

(1)　調査の基本方針・流れ

　少年事件は，捜査機関の捜査終了後，犯罪の嫌疑があるものと思料する事件については，事件の適切な処分がなされるように，全事件が家庭裁判所に送致される（少41条・42条。全件送致主義）。家庭裁判所の審判に付すべき少年を発見した者は全て家庭裁判所に通告しなければならない（少6条）。事件の通告・送致を受けた家庭裁判所は，事件の調査をしなければならないが（少8条1項），家庭裁判所調査官に命じて，少年，保護者または参考人の取調べその他の調査を行わせることができる（同条2項）。この調査の方針として，少年，保護者または関係人の行状，経歴，素質，環境等について，医学，心理学，教育学，社会学その他の専門的智識，特に少年鑑別所の鑑別の結果を活用するよう努めなければならない（少9条。科学主義）。

　家庭裁判所は，事件の調査に必要があると認めるとき，少年または保護者に対して呼出状を発し，正当な理由がなく呼出しに応じない場合には同行状を発することができる（少11条～13条）。また，家庭裁判所は，証人を尋問し，または鑑定・通訳・翻訳を命ずることができるし，検証・押収または捜索をすることができる（少14条・15条）。さらに，少年を家庭裁判所調査官の観護に付したり，調査のために少年鑑別所に送致することもできる（少17条）。

(2)　調査の手続・権限

　ところで，犯罪少年に対する調査（捜査）は，若干の特則（少43条・48条等）の場合以外は，刑事訴訟法が適用される（少40条）。しかし，触法事件と虞犯事件については刑事訴訟法が適用されない。とはいえ，事案の真相を解明することは，少年を適切に保護するために不可欠なことである。そこで，警察官は，触法少年であると疑う相当な理由のある者につき調査することができるとした上で，任意調査の法的根拠と目的を明確化し（少6条の2第1項2項），調査における強制処分（押収，捜索，検証，鑑定嘱託）の規定を整備した（少6条の5）。他方で，低年齢の少年については，その特性に照らした配慮規定を置くべきとの観点から，調査は「少年の情操の保護に配慮しつつ」行うこととされた（少

II　保護事件の手続

6条の2第2項）。また，少年の利益をより一層図るために，少年および保護者
は，触法事件の調査に関して，いつでも，弁護士である付添人を選任できるこ
ととした（少6条の3）。さらに，強制調査は，物，場所に対する処分に限定さ
れ，少年の逮捕・勾留は認められていない。なお，虞犯事件の調査規定は設け
られていないが，警察の任意の調査権限は従来どおり認められることが衆議院
法務委員会において確認されている（従来から，警察法2条を根拠に行われてきた。
少年警察活動規則〔平成14年国家公安委員会規則第20号〕により，虞犯事件の調査は
少年の健全育成の精神に基づき，少年のプライバシーを保護しつつ，その心情を傷つけ
ない方法で行うものとされている〔同規則27条～29条・31条・32条等参照〕）。

(3)　調査後の措置

　上述の調査の結果，家庭裁判所は以下の措置を採る。①児童福祉法上の措置
を相当と認めるときは，都道府県知事または児童相談所長に事件を送致する
（少18条）。②審判に付すことができない場合と審判に付すのが相当でない場合
の審判不開始決定（少19条1項。この段階での審判不開始決定の数は相当数に上り，
その中には，家庭裁判所調査官による事実上の保護的措置により要保護性が消滅したも
のが含まれている）。③本人が20歳以上であることが判明したときには，事件
を検察官に送致する（少19条2項）。④死刑，懲役または禁錮に当たる罪の事
件で，刑事処分を相当と認めるときは，事件を検察官に送致する（少20条1項。
検送決定または逆送決定という）。検送（逆送）事件については，検察官は，公訴
を提起するに足りる犯罪の嫌疑があると思料するときは，原則として公訴を提
起しなければならない（少45条5号）。なお，2000（平成12）年の法改正により，
故意の犯罪行為により被害者を死亡させた罪の事件で，犯行当時16歳以上の
少年の事件は，検察官送致（逆送）が原則とされた。ただし，犯行の動機およ
び態様，犯行後の情況，少年の性格，年齢，行状および環境その他の事情を考
慮し，刑事処分以外の措置を相当と認めるときは検（逆）送しなくてもよい
（少20条2項）。⑤審判開始を相当と認めたときは，その旨の決定をする（少21
条）。

2　保護事件の審判

(1)　非公開手続における少年の問題性の解明

　少年法22条は「審判は，懇切を旨として，和やかに行うとともに，非行の

UNIT 30 少年手続

ある少年に対し自己の非行について内省を促すものとしなければならない」と規定する。少年の改善・教育を優先する保護主義に立つ少年法においては，非行事実の認定も刑事手続とは違って，基本的な考え方として，平服の裁判官が少年と1対1で同じ目線で対座し，少年の心を開いて，非行事実と少年の問題性を解明して，少年の改善更生にふさわしい処分を決定するという職権主義構造を採用している。この手続には，少年の利益を守るために付添人が関与することが認められているが，検察官は，一定の重大事件の非行事実の認定手続に限って，家庭裁判所が必要と認めた場合に，「審判の協力者」として関与が認められているにすぎない（少22条の2）。また，少年の情操やプライバシーを保護し，社会復帰の妨げにならないように，少年審判手続を非公開にしているだけでなく，報道との関係でも少年の個人情報が判明しないようになっている（少22条2項・61条）。

(2) 一定の事件における事実認定の適正化の方策

保護主義の理念に照らせば，少年審判は職権主義構造の下に展開されるのに適しているといえよう。しかし，事件が複雑・困難で，少年側が事実関係を徹底的に争うような事案においては，1人の裁判官が適切な事実認定をする上で困難な事態が生じたのである。少年側が事実を徹底的に争う場合，裁判官は少年側に不利益な行為を行わざるを得ない状況，つまり検察官の役割の一部を行うような立場に立つことになり，その場合，少年側とは対立する状況に置かれることになる等の問題があった。そこで，2000（平成12）年に少年法は次のように改正された。①故意の犯罪行為により被害者を死亡させた罪と死刑または無期もしくは短期2年以上の懲役もしくは禁錮に当たる罪に限定して，②裁判官が，非行事実の認定に検察官の関与が必要だと判断した場合に，審判の協力者として，検察官の参加を認め，同時に，その場合，少年に弁護士である付添人がないときは，国選付添人を付すこととした（裁31条の4，少22条の2・22条の3）。また，③3人の裁判官により多角的な視点で事件を審理して，より適正な審判・決定を可能とする狙いで裁定合議制度を導入した。さらに，④より適正な事実認定をするために，観護措置期間について従前の2週間（最大で4週間）から8週間までの延長を可能とした（少17条4項）。加えて，⑤非行事実が存在しなかったと認めるだけの明らかな資料が新たに発見されたときには，その保護処分が終了した後でも，保護処分の取消しを認めることとした（少27条

Ⅱ　保護事件の手続

の2第2項）。かつては，草加事件，山形マット死事件，調布駅南口事件等事実認定に困難を生じた事件があったが，上述の事実認定のより一層の適正化のための法改正後は上記の事件のような事実認定が大きな問題となる事件は生じていないといわれている。

═══ *POINT 1*　事案解明と適正手続の保障 ═══════════════════════════

　　問題のある少年に対して適切な処遇選択をするためには適正な事実認定をすることが重要である。非行事実が争われ，事実認定が困難な事件の事実認定を適正かつ迅速に行うために，①3人の裁判官によって多角的・客観的な事実認定がより期待できる裁定合議制度の採用，②裁判官が少年と対立する状況を避け，公平中立な立場を維持するために，検察官の関与を認めること，③事実認定の正確を期するため，上級審による見直しの機会をより広く認めるための検察官による抗告受理の申立制度の導入，④調査を十分に行うための観護措置期間の最大8週間までの延長が行われた（2000〔平成12〕年改正）。また，関係者への呼出しや事情聴取が拒まれたり，凶器や被害品の提出が拒まれたり，司法解剖ができなかったために事案解明が困難な事例があったため，適正な事実認定の前提となる警察の調査・捜査について，触法事件におけるその権限が整備された（2007〔平成19〕年改正）。すなわち，任意調査として明文の規定を設けることにより（少6条の4第1項），関係者の呼出し，事情聴取が円滑・効果的に実施できることが期待できるようになり，また，調査における強制処分（押収，捜索，検証，鑑定嘱託）を創設することにより（少6条の5），証拠物件の押収・捜索，証拠物件や現場の検証，死体解剖の処分が認められることとなった（ただし少年の身柄拘束は認められていない）。他方で，家庭裁判所が検察官の関与を認める事件においては弁護士を国選付添人として付さなければならないが（少22条の3第1項），触法事件の調査に関して，少年および保護者は，いつでも，弁護士である付添人を選任することができる（少6条の3）。低年齢の少年の特性には配慮すべき等との理由からである。このような，少年の利益をも配慮した適正な手続による事実認定の適正化とその前提となる事実の調査・捜査権限の見直しは，一般的に好意的に受け止められている。少年審判の対象は非行事実のみならず，少年の要保護性（累非行性，

UNIT 30　少年手続

矯正可能性，保護相当性）を含む。これらの調査・捜査，事実認定は広範に及び，また，極めて重要である。

　ところで，事案の解明が難しい事件，裁判官が公平中立性を維持するために少年との対立状況を避けたい事情のある事件は，他にも存在する。従来の国選付添人制度の対象外の事件の中にも，多数の者が関与し，関係者の供述が相互に異なっている傷害，詐欺，恐喝事案や暴力団組織に関係している少年の非行など，審判手続において事実認定や少年の環境調整のために弁護士である付添人の関与が必要である事件が存在するといわれている。また，被疑者国選弁護人制度によって国選弁護人が付されていても，国選付添人として活動できない事態が生じていた。そこで，家庭裁判所の裁量による国選付添人制度の対象事件の範囲と被疑者国選弁護人制度の対象事件の範囲は一致させるのが相当と考えられた。その結果，少年の改善更生のための弁護人の援助を充実させるために，家庭裁判所の裁量による国選付添人の対象事件の範囲が，①故意の犯罪行為により被害者を死亡させた罪，②①のほか，死刑または無期もしくは短期2年以上の懲役もしくは禁錮に当たる罪から，「死刑又は無期若しくは長期3年を超える懲役若しくは禁錮に当たる罪」に拡大された（少22条の3。2014〔平成26〕年改正）。これにより，新たに家庭裁判所の裁量による国選付添人制度の対象事件となったのは，窃盗，恐喝，傷害，過失運転致死傷などである。

　他方，検察官関与制度についても，前述の家庭裁判所の裁量による国選付添人制度の対象事件の範囲の拡大とその背景事情は共通している。従前は検察官関与事件の対象でなかった事件のうち，社会的にみて重大な事件で，長期3年を超える懲役または禁錮に当たる罪に係る事案において，関係者が多数で相互に供述が矛盾し，少年が争っているような事件については，国選付添人が選任されているのに，検察官が事実認定手続に関与することができないことになり得る。しかし，それは検察官関与制度の趣旨に沿わないし，被害者や国民の理解が得られるのか疑問があった。そこで，家庭裁判所の裁量による国選付添人制度の対象事件と同じ範囲で，新たに窃盗，恐喝，詐欺，傷害，過失運転致死傷などが検察官関与制度の対象事件となった（少22条の2。2014〔平成26〕年改正）。この改正により，事実認定手続の一層の適正化・充実化を図り，その結果，少年の適切な処遇選択，

Ⅲ　刑事事件の手続

少年の再犯防止にも資すると考えられている。

(3)　被害者等の少年審判の傍聴

　被害者等は事件の真相を知りたいとの要望を持っている。特に殺人事件等一定の重大事件の被害者等からの要望は強いものがある。審判の傍聴は，被害者等が審判における裁判官等と少年たちとのやり取りを直接見聞きして，事件の真相や少年の態度・考え方等を知ることができるなど，最も十分な情報が得られる場面である。被害者等の要望による審判の傍聴は，犯罪被害者等基本法の趣旨に照らして十分尊重すべきものであると同時に，被害者等の立直りにも資するものと考えられる。他方で，被害者等の審判の傍聴が，適正な審判を妨げることはなく，また，少年が自らの非行の重大性を認識し，反省を深める大きな機会を提供することもあると考えられたため，犯罪少年および12歳以上の触法少年に係る事件で，①故意の犯罪行為により被害者を死傷させた罪（殺人罪，強盗致死傷罪，危険運転致死傷罪など），②刑法211条（業務上過失致死傷罪など）の罪，③自動車の運転により人を死傷させる行為等の処罰に関する法律4条・5条・6条3項4項の罪（過失運転致死傷アルコール等影響発覚免脱罪，過失運転致死傷罪など）に当たる事件において，裁判所が少年の健全な育成を妨げるおそれがなく相当と認めたときに，一定の被害者等に少年審判の傍聴を許すこととした（少22条の4第1項）。傍聴は，非行事実に限らず，要保護性に関する審理もその対象となる。他方，裁判所は，傍聴の対象となる触法少年が，一般に，精神的に特に未成熟であることを十分考慮しなければならない（少22条の4第2項）。また，少年や関係者のプライバシーを保護するために，傍聴した被害者等およびこれに付き添った者には守秘義務および注意義務が課されている（同条5項・5条の2第3項参照）。

Ⅲ　刑事事件の手続

1　検察官送致（逆送）決定

　家庭裁判所は，死刑，懲役または禁錮に当たる罪の事件について，調査の上，

UNIT 30 少年手続

刑事処分が相当と認めるときは，事件を検察官に送致する（少20条1項。検〔逆〕送という）。刑事処分が相当とされる類型には，保護不能（少年が保護処分によってはもはや改善の見込みがない場合）と，保護不適（保護不能ではないが，事案の性質や社会への影響等から刑事処分に付す方が相当な場合）とがある。検察官は，検送事件について，公訴を提起するに足りる犯罪の嫌疑があると思料するときは，公訴を提起しなければならない（少45条5号）。ただし，検送事件の一部について公訴を提起するに足りる犯罪の嫌疑がないか，または犯罪の情状等に影響を及ぼすべき新たな事情を発見したため，訴追を相当でないと思料するとき，さらに，検送後の情況により訴追を相当でないと思料するときには，訴追しなくてよい（同号ただし書）。

なお，16歳以上の少年が殺人，傷害致死など故意の犯罪行為により被害者を死亡させた事件の場合，家庭裁判所は原則として，検送決定をしなければならない（少20条2項）。ただし，調査の結果，犯行の動機および態様，犯行後の情況，少年の性格，年齢，行状および環境その他の事情を考慮し，刑事処分以外の措置を相当と認めるときは，検送しない場合がある（同項ただし書）。

2 勾留・審判に関する特則

少年の刑事事件については，特則がある場合以外は，刑事訴訟法が適用される（少40条）。

(1) 勾留はやむを得ない場合でなければできない（少43条3項・48条1項）。検察官は勾留請求に代えて，家庭裁判所調査官の観護措置または少年鑑別所への送致を請求することができる（少43条1項）。観護措置後，検察官が捜査の後に，事件を家庭裁判所に送致しないときは，直ちに，裁判官に対して，その措置の取消しを請求しなければならない（少44条1項）。

(2) 少年の審理も公開で行われる。これに対しては，少年が萎縮して，自分の言い分を十分に展開できないのではないかとの見解もある。

(3) 少年の被疑者・被告人は，他の被疑者・被告人と分離して，なるべく，その接触を避けなければならない（少49条1項）。また，少年に対する被告事件は，他の被告事件と関連する場合であっても，審理を妨げない限り，その手続を分離しなければならない（同条2項）。

少年事件の被告人の審理は，科学主義に基づき，少年，保護者または関係人

の行状，経歴，素質，環境等について，医学，心理学，教育学，社会学その他の専門的智識，特に少年鑑別所の鑑別の結果を活用して行うべきとされている（少50条・9条）。これは，刑事手続においても，保護主義という少年法の基本理念を及ぼそうとしたものである。

3　処分の特則

⑴　死刑と無期刑の緩和

犯行時 18 歳未満の少年には，死刑をもって処断すべきときでも無期刑を科す（少51条1項）。

また，犯行時 18 歳未満の少年には，無期刑をもって処断すべきときでも，有期の懲役または禁錮を科すことができる。この場合，その刑は，10 年以上 20 年以下において言い渡す（少51条2項。2014〔平成 26〕年改正）。

⑵　不定期刑の適用要件と長期・短期の上限の拡大

少年に対して「有期の懲役又は禁錮をもって処断すべきとき」は，原則として長期・短期の上限を 15 年・10 年とする不定期刑を言い渡す（少52条1項。上記改正）。少年に対する不定期刑は，少年が可塑性に富み教育による改善更生がより多く期待し得るため導入されたものである。上記改正前は，不定期刑の適用要件は，「長期 3 年以上の有期の懲役又は禁錮をもって処断すべきとき」とされていたが，処断刑が長期 3 年以上の有期の懲役または禁錮に当たる罪を犯した少年に限られないため，不定期刑を有期の懲役または禁錮が科せられる全ての少年に適用することが相当と考えられたのが，上記改正の理由である。

また，不定期刑の長期および短期の上限を 10 年と 5 年からそれぞれ 5 年引き上げ 15 年と 10 年とした理由は，①従来，最も重い有期刑とされた「5 年以上 10 年以下」の不定期刑の上限と無期刑との間には大きな乖離があったこと，②主犯格たる少年と従属的立場の成人との共犯の事件において，成人に対する刑と少年に対する刑との間に不均衡があるとの指摘などがあり，実際の裁判例において，少年に対して科し得る有期刑の上限が低いために不本意な量刑をせざるを得なかった事例も存在したため，量刑の選択肢を広げ，少年の犯行に応じた適正な量刑をなし得るようにすることと説明されている。

上記 2014 年改正の改正法（以下，「改正法」という）により，無期刑の緩和刑としての有期刑を 10 年以上 20 年以下の範囲内で科すこととした理由は，改正

UNIT 30 少年手続

法で不定期刑の長期の上限，つまり有期刑の上限が15年に引き上げられると，無期刑の緩和刑より責任の軽い不定期刑と無期刑の緩和刑の上限とが同じになってしまい，相当でないためである。

無期刑の緩和刑について仮釈放ができるまでの期間は，従来3年とされていたが，改正法により「その刑期の3分の1」とされた（少58条1項2号）。改正の理由は，不定期刑の短期の上限が10年に引き上げられたところ，無期刑の緩和刑について従来どおり3年経過後に仮釈放が可能となるとすると，短期が10年の不定期刑が言い渡されたときの仮釈放が可能となる3年4か月経過後（同項3号）よりも早くなり，相当でないためであると説明されている。

(3) 不定期刑の長期と短期の幅の制限

不定期刑の長期と短期との幅について従来は制限が設けられていなかった。改正法により，不定期刑の短期は「長期の2分の1（長期が10年を下回るときは，長期から5年を減じた期間……）を下回らない範囲内」において定めなければならないとの制限が設けられた（少52条1項）。改正の理由は，不定期刑の長期と短期は共に刑であるから，①あまりにも幅が大きくなることは，裁判所が被告人の受ける不利益の程度を画する機能が十分に発揮できなくなる，②短期についても，行為責任（応報）の観点から，長期に比して余りにも短期であるのは相当でないと考えられたためである。

(4) 不定期刑の短期に関する特則

不定期刑の短期は，原則として，処断刑の範囲内で定められるが（少52条1項），「少年の改善更生の可能性その他の事情を考慮し特に必要があるとき」には，「処断すべき刑の短期の2分の1を下回らず」かつ「長期の2分の1を下回らない」範囲内において定めることができるとされ，その結果，処断刑の下限を下回る期間を定めることができるようになった（同条2項）。改正の理由は，少年が，可塑性に富むことを踏まえれば，処断刑の下限を下回る期間で改善更生したと認められ，かつ，行為責任（応報）の観点からもそのような期間において刑を終了させることが許容される事案もあり得るので，一律に処断刑の範囲内において短期を定めなければならないとすることは相当でないなどと説明されている。

「少年の改善更生の可能性その他の事情を考慮し特に必要があるとき」に当たるか否かは，少年の反省の有無・程度，更生意欲の有無・程度，改善更生の

Ⅲ　刑事事件の手続

ための環境調整の度合い，行為責任（応報）の観点からの許容性等を総合的に
考慮して判断される。

■■■ POINT 2　少年法の改正と被害者の傍聴 ■■■■■■■■■■■■■■■■■■■■■■■■■■■

　少年法は 2000（平成 12）年から 2014（平成 26）年の間に次の改正が行わ
れた（2000〔平成 12〕年，2007〔平成 19〕年，2008〔平成 20〕年，2014〔平成
26〕年）。改正の内容は本文中で述べたように多岐にわたるが，主要な項
目として，①少年の犯罪現象の変化を背景にした少年事件の処分の在り方
の見直し（検送規定の改正，不定期刑の長期の上限と無期刑の緩和刑の上限の引
上げ等），②事実認定の適正化とその前提となる調査権の拡大（裁定合議制
度，検察官の審判への関与，触法事件の調査規定の整備等），③②に対応して事
実認定・調査手続の適正手続化，少年側の防御権の拡大（保護処分終了後に
おける救済手続の整備，国選付添人制度の導入と対象範囲の拡大等），そして④
被害者等への配慮の充実である。被害者等への配慮の充実にも幾つかの項
目があるが，中でも大きな議論があったのは被害者等の少年審判の傍聴を
許す制度の導入であった。少年事件の審判は非公開が原則とされているた
め（少 22 条 2 項），被害者等は審判を傍聴できなかった。しかし，審判の
傍聴は，被害者等が審判における裁判官と少年等のやり取りを直接見聞き
して，事件の真相や少年の態度・考え方を知ることができるなど，最も十
分な情報が得られる場面であるため被害者等の要望は強く，この要望は犯
罪被害者等基本法の趣旨に照らして十分尊重に値するものである。また，
審判の傍聴は被害者等の被害からの立ち直りにも資するものであり，その
ことが国民の信頼を一層確保することにもつながる。他方で，審判の傍聴
は，適正な審判を妨げることなく，また，少年が自らの非行の重大性を認
識し，反省を深めることに資する場合もあると考えられる。もちろん，い
ろいろな場面があり得るので，傍聴は常に無条件で認められるわけではな
く，「少年の年齢及び心身の状態，事件の性質，審判の状況その他の事情
を考慮して，少年の健全な育成を妨げるおそれがなく相当と認めるとき」
に許される（少 22 条の 4 第 1 項）。そして，実務においても，今までのとこ
ろ傍聴をめぐって大きな問題が生じているとは聞いていない。

　審判の傍聴の例から分かるように，四次の改正により少年法の内容は相

459

UNIT 30　少年手続

当に変化してきているが，基本的には少年法の理念である保護主義とそこ
から導かれる諸原則を維持した上での改正である。少年の非行・犯罪現象
が変化する中で，少年法の理念に立って少年の改善更生，教育を適切かつ効
果的にしていくための方策を真剣に模索した法改正といえるであろう。いず
れにしても，これらの法改正がその狙いどおりに実現するかは実務の法運
用にかかっている部分も多いので，今後の実務の動向に注目していきたい。

参考文献

　田宮裕＝廣瀬健二編『注釈少年法〔第4版〕』（有斐閣，2017年），川出敏裕＝金光旭
『刑事政策〔第2版〕』（成文堂，2018年），三井誠＝曽根威彦＝瀬川晃編『入門刑事法
〔第6版〕』（有斐閣，2017年），澤登俊雄『少年法入門〔第6版〕』（有斐閣，2015年），
川出敏裕『少年法』（有斐閣，2015年），廣瀬健二『子どもの法律入門〔改訂版〕』（金剛
出版，2013年），丸山雅夫『ブリッジブック少年法入門』（信山社，2013年）。

事 項 索 引

あ 行

悪性格の立証 ……………………332
足利事件 …………………………338
足利事件 …………………………441
新たな強制処分説…………………73
アレインメント（罪状認否手続）…………12
アレインメント制度（有罪答弁制度）……368
荒れる法廷 ………………………310

異 議 ………………………………439
移送命令 …………………………102
一事不再理の原則 ………………258
一事不再理の効力（一事不再理効）…262, 269,
　　　　　　　　　　　　　　423, 425, 428
　　──の客観的範囲 ……………429
　　──の時間的範囲・人的範囲 ……………429
一部起訴 …………………………261
一部上訴 …………………………432
一覧表開示 ………………………249
一件記録 …………………………225
一般抗告 …………………………439
一般的指示権・指揮権……………33, 214
一般的指定方式 …………………148
一般令状 …………………………161
違法収集証拠 ……………………342
　　──排除法則 …………221, 331, 342
　　私人による── ………………356
違法逮捕の抑止・司法の無瑕性の保持の
　必要性……………………………99
違法取調べによる自白 …………361

疑わしいときは被告人の利益に …………324
写し ………………………………395

エックス線検査 …………………191
閲 覧 ………………………………247
　　──・謄写 ……………………247
閲覧・謄写 ………………………247
Ｎシステム ………………………190, 191
嚥下物の採取 ……………………187

押 収 ………………………140, 157, 176
　　──拒絶権 ……………………172, 299
　　──に関する裁判 ……………140
　　──に関する処分 ……………168, 174
　　──の裁判 ……………………173
　　──目録 ………………………173
　　緊急── ………………………165
オウム真理教事件 ………………296
おとり捜査………………66, 221, 222
オピニオン・ワーク・プロダクト ……249, 252

か 行

概括的（な）記載 ………………162, 269
外国人の取調べ …………………119
該当性判断のための傍受 ………196
回 避 ………………………………45
会話の聴取・録音 ………………199
科学主義 …………………………450
科学的証拠 ………………………335
確定後救済手続 …………………440
確定力 ……………………………413, 423
　　──の本質 ……………………425
　　──の理論 ……………………423
　　形式的── ……………………423
　　実体的── ……………………423
　　内容的── ……………………423
各別の令状 ………………………161

科刑上一罪 ……………………234
過失犯の訴因 …………………281
簡易公判手続 …………………206
管轄違いの言渡し ……………223
観護措置期間 …………………452
間接証拠 ………………………318
鑑 定 …………………………184
　——受託者 ……………185, 393
　——書 …………………………393
　——嘱託 ………………………184
　——処分許可状 ………185, 187
　——処分としての身体検査 …183
　——人 …………………………185
　——待ち …………………………242
　——留置 ………………………185
　——留置状 ……………………185
　声紋—— ………………………339
　DNA 型—— …………188, 337, 338
　DNA—— ………………………233
　DNA 標本の採取・型—— ……202
　筆跡—— ………………………339
監督対象行為 …………………128
還付・仮還付 …………………174
還付請求権 ……………………174
管理権 …………………………162
　——侵害 ………………………179
関連性 …………………………330
　——の判断 ……………………166
　被疑事実との—— …157, 164, 167, 180
　被疑事実との——の程度 ……166
　法律的—— ……………320, 330, 331
　密接な—— ……………………114

聞き込み捜査報告書 …………249
偽計による自白 ………………359
危険の引受け …………………199
期日間整理手続 ……………46, 240
希釈の法理 …………………352, 364

帰責事由 ………………………164
起訴強制手続 …………………217
起訴後勾留 ………………………96
起訴後の余罪捜査と接見指定 …155
起訴状 …………………………223
　——一本主義 …………17, 225, 269
　——謄本の送達 ………………236
起訴前勾留 ………………………96
起訴相当 ………………………213, 216
起訴独占主義 …………………204
起訴便宜主義 …………………208
起訴法定主義 …………………208
起訴前の身柄拘束期間の趣旨 …113, 116
起訴猶予処分 …………………207
記帳・届出の義務 ……………138
既判力 …………………257, 258, 423
忌 避 …………………………45, 228
基本的事実同一性基準 ………284
基本的人権の保障 ………………3
逆送決定 ………………………451
　検察官送致—— ………………455
客観的嫌疑 ……………………219
客観的併合 ……………………304
糺問主義 …………………………5
糺問的捜査観 …………………124
協議・合意制度 ………………210
凶器等の取上げ・保管 ………180
供 述 …………………………136
　——拒否権（黙秘権）の告知 …119, 127
　——調書 ………………………118
　——録取書 ……………………299
　——録取書等 …………………248
　現場—— ………………………397
　自己矛盾—— （不一致——）…374, 406
　真正作成—— …………………390
　精神状態に関する—— ………374
　伝聞—— ………………………402
供述証拠 ………………………373

事 項 索 引

──説 …………………… 137
非── …………………… 373
非──説 ………………… 373
行政警察 ……………………… 75
──活動 ………………… 47
行政検視 ……………………… 58
強制採尿 ………………… 136, 185
──令状 ………………… 186
強制手段 ………………… 121, 122
強制処分法定主義 ………… 62, 156
強制捜査 ……………………… 62
京都府学連事件 ……………… 64
共犯者の自白 ………………… 368
共謀共同正犯 ……… 262, 268, 272
共謀者 ………………………… 88
協力要請 ……………………… 169
挙証責任 ……………………… 323
──の転換 ……………… 327
記録媒体 ……………………… 166
──からの複写 ………… 168
記録命令付差押え …………… 168
緊急押収 ……………………… 165
緊急処分説 …………………… 177
緊急逮捕 ……… 84, 87, 89, 92, 94
──状 …………………… 92
緊急配備活動としての検問 …… 56

空間的位置 …………………… 162
具体的指定書 ………………… 148
具体的防御説 ………………… 275
国親思想 ……………………… 447
虞犯少年 ……………………… 449
区分審理・部分判決制度 …… 305

警戒検問 ……………………… 56
形式裁判 ……………………… 410
──の拘束力 …………… 427
形式的確定力 ………………… 423

刑事施設 ………………… 95, 102
刑事訴訟の「目的」 ………… 345
刑事補償 ……………………… 105
刑事免責 ……………………… 299
──制度 ………………… 22
携帯電話の位置情報 ………… 200
刑の執行 ……………………… 445
刑の量定（量刑）………… 317, 417
刑 罰 ………………………… 141
血液検査 ……………………… 202
決 定 ………………………… 409
逆送── ………………… 451
再審開始── …………… 444
白鳥── ………………… 441, 443
厳格な証明 ……………… 319, 330
嫌疑刑 ………………………… 6
現行犯逮捕 ………… 84, 87〜89, 93
準── …………………… 90
現行犯人 ……………………… 88
準── …………………… 90
検察官 ………………………… 32
──関与制度 …………… 454
──送致（逆送）決定 …… 455
──同一体の原則 ……… 33
──独自捜査事件 ……… 129
──の参加 ……………… 452
──面前調書 …………… 384
検察審査会 ………… 204, 213, 216
──制度 ………………… 17
検 視 ………………………… 58
行政── ………………… 58
司法── ………………… 58
検 証 …………………… 140, 174, 182
──許可状 ……………… 175
──調書 ………… 141, 182, 390
──としての身体検査 … 183
逮捕に伴う── ………… 183
健全育成の理念 ……………… 449

463

検送決定 ……………………451
現場供述 ……………………397
現場指示 ……………………397
現場写真 ……………………397
権利保釈 ……………………308

合意書面 ……………………406
合意制度 ……………………22
行為免責 ……………………301
勾　引 …………………299, 307
　証人の――要件………………26
効果的弁護………………………36
交換的変更 …………………274
公共の福祉 ………………………3
抗　告 …………………431, 439
　――受理の申立制度 ………453
　一般―― ……………………439
　準―― …103, 141, 167, 173, 439, 440
　即時―― …………………254, 439
　逮捕状発付の裁判に対する準――………95
　逮捕に対する準―― …………99
　通常―― ……………………439
　特別―― ……………………440
交互尋問 ……………………298
公示送達 ……………………237
更　新 ………………………295
公正な刑事裁判 ………………159
控　訴 …………………431, 433
　――棄却 ……………………223
　――趣意書 …………………437
　――の手続 …………………436
　――理由 ……………………434
　裁判員制度と―― …………435
　絶対的――理由 ………257, 271
公訴棄却 ………………141, 271
拘束力 ………………………425
　形式裁判の―― ……………427
　自己―― ……………………413

実体裁判の―― ………………426
破棄判決の―― ………………433
公訴権の濫用 …………………263
公訴権濫用論 …………………218
公訴時効 ……………………230
　――の進行 …………………233
　――の停止 …………………236
公訴事実 ………………223, 255
　――対象説 ……………256, 274
　――の単一性 ………………286
　――の同一性 …………274, 283
　――の同一性（狭義） ………284
控訴審の構造 …………………433
控訴審の裁判 …………………436
控訴審の審判対象 ……………434
控訴審の手続 …………………436
公訴の提起 …………………236
公訴不可分の原則 ………256, 287
交通検問 ………………………56
交通事故の報告義務 …………139
公判期日外の証人尋問 ………311
公判前整理手続 …20, 46, 118, 227, 240, 279, 291
　――の結果の顕出 …………279
　――の請求権 ………………242
公判中心主義………………20, 132, 380
公判廷の自白 …………………368
公平な裁判を受ける権利 ……229
攻防対象論 …………………435
合理性説 ……………………177
合理的な疑い ……………326, 420
　――を超える証明 …………325
勾　留 …………………84, 96, 307
　――期間延長 ………………102
　――裁判官 …………………229
　――状 ……………………100
　――状 ……………………101
　――に関する裁判 ……………96
　――の期間 …………………101

464

事 項 索 引

──の執行停止 ……………………103, 104
──の相当性 ………………………………97
──の取消し ……………………………103
──の必要 …………………………………96
──の理由 …………………………………96
──理由の開示 …………………………104
起訴後── ………………………………96
起訴前── ………………………………96
再── …………………………………106, 107
再逮捕・再── ………………………114
再逮捕・再──の禁止 ………………106
第一次逮捕・── ……………………113
第二次逮捕・── ……………………114
抱き合わせ── …………………………98
重複逮捕・重複──の禁止 …………108
二重逮捕・二重── …………………105
被疑者の── ……………………………96
被告人の── ……………………………96
別件逮捕・── ………………………110, 111
無罪判決後の── ……………………421
勾留質問 …………………………………97, 100
──調書 …………………………………101
勾留請求 ………………………………108, 221
──事実 …………………………………98
──の許否 ……………………………121
勾留取消請求権 ………………………102
呼気検査 …………………………………136
呼気の採取 ……………………………187
国選付添人 ……………………………452
──制度 …………………………………454
被害者──制度 ………………………454
国選弁護人 ……………………………143, 144
告 訴 ……………………………………59
──の追完 ……………………………264
──不可分の原則 ………………………60
親告罪の── …………………………264
性犯罪の──期間の撤廃 ………………38
告 発 ……………………………………61

国法上の意味の裁判所 ……………………42
国家訴追主義 …………………………204
国家補償 ………………………………141
固有権 …………………………………145
コントロールド・デリバリー（監視付き
移転）…………………………………67

さ 行

再 起 …………………………………209
再起訴制限の例外 ………………………26
採 血 …………………………………187
再現写真 ………………………………392, 397
再勾留 …………………………………106, 107
財産刑等の執行 ………………………446
最終行為説 ……………………………269
罪証隠滅の相当な理由 …………………97
再 審 …………………………………440
──開始決定 …………………………444
──公判手続 …………………………444
──請求手続 …………………………443
──手続 ………………………………443
──理由 ………………………………442
利益── ………………………………441
罪数補正 ………………………………280, 281
再逮捕 …………………………………106, 107
再逮捕・再勾留 ………………………114
──の禁止 ……………………………106
財田川決定 ……………………………441
在宅被疑者の取調べ …………………120
最低一行為説 …………………………268
裁定合議事件 …………………………43
裁定合議制度 …………………………452
再伝聞（二重伝聞）……………………403
裁 判 …………………………………409
──書 …………………………………413
（──の）外部的成立 …………………412
──の効力 ……………………………423
（──の）内部的成立 …………………411

押収に関する——	140	——調書	249
押収の——	173	——の相当性	167
形式——	410	——令状	161
形式——の拘束力	427	記録命令付——	168
公正な刑事——	159	捜索・——に対する妨害排除	163
控訴審の——	436	捜索——許可状	161
公平な——を受ける権利	229	逮捕に伴う捜索・——	176
勾留に関する——	96	無令状——	165
国法上の意味の——所	42	差押えの必要	165
実体——	410	——性	158
実体——の拘束力	426	差押目的物	157, 163, 164
終局——	410	——の記載	162
上告審の——	438	——の存在する蓋然性	158
証拠——主義	319, 330	差し押さえるべき物に準ずる物	165
証人——	380	五月雨式審理	239
迅速な公開——	296	参考人の取調べ	126
迅速な——を受ける権利	4		
即決——	205	GPS	200
即決——手続	206	——捜査	76
逮捕状発付の——に対する準抗告	95	——追跡装置	201
調書	19, 380	シーメル判決	178
非終局——	410	死因究明制度	58
弁護人抜き——	310	時間的近接性とその明白性	91
裁判員裁判と証拠能力（許容性）	335	識別説	268, 277
裁判員制度	20, 129, 305, 310	死刑の執行	445
——対象事件	129	事件単位の原則	105, 110, 111, 115
——と控訴	435	事件の当事者	30
裁判員選任手続	46	時効連鎖説	235
裁判員法	45	自己拘束力	413
裁判官面前調書	383	自己負罪拒否特権	9, 22, 133, 134, 137
裁判の執行	445	自己矛盾供述（不一致供述）	374, 406
——に対する申立て	446	自己矛盾証拠	374
裁判の迅速化に関する法律	296	指示説明	391
罪　名	223	事実記載説	275
裁量保釈	308	事実上の推定	328
——の判断	23	事実単位説	108
酒酔い・酒気帯び鑑識カード	391	事実認定	317
差押え	157, 173	自　首	61

事 項 索 引

指掌紋自動識別システム …………………188
私人訴追 ………………………………204
私人による違法収集証拠 …………………356
事前呈示原則 …………………………170
　――の例外 …………………………171
自然的関連性 …………………320, 330, 331
私選弁護 ………………………………143
事前連絡型の接見申出 …………………151
実況見分 ………………………………183
　――調書 …………………………183, 391
実質証拠 ………………………………318
実質的逮捕 ……………………………121
実体裁判 ………………………………410
　――の拘束力 ………………………426
実体的確定力 …………………………423
実体的真実主義 ………………………4
実体法上一罪説 ………………………108
実力の行使………………………………93
指定内容の適否 ………………………150
指定方法の適否 ………………………150
指定要件 ………………………………147
自動車検問…………………………………56
自動車ナンバー自動読取システム ……189, 190
自動速度違反取締装置…………………………65
地取り捜査報告書 ……………………249
自　白 …………………………117, 399
　――の証拠能力 …………………121, 357
　――の証明力 ………………………366
　――の信用性 ………………………368
　――の任意性・信用性 ……………127
　――法則 …………………331, 332, 343, 357
　違法取調べによる―― ……………361
　偽計による―― ……………………359
　共犯者の―― ………………………368
　公判廷の―― ………………………368
　反復―― …………………………352, 364
　不任意――に基づいて発見された証拠物…362
弁護人選任権（依頼権）および接見交通

　権の制限・侵害による―― …………361
　黙秘権不告知による―― ……………360
　約束による―― ……………………359
事物管轄………………………………………44
司法警察………………………………………75
　特別――職員 ………………………32
司法警察員面前調書 …………………389
司法警察活動……………………………………47
司法警察職員 …………………………32
　特別―― ……………………………32
司法検視………………………………………58
氏名の冒用 ……………………………224
社会通念上相当 ………………………122
釈放命令の執行停止 …………………103
釈　明 …………………………271, 272, 277
写　真 …………………………393, 394
　現場―― ……………………………397
　再現―― …………………………392, 397
写真（・ビデオ）撮影…………………64, 175
遮蔽措置 ………………………………39, 312
臭気選別検査 …………………………340
　――結果書 …………………………341
終局裁判 ………………………………410
　非―― ………………………………410
終局処分 ………………………………205
自由刑の執行 …………………………445
自由心証主義 …………………………321
収税官吏の質問検査 …………………139
自由な証明 ……………………………319
重要な権利・利益侵害説………………………73
主観的併合 ……………………………303
縮小認定 …………………………275, 278, 415
取材の自由 ……………………………159
主張関連証拠開示 ……………………251
主張制限 ………………………………243
出頭義務 ………………………………123, 137
主　文 …………………………………414
準現行犯逮捕…………………………………90

467

準現行犯人 …………………………90	非供述―― …………………………137
準抗告 ………103, 141, 167, 173, 439, 440	非供述――説 ………………………137
逮捕状発付の裁判に対する―― ………95	非伝聞―― …………………………371
逮捕に対する―― …………………99	物的―― ……………………………317
召　喚 …………………………299, 307	不任意自白に基づいて発見された――物…362
情況証拠 …………………………138, 326	別罪の―― …………………………165
証言拒絶権 ………………………133, 299	法定――主義 …………………………7, 321
証　拠 …………………………………317	補助―― ……………………………318
――禁止 …………320, 330, 331, 342	類型――開示 …………………………24, 248
――裁判主義 ………………………319, 330	証拠開示 ………………………………11
――資料 ……………………………317	主張関連―― ………………………251
――とすることの同意 ………………355	請求―― ……………………………247, 311
――とする必要性 ……………………379	類型―― ……………………………24, 248
――の一覧表の交付制度 ………………24	上　告 ………………………………431, 437
――の許容性 ………………………330	――の手続 …………………………438
――の標目 …………………………418	――理由 ……………………………438
――の「明白性（明確性）」 ……………442	非常―― ……………………………444
――方法 ……………………………317	上告審の機能 …………………………438
――保全（の）請求 ………………140, 230	上告審の裁判 …………………………438
違法収集―― ………………………342	上告審の手続 …………………………438
違法収集――排除法則 ……221, 331, 342	証拠能力 ………………301, 320, 330
科学的―― …………………………335	裁判員裁判と――（許容性）……………335
間接―― ……………………………318	自白の―― …………………………121, 357
供述―― ……………………………373	証拠排除 ………………………………141
供述――説 …………………………137	――の申立適格 ……………………355
自己矛盾―― ………………………374	情状事実 ………………………………165
私人による違法収集―― ………………356	上　訴 …………………………………431
実質―― ……………………………318	――権者 ……………………………432
情況―― ……………………………138, 326	――の放棄・取下げ …………………432
証明力を争う―― …………………374, 406	――の利益 …………………………432
職権――調べ ………………………301	――理由 ……………………………432
人的―― ……………………………317	一部―― ……………………………432
請求――開示 ………………………247, 311	証　人 …………………………………310
弾劾―― ……………………………406	――裁判 ……………………………380
直接―― ……………………………117, 318	――資格 ……………………………299
伝聞―― ……………………………369	――等特定事項 ……………………25
派生―― ……………………………300	――の勾引要件 ……………………26
派生的―― …………………………352	――への付添い ……………………39

事項索引

——保護 …………………………311

公判期日外の——尋問 …………311

被告人の——適格 ………………302

証人尋問……………40, 126, 140, 298

——調書 …………127, 141, 390

——の請求 …………………230

公判期日外の—— ………………311

ビデオリンク方式による—— …398

証人審問・喚問権 …………………10

証人審問権 …………………311, 312

少年審判 ……………………………448

——の傍聴 …………455, 459

情報分析支援システム ……………189

証明予定事実記載書面 ……………247

証明力 ………………………………320

——を争う証拠 …………374, 406

自白の—— …………………366

使用免責 ……………………………301

将来発生する犯罪 …………………158

触法少年 ……………………………449

職務質問 ……………………………49

所持品検査 …………………………54

除 斥…………………………45, 228

職権主義 ……………………7, 226

——の訴訟構造 ……………448

職権証拠調べ ………………………301

書類・物の授受 ……………………145

白鳥決定 …………………441, 443

資力申告書 …………………………144

審級管轄……………………………44

親告罪の告訴 ………………………264

真正作成供述 ………………………390

迅速な公開裁判 ……………………296

迅速な裁判を受ける権利 …………4

身体検査 ……………………………183

——令状 …………184, 187

鑑定処分としての—— …………183

検証としての—— …………183

身体捜索 ……………………………183

身体の自由…………………………84

人的証拠 ……………………………317

審判の公開 …………………………311

審判の分離・併合 …………………303

信用性の情況的保障 ………………379

推 定…………………323, 327, 328

事実上の—— …………………328

法律上の—— …………………328

無罪——の原則…………………10

無罪の—— …………………324

請 求…………………………………61

——証拠開示 …………247, 311

勾留—— …………108, 221

勾留——事実…………………98

勾留——の許否 …………121

勾留取消——権 …………102

再審——手続 …………443

証拠保全(の)—— …………140, 230

証人尋問の—— …………230

付審判——制度…………………17

付審判——手続 …………215

令状の——権者 …………160

精神状態に関する供述 ……………374

正当な理由 …………156, 157, 162, 164, 166

——の実質的認定 …………161

性犯罪の告訴期間の撤廃……………38

性犯罪の非親告罪化…………………60

精密司法………………………………19

声紋鑑定 ……………………………339

接見交通権 …………………145, 146

弁護人選任権(依頼権)および——の

制限・侵害による自白 …………361

接見指定……………………………96

——規定の合憲性 …………146

——権 …………146

469

起訴後の余罪捜査と―― ……………155	公示―― ……………………………237
絶対的控訴理由 ………………257, 271	送 致 ………………………………94
善意の例外 ………………………354	検察官――（逆送）決定 …………455
前 科 …………………………226, 294	全件――主義 ………………214, 450
同種―― ………………………334	争点の明確化（・顕在化）………277
全件送致主義 ………………214, 450	相当説 ……………………………177
前審関与 …………………………229	相当な理由 ………………………201
宣 誓 ………………………………310	罪証隠滅の―― ………………97
全面開示 …………………………249	逃走の―― ……………………97
	捜留分離 …………………………102
訴 因 …………………………223, 256	遡及禁止 …………………………231
――対象説 ……………………275	遡及処罰の禁止 …………………233
――の同一性 …………………275	即時抗告 ………………………254, 439
――の特定・明示 ……………266	組織犯罪対策三法 ………………311
――の予備的追加 ……………274	訴訟関係人 ………………………31
――明示の要請 ………………227, 228	訴訟指揮権 ………………………245
過失犯の―― …………………281	訴訟主体 …………………………31
訴因変更 …………………………274	訴訟条件 …………………………219
――の可否 ………………274, 283	訴訟的真実 ………………………4
――の許否 ………………274, 289	訴訟手続の法令違反 ………257, 278
――の時機的限界 ……………290	訴訟能力 ………………………36, 306
――の要否 ……………………274	訴訟費用 …………………………422
――命令義務 …………………258	訴訟法上の意味の裁判所…………42
――命令の形成力 ……………258	訴訟法上の事実 …………………328
総括捜査報告書 …………………249	即決裁判 …………………………205
捜 検 ………………………………54	――手続 ………………………206
捜査関係事項の照会 ……………127	
捜 索 ……………140, 157, 174, 176	**た 行**
――・差押えに対する妨害排除 …………163	
――差押許可状 ………………161	第一次逮捕・勾留 ………………113
――証明書 ……………………173	退去強制 …………………………385
――の対象 ……………………163	第三者の取調べ …………………126
――令状 ………………………161	代替収容施設 ……………………102
逮捕に伴う――・差押え ……176	第二次逮捕・勾留 ………………114
被疑者の―― …………………87, 176	第二次被害 ………………………38
捜査全般説 ………………148, 149	大陪審 ……………………………204
捜査のため必要があるとき ……146, 147, 149	大は小を兼ねる …………………178
送 達 ………………………………225	逮 捕 ………………………………84
	――事実 ………………………98

470

事 項 索 引

――する場合 ……………………178
――前置主義 ………………97〜99
――中在庁略式 ………………225
――との時間的接着 …………179
――に対する準抗告 …………99
――に伴う検証 ………………183
――に伴う捜索・差押え ……176
――の現場 ……………………178
――の自由 ……………………85
――の必要 ……………85, 86, 89, 91
違法――の抑止・司法の無瑕性の保持の
　必要性 ……………………99
緊急―― ……………84, 87, 89, 92, 94
現行犯―― ……………84, 87〜89, 93
再―― …………………………106, 107
再――・再勾留 ………………114
再――・再勾留の禁止 ………106
実質的―― ……………………121
準現行犯―― …………………90
第一次――・勾留 ……………113
第二次――・勾留 ……………114
重複――・重複勾留の禁止 …108
通常―― ……………84, 85, 87, 93
二重――・二重勾留 …………105
犯行と――との時間的接着性……88
別件――勾留 …………………110, 111
逮捕状 ……………………………85〜87
　――の緊急執行 ……………87
　――発付の裁判に対する準抗告 ……95
　緊急―― ……………………92
　犯行と――性 ………………88
滞留義務 ……………………………123, 137
高田事件 ……………………………297
抱き合わせ勾留 ……………………98
択一的認定 …………………………415
立会い・令状の夜間執行 …………171
他の犯罪の実行を内容とする通信の傍受 …196
弾劾主義 ……………………………5

弾劾証拠 ……………………………406
弾劾的捜査観 ………………………125

チッソ水俣病事件 …………………220
注意則・経験則 ……………………322
抽象的防御説 ………………………275
懲戒処分 ……………………………141
長期・短期の上限の拡大 …………457
調書裁判 ……………………………19, 380
調書判決 ……………………………413
重複逮捕・重複勾留の禁止 ………108
直接証拠 ……………………………117, 318
著反正義 ……………………………439

通常抗告 ……………………………439
通常逮捕 ……………………84, 85, 87, 93
通信（の）傍受 ……………………192
　――の合理化・効率化 ……22
　他の犯罪の実行を内容とする―― …196
通信傍受法 …………………192, 194, 198
通知事件方式 ………………………149
月1開廷 ……………………240, 246, 295
付添人 ………………………………312
罪となるべき事実（犯罪事実）………270, 418

DNA 型 ………………………………224
　――鑑定 ……………………188, 337, 338
DNA 鑑定 ……………………………233
DNA 標本の採取・型鑑定 ………202
DNA 標本の取得 …………………187
提示命令 ……………………228, 157, 159
適正手続の保障 ……………………233
デジタルフォレンジック …………189
手続的正義 …………………………278
手続二分論 …………………………417
手の届く範囲の場所 ………………178
展　示 ………………………………301
電磁的記録 …………………………167

471

伝聞供述 …………………………… 402
伝聞証拠 …………………………… 369
　非—— …………………………… 371
伝聞書面 …………………………… 383
伝聞法則 ………… 331, 332, 369, 370
　　——の例外（伝聞例外）…… 374, 378

同意書面 …………………………… 404
当事者主義 ………………… 7, 10, 226
当事者たる地位 …………………… 131
当事者能力 ………………………… 35
同時捜査の可能性 ………………… 109
謄　写 ……………………………… 248
　閲覧・—— ……………………… 248
同種前科 …………………………… 334
逃走の相当な理由 ………………… 97
当番弁護士 ………………………… 143
毒樹の果実（の）理論 ……… 351, 364
特信情況 …………………………… 379
特信文書（特に信用すべき書面）… 400
特　定 ……………………………… 161
　被告人の—— …………………… 223
特定車検問 ………………………… 56
　不—— …………………………… 57
特定電子計算機（特定装置）を用いる傍受… 196
特別抗告 …………………………… 440
特別司法警察職員 ………………… 32
特別な主張に対する判断 ………… 419
独立入手源の法理 ………………… 352
独立入手源の法理 ………………… 364
土地管轄 …………………………… 44
届出義務 …………………………… 139
留め置き …………………………… 51
取調べ ……… 112, 113, 120〜123, 127
　——受忍義務 ………… 114, 124, 125
　——状況報告書 ……… 118, 129, 249
　——DVD ………………………… 395
　——の可視化 ……………… 128, 365

　——の録音・録画制度………… 21, 129
　——メモ・捜査メモ …………… 252
　違法——による自白 …………… 361
　外国人の—— …………………… 119
　在宅被疑者の—— ……………… 120
　参考人の—— …………………… 126
　第三者の—— …………………… 126
　被疑者——権 …………………… 117
　被告人の—— …………………… 131
　本件——目的 …………………… 112
　身柄拘束被疑者の—— ………… 123
　余罪—— ………………………… 114
　余罪——の限界 ………………… 110

な　行

内容的確定力 ……………………… 423

二重危険禁止の原則 ……………… 425
二重処罰の禁止 …………………… 209
二重逮捕・二重勾留 ……………… 105
二重の危険 ………………………… 428
　——の原則 ……………………… 258
二重の司法的抑制 ………………… 98
日本司法支援センター（法テラス）… 144
任意開示 …………………………… 246
任意出頭 …………………………… 121
任意性 ……………………… 301, 357
　——の調査 ……………………… 404
　——の立証 ……………………… 365
　自白の——・信用性 …………… 127
任意捜査 …………………………… 62
　——と強制捜査の区別 ………… 63
　——の原則 ……………………… 62
任意調査 …………………………… 450
任意同行 …………………………… 50
　——後取調べ中の被疑者との面会 ……… 154

熱画像器 …………………………… 201

事 項 索 引

は 行

背景事実 ……………………………165
排除法則 ……………………………342
破棄判決の拘束力 …………………433
波及効 ………………………………352
白山丸事件 ……………266, 269, 271
場所的同一性 ………………………179
派生証拠 ……………………………300
派生的証拠 …………………………352
罰　条 ………………………………223
　──変更 …………………………280
バレンス・パトリエ ………………447
判　決 ………………………………409
　シーメル── ……………………178
　区分審理・部分──制度 ………305
　調書── …………………………413
　破棄──の拘束力 ………………433
　ミランダ── …………120, 134, 135
　無罪──後の勾留 ………………421
犯行（被害）再現状況報告書 ……392
犯行計画メモ …………………375, 376
犯行と逮捕との時間的接着性………88
犯罪事実 ……………………………319
犯罪少年 ……………………………449
犯罪と犯人の明白性 ……………88, 91
犯罪の証明 …………………………415
反　証 ………………………………319
反復自白 ………………………352, 364

ビーバー ……………………………201
被害者国選弁護人制度 ……………454
被害者参加制度 ……………………313
被害者参加人………………………40
被害者の特定情報に対する保護 …313
被害者の役割………………………38
被害者保護二法 ……………………312
被害に関する心情等についての意見の陳述…312

被疑事実との関連性 …………157, 164, 167, 180
　──の程度 ………………………166
被疑事実の同一性…………………98
被疑者国選弁護制度 ……………24, 143
被疑者取調べ権 ……………………117
被疑者の勾留 ………………………96
被疑者の捜索 …………………87, 176
非供述証拠 …………………………373
非供述証拠説 ………………………137
被告人質問………………………41, 302
被告人の勾留 ………………………96
被告人の出頭 …………………242, 309
被告人の証人適格 …………………302
被告人の退廷 ………………………311
被告人の特定 ………………………223
被告人の取調べ ……………………131
微罪処分 ……………………………214
非終局裁判 …………………………410
非常上告 ……………………………444
　──の審判 ………………………444
筆跡鑑定 ……………………………339
必要的弁護事件 …………………143, 309
必要な処分 ……………166, 171, 172, 182
ビデオテープ …………………393, 395
ビデオリンク方式 ………25, 39, 312, 313
　──による証人尋問 ……………398
非伝聞証拠 …………………………371
秘密交通権 …………………………146
秘密録音 ……………………………199
評　議 ………………………………411
評　決 ………………………………411
費用補償 ……………………………421
非両立性 ……………………………284
比例原則 ………………………122, 199

フィッシング・エクスペディション ………250
不可避的発見の法理 ………………364
不可避的発見の例外 ………………354

473

不起訴裁定書 …………………… 249
不起訴相当 ……………………… 216
不起訴不当 ………………… 213, 216
不告不理(の)原則 …………… 6, 257
不審事由 ………………………… 49
付審判請求制度 ………………… 17
付審判請求手続 ………………… 215
付随処分説 ……………………… 178
物的証拠 ………………………… 317
物理的限定説 …………………… 148
不定期刑 ………………………… 457
　　——の短期に関する特則 ……… 458
　　——の長期と短期の幅の制限 ……… 458
不適切な弁護…………………… 36
不特定車検問…………………… 57
不任意自白に基づいて発見された証拠物 …362
プライバシー …………………… 156
　　——への合理的な期待 ………… 200
不利益推認 ……………………… 138
　　——の禁止 …………………… 137
不利益な事実の承認 ………… 357, 399
不利益変更禁止の原則 ………… 433
プロファイリング ……………… 189

別件基準説 ………………… 110, 112
別件逮捕・勾留 …………… 110, 111
別罪の証拠 ……………………… 165
弁解録取書 ………………… 93, 95
弁護人依頼権 …………………… 145
弁護人選任権 ……………… 119, 142
　　——(依頼権)および接見交通権の
　　　制限・侵害による自白 ……… 361
弁護人抜き裁判 ………………… 310
弁護人の援助を受ける権利 …… 142
弁護人の出頭 …………………… 309
弁護人の選任 …………………… 143
弁護人の地位・役割 …………… 36
弁論としての意見陳述…………… 41

弁論の分離・併合 ……………… 303

包括一罪 ………………………… 270
包括的黙秘権 ……… 133, 251, 303
防御(権)説 ……………………… 268
　　具体的—— …………………… 275
　　抽象的—— …………………… 275
防禦権の不当な制限 …………… 155
傍聴人の退廷 …………………… 311
法定合議事件…………………… 43
法定証拠主義 ……………… 7, 321
冒頭陳述 …… 226, 227, 267, 271, 272, 293, 294
冒頭手続 …………………… 226, 293
法律構成説 ……………………… 257
法律上の推定 …………………… 328
法律的関連性 ……… 320, 330, 331
法令解釈の統一 ………………… 444
法令の適用 ……………………… 419
補強法則 ………………………… 366
保護観察 ………………………… 209
保護主義 ………………………… 447
保護不適 ………………………… 456
保護不能 ………………………… 456
保　釈……………… 96, 308, 311
　　権利—— …………………… 308
　　裁量—— …………………… 308
　　裁量——の判断………………… 23
補助証拠 ………………………… 318
補　正 …………………………… 271
　　罪数—— ………………… 280, 281
保全要請 ………………………… 169
ポリグラフ検査 ……… 136, 338
　　——結果回答書 ……………… 338
本件基準説………………… 110～112
本件取調べ目的 ………………… 112
本　罪 …………………………… 114
本　証 …………………………… 319

474

事項索引

ま 行

麻酔分析 …………………………… 136

身柄拘束の緊急の必要性……………… 88
身柄拘束の利用状況 ………………… 112
身柄拘束被疑者の取調べ …………… 123
未決勾留日数の算入 ………………… 105
密接な関連性 ………………………… 114
身分と来意の告知 …………………… 170
ミランダ警告 ……………… 120, 126
ミランダ判決 …………… 120, 134, 135

無辜の救済 …………………………… 441
無罪推定の原則……………………… 10
無罪の推定 …………………………… 324
無罪判決後の勾留 …………………… 421
無罪率 ………………………………… 208
無令状差押え ………………………… 165

明 示 ………………………………… 161
　訴因──の要請 ………… 227, 228
　予定主張── …………………… 250
「明白性」の認定資料 ……………… 89
命 令 ………………………………… 409
　移送── ………………………… 102
　記録──付差押え ……………… 168
　訴因変更──義務 ……………… 258
　訴因変更──の形成力 ………… 258
　提示── ………………………… 228
　提出── ………………… 157, 159
　略式── ………………… 224, 225
　略式──の告知 ………… 225, 236
面会切符 ……………………………… 148
面会接見 ……………………………… 153

黙秘権 …………………… 119, 133
　──の効果 ……………………… 137

　──の告知 ……………… 134, 135
　──不告知による自白 ………… 360
供述拒否権（──）の告知 …… 119, 127
包括的── ………………… 133, 251, 303

や 行

約束による自白 ……………………… 359
薬物探知犬 …………………………… 202
やむを得ない事由 …………………… 243

有罪答弁…………………………… 12
誘導尋問 ……………………………… 298

要求法理 ……………………………… 297
要旨の告知 …………………………… 301
要証事実 ……………………………… 372
要保護性 ……………………………… 449
抑 留 ………………………………… 84
余 罪 ………………………………… 114
　──関係報告書 ………………… 129
　──と量刑 ……………………… 417
　起訴後の──捜査と接見指定 ……… 155
余罪取調べ …………………………… 114
　──の限界 ……………………… 110
余事記載 ……………………………… 226
予審制度 ……………………………… 218
予 断 ………………………………… 226
　──排除の原則 ………… 225, 240
予定主張明示 ………………………… 250

ら 行・わ 行

利益再審 ……………………………… 441
立(挙)証責任 ……………………… 9
立証事項 ……………………………… 372
立証趣旨 ……………………………… 372
立証制限 ……………………………… 243
略式手続 ……………………………… 206
略式命令 …………………… 224, 225

475

——の告知 ……………………225, 236	類似事実 ……………………………334
理　由 …………………………………414	例外的許容説 …………………………109
控訴—— …………………………434	令　状 …………………………………84
勾留の—— …………………………96	——の請求権者 ………………160
勾留——の開示 …………………104	——(の)呈示 …………………170
罪証隠滅の相当な—— ……………97	一般—— ………………………161
再審—— …………………………442	各別の—— ……………………161
上告—— …………………………438	強制採尿—— …………………186
上訴—— …………………………432	差押—— ………………………161
正当な—— …………156, 157, 162, 164, 166	身体検査—— …………………184, 187
正当な——の実質的認定 …………161	捜索—— ………………………161
絶対的控訴—— …………………257, 271	立会い・——の夜間執行 …………171
相当な—— ………………………201	無——差押え …………………165
逃走の相当な—— …………………97	令状主義 ………………………………157
留　置 ……………………84, 94, 95	——潜脱説 ……………………115
——施設 …………………………95	——の例外 ……………………177
鑑定—— …………………………185	連日的開廷 ……………………240, 295
鑑定——状 ………………………185	
量　刑 ………………………221, 317	朗　読 …………………………………301
刑の量定（——） …………317, 417	録音テープ ……………………………393, 394
余罪と—— ………………………417	六何の原則 ……………………………266
領　置 ………………………157, 165	ロッキード事件 ………………………299
——調書 …………………………249	
	わなの理論 ……………………………68
類型証拠開示 ……………………24, 248	

判 例 索 引

『刑事訴訟法判例百選』掲載のものについては，同書の事件番号を掲げた。

大審院

大判大正 12・12・5 刑集 2 巻 922 頁 ……………………………………………235

大判昭和 5・7・10 刑集 9 巻 504 頁………………………………………………255

大判昭和 8・7・3 刑集 12 巻 1061 頁 ……………………………………………255

大判昭和 11・6・8 刑集 15 巻 765 頁 ……………………………………………255

最高裁判所

最大判昭和 23・5・5 刑集 2 巻 5 号 447 頁 ……………………………………45

最大判昭和 23・5・26 刑集 2 巻 6 号 529 頁〔百選 A47 事件〕〔プラカード事件〕………………410

最大判昭和 23・7・14 刑集 2 巻 8 号 846 頁 ……………………………………134

最大判昭和 23・7・29 刑集 2 巻 9 号 1012 頁〔百選 A34 事件〕………………368

最判昭和 23・10・30 刑集 2 巻 11 号 1427 頁………………………………………367

最大判昭和 23・12・22 刑集 2 巻 14 号 1853 頁 …………………………………297

最大判昭和 23・12・27 刑集 2 巻 14 号 1934 頁 …………………………………422

最判昭和 24・4・14 刑集 3 巻 4 号 547 頁 ………………………………………418

最大判昭和 24・5・18 刑集 3 巻 6 号 789 頁 ……………………………………378

最判昭和 24・7・19 刑集 3 巻 8 号 1348 頁 ……………………………………367

最判昭和 24・12・12 集刑 15 号 349 頁 …………………………………………342

最大判昭和 25・3・15 刑集 4 巻 3 号 355 頁〔旧法事件〕………………………311

最大判昭和 25・4・12 刑集 4 巻 4 号 535 頁 ……………………………………230

最判昭和 25・5・4 刑集 4 巻 5 号 756 頁…………………………………………222

最大判昭和 25・6・7 刑集 4 巻 6 号 966 頁………………………………………422

最大判昭和 25・9・27 刑集 4 巻 9 号 1805 頁…………………………425, 429, 432

最判昭和 25・11・17 刑集 4 巻 11 号 2328 頁……………………………………414

最大判昭和 25・11・21 刑集 4 巻 11 号 2359 頁〔百選〔初版〕14 事件〕〔旧法事件〕………134, 135, 360

最大判昭和 27・3・5 刑集 6 巻 3 号 351 頁……………………………………226, 227

最判昭和 27・3・7 刑集 6 巻 3 号 387 頁…………………………………………364

最大判昭和 27・3・19 刑集 6 巻 3 号 502 頁 ……………………………………161

最大判昭和 27・4・9 刑集 6 巻 4 号 584 頁 ……………………………………385

最大判昭和 27・12・24 民集 6 巻 11 号 1214 頁 ………………………………204, 215

最決昭和 28・2・17 刑集 7 巻 2 号 237 頁………………………………………407

最判昭和 28・2・19 刑集 7 巻 2 号 305 頁 ………………………………………184

最決昭和 28・3・5 刑集 7 巻 3 号 482 頁 ································67
最判昭和 28・5・8 刑集 7 巻 5 号 965 頁································275
最判昭和 28・10・15 刑集 7 巻 10 号 1934 頁〔百選 A40 事件〕·············185, 393
最決昭和 28・11・27 刑集 7 巻 11 号 2294 頁························45
最判昭和 28・12・15 刑集 7 巻 12 号 2444 頁························419
最決昭和 29・2・26 刑集 8 巻 2 号 198 頁〔少年百選 106 事件〕·············45
最判昭和 29・3・2 刑集 8 巻 3 号 217 頁································280
最判昭和 29・5・14 刑集 8 巻 5 号 676 頁································284
最決昭和 29・7・14 刑集 8 巻 7 号 1100 頁·····························236
最決昭和 29・7・15 刑集 8 巻 7 号 1137 頁〔百選〔3 版〕12 事件〕·············49
最決昭和 29・7・16 刑集 8 巻 7 号 1151 頁〔憲法百選 II 123 事件〕·············136, 139
最決昭和 29・7・29 刑集 8 巻 7 号 1217 頁·····························385
最決昭和 29・9・8 刑集 8 巻 9 号 1471 頁································265
最決昭和 29・11・5 刑集 8 巻 11 号 1715 頁························67
最決昭和 29・11・11 刑集 8 巻 11 号 1834 頁························384
最決昭和 29・11・25 刑集 8 巻 11 号 1888 頁························382
最決昭和 30・1・11 刑集 9 巻 1 号 14 頁〔百選 A38 事件〕·············388
最判昭和 30・3・25 刑集 9 巻 3 号 519 頁································45
最大判昭和 30・4・27 刑集 9 巻 5 号 924 頁〔憲法百選 II 118 事件〕·············176
最決昭和 30・11・22 刑集 9 巻 12 号 2484 頁························162
最判昭和 30・11・29 刑集 9 巻 12 号 2524 頁〔百選 A37 事件〕·············386
最判昭和 30・12・9 刑集 9 巻 13 号 2699 頁·····························375
最大判昭和 30・12・14 刑集 9 巻 13 号 2760 頁〔百選 A3 事件〕·············93
最決昭和 30・12・26 刑集 9 巻 14 号 2996 頁························106
最決昭和 31・10・25 刑集 10 巻 10 号 1439 頁〔百選〔5 版〕A1 事件〕·············89
最大決昭和 31・12・24 刑集 10 巻 12 号 1692 頁〔憲法百選 II 134 事件〕·············106
最判昭和 32・1・22 刑集 11 巻 1 号 103 頁〔百選 88 事件〕·············404
最大判昭和 32・2・20 刑集 11 巻 2 号 802 頁〔百選〔8 版〕A19 事件〕·············134, 140
最判昭和 32・5・24 刑集 11 巻 5 号 1540 頁·····························209
最判昭和 32・5・28 刑集 11 巻 5 号 1548 頁·····························92
最判昭和 32・7・25 刑集 11 巻 7 号 2025 頁·····························393
最判昭和 33・1・23 刑集 12 巻 1 号 34 頁································271
最判昭和 33・2・13 刑集 12 巻 2 号 218 頁〔百選 A26 事件〕·············302
最判昭和 33・2・21 刑集 12 巻 2 号 288 頁·····························287
最判昭和 33・5・20 刑集 12 巻 7 号 1398 頁·····························227
最大判昭和 33・5・28 刑集 12 巻 8 号 1718 頁〔百選 A43 事件〕〔練馬事件〕··········272, 368, 418
最大決昭和 33・7・29 刑集 12 巻 12 号 2776 頁〔百選 A5 事件〕·············162, 165
最決昭和 34・2・19 刑集 13 巻 2 号 179 頁·····························229

判 例 索 引

最判昭和 34・12・11 刑集 13 巻 13 号 3195 頁 ……………………………………285

最決昭和 34・12・26 刑集 13 巻 13 号 3372 頁 …………………………………245

最決昭和 35・2・9 判時 219 号 34 頁 ……………………………………………245

最決昭和 35・3・24 刑集 14 巻 4 号 462 頁………………………………………301

最判昭和 35・6・10 刑集 14 巻 7 号 973 頁 ……………………………………311

最判昭和 35・9・8 刑集 14 巻 11 号 1437 頁〔百選 A39 事件〕…………183, 391

最決昭和 35・11・15 刑集 14 巻 13 号 1677 頁 …………………………………280

最判昭和 35・12・16 刑集 14 巻 14 号 1947 頁 …………………………………421

最判昭和 36・3・9 刑集 15 巻 3 号 500 頁 ………………………………………384

最判昭和 36・5・26 刑集 15 巻 5 号 893 頁 ……………………………………391

最大判昭和 36・6・7 刑集 15 巻 6 号 915 頁〔百選 A7 事件〕……177, 179, 343, 355, 405

最決昭和 36・11・21 刑集 15 巻 10 号 1764 頁〔百選 A16 事件〕………131, 132

最大判昭和 37・5・2 刑集 16 巻 5 号 495 頁〔憲法百選Ⅱ 122 事件〕…………139

最判昭和 37・7・3 民集 16 巻 7 号 1408 頁………………………………………102

最判昭和 37・9・18 刑集 16 巻 9 号 1386 頁〔白山丸事件〕……………………237

最大判昭和 37・11・28 刑集 16 巻 11 号 1593 頁〔憲法百選Ⅱ 112 事件〕………34

最大判昭和 37・11・28 刑集 16 巻 11 号 1633 頁〔百選 A17 事件〕〔白山丸事件〕………266, 268, 269

最判昭和 38・10・17 刑集 17 巻 10 号 1795 頁〔白鳥事件〕……………………373

最大判昭和 40・4・28 刑集 19 巻 3 号 270 頁〔百選 A23 事件〕…………259, 260

最決昭和 40・9・16 集刑 156 号 437 頁 …………………………………………179

最決昭和 41・2・21 判時 450 号 60 頁 …………………………………………340

最判昭和 41・4・21 刑集 20 巻 4 号 275 頁………………………………233, 234

最判昭和 41・7・1 刑集 20 巻 6 号 537 頁〔百選 70 事件〕………357, 359, 360

最大判昭和 41・7・13 刑集 20 巻 6 号 609 頁…………………………333, 417

最判昭和 41・7・21 刑集 20 巻 6 号 696 頁〔百選 A13 事件〕…………………221

最決昭和 41・7・26 刑集 20 巻 6 号 728 頁〔百選〔3 版〕7 事件〕……………155

最決昭和 41・11・22 刑集 20 巻 9 号 1035 頁 …………………………………333

最判昭和 42・6・8 判時 487 号 38 頁 ……………………………………………165

最大判昭和 42・7・5 刑集 21 巻 6 号 748 頁……………………………333, 417

最判昭和 42・8・31 刑集 21 巻 7 号 879 頁〔百選 A22 事件〕…………………289

最決昭和 42・11・28 刑集 21 巻 9 号 1299 頁 …………………………………228

最決昭和 43・2・8 刑集 22 巻 2 号 55 頁………………………………………339

最判昭和 43・3・29 刑集 22 巻 3 号 153 頁……………………………………263

最判昭和 43・10・25 刑集 22 巻 11 号 961 頁〔百選 A51 事件〕〔八海事件〕…………408, 433

最決昭和 43・11・26 刑集 22 巻 12 号 1352 頁〔百選〔4 版〕37 事件〕………42, 260, 261

最決昭和 44・3・18 刑集 23 巻 3 号 153 頁〔百選 A4 事件〕……………158, 160

最決昭和 44・4・25 刑集 23 巻 4 号 248 頁〔百選 A27 事件〕…………245, 253

最決昭和 44・4・25 刑集 23 巻 4 号 275 頁……………………………246, 248, 253

479

最決昭和 44・7・14 刑集 23 巻 8 号 1057 頁〔百選 A28 事件〕 ……………………308

最決昭和 44・7・25 刑集 23 巻 8 号 1077 頁 ……………………………………100

最決昭和 44・10・2 刑集 23 巻 10 号 1199 頁 …………………………………227

最大決昭和 44・11・26 刑集 23 巻 11 号 1490 頁〔憲法百選 I 78 事件〕 ………159

最判昭和 44・12・5 刑集 23 巻 12 号 1583 頁〔少年百選 20 事件〕 ……………70, 221

最大判昭和 44・12・24 刑集 23 巻 12 号 1625 頁〔憲法百選 I 18 事件〕 ………64, 199

最決昭和 45・4・20 判時 591 号 98 頁 ……………………………………………413

最大判昭和 45・11・25 刑集 24 巻 12 号 1670 頁〔百選 71 事件〕〔切り違え尋問事件〕………358, 360

最大決昭和 46・3・24 刑集 25 巻 2 号 293 頁〔新島ミサイル事件〕 ……………435

最決昭和 46・6・14 刑集 25 巻 4 号 565 頁 ………………………………………104

最判昭和 46・6・22 刑集 25 巻 4 号 588 頁〔百選 A18 事件〕 …………………282

最判昭和 47・5・30 民集 26 巻 4 号 826 頁 ………………………………………233

最判昭和 47・6・2 刑集 26 巻 5 号 317 頁 ………………………………………391

最判昭和 47・6・15 刑集 26 巻 5 号 341 頁 ……………………………………413

最決昭和 47・7・25 刑集 26 巻 6 号 366 頁 ……………………………………286

最決昭和 47・11・16 刑集 26 巻 9 号 515 頁 ……………………………………215

最大判昭和 47・11・22 刑集 26 巻 9 号 554 頁〔憲法百選 II 119 事件〕〔川崎民商事件〕……48, 138, 139

最大判昭和 47・12・20 刑集 26 巻 10 号 631 頁〔百選 A31 事件〕〔高田事件〕 …………5, 297

最決昭和 48・7・24 集刑 189 号 733 頁 …………………………………………100

最決昭和 48・10・8 刑集 27 巻 9 号 1415 頁〔百選 A25 事件〕 ………………229

最判昭和 48・12・13 判時 725 号 104 頁〔長坂町放火事件〕 …………………326

最決昭和 49・3・5 判時 741 号 117 頁 …………………………………………126

最決昭和 49・3・13 刑集 28 巻 2 号 1 頁〔百選〔9 版〕A12 事件〕 …………215

最決昭和 49・4・1 刑集 28 巻 3 号 17 頁 ………………………………………216

最判昭和 50・4・3 刑集 29 巻 4 号 132 頁〔百選〔3 版〕16 事件〕 ……………88, 93

最決昭和 50・5・20 刑集 29 巻 5 号 177 頁〔百選 A55 事件〕〔白鳥決定〕 …………324, 441, 443

最決昭和 50・5・30 刑集 29 巻 5 号 360 頁 ……………………………………224

最判昭和 50・10・24 民集 29 巻 9 号 1417 頁〔ルンバールショック事件〕 ……326

最決昭和 51・3・16 刑集 30 巻 2 号 187 頁〔百選 1 事件〕……………71, 79, 81, 121, 122

最決昭和 51・10・12 刑集 30 巻 9 号 1673 頁〔財田川決定〕 …………………441

最判昭和 51・11・4 刑集 30 巻 10 号 1887 頁 …………………………………413

最判昭和 51・11・18 判時 837 号 104 頁〔百選 21 事件〕 ……………………165

最決昭和 52・8・9 刑集 31 巻 5 号 821 頁〔憲法百選 I〔2 版〕96 事件〕 ………111, 114

最決昭和 52・10・14 判時 867 号 50 頁 …………………………………………126

最決昭和 53・2・16 刑集 32 巻 1 号 47 頁〔百選 A20 事件〕 …………………280

最決昭和 53・3・6 刑集 32 巻 2 号 218 頁〔百選 46①事件〕 …………………285

最判昭和 53・6・20 刑集 32 巻 4 号 670 頁〔百選 4 事件,〔9 版〕4 事件〕〔米子銀行強盗事件〕
………………………………………………………………54〜56, 71, 192

480

判 例 索 引

最決昭和 53・6・28 刑集 32 巻 4 号 724 頁〔百選〔9 版〕A38 事件〕 ················309, 406

最判昭和 53・7・10 民集 32 巻 5 号 820 頁〔百選〔5 版〕14 事件〕 ················145, 147

最判昭和 53・9・7 刑集 32 巻 6 号 1672 頁〔百選 90 事件〕〔大阪天王寺覚せい剤所持事件〕
················55, 70, 71, 99, 141, 343, 345, 347, 348, 354, 358

最決昭和 53・9・22 刑集 32 巻 6 号 1774 頁〔百選〔5 版〕5 事件〕 ················49, 72

最判昭和 53・10・20 民集 32 巻 7 号 1367 頁〔百選 37 事件〕 ················219

最判昭和 54・7・24 刑集 33 巻 5 号 416 頁〔百選 A29 事件〕 ················309

最決昭和 54・10・16 刑集 33 巻 6 号 633 頁 ················404

最決昭和 55・3・4 刑集 34 巻 3 号 89 頁〔百選 A19 事件〕 ················275

最決昭和 55・4・28 刑集 34 巻 3 号 178 頁〔百選 35 事件〕 ················155

最決昭和 55・5・12 刑集 34 巻 3 号 185 頁〔百選 A13 事件〕 ················238

最決昭和 55・9・22 刑集 34 巻 5 号 272 頁〔百選 A1 事件〕 ················57

最決昭和 55・10・23 刑集 34 巻 5 号 300 頁〔百選 27 事件〕 ················83, 136, 186

最決昭和 55・11・18 刑集 34 巻 6 号 421 頁 ················140

最決昭和 55・12・4 刑集 34 巻 7 号 499 頁 ················433

最決昭和 55・12・17 刑集 34 巻 7 号 672 頁〔百選 38 事件〕 ················17, 220

最決昭和 56・4・25 刑集 35 巻 3 号 116 頁〔百選 43 事件〕 ················267

最決昭和 56・7・14 刑集 35 巻 5 号 497 頁 ················236, 428

最決昭和 57・3・2 集刑 225 号 689 頁 ················132

最決昭和 57・3・16 判時 1038 号 34 頁 ················324

最決昭和 57・8・27 刑集 36 巻 6 号 726 頁〔百選〔5 版〕115 事件〕 ················95

最決昭和 57・12・17 刑集 36 巻 12 号 1022 頁〔百選 A36 事件〕 ················370, 384

最決昭和 58・6・30 刑集 37 巻 5 号 592 頁 ················388

最判昭和 58・7・12 刑集 37 巻 6 号 791 頁 ················353, 364

最判昭和 58・9・6 刑集 37 巻 7 号 930 頁〔百選 47 事件〕 ················260

最決昭和 59・1・27 刑集 38 巻 1 号 136 頁 ················260, 262

最決昭和 59・2・13 刑集 38 巻 3 号 295 頁〔百選〔5 版〕4 事件〕 ················93

最決昭和 59・2・29 刑集 38 巻 3 号 479 頁〔百選 6 事件〕 ················72, 122

最判昭和 59・3・27 刑集 38 巻 5 号 2037 頁〔憲法百選Ⅱ 124 事件〕 ················134

最決昭和 59・9・20 刑集 38 巻 9 号 2810 頁〔百選 A49 事件〕 ················435

最決昭和 59・12・21 刑集 38 巻 12 号 3071 頁〔百選 89 事件〕 ················318, 394

最決昭和 60・11・29 刑集 39 巻 7 号 532 頁〔百選 50 事件〕 ················225

最判昭和 61・2・14 刑集 62 巻 1 号 48 頁〔百選〔5 版〕10 事件〕 ················65

最決昭和 61・3・3 刑集 40 巻 2 号 175 頁 ················400

最判昭和 61・4・25 刑集 40 巻 3 号 215 頁〔百選 91 事件〕 ················349

最決昭和 62・2・23 刑集 41 巻 1 号 1 頁 ················288

最決昭和 62・3・3 刑集 41 巻 2 号 60 頁〔百選 65 事件〕 ················341, 392

最決昭和 62・10・30 刑集 41 巻 7 号 309 頁〔百選 A48 事件〕 ················19

最決昭和 63・2・29 刑集 42 巻 2 号 314 頁〔百選 42 事件〕・・・・・・・・・・・・・・・・・・・・・・・・・・・235

最決昭和 63・9・16 刑集 42 巻 7 号 1051 頁 ・・・349

最決昭和 63・10・24 刑集 42 巻 8 号 1079 頁・・282

最決昭和 63・10・25 刑集 42 巻 8 号 1100 頁〔百選 46 ②事件〕・・・・・・・・・・・・・・・・・・・・・289

最決平成元・1・23 判時 1301 号 155 頁〔百選 74 事件〕・・・・・・・・・・・・・・・・・・・・・・・・・・・・362

最決平成元・1・30 刑集 43 巻 1 号 19 頁〔メディア百選 7 事件〕・・・・・・・・・・・・・・・・・・・160

最判平成元・4・21 判時 1319 号 39 頁〔遠藤事件〕・・・・・・・・・・・・・・・・・・・・・・・・・・・・・・・・438

最決平成元・5・1 刑集 43 巻 5 号 323 頁 ・・435

最判平成元・6・22 刑集 43 巻 6 号 427 頁〔山中事件〕・・・・・・・・・・・・・・・・・・・・・・・・・・・・438

最判平成元・6・29 民集 43 巻 6 号 664 頁 ・・219

最決平成元・7・4 刑集 43 巻 7 号 581 頁〔百選 7 事件〕・・・・・・・・・・・・・・・・・・・・・・・・・・・123

最決平成元・9・26 判時 1357 号 147 頁 ・・・50

最判平成 2・2・20 判時 1380 号 94 頁・・215

最決平成 2・4・20 刑集 44 巻 3 号 283 頁 ・・・・・・・・・・・・・・・・・・・・・・・・・・・・・・・・・・・・・・・175

最決平成 2・6・27 刑集 44 巻 4 号 385 頁〔百選 32 事件〕・・・・・・・・・・・・・・・・・・・・174, 175

最判平成 2・7・9 刑集 44 巻 5 号 421 頁〔百選 18 事件〕・・・・・・・・・・・・・・・・・・・・・・・・160

最判平成 3・5・10 民集 45 巻 5 号 919 頁〔百選〔7 版〕36 事件〕・・・・・・・・・・・・・・・148, 150

最判平成 3・5・31 判時 1390 号 33 頁〔百選〔7 版〕35 事件〕・・・・・・・・・・・・・・・149, 150

最決平成 3・7・16 刑集 45 巻 6 号 201 頁 ・・・・・・・・・・・・・・・・・・・・・・・・・・・・・・・・・・・・・・・186

最大判平成 4・7・1 民集 46 巻 5 号 437 頁〔憲法百選 II 115 事件〕・・・・・・・・・・・・・・・・49

最決平成 5・1・25 民集 47 巻 1 号 310 頁 ・・96

最決平成 5・10・29 刑集 47 巻 8 号 98 頁 ・・・・・・・・・・・・・・・・・・・・・・・・・・・・・・・・・・・・・・・288

最決平成 6・9・8 刑集 48 巻 6 号 263 頁〔百選 19 事件〕・・・・・・・・・・・・・・・・・・・・・・・・163

最決平成 6・9・16 刑集 48 巻 6 号 420 頁〔百選 2 事件〕・・・・・・50, 51, 72, 186, 349

最大判平成 7・2・22 刑集 49 巻 2 号 1 頁〔百選 66 事件〕〔ロッキード事件〕・・・・・・300, 389

最決平成 7・2・28 刑集 49 巻 2 号 481 頁〔百選 51 事件〕・・・・・・・・・・・・・・・・・・・36, 306

最決平成 7・3・27 刑集 49 巻 3 号 525 頁〔百選 52 事件〕・・・・・・・・・・・・・・・・・・・・・・310

最決平成 7・4・12 刑集 49 巻 4 号 609 頁 ・・・・・・・・・・・・・・・・・・・・・・・・・・・・・・・・・・・・・・・102

最決平成 7・5・30 刑集 49 巻 5 号 703 頁 ・・・・・・・・・・・・・・・・・・・・・・・・・・・・・・・・・・・56, 349

最判平成 7・6・20 刑集 49 巻 6 号 741 頁〔百選 81 事件〕・・・・・・・・・・・・・・・・・・・・・・386

最決平成 7・6・28 刑集 49 巻 6 号 785 頁 ・・・・・・・・・・・・・・・・・・・・・・・・・・・・・・・・・・・・・・・306

最決平成 8・1・29 刑集 50 巻 1 号 1 頁〔百選 12 事件〕・・・・・・・・・・・・・・・・・・・・・・・・・・91

最決平成 8・1・29 刑集 50 巻 1 号 1 頁〔百選 25 事件〕・・・・・・・・・・・・・・・・・・・・181, 182

最判平成 8・3・8 民集 50 巻 3 号 408 頁 ・・94

最決平成 8・10・29 刑集 50 巻 9 号 683 頁 ・・・・・・・・・・・・・・・・・・・・・・・・・・・・・・・・・・・・・・349

最判平成 9・1・30 刑集 51 巻 1 号 335 頁〔百選 A9 事件〕・・・・・・・・・・・・・・・・・136, 187

最判平成 10・3・12 刑集 52 巻 2 号 17 頁 ・・・・・・・・・・・・・・・・・・・・・・・・・・・・・・・・・238, 306

最決平成 10・5・1 刑集 52 巻 4 号 275 頁〔百選 22 事件〕・・・・・・・・・・・・・・・・・・・・・・166

判 例 索 引

最判平成 10・9・7 判時 1661 号 70 頁 ‥‥‥‥‥‥‥‥‥‥‥‥‥‥‥‥‥85

最大判平成 11・3・24 民集 53 巻 3 号 514 頁〔百選 33 事件〕‥‥‥124, 137, 145〜147, 153

最決平成 11・12・16 刑集 53 巻 9 号 1327 頁〔百選 31 事件〕‥‥‥73, 74, 83, 182, 186, 193

最判平成 12・2・7 民集 54 巻 2 号 255 頁〔百選 76 事件〕〔草加事件民事上告審判決〕‥‥‥‥‥‥322

最判平成 12・2・22 判時 1721 号 70 頁 ‥‥‥‥‥‥‥‥‥‥‥‥‥‥‥‥‥152

最判平成 12・6・13 民集 54 巻 5 号 1635 頁〔百選 34 事件〕‥‥‥‥‥‥‥‥‥151

最決平成 12・6・27 刑集 54 巻 5 号 461 頁〔百選〔8 版〕98 事件〕〔東京電力女性社員殺人事件〕‥‥422

最決平成 12・7・17 刑集 54 巻 6 号 550 頁〔百選 63 事件〕‥‥‥‥‥‥‥‥‥337

最決平成 12・10・31 刑集 54 巻 8 号 735 頁 ‥‥‥‥‥‥‥‥‥‥‥‥‥‥‥389

最決平成 13・2・7 判時 1737 号 148 頁 ‥‥‥‥‥‥‥‥‥‥‥‥‥‥‥‥155

最決平成 13・4・11 刑集 55 巻 3 号 127 頁〔百選 45 事件〕‥‥‥‥‥‥‥257, 276

最決平成 14・7・18 刑集 56 巻 6 号 307 頁 ‥‥‥‥‥‥‥‥‥‥‥‥‥268, 269

最決平成 14・10・4 刑集 56 巻 8 号 507 頁〔百選 A6 事件〕‥‥‥‥‥‥86, 170〜172

最判平成 15・2・14 刑集 57 巻 2 号 121 頁〔百選 92 事件〕‥‥‥‥‥350, 353, 354

最大判平成 15・4・23 刑集 57 巻 4 号 467 頁〔百選 39 事件〕‥‥‥‥‥‥‥‥262

最決平成 15・5・26 刑集 57 巻 5 号 620 頁〔百選 3 事件〕‥‥‥‥‥‥‥‥‥‥50

最決平成 15・6・30 刑集 57 巻 6 号 893 頁 ‥‥‥‥‥‥‥‥‥‥‥‥‥‥‥174

最判平成 15・10・7 刑集 57 巻 9 号 1002 頁〔百選 97 事件〕‥‥‥‥‥‥‥262, 286

最決平成 15・11・26 刑集 57 巻 10 号 1057 頁 ‥‥‥‥‥‥‥‥‥‥‥‥‥‥389

最決平成 16・4・13 刑集 58 巻 4 号 247 頁〔医事法百選 2 事件〕‥‥‥‥‥‥‥‥139

最判平成 16・7・12 刑集 58 巻 5 号 333 頁〔百選 10 事件〕‥‥‥‥‥‥‥‥‥‥66

最判平成 16・9・7 判時 1878 号 88 頁 ‥‥‥‥‥‥‥‥‥‥‥‥‥‥‥‥‥149

最判平成 17・4・14 刑集 59 巻 3 号 259 頁〔百選 67 事件〕‥‥‥‥‥‥‥‥39, 312

最判平成 17・4・19 民集 59 巻 3 号 563 頁〔百選 A11 事件〕‥‥‥‥‥‥‥‥‥154

最決平成 17・8・30 刑集 59 巻 6 号 726 頁〔百選〔9 版〕52 事件〕‥‥‥‥‥‥45, 229

最決平成 17・9・27 刑集 59 巻 7 号 753 頁〔百選 83 事件〕‥‥‥‥‥‥‥373, 392

最決平成 17・10・12 刑集 59 巻 8 号 1425 頁‥‥‥‥‥‥‥‥‥‥‥‥‥270, 280

最判平成 17・11・25 刑集 59 巻 9 号 1831 頁 ‥‥‥‥‥‥‥‥‥‥‥‥‥‥140

最判平成 18・11・7 刑集 60 巻 9 号 561 頁〔百選 87 事件〕‥‥‥‥‥‥‥404, 407

最決平成 18・11・20 刑集 60 巻 9 号 696 頁〔百選 A14 事件〕‥‥‥‥‥‥‥‥236

最決平成 18・12・13 刑集 60 巻 10 号 857 頁 ‥‥‥‥‥‥‥‥‥‥‥‥‥‥234

最決平成 19・2・8 刑集 61 巻 1 号 1 頁〔百選 20 事件〕‥‥‥‥‥‥‥‥‥‥164

最決平成 19・10・16 刑集 61 巻 7 号 677 頁 ‥‥‥‥‥‥‥‥‥‥‥‥‥‥326

最決平成 19・12・13 刑集 61 巻 9 号 843 頁〔百選 96 事件〕‥‥‥‥‥‥‥‥‥422

最決平成 19・12・25 刑集 61 巻 9 号 895 頁‥‥‥‥‥‥‥‥‥‥‥‥‥11, 252

最決平成 20・3・5 判タ 1266 号 149 頁〔百選 A30 事件〕‥‥‥‥‥‥‥‥‥313

最判平成 20・3・14 刑集 62 巻 3 号 185 頁〔横浜事件〕‥‥‥‥‥‥‥‥‥‥443

最決平成 20・4・15 刑集 62 巻 5 号 1398 頁〔百選 8 事件〕‥‥‥‥‥‥‥66, 157

483

最決平成 20・6・25 刑集 62 巻 6 号 1886 頁······················11, 253
最決平成 20・8・27 刑集 62 巻 7 号 2702 頁〔百選 84 事件〕···········391, 393
最決平成 20・9・30 刑集 62 巻 8 号 2753 頁〔百選 54 事件〕···········11, 253
最判平成 21・7・14 刑集 63 巻 6 号 623 頁〔百選 59 事件〕·················206
最決平成 21・7・21 刑集 63 巻 6 号 762 頁····················262, 263, 416
最決平成 21・9・28 刑集 63 巻 7 号 868 頁〔百選 29 事件〕〔大阪エックス線検査事件〕
···75, 191, 351, 354
最判平成 21・10・16 刑集 63 巻 8 号 937 頁〔百選〔9 版〕60 事件〕··········302
最決平成 21・10・20 刑集 63 巻 8 号 1052 頁·····················237
最判平成 22・4・27 刑集 64 巻 3 号 233 頁〔百選 61 事件〕··············326
最決平成 23・9・14 刑集 65 巻 6 号 949 頁·····················393
最決平成 23・10・5 刑集 65 巻 7 号 977 頁·····················422
最大判平成 23・11・16 刑集 65 巻 8 号 1285 頁〔百選 49 事件〕··········46, 292
最判平成 24・1・13 刑集 66 巻 1 号 1 頁·····················46, 293
最判平成 24・2・13 刑集 66 巻 4 号 482 頁〔百選 100 事件〕·············436
最決平成 24・2・29 刑集 66 巻 4 号 589 頁·····················278
最決平成 24・9・7 刑集 66 巻 9 号 907 頁〔百選 62 事件〕··············334
最決平成 25・2・20 刑集 67 巻 2 号 1 頁·····················334
最決平成 25・3・5 刑集 67 巻 3 号 267 頁·····················435
最決平成 25・3・18 刑集 67 巻 3 号 325 頁〔百選 55 事件〕··············251
最決平成 26・3・17 刑集 68 巻 3 号 368 頁〔百選 44 事件〕··········270, 280
最決平成 26・11・17 判時 2245 号 129 頁〔百選 13 事件〕···············97
最決平成 26・11・18 刑集 68 巻 9 号 1020 頁〔百選 A54 事件〕············308
最判平成 27・3・10 刑集 69 巻 2 号 219 頁·····················305
最決平成 27・5・18 刑集 69 巻 4 号 573 頁·····················310
最決平成 27・5・25 刑集 69 巻 4 号 636 頁〔百選 57 事件〕··············244
最判平成 27・12・3 刑集 69 巻 8 号 815 頁〔百選 41 事件〕··············233
最決平成 28・12・19 刑集 70 巻 8 号 865 頁····················36, 306
最大判平成 29・3・15 刑集 71 巻 3 号 279 頁·····················16
最大判平成 29・3・15 刑集 71 巻 3 号 13 頁〔百選 30 事件〕·······77, 79～83, 156

高等裁判所

札幌高函館支判昭和 26・7・30 高刑集 4 巻 7 号 936 頁 ···············385
東京高判昭和 27・1・29 高刑集 5 巻 2 号 130 頁 ·················271
仙台高判昭和 27・6・28 判特 22 号 138 頁·····················361
東京高判昭和 27・10・23 高刑集 5 巻 12 号 2165 頁 ················421
東京高判昭和 27・11・15 高刑集 5 巻 12 号 2201 頁 ················372
東京高判昭和 29・9・7 高刑集 7 巻 8 号 1286 頁 ·················304

判例索引

大阪高判昭和 31・6・19 高刑特 3 巻 12 号 631 頁·······························343

札幌高函館支判昭和 37・9・11 高刑集 15 巻 6 号 503 頁······················176

大阪高判昭和 38・9・6 高刑集 16 巻 7 号 526 頁······························58

東京高判昭和 40・7・8 高刑集 18 巻 5 号 491 頁·····························286

東京高判昭和 41・6・28 東高刑 17 巻 6 号 106 頁〔百選〔5 版〕12 事件〕·····90

東京高決昭和 41・6・30 高刑集 19 巻 4 号 447 頁························137, 393

福岡高決昭和 42・3・24 高刑集 20 巻 2 号 114 頁〔百選〔8 版〕20 事件〕·····108

東京高判昭和 42・7・26 高刑集 20 巻 4 号 471 頁··························339

大阪高判昭和 42・9・28 高刑集 20 巻 5 号 611 頁··························384

東京高判昭和 44・6・20 高刑集 22 巻 3 号 352 頁〔百選 23 事件〕·······178, 179

東京高判昭和 45・10・21 高刑集 23 巻 4 号 749 頁·························172

東京高判昭和 46・3・8 高刑集 24 巻 1 号 183 頁·························180

仙台高判昭和 47・1・25 刑月 4 巻 1 号 14 頁〔百選 A8 事件〕··············187

東京高判昭和 47・11・30 高刑集 25 巻 6 号 882 頁〔厚木基地事件〕·········55

大阪高決昭和 47・11・30 高刑集 25 巻 6 号 914 頁·························427

東京高判昭和 48・4・23 高刑集 26 巻 2 号 180 頁·························57

福岡高那覇支判昭和 49・5・13 刑月 6 巻 5 号 533 頁······················353

大阪高判昭和 50・9・11 判時 803 号 24 頁································132

大阪高判昭和 50・11・19 判時 813 号 102 頁···························92, 100

大阪高判昭和 50・12・2 判タ 335 号 232 頁·····························85

福岡高那覇支判昭和 51・4・5 判タ 345 号 321 頁〔百選 A21 事件〕··········290

東京高判昭和 51・11・24 高刑集 29 巻 4 号 639 頁·························119

大阪高決昭和 52・3・17 刑月 9 巻 3＝4 号 212 頁·························225

名古屋高金沢支判昭和 52・6・20 判時 878 号 118 頁·······················57

大阪高判昭和 52・6・28 刑月 9 巻 5＝6 号 334 頁·························352

大阪高判昭和 52・6・28 判時 881 号 157 頁〔百選 75 事件〕················362

東京高判昭和 52・12・20 高刑集 30 巻 4 号 423 頁〔百選 A24 事件〕········280

東京高判昭和 53・3・29 刑月 10 巻 3 号 233 頁··························114

東京高判昭和 54・2・7 東高刑 30 巻 2 号 13 頁··························408

名古屋高判昭和 54・2・14 判時 939 号 128 頁···························186

東京高判昭和 54・8・14 刑月 11 巻 7＝8 号 787 頁〔百選 14 事件〕····51, 100, 121

東京高判昭和 55・2・1 東高刑 31 巻 2 号 5 頁··························340

東京高判昭和 55・2・1 判時 960 号 8 頁·······························393

東京高判昭和 55・10・15 判タ 440 号 151 頁···························209

仙台高秋田支判昭和 55・12・16 高刑集 33 巻 4 号 351 頁·················121

大阪高判昭和 56・11・24 判タ 464 号 170 頁···························290

広島高判昭和 56・11・26 判時 1047 号 162 頁〔百選 26 事件〕··············165

大阪高判昭和 57・3・16 判時 1046 号 146 頁························376, 377

広島高判昭和 57・5・25 判タ 476 号 232 頁·················67

大阪高判昭和 57・9・27 判タ 481 号 146 頁〔百選 40 事件〕·················227

東京高判昭和 58・1・27 判時 1097 号 146 頁〔百選 79 事件〕·················375〜377

広島高判昭和 58・2・1 判時 1093 号 151 頁·················92

東京高判昭和 58・7・13 高刑集 36 巻 2 号 86 頁·················395

東京高判昭和 59・4・27 高刑集 37 巻 2 号 153 頁·················356

東京高判昭和 60・12・13 刑月 17 巻 12 号 1208 頁〔日石・土田邸事件〕·················361

仙台高判昭和 60・12・16 判時 1195 号 153 頁·················237

大阪高判昭和 60・12・18 判時 1201 号 93 頁〔百選 11 事件〕·················89

札幌高判昭和 61・3・24 高刑集 39 巻 1 号 8 頁·················416

福岡高判昭和 61・4・28 刑月 18 巻 4 号 294 頁〔百選〔6 版〕15 事件〕·················115

福岡高判昭和 62・12・8 判時 1265 号 157 頁·················234

大阪高判昭和 63・2・17 高刑集 41 巻 1 号 62 頁·················123

東京高判昭和 63・4・1 判時 1278 号 152 頁〔百選〔9 版〕10 事件〕·················66

東京高判昭和 63・11・10 判時 1324 号 144 頁·················385

東京高判平成 2・11・29 高刑集 43 巻 3 号 202 頁〔百選〔8 版〕44 事件〕·················238

東京高判平成 3・6・18 判タ 777 号 240 頁·················402

広島高判平成 3・10・31 高刑速（平成 3）128 頁·················220

東京高判平成 4・10・14 高刑集 45 巻 3 号 66 頁·················416

福岡高判平成 5・3・8 判タ 834 号 275 頁〔百選 24 事件〕·················178，179

東京高判平成 5・4・28 高刑集 46 巻 2 号 44 頁·················181

大阪高判平成 5・10・7 判時 1497 号 134 頁·················172

東京高判平成 5・10・21 高刑集 46 巻 3 号 271 頁·················388

福岡高判平成 5・11・16 判時 1480 号 82 頁〔百選 A12 事件〕·················154，362

大阪高判平成 6・4・20 高刑集 47 巻 1 号 1 頁〔百選〔7 版〕23 事件〕·················172

東京高判平成 6・5・11 高刑集 47 巻 2 号 237 頁·················164

東京高判平成 6・8・2 高刑集 47 巻 2 号 282 頁·················272

福岡高判平成 7・6・30 判時 1543 号 181 頁·················337

福岡高判平成 7・8・30 判時 1551 号 44 頁·················355

大阪高判平成 7・12・7 判タ 918 号 263 頁·················238

東京高判平成 8・5・9 高刑集 49 巻 2 号 181 頁·················336

名古屋高判平成 10・1・28 高刑集 51 巻 1 号 70 頁·················417

東京高判平成 10・6・8 判タ 987 号 301 頁·················416

東京高判平成 10・7・1 高刑集 51 巻 2 号 129 頁〔ロス疑惑銃撃事件〕·················278

札幌高判平成 14・3・19 判時 1803 号 147 頁〔百選〔9 版〕64 事件〕·················138

東京高判平成 14・9・4 判時 1808 号 144 頁〔百選 73 事件〕·················72，123

東京高判平成 14・9・4 東高刑 53 巻 1〜12 号 83 頁〔百選 73 事件〕〔松戸市殺人事件控訴審判決〕

·················353，361

判 例 索 引

東京高判平成 15・8・28 判例集未登載 ……………………………………………………172

東京高判平成 17・1・19 判時 1898 号 157 頁……………………………………………190, 191

東京高判平成 17・11・16 東高刑 56 巻 1～12 号 85 頁 ………………………………………90

名古屋高判平成 18・6・26 高刑集 59 巻 2 号 4 頁……………………………………………278

大阪高決平成 18・10・6 判時 1945 号 166 頁…………………………………………………249

大阪高判平成 19・3・23 刑集 63 巻 7 号 911 頁 ………………………………………………191

福岡高判平成 20・4・22 LEX/DB25421350 ……………………………………………………278

東京高判平成 20・5・15 判時 2050 号 103 頁…………………………………………………89

名古屋高金沢支判平成 20・6・5 判タ 1275 号 342 頁〔百選 58 事件〕……………………243

東京高判平成 20・9・25 東高刑 59 巻 1～12 号 83 頁 ………………………………………53

東京高判平成 20・10・16 高刑集 61 巻 4 号 1 頁 ……………………………………………386

東京高判平成 20・11・18 高刑集 61 巻 4 号 6 頁〔百選 56 事件〕…………………………291

東京高判平成 21・1・29 判タ 1295 号 193 頁 …………………………………………190, 191

東京高決平成 21・6・23 判タ 1303 号 90 頁 …………………………………………………338

東京高判平成 21・7・1 判タ 1314 号 302 頁…………………………………………………52

東京高判平成 21・12・1 判タ 1324 号 277 頁…………………………………………………386

東京高判平成 22・11・1 判タ 1367 号 251 頁 …………………………………………126, 135

東京高判平成 22・11・8 判タ 1374 号 248 頁…………………………………………………52

東京高判平成 23・3・17 東高刑 62 巻 1～12 号 23 頁 ………………………………………53

東京高判平成 23・3・29 判タ 1354 号 250 頁…………………………………………………335

福岡高判平成 23・7・1 判時 2127 号 9 頁〔確定〕〔百選 36 事件〕………………………146

東京高決平成 23・11・22 判タ 1383 号 382 頁 ………………………………………………249

東京高判平成 24・11・7 東高刑 63 巻 1～12 号 223 頁 ……………………………………442

東京高決平成 25・4・23 東高刑 64 巻 1～12 号 105 頁 ……………………………………354

東京高判平成 25・5・9 高刑速（平成 25）63 頁……………………………………………52

札幌高判平成 26・12・18 判タ 1416 号 129 頁 ………………………………………………53

東京高判平成 27・10・8 判タ 1424 号 168 頁 ………………………………………………53

大阪高決平成 27・10・23 LEX/DB25543252〔東住吉事件〕………………………………442

名古屋高判平成 28・6・29 判時 2307 号 129 頁……………………………………………77, 78

広島高判平成 28・7・21 LEX/DB25543571 ……………………………………………………77

東京高判平成 28・8・10 高刑集 69 巻 1 号 4 頁………………………………………………396

東京高判平成 28・12・7 判時 2367 号 107 頁…………………………………………………183

東京高決平成 30・6・11 LEX/DB25560605 …………………………………………………442

地方裁判所・簡易裁判所

東京地命昭和 37・10・16 下刑集 4 巻 9＝10 号 968 頁………………………………………100

大阪地判昭和 38・9・17 下刑集 5 巻 9＝10 号 870 頁 ………………………………………176

大森簡判昭和 40・4・5 下刑集 7 巻 4 号 596 頁………………………………………………221

大阪地決昭和 40・8・14 下刑集 7 巻 8 号 1760 頁······102

佐賀地決昭和 41・11・19 判時 470 号 64 頁······162

鳥取地決昭和 42・3・7 下刑集 9 巻 3 号 375 頁〔百選〔2 版〕7 事件〕······149

東京地決昭和 43・5・24 下刑集 10 巻 5 号 581 頁······97

函館地決昭和 43・11・20 判時 563 号 95 頁······362

金沢地七尾支判昭和 44・6・3 刑集 1 巻 6 号 657 頁······111, 114

京都地決昭和 44・11・5 判時 629 号 103 頁〔百選〔9 版〕13 事件〕······89, 90

名古屋地決昭和 44・12・27 刑月 1 巻 12 号 1204 頁······51

岐阜地決昭和 45・2・16 刑月 2 巻 2 号 189 頁······108

大阪地判昭和 46・9・9 判時 662 号 101 頁······416

東京地決昭和 47・4・4 刑月 4 巻 4 号 891 頁〔百選 15 事件〕······106, 107

大阪地決昭和 48・4・16 判時 710 号 112 頁······395

浦和地決昭和 48・4・21 刑月 5 巻 4 号 874 頁······107

大阪地判昭和 49・5・2 刑月 6 巻 5 号 583 頁〔百選 98 事件〕······427

仙台地決昭和 49・5・16 判タ 319 号 300 頁〔百選 17 事件〕······109

東京地決昭和 49・12・9 刑月 6 巻 12 号 1270 頁······110, 115

東京地判昭和 50・11・7 判時 811 号 118 頁······162

大阪地決昭和 51・11・18 刑集 8 巻 11 = 12 号 504 頁······271

青森地決昭和 52・8・17 判時 871 号 113 頁······51

東京地決昭和 53・6・29 判時 893 号 3 頁③事件······401

東京地決昭和 53・9・21 判時 904 号 14 頁〔ロッキード事件〕······385

富山地決昭和 54・7・26 判時 946 号 137 頁〔百選 5 事件〕······51, 71

東京地判昭和 55・3・26 判時 968 号 27 頁······356, 395

熊本地八代支判昭和 58・7・15 判時 1090 号 21 頁〔免田事件〕······441

東京地判昭和 62・12・16 判時 1275 号 35 頁〔百選〔9 版〕75 事件〕······360

東京地決平成元・3・1 判時 1321 号 160 頁······175

浦和地判平成元・3・22 判時 1315 号 6 頁······361

浦和地判平成元・10・3 判時 1337 号 150 頁······360

浦和地判平成元・12・21 判タ 723 号 257 頁······222

東京地決平成 2・4・10 判タ 725 号 243 頁······162

東京地判平成 2・7・26 判時 1358 号 151 頁······340

浦和地判平成 2・10・12 判時 1376 号 24 頁〔百選 16 事件〕······111, 114, 115, 119, 361

山口簡判平成 2・10・22 判時 1366 号 158 頁······220

浦和地判平成 3・3・25 判タ 760 号 261 頁〔百選 72 事件〕······135, 361

千葉地判平成 3・3・29 判時 1384 号 141 頁〔百選 9 事件〕······200

福岡地判平成 3・12・13 判時 1417 号 45 頁······154

水戸地下妻支判平成 4・2・27 判時 1413 号 35 頁······337

名古屋地判平成 6・3・16 判時 1509 号 163 頁······337

判 例 索 引

東京地決平成 10・2・27 判時 1637 号 152 頁〔百選〔9 版〕26 事件〕 …………………167

大阪地判平成 10・4・16 判タ 992 号 283 頁 …………………………………………291

和歌山地決平成 13・10・10 判タ 1122 号 132 頁〔和歌山カレー毒物混入事件証拠決定〕…………332

大阪地判平成 18・9・13 判タ 1250 号 339 頁………………………………………………191

東京地決平成 19・10・19 LEX/DB25352607……………………………………………254

名古屋地決平成 20・6・26 裁判所 HP ……………………………………………………98

東京地判平成 21・6・9 判タ 1313 号 164 頁 …………………………………………161

横浜地判平成 22・2・4 LEX/DB25462561……………………………………………443

宇都宮地判平成 22・3・26 判時 2084 号 157 頁…………………………………………338

宇都宮地判平成 22・3・26 判時 2084 号 157 頁〔足利事件〕……………………………441

水戸地土浦支判平成 23・5・24 LEX/DB25471410〔布川事件〕…………………………441

静岡地決平成 26・3・27 判時 2235 号 113 頁…………………………………………442

大阪地決平成 27・1・27 判時 2288 号 134 頁 …………………………………………77

大阪地決平成 27・6・5 判時 2288 号 138 頁 …………………………………………77

名古屋地判平成 27・12・24 判時 2307 号 136 頁…………………………………………77

水戸地決平成 28・1・22 LEX/DB25545987……………………………………………77

広島地福山支判平成 28・2・16 判例集未登載…………………………………………77

東京地立川支決平成 28・12・22 LEX/DB25544851 …………………………………77

アメリカ裁判所

Frye v. U.S., 293 F. 1013（D. C. Cir. 1923） …………………………………………336

Griffin v. California, 380 U.S. 609（1965） …………………………………………137

Miranda v. Arizona, 384 U.S. 436（1966） …………………………………120, 134, 135

Chimel v. California, 395 U.S. 752（1969）……………………………………………178

United States v. Knotts, 460 U.S. 276（1983）………………………………………201

California v. Acevedo, 500 U.S. 565（1991）…………………………………………202

Daubert v. Merrell Dow Pharmaceuticals, Inc., 509 U.S. 579（1993）……………………336

Kyllo v. United States, 533 U.S. 27（2001）…………………………………………201

Illinois v. Caballes, 543 U.S. 405（2005）…………………………………………202

United States v. Jones, 132 S.Ct. 945（2012） ……………………………………201

Florida v. Harris, 133 S.Ct. 1050（2013） …………………………………………202

Florida v. Jardines, 133 S.Ct. 1409（2013）…………………………………………202

Maryland v. King, 133 S.Ct. 1958（2013）……………………………………………202

Riley v. California, 134 S.Ct. 2473（2014） …………………………………………202

Birchfield v. North Dakota, 136 S.Ct. 2160（2016）…………………………………202

ポイントレクチャー 刑事訴訟法
Code of Criminal Procedure

2018年12月25日 初版第1刷発行

著　者	椎　橋　隆　幸
	安　村　　　勉
	洲　見　光　男
	加　藤　克　佳

発行者　　江　草　貞　治

発行所　　株式会社　有　斐　閣

郵便番号 101-0051
東京都千代田区神田神保町 2-17
電話　(03)3264-1314〔編集〕
　　　(03)3265-6811〔営業〕
http://www.yuhikaku.co.jp/

印刷・株式会社精興社／製本・大口製本印刷株式会社
© 2018, T. Shiibashi, T. Yasumura, M. Shumi, K. Kato. Printed in Japan
落丁・乱丁本はお取替えいたします。

★定価はカバーに表示してあります。

ISBN 978-4-641-13925-1

[JCOPY] 本書の無断複写(コピー)は、著作権法上での例外を除き、禁じられています。複写される場合は、そのつど事前に(一社)出版者著作権管理機構(電話03-5244-5088, FAX03-5244-5089, e-mail:info@jcopy.or.jp)の許諾を得てください。